7th Edition

상담 및 심리치료 대인과정접근

Interpersonal Process in Therapy An Integrative Model

Cengage

Interpersonal Process in Therapy: An Integrative Model, **Seventh Edition**

Edward Teyber
Faith Holmes Teyber

Original edition © 2017 Wadsworth, a part of Cengage Learning.
Interpersonal Process in Therapy: An Integrative Model, Seventh Edition
by Edward Teyber, Faith Holmes Teyber
ISBN: 9781305271531

This edition is translated by license from Brooks Cole, a part of Cengage Learning, for sale in Korea only.

ISBN-13: 978-89-6218-490-7

Cengage Learning Korea Ltd.
14F YTN Newsquare 76 Sangamsan-ro
Mapo-gu Seoul 03926 Korea

Cengage is a leading provider of customized learning solutions with employees residing in nearly 40 different countries and sales in more than 125 countries around the world. Find your local representative at: **www.cengage.com**

To learn more about Cengage Solutions, visit **www.cengageasia.com**

Printed in Korea
Print Number: 04 Print Year: 2024

7th Edition

상담 및 심리치료 대인과정접근

Interpersonal Process in Therapy An Integrative Model

Edward Teyber | Faith Holmes Teyber 지음

장미경 | 김동민 | 김인규 | 유정이 | 장춘미 옮김

Cengage

Australia • Brazil • Canada • Mexico • Singapore • United Kingdom • United States

옮긴이 소개

장미경 한국방송통신대학교 청소년교육과
김동민 중앙대학교 교육학과
김인규 전주대학교 상담심리학과
유정이 안양대학교 교육대학원 상담심리전공
장춘미 심리상담치료센터 에이레네

상담 및 심리치료 대인과정접근 –제7판–

Interpersonal Process in Therapy: An Integrative Model, 7th Edition

제7판 1쇄 발행 | 2020년 07월 30일
제7판 4쇄 발행 | 2024년 01월 30일

지은이 | Edward Teyber, Faith Holmes Teyber
옮긴이 | 장미경, 김동민, 김인규, 유정이, 장춘미
발행인 | 송성헌
발행처 | 센게이지러닝코리아㈜
등록번호 | 제313-2007-000074호(2007.3.19.)

이메일 | asia.infokorea@cengage.com
홈페이지 | www.cengage.co.kr

ISBN-13: 978-89-6218-490-7

공급처 | ㈜피와이메이트
주 소 | 서울시 금천구 가산디지털2로 53 한라시그마밸리 210호(가산동)
도서안내 및 주문 | Tel 02) 733-6771 Fax 02) 736-4818
이메일 | pys@pybook.co.kr

정가 33,000원

역자 머리말

역자들이 한국청소년상담원(현 한국청소년상담복지개발원)에 재직하던 시절 『Interpersonal Process in Therapy: An Integrative Model』을 스터디하며 큰 도움을 받아 번역한 지도 벌써 오랜 시간이 지났다. 우리가 이 책의 번역을 결심한 것은 마치 친절하고 통찰력 깊은 수퍼바이저를 만난 것과 같은 강렬하고도 감동적인 상담과정에 대한 안내 때문이었다. 특히 이 책은 대인과정접근을 통해 상담과정에서 일어나는 주요한 문제들을 설명하고, 어떻게 이론이 실제에 적용되는지를 직접적인 상담자와 내담자의 사례 연구를 통해 알려주고 있다. 저자의 생생한 상담경험과 그 속에 녹아 있는 깊은 통찰력을 바탕으로 읽는 사람에게 치료적인 상담관계를 구체적으로 체험하게 이끌어준다는 점이 매력적으로 다가왔었다.

상담의 성과가 인간관계, 즉 상담자와 내담자가 맺은 관계의 질에 달려 있다는 것은 잘 알려져 있다. 그러나 실제로 좋은 상담관계를 맺고 그것을 매개로 내담자의 변화를 일구어가는 과정에 대해 우리 상담자들이 구체적으로 배우는 기회는 많지 않았다. 많은 상담 관련 서적이 상담의 기술이나 기법을 다루고 있지만, 상담의 이론과 과정에 관한 대부분의 책은 이를 통합하여 상담의 실제에 적용하는 것을 상담자나 개인에게 맡기고 있다는 인상을 지우기 어렵다.

이 책은 초보 상담자가 내담자를 이해하고 개입하기 위한 방법으로 상담자와 내담자 사이에서 발생하고 있는 현재의 상호작용이나 대인과정에 초점을 둠으로써 어떻게 상담관계를 활용할 수 있는지 이해하는 데 큰 도움이 될 것이다. 특히 제7판 개정판에서는 책을 통해 흐르는 어떤 핵심 개념들, 특히 공감적 이해, 협력적 작업과 작업 동맹의 균열과 복구, 그리고 내담자를 좀 더 깊이 상담에 참여시키기 위한 지침을 발전시켜 기술하고 있다. 더불어 애착이론을 성인 애착 유형과 임상 장면에 연결시키는 문헌들을 더 넓게 제시하고 통합하려고 노력하고 있다. 또한 수퍼비전, 사례 개념화와 상담계획 및 치료적 개입에 대한 실제적인 도움을 제공하는 데 초점이 주어져 있는데, 치료적 개입을 돕기 위해 더욱 풍부한 상담자–내담자 대화와 사례 삽화가 제시되고 있다. 따라서 초보 상담자뿐만 아니라 어느 정도의 경험이 있는 상담자도 다양한 이론적 관점에서 유연성을 갖고 자신의 개인적인 상담 스타일을 발달시키는 데 큰 도움이 될 것이라고 믿어 의심치 않는다.

번역과정에서 가능한 한 원문에 충실하게 정확한 내용을 제공하고자 노력하였으나 번역서가 그렇듯 오역의 가능성이 있다. 몇 가지 용어들은 적합한 번역어를 찾기 어려워 비교적 그 내용을 충실히 전달하리라 여겨지는 용어를 여러 번의 논의를 거쳐 선택하고, 영문을 함께 병기하였다. 독자들이 이러한 점을 고려하여 이 책을 읽어주기 바라며, 오역이 있으면 역자들에게 주저 없이 알려주면 감사하겠다.

끝으로 이 책이 나올 수 있도록 번역을 허락해주고 편집과정을 도와준 ㈜센게이지러닝코리아에 깊은 감사를 드린다.

2020년 7월

역자 일동

저자 머리말

우리는 누구이며 우리의 목적은 무엇인가?

우리는 내담자가 변화하도록 돕는 것에서 큰 즐거움을 얻는 상담자이며, 둘이 합쳐서 대략 80년 동안 상담 방면에서 활동을 하며 이 일에서 깊은 의미를 지속적으로 발견하고 있다. 우리는 임상과 관련된 모든 일에서 경력을 쌓았다: 내담자를 만나고, 대학원생의 초기 사례들을 수련감독하며, 치료/훈련 클리닉을 지도하고, 심리치료의 과정에 대한 연구를 수행하며, 대규모의 경험적 검증을 하는 개입 프로젝트를 실시했다. 나이가 들면서 우리는 우리가 만나는 내담자들에게 더 큰 존경심을 가지게 된다. 내담자들이 자신의 심각한 문제들에 대해 아주 작은 도움만으로 성장할 뿐만 아니라 적응적으로 대처해나가는 것에 진심 어린 감탄을 느낀다.

우리는 대부분의 내담자들이 상담에 가져오는 문제가 간단하거나 피상적인 것이 아니라 복잡하고 고통스럽고 쉽게 해결되지 않는 문제라는 것을 알게 된다. 그러나 초보 상담자들은 훈련과 수퍼비전의 도움을 통해서, 어떻게 내담자에게 도움을 주고 그들의 삶에서 의미 있는 변화를 가져올 수 있는지에 대해 많은 것을 배울 수 있다. 우리는 많은 대학원생들을 가르치고 지도할 수 있는 영광을 누렸고, 그들 중 대부분은 상담자, 교사, 임상 수퍼바이저가 되었다. 따라서 우리는 이 일을 사랑하고, 우리 내담자들의 삶에 깊이 들어갈 수 있는 특권을 가진 것을 영광스럽게 생각하며, 상담자는 그가 제공하는 회복적인 관계를 통해 내담자가 변화하게 돕는다고 굳게 믿는다.

이 책의 대상은 누구인가?

『상담 및 심리치료 대인과정접근』 제7판은 실습과 인턴과정에서 자신의 첫 번째 내담자를 만나고 있는 대학원생과 상담과 치료에 대한 깊이 있는 사전실습 과목들을 수강하고 있는 학생들을 위해 쓰인 임상훈련 교재이다. 복잡한 임상적 개념들이 각 장에서 소개되며, 이 개념들은 초보 상담자에게 유익하고 주목할 만한 수많은 임상적 사례 삽화와 치료자–내담자 사이의 대화로 설명된다. 이 책은 상담자가 치료과정을 이해하고 어떻게 변화가 발생하는지를 이해하는 데 도움이 될 것이다.

임상훈련은 초보 상담자에게 매우 큰 스트레스가 될 수 있는데, 이는 초보 상담자가 상담에서 무엇을 할지 그리고 내담자와 어떻게 상담을 진행해나갈지 잘 모르기 때문이다. 비록 초보 상담자가 상담이론과 도움이 되는 기법과 정신병리에 관한 과목을 수강하더라도, 그는 배우는 내용이 너무 추상적이어서 임상 실제에 필요한 깊이 있는 이해를 하지는 못한다. 초보 상담자는 자신의 제한된 경험과 지식에 대해 인식하게 되고 종종 서로 다른 수퍼바이저와 실습강사로부터 모순되는 조언을 받으면서, 자신이 내담자를 위해 무엇을 하고 어떻게 도움을 주어야 할지 불안해한다. 많은 경우, 부적절감을 느끼고 내담자에게 상처가 될지도 모르는 잘못된 행동을 하거나 실수를 할까봐 걱정한다. 이런 문제를 해결하려면 초보 상담자는 내담자의 변화를 돕기 위해 상담에서 무엇을 하고, 왜 하는지를 이해하는 데 도움이 되는 개념적인 구조가 필요하다. 본서의 주요한 목적 중 하나는 초보 상담자들이 상담에서 가지는 모호함을 어떻게 변화가 발생하고 변화과정에서 상담자–내담자 관계의 역할이 무엇인지 이해할 수 있는 잘 만들어진 구조로 대체하는 것이다.

이 책은 무엇에 대한 것인가?

상담자와 내담자 사이의 관계는 치료적 변화의 토대가 된다. 따라서 이 책은 서로 다른 이론적 접근방식에서 가져온 통합적인 접근법을 소개하고, 초보 상담자에게 어떻게 내담자를 이해하고 개입하기 위한 방법으로 상담관계를 활용할 수 있는지를 가르쳐준다. 내담자를 돕기 위해서, 상담자는 상담관계에서 발생하는 복잡한 상호작용을 이해하고 상담자와 내담자 사이에서 일어날 수 있는 일들에 대해 내담자와 효과적으로 이야기하는 방법을 배우는 데 도움이 필요하다. 상담자와 내담자 사이에서 일어나고 있는 일을 더 잘 이해하면, 상담자는 내담자의 자신에 대한 병적인 신념을 부인하고, 타인에 대한 잘못된 기대에 대항할 수 있는 새롭고 교정적인 관계를 제공해줌으로써 효과적으로 개입할 수 있게 된다. 이런 방식으로 우리는 교정적 정서 경험을 제공하기 위해 상담자와 내담자 사이에 일어나고 있는 현재의 상호작용 또는 대인과정에 어떻게 개입할 것인지를 초보 상담자들에게 가르치고 있다.

구체적으로, 이 책의 목적은 상담자와 내담자 사이에서 발생하고 있는 현재의 상호작용이나 대인관계 과정에 초점을 둠으로써 초보 상담자들이 치료관계를 이해하는 데 도움을 주는 것이다. 이것은 초보 상담자가 과정 언급을 어떻게 사용하고, 메타커뮤니케이션, 자기–참여적 진술 및 지금–여기에서 내담자와의 현재 상호작용에 대한 대인관계적 피드백과 같은 즉각적인 개입을 어떻게 사용하는지 가르친다. 직접 인용하여 대화체로 쓰인 이 책은 초보 상담자가 어떻게 과정 차원을 사용할 수 있는지를 강조하는 통합적인 치료 접근법을 제공한다—변화를 촉진하기 위해 '너와 나' 그리고 상담자와 내담자 사이에서 지금 무슨 일이 일어나는지에 대해 민감하지만 솔직하게 이야기한다.

이 모델은 독자들에게 다음을 가르친다: (1) 내담자의 행동에서 중요한 인지적 패턴과 관계적 주제를 확인한다; (2) 이런 패턴이 어떻게 내담자의 삶에서 좋게 혹은 나쁘게 기능하는지를 내담자가 인식하도록 돕는다—즉, 무엇을 제공하고 무엇이 지불되는지; (3) 타인과 문제를 유발하는 이런 부적응적 관계 패턴과 오래된 대처 전략이 내담자와 상담자 사이의 실제 삶의 관계에서 작용하는 방법을 변화시킨다; (4) 상담자와의 변화 경험에서 재학습된 것을 상담장면을 넘어 타인에게로 일반화한다. 이 치료모델은 상담회기에서 진실하고 적극적으로 관여하지만, 비지시적이고 공감적이며 매우 협력적인 내담자와 함께 하는 방법을 설명해준다. 이것은 상담자와 타인에게 작용하는 내담자의 잘못된 패턴을 변화시키도록 상담자가 그들 사이에 무엇이 발생하고 있는지 탐색하고, 내담자가 변화하도록 가장 잘 돕는 경험적 재학습을 제공하는 것이다.

상담의 초기부터 종결까지의 개입과정을 묘사한 이 책은 상담의 여러 단계에서 나타나는 주요 이슈들에 대해 작업하는 실질적인 개입지침을 제공하며, 어떻게 이론이 실제를 이끄는지를 명확하게 보여준다. 명료하고 즉각적으로, 이것은 초보 상담자가 직면하는 도전적이고 임상적인 상황을 강조하며, 내담자를 처음 만나는 초보 상담자에게 가장 현저한 질문과 관심사를 나타낸다. 요약하면, 대인관계 모델은 인지-행동, 가족체계, 대인관계-심리역동적, 애착이론을 포함하는 통합적인 접근방식이며, 상담개입을 위해 치료관계에 초점을 두며, 초보 상담자가 다양한 이론적 관점으로부터 유연성을 갖고 자신의 개인적인 스타일을 발달시키도록 돕는다. 이 책은 내담자의 변화를 돕는 가장 중요한 방법으로써 초보 상담자에게 자기 자신을 활용하는 방법과 내담자와의 관계를 활용하는 방법에 대한 종합적인 치료 접근법을 제공한다.

제7판에서 새로운 것은 무엇인가?

임상 훈련에 관한 이 책을 개정하는 목적은 항상 같았다. 바로 초보 상담자들을 위해 더 간단하고, 더 명확하며, 더 실질적인 모델을 만드는 것이다. 이 책은 임상적으로 실질적이며 초보 상담자들에게 개인적으로 도전이 되기 때문에, 우리는 제7판을 더 간결하게 만들려고 노력했다. 모든 장의 분량이 더 적어졌지만, 우리는 책을 통해 흐르는 어떤 핵심 개념들, 특히 공감적 이해, 협력적 작업과 작업 동맹의 균열과 복구, 그리고 내담자를 좀 더 깊이 상담에 참여시키기 위한 지침을 발전시키려고 노력했다. 제7판은 애착이론을 임상장면, 특히 성인 애착 유형과 임상적 의미에 연결시키는 문헌들을 통합하려고 노력했다.

또한 새로운 개정판은 사례 개념화와 치료계획 및 치료지침에 대한 경험적인 조력에도 초점을 두었다. 개정되고 확장된 참고문헌은 오래된 문헌과 현재의 임상적이며 연구중심의 문헌에 대한 접근성을 높이고 있다. 마지막으로, 초보 상담자들이 내담자와 함께 작업하고, 매우 도움이 되나 처음에는 위협적인 과정중심적 개입을 위해 노력하는 것은 도전이 될 것이다. 이런 개입의 즉시성과 핵심이 되는 개념에 대한 이해를 돕기 위해서, 효과적인 개입과 비효과적인 개입을 나타내는 많은 새로운 상담자–내담자 대화와 사례 삽화가 모든 장에 추가되었다. 우리는 이것이 독자들에게 더 효과적인 상담자가 되고, 상담자로서 자신의 정체성을 살펴보며, 자신이 내담자와 작업하는 개인적인 스타일을 선택하는 데 도움이 되기를 희망한다.

감사의 글

내(Edward)가 약 40년 전 미시간 주립대학교의 학생상담소에서 일을 하기 시작하면서 이 책 또한 그때 시작되었다. 나는 그곳에서 좋은 멘토에게 지금도 여전히 도움이 되고 있는 많은 것을 배웠다. 오랜 세월 동안 나에게 상담관계와 내담자의 변화를 돕도록 가르쳐준 좋은 친구들과 동료를 만난 것은 행운이었다. 특히 수년 동안 대개 말보다는 모범적인 행동으로 많은 것을 가르쳐준 아내 Faith Holmes Teyber에게 감사를 전하고 싶다. 그녀는 대인과정접근의 제6판이 출간될 때 공동 저자로 합류했으며, 그녀의 깊은 이해와 열정으로 이번 제7판이 더욱 풍부해졌다. 그녀는 타고난 상담자이며 수퍼바이저이고, 진정한 친구로서 모든 아동을 대하는 정다운 사람이다. 또한 가족과 세 명의 사랑하는 누나에게 일생동안 보내준 지지에 대해 감사하고 싶다. 큰누나 Julie는 1976년에 내 학위논문을 타이핑해주었고, 2016년에도 이 원고를 타이핑해주었다! 또한 상냥하고 창의적인 두 아들 Ted와 Reed에게 깊은 감사를 전한다. 마지막으로, 수년 동안 상담해온 내담자들에게도 감사를 전하고 싶다. 내가 그들에게 중요한 사람이 될 기회를 주고, 그들을 돕는 기쁨을 누리게 해준 데 대해 깊이 감사드린다.

나(Faith)는 가족의 격려, 좋은 친구들과 지지적인 멘토를 가진 것을 영광스럽게 생각한다. 내 친구들, 특히 Laura Kamptner는 수년 동안 사적이고 지적인 열의를 북돋워주었다. 나는 Ed Teyber와의 파트너십에 깊은 사의를 표한다. 그는 진정한 상담자이며, 주변에 있는 사람들에게 즐거움과 안전감을 준다. 나는 특히 관계의 힘에 대해 많은 것을 알게 해준 두 아들 Andrew와 Cameron에게 고마움을 전한다. 또한 그들의 삶에 들어가 도움을 줄 수 있는 영광을 준 많은 아이들과 가족들에게 깊은 감사를 전하고 싶다. 이러한 의미 있는 작업을 할 수 있었던 것은 매우 큰 행운이었다.

아울러, 우리는 7판을 더 좋게 만드는 데 중요한 도움을 준 우리의 친구이자 동료인 Villanova 대학의 Dr. Rayna Markin에게 감사를 드린다. 또한 책의 편집과 유용한 피드백을 제공한 네 명의 대학원 학생인 Nicoletta Dragan, Cadisha Gravesande, Chelsea Lamb와 Jenn Rizk에게 감사를 전하고 싶다. 우리는 비디오테이프 녹화를 도와준 Chris

Vallejo에게도 감사를 전한다. 수년 동안 그들과 많은 대학원 학생들이 우리에게 얼마나 많은 것을 깨닫게 해주었는지에 대해 깊은 사의를 표한다. 그들이 앞으로 성취하고 타인에게 제공할 모든 것을 지켜보고 공유하는 것은 매우 큰 기쁨이 될 것이다. 또한 우리는 이 수정판에 대해 많은 유용한 제안을 해준 독자들에게 감사드리고 싶다: Aurora 대학의 Jeffrey Bulanda, St. Lawrence 대학의 Arthur Clark, Lewis 대학의 Matthew Domico, Missouri 주립대학의 Jeffrery Cornelius-White, 덴버의 Metro 주립대학의 Randi Smith, 펜실베이니아 Indiana 대학의 Lorraine Guth, 샌안토니오 Texas 대학의 Mary Houston-Vega, St. Catherine 대학/St. Thomas 대학의 Michael Chovanec.

마지막으로, 센게이지의 여러 좋은 동료들에게도 감사를 전한다. 특히 우리는 Lumina Datamatics의 Kailash Rawat뿐만 아니라 제7판에 대한 지지와 파트너십을 보여준 Julie Martinez와 Elizabeth Momb에게 감사를 드린다.

저자에 관하여

Edward Teyber

캘리포니아 주립대학 San Bernardino 캠퍼스의 심리학과 명예교수이며, 심리상담소 소장 및 Foundation Board of Directors의 회장이다. Teyber 박사는 미시간 주립대학에서 임상심리학으로 박사학위를 받았다. 그는 *Helping Children Cope with Divorce*의 저자이며, Faith H. McClure(현재는 Teyber) 박사와 공동으로 *Casebook in Child and Adolescent Treatment: Cultural and Familial Contexts*를 저술했다. 그의 주요 관심사는 부부 및 가족관계가 아동의 적응에 미치는 영향, 애착과 심리치료 및 상담관계이다. Teyber 박사는 수련생들의 임상교육에 관심이 많으며, 개업 임상가로도 활동하고 있다.

Faith Holmes Teyber

캘리포니아 주립대학(San Bernardino 캠퍼스)의 심리학과 명예교수이며, 아동의 정신건강과 관련된 자문을 하고 있다. 박사는 인종차별정책이 있던 시기에 남아프리카에서 성장했으며, 캘리포니아 주립대학(UCLA)에서 임상심리학으로 박사학위를 받았다. 그녀의 주요 연구 관심사는 애착과 심리치료 및 외상을 경험한 사람들의 회복탄력성(resilience)을 촉진하는 요인들에 초점을 둔 위기 아동과 위기 가족이다. 박사는 현재 애착관계를 기반으로 하여 투옥된 부모를 가진 부모-자녀 상담치료 프로젝트를 진행하고 있다. 그녀는 Teyber 박사와 공동으로 *Casebook in Child and Adolescent Treatment: Cultural and Familial Contexts*를 저술했으며, 스트레스와 외상에 대처하는 것과 관련된 저술 활동을 하고 있다.

차례

PART 02

내담자에게 반응하기

CHAPTER

02 작업 동맹 형성하기 47

CHAPTER

03 내담자의 저항 존중하기 89

CHAPTER

05 내담자의 감정 돕기 195

PART 03

내담자 개념화와 치료 초점 개발하기

CHAPTER

06 가족 및 발달적 요인 251

CHAPTER

07 유연성이 적은 대인관계 대처 전략 303

CHAPTER

08 관계 주제와 치유 경험 343

PART 04

해결과 변화

PART

01 서론 및 개요

CHAPTER 01 대인과정접근

CHAPTER

01

대인과정접근

실습 1년차인 클레어는 첫 내담자를 기다리고 있다. 오랫동안 이 순간을 간절히 기다려온 그녀는 다른 동료들과 마찬가지로 학부 때부터 상담자가 되기로 결심했었다. 상담[1]은 항상 그 자체로 흥미가 있었는데 클레어에게 상담자가 된다는 것은 단순히 좋은 직업을 갖는 것 이상의 의미, 즉 꿈을 이룬다는 것을 의미했다. 그녀는 사람들의 인생사에서 가장 중요한 관심들을 효과적으로 다룰 수 있도록 도우면서 산다는 것이 매우 멋진 일이라고 생각했다.

하지만 이 순간 클레어는 진짜 시험이 눈앞에 닥쳤음을 알고 있다. 그녀의 첫 번째 내담자가 몇 분 후 도착할 것이다. 걱정이 물밀듯이 밀려온다. 50분 동안 무슨 이야기를 하지? 어떻게 시작하지? 내담자가 오지 않으면 어쩌지? 내가 무언가 잘못해서 다음번에 오지 않으면? 45세의 히스패닉계 여자인 내담자가 20대 중반의 백인 여자인 나와 이야기하는 데 어려움이 있지는 않을까? 분명히 클레어는 매우 불안하고 어떻게 첫 회기를 진행할지 아주 혼란스럽지만 내담자의 문제를 도와줄 방법을 찾아보려고 애를 쓴다. 물론 클레어는 내담자의 문제를 돕기 위해 노력할 것이고, 학부 심리학 수업에서 상담을 공부했으며, 위기상담센터에서의 전화상담 자원봉사 경험을 통해 많은 것을 배웠다. 상담 분야에서 쌓은 이런 경험과 그녀를 지도해줄 수퍼바이저가 있음에도 불구하고 클레어는 자신이 초보 상담자여서 실제 상담을 어떻게 하는지는 잘 모른다는 사실을 절감하고 있다.

학급 동료들도 클레어처럼 상담자가 되고자 하는 열망을 갖고 있다. 그중 많은 동료들이 그녀보다

1 이 책 전체에서 '상담'과 '치료'는 서로 구분되지 않고 사용되었다.

나이가 많고 인생 경험이 풍부하다. 자녀를 길러본 사람도 있고, 교사나 간호사, 사업가 직업을 가졌던 사람도 있다. 그들도 초보 상담자이기는 하지만, 이미 소정의 성공을 거둬 자신감 있는 다양한 삶의 경력을 갖고 있다. 그들에게 상담이라는 직업은 새로운 희망을 주기도 하지만 효과적인 상담자가 될 수 있을까 하는 자신의 능력에 대한 불안감을 불러일으키기도 한다. 클레어처럼 그들도 이 새롭고 보람된 직업에서 희망과 계획을 성취하기 위해서는 효과적인 상담에 필수적인 내담자와의 신뢰로운 관계를 형성하는 것이 매우 중요하다는 것을 안다. 이제 첫 내담자가 도착하면 그들의 이런 능력이 검증될 것이다.

초보 상담자는 수행 불안과 싸운다

상담자로서 첫 내담자를 만나는 것은 정말 힘든 일이다. 이런 초기 회기는 클레어와 같은 초보 상담자들에게 흥분되기도 하면서 한편으로는 긴장되는 경험이 되는데, 이들은 자주 수행 불안과 자신의 부적절함에 대한 두려움으로 고통스러워한다. 우리는 여러 해 전에 자신이 '실수를 하는 것'에 대해 얼마나 많이 걱정했었는지를 기억한다. 또한 수퍼바이저가 되어서는 그렇게도 똑똑하고 지지적인 실습과정의 학생이 '자신의 내담자에게 상처를 주는 것'에 대해 걱정하는 것을 보아왔다. 초보 상담자가 실수하는 것을 매우 걱정하거나 수퍼바이저가 자신에게 무엇을 말하거나 행하기를 원하는지에 지나치게 신경을 쓰게 되면 그는 너무 조용하게 있거나 수동적이 되고, 이로 인해 내담자는 자신의 이야기를 상담자가 잘 듣고 있고, 자신이 도움을 받고 있으며, 자신에게 상담자가 반응한다는 느낌을 갖지 못하게 된다. 이와 비슷한 경우로 상담자가 다음에 무슨 말을 하고 무슨 행동을 할 것인지에 대해 과도하게 신경 쓰거나, 자신이 방금 말한 내용의 핵심 의미를 파악하려고 애쓰게 되면 내담자의 말을 주의깊게 경청하여 내담자에게 적극적으로 개입하지 못하게 된다. 이런 식으로 수행 불안은 상담과정을 깊이 방해한다. 이런 원하지 않는 수행 압력은 초보 상담자들이 모르거나 할 수 없는 일을 현실적으로 경험의 부족 탓으로 여기지 않고 오히려 자신의 부적절함의 증거 또는 '결점'으로 보기 때문에 생긴다. 상담자의 효과성을 계속 감소시키는 이런 초기 수행 불안을 잘 이해하면 치료적 관계를 사용하여 내담자의 변화를 돕는 방법을 배우게 된다. 실습 학생이 첫 내담자를 만날 때 표현하는 전형적인 걱정거리를 몇 가지 살펴보자.

제시카는 초보 상담자에게 매우 현실적인 걱정을 표현했다. "학생 상담자가 되는 것에 대한 가장 큰 불안은 내가 무엇을 해야 하는지에 대해 아무 생각이 없으며, 마치 물에 머리를 처박고 있는 듯한 느낌이 드는 것입니다. 오해하지는 마세요. 저는 내담자를 만나기 시작하는 것을 분명 즐겁게 생각하지만, 이는 다른 사람들의 문제를 내가 직접 다루기 시작하는데 정작 무엇을 해야 할지에 대해 아무런 단서도 갖고 있지 않은 그런 두려운 상태인 것입니다. 문제를 탐색하는 것은 잘 할 수 있지만 이제 '작업 단계'에 들어가고 내담자가 변화하도록 실제 노력해야 할 때가 되는 것이 나를 가장 두렵게 하는 것입니다."

샤르테는 첫 회기에 대해 더 개인적인 걱정—'사기꾼'으로 밝혀지게 되는 것에 대한—을 표현했다. "제 가장 큰 불안은 실패하거나 무능력자가 되는 것에 대한 공포에서 나온 것입니다. 제가 이 훈련과정에 정말 적절하지 않다는 것을 알아챈 사람이 없이 이에 필요한 수업을 운 좋게 통과하여 이 과정을 시작하게 된 것이지요. 아마도 저는 내가 이 일을 매우 잘 하지 못한다는 것을 알게 될까봐 걱정하는 것일지도 모르겠어요. 제가 내담자를 많이 만날수록 저는 계속 이에 대한 모든 측면을 생각할 것이기 때문에 이것은 저에게 재앙입니다. 내가 상담을 진행하면서 실수를 할 수 있다고 생각하지만 내담자에게 좋은 일보다 나쁜 일을 하지는 않을까 두려워하는 것이지요. 그래서 계속 새로운 상담자례를 맡게 될 때마다 내가 저 사람에게 적절한 상담자가 아니라는 여러 이유들이 가장 먼저 생각납니다."

캐럴은 상담자라는 새로운 역할에서 경험하는 불안을 자신의 원가족 내의 역기능적인 역할과 연결하여 설명했다. "제가 상담자가 되는 데 있어 가장 큰 불안은 내가 부적절하다는 느낌이었습니다. 저를 지도해주셨던 분들은 계속 이런 불안이 정상적인 느낌이며, 여러 상담자들이 훈련 첫해나 이듬해까지 겪는 것이고, 우리가 완벽할 필요가 없다고 말해주었습니다. 그러나 저는 좋아지지 않았고 제 가장 큰 불안은 그대로 남아있었지요. 저는 그 불안이 제 원가족에서 제가 항상 둘째였던 것에서 생겼다고 생각합니다. 제가 무엇을 하든 항상 언니는 더 똑똑하고 더 창의적이었어요. 저는 지시를 완벽하게 받지 못하거나 내가 해야 할 일을 정확히 알지 못하면 아주 불편해요. 그래서 한편으로는 내가 정말 부적절한 것은 아니라는 것을 알기는 하지만, 어떤 것을 정말 잘 하지 못하면 속이 뒤집힙니다."

데니스는 수행 불안 때문에 내담자가 말하는 것이나 의미하는 것을 순간순간 파악하지 못하게 되었다고 설명했다. "제 불안수준은 상담회기에서 방향을 잃었다고 생각될 때 마구 올라갑니다. 가끔 저는 계속 뱅글뱅글 돌지만 결국 제자리에 머물며 무엇을 해야 하는지를 전혀 모르는 상태에 있습니다. 그것이 제 불안을 악화시킵니다. 그러면 저는 이제 무엇을 해야 할 것인지에 집중하느라 상담에서 다루고 있는 주제들을 더 놓치게 됩니다. 상담을 마치고 녹화영상을 다시 보면, 늦었지만 그제야 내담자들이 정말 무엇을 말했는지와 그때 제가 어떻게 했어야 했는지를 알게 되는데, 이것이 또한 저를 아주 힘들게 합니다. 왜 회기 내에서 그 일이 일어나는 바로 그때 그것을 알지 못했을까 하는 생각이 들어 너무나도 절망스럽습니다!"

이 전도유망한 학생 상담자들이 말하듯이, 상담자로 훈련받는 과정은 분명히 도전적인 일이다. 그러나 초보 상담자들은 자신들에 대해 인내심을 갖는 것이 필요하며 효과적인 상담자가 되는 것은 오랜 시간이 걸리는 발달과정이라는 점을 깊이 이해해야 한다(Rizq, 2009). 자신의 전문적 정체성을 발견하고 이 일에 편안함을 느끼기까지는 보통 3년에서 5년 정도의 시간이 걸린다. 일 년 정도가 되면 대부분의 초보 상담자들은 더 자신감을 가지며, 상담회기 내에서 자신을 유지하며, 자신이 정말 내담자를 도와주고 있다는 것을 알게 되면서 그 시간을 즐기게 된다. 2년차 학생인 로레인은 이 값진 변화를 다음과 같이 경험했다: "여러 가지를 고려할 때 저는 올 한 해 동안 상담하는 것을 즐기게 되었어요. 작년에는 상담실에 있으면 예민했는데 지금은 편안합니다. 저는 실패에 대한 두려움에 사로잡히지 않고 내담자와의 만남을 정말로 즐깁니다. 실수를 두려워하지 않고 오해나 장애물을 내담자와 더 좋은 관계를 만들 수 있는 기회로 여깁니다. 그래서 수련 2년차 상담에서 가장 멋진 일은 바로 제 수행 불안이 눈에 띄게 줄어든 것입니다. 저는 저 자신에 대해서 생각하며 실패를 기다리기보다는 내담자와의 사이에서 무슨 일이 일어나고 있는지와 상담을 진행하는 것에 대해 더 많이 생각합니다."

어떻게 하면 로레인과 같은 상담자들이 초기 수행 불안을 해결하고 내담자에게 더 잘 반응하게 할 수 있을까? 여기에서 우리는 세 가지를 제안할 것인데, 앞으로도 계속 이 중요한 발달적 주제를 다룰 것이다. 첫째, 초보 상담자들이 자신 스스로에게 부과하는 비현실적인 수행 기대에 의문을 제기하자. 실수는 모든 상담자들이 경험하는 것이니 실수해도 괜찮다는 것을 받아들이자. 이는 자신이 어떻게 수행하는지보다 무엇을 배우는지에 더 초점을 맞추라는 것이다. 이는 수퍼바이저의 건설적인 피드백을 열린 마음으로 받아들여서 실수를 통해 배우고 개선해나가는 비방어적인 태도를 가질 때 가능하다. 이와 달리, 원가족 내에서 양육자로부터 매우 자주 비판을 듣고 완벽하기를 요구받아, 실수를 할 수 없고 항상 판단받으며 자란 실습생들은 이런 태도를 갖기 어렵다. 우리는 인간이며 우리의 내담자에게 많은 실수를 할 수 있다. 그러나 실수에서 어떻게 회복할 수 있는지에 초점을 맞추고 실수가 곧 부적합함을 나타내는 것이 아니라는 점을 파악할 때 비로소 효과적으로 상담할 수 있다. 이런 생각하기 훈련을 시작하라.

이제 당신이 알고 있는 가장 효과적인 상담 전문가를 떠올려보라. 그는 특정 영역의 교수이거나 수퍼바이저일 수도 있고, 당신과 함께 일한 적이 있어 당신이 신뢰하고 존경하는 상담자일 수도 있다. 잠시 멈추어서 생각해보라. 이 존경받는 멋진 상담자도 매일 실제 상담에서 실수를 한다는 사실을 고려해보자. (만약 당신이 그렇게 생각하지 않는다면 그들에게 물어보라.) 당신이 생각하는 그 상담자는 아마도 매우 숙련되어서 방어적이지 않은 태도로 실수(인간관계에서 불가피한 것 또는 작업 동맹의 문제)를 만회할 것이다. 즉 그는 내담자에게 오해 여지가 있는 것을 물어보는 식으로 잠재적인 문제를 정기적으로 점검하고, 어떤 문제가 일어나든 그것에 자신이 기여하는 바를 직면하려고 하며, 이미 불거진 오해는 잘 골라내서 이야기를 통해 해소한다. 다음의 예를 살펴보자.

상담자 제이슨, 당신이 좀 멀게 느껴져요. 혹시 내가 말한 어떤 것이 적절하지 않았나요? 이에 대해 같이 확인해볼까요?

둘째, 초보 상담자들은 자신과 자신의 수행보다 내담자와 내담자가 정말로 무엇을 말하는지에 더 주의를 집중하면 자신들이 경험하는 어떤 불안이든 잘 다룰 수 있다. 너무나도 자주 초보 상담자들은 자기에게 몰입하여 고통스러운 자기 인식이나 강박적인 자각 상태에 이르기도 한다(예를 들어, 상담자: 그녀가 그렇게 나를 바라볼 때 어떻게 말해야 하지 … 이제 내가 무엇을 질문해야 하지 … 나는 너무 침묵하고 있어 … 나는 음, 그래 같은 반응만 하고 있네). 초보 상담자들이 더 균형 있는 반영적 자기 인식을 개발해서 내담자에게 무슨 일이 일어나는지뿐만 아니라 내담자와 상담자 사이에 무슨 일이 일어나는지도 알아차린다면 더 효과적으로 상담할 수 있다. 이 **'참여자/관찰자**(participant/observer)' 입장을 자세히 살펴볼 것인데, 이는 관계에 경험적으로 참여하는 동시에 그것에서 벗어나 상담자와 내담자 사이에 무엇이 일어나는지를 관찰하고 생각하는 것이 어려운 일이기 때문이다. 이는 처음에는 어렵게 느껴질 수 있으나 이제 여러분이 이 책을 통해 개발하게 될 핵심적인 치료 기술이다.

셋째, 이런 정상적이고 예측 가능한 수행 불안을 해소하기 위해 초보 상담자들은 그들의 수퍼바이저나 교육자로부터 적극적인 지지를 받을 필요가 있다. 특히 그들은 대부분의 초보 상담자들이 변화 과정, 회기 내에서 할 일, 내담자가 변화하도록 돕는 방법 등에 대해 정말로 잘 모른다는 사실을 인식해야 한다. 학생 상담자들은 특히 첫 회기를 어떻게 진행할지에 대한 실제적인 안내와 지침을 필요로 한다. 이런 지원과 준비에는 교육자들이 접수면접과 첫 회기를 실시하는 영상자료나 수퍼바이저가 내담자와 진행한 회기의 영상자료를 보고, 효과적인 반응방법과 첫 회기 진행방법을 교육자와 역할 연습해보는 등의 실제 시연과 예시가 포함된다. 이런 실제 역할 모델은 매우 효과적인 방법으로 내담자를 만나는 것에 대한 학생 상담자의 초기 불안을 감소시키고 '해야 할 일'을 알아가는 긴 여정을 갈 수 있도록 해준다.

요약하면, 초보 상담자가 잘 도울 수 있을지 염려하는 것은 신경증적 불안이나 강박적 근심으로 치부될 것이 아니다. 새롭고 복잡하며 애매한 상황에서 자신의 수행에 대해 염려하는 것은 현실적인 걱정이다. 동시에 클레어 같은 초보 상담자들은 자신이 이미 지니고 있는 중요한 강점들을 인식하는 것이 중요하다. 대부분의 수련생들은 민감성, 지성, 다른 사람에 대한 진지한 관심 등의 자질을 이미 갖추고 있다. 이런 개인적인 자산과 생활 경험에서 배운 것들은 그들의 장래 내담자들에게 도움이 될 것이다. 비록 여러 이론적 접근들은 자신의 접근이 다른 접근보다 더 효과적이라고 주장하지만, 여러 상담 효과 연구의 결과는 상담의 성공률이 이론적 접근보다는 상담자의 개인적 특성 및 기술과 훨씬 더 밀접하게 관련된다는 것을 보여준다(Norcross, 2002; Norcross & Beutler, 2014; Norcross & Lambert, 2014; Norcross & Wampold, 2011; Seligman, 1995; Wampold, 2011, 2016; Wampold & Budge, 2012).

사실 개인적 경험, 상식, 현명한 판단, 직관 등은 유용하다. 그러나 상담자가 다양한 사람과 문제를 효과적으로 다루려면 이런 유용한 인간 특성들이 개념적 틀로 잘 짜여야 한다. 개념적 틀은 당신이 내담자와 진행할 일에 대한 나침반을 제공한다. 이 나침반을 통해 당신은 내담자에 대한 **사례 개념화**를 하게 되는데 이에 대해서는 다음에 상세히 다룰 것이다. 어떤 이론적 입장에 있는 상담자라도 내담자가 변화하도록 돕기 위해서는 내담자에게 무엇이 잘못되었으며 상담을 통해 어디로 가야 하는지를 알아야 효과적인 상담을 할 수 있다. 상담자가 이런 사례 개념화를 함으로써 자신이 상담에서 무엇을 하고 있으며 어디로 그리고 왜 가고 있는지를 구체적으로 알고 있다면 내담자에게 지속적인 도움을 줄 수 있다. 반면 개념적 틀을 안내자로 갖고 있지 않으면 상담자는 계속되는 매 회기를 겨우겨우 이어가거나 방향을 잃고 방황하게 된다. 이제 이 중요한 역량에 대해 살펴보자.

상담자가 사례 개념화와 상담초점을 갖고 있을 때 더 효과적이다

대인과정접근은 **공통 요인**(common factors)에 관한 문헌(D'Aniello, 2015; Imel & Wampold, 2008; Messer & Wampold, 2002; Wampold & Budge, 2012)에 기초하고 있다. 공통 요인은 모든 성공적인 상담접근에 핵심적이며 변화를 위해 반드시 필요한 것이다(Wampold, 2015). 그러나 많은 내담자들은 공감, 진솔성, 온화함 등의 핵심 조건을 충분히 경험하지 못했으며, 특히 초기의 중요한 양육자에게서 배신당하거나 폭행당하는 등의 심각한 문제를 지닌 내담자들은 더욱 그렇다. 이런 내담자들을 비롯하여 복잡하고 어려운 문제를 지닌 내담자들에게는 공통 요인 이상이 필요하다. 상담자는 내담자의 주된 문제가 과연 무엇이며, 어떻게 그것이 발전해왔는지, 그것이 내담자의 현재 생활에서 어떻게 작동하여 문제와 증상을 일으키고 있는지를 더 정교하게 개념화하고 구분할 수 있을 때 더 큰 영향력을 끼칠 수 있다. 이런 핵심 역량을 일반적으로 **사례 개념화**(case formulation, case conceptualization)라고 한다. 상담을 이끌어주는 사례 개념화 능력을 상담자가 갖게 되면 내담자가 매 회기 가져오는 다른 이야기 가운데서 길을 잃지 않으며, 내담자가 여러 주제를 계속 옮겨다닐 때도 연결되는 실마리나 반복되는 주제를 찾을 수 있다.

사례 개념화 및 그것이 제공하는 상담의 초점이 없으면 의미 있는 지속적인 변화를 이룰 수 없다(Ingram, 2012; Persons, Beckner & Tompkins, 2013). 이런 치료의 초점이 없어도 내담자는 상담자에게 이해받고 돌봄을 받는다고 느끼며 상담자를 매우 좋아할 수는 있지만, 변화는 거의 일어나지 않는다. 상담의 효과는 초점이 잘 맞추어진 상담과 관련된다는 새로운 연구들이 이를 지지한다(Roth & Fonagy, 2005). Allen과 동료들(2008)은 일반적인 공감, 온화함, 친절함, 자비로움 등과 구체적이고 정확한 공감이나 개념적 명료함을 구분하기 위해 "우리는 상담을 따뜻한 목욕탕에서 어슬렁거리는 것보다는 시원하고 수정같이 맑은 계곡에서 수영하는 것으로 시각화해야 한다. 온화함은 쉽지만 명료함은 어렵다."라고 주장했다. 그러므로 핵심 조건들은 필수적이지만 충분하지는 않다. 상담자는 무엇이 정말로 잘못되었으며, 그것이 어떻게 시작되었고, 변화를 위해서는 무엇이 필요한지를 명료화하여 상담의 초점을 명확하게 할 필요가 있다. 내담자가 제시하는 여러 다른 문제와 걱정거리를 서로 연결하는 주제와 패턴을 상담자가 어떻게 더 정교하게 명료화하고 연마할 것인지를 이 책에서 앞으로 더 설명할 것이다.

또 내담자의 문제를 개념화하기 또는 이해하기를 배우는 과정에는 다양한 이론적 틀을 탐색하는 것이 필요하다(Fernando, Cohen & Henskens, 2012). 상담자가 전문적 정체성을 찾고 능력에 대한 자신감을 가지려면 자신의 개인적 가치 및 삶의 경험과 일치하며 다양한 내담자들에게 적용할 수 있는 이론적 틀을 통합해야 한다. 발달과정에 있는 상담자는 단순히 자신의 멘토가 갖고 있는 이론적 접근을 취한다거나 수퍼바이저나 교육자가 하는 것을 인용하는 방식으로 자신의 전문적 정체성을 내세울 수가 없다. 최종적으로 어느 이론적 접근을 택하여 상담하든지 간에 효과적으로 상담하려면, 학생 상담자는 몇 년간에 걸쳐 서로 다른 접근들을 탐색하고 시도해보고 결국 그들이 내담자와 어떻게 작업해나갈지를 스스로 선택하여 통합해야 한다.

상담자의 개인적 발달에 대한 이러한 관심을 견지하면서, 이 책의 목적 중 하나는 상담자가 상담관계를 이해하고 대인과정(interpersonal process) 또는 내담자와의 현재 상호작용을 활용하여 개입하고 내담자의 변화를 이끌어내는 방법을 배우는 개념적 틀을 제공하는 것이다. 우리는 이 책에서 계속 독자들에게 이 틀을 자신의 성격 특성과 상담 방식에 맞게 수정해가도록 격려할 것이다. 대인과정접근은 통합적이어서 서로 다른 이론적 입장을 가진 상담자들도 적용할 수 있다(Norcross & Lambert, 2014). 수퍼바이저와 교육자의 지지를 통해 초보 상담자들은 이 모델을 자신에게 적용하며, 다른 이론적 접근과 통합하여 자기 자신의 것으로 만들어나갈 수 있을 것이다.

이 접근에서는 내담자에게 상담자와의 회복적인 경험을 제공해서 내담자가 더 일치하고 확실하며 유연한 자기 진술을 만들도록 하는 데 강조를 둔다. 상담에 오는 많은 내담자들은 심각한 발달상의 문제로 고통을 당해왔다. 이들은 안전, 보호, 경계, 예측 가능성 등이 결핍된 경험을 했고, 많은 경우 개별화하고 자율성을 발달시키려는 시도로 인해 버림받거나 죄책감을 갖게 하는 위협에 직면했었다(Cassidy & Shaver, 2008; Lieberman & Van Horn, 2008). 결국 이들은 발달상의 문제와 충족되지 못한 욕구를 다루기 위해 여러 증상을 보이게 된다. 이들은 항상 순응적이고 남을 즐겁게 해주기, 거칠거나 융통성이 없는 통제, 욕구가 없거나 인식되지 않음, 정서가 결여되거나 명령하는 태도 등의 생활 태도와 같은 경직된 대처 양식을 취한다. 따라서 관계적 틀을 사용하는 상담자는 인지 – 행동 접근의 상담자, 대인/심리역동적 상담자, 실존-인본주의적 상담자, 가족체계 상담자, 이야기치료 상담자 등 어느 이론적 접근의 상담자 정체성을 갖고 있든 관계없이 대인과정접근을 활용하여 효과적으로 상담할 수 있다.

핵심 개념

앞으로 우리는 과정 영역, 교정적 정서 경험, 내담자 반응의 특수성 등 세 가지 개념을 적용하여 내담자를 이해하고 상담 개입을 실시하는 데 도움을 받고자 한다. 이제 이 세 가지 개념을 소개하고 상담자례를 활용하여 설명하고자 한다.

과정 영역

상담자와 내담자의 관계는 상담 활동의 기반이며 내담자가 변화할 수 있는 범위를 결정한다(Markin & Hilsenroth, 2014). 그러나 상담자가 치료적 관계를 변화의 도구로 삼기 위해서는 **대인관계 과정**(interpersonal process) 또는 내담자와 상담자 간에 상호작용이 일어나는 방식을 이해하고 있어야 한다.

과정 영역이란 무슨 의미일까? 상담자와 내담자의 관계는 복잡하며 다측면적이어서 동시에 여러 수준의 의사소통이 일어난다. 예를 들어, 상담자와 내담자가 이야기하는 외적으로 표현된 **내용**의 측면과 의사소통하는 **과정**의 측면 간에 예민하면서도 중요한 구분이 있다(Kiesler, 1988)는 것을 생각하면 도움이 된다. 과정의 측면에 대해 작업하려면 상담자는 논의되고 있는 명백한 내용에서 눈을 돌려 두 사람이 상호작용하는 관계적인 과정을 추적해야 한다(Altenstein, Krieger & Holtforth, 2013; Thomas, Hopwood, Woody, Ethier & Sadler, 2014). 이는 상담자가 때로 일상적인 사회적 규범을 벗어나서 내담자와 현재 일어나고 있는 상호작용 또는 지금 현재 그들 사이에서 일어나고 있는 일에 대해 이야기하는 것을 의미한다. 다음 예를 살펴보자.

상담자 지난주에 당신이 상담 취소한 것과 오늘 늦은 것에 대해 물어보았는데 대답을 안 하고 계시네요. 아마도 내 질문이 좀 불편한가봐요. 그것에 대해서 살펴봐도 될까요?

또는

상담자 존, 지금 나는 당신과 이야기하는 게 힘들어요. 너무 빨리 이야기할 뿐만 아니라 대화 내용도 이것저것 이야기하고 있어요. 지금 무슨 생각… 지금 우리 사이에서 무슨 일이 일어나고 있다고 생각하세요?

이 두 대화에서 상담자는 내담자가 말하는 것(내용)이 아니라 상담자와 내담자가 상호작용하는 방식(과정)을 언급하고 있다. 이제 상담자의 처음 과정 언급으로 시작하여 좀 더 긴 상담자 – 내담자 대화가 진행되는 사례를 살펴보자. 여기에서 우리는 상담자가 이 과정 언급을 활용하여 상담에서 탐색할 새로운 중요한 주제를 드러내며, 상담자와 내담자 사이에 생긴 오해를 풀고, 표면적 주제를 넘어서는 대화를 통해 상담관계를 강화할 수 있다는 것을 보게 될 것이다.

상담자 그런 중요한 이야기를 내게 해주어서 고마워요. 이런 예민한 감정을 나와 이야기하는 것이 어떤가요?

내담자 음, 무엇을 물어보는 것인지 잘 모르겠어요.

상담자 오늘 많은 것을 이야기하셨는데 저는 그것이 어떻게 느껴지는지 걱정이 돼요. 이렇게 이야기하실 때 내가 당신에 대해 어떤 생각을 하리라고 생각해요?

내담자 글쎄요, 선생님은 친절하게 대해주시지만 상담자니까 그렇게 하시겠지요. 그러나 속으로는 나를 판단하거나 또 다른 어떤 것을 하시겠지요.

상담자 '당신을 판단한다'. 그거 별로 좋은 느낌은 아니겠어요. 내가 어떻게 당신을 판단할 거라고 생각하는지 좀 더 이야기해볼래요?

내담자 글쎄요, 보세요, 내가 지금 이런 이야기를 했으니 이제 아마 나를 존중하기 어려울 걸요.

상담자 저는 이런 오해에 대해 이야기하는 것이 좋습니다. 나는 당신을 판단할 생각이 없어요. 사실 나는 당신이 용기를 내서 이 주제를 꺼내 솔직하게 이야기한 것이 고마워요. 당신의 말은 예전에 누군가가 당신을 판단했었다는 의미인 것 같아요.

내담자 맞아요. 우리 어머니는 나를 사랑하셨지만 항상 심하게 판단하셨어요. 요즘 남편이 조금이라도 비판적인 이야기를 하면 저는 마음을 닫고 전혀 이야기를 하지 않지요.

이렇게 '당신과 나'에 초점을 두고 상담자와 내담자 간에 바로 지금 일어나는 것을 탐색하는 지금 – 여기, 현재 중심 개입을 **과정 언급**(process comments)이라고 한다(Hill, 2014). 초보 상담자는 이렇게 직접적으로 이야기하는 것이 익숙한 규칙이나 문화적으로 허용되는 관행과 충돌할 수 있기 때문에 처음에는 어색하게 느낄 수 있다. 어떤 상담자에게는 '당신과 나' 사이에서 일어난 일에 대해 이런 과정 언급을 이용하여 직접적으로 말하고 물어보는 것이 공손하지 않거나 상대방을 무시하는 것처럼 여겨질 수 있다. 그러나 초보 상담자들이 수행 불안이 줄고 확신이 커질수록, 그리고 수퍼바이저들이 상담에서 특정 내담자와 함께 어디로 갈 것인지를 상담자가 잘 이해하도록 도와주면, 초보 상담자들은 과정 언급을 시도하고 탐색해볼 수 있을 것이다. 초보 상담자들은 내담자가 다른 사람과의 문제에 대해 이야기한 것을 지금의 상담자 – 내담자 관계와 연관시켜 보면, 즉 내담자가 일생동안 그리고 지금도 그들의 삶에서 어려움을 만들어내는 문제가 되는 것과 동일한 사고 과정, 잘못된 기대, 비효과적인 대처 전략을 상담자에게 사용하고 있음을 파악하게 되면 이 개입이 얼마나 도움이 되는지 알 수 있을 것이다(Kasper, Hill & Kivlighan, 2008). 또는 이와 유사하게, 상담자는 그들 사이에서와 내담자의 실생활에서 나타나는 내담자의 잠재적인 오해, 부정확한 인식, '실수' 또는 다른 대인관계에서의 갈등 등을 방어적이지 않은 태도로 탐색하고 분류함으로써 파괴를 복구할 수 있다(Safran et al., 2002). 상담자는 공감적이고 수용적인 태도로 **메타커뮤니케이션**을 하여 서로가 함께 어떻게 상호작용하고 있는지에 대해 이야기하면서 다양한 즉시적 개입방법을 사용할 수 있다. 우리가 이렇게 과정 언급을 사용하면 내담자는 이를 진실한 이해와 정직한 의사소통—그들이 원하고 필요로 하는 것—을 위한 협조적인 초청으로 여겨 환영할 것이다. 이는 내담자가 어색함이나 불편함을 느끼지 않게 하는 방식으로 진행되어 그들의 핵심 관심사에 가까이 가게 될 것이다(Crits-Cristoph & Gibbons, 2002; Hill, 2014; Kiesler, 1996). 다음 사례를 살펴보자.

첫 회기에서 내담자는 아내가 '보스처럼' 굴며 '항상 자기에게 무엇을 하라고 해서' 아내에게 화가 난다고 말했다. 그는 스스로 무엇을 결정하는 것이 항상 어려워서 결과적으로 아내가 결정을 내려준다고 설명했다. 아내는 자신이 남편의 우유부단함을 보완해주는 것이라고 말했지만 그는 아내의 '보스 같은 특성'과 '모든 것을 다 아는 듯한 태도'가 싫다는 것이었다. 문제를 이렇게 제시하고 나서, 내담자는 "이제 저는 어떻게 해야 하지요?"라고 물었다.

이 상호작용에서 과정 측면을 살펴보자. 상담자가 내담자의 요구에 응해서 "제 생각에는 다음번에 또 아내가 당신에게 무엇을 하라고 하면 이렇게 하는 것이 좋겠어요."라고 말하며 처방적인 방식으로 상담을 계속하면, 내담자를 상담하러 오게 한 바로 그 문제를 그들 관계에서 재연하는 것이다. 즉 아내가 했던 것처럼 상담자도 내담자에게 무엇을 해야 하는지를 말해주는 것이다. 내담자는 분명 이런 종류의 조언을 요구했으므로 처음에는 상담자의 제안을 반길 것이다. 그러나 상담이 계속되면서 내담자는 아내의 지시를 싫어했던 것처럼 상담자의 지시를 싫어하게 되고, 아내의 지시처럼 상담자의 지시도 자신에게 별 도움이 되지 않으며 자신이 원하는 것이 아니라는 것을 알게 될 것이다.

이와 달리 비지시적인 상담자는 내담자 갈등의 다른 한 측면에 반응하면서 "내 생각에 당신에게 무엇을 하라고 말하는 것은 별로 도움이 되지 않습니다. 상담을 받으시는 분들이 문제에 대한 해결책을 스스로 찾아야 배우고 성장합니다."라고 말할 수 있다. 그러면 내담자는 이런 비지시적인 반응에서 아무 것도 얻지 못하고 좌절해서 "내가 무엇을 해야 할지 모르겠다고 했잖아요. 결정을 내리는 것이 힘들단 말이에요. 당신은 이럴 때 어떻게 해야 하는지를 아는 전문가 아닙니까?"라고 말할 것이다.

이 반응은 내담자를 갈등의 반대 측면으로 되몰아가서 결정을 내리기 힘들어하는 자신의 현재 모습에 머물게 한다. 이런 의사소통이 계속되어 그들의 관계를 특징짓게 되면 이 과정은 내담자 문제의 다른 측면을 반복하게 된다. 주도해서 결정을 내리며 자신의 행동에 책임지기 어려워하는 내담자의 특성은 다른 생활 영역에서 그러했던 것처럼 그를 무기력하게 만들 것이다.

여기서 초보 상담자가 주시해야 할 것은 내담자가 상담자에게 자신의 문제를 단순히 추상적인 방식으로 말하는 것이 아니라는 점이다. 오히려 내담자는 상담을 받으러 오게 된 바로 그 문제를 상담자와의 관계에서 그대로 '실연' 또는 재연한다. 즉 내담자는 상담자와 상호작용하는 방법(과정)으로도 자신의 문제를 전달하는데, 이는 내담자가 다른 사람과의 관계에서 겪는 문제의 핵심적인 측면을 현재의 상호작용에 가져오기 때문이다(Hill et al., 2008). 이런 내담자 문제의 재연은 대부분의 상담관계에 나타나는 규칙적이며 예측 가능한 현상이다. 우리는 3장부터 이 개념과 사례를 다시 보면서 상담자가 효과적으로 반응하기 위해 이 과정 언급을 어떻게 사용할 것인지를 살펴볼 것이다. 지금은 두 번째 핵심 개념인 교정적 정서 경험을 살펴본다.

교정적 정서 경험

상담에서 지대한 영향을 끼치며 지속적으로 활용되는 대부분의 개념처럼, 이 **교정적 정서 경험**(Corrective Emotional Experience; CEE)도 여러 선구자들이 사용했다. 그러나 1940년대 정신분석 학파의 이론가인 Franz Alexander와 Thomas French(1946)가 이 개념을 크게 발전시킨 후, 이 개념은 많은 단기 심리역동치료와 대인관계 중심치료의 근간이 되었다(Bernier & Dozier, 2002; Bridges, 2006). 비록 당시 정신분석 계열에서 인정받지 못했지만, 이 적극적이고 직접적인 접근은 상담자와의 지금-현재 경험을 통해 현실적인 변화 경험을 내담자에게 제공해주었다. 상담의 미래를 정확하게 전망하면서, Alexander와 French는 CEE가 치료기간을 줄이고 효과적인 변화를 일으키는 기본적인 방법으로 통찰을 덜 강조하며 대신 더 경험적이고 행동적이며 생생한 재학습에 초점을 둔다고 CEE를 옹호했다. 그들은 내담자가 전에는 기피했던 불안을 일으키는 행동에 접근하거나 참여하도록 했고 심지어는 회기 사이에 내담자에게 과제 부여하기를 제안하기도 했다. Horowitz와 동료들(1976; 1984; 1993)은 지지적 심리치료에서 CEE를 한 내담자들이 지속적 변화를 보인다는 강력한 경험적 증거를 제시하여 이 개념을 지지했다.

현대의 단기 정신역동치료(Binder, 2004; Levenson, 2010; Silberschatz, 2005)는 동일한 직접적, 즉시적 변화 경험을 상담자와 내담자의 실제 관계로 설명한다. 기본 개념이 서로 다른 여러 이론적 접근을 취하는 상담자들이 내담자의 변화를 도울 수 있다는 것이다. 이는 상담자가 내담자에게 내담자의 오래된 관계 패턴에서 일상적으로 받아온 반응과는 다른 새롭고 좀 더 만족스러운 반응을 제공할 때 이루어진다. 즉 내담자와 협조적인 관계에서 상담자는 내담자가 다른 사람과의 관계에서 일상적으로 발생했던 부적응적 패턴이나 주제를 밝히도록 하고, 이 문제되는 패턴을 바꾸기 위해 내담자와 노력하고, 잘못된 기대나 인식 틀을 바꾸어 실생활과 상담 상호작용에서 이 익숙하지만 원하지 않는 대인관계 시나리오를 변화시키도록 돕는다(Castonguay & Hill, 2012). Alexander와 French를 따라, 우리는 이를 교정적 정서 경험이라 부른다(일부 대인관계 및 애착 중심 상담자는 이를 '회복적 관계 경험'이라고 하며, 행동치료자는 '생생한 학습' 또는 '노출 시도'라고 한다).

내담자가 조기 종결하거나 상담이 막다른 골목에 이르는 것은 내담자가 다른 관계에서 겪고 있는 바로 그 문제의 미묘한 측면들을 상담자와 내담자가 상담관계에서 재연하기 때문일 수 있는데, 당사자들은 이를 모를 수도 있다. 내담자는 자신의 인식 틀과 기대에 근거해서 상담자에 대해 동일한 잘못된 인식과 기대를 갖거나 일상생활에서 다른 사람들과 문제를 일으켰던 부적응적 관계 패턴과 똑같은 패턴으로 상담자에게 반응한다. 예를 들어 내담자가 스트레스나 상처를 받게 되면 내담자는 상담자가 비록 이렇게 하지 않았어도 이렇게 생각할 수 있다.

- 나는 상담자에게 통제받고 있으므로 다른 사람들에게 했던 것처럼 모든 것을 상담자에게 맞추어야 한다.
- 나는 지금까지 살아오면서 다른 사람에게 했던 것처럼 상담자를 돌보거나 그의 욕구를 충족시켜 주어야 한다.
- 나는 일생동안 중요한 타인과의 관계에서 애써왔던 것처럼 상담자를 기쁘게 해주고 그의 인정을 받기 위해 노력해야 한다.

이렇게 되면 상담과정은 내담자가 현재의 다른 대인관계에서 해결하지 못한, 그리고 생애초기 형성적인 관계에서 자주 경험했던 갈등적 상호작용을 상징적으로 반복하게 된다. 내담자가 자신을 상담에 오게 한 관계 패턴을 상담자와의 관계에서 똑같이 반복할 때 상담자는 새롭고 더 효과적인 방법으로 반응해서 상담관계에서 내담자가 문제를 해결하고 패턴을 변화시키도록 해야 한다. 이런 생생한 변화를 경험하면 내담자는 자신의 협소하고 고정된 인식 틀을 확장하여 더 유연해지며 현실적이 되고, 배우자, 자녀, 친구 등 다른 사람과의 문제되는 관계 패턴을 변화시키기가 쉬워진다. 이렇게 교정적 정서 경험을 제공하는 것이 쉬워 보일 수 있지만 막상 실행하기란 어려운데, 이는 특히 수련 중인 상담자들에게는 이 개념이 생소하기 때문이다. Hill(2014)은 상담자가 다음과 같은 과정중심 질문을 상담회기 내내 자신에게 던지라고 제안한다.

상담자 지금 나는 새롭고도 회복적인 관계를 함께 만들어가고 있는가, 아니면 내담자가 재연하는 익숙하지만 문제가 많은 상호작용 흐름에 휩쓸리고 있는가?

변화는 상담자와 내담자가 대부분의 상담관계에서 나타나는 이러한 부적응적 관계 패턴의 재연을 해결할 수 있을 때 일어날 것이다. 내담자들은 더 이상 옛 방식으로 반응(예를 들어 항상 통제해야 한다든지, 책임감 있는 사람이 되어야 한다든지, 다른 사람을 돌봐야 한다든지 등)할 필요도 없고 타인으로부터 원하지 않는 반응(예를 들어 무시나 업신여김을 당한다든지, 판단이나 비판을 받는다든지, 시기나 경쟁의 대상이 된다든지 등)을 항상 받지 않아도 된다는 것을 학습할 것이다. 이런 방식으로 내담자는 기대의 폭을 넓히고 특히 상담자와의 안전한 관계에서 더 유연하고 적응적인 방식으로 행동할 수 있게 된다. 내담자의 행동이 상담을 통해 변화되기 시작하면, 다음 단계로 넘어가 내담자가 상담자와의 관계에서 일어난 경험적 재학습을 일반화하고, 상담실 밖에서 다른 사람들에게 이와 유사한 더 적응적인 반응을 하도록 도울 수 있다.

내담자는 말이 아닌 행동을 믿는다. 오래전 Frieda Fromm-Reichmann(1960)은 상담자는 내담자에게 **설명**이 아닌 **경험**을 제공해야 한다고 말함으로써 바로 이 핵심 개념을 포착했다. 해석, 통찰 촉진, 공감적 이해, 인지적 재구조화, 자기 관찰 기법, 교육, 기술 훈련, 그리고 그 외 여러 개입방법들도 대인과정접근에서 사용되며 대부분의 내담자에게 도움이 된다. 그러나 이 접근에서는 이런 기법이 우선시되지 않는다.

이 접근법은 경험적 학습 모델이다. Strupp과 Binder(1984)에 따르면, 내담자들은 정서적으로 고통스럽고 오랫동안 무익했던 관계 경험을 상담자와 함께 다루어갈 때 변화하게 되고, 치료적 관계는 내담자들이 지금까지 예상하고 두려워했던 것과는 다른 새롭고 좋은 결과가 생기도록 한다. 즉 내담자가 갈등의 주요 측면을 상담자와의 관계에서 반복할 때, 상담자의 반응이 과거 내담자의 관계 틀이나 도식과 다르면 내담자는 다른 방식으로 관계가 진행될 수 있다는 것을 경험하게 된다. 이 새롭고도 회복적인 **경험**은 다른 관계로 일반화될 수 있는 강력한 경험적 재학습이다(Bandura, 1997). 여기에서 중요한 것은 **상담자와의 이런 행동적 변화 경험은 대화만 하는 상담보다 훨씬 더 강력하다는 것이다.**

이제 상담자가 변화를 촉진하기 위해 이 교정적 정서 경험을 사용하는 여러 방법들을 살펴보자. 특히 이 새롭고 교정적인 상담자의 반응은 **더 큰 대인관계 안전감**을 내담자에게 만들어줌으로써 내담자를 돕는다. 이는 상담관계에서 소중하게 여겨지고 존중받을 때 생기는 좋은 느낌을 훨씬 뛰어넘는 그 이상의 것이다. 이는 더 유의미한 안전감으로서 내담자가 바라지 않거나 두려워하는, 예전부터 익숙하며 예상해온 특정 반응을 받음으로써 상처받는 일이 다시 일어나지 않을 때 경험하는 것이다. 앞서 강조했듯이, **이 핵심적인 순간은 상담의 끝이 아니라 중요한 새로운 행동의 지평이 열리는 기회의 창이다.** 예를 들어, 내담자는 상담자로부터 회복적인 경험을 한 후 바로 안전을 느끼고 다음과 같은 일을 할 힘을 얻는다.

- 어떤 고통스럽고 힘든 감정을 마음 가득 느끼는 모험을 시도하여 경험한다.

- 양가감정을 해결하고 중요한 개인적 결정을 내린다.
- 상담자나 생활 속의 다른 사람에게 새롭게 반응하는 모험을 한다.
- 중요한 자기개방을 하고 연관되는 새로운 주제나 관심사를 꺼내어 탐색한다.
- 대담해져서 그동안 말하지 못했던 상담자에 대한 오해를 언급하는 모험을 하고 상담자와의 사이에서 있었던 문제를 더 직접적으로 다룬다.
- 자신에 대해 더 좋게 느끼고, 비현실적으로 부끄러워하거나 죄책감을 느끼던 행동에 대해 스스로를 용서한다.
- 잘못된 대처 전략이나 자기패배적인 행동으로 얼마나 많이 다른 사람들에게 상처를 주고 자신의 삶에서 대가를 치렀는지를 잘 알게 된다.
- 인식 틀과 관계 패턴이 처음 만들어지게 된 형성적인 관계와 현재의 행동 사이에서 의미 있는 연결을 발견하는 통찰을 하게 된다.

상담자와의 교정적 정서 경험은 시간이 얼마 지나지 않아 이러한 방식으로 부적응적인 초기의 인식 틀과 반복적인 관계 패턴을 확장하여 내담자로 하여금 넓은 범위의 행동을 할 수 있게 한다. 일반적으로 교정적 정서 경험은 한 번만으로는 충분한 변화가 일어날 수 없겠지만 변화를 일으키는 중요한 시작점이 되곤 한다. 상담자로부터 이 새롭고 회복적인 반응을 안정적으로 받을 수 있다는 것을 알게 되어 생기는 대인관계 안전감에 기초하여, 상담자는 도움을 줄 수 있는 사람으로 인식되고 성취된 신뢰감을 얻게 된다(Sue & Zane, 2009). 내담자는 상담관계와 상담과정에 더 깊이 관여하게 되고 다른 사람과의 관계에서도 새로운 대처 전략과 반응 방식을 시도하게 된다. 이와 달리, 내담자가 지금까지 그가 다른 사람들에게 받았던 반응들(예를 들어, 내담자 주변의 다른 사람들이 자주 경험했던 것처럼 상담자가 좌절하고, 통제받으며, 의기소침해지고, 실망하는 등)을 상담자에게 받게 되면 어떤 이론적 접근의 개입 기법을 사용해도 실패할 것이다. 이런 방식으로, 상담자와 내담자의 상호작용은 상담관계에서 발생하는 일과 개입 방법에 대한 '메타' 관점을 제공하여, 다른 상담접근들과 통합될 수 있다(예를 들어, 인식 틀에 따른 상담 상호작용과 인식 틀을 벗어난 상담자와의 상호작용).

교정적 정서 경험을 제공하기 위해 과정 영역 사용하기 상담자는 이 두 가지 핵심 개념을 연결하여 교정적 정서 경험을 제공하기 위해 과정 영역에서 작업할 수 있어야 한다. 남편의 할 일을 항상 이야기하고 '지시적으로' 행동하는 아내에 대해 불평하는 내담자의 예를 다시 한 번 살펴보자. 내담자가 상담자에게 무엇을 해야 하느냐고 물었을 때 상담자는 '과정 언급'을 하면서 현재의 상호작용을 논의의 주제로 삼을 수 있다.

상담자 지금 당신이 무엇을 해야 하느냐고 나에게 묻고 있는데 당신은 집에서 부인과의 관계에서 겪고 있는 문제를 이 상담에 가져오는 것 같아요. 여기 상담에서는 무엇인가 다르게 할 수 있지 않나 살펴봅시다. 나에게 당신이 무엇을 하면 좋을지 말해달라고 하기보다는 당신이 결정을 내리기 어려운 순간에 당신 안에 무슨 일이 일어나고 있는지를 살펴봅시다. 어디서부터 시작하면 좋을까요?

내담자 잘 모르겠어요.

상담자 자, 잠시 시간을 가지고 당신 안에 무엇이 일어나는지 살펴봅시다.

내담자 (침묵) 나는 비판받을 거예요. 내가 어떤 결정을 해도 아내는 무엇인가 잘못을 찾아낼 거예요.

상담자 그래요, 이렇게 시작할 수 있어요. 항상 당신이 잘못하기 때문에 아내 눈에 들게 행동하지 못한다는 말이지요. 그럴 때 당신에게 여러 감정이 있을 것 같은데, 좀 더 이야기해볼까요?

내담자 글쎄, 난 아내가 내 부모가 되려는 것이 싫어요. 알잖아요. 나를 통제하면서 나를 어린애로 만들어버리는 것이요.

이 예에서 상담자는 내담자의 문제 많고 익숙한 관계 패턴이 상담관계에서는 작동하지 않는다는 것을 보여주고자 했다. 상담자는 내담자에게 할 일을 이야기하지 않음으로써 그 관계 양식에 말려들어가지 않았다. 대신 상담자는 내담자에게 새롭고 다른 관계 패턴, 즉 함께 노력하는 협력적인 동반자 관계를 제안했다. 내담자는 상담자의 지지를 받으면서 이런 새 행동을 훈련하고 역할 연습해서 아내나 다른 사람에게 시도해볼 수 있다. 내담자는 다른 사람과의 새로운 강력한 관계 패턴을 시도해보면서 성공하기도 하고 실패하기도 한다. 그러나 상담자가 내담자에게 교정적 반응을 제공하는 이러한 초기 시도가 다른 방법으로 여러 번 반복되어야 변화는 일어난다. 상담자가 상호작용에 더 적극적으로 참여하는 방법을 계속 찾아간다면(이렇게 말하기는 쉬워도 실제 행하기는 어렵다) 이 새로운 대인관계 과정은 교정적 경험이 될 것이며, 다른 치료적 개입 또한 촉진될 것이다. 즉 대안행동, 해석, 대인관계 피드백 등이 이런 교정적인 대인관계 맥락에 제공됨으로써 더 효과를 보게 된다. 이 내담자는 지금까지 지배/통제 인식 틀에 따라 살아왔지만 이제는 자신의 목소리를 내면서 상담과정에 협력적으로 참여하며, 다시는 무엇을 해야 할 것인지에 대해 지시를 받지 않는다(Baldwin et al., 2007; Miller & Rollnick, 2013). 아직은 문제 전체를 다루지 않았지만 변화는 시작된 것이다.

실수에 대한 두려움과 역전이가 내담자에 대한 초보 상담자의 개입을 감소시킨다 앞서 보았듯이, 대인과정접근의 기본 원리는 내담자에게 변화 경험을 주는 것이다(Florsheim & McArthur, 2009). 내담자는 이런 살아있는 재학습으로 자신의 잘못된 기대를 수정하고, 일상생활에서 무엇을 누릴 수 있는지와 대인관계에서 무슨 일이 일어나는지에 대한 인식 틀을 확장하는 새로운 관계를 상담자와 맺어가게 된다. 예를 들어, 내담자는 몇 번만이라도 우선은 상담자에게 그리고 일상생활 중 다른 사람에게 다음과 같은 행동을 할 수 있게 된다: 도움을 요청하여 지지적인 응답을 받고, "안 돼."라고 말하여 다른 사람들로부터 자신의 경계를 인정받고, 자신의 욕구를 억누르고 다른 사람이 원하는 것을 해주기보다는 자신의 욕구에 우선순위를 두고, 경쟁이나 시기심을 자극하지 않고도 성공한다. 그러나 역전이(countertransference) 문제와 앞에서 살펴보았던 실수에 대한 초보 상담자의 두려움은 교정적 정서 경험 제공을 어렵게 한다. 이 두 가지를 더 상세하게 살펴보자.

첫째, 내담자와 이런 방식으로 상담하기 위해서는 상담자가 개인적 관여를 해야 한다. 상담자는 진실한 관계를 형성하고 내담자의 영향을 받을 수 있는 위험을 기꺼이 감수해야 한다(Rogers, 1980). 교정적 정서 경험을 제공하여 변화를 일으키는 데 필수적인 정서적 영향을 주려면, 두 사람의 관계가 양자 모두에게 진정한 의미를 지녀야 한다(Gelso, 2011; Horvath & Bedi, 2002; Kivligan, Gelso, Ain, Hummel & Markin, 2015). 이런 단순한 인간적 방법에서 치료를 일으키는 것은 '관계'이며, 관계 그 자체가 '**협력적**이고 목적 지향적인 작업'을 촉진한다(Hatcher & Barends, 2006). 상담자가 단순히 객관적인 기능인처럼 내담자로부터 심리적으로 안전하게 떨어져 있으면, 그 관계는 양자에게 진정한 의미가 될 수 없다. 이런 관계는 무의미하기 때문에 변화를 일으킬 수 없는데, 설령 상담자가 새롭고 유연한 방식으로 내담자의 문제 있고 오래된 패턴, 신념, 기대 등을 따라가지 않는다고 해도 마찬가지이다.

다른 한편으로, 상담자가 내담자를 과도하게 동일시하거나 변화에 대한 내담자의 선택과 능력에 너무 몰입하면 상담이 진전하지 못한다. 이런 상황에서 상담자는 내담자와 함께 재연하고 있는 대인과정에 대한 감각을 잃게 되어 내담자의 부적응적 관계 패턴을 반복하는 부적절한 방식의 반응을 하게 된다. 이와 같이 초보 상담자의 전형적인 문제는 내담자의 상황이나 관심을 자신의 것과 동일한 것으로 경험하는 것이다. 예를 들어, 상담자가 '이 내담자는 나와 똑같구나!' 하고 생각하면 바로 이런 상황이 발생한다. 이런 차이점 인식 실패에 대한 해결은 지지적이면서도 솔직한 수퍼비전 관계를 통해 상담자의 역전이 주제를 인식하고, 여러 가지 중요한 면에서 상담자의 경험이 내담자의 경험과 다르다는 점을 아는 것이다. 둘 사이에 중요한 측면에서 비슷한 점이 있을 수 있지만 사실 내담자의 경험은 상담자의 경험과—그리고 그 의미를 형성한 넓은 맥락에 있어서—절대로 같지 않다. 일단 내담자의 주제와 자신의 주제를 구분하면, 상담자는 내담자의 문제가 상담관계에서 재연되는 모습을 파악할 수 있게 된다(예를 들어, 상담자는 부모에게 든든한 좋은 친구로 성장했기 때문에 서로가 너무 가깝고 똑같다고 느꼈을 수 있다). 이에 대해서는 여러 다문화 관련 문헌들이 '여러 문화 간의 차이와 유사성의 영역'을 잘 알려준다(Pedersen et al., 2008). 이렇게 각 상담관계가 일정한 범위의 유사성과 차이를 포함한다는 것을 알게 되면 상담자는 내담자와 재연하고 있는 문제되는 방식(내담자와 지나치게 동일시하거나 과도하게 반응하기 등)을 변화시키고 더욱 생산적으로 문제를 해결하는 대인

관계 과정을 형성할 수 있게 된다.

둘째, 우리는 초보 상담자가 내담자에게 여러 가지 실수를 할 것이라고 생각해야 한다. 예를 들어 어떤 유형의 내담자에게는 지나치게 관여하거나 반대로 전혀 관여하지 못하게 되며, 때때로 내담자의 부적응적 관계 패턴을 반복하는 등의 실수를 하게 마련이다. 이런 실수는 초보에게든 숙련된 상담자에게든 상담과정에서 불가피하게 일어나는 것이다. 그럼에도 불구하고 쉽게 무너질 내담자들은 많지 않으며 치료적 관계는 때로 매우 탄력적이다. 불행히도 대부분의 초보 상담자들은 이러한 점을 잘 알지 못하며, 앞서 언급한 것처럼 실수하는 것이 그들의 가장 큰 불안이 된다. 초보 상담자가 실수는 되돌려질 수 있다는 것을 깨달으면 상담을 더 잘 하고 즐길 수 있게 된다. 사실 실수는 내담자와 함께 다루어서 해결할 수 있으며, 중요한 치료적 기회를 제공할 수 있다. 이는 상담자가 내담자와의 관계에서 일어날 수 있는 잠재적인 문제와 오해에 대해 내담자와 이야기하는 방식으로 상담의 과정 영역을 다룰 때 가능하다. 다음의 예를 살펴보자.

상담자 지금 보니 당신이 한 말을 내가 오해한 것 같네요. 왜냐하면 지금 몇 분 사이에 당신이 나에게서 멀어진 것처럼 보이고, 당신이 다른 사람들이 종종 자신을 이해하지 못한다고 말했기 때문입니다. 지금 우리 사이에 무슨 일이 일어나고 있다고 생각하나요?

내담자 그래요. 나도 좀 멀어진 느낌을 받았어요. 그러나 나는 '오해받았다고' 생각하지는 않아요. 당신이 많이 이야기하지 않는 것이 싫어요. 당신은 참 말이 없어요. 그렇지요?

상담자 그렇게 솔직하게 말해주니 고마워요. 많은 도움이 되었어요. 그러면 이렇게 바꾸어보지요. 내가 말을 좀 더 해서 당신에 대한 내 생각을 더 이야기해볼게요. 나중에 이것을 점검해보고 어떻게 진행되는지 봅시다. 어떻겠어요?

내담자 고마워요. 그게 좋겠어요.

상담자 좋아요. 나는 당신의 이야기를 들으면서 당신이 도움이 된다고 생각하는 방식으로 상담하고 싶어요. 내가 조용해지거나 너무 말이 없으면 당신이 좋아하는 이런 것을 내게 말해줄래요?

내담자 좀 거북한데요. 내가 충분한 지도나 도움을 받는 것 같지 않아요. 그러면 상담이 나에게 도움이 되지 않을 것이고, 나는 그냥 우울한 상태에 머물러 있을 거예요. 내담자로서 무엇을 해야 하는지 모르겠네요. 나는 당신이 아는 것처럼 전에 상담을 받아본 적이 없기 때문에 상담에서 무엇을 말해야 하는지, 당신이 나에게 무엇을 하라고 하는지 모르겠어요.

초보 상담자는 수행 불안이 줄어들면 과정 측면을 발견하고 다루는 능력이 커진다. 상담관계가 잘못되어갈 때 다시 바로잡는 가장 좋은 방법은 상담자가 잠재적인 오해나 실수에 대해 충분히 이야기하고 해결해가는 것이다. Hill(2014)에 따르면, 학생 상담자는 비방어적인 태도로 자신의 실수를 알아차리며, 필요한 경우 사과하고, 내담자와 그 일을 충분히 이야기해야 한다. 이 방법은 상담관계를 회복시키고 내담자에게 관계에서 문제가 생졌을 때 이를 다루는 효과적인 모델을 제공한다. 다음 장에서 다시 과정 언급을 다루면서 이 중요한 '균열과 회복'의 주제를 다룰 것이다. 이제 세 번째 주요 개념인 내담자 반응의 특수성을 살펴보자.

내담자 반응의 특수성

초보 상담자는 그들의 상담 개입을 안내해줄 이론적 틀을 필요로 한다는 것을 이미 살펴보았다. 이론이 상담자와 내담자에게 도움이 되려면 무엇을 제공해야 할까?

효과적인 이론의 특징을 하나 말한다면, 상담을 받으려 하는 다양한 내담자를 포괄하는 유연성과 넓이를 가져야 한다는 것이다. 많은 학생 상담자들은 임상 훈련을 받으면서 기본적인 **세계관**이 확장되면서 지속적으로 변화한다. 예를 들어, 초보 상담자는 성격과 행동에는 일정한 패턴이 있다는 것을 이전보다 훨씬 더 깊이 인식하게 된다(Levenson & Strupp, 1997). 그러나 이렇게 새롭게 구성되는 관점과 함께 모든 내담자가 진정으로 독특하고 다르다는 것도 명백해진다. 각각의 내담자는 고유한 특성을 가지고 태어났으며 각자 다른 가정과 문화적 맥락에서 서로 다른 가치와 신념에 따라 양육되었다. 남자와 여자는 다르게 사회화되며, 다른 문화에서 자라난 사람들은 서로 다른 정치적, 종교적 경험을 하고, 사회경제적 지위에 따라 기회와 기대가 다르게 주어진다. 이론이 유용하려면 이런 매우 다양한 내담자들—이들은 또한 서로 다른 동기 수준을 가지고 상담을 시작한다—을 효과적으로 다룰 수 있도록 상담자를 도울 수 있어야 한다(Prochaska & Norcross, 2006). 더욱이 각 상담자도 서로 다른 사람이다. 내담자처럼 상담자는 나이, 성, 인종, 성적 취향, 성장 배경 등이 다르다. 상담자도 다양한 가치관, 주관적 세계관, 개인적 취향 등을 상담실에 가져온다. 어떤 이론이 이런 다양한 상담자들로 하여금 내담자들이 제시하는 매우 넓은 범위의 대인간 경험을 다루도록 도울 수 있을까?

세 번째 핵심 개념인 **내담자 반응의 특수성**(client response specificity)이 좋은 도구가 될 것이다. 내담자 반응의 특수성이란 상담자가 내담자별로 특수한 요구에 맞는 반응을 만들어내야 한다는 것을 의미한다. 하나의 반응으로 모든 내담자를 충족시킬 수는 없다. 내담자가 제시하는 복합적 문제, 다양한 발달적 경험, 다문화적 배경 등에 반응하는 정형화된 공식이나 포괄적인 기법은 없다. 이런 면에서 상담 진행 시 한 내담자에게는 도움이 되었던 상담 반응이나 기법이 다른 내담자에게는 오히려 방해가 될 수 있다(Bachelor, 1995; Silbererschatz, 2005). 예를 들어, 어떤 내담자는 상담자의 온화함에 잘 반응하지만 다른 내담자는 상담자의 객관적인 태도에 잘 반응한다. 더 구체적으로, 온화하고 표현을 잘 하는 상담자는 다른 사람을 잘 신뢰하지 못하는 회피적인 내담자를 위축시키고, 사업가적 상담자는 위기에 있는 불안한 내담자와 상담관계를 맺기 어렵다. 분명 이는 매우 어려운 일이다. 이는 특히 당신이 규칙을 따라 살기를 선호하고 모호함을 참기 어려워한다면 매우 힘들고 복잡한 일이다. 이에 대한 해결방법은 상담자가 각 내담자에게 귀 기울이고 내담자의 반응을 평가하며, 이 내담자에게 어떻게 반응하는 것이 좋을지를 계속 연구하는 것이다(Lazarus, 1993; Sampson, 2005). 그러나 앞으로 살펴볼 것과 같이, 종종 상담자들은 내담자가 무엇을 원하고 원하지 않는지에 대한 내담자의 반응에 주의를 기울이고 그에 맞추어가지 못한다(Waldin & Imel, 2013).

내담자 반응의 특수성을 고려할 때 가장 중요한 단어는 유연성이다. 이 접근은 상담자가 각 내담자의 개인적 경험과 그의 세계를 보는 방식에 반응할 것을 요구한다. 어떤 집단의 경험(예를 들어, 아프리카계 미국인의 역사에서 375년간 노예생활과 150년간 인종차별이 지속되었다는 것)을 잘 알게 되거나 DSM 진단의 기준과 증상(예를 들어, 양극성 장애의 내담자는 조증 상태에서 타인에 대한 공격성, 성적 문란, 자살 등의 문제를 보일 수 있음을 아는 것)은 분명히 도움이 된다. 그러나 이와 함께 내담자 반응의 특수성이라는 관점에서 우리는 각 내담자를 독특한 한 개인으로 이해하고 반응할 것을 요구한다. 그래서 우리는 모든 내담자, 심지어 남자, 라틴인, 기독교인 등 특정 진단군이나 집단에게 적용할 수 있는 상담 규칙이나 개입 지침을 찾지 않는다. 오히려 우리는 지금 바로 내 앞에서 나와 이야기하는 이 독특한 내담자에게 우울한 것, 동성애자가 되는 것, 혼혈인이 된다는 것이 어떤 의미를 지니는지를 이해하게 해주는 개별 사례에 맞는 설명을 찾으려고 한다. '내담자 반응의 특수성'의 의미를 더 상세히 살펴보고 이 개념이 더 효과적인 상담자가 되는 데 어떻게 도움이 되는지 알아보자.

대인과정이론은 매우 개별적인(idiographic) 접근이다. 이 이론에서는 개개인 내담자의 개인적 경험이나 주관적 세계관을 강조한다. 진단 유형은 분명히 도움이 되지만 광범위해서 특정 내담자에 대한 구체적인 정보를 주지는 못한다. 성격유형론은 상담이 나아갈 잠재적 방향을 보여줄 수 있지만 실제 상담과정과 다루어야 할 주제는 내담자별로 독특하다. 예를 들어 두 명의 내담자가 일반화된 불안장애나 회피성 또는 의존성 성격장애로 동일하게 진단받거나 성폭력 피해자일 때 분명 이들은 공통의 배경을 갖고 있지만 둘 간의 차이, 즉 각자의 독특성은 매우 중요하다. 그러므로 상담회기마다 상담자는 내담자를 협동적 탐색과정에 참여시켜 각각의 특정 경험이 내담자에게 주는 주관적 의미를 찾아보도록 해야 한다. 다음 사례를 살펴보자.

상담자 당신이 여기에서 진짜 의미한 것이 무엇인지를 내가 잘 이해했는지 한번 점검해보아야겠어요. 당신 말을 들어보니 당신은 우울보다는 슬픔이나 비통함을 느끼는 것처럼 보여요. 당신 생각을 내가 잘 이해했나요?

상담자는 상담 시작 회기부터 종결 회기까지 정확하게 공감하는, 즉 자기중심적 생각을 버리고 내담자의 주관적 세계 속으로 들어가는 인지적, 정서적 유연성을 갖는 도전적인 일을 수행한다. 특정 경험이 한 내담자에게 의미하는 바는 상담자에게 또는 상담자가 만났던 다른 내담자에게 의미하는 바와 전혀 다른 경우가 많다. 상담자는 내담자의 언어와 단어 선택에 주의를 기울여 고유한 은유를 함께 탐색해야 한다. 다음 사례를 살펴보자.

상담자 당신이 '지금 여기에서 출항해나가고 싶다'고 한 것이 우리 관계에 대해 어떤 의미를 언급하려고 한 것인지 내가 이해할 수 있게 도와주세요.

내담자가 의미하는 것을 상담자가 알고 있다고 생각하지 않고 이렇게 구체적인 의미를 계속 탐색하는 것은 모호함을 비난하는 것이 아니다. 누군가 당신에게 주의깊게 귀 기울이고 당신이 말하고자 하는 바를 정확하게 이해하려고 열심히 노력하면 의미는 만들어진다.

내담자의 특수성을 고려하면 표준화된 상담 방법이란 있을 수 없다. 각 개인 내담자의 발달사, 문화적 맥락, 현재의 생활 환경이 상담자의 상담 계획과 개입 전략을 이끌어준다. 그러므로 대인과정접근은 내담자에 대한 특정 접근—지시적이든 비지시적이든, 문제해결적 접근이든 탐색적 접근이든, 지지적이든 도전적이든, 가려진 입장이든 자기공개적 입장이든—을 옹호하지 않는다. 각 접근은 어떤 내담자에게는 도움이 되지만 또 다른 내담자에게는 비효과적일 수 있다. 그러므로 이 접근은 상담자에게 이와는 다른 더 어려운 것을 요구한다.

- 이 내담자가 변화하는 데 필요한 구체적인 관계 경험을 개념화하기. 예를 들어 경계를 침범하는 양육자로부터 양육을 받은 내담자가 현재에도 남자친구로부터 전화와 이메일을 확인받고 있다면, 상담자가 다음과 같이 말해서 내담자의 개인적 경계와 사생활을 반복적으로 지지해주는 것이 도움이 된다: "이것에 대해 당신이 원하는 대로 조금 또는 많이 말해도 됩니다…"; "당신의 속도대로 다루어 갑시다…"; "여기서는 당신의 방식대로 할 것입니다. 당신이 나에게 말하고 싶지 않은 것을 내가 알 필요는 없어요."
- 이 특정한 내담자가 요구하거나 더 생산적으로 활용할 것으로 보이는 방식으로 상담자가 유연성을 가지고 자신의 개입을 변화시키기

이 요구사항이 명확하고 쉬워 보이지만, 불행하게도 대부분의 상담자들이 이를 잘 수행하지 못한다는 연구결과가 많다. 상담자들은 자신의 이론적 접근에 따라 같은 방식으로 내담자들에게 반응하는데, 심지어 그들이 선호하는 접근이 전혀 작용하지 않을 때에도 그런 경우가 있다. 상담과정 연구에 의하면 대부분의 상담자들은 내담자에게 기법을 적용하는 데 있어 유연성을 보이지 못하며, 자신의 개입을 조정할 수 있는 대인관계 폭이 넓지 않아서 각각의 내담자들이 가장 잘 활용할 수 있는 반응을 제공하지 못한다(Najavits &

Strupp, 1994; Sampson, 2005). 내담자 반응의 특수성과 관련하여 우리의 목표는 상담자의 개입에 대해 내담자가 지속적으로 어떻게 반응하는지 평가해서—구분하려고 노력해서—유연성을 적용하는 것이다. 이를 위해 '의도'에 관한 상담 문헌은 상담자가 다음과 같은 질문을 자신에게 할 것을 권장한다.

나는 지금 어디에 있으며 무엇을 하고자 하는가?
(예를 들어, 내담자가 지금 표현하는 감정과 관심사를 알아차리고 반응하기)

그래, 그러면 그렇게 하기 위한 최선의 방법은 무엇인가?
(이것은 내담자의 어려움이나 걱정에 대해 공감적 반영을 하거나 타당화 반응을 하는 것일 수 있다)

이런 식으로, 상담자는 자신의 의도를 생각해야 한다—상담자의 각 반응이나 대화에서 상담자는 무엇을 이루려고 하는가?(Ivey, Ivey & Zalaquett, 2014) 상담자가 지속적으로 다음과 같이 질문한다면, 이 특정 순간에 상담자는 이 특정 내담자의 구체적인 필요에 반응할 준비를 하게 된다.

지금 무엇이 필요하며, 나는 그것을 어떻게 줄 수 있는가?

내담자 반응의 특수성을 더 구체적으로 알아보기 위해 한 가지 사례를 살펴본 후에, 상담자의 다른 개입과 여러 반응에 대한 내담자의 긍정적 또는 부정적 반응을 평가하는 방법을 알아보자. 또 우리는 이 특정 내담자와 더 잘 상담할 수 있기 위해 상담자가 필요할 때 자신의 반응을 수정하거나 조정하는 방법을 살펴볼 것이다. 많이 논의되는 주제인 '상담자가 내담자에게 자기개방을 해야 하는가?'를 생각해보자. 내담자 반응의 특수성은 자기개방(혹은 어떤 다른 반응이라도)이 각기 다른 내담자에게 다른 의미를 지닌다는 것을 강조한다. 즉 같은 반응이라도 대조되는 발달사와 문화적 맥락을 지닌 다른 두 내담자에게는 정반대의 영향을 미칠 수 있다. 예를 들어, 내담자의 양육자가 정서적으로 거리를 두는 사람이었다면 상담자의 적절한 자기개방은 내담자에게 도움이 될 수 있다. 하지만 동일한 반응도 우울, 불안하거나 알코올중독 성향의 부모를 항상 정서적으로 지지하는 역할을 해야 했던 내담자에게는 불안을 일으킬 수 있다. 첫 번째 내담자는 상담자의 많은 자기개방을 통해 그의 깊은 신념과 달리 자신이 정말 중요한 존재이며 다른 사람의 관심을 끌 수 있다는 것을 배울 수 있다. 두 번째 내담자에게 자기개방은 의도하지 않게 다른 사람의 원치 않는 욕구를 은연중에 부과하여 내담자로 하여금 예전의 양육자 역할을 지금 상담자와의 관계에서 다시 경험하게 함으로써 내담자를 예전 상태로 되돌려놓을 수 있다. 이런 문제되는 관계의 재연은 내담자가 자라면서 계속 씨름해왔던 문제되는 관계 주제가 상담관계에서 똑같이 반복되기 때문에 일어난다. 이렇게 내담자 반응의 특수성을 고려하여 내담자의 부적응적 인식 틀이나 관계 패턴이 특정 내담자에 대한 상담자 개입의 영향력을 형성한다는 것을 안다면 여러 이론적 접근을 사용하는 상담자들은 모두 더 효과적으로 상담할 수 있을 것이다.

앞선 두 가지 핵심 개념처럼, 내담자 반응의 특수성도 복합적이고 다측면적인 임상적 개념이기 때문에 이를 배워서 내담자에게 적용하려면 오랜 시간이 걸린다. 다른 흔한 질문을 통해 이를 더 살펴보자. '내담자가 조언을 구할 때 상담자의 의견을 말해주어야 하는가?' 앞에서와 같이, 상담자의 반응은 상담자가 표준으로 채택한 이론보다는 각 내담자의 특정 상황에 의해 결정된다. 예를 들어 지배적이고 강요하는, 그래서 내담자의 자신감을 무너뜨리고 남편에 대한 의존성을 강화시키는 배우자에게서 독립하여 자기주장적인 특성을 가지려고 하는 순응적이고 수줍음을 잘 타는 여자 내담자에게 조언을 주는 것은 비효과적일 수 있다. 그런 내담자에게는 다음과 같이 반응하여 상담자와의 관계 패턴을 변화시킬 수 있다.

자, 먼저 이것에 대한 당신의 생각을 살펴봅시다. 그런 후에 내 의견을 말하지요. 어떤 것이 지금 당신에게 가장 좋은 방법이라고 생각하나요?

반면에, 부모가 너무 자신에게만 집중하거나 자신의 문제에 과도하게 집착하여 자녀에게 관심을 두거나 반응하지 않아서 내담자의 문제 해결에 도움을 주지 못했던 경우의 내담자에게는 상담자가 조언과 지시를 주는 것이 도움이 된다. 이런 내담자에게 문제를 해결하는 제안이나 조언을 주지 않으면 그가 발달과정에서 겪은 문제를 다시 한 번 경험하게 하여 그가 개선되어 가는 과정을 방해하며, 그가 상담에서 원하고 필요로 하는 도움과 안내를 받지 못하게 한다. 여기에서 다시 한 번, 동일한 상담자의 반응이 다른 내담자에게 매우 다른 영향을 미친다는 것을 알 수 있다. 이런 메타적 관점에서 보면, 어느 이론적 접근의 기법과 개입이든지 내담자에게 도움이 될 수도 있고 방해가 될 수도 있다. 그 가름은 상담자의 반응이 특정 내담자의 부적응적 인식 틀과 관계 패턴을 반복하느냐 아니면 해결하느냐에 달려 있다.

마지막으로, 내담자 반응의 특수성의 중요한 측면—상담자 개입에 대한 내담자 반응을 평가하기—을 살펴보자. 상담자는 자신이 방금 보인 반응을 내담자가 어떻게 활용하는지 혹은 반응하는지를 관찰하여 개입의 효과를 평가할 수 있다. 예를 들어 내담자가 상담자의 자기개방에 대한 반응으로 불안해지거나 화를 내거나 감정적으로 멀어지게 되면 상담자는 이 특정 내담자에게 어떻게 효과적으로 반응해야 할지를 배우게 된다. 이는 상담자의 자기개방이 다른 내담자에게도 도움이 되지 않는다든지 일반적으로 비효과적인 반응이라는 의미가 아니라 이 특정 내담자에게 도움이 되지 않는다는 의미이다. 앞에서 살펴보았듯이, 상담자가 교정적 반응을 하면 내담자는 안전감을 느끼고 더 용기 있게 행동하며, 관련된 새로운 자료를 제시하고, 상담자와 더 가까워지는 등 즉각적인 향상을 보인다. 반면에, 상담자가 과거의 문제되는 패턴을 반복하거나 비적응적인 인식 틀을 그대로 따르는 반응을 보이면, 내담자는 몇 분 내에 수동적이고, 확신이 없고, 순종적인 특성을 보이는 등 연약한 모습을 보임으로써 상담자에게 행동으로 알려준다(Silberschatz, 2005). 그러므로 상담자가 자신의 여러 개입(대인관계에 대한 피드백 주기나 과정 언급하기, 생각 기록이나 자기 관찰하기를 과제로 주기, 해석이나 인지적인 재구조화하기 등)에 대한 내담자의 즉각적인 반응을 잘 살피면, 상담자가 가장 잘 반응한 것이 무엇인지를 내담자의 행동으로 알게 된다. 그러나 앞서 말한 대로, 상담자는 이 특정 내담자가 가장 잘 활용할 수 있게 자신의 개입을 조정하고 다른 반응을 할 수 있는 유연성을 지녀야 한다.

요약하면, 이렇게 매우 개별적인 방법으로 상담하게 되면 상담과정이 더욱 복잡해지고 상담자에게는 더 큰 요구가 부과된다. 그러나 이런 접근은 도움을 구하는 다양한 내담자의 독특한 경험과 구체적인 필요에 상담자가 유연하게 반응할 수 있게 해준다. 내담자 반응의 특수성은 대인관계접근의 핵심 개념이다. 상담 과정노트 기록(부록 A 참조)과 사례개념화 작성(부록 B 참조)은 이 과정을 진행하는 데 도움이 된다. 이는 내담자의 잘못된 신념과 관계상의 어려움을 만들어온 발달적 경험을 상담자가 파악하는 데 도움이 된다. 이 경험은 특정 내담자 반응의 특수성을 고려하여 교정적 방법으로 과정 영역에서 다루어져야 한다. 다음 사례에서 이 세 가지 핵심 개념을 살펴볼 수 있다.

테레사: 핵심 개념의 사례 예시

다음 사례는 과정 영역, 교정적 정서 경험, 내담자 반응의 특수성 등의 세 가지 핵심 개념을 보여준다. 특히 이 사례는 과정 영역(상담자와 내담자가 상호작용하는 방식)이 내담자 문제의 중요한 측면을 해결하는 것 또는 재연하는 것에 어떻게 기여하는지를 보여준다. 일반적으로 상담자와 내담자는 내담자가 다른 사람들로부터 받아온, 상처를 주며 문제가 많은 반응을 상담에서 문자적으로 그대로 재연하지는 않는다(이 사례에서 내담자의 문제는 성적 학대였다). 그러나 상담에서 상호작용하는 방식이 내담자가 다른 사람들과의 관계에서 겪어왔던 동일한 주제/감정/근심 등의 주제를 자극할 수 있다(여기에서는 상담자와 다른 사람에게 순응하고 '동조'하는 것이었다). 이 사례를 읽으면서 테레사가 당신의 내담자라면 당신은 이 사례의 상담자처럼 상담할지 아니면 다르게 상담할지를 생각해 보자.[2]

2 이 임상 사례는 실제 사례에 기초하지만 상담자와 내담자의 성을 비롯한 개인 정보는 비밀보장을 위해 바꾸어 제시했다.

실습 1년차인 학생이 17세 내담자인 테레사를 첫 회기에 만나 양아버지와의 성적 관계에 대해 상담하게 되었다. 누구나 이해할 수 있듯이, 이 초보 상담자는 불안을 느끼고 있다. 상담자는 이 사랑스러운 소녀를 보고 마음이 아프고 정말 테레사를 돕고는 싶지만 사실 상담자는 지금까지 살아오면서 성적으로 문제가 되는 경험에 대해 누구와도 직접적으로 이야기한 경험이 없다. 테레사와 상담자가 이야기하려는 **내용**이 바로 성적 학대이다. 그러나 상담 효과는 그들이 보여주는 대인과정에 따라 매우 달라질 수 있다. 우선 상담자가 대화를 주도해서 테레사로 하여금 일어난 일을 자신에게 이야기하도록 압력을 주는 상황을 생각해보자. 이 대학원 학생 상담자는 테레사의 안전에 깊은 관심을 갖고 있다. 그러나 '알고자 하는' 그의 욕구는 보고 의무자라는 자신의 법적 책임과 수퍼바이저가 테레사의 학대에 대해 자세한 사실을 알고 싶어할 것이라는 우려에 의해 강화된 것이다.

상담자가 자기공개를 지속적으로 요구하는 것에 반응하여 테레사는 상담자의 권위에 순응하면서 무슨 일이 일어났는지 억지로 말한다. 이렇게 하면 유용한 정보(즉, 내용)는 얻을 수 있으나 상담적 진전은 줄어들거나 아예 없어지기도 하는데, 이는 테레사 문제의 한 측면이 상담자와 상호작용하는 그 방식에서 재연되기 때문이다(즉, 과정). 어떻게 이것이 과정 영역에서 발생하는 문제의 **재연**(reenactment)인가? 테레사는 또다시 어른에게 순종하며 권위에 순응하고, 자신이 원하지 않는 것을 하라는 압력을 받는다. 물론 테레사가 말하고 싶지 않은 것을 말하라는 압력을 받는다고 해서 처음의 학대에서처럼 외상적 경험을 하는 것은 아니다. 그러나 학생 상담자가 개발해나가야 할 관점은, 명령/순종의 대인관계 과정이 적합하지 않은 관계 패턴으로 테레사에게 고통스럽게 익숙한 것이며 이는 테레사에게 학대 경험이 일으켰던 감정과 걱정을 자극할 수 있다는 것이다. 즉 무기력은 우울을 낳고 순응(동조)은 수치심을 낳는다. 상담과정이 주제상으로 또는 비유적으로 처음 학대의 모습을 자극하기 때문에 그녀가 상담자에게 순응하는 것은 상담의 진전을 방해하며 내담자의 회복 과정을 늦추게 된다.

만약 테레사가 가족에 대한 충성을 중요하게 여기는 민족에 속하거나 권위와 위계적 관계에 대한 순종을 강조하는 종교를 갖고 있다면 이 원하지 않는 상황은 더 복잡해진다. 테레사는 가족이 속한 민족이나 종교 집단에서 신성하게 생각하는 규칙을 어기라는 요청을 받은 셈이다. 다른 가족 구성원이나 친구들도 양아버지의 행동을 강하게 비난할 것이다. 그렇다 해도 테레사가 이 정보를 가족 이외의 사람(상담자)에게 이야기하고 순종과 용서를 강조하는 종교의 금기사항을 어겼기 때문에 그녀의 행동을 인정하며 지지하지는 않을 것이다. 그러므로 비록 자기공개가 모든 희생자들에게 있어 가족 규칙과 충성 의무를 어기는 것이라 해도, 테레사가 만약 보수적 종교 공동체에 속한 히스패닉계 청소년이라면 그녀에게 자기공개는 또 다른 중요한 의미를 지니며 더 어려움을 주는 일이 된다.

그러면 이 사례에서 상담자는 어떻게 해야 하는가? 테레사가 집에서 계속 학대를 받는데도 불구하고 그녀가 자발적으로 정보를 제공할 때까지 기다려야 하는가? 물론 아니다.

과정 영역에 주목하면서 상담자는 앞의 경우에서와 같은 정보를 얻으면서도 교정적 경험을 주기 시작할 수 있다. 즉 자기공개를 압박하기보다 테레사의 저항과 문화적 규칙을 존중하는 것은 어떨까? 예를 들어, 자기공개를 하라고 압력을 주어 테레사가 말하고 싶지 않은 것을 이야기하게 하기보다는 테레사가 말하기 꺼리는 점에 대해 동정적으로 또는 지지적으로 메타 의사소통을 하거나 과정 언급을 할 수 있다.

상담자 이 모든 것이 지금은 어렵구나. 어떤 것이 나와 이야기하기 가장 어렵지?

또는

상담자 지금 당장은 나와 이야기하는 것이 어려워 보이네. 아마 이야기하는 것이 편안하지 않은가 봐. 이것을 내게 이야기해서 내가 너를 돕게 된다면 무슨 일이 일어날지 궁금하네. 어떤 것이 잘못될까?

또는

상담자 이것에 대해 이야기하면 가족의 규칙을 어기게 되어 어머니나 양아버지가 이를 어떻게 생각할지 걱정되는구나. 그러면 가족 이외의 사람과 어떤 것은 말해도 되고 어떤 것은 말하면 안 되는지 등의 너희 가족의 규칙에 대해 이야기하는 것은 괜찮을까?

또는

상담자 이것에 대해 이야기하는 더 좋은 방법을 같이 찾아보자. 네가 좀 더 편하게 이야기하도록 하기 위해 우리가 무엇을 변화시키거나 다르게 행동할 수 있을지 한 가지만 이야기해줄 수 있을까?

이런 과정 언급의 목적은 양아버지나 다른 사람과의 관계에서 경험했던 것과는 다른 회복적인 대인과정, 즉 테레사가 상담자에게 순응해야 한다는 느낌을 덜 갖게 하는 대인과정을 만드는 것이다. 이런 상담자의 개입에 대한 반응을 통해 테레사는 이야기하기 힘든 현실적인 걱정거리들을 더 제시할 수 있다. 예를 들어, 테레사는 다음과 같은 것들을 이야기할 수 있다.

- 어머니가 그녀를 믿어주지 않을 것이다.
- 양아버지가 쫓겨날 것이고 그녀는 가정을 파괴했다는 비난을 받을 것이다.
- 어떤 사람들은 그녀의 잘못이었다고 할 것이다.
- 어떤 사람들은 그녀가 이기적이라고 하면서 더 이상 문제를 일으키지 말라고 할 것이다.
- 어떤 사람들은 더 용서하고 이 일을 다른 사람에게 이야기하지 말라고 할 것이다.

- 그녀는 이 문제를 가족 내에서 유지하면서 문제를 해결하려고 하지 않은 것에 대해 처벌받을 것이다.
- 상담자가 그녀를 믿지 않거나 부모 편을 들 것이다.
- 상담자가 그녀를 집에서 격리시키려고 할 것이다.
- 상담자나 다른 사람들이 그녀를 '더럽고' '망가졌으며' '수치스러운 상태에 있다'고 생각할 것이다.
- 상담자는 이런 민감한 주제에 대해 이야기하는 것이 불편해서 이 주제를 다루고 싶어 하지 않을 것이다.

상담자가 이런 테레사의 자기공개에 대한 걱정을 확인해서 해결하게 되면 그녀는 자기에게 일어난 일을 말할 힘을 얻고 편안하게 이야기할 수 있을 것이다. 이는 상담자가 단순하게 자기공개를 요구해서는 일어나지 않는다. 이런 과정의 차이가 미미해 보이지만 그 효과는 강력해서 상담의 과정과 성과에 결정적인 영향을 줄 수 있다. 테레사는 자신의 트라우마에 대해 상담자와 어떻게 이야기하느냐에 따라 회복의 과정을 시작할 수도 있고 아니면 평생 다른 사람이 원하는 것에 순응해서 살아야만 한다는 문제 많은 그녀의 예상을 재차 확인할 수도 있다. 위에서 제시된 과정 언급과 개입이 이루어지면 테레사는 권위자와 의사결정하는 과정에 참여하여 자신의 걱정을 표현해서 진지하게 다루고 가능한 범위 내에서 최선이 되도록 조정할 수 있게 된다. 예를 들어, 다음과 같은 경우를 보자.

상담자 그래, 테레사. 이것을 '혼자' 하지 않아도 돼. 로라 고모가 오늘 당신을 여기에 데리고 와서 지금 밖에서 기다리고 있잖아. 당신이 원하면 그분을 들어오시게 해서 우리가 이야기하는 동안 앉아 계시라고 할 수 있어.

이런 새로운 다른 방법으로 테레사는 누구에게 무엇을 이야기할 것인지에 대한 통제권을 공유하면서도 여전히 지지받는 경험을 하게 된다. 그녀는 양아버지에 대한 비밀을 혼자 간직했던 때와 달리 이제는 혼자가 아니며 상담자와의 관계에서 힘을 빼앗기지도 않는다. 테레사가 이렇게 상담자와의 관계에서 **교정적 대인관계 과정**(corrective interpersonal process)을 경험하면 다른 대인관계에서도 이와 비슷하게 힘 있고 자기확증적인 방식으로 행동하기 시작할 수 있다. 상담자는 이번 회기와 다음 회기에서 테레사가 주변 인물 중 이와 비슷하게 주장적이 되어도 안전한 사람들(노라 고모, 목사, 친구나 가족 중 몇 사람)과 이를 처벌하고 좌절시키며 그녀에게 단지 순종만을 요구하는 사람들(양아버지, 할머니, 친구나 가족 중 몇 사람)을 구분하도록 도와줄 수 있다.

그러나 이렇게 새로운 대인관계 과정을 만들어보려는 상담자의 노력이 효과를 보지 못해서 테레사가 여전히 자신의 비밀을 이야기하지 않으려 하면 어떻게 해야 하는가? 상담자는 보고 의무자이기 때문에 아동 보호 기관을 연계할 필요가 있다. 어떤 사례에서는 보고/상담과정에서 상담자가 내담자에게 선택이나 참여 기회를 제공하여 내담자에게 힘을 부여하려는 시도가 도움이 되지만 그렇지 않은 사례도 있다. 그러나 이렇게 도움이 되지 않을지라도 테레사는 상담자가 순응만을 요구하면서 상담자가 원하는 것을 하라고 하지 않고, 그녀를 상담과정에 포함시켜서 힘을 부여하는 방법을 찾으려고 진지하게 노력했다는 것을 알게 된다. 이처럼 상담자의 의도는 지금까지 다른 사람에 대해 생각했던 것과는 다르다는 것을 테레사가 알게 되면서, 작지만 의미 있는 변화가 그들의 관계에서 일어나 그녀의 회복을 촉진한다.

요약하면, 여러 이론적 접근의 모든 개념과 기법이 도움이 될 수 있지만, 만약 상담자와 내담자 간의 상호작용이나 과정이 내담자 문제에 대한 해결을 실현하고 있지 않다면 효과를 발휘할 수 없다. 앞으로 이 책에서 내담자의 부적응적 사고 과정과 행동 패턴을 이해하도록 하기 위해 공감 반응을 하여 이해받는 느낌을 제공하는 것에서부터 새로운 행동을 역할 연기해 보는 것까지 매우 다양한 상담 개입방법이 활용될 것이다. 그러나 이런 개입의 효과성은 내담자의 부적응적 인식 틀과 문제되는 대인관계 패턴이 내담자 반응의 특수성에 따라 과정 영역에서 재연되느냐 아니면 해결되느냐에 달려 있다.

이론적, 역사적 맥락

여기에서 제시하는 대인과정접근 모델은 통합적 모델이다(Ingram, 2012). 이 접근에서는 여러 이론들에서 대인관계 요소들을 추출하여 치료적 관계에 관한 공통적인 강조사항을 구성했는데, 이는 경험적 연구에서 성공적 상담 성과의 가장 지속적인 예측변인으로 제시되고 있다(Baldwin, Wampold & Imel, 2009; Horvath & Bedi, 2002; Norcross, 2002; Norcross & Lambert, 2014). 우리가 살펴보기 시작한 것처럼, 이 접근은 상담자가 내담자를 변화시키기 위해 현재의 상호관계—상담자와 내담자 사이의 대인과정—를 어떻게 사용할 것인지를 명확하게 제시한다. 여러 접근의 이론가들과 연구자들은 모두 치료적 관계에 대한 우리의 이해에 기여했고, 상담자가 그것을 어떻게 활용하여 내담자와의 작업을 이끌어가야 할지를 알려주었다. 이런 면에서 본다면, 다양한 이론들은 내담자의 여러 다른 기능적 측면에 초점을 두고 있으며, 상담자가 내담자 문제의 서로 다른 측면에 반응할 수 있도록 도와준다. 특히 대인관계적, 인지적, 가족/문화적 영역은 각기 다른 치료 접근에서 강조되어왔다. 이 책은 이러한 폭넓은 이론적 전통들 안에 자리매김한 과정 영역을 강조하며, 상담자와 내담자 간의 현재 상호작용에 대한 이런 개념들을 임상적 실천과 관련시킨다. 이제 소개할 이 세 영역들은 앞서 제시된 임상적 접근의 이론적 맥락을 제공할 것이다.

대인관계 영역

역사적 과정을 먼저 살펴보면, 대인관계 영역은 Harry Stack Sullivan이 처음 강조했으며, 그 후 Hans Strupp, Irvin Yalom, 그리고 여러 학자들이 정교하게 제시해왔다. Sullivan(1968)은 1940년대에 처음으로 심리치료에 관계적인 초점을 도입한 이래 지금도 큰 영향을 미치고 있지만, 충분히 인식되지는 못했다. Sullivan은 Freud의 리비도 이론을 강하게 부정하는 반항아가 되어 Freud의 충동이론(성욕과 공격충동 등)이 잘못되었다고 주장하는 주요 이론가 중의 한 사람이 되었다. Sullivan은 내담자가 과거에 어떻게 매여있는지를 보는 발달적 고착보다는 내담자의 현재 행동과 대인관계를 강조했다. 그와 여러 관계중심 이론가들은 아동들이 부모와 형성하는 실제 경험 또는 양육 제공자와 실생활에서 주고받는 상호작용을 더 행동적으로 또는 현실에 기반을 두고 강조했으며, 환상과 심리내적 과정에 대한 Freud의 중심이론으로부터 멀어져갔다. Sullivan은 사람들이 친밀한 관계에서 불안을 피하거나 통제하기 위해 하는 행동에 초점을 두었으며, 특히 생애초기 부모와 아동의 상호작용에서 반복적으로 나타나는, 상처가 되거나 불안을 일으키는 상호작용에 John Bowlby보다 먼저 관심을 두었다. 이에 따라 Sullivan은 성격이란 개인이 불안을 피하거나 최소화하며 자신에 대한 거부로부터 자신을 지키고 자기존중감을 유지하기 위해 취하는 대인관계 전략의 집합이라고 개념화했다.

Sullivan에 의하면, 아동은 성격 또는 '자기체계'를 부모와의 반복적인 상호작용을 통해 개발한다. 예를 들어, 아동은 자신을 무기력하거나 무가치한 존재로 생각하고 부모나 타인의 기대는 반드시 따라야 하는 매우 중요한 것으로 생각할 수 있다. 이와 달리 좋은 발달적/가족적 경험을 한 아동은 자신이 사랑받을 만하며 다른 사람은 믿을 수 있다고 기대한다.

이렇게 자기와 다른 사람의 관계 패턴을 학습하게 되면 사람들은 불안한 경험을 피하거나 최소화할 수 있는 방향으로 체계적으로 행동한다. 예를 들어, 슬퍼하거나 우는 아동의 특정 행동에 대해 부모가 지속적으로 화를 내거나 무관심하게 반응하는 경우 또는 더 심각하게 놀리거나 명백하게 거부하는 경우를 생각해보자. 아이는 자신의 이런 부분(자신의 연약함, 정서적 필요)은 수용될 수 없으며 자신의 '나쁜 자아(bad self)'를 보여주는 것이라고 학습한다. 결국 아동은 이렇게 불안을 일으키는 자아의 부분들을 분리시키거나 자신의 것이 아닌 것으로 여기게 되고, 나름대로의 대인 대처 양식(예를 들어, 기쁘게 해주는/아첨하는 방식, 마초식/지배적 방식, 모든 또는 대부분의 관계에서 지나치게 독자적이고 소원한 관계 방식 등)을 개발하게 되는데, 이는 불안을 일으키는 거부나 조롱을 다시 받지 않도록 해준다. 이 대처 양식은 대인 방어(부인이나 투사 등의 Freud의 심리내적 방어와 대비되는)로서 초기 부모–자녀 관계에서 자기를 방어하기 위해 원래 필요했던 것이다. 불행히도, 이 대인 방어는 성인기의 다른 인간관계에 경직되게 적용되거나 과잉일반화되어 어른이 되어서도 어린아이처럼 새로운 사람들과의 새로운 경험이 과거와 같은 상처받고 불안을 형성하는 패턴을 반복할 것이라고 예측하는 습관적 행동 패턴을 형성한다. Sullivan의 초기 이론은 애착이론 연구자('내적 작동 모델', '관계 틀' 등의 개념을 사용)들과 인지행동 상담자('초기 부적응 도식', '잘못된 기대', '선택적 여과' 등의 개념을 사용)들에 의해 크게 발전했다. 그러나 역사적 관점에서 보면 이는 개척자적인 업적이었다.

Sullivan은 Carl Rogers, Eric Fromm, Erik Erikson 등의 독창적 이론가들에게 영향을 끼쳤으며 심리치료의 새로운 방향을 제시했다. 심지어 그는 가족체계이론을 앞서 보여주었는데, 가족치료 분야의 양대 기둥이라 할 수 있는 Don Jackson과 Murray Bowen은 Sullivan과 함께 수련을 받았다. 마지막으로, 그는 대인과정접근에 의해 형성된 수많은 현대 단기상담접근들과 내담자에게 적극적으로 관여하는 상담 접근들이 활동할 수 있는 무대를 마련해주었다. 즉 대인과정접근의 많은 개념들은 Sullivan과 여러 대인과정/관계중심 이론가들에게서 나왔다.

인지적 영역

대상관계이론, Bowlby의 애착이론, 인지행동상담 등의 여러 이론들은 내담자의 증상과 문제의 핵심이 되는 잘못된 생각들을 이해하고 개입하는 데 도움을 준다. 대상관계이론으로 시작해보자. 대상관계이론은 그 명칭이 생소하고 어려워서 학생 상담자들이 활용하기 가장 어려운 이론이다. 이를 개관하면서 애착이론의 핵심 개념인 '내적 작동 모델'과 현대 인지치료자들의 도식중심접근을 연결할 것이다. 도식중심접근은 내담자의 신념과 기대, 그리고 이들이 정서와 대인관계에 미치는 영향에 관심을 둔다.

대상관계와 애착이론: 내적 작동 모델 여기서 대상이란 사람들을 뜻하는데, 더 정확하게는 중요한 양육자에 대한 내적 표상을 의미한다. 대상관계이론은 친밀한 대인관계, 특히 부모와 어린 아동 간의 대인관계에 대한 것이며 이 중요한 초기 관계가 어떻게 부모-자녀 관계에 대한 지속적인 정신적 표상 또는 **내적 작동 모델**(internal working model)로 내면화되는지를 다룬다. 특히 대상관계이론은 우리의 정서적 필요를 알아차리고 반응해줄 한 명 또는 몇 명의 중요한 타인과 안전하고 지속적인 관계를 맺고자 하는 욕구와 애착이 지닌 의미를 설명하고자 한다. 대상관계 이론가들은 어떻게 부모와 자녀 간에 이루어지는 형성적 상호작용이 아동에게 내면화되어 인지적 도식처럼 이후의 다른 사람들과의 관계를 형성하거나 이끄는 정신적 표상으로 기능하는지에 관심을 갖는다. 자신과 타인에 대한 이 표상 모델은 대인관계에서 어떤 일이 일어날지에 대한 기본적인 기대 또는 지도를 제공한다(예를 들어, 다른 사람들은 의존적이고 나에게 많은 것을 요구한다—나는 그들을 돌봐야 한다; 다른 사람들은 비판적이고 위압적이다—나는 뒤로 물러나서 나를 보

호해야 한다). 비록 관계에 대한 초기의 내적 작동 모델이 시간이 지나면서 더 복잡하게 발전했더라도, 대상관계 이론가들은 이 형성적인 내적 작동 모델이 자아감을 발달시키고, 대인관계 영역을 조직화하며, 이후의 관계 패턴을 형성하는 기본 구조를 제공한다고 주장한다(Ogden, 2002).

애착이론가들은 이 구성 개념들을 확장해서 자녀가 자신의 애착 욕구에 대한 부모의 반응에서 발견한 안전과 불안의 느낌, 그리고 초기 부모-자녀 관계의 중요한 역할을 더 명료화한다(Cassidy & Shaver, 2008 참조). 부모가 자녀의 정서적 욕구를 정확하게 알아차리고 반응하게 되면 자녀는 **안전**이라는 애착을 발달시킨다. 반면에 부모가 자녀의 정서적 단서를 정확하게 알지 못하거나 자녀의 스트레스나 부모와 관계를 맺고자 하는 자녀의 요구를 듣고 반응해주지 못하면, 자녀는 **불안정한** 애착을 발달시킨다. 애착이론가들은 회피적 유형, 양가적 유형, 해체된 유형 등 세 가지 불안정 애착 유형을 제시한다.

부모가 어려움에 처한 자녀를 지속적으로 무시하고, 버려두고, 거부하며 위로해주지 못한다면 그 자녀는 불안정 상태가 되어 **회피적**(avoidant) 애착 유형을 발달시킨다. 자녀는 반응 없는 부모에게 적응하기 위해 잘못된 또는 사이비 '독립성'을 일찍부터 발달시킨다. 이런 반의존성(counter-dependency)은 이들이 전혀 다른 사람을 필요로 하지 않는다는 것으로 이해될 수 있지만, 이는 자녀들의 실제 경험이나 진실한 정서적 필요와는 다른 것이다. 이들이 어른이 되면 자신의 정서를 알아차리고 표현하는 데 어려움을 겪을 수 있으며, 자신과 다른 사람으로부터 멀어지고 정서적으로 관여하지 못하는 상태가 될 수 있다.

이 반대편에는 **불안/양가적**(ambivalent) 애착 유형을 발달시키는 자녀가 있다. 이는 양육자가 강제적이거나, 비일관적으로 반응하며, 자녀의 독립성을 지원해주지 못할 때 생긴다. 양육자가 자신에게만 매몰되거나 집중하고 있어서 자녀에게 때로는 반응적이지만 때로는 반응을 하지 않기 때문에 자녀는 자신이 부모를 필요로 할 때 부모가 자기 옆에 있어줄지에 대해 확신할 수가 없다. 따라서 이 **양가적** 애착 유형의 자녀(나중에는 성인)는 자주 징징거리고 요구적이며, 커다란 걱정과 불안을 나타내고 부모와 다른 사람들에게 상반되거나 혼합된 메시지(가까이 와/저리 가버려)를 보낸다. 이들이 청소년기와 성인기로 접어들면 관계가 힘들어지는데, 이는 이들이 의존적이며 요구사항이 많고 상호성이 부족하다는 것을 상대방이 알게 되기 때문이다.

마지막으로, **해체된**(disorganized) 애착 유형을 발달시킨 자녀는 매우 문제 많은 애착 대상에 대해 어떤 조직화되거나 특징적인 애착 유형이나 대처 양식을 갖고 있지 않다. 이들은 부모로부터 자주 트라우마나 학대, 방임, 다른 혼동스러운 해리적인, 심지어 겁주는 행동을 경험해왔다. Hesse와 Main(2000)은 이런 자녀들이 경험하는 어처구니없지만 해결할 수 없는 역설을 다음과 같이 제시했다: 자녀의 일차적 위로의 자원인 애착 대상들이 어떤 때에는 실제적인 공포의 대상이 된다. 그러므로 이런 해체된 자녀들은 지속적인 관계를 유지하는 데 어려움을 겪으며 경계선 성격장애와 같은 매우 심각한 정신질환을 갖게 될 위험이 아주 높다. 이들이 이와 같이 너무 많이 무시당하고 자주 외상적 경험을 했기 때문에 어른이 되어서는 자기파괴적 행동(폭식과 설사약 복용, 약물 남용, 신체 상해 등)을 하거나 해리적 사건을 경험할 수 있다. 이들은 자신이 만든 관계에서 상대를 신뢰하지 못하면서도 친구나 상대방의 충성, 헌신 등에 극도로 민감한 반응을 보이며 이들에게 강제적인 태도를 보인다. 요약하면, 이렇게 서로 다른 애착의 역사는 이후 관계에서의 기대와 행동을 형성하는데 이는 앞으로 살펴볼 바와 같이 상담자 및 상담관계에 대한 내담자의 반응에서도 나타난다.

대상관계 내면화하기 대상관계와 애착이론가들은 자녀의 일차적 동기는 양육적인 보호자(parental caregivers)와의 정서적 유대를 만들고 유지하는 것이라고 생각하는데, 이는 정신분석과 행동주의 상담자들이 사용한 접근과 매우 다른 접근이다(Eagle & Wolitzky, 2009). 양육적인 보호자는 위로와 보호의 자원이라는 점에서 중요하다. 이런 관점에서 보면 인생의 가장 큰 문제는 이러한 기본적 애착 유대가 위협을 받거나 파괴되는 것이다(분리 불안이나 유기 공포). 이런 면에서 보면 불안은 양육자와 연관된 유대가 위협을 받고 있다는 **신호**다. 부모가 자녀의 스트레스를 **잘 알아차려서**(attuned) 지속적으로 잘 반응해주면 자녀는 안전한 애착 유대를 형성하게 된다(부모가 완벽해야 한다는 것이 아니라 '적절하게 좋은(good enough)' 수준이면 된다는 뜻이다).

여기에서 흥미로운 점은, 이 발달과정을 통해 이런 안전한 애착관계의 자녀는 부모의 정서적 수용성과 반응성을 점차 '내면화'하여 그들의 부모가 그들을 대했던 지속적이고 기댈 수 있는 사랑이라는 동일한 느낌을 자신에 대해서도 갖게 된다는 것이다. 다른 말로 하면, 이런 자녀는 인지적으로 발달해가면서 애착 대상이 멀리 떨어져 있게 될 때 정서적으로 반응적인 부모에 대한 정신적 표상을 내적으로 유지하고 있어서 자신의 양육자가 했듯이 스스로를 위로하여 정서 조절과 독립적 기능의 역량을 촉진시킨다. 그래서 이렇게 인지적, 정서적으로 성숙해진 자녀는 어려움이 닥치면 스스로를 위로하고, 정서적 재충전 없이도 점차 더 오랜 기간 동안 잘 살며, 필요한 경우 적절한 도움과 지지를 이끌어내고, 자기존중감의 자원이 된다. 이들은 성인이 되어서 자신의 내적 작동 모델을 실제 인간관계에서 재생산할 수 있게 되는데, 예를 들어, 자신과 비슷하게 정서적으로 반응적이고 지지적인 배우자를 성공적으로 선택하여 행복한 결혼생활을 누리게 된다(Hinnen, Sanderman & Sprangers, 2009).

그러나 만약 자녀가 초기 양육자와 안전한 정서 유대를 갖지 못하면 어떻게 될까? 부모가 불안에 싸여 다른 일에 사로잡혀 있거나, 우울하거나 침울한 상태에 있고, 심지어 자녀를 착취하거나 공포스럽게 하면서 자녀의 스트레스 및 애착 욕구에 잘 반응해주지 못하는 가정도 있다. 이런 신뢰롭지 않고 반응하지 못하는 양육자가 자녀의 애착 욕구를 다루게 되면 자녀는 해결할 수 없는 딜레마에 빠지게 된다. 이들은 스트레스 상황에서 양육자로부터 필요한 도움을 이끌어내지 못한다. 이 상황이 만들어낸 괴로움을 자녀는 어떻게 처리하는가? 대상관계이론은 이런 고통스러운 딜레마에 대해 아동이 취해야 하는 여러 타협 방안과 대처 전략을 제시한다. 예를 들어, 1) 불안을 느껴 양육자에게 확실하게 몰입한다(양가적 애착); 2) 자신의 욕구와 감정 또는 타인과의 관계에 실재하는 문제를 부인하여 현실적 환경을 왜곡하거나, 다른 사람을 전혀 문제가 없는 비현실적 존재로 이상화한다(회피적 애착); 3) 이 두 방법을 혼합한 형태를 보인다(해체된 애착). 회피 애착 아동이 어른이 되어 상담실에 오면 다음과 같은 모습을 보일 수 있다.

재빠르지만 친절하게, 봅은 상담자에게 자신은 실제 문제가 전혀 없는데 일이 부풀려졌으며, 약혼자가 자신의 버럭 화내는 행동과 최근의 음주운전에 대해 상담하지 않으면 결혼할 수 없다고 해서 왔다고 말했다. 상담자가 이 증상들을 탐색하고 구체적으로 알아보려 하자, 봅은 자신의 음주 관련 문제와 분노 폭발 문제의 심각성을 축소시키는 일반적인 설명만 제시하고 '문제없어요'라는 표현을 반복하면서 실제 모든 것이 잘 돌아가고 있다는 것을 전달하려고 노력했다. 상담자는 이런 피상적인 대화를 더 깊이 있는 대화로 변화시키기 위해 봅이 결혼하여 가정을 꾸릴 계획을 하고 있으니 그의 어린 시절에 대해 조금 살펴보고, 그의 부모의 결혼생활과 그 가족에서 자라난 것이 어떠했는지를 이야기하는 것이 도움이 될 것이라고 제안했다. 봅은 아버지가 위협적이고 폭발적이어서 술에 취하면 소리 지르고 자녀를 때렸으며, 어머니는 이런 상황에서 아무런 보호를 해주지 못했다는 이야기를 차츰 털어놓기 시작했고, 심지어 이런 위협적이고 모욕적인 상호작용이 지금도 일어나고 있다고 인정하기도 했다. 봅은 전형적인 '회피' 애착 유형(성인기에는 거부 애착 유형)으로 이런 경험을 아무런 감정 없이 이야기했고 이런 불편한 가족 간의 상호작용이 중요하지 않다고 하면서 의미를 축소했다. 자신은 '친밀하고 사랑하는' 가족을 가졌고 '어쨌든 모두 다 성공했기에' 그것들은 '별것 아니'라는 것이다.

다음으로, 해체된 애착 유형 또는 학대받은 자녀의 예를 간략히 살펴보자. 양육자가 더 심각하게 비반응적이거나 학대적이면 아동은 공포를 일으키는 양육자와의 정서적 유대를 유지하기 위해 '분리 방어'를 사용한다. 이 아동은 부모의 '나쁜'(위협하거나 거부하는) 모습을 '착한'(사랑스럽고 반응적인) 모습으로부터 분명하게 분리시켜 내면화한다. 이는 자녀가 내적으로 연결되거나 애착된 '좋기만 한(all good)' 반응적 부모의 이상화된 모습을 보전해준다. 그러나 그로 인해 현실은 왜곡되며 자아는 분열되고 아동은 '나쁜' 아이가 되어가는 등 치러야 할 대가가 크다. 자녀를 좌절시키고 반응적이지 않은 부모는 더 이상 '나쁘지' 않게 되고 아동은 외부 세상과 애착 대상을 안전하다고 여기게 된다(Fonagy, 2000). 아동은 자신이 조금 달라지거나 좋아지기만 하면 부모의 사랑을 받을 것이라고 믿는다(Benjamin, 2003).

이 상황은 반복적으로 구타당하고 두려움에 떠는 신체적으로 학대받는 아동이 그럼에도 불구하고 그런 잘못된 부모를 이상화하고 방어하는 것에서 잘 나타난다. 예를 들어, 아이들은 자신이 나쁘다고 믿으며 자신이 그런 벌을 받을 만하다고 주장한다(7세 아동이 "내가 엄마에게 잘 하지 못해서 아빠가 날 때렸어요."라고 말한다). 이런 자기비난의 왜곡은 아동으로 하여금 그의 애착 딜레마(자신을 괴롭히고 무섭게 하는 인물에게서 도움을 받아야 하는 상황)에 대처할 수 있게 하고, 자신이 상황을 통제할 수 있으며 무기력하기만 한 것이 아니라고 믿게 만든다. 많은 초보 상담자들은 신체적 학대, 성폭행, 거부당한 경험이 있는 내담자들이 여전히 애착 대상에게 자주 무시당하는 것을 보게 될 것이다. 초보 상담자들은 이런 내담자들이 어린 시절 경험한 학대에 대해 결국은 자기 자신을 비난하며 당시 일어난 잘못된 일들에 대한 책임을 지려 한다는 사실에 놀라게 될 것이다.

아동이 좋고 사랑 많은 부모와 유대관계를 유지할 방법을 반드시 찾아야 한다는 것을 알게 되면 왜 많은 내담자들이 부적응적인 행동과 자기패배적인 관계를 지속하고 있는지를 이해할 수 있을 것이다. 초보 상담자들은 내담자의 증상이 호전되거나 성공하거나 자신을 위해 더 건강한 선택을 했을 때, 내담자가 불안하거나 스트레스를 받고 계속 좋아지지 못하는 것을 발견한다. 그러므로 증상을 충실하게 유지하는 것—부적응적인 행동은 원래 '나쁜' 또는 고통스럽게 좌절을 주는 부모의 측면을 관리하기 위해 개발되었다—은 불안정한 애착을 가진 아동에게는 결코 부적응적인 행동이 아니다. 증상을 유지해야 좋고 사랑스러운 부모와의 유대, 즉 '대상과의 유대'를 유지할 수 있다. 이 내면화된 '나쁜' 대상을 표상하는 증상으로부터 멀어지면(예를 들어 내담자가 섭식장애를 해결하거나 통제하고 시기심 많은 연인과의 고통스러운 관계를 그만두게 되면) 홀로 남게 되거나, 무기력하게 되거나, 버림받을 것에 대한 애착 공포가 생긴다. 대인과정접근의 목적은 이런 내담자의 내적 작동 모델을 경험적 혹은 실제 **재학습**(즉, 교정적 정서 경험)을 통해 수정하는 것이다. 상담자와의 이런 실생활 경험을 통해 내담자는 최소한 가끔은 그리고 어떤 관계에서는 다를 수 있으며, 그들이 예상했던 예전의 익숙하지만 문제가 많았던 방법을 따르지 않아도 된다는 것을 배우게 된다.

인지행동치료: 초기 부적응적 도식 Beck(1967)은 초기 저서에서 우울에 있어서 도식의 중요성을 강조했다. 그는 도식을 인지 조직의 기본 요소—우리 경험을 해석하고, 유형화하고, 평가하는 고정되고 패턴화된 방법—라고 보았다. 단순하게 말해서 도식은 개인의 삶과 경험을 의미 있게 만드는 광범위한 조직화 원리라고 생각할 수 있다. Beck은 내담자의 사고에 '도식의 편향'을 통해 반복적인 주제가 나타난다고 강조했다. 이는 정보를 조직하고 사건을 해석하는 데 있어 지속적이고 선택적으로 나타나는 편향으로서 내담자가 보이는 '전형적인 오해, 왜곡된 태도, 타당하지 않은 전제, 비현실적인 목표와 기대'를 낳는다(1967, p. 284). 인지행동치료는 자동적 사고, 인지적 왜곡, 이면의 전제 등 인식의 세 가지 측면을 강조했다.

최근의 이론가들은 Beck의 선구자적 업적을 확대해 정서적 특성을 지닌 '**생애초기 부적응적 도식**(Early Maladaptive Schemas; EMSs)'을 형성하는 데 있어 아동과 양육자 간의 발달적 경험을 추가로 강조한다(Young et al., 2003).

Jeffrey Young은 풍부하면서도 독자적인 접근을 통해 인지행동치료와 대상관계, 정신역동접근을 통합하면서 치료적 관계, 정서적 경험, 생애초기 경험 등을 더욱 강조한다. Young(1999)에 따르면, 생애초기 부적응적 도식은 아동기 동안 계속된 부모-자녀 상호작용을 통해 발달하는 안정적이고 지속적인 주제로서 심각하게 역기능적이며 성인기에 이르기까지 정교화되면서 확장된다. 이런 도식은 이후의 경험을 여과하는 틀로 작용하며 그 개인에게는 **우선적인** 진리로 당연하게 받아들여진다. 이 도식은 익숙하기에 의심의 여지가 없다. 이는 개인이 존재하면서부터 주어진 것이고 내담자의 자기개념과 환경에 대한 인식의 핵심을 형성한다. 생애초기 부적응적 도식은 영속적인 특성을 지니는데, 이는 불행하게도 각 개인이 이 도식의 타당성을 유지하기 위해 정보를 왜곡하면서 변화에 저항하기 때문이다. 내담자는 자신의 도식과 일치하는 정보는 확대해 받아들이고 불일치하는 정보는 최소화하거나 무시한다.

예를 들어, 거부/수치 도식을 지닌 남편은 아내의 불평 한마디에만 집중하기 때문에 그녀가 함께 표현한 진정한 감사는 알아차리지 못한다. 어떻게 EMSs가 보강하는 증거들을 선택적으로 여과하는지를 거부/수치 도식을 지닌 내담자에게서 잘 볼 수 있는데, 이들은 부적절하고 수치를 당할 만하다는 자신의 자기인식을 반복적으로 확인해주는 배우자를 만나기 쉽다. 강한 감정이 EMSs에 동반되며, 삶의 상황이 내담자의 EMSs를 활성화하면 강한 불안(또는 다른 감정)이 생기게 된다. 이와 유사하게, 실패 도식을 지닌 대학원생을 살펴보자. 이 도식은 지나치게 비판적이어서 사실 만족시킬 수 없는 부모와의 반복적인 상호작용을 통해 형성되었다. 그는 종합시험, 논문심사, 직장이나 인턴심사 지원/면접, 기타 평가/수행 상황 등 그의 저변에 깔려 있던 실패 도식을 활성화하는 상황에서 걱정하거나 심각한 불안을 경험한다.

대인과정접근에서 계속 강조하겠지만, 여기서 중요한 점은 도식이나 오해를 **바로 당장, 상담자에 대한 반응으로 그것이 실연 또는 경험될 때**, 그리고 강한 정서가 동반될 때 다루어야 한다는 것이다. 예를 들어, 아론은 약물을 사용하는 부모 밑에서 자랐는데, 그들은 자주 떠나 있었고 집에서 물리적으로 함께 있을 때에도 약물로 인해 정상이 아닌 상태로 변해 있었기 때문에 정서적으로 함께 할 수 없었다. 아론은 여덟 살이 되자 아동보호기관에 의해 세 위탁가정에 차례차례 맡겨졌고 결국 지지적인 가족에게 입양되어 안정적이고 예측 가능한 생활을 하게 되었다. 아론이 생애에서 싸워가게 될 핵심적인 주제는 버림받음(유기) 도식일 것이다. 아론은 특히 분리 경험을 할 때—여자친구가 다른 사람을 만나겠다고 하든가 헤어지자고 하는 경우, 딸이 새 학년을 시작하든가 대학에 진학하는 경우—자신의 삶을 파괴할 수 있는 여러 익숙한 증상들이 생겨 어려움을 겪으며 불안하고 우울해지기 쉽다.

이와 유사하게, 공허함, 외로움, 실망과 같은 '버림받음의 정서'가 아주 강력한 상담회기 종료 시점, 상담자가 자기 문제에 사로잡혀 있을 때, 상담자가 막 휴가를 떠나려 할 때, 상담 종결에 대해 이야기할 때 등 어떤 결정적인 순간에 상담자를 향해 발생할 수 있다. 여기에서 핵심은 이것이다: 내담자가 변화하도록 도울 수 있는 최적의 시점은 그들이 다루는 문제가 상담자와 내담자 사이에서 발생할 때이지 그것에 대해 축약해서 말할 때가 아니라는 점이다. 이런 **즉시성**은 분명 초보 상담자에게는 불안을 일으키지만 우리가 내담자의 삶에 진정한 변화를 일으키는 것이 가능한 지점이다.

요약하면, 우리는 대상관계, 애착이론, 인지치료 등의 전혀 다른 이론적 접근들이 모두 내담자의 삶을 형성하는 도식과 내적 작동 모델에 대해 많은 것을 가르쳐준다는 것을 알 수 있다. 앞으로는 가족관계가 형성되는 시점에는 한때 의미 있었고 정확하게 잘 기능했던 이 잘못된 신념과 문제 많은 기대가 지금은 어떻게 일반화되어 내담자로 하여금 현재 대부분의 인간관계에서 잘 기능하지 못하도록 하는지를 살펴볼 것이다.

가족/문화 영역

아동은 애착의 대상이 되는 인물뿐 아니라 가족과 문화적 맥락에도 적응해야 한다. 가족체계이론은 내담자의 발달에 영향을 미치는 가족 규칙, 역할, 신화, 의사소통 패턴, 경계선 관련 주제 등을 명확하게 하여 상담자로 하여금 내담자의 자원과 문제들을 이해할 수 있는 소중한 방법을 제공해주었다. 문화적 규준과 가치는 가족 간 상호작용을 통해 전달되며 우리는 여러 방법을 통해 정체감 또는 '자기'를 발달시키고 원가족 내에서 자신이 되어간다. 특히 가족 과정 연구자들은 다세대 관점을 활용하여 가족 상호작용과 관계에 대해 많은 것을 알려준다.

가족체계 개념 1950년대 후반 Gregory Bateson, Virginia Satir, Murray Bowen 등과 여러 선구자들이 가족 내 의사소통 패턴에 대한 연구를 시작했다(Goldenberg & Goldenberg, 2012). 그들은 가족 내 의사소통이 언제, 무엇을, 누가, 누구에게 말할 것인지에 대해 확실하지만 이야기되지 않는 규칙에 따라 이루어진다는 것을 발견했다. 이렇게 은밀하고 **언급되지 않는 규칙**은 가족 내에서의 정서 표현도 규제하는데, 예를 들어 어떤 가족 구성원은 슬프거나 실망한 것, 화나거나 신경질 나는 것, 심지어 흥분되거나 기쁜 것도 말하는 것이 허용되지 않는다. 세월이 지나도 의사소통과 정서 표현에 대한 이런 암묵적인 가족 규칙이 대부분의 내담자들에게 여전히 작용하고 있어서 현재 성인의 대인관계에 문제를 일으킨다. 내담자들은 자신의 원가족에서 오래전에 학습한 잘못된 의사소통 패턴을 지속한다. 예를 들어, 그들은 다음과 같이 행동한다.

- 갈등을 당사자에게 직접 말하기보다는 제3자를 통해 말한다(예를 들어, 아버지가 자녀에게 "엄마에게 나 지금 … 때문에 피곤하고 아프다고 말해."라고 말한다).
- 다른 가족이 자신이 생각하고 느끼는 것을 말하게 하거나 변호하게 허락한다(예를 들어, 부모가 "아니에요. 그 애가 말하려고 하는 것은 …이에요."라고 말한다).
- '나'로 시작하는 진술문을 사용하지 않고 자신이 원하는 바를 뚜렷하게 말하지 않는다(예를 들어, "당신은 내가 생각하는 것을 말할 기회를 전혀 주지 않아요."라고 하지 않고 "나는 내 생각을 완성할 거예요."라고 말한다).

초기 가족 연구자들은 역기능적 가족의 자녀들이 책임감 있고 착한 아이, 문제 있는 나쁜 아이 또는 가족 내 영웅이나 스타 혹은 눈에 띄지 않거나 잃어버린 아이, 구원자 또는 평화조정자 등의 한정된 역할에 어떻게 매이게 되는지를 보여주었다. 대상관계이론에 의하면, 역기능적 가족에서 많이 나타나는 좋은 아이/나쁜 아이의 역할 분리(role split)가 가장 흔한 모습이다. 어떤 상담자는 원가족에서 '좋은 아이'였으며 형제 중에는 실제 행동과 관계없이 '나쁜 아이'의 역할을 수행하며 잘 하는 일은 하나도 없고 항상 문제로만 여겨지는 형제가 있다. 특히 훈련 중에 있는 상담자를 비롯한 많은 상담자들과 간호사, 목사와 같이 조력 전문직에 있는 사람들은 **부모화되어 있는**(parentified) 경우가 많다. 그들은 뒤바뀐 부모-자녀 역할에서 부모를 돌보는 역할을 수행했다. 즉 이들은 자신의 나이에 맞는 욕구를 충족시키기보다는 부모에게 든든한 좋은 친구가 되어 부모의 정서적 욕구를 충족시킬 수밖에 없었다. 또한 이들은 부모를 보호하고, 불안하고 우울하며 알코올 중독인 취약한 양육자의 정서적 욕구를 계속 채워주기도 했다. 또한 상담직을 선택하는 사람들 중에는 가족이나 부모의 갈등 상황에서 중재자 역할을 부여받은 경우도 있다.

왜 이 가족체계적 관점이 초보 수련생에게 중요한가? 대부분의 내담자는 여전히 이런 어린 시절의 역할을 수행하느라 그들의 실제 모습의 많은 측면을 부정하고, 그들이 살고 싶은 삶에 가까이 가지 못한다. 즉 원가족에 적응해가는 과정에서 자녀들은 이 역할들을 자기 도식으로 '내면화'한다. 이 문제 많은 가족 내 역할이 그들의 정체성—그들이 누구이고 무엇을 하는지—이 된다. 그리고 지금은 부모가 멀리 떨어져 살거나 심지어 돌아가셨는데도 이들은 가족의 처음 기대를 계속 자신에게 부과하며 현재 같이 지내는 다른 사람들과의 관계에서 이 문제 많은 역할과 관계 패턴을 재창조한다. 예를 들어 착한 아이 역할을 해온 내담자는 여전히 자신에게 완벽주의적인 요구를 하며, 자신을 위해 무엇인가를 하면 죄책감을 느끼고, 다른 사람의 필요를 지나치게 걱정하며, 자신의 적합한 주장성과 분노를 두려워하고 슬프고 공허한 감정으로 인해 혼란스러워한다. 반면에, '나쁜 아이'는 반항적이며 개인적 갈등을 밖으로 표출한다. 이들은 약물 남용이나 문란한 성관계 또는 여러 반항적 행동을 한다. 이와 달리 '착한 아이'는 죄책감, 불안, 결정을 내리지 못하거나 자신의 마음을 알지 못하는 것에 대한 막연한 불평을 가지고 상담에 온다.

'분리/연결'의 균형 또는 성인 자녀가 부모에 대해 어느 정도까지 책임을 져야 하고 어느 정도까지 어른으로서 자신의 관심과 욕구를 추구할 것인지에 대해서는 상당한 문화적 차이가 있다. 그러나 이 문화적 맥락의 차이 범위 내에서도 많은 가족들은 자녀들이 청소년기 후반에 어떻게 집을 떠나거나 **개별화**(individuate)하여 스스로의 신념, 가치, 일과 직업, 결혼과 가족을 꾸릴 것인지에 대한 암묵적인 규칙을 갖고 있다. 예를 들어, 장녀는 성인이 되어도 자기 혼자 집을 떠나는 것이 잘 허락되지 않을 것이다. 종종 장녀는 임신을 해서 아버지로부터 벗어나려 하기도 하지만 결국에는 이전보다 더 아버지에게 의존하게 되고 다시 집에 남게 되는 결과를 초래한다. 아들이 취할 수 있는 유일한 방식은 부모의 반대를 거부하고 집을 떠나 다른 지방으로 가서 부모와 거의 접촉 없이 지내는 것일 것이다. 잘 기능하는 가족에서는 청년이 된 자녀가 부모의 지지와 안내를 받아서 자신만의 삶을 시작하면서도 가족 간에 강한 유대와 연결을 계속 유지한다. 가족 규칙, 역할, 그리고 잘못된 의사소통 패턴은 종종 가족 신화를 유지하고 그 결과로 가족 내에서 불안을 유발하는 주제를 회피하도록 한다(Satir & Bitter, 2000). 예를 들어, 일반적인 가족 신화에는 다음과 같은 것이 있다.

- 아버지는 음주 문제를 갖고 있지 않다.
- 우리는 행복한 가족이며 가족 중 어느 누구도 슬프지 않다.
- 아버지와 어머니는 결코 싸우지 않으며 행복한 결혼생활을 하고 있다.

요약하면, 가족 신화와 여타 가족 특성들은 규칙에 매인 **동질성 유지 기제**(homeostatic mechanisms)인데, 이를 통해 가족관계가 규율되고, 반복적이고 예언 가능한 가족 상호작용이 확립된다. 이들은 가족체제의 안정성을 유지하려 하며 이를 위해 변화를 불편하고 위협으로 느끼게 한다는 점에서 동질성 유지의 기능을 한다고 볼 수 있다.

문화적 맥락 Salvadore Minuchin과 여러 가족 연구자들은 가족관계의 구조를 구성하고 있는 동맹, 연합, 하위집단 등에 대해 탐색했다(Minuchin & Nichols, 1998; Minuchin, Lee & Simon, 1996; Minuchin, Nichols & Lee, 2007). 예를 들어, 어떤 가족에서는 외할머니, 어머니, 장녀가 함께 연합하고 아버지는 소외된다. 가족관계를 파악하기 위한 이런 구조적인 지도는 가족 역동을 3세대 관점에서 볼 때 훨씬 더 잘 드러난다(Bowen, 1993; Kerr & Bowen, 1988). 동일한 가족 규칙, 역할, 신화, 구조적 관계가 3세대 또는 4세대 간에 걸쳐서 매우 패턴화되고 규칙 지배적인 체제에서 반복적으로 발생하는 것을 보는 일은 흥미롭기도 하지만 어떤 경우에는 고통스럽다(McGoldrick, Gerson, & Petry, 2008). 이런 복잡함에 더하여, 이런 가족 규칙, 역할, 의사소통 패턴은 광범위한 문화적 맥락에서 일어난다. 예를 들어, 전통적인 중국 가족의 장남이나 전통적인 라틴 가족의 장녀는 어른들이나 다른 가족 구성원들에 대해 계속 중요한 책임을 질 것을 요구받는다. 상담자는 이런 역할과 행동 패턴이 문화적으로 용인되거나 결정되는 범위를 잘 알고 있을 필요가 있다. 초보 상담자는 자신의 욕구와 원가족의 요구 사이에서 균형을 유지하기 위해 분투하는 내담자를 많이 만날 것이다. 상담자는 내담자로 하여금 자신의 확대 가족이나 문화적 맥락에서 개인의 욕구와 가족에 대한 의무, 충성 사이에 균형을 유지하는 건강한 역할 모델을 찾도록 하여 내담자를 도울 수 있다.

유용하게도, Sue와 Sue(2012)는 내담자와 상담할 때 필요한 문화적 역량에 대해 말했는데 여기에는 다음 사항이 포함된다.

1. 상담자 자신의 전제, 가치, 편향 등에 대한 인식
2. 문화적으로 다른 내담자의 세계관에 관한 상담자의 지식수준
3. 문화적으로 적절한 개입방법을 개발하는 상담자의 기술

Sue와 Zane(2009)은 내담자와 상담할 때 가장 중요한 고려사항은 **성취된 신뢰성**(achieved credibility)이라고 주장했는데, 이는 내담자에게서 기대와 신뢰를 얻은 상담자가 보여주는 것으로, 여기에는 협력적으로 작업하기, 내담자에게 적극적으로 관여하기, 내담자의 주된 걱정이 무엇인지를 명확히 하는 능력 갖기 등이 포함된다(Baldwin et al., 2007). 그러므로 내담자가 속한 문화에 대해 알고 있으면 이를 신뢰를 높이는 데 사용할 수 있다. 예를 들어, 내담자의 경험과 일치하는 언어를 사용하면 상담 성과를 향상시킬 수 있다(Draguns, 2007). 이렇게 내담자의 문화적 특징이나 집단은 내담자를 규정하기보다는 상담자로 하여금 향후 발생할 수 있는 잠재적인 신뢰 문제에 관심을 갖게 한다. Pedersen과 동료들(2008)은 많은 정보를 담고 있는 책 『포괄적인 문화적 공감(*Inclusive Cultural Empathy*)』에서 수련 중에 있는 상담자들의 다양한 문화적 주제들에 대한 자각과 민감성을 증진시켜주는 유용한 훈련 방법을 제시했다.

대인과정접근에서는 이런 기초적인 가족체계 개념과 포괄적인 문화적 개념을 파악하여 가족 경험과 문화적 요인이 내담자 성격의 강점과 문제점에 미친 영향을 살펴본다. 상담자는 내담자들이 자신의 원가족에 공존했던 회복탄력성과 취약성을 현실적으로 평가할 수 있도록 한다. 그러나 많은 내담자와 상담자에게 있어 부모에 대해 비판적으로 말하거나 집안 문제를 밖에서 이야기하는 것은 금기시되어 있다. Alice Miller(1984)는 이것이 십계명 중 제4계명인 '네 부모를 공경하라'를 어떻게 어기는 것인지를 살펴보았다. 그러나 여기에서 가족체제이론의 가장 강력한 힘을 발견할 수 있다. 가족체계 상담자는 **가족 구성원을 비난하거나 희생양을 만들지 않으면서 가족 간의 아픈 상호작용을 이해하려고 노력한다.** 가족 상담자는 자녀뿐만 아니라 부모까지 포함한 모든 가족 구성원의 안녕에 관심을 기울인다. 이와 함께 내담자는 자신의 상담자가 부모를 비난하거나 거부하려 하기보

다 이해하려고 한다는 것을 깨달을 때에야 상담에서 안전을 느끼며, 자신의 위협적인 자료들을 탐색할 수 있고, 상담을 통해 중요한 도움을 얻을 수 있다. 그러나 가끔 상담자는 자신의 분리 방어나 이분법적 사고로 인해 부모들을 비난하거나 거부한다. 다음 예를 살펴보자.

비효과적인 상담자 당신의 어머니가 그렇게 당신에게 행동하셨다는 것이 믿어지지 않아요. 정말 끔찍하군요.

이런 상담자를 만나면 내담자들은 부모에 대한 죄책감과 충성심 때문에 상담을 통해 좋아지기가 훨씬 어려워진다. 반면에, 상담자가 비난하지 않으면서 내담자의 경험에 공감하며 이해하려고 노력하면 훨씬 효과적인 상담이 될 것이다. 다음의 예를 살펴보자.

효과적인 상담자 어머니가 그렇게 하셨을 때 상처를 많이 받았겠어요.

건강한 가족에도 한계와 갈등이 있는 것처럼, 매우 문제가 많고 학대가 심한 가족을 포함하여 모든 가족은 좋은 면을 갖고 있다. 많은 내담자들이 상담을 시작할 때처럼 계속하여 부모를 이상화하고 현존하는 문제를 부인하는 것은 사실 내담자가 자기 가족의 규칙을 따르며 자신을 희생하여 부모를 보호하는 것이다. 그러나 다른 한편으로, 내담자는 양육자의 건강한 측면과 연결된 상태로 남아있고 싶어하기 때문에 자신에게 상처를 주는 부모를 단순히 거부하거나 부모와 정서적으로 단절된 관계를 만들 수 없다. 따라서 상담자는 내담자가 '부분적 동일시'를 통해 양육자(또는 양육자의 건강하고 인자한 측면)를 자신의 내면에 살아있게 하는 방법을 찾도록 도와주어야 한다. 어떻게 내담자가 이를 이룰 수 있을까?

문제를 해결하고 상담에서 진전을 보기 위해서는 내담자가 자신의 원가족 내에 있는 긍정적인 사실과 부정적인 사실 모두를 받아들이려고 해야 한다. 그러나 앞에서 살펴본 바와 같이, 상담자가 분리 방어나 이분법적 사고를 사용하면 내담자가 이러한 통합을 이룰 수 없다. 다시 말해, 상담자는 내담자 내면에 있는 상처받은 아이를 이상화하거나 상담자 자신과 동일시하지 않고 상처 주는 부모를 '나쁘다'고 거부하지 않아야 한다. 또한 상담자는 내담자가 가족 문제를 계속 부인하거나 부모에 대한 이상화를 계속할 때 이를 지지하지 않아야 한다. 대신 상담자의 적절한 역할은 내담자의 발달과정에서 어떤 일이 일어났는지를 이해하려고 노력하며 내담자가 경험한 긍정적인 사실과 부정적인 사실을 받아들일 수 있도록 도와주는 것이다.

가족체계 개념과 여러 맥락적 민감성은 대인과정접근에 시사점을 준다. 특히 이들은 우리로 하여금 내담자가 상담자 또는 다른 사람들과 맺는 문제 있는 상호작용 패턴을 확인할 수 있도록 하고, 상담자와 내담자 모두가 현재의 여러 문제를 형성해온 가족과 문화의 맥락을 이해할 수 있도록 도와준다. 내담자가 이러한 점들을 알게 되면, 갈등이 있지만 여전히 중요한 가족관계를 파괴하지 않으면서도 가족 내의 문제 많았던 역할을 다른 사람과의 관계에서 반복하지 않게 된다.

발달 경험은 상담자가 내담자를 이해할 수 있도록 돕는다 여기에서 잠시 가족 경험이 그렇게도 오랫동안 개인에게 깊은 영향을 미치는 두 가지 이유를 살펴보자. 첫째 이유는 정서가 실린 동일한 양식의 상호교류 양식이 매일의 가족생활에서 수천 번 반복되기 때문이다. 예를 들어, 어떤 부모가 자신의 우울, 시기, 경쟁심 때문에 자녀의 성공 경험에 대해 긍정적으로 반응해주지 못하는 경우를 살펴보자. 어린 자녀가 자신의 성취에 대해 이런 부모의 인정을 간절히 받고자 할 때 이 부모는 자녀를 무시하거나 대화 주제를 바꾸고, 자녀의 성취를 부당하게도 다른 형제의 더 큰 성취와 비교하며, 다른 곳을 바라보며 슬프거나 상처받은 듯한 표정을 지으며, 자녀의 성취를 자신의 공으로 돌려 빼앗기도 한다. 자녀가 부모에게 잘 그린 그림을 보여준다든지, 새로운 친구를 사귄다든지, 학교 달리기 시합에서 1등을 했다든지, 선생님에게 칭찬을 받았다든지 할 때에도 이런 식으로 부모가 반응한다. 이런 상호작용 패턴이 일 년 이상 혹은 몇 십 년간 계속되면 강력한 학습의 재료가 되는 것이다. 이렇게 자란 자녀는 성인이 되어 학위를 취득하거나, 직장에서 승진하거나, 심지어 결혼을 하거나 자신을 인정해주는 좋은 친구들을 가질 때 갈등을 경험할 수 있다. 이런 식으로 사람들의 삶에서 가장 중요하고 지속적인 문제는 이런 습관적인 반응 패턴에서 발달한다. 영화에 나오는 대중적인 생각이나 인물들과 달리, 장기간의 증상과 문제는 고립된 외상 사건(충격 외상)에 의해서가 아니라 반복적인 가족 내 상호교류 유형(긴장 외상)에 의해 형성된다(Kerig & Wenar, 2005). 이렇게 위기 사건만 중요하게 보지 않고 일상적인 상호작용의 패턴과 주제에 주목하는 것을 배우게 되면, 훈련 중에 있는 많은 상담자들은 패러다임의 변화를 경험한다.

둘째로, 이런 반복적인 상호작용의 영향은 그것에 관여된 정서의 강도 때문에 증폭된다. 애착 대상은 자녀 세계의 중심이기 때문에 자녀는 그들에게 죽기 아니면 살기의 태도로 의존한다. 이런 반복적인 상호교류가 개인의 삶에서 가장 중요한 사람들과 매우 부담되는 정서적 관계 속에서 일어난다. 위의 사례에 제시된 자녀는 어떻게든 부모의 인정을 받고 싶은 간절한 욕구를 경험하지만 동시에 성공하려고 하거나 반응적이지 않은 부모에게 다가가려고 하면 불안이 커진다. 그러므로 다른 사람과의 관계에서 경험하는 자신에 대한 느낌은 원가족에서 학습한 것이며 여러 경로를 통해 성인기까지 지속된다.

요약하면, 가족 내 상호작용은 개인에게 상처와 좌절이 되기도 하고 인정과 격려가 되기도 하는데, 대부분의 사람들에게는 이 두 가지가 혼합되어 있다. 더욱이 이 반복적인 가족 간 상호작용, 역할, 관계가 내면화되고 자신 및 사회적 세계에 대한 인식의 기초를 형성한다. 물론 다른 요인들도 이처럼 영향을 미친다. 가족 내 상호작용은 이런 부모의 행동을 인정하거나 거부하는 문화적 맥락에서 형성된다.

가족 경험은 친밀한 관계에서 무슨 일이 일어날지에 대해 최초의, 그리고 가장 오랫동안 지속되며 정서적으로 관여되는 모델을 제공한다. 그것은 배우자와 직업을 선택할 때, 성인이 된 자녀가 이제 자신의 자녀를 양육할 때, 그리고 성인기의 지속되는 문제와 좋은 일에 중요하게 작용한다. 그러나 비록 원가족의 영향이 매우 크다 해도 문제가 많은 규칙, 역할, 의사소통 패턴은 재학습될 수 있다. 변화는 비록 쉽지는 않지만 정말 가능한 일이며, 이제 살펴보기 시작한 **경험적 재학습**이라는 인간관계 과정을 통해 일어난다.

맺음말

이 책의 독자는 자신에 대해 현실적인 기대를 가져야만 한다. 처음 내담자를 만나는 초보 상담자는 내담자를 돕는 초기 단계에서 활용할 실제적인 내용이 매우 많다는 것을 발견할 것이다. 그러나 여기에 제시된 내용은 초보 상담자가 충분히 통합하고 활용할 수 있는 것 이상이다. 대인과정접근의 개념들은 말하기는 쉽지만 숙련되게 실행하기는 어렵다. 초보 상담자는 이 개념들을 자신의 수준에 맞추어 점진적으로 상담에 적용해나가기를 바란다. 특히 내담자를 만나기 시작한 처음 1년 동안은 더 배울수록 더 모르겠다는 생각이 들 수 있다. 그러나 경험이 쌓이고 2년차가 되면서부터는 자신이 이 개념들을 내담자에게 효과적으로 적용하고 있음을 알게 될 것이다. 대개 2년 내지 3년이 지나면 이 개념들을 자신의 것으로 만들어서 쉽고도 효과적으로 내담자에게 활용할 수 있게 된다. 이 접근으로 상담하는 방법을 배우는 데는 시간이 걸리므로, 인내심을 가지고 배우는 과정을 즐기는 것이 좋다.

마지막으로, 초보 상담자는 상담자의 역할에 충실하려고 하기보다 내담자와의 관계에서 자기 자신이 되는 것이 좋다. 아마도 Kahn의 다음과 같은 말이 가장 적절한 표현일 것이다.

> 모든 것을 살펴보고 나니, 상담회기에서 가능한 한 자기다워지려고 노력하는 것이 상담에서 가장 중요한 것임을 알게 된다. … 상담실에 들어가면서 상담자의 가면을 쓰고, 상담자의 목소리로, 상담자의 자세로, 상담자의 단어를 쓸 필요가 없다는 것을 학생들이 알게 되는 것이 이러한 작업의 가장 만족스러운 부분이다. 이들은 내담자에게 줄 훨씬 많은 것을 갖고 있기 때문에 그러한 쓸모없는 무장을 해제할 수 있다(1997, p.163).

이제 첫 회기를 시작하면서 작업 동맹을 형성하기 위해 공감적 이해를 사용하는 것을 살펴보도록 하자.

연습 활동

다음과 같은 자기성찰 질문에 여러분의 답을 기록해보라: 당신은 내담자를 처음 만날 때 다른 사람을 돕는 당신의 능력에 대해 걱정할 수 있다(예를 들어 "내담자를 도울 만큼 충분히 알지 못해 걱정이 돼"). 당신의 현재 수련 단계에서 내담자를 만날 때 가장 많이 불안한 것은 무엇인가? 당신의 걱정을 구체적으로 기술해보라. 예를 들어, 상담을 어떻게 진행해야 할지 또는 상담에서 당신의 역할이 무엇인지 잘 모르겠는가? 당신의 해결되지 않은 문제가 상담능력을 저해할까봐 걱정하는가? '내담자의 문제를 집으로 가져갈까봐' 또는 내담자의 정서에 너무 많은 영향을 받을까봐 걱정하는가? 내담자를 해롭게 할 어떤 잘못된 것을 할까봐 또는 '실수'를 해서 수퍼바이저를 실망시키게 될까봐 걱정하는가?

추천 도서

상담자는 서로 다른 경험의 수준에서 임상 훈련을 시작한다. 경험이 적은 훈련생은 Clara Hill(2014)의 Helping Skills: Facilitating Exploration, Insight and Action 4판을 읽기 바란다. 이 실제적인 교재는 내담자에게 반응하는 데 필요한 기초적인 조력 기술들—적극적 경청, 반영, 탐색, 재구조화, 공감 전달 등—을 초보 상담자에게 알려준다.

PART

02 내담자에게 반응하기

CHAPTER 02 작업 동맹 형성하기

CHAPTER 03 내담자의 저항 존중하기

CHAPTER 04 변화를 위해 내부로 초점 맞추기

CHAPTER 05 내담자의 감정 돕기

CHAPTER

02

작업 동맹 형성하기

개념적 개관

심리치료는 신뢰를 바탕으로 하는 전문 영역이다. 내담자들은 어떠한 필요에 의해 치료를 시작하게 된다. 그들은 많은 경우에 고통 속에 있으며 자신의 힘만으로는 해결할 수 없었던 무언가에 대해 도움을 요청하는 것이다. 신뢰가 가는 반응이란 판단적인 태도가 아니라 열정과 공감적 이해를 갖고 내담자들의 문제에 대한 도움의 요청을 존중하는 것이다. 상담의 효과를 최대화하기 위해, 상담자는 내담자가 자신의 의견을 더 힘있게 주장하도록 반응하고자 할 것이다. 즉, 심리치료의 목적은 내담자로 하여금 어떤 특정한 상황적인 문제를 해결할 뿐만 아니라 미래에 문제를 일으킬 수 있는 스트레스 요인과 상황을 다룰 수 있는 자신의 능력에 대한 믿음을 갖도록 하는 것이다. Erik Erikson(1968)에 따르면, 위기는 성장 기회를 제공한다. 대인과정접근은 내담자가 직면한 문제들을 해결하고, 나아가 효능감을 얻어 개인의 문제들을 원활하게 해결할 수 있도록 돕는 것이다.

위계적 관계나 한 사람은 높고 한 사람은 낮은(one-up/one-down) 치료관계에서는 내담자들이 결코 이 두 가지 목표, 즉 현재의 문제를 해결하고 삶에 대한 자신감과 자신의 능력에 대한 믿음을 갖는 목표들을 이룰 수가 없다. 역량 강화를 위해서는 **내담자들이 변화 과정에 대한 자기효능감(self-efficacy)을 상담자와 공유해야 하고,** 단순히 '치료받는' 것뿐이거나 지시받은 대로 수동적으로 행동하는 것이 아니라 상담자와 공동 협력하는 능동적이고 적극적인 참여자가 되어야 한다. 내담자들은 반응적이고 적극적으로 관여하는 협력관계의 도움을 필요로 한다. 따라서 이 장에서는 내담자의 주도성과 책임감을 동시에 격려하면서 이해와 길잡이에 대한 요구를 만족시키는 협력관계 또는 **작업 동맹**(Working Alliance) 모델을 제공하고자 한다. 동기면담에 대한 연구(Miller & Rose, 2009 참조)와 작업 동맹에 대한 대규모 연구(Baldwin et al., 2009)에서도 강조되었듯이, 상담자와 내담자의 협력적인 관여는 내담자의 동기와 변화에 기여하고 전체적인 치료의 효율성을 높인다는 점에서 심리치료의 필수 요소이다.

이제 성공적인 상담성과를 예언하는 요인들에 대한 연구자들의 성과를 살펴보자. 연구자들이 매우 오랜 기간 열심히 주력해왔지만, 어떤 치료 접근법이 다른 것보다 더 우월하다는 실증적 증거를 발견할 수 없었다(Lambert & Barley, 2002; Norcross, 2010; Norcross & Lambert, 2014). 반면에, 연구자들은 **개개의 치료 접근법에 대한 개별 치료자들의 효과성에 대한 다양성이 매우 크다는 강력한 증거를** 발견했다(Wampold, 2011). 즉, 다른 이론적 오리엔테이션(예를 들어, 대인간 대 인지행동적 오리엔테이션)에서보다 같은 이론적 오리엔테이션(집단 내 변량) 내에서 상담자들 간의 치료 효과 차이가 더 컸다는 것이다. 논란의 여지 없이 심리치료 결과 문헌상의 가장 획기적인 발견은, 다양한 이론적 접근법들을 통틀어 효과적인 상담자들의 가장 큰 공통점이 치료 초기에 작업 동맹을 형성하는 능력이라는 것이다(Horvath & Bedi, 2002; Safran et al., 2009). 실제로 매뉴얼에 기반한 치료법이 사용될 때에도 결과에 대한 치료자들의 영향은 막대하다(Malik et al., 2003). 따라서 이 장에서는 상담자가 강력한 상담 협력을 이끌어내기 위해 어떻게 공감적 이해를 할 수 있는지, 그리고 필연적인 문제들과 오해들이 발생하여 그 협력이 깨지려고 할 때 어떻게 과정 언급을 이용하여 그것을 복구할 수 있는지에 대해 살펴본다.

작업 동맹

상담자들은 치료의 각 단계에서 개입을 이끌어갈 각기 다른 중요한 목표들을 갖게 된다. 첫 번째 단계에서 상담자의 가장 기본적인 목표는 내담자와 작업 동맹을 구축하는 것이다. 작업 동맹은 내담자가 상담자를 유능하고 신뢰할 만한 동맹관계로 볼 때 형성된다. 즉, 내담자가 상담자를 그들의 개인적인 고통에 관심을 갖고 그들을 도울 수 있는 사람으로 볼 때 이루어진다. 상담자가 내담자에게 신뢰를 얻고 그들에게 중요한 사람이 되기 위해서는 다음과 같은 점을 성공적으로 전달할 수 있어야 한다(Nienhus, 2014).

- 상담자가 내담자의 곤경을 이해하고 고충을 인지한다는 점
- 상담자가 내담자와 함께 느끼고 그들의 고통에 공감한다는 점
- 상담자가 진정으로 내담자에게 최선의 관심을 갖고 있으며 그들 편에 있는 동맹관계

라는 점

- 상담자가 이 곤경에서 지속적으로 변함없이 내담자를 돕는 데 헌신할 것이라는 점

작업 동맹 개념은 원래 정신분석학자 Ralph Greenson(1967)에 의해 개발되었다. 그 후 Bordin(1979) 등은 모든 심리치료에는 서로 다르지만 연결된 세 가지 요소들이 있음을 밝혔다: 실제 인간관계(Gelso, 2011); 전이와 역전이 관계; 상담성과를 좌우하는 작업 동맹 관계(Friedlander et al., 2011; Shirk & Carver, 2011).

연구자들은 작업 동맹이 다음과 같이 상담자와 내담자의 협력적 과정임을 밝혔다.

1. 무엇이 잘못되었는지, 즉 문제가 무엇인지에 대해 동의하고 공동의 치료 목표 가지기
2. 목표 달성을 위한 접근방법의 설정에 협력하고 동의하기
3. 믿음, 동의, 전문성에 기반을 둔 협력적 관계 개발하기

Horvath(2006)는 이 세 가지 요소들 중 관계 요소—상담자와 내담자 간의 연결성 혹은 그런 느낌—가 대부분의 치료 결과에 가장 큰 영향을 미친다는 것을 밝혔다. 작업 동맹에 이어, 연구자들은 치료적 존재와 협력적 관계가 상담의 성과에 미치는 영향에 대한 방대한 근거를 얻을 수 있었다(Fluckiger et al., 2012; Greenberg, 2014; Hersoug, Hoglend, Gabbard & Lorentzen, 2013; Horvarth et al., 2011). 상담자의 초기 회기에서 작업 동맹 관계를 성립할 수 있는 역량은 장, 단기 치료 모두의 치료성과를 예측하는 강력한 변수가 되었다. 작업 동맹은 내담자의 광범위한 증상과 문제, 다양한 접근방법과 이론적인 오리엔테이션을 통틀어 성공적인 상담성과와 강력한 상관관계를 갖는다(Horvath & Bedi, 2002; Horvath, Del Re, Fluckiger & Symonds, 2011). 작업 동맹은 어떠한 형태로든 거의 모든 이론에 등장하지만 Carl Rogers의 진솔성, 긍정적 존중과 수용, 특히 정확한 공감적 이해의 핵심 조건과 가장 긴밀하게 연결되어 있다(Rogers, 1957).

성공적인 상담성과의 강력한 예측변인인 작업 동맹은 내담자가 상담관계가 안전하고 상담자가 자신을 이해한다고 느껴야만 형성된다. 내담자는 상담자가 감정적으로 집중하고 공감하는 자세를 보이며 어떠한 판단 없이 진심으로 다가가려는 모습을 보여야 안전하다는 느낌을 받는다(Geller & Greenberg, 2012). 내담자와의 관계를 발전시키는 초보 상담자의 능력은 그들이 적용할 이론적 오리엔테이션보다 더 뛰어난 효과를 나타낼 것이다(Wampold, 2011). 이제부터 우리는 어떻게 상담자가 이러한 구조를 내담자와의 상담회기에 적용할 수 있는지를 명확히 설명할 것이다. 이제 치료관계에서 오랫동안 중요한 측면으로 다루어진 작업 동맹(Horvarth & Greenberg, 1994b)에 대해 논의하고자 한다.

공동협력: 지시적 및 비지시적 유형의 대안

상담자들이 내담자와 **강력한** 작업 동맹을 형성하기 위해 가장 중요한 것 중 하나는 파트너로서 공동으로 협력하는 것이다. 첫 만남 때 상담자의 기본적인 목적은 이런 공동협력 관계에서 일할 때의 기대를 분명히 하는 것이며, 더 중요하게는 내담자에게 파트너십의 경험을 제공함으로써 말로 된 기대를 행동으로 보여주는 것이다. 치료과정 내내 공동협력 관계가 유지된다면 대인과정접근은 현재의 문제를 해결하고 자기효능감을 증진시키는 두 가지 목표를 달성하게 해줄 것이다. 작업 동맹을 공동협력적 파트너십으로 생각한다면 심리치료는 상담자가 내담자에게 행하는 것이 아니라 성공을 위해 양 측 모두의 참여를 요하는 공유된 상호작용임을 알 수 있다(Aron, 1996). Miller와 Rollnick(2013)은 그들의 동기면담 접근방법을 평가하기 위해 두 가지 상담 유형을 비교했다. 전문가로 행동하며 내담자들을 변화하도록 설득하는 데 중점을 두고 변화에 미온적인 내담자를 직면시키던 상담자는 사실상 변화에 대한 내담자의 거부감을 증폭시켰다. 반면에 공감을 통해 내담자의 관점을 이해하는 데 중점을 두고 변화에 대한 그들의 동기와 관심을 이끌어내며 그들이 행하기를 원하는 행동을 탐구한 상담자는 더 좋은 성과를 얻었다.

초보 상담자들은 이런 공동협력적 과정을 어떻게 시작할 수 있을까? 시작 단계에서 상담자는 내담자에게 상담에 대해 무엇을 알고 있는지 물어보면서 그들이 갖고 있는 상담자와 치료과정에 대한 기대를 탐구할 수 있고, 어떻게 상담자와 내담자가 최선으로 함께 일할 수 있을지에 대한 그들의 생각과 제안을 들어볼 수도 있다. 이전에 내담자가 치료를 받아본 적이 있다면 무엇이 도움이 되었고 무엇이 그렇지 않았는지 묻는 것이 매우 중요하다. 특히 내담자가 치료가 끝나기 전 도중에 치료를 그만두었거나, 변화를 느끼지 못했거나, 상담자와의 관계에서 해결되지 못한 문제나 어려움을 겪었다면 더 중요하다. 내담자에게 왜 도중에 치료를 그만두었는지 혹은 치료에서 무엇이 마음에 들지 않았는지를 물어보면, 그들은 대부분 다음 두 가지 중 한 가지를 말한다.

내담자 선생님은 좋은 사람이었고 저도 처음에는 그 분을 보러 가는 것이 좋았어요. 하지만 그 분은 말을 많이 하지 않았어요. 그 분은 꽤나 조용했고 저는 그 분이 뭘 생각하고 있는지 알 수가 없었어요. 아마 전 좀 더 많은 것을 필요로 했던 것 같아요. 왜냐하면 얼마 후 저는 제가 별로 변화하고 있지 않다는 사실을 깨달았거든요. 하지만 저도 그만두는 것에 대해 기분이 안 좋았습니다.

또는

내담자 상담자는 별로 제 말을 듣지 않았어요. 가끔은 무엇이 문제인지를 듣기도 전에 제게 무엇을 해야 할지를 말하려 하는 것처럼 보였어요.

이런 지시적 및 비지시적 유형이 어째서 자주 실패하는지를 들여다보자. 많은 내담자들이 갖고 있는 오해는 상담자가 의사처럼 그들의 정신상태에 대해 명화한 처방을 해줄 것이라고 기대한다는 것이다. 상담자는 자주 조언이나 설명, 해석 또는 내담자에게 그저 무엇을 할지 말해줌으로써 변화에 대한 책임을 온전히 지고 있는 독립적 주체로 여겨지기도 한다. 내담자들이 상담의 과정을 이해하고 적극적으로 참여하도록 함으로써 그들이 능동적인 파트너 내지는 협력자임을 알도록 하는 것은 상담자의 몫이다. 이 연구는 내담자들의 성공적인 결과는 관계를 발전시키고 희망을 불어넣어주고 **변화 이야기**(change talk)를 장려하며 더 적극적이고 더 집중적인 공동협력적 관계를 만들어가는 상담자로부터 촉진됨을 시사한다(Miller & Rollnick, 2013; Miller & Rose, 2009; Moyers et al., 2007). 내담자를 참여시키는 것은 다음을 함께 사정 및 평가함으로써 이루어질 수 있다.

- 가장 중요한 이슈와 걱정—현재 무엇이 가장 고통스럽고 괴로운지에 대해
- 과거에 내담자와 다른 이들이 했던 일 중 무엇이 도움이 되었고 무엇이 그렇지 못했는지에 대해
- 공유된 치료목표—무엇이 정말 잘못되었고, 무엇을 바꿀 수 있게 되기를 바라는지, 그리고 이런 목표를 성취하기 위해서 어떻게 그들이 최선으로 일할 수 있을지에 대해 브레인스토밍하고 자세히 살펴보기

또 상담자는 내담자들이 비록 그들 자신의 힘으로는 변화할 수 없었을지라도 상담자가 적극적인 파트너가 되어줄 것이며 상담자와 협력하여 문제를 이해하고 해결방법을 찾으려는 내담자의 의지가 무엇보다 가장 필요함을 이야기할 수 있다. 상담자가 이런 차원에서 과정을 진행시키지 않으면 위계적인 의사–환자 관계 또는 교사–학생 관계로 발전하기 쉽다. 그리고 그것은 내담자의 자기효능감을 약화하고 의존성을 키운다. 여기서 중요한 점 한 가지는 특히 위계적 구조의 가족 혹은 문화에서 생활한 내담자의 경우 파트너십과 공동협력을 적극적으로 구축하는 것이 더더욱 중요하다는 점이다. 예를 들어보자.

상담자 세레나, 둘 중에서 하나를 선택하는 것에 대한 당신의 생각을 말해주세요. 그와 같이 살기로 했을 때 어떤 점이 좋고 나쁜지, 그리고 그를 떠나기로 결심했을 때 장단점이 무엇인지를요.

한 사람은 높고 한 사람은 낮은(one-up/one-down) 관계는 수많은 문제들을 야기한다. 물론 단기적으로는 의사–환자와 같은 관계가 일부 내담자들에게 효과적으로 작용할 수도 있다. 초기의 부적응적 인식 틀과 자라면서 가족관계에서 무엇을 배웠는지를 기반으로 하여, 치료에 참여하는 많은 내담자들은 가까운 관계에서 순응적이어야 한다고 믿는다. 상담자가 공동협력 관계에 대해 뭐라고 말하든 상관없이, 이런 내담자들은 여전히 상

담자가 그들 인생에서 만난 다른 이들(세레나의 남자친구처럼)과 마찬가지로 그저 치료를 잘 진행시키고 상담자를 잘 따르기를 바랄 것이라고 믿는다. 이런 내담자들은 치료 초기에 상담자를 수동적으로 따를 것이며, 심지어는 상담자에게 적극적으로 지시를 구하기까지 할 것이다(예를 들어, 내담자: 내가 어떻게 해야 한다고 생각하시나요?). 하지만 이런 순종은 다른 관계에서와 마찬가지로 궁극적으로 조종되고 있다는 수치심과 상담자에 대한 분노를 불러일으킬 것이다. 비록 대부분은 무슨 일이 일어나고 있는지 이해하거나 인지하지 못하겠지만, 이런 잘못된 대인과정접근은 내담자들이 상담자의 도움을 이용하는 것, 문제해결을 진척시키는 것, 심지어는 치료를 계속해나가는 것까지도 방해할 것이다. 비록 내담자가 순응 문제를 갖고 있지는 않다고 하더라도, 위계적인 분위기가 형성되면 내담자는 상담자에게 의존적인 상태를 유지하게 될 것이다. 성공에 대한 타당성과 책임이 자신이 아닌 상담자에게 있다는 비합리적 믿음을 유지하는 한, 내담자는 자신이 갖고 있는 역량에 대한 감각을 가질 수 없게 될 것이다. 이에 대해 좀 더 알아보자.

그러면, 만일 대인과정접근이 지시적인 접근이 아니라면 이는 비지시적인 접근인가? 그렇지 않다. 많은 내담자들이 공동협력 관계나 상호성을 아우르지 못하는 인식 틀을 갖고 치료 환경에 오게 되며, 초기에 상담자가 지시적 혹은 리더의 역할을 맡는다고 주장할 수도 있다. 예를 들어, 만일 내담자가 권위주의적이고 훈육적이며 위계적인 인식 틀을 갖고 치료에 온다면, 그들에게 더 평등한 과정에 동의해야 한다고 주장하는 것은 효과적이지 않을 것이다. 그들은 과거에 이런 경험을 한 적이 없으며, 더 강하게 행동하거나 목소리를 높이는 것, 그리고 그들 자신만의 생각을 갖거나 더 독립적이 되는 것에 대해 처벌받았을 수도 있다. 따라서 상담자에게는 유연성이 필요하며, 내담자를 그들의 눈높이에서 만나고, 때로는 이것이 초기에 내담자가 할 수 있는 것의 전부이기도 한데 방향이나 조언을 구하는 내담자의 요구를 수용해야 한다. 그러나 동시에 상담자는 내담자가 말을 꺼내거나 시작할 때마다 드러내서 말할 수 있도록 허용하고, 적극적으로 참여할 수 있도록 함으로써 변화 과정을 시작할 수 있다. 예를 들어보자.

상담자 수, 그 얘기는 우리가 같이 생각해봐야 할 매우 중요한 문제로 들리는군요. 우리가 이 문제를 더 다루려면 어떻게 하는 게 좋을까요? 지금 이 문제를 떠올리면서 드는 생각이 뭔가요?

상담자는 또한 좀 더 공동협력적 치료과정에 내담자를 적극적으로 참여시킬 수 있는 다른 방법들을 찾을 수도 있다. 예를 들어보자.

상담자 존, 제게 당신의 성공 경험과 장점에 대해 말해주세요. 예전에 이 문제에 직면했을 때 당신은 어떻게 했나요? 혹은 다른 이들은 어떻게 반응했나요? 그것이 도움이 되었나요?

상담자는 삶에서 다른 이들과도 문제를 일으키는, 원하지 않는 위계적 관계 패턴을 상담자와 내담자가 상호작용하면서 어떻게 재현하고 있는지를 내담자와 함께 이야기하기 위해서 과정 언급을 사용할 수 있다. 예를 들어, 상담자가 제시한 조언과 방향을 내담자가 거절하는 것으로 보인다면—종종 일어나는 것처럼—상담자는 지금 그들 사이의 상호작용 혹은 대인과정접근에 대해 내담자와 이야기해볼 수도 있다.

상담자 존, 전 여기서 조금 헷갈리네요. 같이 한번 고민해봅시다. 당신은 제게 계속 무엇을 해야 하느냐고 묻는데, 제가 무엇을 이야기해도 당신은 "맞아요, 하지만…"이라고 하네요. 당신의 일부는 제가 하라는 대로 따라야 할 것 같다고 느끼면서 또 다른 건강한 일부는 뭘 하라고 지시받는 게 싫은 것 같아요. 지금 우리 사이에 어떤 일이 일어나고 있다고 생각하시나요?

지시적인 방식이 단기상담에서 효과를 발휘할 수도 있다. 또한 온전히 비지시적인 방식이 시작부터 문제를 일으킬 수도 있을 것이다. 내담자가 도움이나 방향을 원할 때 그런 요구를 거부하면 내담자들이 좌절할 것은 분명하다. 이 경우 부정적인 순환과정이 생길 수 있다. 즉, 내담자가 화를 내게 되고 그래서 더욱 강하게 상담자에게 방향을 요구하게 된다. 그럴수록 상담자는 더욱더 의존적인 방식을 거부하고 개인의 내적 방향성과 스스로 답을 찾는 것의 중요성을 고집할 것이다. 이것이 내담자를 더욱 실망시키게 되는데, 그 순간 내담자는 자신에겐 아무런 선택 가능성이 없다고 느끼고 상담자의 비지시적이 되려는 시도를 회피적인 것으로 볼 것이다.

상담자들이 좀 더 적극적으로 반응해주기를 바라는 내담자들의 정당한 기대와 요구를 받아들이지 않기 때문에 실제로 많은 내담자들이 상담 초기에 상담을 그만둔다. 1장에서 살펴보았듯이, 상담자들이 실수를 할까봐 갖게 되는 걱정은 그들이 더 적극적으로 참여하고 반응적이 되게 하는 것을 방해한다. 상담자들은 상담실 안에서 좀 더 참여적인 존재가 되어야 할 필요가 있다. 이를 통해 내담자들은 도움이 되는 협력자가 함께 방 안에 있음을 느끼게 된다. 상담자는 내담자에 대해 **적극적인 위치**에 있고 치료관계에서 수동적이지 않게 되기를 원할 때 지시적이 되지는 않으면서 이를 어떻게 성취해낼 수 있을 것인가? 적극적이지만 지시적이지 않은 태도를 갖기 위해, 상담자들은 다음과 같은 방식으로 반응할 수 있다.

- 관찰한 관계적 혹은 인지적 패턴에 대해 피드백 제공하기(예를 들어, "제가 당신 이야기를 들어보니 종종 모든 이들을 다 챙겨주기 위해 열심인 것처럼 들리네요. 그렇다면 당신의 필요는 누가 채워주는지 궁금하군요.")
- 내담자가 대안적인 틀을 갖고 그들의 인식 틀을 확장해줄 수 있는 새로운 관점에서 상황을 바라볼 수 있도록 돕기(예를 들어, "왜 당신이 그것을 싫어했는지 알겠군요. 그녀가 당신에게 그 말을 한 의도가 뭐라고 생각하시나요?")

- 내담자의 감정에 대해 공감적 이해를 제공하고 그들의 경험을 유효화하기(예를 들어, "왜 그 상황에서 당신이 그렇게 중요하지 않은 느낌을 받았는지 알 것 같군요. 당신의 감정은 무시되고 있었어요. 당신의 요구가 하찮게 받아들여질 때 마치 과장해서 행동하고 있는 것처럼 느끼는 건 참 고통스러운 일이죠.")
- 대인관계 피드백 제공하기(예를 들어, "제임스, 당신은 제게 지금 매우 큰 소리로 이야기하고 있어요. 그 이전에 다른 이들이 이런 피드백을 준 적이 있는지 궁금하네요. 그리고 당신이 이렇게 크게 이야기하면 다른 이들은 보통 어떻게 반응하나요?")
- 현재의 상호작용을 명확히 하고 치료관계를 사회적 학습의 장으로 이용하기 위해 과정 언급 사용하기(예를 들어, "티나, 당신은 방금 저에게 질문을 했는데요. 그러고 나서는 제가 대답할 때 중간에 끼어들었죠. 오늘 하루 동안 이런 일이 여러 번 있었는데요. 이럴 때마다 당신 마음 속에서 어떤 일이 일어나는지 궁금하군요. 어떻게 생각하시나요?")
- 상담자를 향한 내담자의 반응 체크하기(예를 들어, "당신은 지금 내게 민감한 정보를 제공할 용기를 냈어요. 나는 이것 때문에 당신이 다음 주 상담에 오길 꺼리지 않을까 궁금해요.")

아직 지시적인지 아닌지를 나눌 수는 없지만, 우리는 이런 활동적이고 적극적이며 매력적이고 균형 잡힌 치료 태도에 대해 논할 것이다.

이런 중간 단계는 수동적인 혹은 성찰적인 치유 단계를 포함하거나 아니면 내담자가 발을 디딜 수 있도록 상담자가 적극적으로 나서는 안내 단계로 넘어간다. 이런 지시적, 비지시적 방식의 통합과 균형은 두 권의 책에 기록되어 있다: Miller와 Rollnick의 *Motivational Interviewing*(2013), Greenberg의 *Emotion-focused Therapy*(2002). 대부분의 초보 상담자는 이런 균형적인 접근을 경험하지 못했을 것이다.

내담자에 대한 반응이 부족해서 내담자를 잃는 초보 상담자들은 흔히 '실수할까봐' 두려워하거나 '무엇을 해야 할지' 잘 모르겠다고 호소한다. 초보 상담자들은 내담자에게 보다 적극적으로 행동하고 자신의 생각이나 관찰한 것을 적극적으로 표현하는 것에 대한 걱정, 그리고 내담자의 인생에 어떤 영향을 주고 중요한 역할을 해야 한다는 책임감 때문에 필요 이상으로 자기를 절제하거나 억제하게 된다. 이런 이유들과 또 다른 이유들로 초보 상담자들은 무언가 잘 못할까봐 매우 걱정을 하고, 그 결과 수동적이거나 감정적으로 멀리 있게 되며, 영향력을 미칠 기회를 잃게 된다. 내담자들이 상담자의 적극적인 개입으로 도움을 받는다는 점에서 이는 불행한 것이다. 게다가 내담자들은 상담자가 서로의 역할을 유도하고 상담과정에 대한 교육을 제공하면 도중에 상담을 그만둘 확률이 낮다(Reis & Brown, 2006). 현재로서는 내담자들이 때때로, 특히 위기상황에 처한 경우에 상담자의 지시를 필요로 한다는 점을 아는 것이 중요하다(James & Guilliland, 2000). 상담자는 위계적 관계에 빠지지 않으면서도 상담진행에 대한 지침을 제공할 수 있어야 한다. 이것을 어떻게 성취할 수 있겠는가? 첫 회 상담에서 상담자는 내담자의 문제를 상담자와 내담자가 함께 해결해나가는 협조적인 관계를 만들려는 시도를 할 수 있어야 한다. 예를 들어, 다음과 같은 방식으로 이를 성취할 수 있다.

상담자 무엇이 잘못되었는지를 알아보기 위해 함께 노력합시다. 문제가 어떻게 진행되어 왔는지에 대한 당신의 생각을 말해주세요. 또 당신이 무엇을 변화시키기를 원하는지, 어떤 도움이 필요한지, 그리고 어디에서부터 시작하는 것이 좋다고 생각하는지 말씀해주세요.

내담자 이 모든 것들을 어떻게 시작해야 할지 모르겠어요.

상담자 많은 일들이 일어나고 있는 것 같군요. 그런 모든 일 중에서 당신을 가장 힘들게 하는 일이 뭔가요?

내담자 글쎄요. 아마 아내와의 관계인 것 같네요. 더 이상 우리는 그다지 잘 지내고 있지 못하고 전 정말 그것에 대해 걱정하는 것 같아요.

상담자 걱정된다고요. 그 감정에 대해 좀 더 말해주세요.

상담자는 말과 행동으로 자신이 적극적이고 책임감 있는 상담자가 되려고 한다는 것을 알려야 한다. 또한 여기에서 내담자가 수동적인 고객이 아니라 적극적인 동반자가 될 것이라는 사실을 명백히 해야 한다. 상담자는 이렇게 내담자를 상담과정에 초대해서 내담자가 자신의 생각을 상담과정에 불어넣고 그것이 또한 유효했음을 알게 하는 적극적인 활동을 할 수 있다. 상담자는 다음과 같은 말들을 통해 내담자의 관점에 관심을 표할 수 있다.

"그렇게 반응했을 때 당신의 의도는 무엇이었나요?"
"그녀가 그런 말을 했을 때 그녀는 무슨 생각을 하고 있었을 거라고 생각하시나요?"
"그녀가 그렇게 말한 것의 의미가 무엇이라고 이해하시나요?"

내담자들은 직접 참여할 수 있도록 적극적으로 초대를 받으면 그들의 참여가 가치 있게 여겨지고 협력적으로 이용되고 귀 기울여지는 경험을 하게 될 것이다. 이는 많은 내담자들이 무기력하고 단절되는 느낌을 갖고 상담을 시작하는 만큼 매우 중요하다. 파트너십을 형성하는 것은 내담자와 상담자가 상담과정에 대한 통제권을 공유하는 과정으로, 치료의 목표가 된다. 이 균형적 치료 태도는 적극적이며 반응적이고 참여적이면서 동시에 협력적이다. 상담자는 '상담을 책임질 것인가 아니면 내담자를 따라가며 비지시적인 태도를 유지할 것인가' 하는 이분법적인 생각에서 벗어나 공동의 통제를 바탕으로 하는 새로운 기반을 구축할 수 있다.

많은 내담자들에게 이런 협력적 파트너십은 다른 관계에서는 경험할 수 없었던 교정적 대인관계 과정을 경험하게 할 것이다(Gostas, Wyberg, Neander & Kjellin, 2013; Wampold, 2010). 이러한 대인과정은 많은 내담자들이 다른 관계에서는 경험해보지 못한 새로운 상호작용이다. 이는 내담자들에게 일찍이 형성되었던 부적응적 인지 도식을 변화시키고 확장시킬 것이며, 그들이 다른 사람들과 맺는 관계에서 어떻게 반응하고 효과적으로 해야 할지를 알 수 있게 하는 역할 모델이 될 수 있다. 상담자의 이론적인 방향성과는 상관없이 상담의 가장 중요한 성과 결정요인 중 하나는 상담자와 내담자가 이렇게 상호적인 인간관계를 계속 유지해나갈 수 있느냐 하는 것이다. 첫 회 상담에서 협력적인 관계를 맺어가는 또 다른 측면들을 살펴보자.

공동협력은 첫 회 상담과 함께 시작된다

초보 상담자들에게 가장 중요한 걱정 중 하나는 내담자가 첫 회 상담 이후에 그만둘 것인지 아니면 계속 치료를 이어갈 것인지의 여부이다. 많은 내담자들이 실제로 첫 회 상담 이후에 하차하는데(Garfield, 1994; Reis & Brown, 2006), 이런 경험은 초보 상담자들로 하여금 자신의 적합성과 수행능력에 대한 걱정을 악화시킨다. 성공적인 첫 회 상담을 만들기 위한 가장 유용한 가이드라인 하나는 내담자와의 첫 만남에서 작업 동맹 구축을 시작하는 것이다. 상담자는 상담에서 앞으로 어떻게 진행될 것이라고 이야기함으로써 내담자에게 상담을 구조화하도록 할 수 있다[**역할 유도**(role induction)](Henderson, 2010; Swift, 2013). 그러나 여기서 핵심이 되는 것은 상담의 초점이 내담자가 원하는 것에 있으며 상담의 성과는 온전히 내담자의 것이어야 한다는 점이다. 상담자의 의도는 내담자가 가장 중요하게 생각하는 이슈에 관심을 기울이는 것이다. 즉, 상담자는 내담자로 하여금 자신의 목표와 논의할 주제에 대해 더 깊이 생각해보게 하고, 이를 상담과정에 펼쳐놓기 위해 내담자와 협조적으로 작업해나간다. 물론 무엇이 문제인지에 대해서는 더 많은 아이디어들이 있을 수 있겠지만, 어떤 것이 변해야 하는지에 대한 사례 개념화와 아이디어들은 내담자의 목표와 내담자가 문제라고 생각하는 주관적인 경험과 밀접하게 연결되어야 한다. 그렇지 않으면 이런 공감의 실패로 인해 파트너십을 잃게 될 것이다. 이런 과정은 반응적이고 따뜻하며 개방적이고 내담자가 제시하는 모든 것에 대해 민감하게 인식하는 태도를 개발함으로써 가장 잘 이루어질 수 있다(Ackerman & Hilsenroth, 2003; Greenberg, 2014). 상담자는 이런 사실을 유념하면서 내담자들에게 가장 중요한 이슈나 걱정에 대해 이야기하도록 개방적인 기회를 제공함으로써 시작할 수 있다.

상담자 상담을 시작하게 한 어려움이 무엇이었나요? 먼저 당신이 문제라고 보는 것에 대해 제가 좀 더 알면 좋겠습니다.

내담자 너무 많은 일들이 있어서 설명하기가 쉽지 않네요.

상담자 문제들은 복잡하죠. 당신이 가장 부담이 되거나 가장 중요하다고 느끼는 고민이 무엇인지 말하면서 시작하실 수 있을 것 같군요.

이런 유형의 질문은 내담자에게 몇 가지 중요한 점을 전달한다. 가장 단순한 수준에서 이런 질문은 상담자와 내담자가 서로를 소개하고 상담실로 들어오는 사회적 상호작용의 시작이 된다. 나아가 이런 질문은 내담자로 하여금 상담자가 자신의 문제에 관해 기꺼이 얘기해보려는 사람이며, 또한 자신의 이야기를 들음으로써 자신이 필요로 하는 도움을 제공해 줄 사람이라는 것을 알게 해준다. 그러면서도 이런 질문은 어디서부터 시작할지 그리고 얼마나 털어놓기를 원하는지에 대한 선택의 자유와 책임을 내담자에게 부여한다. 상담 초기부터 내담자들은 자신이 원하는 주제를 선택함으로써 상담과정에 대한 통제를 공유하며, 이때 상담자는 그들이 향하고 있는 방향을 알려주는 적극적인 참여자가 된다. 이런 협력적인 대인과정은 상담자가 내담자에게 더 구체적인 단서를 줄 때에는 가능하지 않다.

비효과적인 상담자 전화로 우리가 이야기할 때 상사와 문제가 있다고 하지 않았나요? 무슨 문제가 있나요?

이런 식으로 상담을 시작하는 것은 친절해 보이지만, 사실 그렇지 않다. 대인과정접근은 내담자가 상담의 과정을 결정하는 데 처음부터 적극적인 역할을 해야 하지만, 그래도 여전히 상담자를 지지적인 동반자로 느낄 수 있어야 한다고 강조한다. 상담에서 무엇을 이야기하느냐보다 더 중요한 것은 첫 시간부터 어떤 상담과정이 이루어지느냐 하는 것이다. 상담의 내용을 따라가는 동시에 상담의 과정을 따라가며 균형을 유지하는 것이 초보 상담자에게는 어려운 일이겠지만 연습을 계속하면 점차 쉬워질 것이다.

대부분의 상담자례에서 내담자들은 상담자의 개방적인 질문과 요구에 잘 따라오며 그들의 관심사를 이야기하기 시작한다. 이럴 때 상담자들은 내담자의 안내를 따라가며 그 사람과 그 사람이 겪고 있는 문제에 대해 알게 된다. 이렇게 되면 상담이 잘 시작된 것이다. 다음 단계로 진행하기 전에, 내담자가 상담자의 제의를 받아들이지 않는 세 가지 예외적인 상황에 대해 살펴보자.

1. 다른 상담자가 이미 접수면접을 한 경우
2. 수퍼바이저의 존재를 의식하는 경우
3. 내담자가 면접을 시작하는 것에 갈등을 느끼는 경우

앞서 접수면접이 이루어진 경우 다른 상담자가 접수면접을 했을 경우, 내담자는 다시 이

야기를 시작할 준비가 되어 있지 않을 것이다.

내담자 (불만스러운 목소리로) 전 이미 스미스 선생님께 전부 이야기했습니다. 선생님에게 처음부터 또다시 해야 하나요?

또는

내담자 (주저하며) 선생님이 저에 대해 얼마나 알고 있는지 잘 모르겠어요. 스미스 선생님이 저에 대해 뭐라고 하시던가요?

우리의 첫째 목적은 상담자와 내담자의 작업 동맹을 수립하는 것이다. 위의 두 가지 상황에서 스미스 선생님은 이 상담장면에는 없는, 말하자면 제3자이다. 이런 상황이 특히 문제가 되는 것은 가족에서 두 사람 사이의 관계에 다른 사람이 끼어드는 **삼각관계**(triangulated)로 인해 고통받은 경험이 있는 내담자의 경우이다(Kerr & Bowen, 1988). 즉, 언제나 두 사람이 가까워지거나 갈등하면 어김없이 제3자가 개입하여 두 사람의 관계를 망쳐놓는 것이다(Haley, 1996; Miunchin, Nicholas & Lee, 2006). 이런 역기능적 가족 상호작용의 재연을 방지하기 위해 상담자와 내담자는 안정적인 양자관계를 확립해야 한다. 다른 사람이 치료적 동맹을 해치지 않도록 양자 간 치료관계를 유지하는 것은 매우 중요하다.

상담자 이미 스미스 선생님께 말씀하셨다는 것을 압니다. 그 내용도 약간 들어서 알고 있습니다. 하지만 앞으로 당신과 상담할 사람은 바로 저이기 때문에 당신에 대해 직접 듣고 싶습니다. 당신에게는 반복적인 일이 되겠지만 이렇게 함으로써 우리가 같은 지점에서 출발할 수 있다고 생각합니다.

수퍼바이저의 존재가 느껴지는 경우 수퍼바이저가 직접적으로 상담장면에 나타나지 않는다 해도 그의 존재 자체가 상담자와 내담자 사이에 삼각관계를 형성할 수 있다. 불안전감, 순종 문제나 다른 요인들 때문에 초보 상담자는 수퍼바이저를 양자관계에 끌어들여 삼각관계를 만들기도 한다. 초보 상담자는 '수퍼바이저에게 물어보겠다'는 반응을 함으로써 상담관계에서 삼각관계를 형성할 수 있다. 수퍼바이저가 '이럴 때는 이런 지적을 할지도 모른다'는 생각을 초보 상담자가 함으로써 그의 마음속에서 자동적으로 일어나는 자기비판적 시각이 작동하기도 하는데, 이런 초보 상담자의 자기검열은 내담자와의 관계에서 바람직하지 않다. 이런 것은 상담자의 자부심을 깎아내리고 내담자와의 깊이 있는 관계 형성을 저해한다. 나아가 이런 것은 상담자가 상담회기 내에서 자기 자신이 되는 것을 방해하고 자신의 목소리로, 자신의 인식대로 행동하고 자기만의 방식을 만들어가는 것을 방해한다. 초보 상담자는 다른 사람의 이야기를 공유하는 사람이 되기에 충분할 만큼 자신을 신뢰할 필요가 있다. 수퍼바이저의 지도와 평가는 필요한 것이지만 상담시간 이외의 시간에 이루어져야 생산적으로 사용될 수 있다.

다른 경우이긴 하지만, 내담자가 자기 자신과 자신의 상담과정에 대한 수퍼바이저의 생각에 호기심을 보일 때가 있다. 특히 상담시간에 비디오 녹화나 오디오 녹음을 하는 경우에 이런 현상이 종종 나타난다. 내담자가 가진 녹화에 대한 걱정이나 수퍼바이저에 대한 생각을 알아보는 것이 상담자에게 유용할 수 있다. 이런 질문들은 그들의 관계에 영향을 미치는 인지적인 인식 틀이나 이전 왜곡을 드러낼 수 있다. 예를 들어, 상담자가 내담자에게 수퍼바이저가 그들에 대해 어떻게 생각할 것이라고 상상하느냐고 물으면, 내담자는 다음과 같은 걱정거리를 이야기할 것이다.

- 그가 나에 대해서 다른 사람들에게 말하고 다닐까봐 걱정이 돼요.
- 내가 이 문제에 대해 너무 불안해하고 있기 때문에 아마 그는 나를 약한 사람이라고 생각할 거예요. 내가 언제나 나를 둘러싼 모든 것에 대해서 너무나 걱정하기 때문에 그는 나를 존중하지 않을 거예요.
- 아마 저에게 흥미를 잃었을지 몰라요. 모든 사람들이 언제나 그랬듯이 말이죠.
- 제 생각에 그녀는 저에 대해 비판적인 것 같아요. 판단적이고요.

이런 식으로 문제가 되는 인식 틀이나 기대들을 드러내게 함으로써, 상담자는 문제를 강조하고 이야기하고 해결한다. 이것의 첫 번째 장점은, 내담자가 조기에 치료를 그만두지 않도록 할 수 있다는 것이다. 둘째는 내담자가 현재의 상호작용에서 진행되는 초기 부적응적 인지 도식을 확인함으로써 변화를 시작하는 데 도움을 줄 수 있고 따라서 교정적 정서 경험을 제공한다는 점이다.

상담자 아니요, 저는 그녀가 '비판적'이거나 당신을 판단하고 있었다고는 전혀 생각하지 않아요. 사실 전 당신이 긴 시간 동안 겪은 문제들에 대해 그녀가 동정심을 느끼고 당신이 이렇게 매주 이곳에 오려고 의지를 갖고 열심히 노력하는 것을 존경한다고 생각해요.

덧붙여 말하자면, 상담자는 유대관계를 시작하고 이런 잘못된 인식 틀이나 문제적인 기대들이 내담자의 삶에서 다른 이들과의 관계에 어떠한 영향을 미치는지에 대해 생각해볼 기회로 삼는다. 예를 들어보자.

상담자 그가 당신을 비판적으로 평가하고 있다고 느끼는군요. 절대 기분이 좋지는 않겠네요. 당신의 삶에서 지금 당신을 판단하고 있는 다른 사람이 있거나 아니면 반대로 당신이 누군가에 대해 비판적인 감정을 갖고 있다고 생각한 적이 있었는지 궁금하군요. 몇 분간 이 문제에 대해 좀 이야기를 해볼까요?

어떤 내담자는 수련 중에 있는 상담자나 학생 상담자와 상담하는 것을 불편하게 여길 수도 있다.

내담자 당신의 수퍼바이저는 당신이 나에게 어떤 말을 해야 할지 알려주나요, 아니면 당신의 생각을 말하도록 하나요?

상담자 수퍼바이저와 회의를 하기도 하지만 저만의 생각을 갖고 있고 제가 생각하고 믿는 바를 당신에게 이야기할 거예요.

마지막으로, 많은 내담자들은 '부모화'되어 자랐다. 즉, 자신을 희생하면서 양육자들의 감정적인 필요를 돌보면서 자란 것이다. 이런 내담자들은 위와 같은 가족의 역할을 떠맡아 학생 상담자를 돌보거나 보호하고자 애쓰곤 한다. 그들은 상담자를 수퍼바이저에게 잘 보이게 하기 위해 치료과정에서 향상되고자 지나치게 노력하기도 하고, 긍정적으로 변화하고 있는 점은 이야기하고 향상되지 않은 영역들은 최소화하여 말하기도 하며, 상담자가 얼마나 큰 도움이 되고 있고 잘 이해하는지에 대해 고마움을 표현하기도 한다. 흔하디 흔한 이런 문제적인 재연이 치료관계에서 올바르게 해결되지 않으면 내담자는 그들의 삶에서 항상 다른 이들을 돌보는 역할에서 벗어날 수 없을 것이다. 내담자가 상담자와 이 문제에 대해 이야기하고 상담과정에서 그와 같은 과정이 반복되지 않는다는 확신을 가질 때에야 비로소 내담자는 진전을 이룬다. 요약하면, 어느 경우이든 상담내용에서 제3자의 영향이 등장할 때는 그것을 드러내고 그것이 상담과정에 어떤 영향을 미치는지 확인하는 것이 필요하다.

시작하기를 주저하는 경우 내담자가 상담자의 자기 공개 요청에 응하지 않는 두 번째 상황이 있다. 어떤 내담자들이 가져오는 문제는 시작부터 갈등을 수반한다. 이런 내담자들은 그들이 시작할 지점을 찾아보라는 상담자의 초대로 시작할 수 없다. 내담자들에게 가장 긴급하거나 중요한 것에 대해 이야기를 시작하도록 요청함으로써, 상담자는 그들의 중심 또는 핵심 문제를 드러내왔다. 내담자가 무엇에 대해 이야기할지 결정하고, 조치를 취하고 행동할지 결정하도록 하는 것 혹은 치료의 방향이나 책임을 공유하도록 하는 것은 어렵고, 종종 불안을 불러온다. 상담자의 내담자 반응 특수성을 고려하면, 비지시적인 태도로 내담자를 기다리는 상담자는 내담자에게 경직된 요구를 부과한다.

반대로, 상담의 과정을 책임지며 논의할 주제를 직접 내담자에게 제시함으로써 회기를 시작하는 지시적인 상담자는 내담자가 다른 사람들과의 관계에서 경험했던 반응과 동일한 반응을 재연하기 쉽다. 그래서 내담자가 먼저 시작하는 것에 대한 문제를 갖고 있으면, 이에 대해 상담자가 지시적으로 반응하든 아니면 비지시적으로 반응하든 상담은 시작부터 어려움에 처할 수 있다. 이 경우 상담자는 무엇을 할 수 있을 것인가? 지시적으로 할 것인가 아니면 비지시적으로 할 것인가 하는 양 극단의 중간에서 효과적인 방법을 모색하기 위한 한 가지 방법은 과정 언급을 사용하는 것이다. 한 가지 효과적인 개입은 지금 현재 상담자와 내담자 사이에서 무엇이 일어나고 있는지에 대해 드러내놓고 물어보고 생각해보도록 하는 것이다.

상담자 먼저 시작하는 것이 어려우신가 보군요. 여기에서부터 시작해볼까요? 대개 어떤 상황에서든 먼저 시작하는 것이 어려우신가요, 아니면 지금 상황에 뭔가 특별한 것이 있어서 이야기를 시작하기가 어려우신가요?

상담자는 우선 이런 현상을 하나의 문제로 정의하고 그다음 내담자로 하여금 그 문제를 탐색하게 북돋움으로써 내담자에게 초점을 제공하고 계속 나아가도록 격려할 수 있다. 내담자에게 초점을 제공하되, 내담자로부터 주도권을 빼앗아 무엇을 해야 한다고 내담자에게 지시하는 것이 아니라는 점을 주목하라. 상담자의 개방 질문은 내담자의 시급한 관심에 대한 반응이라는 점에서 지지적인 효과를 갖는다. 내담자는 원하면 언제든지 이 이슈에 대해 얘기할 수 있고 상담의 방향에 대한 책임을 공유할 수 있다. 이런 방식의 반응은 내담자에게 지지적인 환경에서 자신의 문제를 탐색할 수 있는 새로운 기회를 제공한다. 내담자가 상담자와 함께 작업해야 할 필요성에 대해 단순히 말로써만이 아니라 실제 경험을 통해 확인하게 되면 첫 목표는 달성된 것이다. 이런 경험은 차후의 상담과정에 대한 긍정적인 기대를 불러올 것이다.

내담자 반응 특수성을 유지함에 있어 가족 구조나 문화가 위계적 교사-학생 관계(상담자 주도적) 상호작용을 지지하기 때문에 어떤 집단에 대해서 초반부터 개입하는 것이 더 어려울 수 있다. 따라서 연령, 계층, 성, 문화, 종교, 그리고 그 이외의 다양성과 관련한 이슈들이 고려되어야 한다. 어떤 문화권에서는 나이든 사람, 교육을 더 많이 받은 사람, 상담자와 같이 지위가 더 높은 사람을 이끈다는 것이 불손한 것으로 인식되기도 한다. 이런 문제들과 관련하여 상담자가 취할 가장 좋은 반응은 차이점을 인식하고 내담자와 함께 문제들에 대해 탐구해보는 것이다. "여기에 와있는 것이 어떻게 느껴지나요?"라고 묻는 것은 언제나 중요하지만, 특별히 다른 문화적 배경에서 온 내담자들, 특히 가족과 관련된 정보들을 잘 공개하지 않고 가족의 이슈에 대해 말하는 것이 가족에 대해 불성실한 것으로 받아들여지는 문화권에서 온 내담자들과 상담할 때에는 더욱 중요하다(Sue & Sue, 2012; Vasquez, 2007).

예를 들면, 20살의 한국인 내담자가 치료받으러 왔다—사실은 12살짜리 남동생에게 도움을 주기 위해 온 것이었다. 그녀의 부모는 2년 전에 이혼했지만 가족행사에는 '한 가족'으로 참석했기 때문에 아무도 이혼 사실을 몰랐다. 하지만 아버지는 별거 중이었고 동생은 학교와 집에서 모두 말썽을 피우고 있었다. 상담시간의 대부분을 그녀가 왜 상담에 오게 되었는지 이야기하는 데에 할애하게 되었다.

내담자 우리 가족에 문제가 있지만 아무도 몰라요.

상담자 모르는 사람에게 가족 이야기를 하는 것이 힘드시겠어요.

내담자 네.

상담자 나에게 털어놓으면 일어날 일 중에서 가장 크게 걱정되는 것이 무엇인가요?

내담자 가족의 비밀을 이야기하는 것이 가장 걱정이 돼요.

상담자 상담을 하면 뭐가 가장 도움이 될 것 같나요?

내담자 그 비밀을 더 이상 혼자 짊어지지는 않을 테니까요.

상담자 네, 가족의 비밀은 혼자 짊어지기에는 무거운 짐이고 큰 부담이죠. 비밀처럼 느껴지지 않고 안전하게 느껴지며 나에게 털어놓을 만한 가족 이야기는 없나요?

내담자 네, 그냥 가족들에 대해 묘사하는 거요. 몇 살이고 어디서 태어났는지 같은 거요.

상담자 그래요. 시작하기에 좋은 소재인 거 같네요. 좋아요.

가족에 대한 이야기를 시작하자, 관계에서의 안전성이 증가했다. 이런 안정성은 그녀에게 가족 중에서 잠재적으로 안전한 관계인 고모가 있었다는 점을 깨닫게 했다. 상담자의 도움으로 고모에게 손을 뻗을 수 있었고 동생을 돕기 위해 이 가족 구성원과 함께 노력할 수 있게 되었다.

공감적 이해: 작업 동맹의 기초

상담자는 내담자로 하여금 자신이 중요하다고 느끼는 것이면 어떤 것이든 이야기하도록 함으로써 내담자를 상담에 초대한다. 내담자가 자신의 관심사를 상담자와 공유하고 문제의 맥락과 배경을 명료하게 한다고 상상해보라. 상담자는 내담자의 이야기에 숨겨진 주관적인 세계를 이해하려고 노력할 것이고 내담자의 관점에서 가장 중요한 것이 어떤 것인지를 찾아내기 위해 애쓸 것이다. 다시 말해, 상담자는 특정 문제가 갖는 주된 의미를 상담자 자신의 관점에서가 아니라 내담자의 입장과 관점에서 파악하는 인지적이고 정서적인 유연성을 갖기 위해 노력할 것이다(McClure & Teyber, 2003). 내담자는 다음과 같은 상황에서 깊게 이해받는다고 느낄 것이다.

1. 상담자가 반복적으로 가장 기본적인 감정과 주된 이슈들 또는 내담자가 말한 것에서 주된 의미들을 찾아내고 반영한다.
2. 상담자가 내담자의 다양한 문제들을 좀 더 종합하여 그의 이야기에서 공통된 주제나 패턴을 발견하고 내담자로 하여금 이런 특정한 이슈를 삶의 좀 더 넓은 맥락에서 바라볼 수 있도록, 그리고 이제 이런 것들이 인식되었음을 알고 바꾸기 시작하도록 돕는다.

이런 주제들은 초기 양육자와 애착 대상과의 초기 발달적 경험들의 영향을 받고 내담자의 세계관을 형성하게 된다. 상담자와 내담자가 함께 이런 주제들과 발달적 경험들을 탐색하면, 뒤따르는 명백한 공감들은 내담자와의 관계에서 신뢰를 얻게 된다. 아마도 다른 어떤 요소들보다도 이런 **공감적 이해**(empathic understanding)가 작업 동맹의 가장 기초적인 요소일 것이다. 공감적 이해를 통해 내담자는 상담자와 더 가까워지게 되고, 치료과정에 더 많은 투자를 하게 되며, 그들의 문제들을 탐험하는 위험을 감행하게 된다(Angus & Kagan, 2007). 이 중심이 되는 순서를 좀 더 알아보자.

위에서 이야기한 바와 같이, **공감적 이해**란 내담자에 대한 관심과 따뜻함이라는 의미를 내포한다. 다시 말해, 내담자를 이해한다는 것은 내담자가 현재 처해 있는 상황을 이해할 수 있으며 또한 이 상황에서 내담자가 겪고 있는 고통이 상담자에게도 중요하다는 것을 내담자에게 알려주는 기능을 한다(Raskin, 2005). 이는 기술이라기보다는 존중하는 태도이고 내담자에 대한 비판단적인 자세이다. 친절하거나 착한 것과는 달리, 이것은 상담자가 '알아들었다거나' 다른 이들이 일반적으로 '보는' 것과는 다르게 그들을 본다는 점을 행동적으로 내담자에게 보여주는 것이다. 내담자들이 느끼는 고통을 이해하고 있음을 전달할 때, 내담자들은 Bowlby(1988)가 이야기한 안전한 기지(secure base) 또는 내담자의 고통을 안아주는 **안전한 천국**을 만나게 된다. 이것이 내담자의 문제를 전부 해결해주지는 못하지만 분명 내담자의 초기 고통을 감소시키고, 어떤 경우에는 증상을 경감시키기도 한다. 안정 애착 유형이 형성되어 상담자의 적절한 반응이 전체 애착 정서의 문제를 일시적으로라도 해소하게 되면, 내담자는 다음과 같은 반응을 보인다.

- 지지적인 정서 접촉을 통해 불안이 줄어든다.
- 우울 증상이 감소한다. 거부되거나 판단받지 않고 자유롭게 풀어놓아진 듯하면서 수용되는 경험은 내담자에게 희망을 불러일으킨다.
- 이해받지 못하고 수용받지 못한 데서 발생한 좌절이나 분노를 상담자가 수용해주면 내담자는 이런 감정을 누그러뜨린다.
- 도움을 요청하고 있다는 사실과 상담을 통해 드러난 욕구들을 자신이 갖고 있다는 것에 대한 수치심이 상담자의 존중하는 태도에 의해 줄게 된다.

공감적 이해는 성공적인 상담협력을 형성하는 기초이며 대인과정접근에서 변화를 일으키는 주요 개념이다. 그러나 연구자들은 어떤 상담자들이 다른 이들에 비해 월등하게 효율적으로 공감적 이해를 위한 치료 기술을 사용한다는 점을 지속적으로 발견해왔다(Catley et al., 2006). 이런 연구의 예를 몇 가지 들면, Lafferty, Beutler, 그리고 Crago(1991)는 내담자의 증상 변화의 범위를 기반으로 하여 서로 다른 11가지 연구들로부터 더 효과적이었던 상담자들과 덜 효과적이었던 상담자들의 비교 결과를 정리했다. 내담자들이 더 효과적이었던 상담자들을 더욱 공감적이라고 보았던 반면, 덜 효과적이었던 내담자들은 그들의 상담자에게서 덜 이해받는 느낌을 받았다는 사실이 밝혀졌다. Miller와 Rollnick(2013)이 시행한 연구에서도 유사한 결과가 나왔는데, 동일하게 만들어진 동기면담을 위한 치료 프로그램이 매우 다른 치료 결과를 낳았다는 것이 드러났다. 이는 상담자가 더 공감적이거나 덜 공감적으로 보인 것에 기반을 둔 결과들이었다. 이 책의 독자들은 이 장의 마지막에 있는 추천 도서를 통해 나름의 공감과 경청 기술을 연마할 실제적인 제안들을 참고할 수 있다.

공감적 이해는 지속적으로 혹은 확실하게 제공하기가 어렵다. 다시 말하지만, 지금 여기서 말하는 공감적 이해란 착하거나 친절하게 대하는 것이 아니다. 공감적 이해는 표면적인 것을 넘어서 내담자의 숨겨진, 드러내기 어려운, 혹은 수용될 수 없는 자아에 도달하는 것을 의미한다. 이는 상담자로 하여금 내담자가 이야기한 것 중에서 주된 걱정 혹은 중심 의미를 정확히 집어내기를 요구하는 매우 높은 식별력을 요하는 반응이다. 여기서 상담자는 (1) 내담자의 생각과 감정을 파악하고, (2) 그것에 대해 이해한 바를 내담자에게 효과적으로 전달하며, '내 상담자는 날 정말 잘 이해하는군!'이라는 감정을 내담자에게 불어넣어야 한다.

많은 내담자들은 자신들의 경험에 깊게 들어가지 못한다. 깊은 이해로서 가능해지는 안정감과 안전감 없이는 고통스러운 감정과 기억을 탐험하고 경험하고 공유하는 것을 견뎌낼 수 없는 것이다.

> 욜란다는 목적이나 방향 없이 커뮤니티 대학을 다니고 있었다. 그녀는 여자로서 가질 수 있는 가장 아름다운 얼굴을 가졌지만 몸무게는 300파운드에 달했다. 때때로 그녀의 삶에서 스트레스가 심한 때에는 팔목을 '그어' 자해하기도 했다. 어린 소녀일 때, 그녀는 대부에게 성추행을 당했다. 무슨 일이 일어났는지 어머니에게 말했을 때, 어머니는 "듣고 싶지 않다."라고 했다. 어머니는 여섯 살짜리 욜란다가 이 문제에 대해 목소리를 높이는 것을 원치 않았고, 이 문제에 대해 더 이야기하거나 다른 사람에게 말하면 '가족 사이에 큰 문제를 일으킬 것'이라고 말했다. 욜란다는 왜 어머니가 도와주질 않는지 혼란스러워하면서 고통스러울 정도로 외로움을 느꼈고 자신을 '나쁘게' 느꼈다. 욜란다는 어머니의 말에 따랐고 폭력의 순간들을 조용히 감내해야 했다. 2년 뒤, 어머니의 남자친구가 욜란다를 '만지기' 시작하자 그녀는 노력하고 목소리를 높이는 것이 아무 소용 없다는 것을 깨달았다.
>
> 상담자는 사랑스럽지만 상처받은 이 어린 소녀와 유대를 쌓고자 분투하면서, 이제 충분히 욜란다의 딜레마가 무엇인지 알게 되었고 공감적 이해를 제공하고자 노력했다.

상담자 욜란다, 수많은 고통의 시간들을 너 혼자서 겪어왔구나. 정말 많이 외로웠을 거야. 네가 네 모습을, 특히 몸무게를 얼마나 증오하고 있는지 말했는데, 지금 몸무게가 많이 나가는 것이 네게 어떤 점에서 의미를 갖는 거니?

내담자 무슨 말인가요?

상담자 네가 몸무게를 줄이기 시작하면 어떤 일이 일어날까?

내담자 남자애들이 알아차리고 눈길을 보낼 것 같아요. 전 그게 너무 싫어요. 걔들은 정말 역겨워요.

상담자 그럼 네가 몸무게가 많이 나가면 그건 남자애들이 너에게 보내는 눈길에 어떤 영향을 미치는 거지?

내담자 눈길을 주지 않죠.

상담자 궁금한데, 그럼 몸무게가 많이 나가는 것이 너에게는 좋은 거니?

내담자 (울면서) 네, 그게 절 보호해줘요. 그 사실을 알고 있었지만 한 번도 이야기하지 않았던 것 같아요. 대부가 저에게 그런 행동을 한 이후에 살이 쪘고, 그다음엔 어머니의 남자친구가 그랬고, 그다음에 전 정말… (더 심하게 울면서) 맞아요, 살을 빼기 전에 이 문제에 대해 짚고 넘어가야 할 것 같아요.… 처음에 어머니에게 말하려고 했지만 어머니는 그저 … (목소리가 잦아듦)

상담자 그래, 욜란다. 네가 오랜 시간 동안 외로웠다는 걸 알겠어. 너는 어떠한 방식으로든 문제를 일으키지 않은 거야. 너는 보호받아야 마땅한 소중한 아이였어. 네가 이 얘기를 꺼낸다는 게 참 기쁘다.

상담자는 내담자를 존중하는 태도로 대하고자 하고 판단에 이르려는 성급함을 제지하며, 대신에 내담자의 증상이나 문제들을 납득할 만한 삶의 이야기나 상황들을 찾고자 한다. 방금 살펴본 바와 같이, 욜란다 같은 내담자를 돕는 상담자의 능력은 강력한 작업 동맹을 형성할 수 있는 공감적 이해를 사용하는 능력에 크게 좌우된다. 앞으로 소개할 네 개의 절에서 이 주요 개념의 서로 다른 면들을 다룰 것이다.

이해받는다고 느끼지 못하는 내담자

대부분의 내담자들은 다른 사람들이 자신을 이해하지 못하고, 진지하게 대하지 않으며, 자신의 이야기를 이해하지 못한다고 생각한다. 종종 내담자들은 자신이 눈에 잘 띄지도 않고, 홀로 남겨진 것 같으며, 다른 사람들과는 뭔가 다른 것 같고 하찮은 존재로 느껴진다고 보고한다. 많은 내담자들은 원가족으로부터 그들의 주관적 경험을 타당화받지 못했기 때문에 이렇게 느낀다. 대부분의 내담자들은 자라면서 그들의 감정을 부정하거나 경험을 타당화해주지 않는 메시지를 수없이 들었다.

- 그런 식으로 느끼면 안 돼.
- 왜 그렇게 하찮은 일에 화를 내니?
- 넌 지금 배가 고플 리 없어.
- 난 매우 추운데, 스웨터를 입어라.

- 너 왜 피곤해하니? 너 아무 일도 안 했잖아.
- 엄마한테 화내면 안 된다. 널 사랑하시잖니.
- 너는 그걸 진정으로 원하는 게 아냐.
- 그런 얘기는 하지 마.
- 뭐가 문제니—어떻게 그렇게 생각할 수가 있어!

내담자가 자신의 관심사나 감정을 이야기할 때 가족들은 아예 반응을 하지 않았거나 주제를 바꿔버렸을 것이다. 변화를 위해 상담자가 할 수 있는 가장 중요한 일은 내담자의 감정을 확인하고 수용하는 것이다. R. D. Laing은 사람들이 자신의 감정을 타당화받을 때 더 이상 '미친' 것 같은 느낌을 받지 않는다고 말했다(Laing & Esterson, 1970).

원가족으로부터 자신의 감정을 지속적으로 무시받거나 타당화받지 못한 경험은 내담자에게 심대한 영향을 주는데, 이런 영향은 상당히 오랫동안 지속된다. 어떤 저자는 이것을 '영혼 살인(soul murder)'이라고 표현했다. 왜냐하면 내담자들이 자신이 경험한 바에 대한 타당성을 느낄 수 없으면 자신을 상실하게 되기 때문이다(Schatzman, 1973). 대부분의 내담자들 가정에서 어느 정도의 무시와 부정이 일어났겠지만, 알코올중독 가정 출신, 섭식장애 문제가 있던 가정 출신, 지나치게 권위주의적인 가정, 그리고 학대가 심했던 가정 출신의 희생양들은 특히 심각하게 타당화받지 못한 경험을 갖고 있다. 이런 체계적으로 타당화받지 못한 경험의 가장 심각한 결과 중 하나는 한 개인으로 하여금 한 개체로서의 유능감을 상실하게 한다는 것이다. 사실에 기반한 감정이나 지각이 반복적으로 부정되면 그 아이는 자신의 감정이 아닌 것을 아니라고 할 수도 없게 되고 자신의 경계도 설정할 수 없게 된다. 지속적인 경험의 부정은 내담자들로 하여금 진정 무엇이 자신에게 일어났는지, 그 일의 주관적인 의미가 무엇인지에 대해 확신하지 못하게 한다. 그들은 자신을 불편하게 하는 것이 무엇인지를 인식하지 못한다. 지속적으로 거부당한 사람은 실제로 아주 중요한 일에 대해서조차 스스로에게 "아니야, 그건 진짜로 일어난 일이 아니야." 또는 "내가 이걸 과장하고 있는 거야. 그렇게 나쁘진 않았어."라고 말하게 된다. 이런 사람들은 자신의 경험을 이야기하는 데 필요한 적절한 용어를 찾지 못한다. 설사 그런 정도는 아니라고 하더라도, 다른 사람들이 자신이 말하는 바를 이해하거나 존중해줄 것이라고 기대하지 못한다(Linehan, 1997).

주관적인 경험이 지속적으로 부정되면, 내담자들은 자신이 무엇을 느끼고 있는지, 무엇을 좋아하고 무엇에 가치를 두는지 또는 무엇을 하기 원하는지 등에 대해 거의 알지 못한다. 이런 일은 가족 구성원 중 알코올 중독자가 있거나, 학대하는 사람이 있는 가정 또는 아주 독재적인 가정에서 흔히 발생한다. 다행스럽게도, 이렇게 분화되지 않은 감정상태는 상담자가 지속적으로 내담자의 경험을 존중하고 수용하면 점점 명확한 감정상태로 드러나고, 이에 따라 개인으로서의 유능감도 증진된다. 내담자를 수용하고 그들의 자기효능감을 지지하기 위해, 상담자는 잘 듣고, 내담자에게 문제가 되는 것이면 무엇이든 진지하게 받아들이며, 내담자가 말한 바에 대한 이해를 충실히 전달한다. 이런 공감과 타당화는 사람들이 흔히 하는 반응 같지만 그렇지 않다. 대부분의 내담자들은 자신의 가장 중요한 관계들에서조차 자신의 가장 중요한 감정과 지각이 타당화되는 경험을 한 적이 없다(Linehan, 1997; 1993). 그래서 상담자들은 특정 경험이 내담자에게 갖는 핵심 의미를 규명하고 상세화함으로써 내담자의 경험을 타당화해야 한다. 예를 들면, 다음의 상담자 질문과 진술은 반드시 내담자에게 동의하는 것도 아니고 동의하지 않는 것도 아니다. 그러나 상담자는 내담자의 말에 나타난 핵심 의미 또는 이슈를 포착해내려고 노력하고 있다.

- 그건 당신에게 공평하지 않았던 것 같습니다.
- 그가 그렇게 했을 때 당신이 놀랐을 것 같은데요.
- 당신이 견딜 수 있는 것보다 더 심한 것이었던 같아요.
- 그렇게 빠르고 효과적이었다니 얼마나 기분이 좋았어요!
- 실망스럽겠어요. 당신은 그보다는 많이 기대했는데.
- 당신이 다른 사람 모두를 돌봐야 하나요?
- 그래요, 당신이 얼마나 당황해서 힘든지 알 수 있어요.

상담자가 내담자를 이해하는 특별한 눈을 가진 사람이어야 하는 것은 아니며 늘 내담자를 정확하게 이해할 수는 없다. 그러나 내담자와 강한 유대를 형성할 수 있는 충분한 자질을 지녀야 한다. Winnicott(1965)는 이를 '충분히 좋은 어머니(good enough mother)'라고 했다. 상담자는 내담자의 이야기를 충분히 이해하지 못할 수 있는데, 이때 중요한 것은 거짓으로 "그래" 또는 "알겠어요"라고 해서는 안 된다는 것이다. 대신에 상담자는 내담자의 혼란을 명확하게 드러내고 그것을 다른 말로 이야기해보도록 유도해야 한다. 그래서 상담자도 그것을 충분히 이해하고, 내담자도 다시 제자리로 돌아오게 해야 한다. 상담자가 느끼기에 뭔가 확실하지 않으면 그것을 좀 더 확실하게 하도록 확인해야 한다. 예를 들면, "너무나 실망스러워서 포기하고 싶다는 것처럼 들립니다. 어떻습니까? 이것이 당신의 심정입니까?"라는 식으로 말이다. 이런 상담자의 반응은 상담자가 느끼는 항상 옳아야 된다는 수행 압력과 실수에 대한 원치 않는 걱정을 경감시키고 협력적 동맹을 돈독하게 한다. 상담자의 지각이 때로는 부정확한 것일 수도 있다. 그러나 이런 상호적인 명료화 과정에 참여하여 내담자의 경험을 이해하려는 상담자의 진실한 노력이 내담자로 하여금 상담자의 돌봄을 받고 있다는 느낌을 갖게 할 것이다. 이것은 파트너십을 발전시키고 내담자와의 유대를 강화하는 기회가 된다. 명료화를 통해, 상담자는 공감에 대해 더욱 협력적인 접근을 사용하게 된다. 내담자와의 대화에서 이것이 어떻게 작용하는지에 대한 예시는 다음과 같다.

상담자 수지, 그건 굉장히 중요한 것 같군요. 하지만 잘 이해가 되지 않네요. 다시 말해주거나 다른 방식으로 설명해주겠어요?

또는

상담자 들어보니 당신은 포기하고 싶을 정도로 용기를 잃었던 것 같군요. 제가 이야기한 것이 맞나요? 아니면 더 정확히 얘기할 수 있도록 당신이 도와주겠어요?

상담자는 두 가지 예시에서 모두 내담자를 대화에 초대하고 있으며 앞뒤로 왔다 갔다(back and forth)하는 상호작용을 통해 연대적으로 내담자의 의미를 명확히 하고자 노력하고 있다. 공감에 대한 위와 같은 협력적 접근은 상담자로 하여금 '맞아야' 한다는 수행 부담을 덜어주고, 잘못 말하거나 실수하는 것에 대한 걱정을 없애주며, 작업 동맹을 발전시킨다.

Carl Rogers를 포함하여 내담자 중심의 상담에서 선구자 역할을 했던 학자들은 원래 변화 과정에서 정확한 공감의 주요 역할을 강조했다(Traux & Carkhuff, 1967). 안타깝게도, 공감은 상담자의 안정적이거나 인내심 많은 성격으로 여겨지게 되었다. 이렇게 공감을 상대적으로 고정된 성격 특성으로 보는 것 대신에, 학자들은 효과적인 공감은 내담자의 참조 틀(frame of reference)을 공유하고 현재에서 내담자의 경험을 협력적으로 이해하고 경험하려는 노력에서 비롯된다는 것을 발견했다(Barkham & Shapiro, 1986). 즉, 내담자 중심이며 인지적이고 역동적인 상담자들을 연구한 결과, 상담자와 내담자의 적극적인 협상으로 특징지어지는 상호간 탐구의 치료적 과정이 내담자로 하여금 이해받는다는 느낌을 갖게 하는 데에 결정적이라는 것이다(Allen, Fonagy & Bateman, 2008). 예를 들어보자.

상담자 당신이 그 말을 하는 데에 따르는 위험까지도 감수하고 말했을 때 그는 어떻게 했나요?

내담자 그는 마치 제가 아무 말도 하지 않은 것처럼 그저 자기 할 말을 계속했을 뿐이에요.

상담자 그가 더 잘 들어주지 못했다니 안타깝군요. 마음이 어땠나요?

내담자 모르겠어요. (멈춤) … 정말 싫었어요.

상담자 정말 싫었군요. 왜인지 알 것 같네요. 당신은 보이지도 않는 사람인 것 같은, 중요하지 않은 사람인 것 같은 기분이 들었겠어요.

내담자 맞아요. 그런 기분이었어요.

상담자 음. '보이지 않는 사람'이라는 표현은 정확한 표현이 아닌 것 같군요. 더 좋은 단어가 있을까요?

내담자 잘 모르겠는데… (멈춤) 아마 그냥 지워지는 것 같았어요. 맞아요, 제 존재 자체가 그에게서 지워지는 느낌이었어요!

상담자 '지워졌다' 훨씬 좋은 표현인 것 같네요. 당신은 그 말을 하면서 감정이 북받쳐올랐던 것 같아요. 지워지는 것에 대해서 좀 더 말해주시겠어요? 그게 어떤 기분인지 제가 좀 더 이해하도록 도와주세요.

내담자 전 그 기분을 다른 어떤 기분보다도 정말 싫어하는데, 계속 일어나고 또 일어났어요.

상담자 당신이 전에 이야기했던 이슈들을 떠올려보면 그에게서 지워지는 느낌을 받는 것이 왜 그렇게 중요한지 알 것 같군요.

내담자 네, 아프리카계 미국 여성으로서, 아시다시피 이 자리까지 오기 위해 전 정말 열심히 일했어요. 내 공간을 얻고, 자리를 얻고 … 보이게 되고자 … 존엄성을 갖고자 …

위의 협력적 탐구에서, 상담자는 내담자와 함께 파트너로서 그녀에게 이 경험이 어떤 특별한 의미를 갖는지를 명확히 하고자 했다. 이런 방법으로, 정확한 공감은 개인적 특성이나 상담자의 특징이라기보다는 상호 탐구와 협력으로 특징지어지는 대인관계 과정의 측면으로 부각된다.

요약하면, 상담자의 일차적 작업 목표는 내담자의 핵심 메시지를 이해하고 내담자가 전달하려 하는 핵심 의미를 수용함으로써 내담자의 경험에 대해 타당화를 해주는 것이다. 위에서도 강조했듯이, 정확하게 공감하는 것은 때때로 착하게, 친절하게, 혹은 지지적으로 대하는 것으로 오해되기도 한다. 그러나 이것들은 자애롭고 좋은 의도를 가진 반응이지만 대부분의 내담자들을 변화시키지는 못한다. 우리는 정확한 공감 대신에 내담자가 이야기한 것 중에서 뭔가 특별하고 핵심적인 것을 구별해내고 찾으려 한다. 타당화의 중요성을 이해하기 위해, 초보 상담자인 당신이 위기에 처해 있었을 때 다른 사람들이 당신을 돕기 위해 해주었던 일을 떠올려보라. 거의 예외 없이 당신의 감정과 지각을 타당화하는 반응이었을 것이다.

유색인종이나 동성애자들, 경제적으로 어려운 계층 출신 내담자들, 그리고 다른 사람과 '다르다'고 느끼는 사람들과 작업할 때는 타당화가 특히 더 중요하다. 이런 내담자들은 억압, 편견, 불의 등과 같은 주제를 상담과정에 갖고 올 것이다. 아마도 이들은 지배문화 속에서 타당화받지 못해 왔을 것이며, 상담자에게 이해받기를 기대하지도 않을 것이다. 따라서 모든 사람들과 작업할 때 첫 번째 할 일은 그들에게 중요한 모든 것들에 대해 공감적으로 듣는 것이다(Pedersen et al., 2008).

이해했음을 분명하고 구체적으로 보여주기

내담자와 협력적인 관계를 형성하기 위해, 상담자는 내담자의 경험을 잘 듣고, 내담자가 말하고 있는 각각의 내용이 의미하는 바와 그에 관련된 감정을 파악하여 내담자의 경험에서 가장 중요한 것이 무엇인지를 정확하게 반영해주는 것이 필요하다. 내담자 경험의 의미를 정확하게 파악한 공감적인 반영은 매우 복합적인 반응일 수 있다. 그것은 내담자의 이야기를 앵무새처럼 기계적으로 반복하는 것(단순한 반영)이 아니다. 효과적인 반영은 해석과 유사하다. 그것은 내담자가 이야기한 표면적인 내용을 넘어서서 상담자가 핵심 메시지를 이해했다는 것을 전달하고, 정서적인 의미를 마음에 새기며, 내담자의 경험 중에 가장 중요한 것을 추출해내는 것이다. 예를 들어, 19살의 아시아인 학생이 중간고사에서 A⁻라는 성적을 받고 자살충동이 들어 학생건강센터를 찾았다고 해보자. 어떤 상담자는 이렇게 말할 수 있다. "너는 너무 비관적으로 생각하는 것 같아. … 실제로 A⁻는 나쁜 성적이 아니란다." 반대로 어떤 상담자는 내담자의 '삶의 맥락'(예를 들어, 그가 속한 문화에서 교육의 중요성, 성적이 A 밑으로 떨어지면 실패했다는 느낌을 받는 것)을 고려하여 좀 더 다정하게 이야기할 수 있다.

상담자 네 집안에서는 완벽이 아니면 허용되지 않는구나. 이것이 맞는 표현이니?

내담자 맞아요. 제 실패는 우리 집안 전체에 수치를 줘요.

상담자 네가 어떤 문제와 싸우고 있는지 알겠구나. 너는 좋은 아들이 되고 싶고, 부모님의 존중과 인정을 바라고 있구나. 고통스러운 이런 상황에서 내가 너와 함께하려는 지금 네 마음속에는 어떤 생각이 들고 있니?

내담자의 발달적/삶의 맥락을 파악하면 이를 무거운 개인적 무게가 더해진 작은 문제로 보게 된다. Rogers(1975)는 이런 이해를 나누는 것이 의미 있는 변화의 전제조건이 되는 깊은 수준의 수용을 가능케 한다고 했다. 초보 상담자는 이렇게 눈에 보이는 방식으로 내담자에게 이해했음을 전달할 때 내담자와 신뢰를 구축하고 작업 동맹을 형성하며, 내담자에게 더욱 중요한 사람이 된다는 것을 알게 될 것이다.

전형적인 상담자는 "당신을 이해한다." "당신이 의미하는 것을 잘 알고 있다." "나는 충분히 이해한다."라고 말한다. 그러나 이런 일반적이고 분화되지 않은 반응은 내담자들에게 효과적이지 않으며, 역설적으로는 내담자들로 하여금 자신의 존재감이 없다는 느낌을 더욱 강화한다. 상담자는 "이해한다."라고 말하기보다는 이해한 핵심 메시지를 정확하게 표현해야 한다. 24살의 수잔은 외조부에게 아동폭력을 당했지만 '가족모임'을 계속 유지하던 가족 구성원들로부터 무시를 받은 경험이 있었다. 그녀는 앞으로 다가올 추수감사절 가족모임 때문에 고통스러워하고 있었다.

내담자 다른 누군가가 저에게 뭘 해야 할지를 알려주면 … 가이드라인을 주면 좋겠어요.

상담자 뭘 하고 싶은지에 대한 생각이나 감정은 있지만 실제로 하는 건 꺼려지나요?

내담자 네. 왜냐하면 뭐가 진짜인지 잘 모르겠기 때문이에요. 제가 생각하고 느끼고 아는 것이 틀렸다는 건 확실히 알죠.

상담자 당신이 가족에 대해 이야기한 내용을 보니 왜 이게 그렇게 힘든지 알 것 같군요. 당신은 가족들이 당신이 알고 경험하고 느낀 것을 얼마나 여러 번 부정했는지를 설명해주었죠. 무엇이 진짜인지와 당신이 알고 있는 것을 구분하는 것이 종종 어렵다는 것이 이해가 가는군요.

내담자 맞아요! 저도 제가 뭘 느끼고 어떤 일이 있었는지는 알아요.… 겉으로는 다 정말 완벽해 보이죠. 이렇게 다들 함께하는 완벽한 가족처럼요. 사촌도 성폭행을 당했어요. 하지만 가족들은 아무 문제 없는 것처럼 그냥 지나갔죠. 이젠 제가 미친 사람인 것처럼 느껴지기도 해요. 특히 이렇게 가족들이 모이고 할아버지가 특별한 사람으로 떠받들어질 때 말이죠.

상담자 얼마나 혼란스러울지 알겠네요.

내담자 네, 뭐가 진짜인지 모르겠어요.

따라서 상담자는 내담자들의 경험이 갖는 특수한 의미들을 잡아내고 그것을 표현할 때, 의도는 좋지만 모호한 재안심을 제공할 때보다 그들이 도움이 되는 사람임을 더 잘 보여주게 된다. 또한 상담자는 자신이 제대로 이해했는지를 내담자에게 물어봄으로써 협력적으로 행동하게 되며, 그 결과 작업 동맹은 더욱 공고해지게 된다. 예를 들어보자.

비효과적인 상담자 네, 무슨 의미인지 알겠군요. 저에게도 비슷한 일이 일어난 적이 있죠.

대(versus)

효과적인 상담자 당신 이야기를 제가 제대로 이해했는지 한번 봐주세요. 직장에 있는 사람들이 당신의 이야기를 진지하게 듣고 당신의 제안을 심각하게 받아들이면 불안해지고 자신감이 없어지고 혹시 나중에 의견이 묵살되고 바보처럼 될까봐 걱정이 된다는 거죠. 이런 생각이 들면 당신은 입을 다물게 되고, 당신의 생각은 접어두고 남들의 아이디어를 따라가고, 결국 미팅을 끝내면서는 자신을 원망하게 된다는 거죠. 제가 옳게 이해했나요?

어떻게 임상의 초보 상담자들이 이런 방법을 실행할 수 있을지를 좀 더 살펴보자. 다음 사례에서는 상담자가 자신의 말을 잘 들어주지 않는 경험을 했으나, 다음 상담자에 의해 이해받는 느낌을 받았던 내담자를 살펴볼 것이다.

마샤는 자라는 동안 부모님에게 이해받는 경험을 하지 못했다. 아버지는 무뚝뚝한 분이어서 청소년기의 딸을 편안하게 받아들이지 못했으며 아이들은 아내가 책임지고 키워야 한다고 믿었다. 어머니는 비판적이고 요구가 많았으며 간섭을 많이 했다. 또한 자신의 생각이나 경험을 자녀들에게 강요했다. 예를 들면, 어머니가 미처 생각지 못한 것을 마샤가 말하면 "그건 바보 같은 생각이야. 도대체 뭐가 문제냐?"라고 꾸짖었다. 청소년기에 마샤는 자의식이 강해서 그러한 가족 경험이 무척 고통스러웠다. 그녀는 자신이 왜 그렇게 행복하지 못한지 알지 못했고, '나에겐 뭔가 문제가 있다'고 생각하기도 했다. 마샤는 방에서 혼자 울기도 했다.

마샤는 대학을 가면 모든 게 좀 더 '나아질' 것이라 생각했다. 하지만 끔찍하게도 첫 학기 동안 더욱 우울해졌다. 마샤는 더 자주 울었고 몸무게도 늘어만 갔다. 마샤는 자기 자신에 대해 그 어느 때보다도 더 혼란스러워져서 마침내 학생상담실을 찾게 되었다. 그녀는 뭐가 잘못된 것인지 정말 말하기 어려웠지만 상담자가 자신을 이해하게 하려고 노력했다.

마샤 텅 빈 것 같아요. 외로움 같은 거요.

비효과적인 상담자 친구가 있나요? 학과 친구들은 어떤가요?

마샤 친구는 있는 것 같아요. 방을 같이 쓰는 기숙사 친구가 있어요.

비효과적인 상담자 친구들과 어떻게 지내나요? 쇼핑이나 영화 보러 같이 가나요?

마샤 네, 그러죠. 외국어 동아리에도 들어갔어요.

비효과적인 상담자 친구들을 좋아하나요? 대학 새내긴데, 여기 대학에서 새 친구를 사귀어야겠네요.

마샤 네, 친구는 있어요. 하지만 텅 빈 느낌이에요.

비효과적인 상담자 하지만 당신은 가족을 떠나서 이제 방금 대학에 왔어요. 가족을 그리워하는 것이 당연하고 그래서 외로운 게 틀림없죠. 집을 떠나왔을 때 누구나 느끼는 자연스러운 감정이에요. 다른 친구들도 다 그런 심정이고 나도 그맘 때 그랬어요.

마샤 아!

비효과적인 상담자 그건 절대 이상한 것이 아니에요. 이 고비만 넘기면 좋아질 거예요.

마샤 그럼 좋겠어요. 그런데 우리 가족은 좀 달라요. 저는 고등학교 내내 우리 가족은 다른 친구들, 가족보다 문제가 더 많다고 생각했어요.

비효과적인 상담자 아, 내가 말하는 건 당신이 지금 같은 상황에서 그리고 인생에서 지금처럼 느끼는 것이 매우 자연스럽다는 이야기에요.

마샤 그래요? 하지만 여전히 전 제가 다른 사람들과는 좀 다르다고 느껴요.

비효과적인 상담자 당신이 다른 사람들과 다르다고 느끼는 것도 자연스러워요. 청소년기 후반에 처음 집을 떠나 혼자 대학생활을 해야 할 때가 굉장히 힘든 시기에요. 시간이 지나면 좋아질 거예요. 남자친구 있나요?

마샤 네, 남자친구에게도 제 문제에 대해 얘기해보지만 아무 소용이 없어요. 도와줄 수 없으니까 괜히 화만 내죠. 내가 왜 자꾸 우울해지는지 모르겠어요. 엄마가 나한테 소리를 많이 지르긴 했지만….

비효과적인 상담자 잠을 자거나 먹는 데 문제는 없나요?

마샤 먹는 데는 문제 없어요. 10파운드나 늘었는데요. 어떤 때는 한밤중에 깨서 별것 아닌 일들이지만 걱정하게 돼요. 울 때도 있구요.

비효과적인 상담자 혼자 식사하나요? 친구들과 함께 식사하는 것이 좋을 것 같네요.

마샤 (대화를 마치려는 듯이) 아마 그러는 편이 좋겠죠.

마샤는 왜 그런지 말할 수 없었지만 그 상담자를 다시 보고 싶지 않았다. 학기가 진행되어 가도 무엇이 문제인지 알지 못한 채 더욱 우울해져만 갔고, 수업을 따라가는 것도 힘들어졌다. 다음 학기 수강신청 지도를 받기 위해 만난 교수는 그녀가 심하게 힘들어한다는 것을 알아차리고 상담실로 가서 다른 상담자를 만나볼 것을 권유했다. 마샤는 마지못해 그렇게 하기로 했다.

이번 상담은 좀 더 천천히 진행되었다. 마샤는 자신이 상담자와의 관계에서는 매우 조급해하면서도 자신의 경험을 상담자와 공유하는 데는 소극적이었다는 것을 깨달았다. 그녀는 무관심하게 행동했다가도 갑자기 스트레스를 받은 듯한 행동을 번갈아 했지만 상담자로 하여금 그녀의 경험을 충분히 살펴보도록 허락하지 않았다. 그러나 상담자는 좌절하지 않고 그녀에 대한 자신의 지속적인 관심을 효과적으로 전달했다. 몇 주가 지나자, 그녀는 이번 상담관계에서는 자신에 대해 다시 이야기해도 좋을 만큼 충분히 안전하다고 느끼게 되었다.

마샤 전 완전 뒤죽박죽이에요. 제가 뭘 느끼고 있는 건지, 왜 항상 우는 건지 모르겠어요.

효과적인 상담자 아마 여러 가지 힘든 감정들이 있고 아직 당신이 그것들을 구별해내긴 힘들 거예요. 잠시 여기 같이 앉아서 어떤 감정이 생각나는지 한번 보도록 합시다.

마샤 그러죠. 아마 전 일종의 공허함을 느끼는 것 같아요. 그리고 슬프고 외롭고 절망적이고 … 그리고 다른 것들요. 하지만 전 항상 이 공허한 감정을 느껴왔고 그게 정말 싫어요.

효과적인 상담자 '공허하다' 좋아요, 여기서 시작해보도록 하죠. 공허한 게 어떤 느낌인지 좀 더 잘 이해할 수 있도록 해주겠어요?

마샤 모르겠어요.… 그냥 마음속이 공허해요—항상 그랬던 것처럼요.

효과적인 상담자 공허한 느낌은 매우 중요해요. 오랫동안 당신을 힘들게 한 것이고요. 우리 같이 좀 더 깊게 생각해보도록 해요. 제가 공허함에 대해 좀 더 잘 알게 해주세요. 당신 혼자 이 문제 때문에 힘들어하게 하고 싶지 않군요.

마샤 (오랜 침묵) 모르겠어요. 무슨 말을 해야 할지, 어떻게 시작해야 할지…

효과적인 상담자 물론 시작하기 어려울 거예요. 형용사를 써도 좋고 어떤 소리나 몸동작도 좋아요. 아니면 언제 그 감정을 느끼기 시작했는지 눈치챈 적이 있을 거예요. 누구와 있을 때 그런지, 혹은 어떤 일이 있을 때 그런지 말이죠.

마샤 맘속이 텅 비어 있어요. 내 안으로 바람이 숭숭 통하는 것 같고, 늘 배고파요. 채워지지가 않아요.

효과적인 상담자 그렇군요. 맘이 공허하단 말이죠. 술, 음식, 이성—그 어떤 것도 빈 공간을 채울 수 없는 것 같고, 그렇게 큰 구멍이 뻥 뚫려 있는 것 같다는 느낌이군요.

마샤 (이야기 없이 고개만 끄덕이다가 눈물을 글썽인다; 그러다가 상담자를 바라본다)

효과적인 상담자 (그녀의 눈을 따뜻하게 바라보며) 당신을 보니 당신이 지금 얼마나 상처받았는지 알 것 같아요. 슬프게도 모든 일들이 당신을 아프고 외롭게 하는군요. 이 모든 것을 기꺼이 나와 같이 나누려 하는 것에 대해 정말 고맙게 생각해요.

마샤 (더 크게 운다) 내게 뭔가 문제가 있는 것 같아요. 맨날 그러니까요.

효과적인 상담자 나한테 이야기해봐요. 항상 잘못되었다고 느껴지는 것에 대해 내가 알 수 있도록 해주세요.

이번 상담에서 마샤는 자신이 이해받고 있다고 느꼈다. 이전의 관계 패턴에서 벗어났기 때문에 이제는 더 이상 방에서 혼자 울지 않게 되었다. 이후의 회기들에서 상담자는 마샤에게 가장 중요한 것들을 경청하고 이에 반응해주었다. 비록 굴곡은 있었지만, 이런 공감적 유대는 협력관계를 공고하게 하여 그녀가 평생토록 겪어온 만성우울을 해결해주었다.

내담자를 이해한다는 개념이 아주 간단한 일처럼 들릴 수 있을 것이다. 이와 관련해서 상담자가 하는 일이란 주의깊게 듣고 내담자의 감정과 핵심 메시지를 파악해서 내담자에게 반영해줄 방법을 찾는 것이다. 그러나 실제에서는 이런 일을 하기가 그렇게 쉽지만은 않다. 대부분의 사람들은 피상적인 방식으로 '듣도록' 사회화되어 있어서 내담자의 말에 배어 있는 대인 갈등이나 정서적 의미를 간과하기 쉽다.

바로 이런 이유로, 첫 번째 상담자는 마샤가 진정으로 말하고 싶었던 것을 듣지 못하고 이에 관련한 어려운 감정을 회피해버렸다. 마샤는 자신의 핵심 메시지를 계속 전달하고 있었지만 상담자는 그녀 말의 내용을 듣지도 않았고 그 과정을 따라가지도 않았다. 상담자는 단순히 마샤를 안심시키고 감정적 상태에서 벗어나게 함으로써 그녀의 발달적 갈등(누구도 자신의 말을 경청해주지 않는다는)을 은유적으로 반복했다.

대부분의 초보 상담자는 자신이 '제3의 귀'를 갖고 있다는 것을 안다. 말하자면, 그들은 사람들이 말하는 것에 이미 들어있는 기본적 의미를 들을 수 있는 능력을 아주 잘 발달시켜왔다. 그러나 그들은 종종 메시지의 이면에 있는 정서적 내용 때문에 비음성적으로 표현되는 잠재된 진실을 회피해야 할 것 같은 느낌을 갖는다. 다음과 같은 여러 가지 이유로, 상담자는 이런 정서적 반응들을 회피하기 원할 것이다.

- 내담자를 당황하게 할지 모른다는 느낌 때문에
- 어떻게 반응해야 할지 잘 모르기 때문에
- 직접적으로 의사소통하는 것에 관련한 문화 또는 가족 규칙을 위반할지 모른다는 우려 때문에
- 고통과 불편감으로부터 내담자들을 보호하고 돌보아야 한다는 의무감 때문에

- 내담자와 깊은 감정이나 위험을 공유하게 됨으로써 내담자와의 경계를 넘게 되지 않을까 하는 두려움 때문에
- 자신의 미해결 과제가 내담자의 내면의 메시지나 상호작용 과정에서 다시 드러나기 때문에

그 결과, 공감적 경청을 통해 드러나는 갈등과 고통을 회피하기 위해 많은 초보 상담자들은 논의를 피상적인 수준으로 옮겨버리는 습관을 갖게 된다. 이는 내담자가 상담자와 내담자 간의 관계 혹은 상호작용에 대해 상담자가 듣지 않고 싶어할 이야기를 **숨겨진 메시지**(embedded messages)로 전달할 때에도 발생한다. 즉, 내담자들은 종종 치료관계에 대해 말을 돌려서 하거나 둘 사이에서 일어나고 있는 일을 간접적으로 언급하는데, 특히 내담자와 상담자 간의 상호작용에서 현재 그들이 겪고 있는 문제나 걱정에 대해서 이야기할 때 그렇다는 것이다. 상담자–내담자 관계에서 생긴 문제들에 대한 숨겨진 메시지를 마주하게 될 때의 효과적인 반응과 비효과적인 반응의 예시는 다음과 같다.

내담자 저 같은 사람들을 상대하는 상담자들도 자기 문제를 갖고 상담자를 찾아가나요?

비효과적인 상담자 네, 아마 그럴 거예요. 우리 다시 당신이 이야기하고 있었던 진짜 문제로 돌아가보죠. 당신이 이야기하고 있었던 것은 …

대(versus)

효과적인 상담자 네. 많은 상담자들도 자기 문제에 대해서 종종 도움을 구하곤 하죠. 혹시 당신이 저에 대해 혹은 우리가 같이 상담하는 것에 대해 질문이 있는 건 아닌지 궁금하네요. 만일 그렇다면 우리의 상담 작업에 도움이 될 것 같군요.

마샤의 두 번째 상담자는 첫 번째 상담자와는 다르게 사회적 규칙을 깨고 "텅 빈 것 같아요."라는 핵심의 정서 메시지에 직접적으로 반응했다. 그 결과, 마샤는 상담에서 처음으로 이해받은 느낌을 받았다. 이런 반응은 이렇게 작지만 유의미한 방식으로 내담자에게 교정적 정서 경험이 되었다. 상담자는 그녀의 경험에 참여함으로써 유의미한 타인들이 이전에 하지 못했던 것을 할 수 있게 되었다. 그녀의 기대와 달리, 상담자는 마샤로 하여금 감정적인 상태에서 벗어나도록 하지 않았고 오히려 그러한 것을 환영하고 더 깊이 들어갈 수 있도록 그녀를 격려했다. 상담자가 이런 경험을 지속적으로 제공하여 상호간 신뢰가 쌓이게 되면 내담자는 자신의 경험을 누군가가 들어주고 이해해줄 것임을 확신할 수 있게 된다. 특히 상담자가 자신을 봐주고 자신의 이야기에 귀 기울여줄 것이라는 기대하에 내담자는 자신감을 얻으면서 행동에도 변화를 보이기 시작한다. 그 후 상담자와의 관계가 발판이 되어서 이 새롭고 확장된 인식 틀과 관계를 맺는 좀 더 유연한 방식들이

그들의 일상생활에서 다른 이들에게로 확대된다. 초보 상담자들은 이렇게 좀 더 직접적이고 공감적인 방식으로 반응하는 것이 바람직하다. 또한 내담자들에게 가장 중요한 것을 듣기 위해 이미 갖고 있는 능력을 활용하고, 관찰한 것을 기꺼이 말할 수 있는 위험을 감수해야 한다. 대부분의 학생 상담자들은 지나치게 자신을 억제한다. 우리는 내담자에게 충고를 하고 그들이 무엇을 해야 하는지 제언하는 것 대신에 우리가 듣고 보고 관찰한 것에 대해 이야기하고 공유할 수 있다.

상담자 지나, 당신은 로버트에 대해서 세 가지 이야기를 들려주었는데요. 이 세 가지 이야기 사이에 어떤 공통점을 발견할 수 있는지 궁금하군요. 그는 당신이 일을 그만두고 자신이 당신을 보살필 수 있기를 바랐어요. 그 후 그는 당신이 있는데도 다른 여자와 놀았고, 당신에게 '멍청하며' 과민 반응한다고 말했죠. 그러고는 당신이 싸움에서 물러나려고 하면 길을 막았죠. 이에 대해 어떻게 생각하나요?

내담자 존중받지 못했다는 느낌이 들고 화가 나요.

상담자 존중받지 못했다.… 말이 되는군요. 당신은 그에게 다른 여자와 그렇게 놀지 말라고 했지만 그는 여전히 멈추지 않았고 당신이 문제 삼을 때마다 '멍청하다'고 했어요.

내담자 난 그가 날 멍청하다고 할 때마다 정말 싫었어요. 그가 저보다 나은 것처럼 느끼게 되거든요.

상담자 당신보다 낫다—이 말에 대해 좀 더 이야기해주시겠어요?

내담자 그가 저보다 더 많은 걸 알고, 더 똑똑하고, 가진 것도 많고, 힘있고 그런 것들이요.

상담자 '더 힘있다.'

내담자 네, 제가 화났을 때 그가 저를 나가지 못하게 막았을 때 전 정말 힘이 없다고 느꼈어요. 소리지르고 그를 때려버리고 싶었지만, 그러면 제가 그에게 저를 때릴 명분을 주는 셈이고 그는 "내가 왜 다른 여자들이랑 노는지 알겠지? 걔넨 너보다 훨씬 더 잘해준다고"라고 말하겠죠. 전 그러고 싶지 않았어요.

상담자 당신은 다른 곳으로 가서 좀 진정하고 싶었지만 그럴 수 없다고 느낀 거군요. 당신 자신을 위해 목소리를 높이는 것이 어렵고 어쩌면 안전하지 못하다고 느껴왔던 것 같네요.

내담자 네. 그가 저에게 소리를 지르고, 욕을 하고, 그런 것들이 좀 무섭게 느껴져요. 전 그가 화나서 저를 비난하길 원치 않아요.

상담자 당신은 존중받지 못한다고 느꼈고, 무서웠고, 하지만 그는 당신이 일을 그만두고서 그에게 경제적으로 의존하기를 바랐군요. 이게 당신에겐 어떻게 느껴지나요?

내담자 와, 얘기를 해보니 왜 제가 매번 그에게 돌아가고, 왜 그와 함께 지내는지 이해가 안 되네요. 왜냐하면 그는 결국 "당신을 나쁜 년이라고 불러서 미안해"라고 얘기하겠지만 또 반복될 테니까요.

상담자 이 관계에서 가슴 아픈 일들이 많이 있었고 과거에는 떠나기가 힘들었죠.

내담자 네, 정말 어려웠어요. 숨겨야 할 필요 없이 이렇게 이야기하는 것이 도움이 되네요. 어머니에게 이 문제에 대해 이야기하려고 하면 어머니는 바로 "그냥 그 나쁜 놈이랑 헤어져"라고 하시지만 충분히 고려할 만한 얘기는 아니에요. 어머니는 마약을 하고 일 한 번 한 적 없는 아버지와 여전히 같이 사시니까요.

상담자 당신의 모든 생각들, 당신이 나에게 말하고 싶은 모든 것들을 듣고 싶어요. 무엇 때문에 당신은 그의 곁에 머물렀고, 무엇 때문에 그와 함께 있고 싶지 않다고 느꼈나요? 우리 같이 당신이 원하는 것이 무엇이고 당신의 가장 큰 관심사가 무엇인지 알아보도록 해요.

내담자 전 …

요약하면, 상담은 내담자들에게 다른 관계에서보다 더 잘 이해받을 수 있는 기회를 제공한다. 이런 이해가 상담 초기에 제공될 때, 내담자들은 자신이 더 이상 눈에 띄지 않고 홀로 외로이 남아있는 것 같은 느낌을 받지 않을 것이고 이상하거나 중요하지 않은 것 같은 느낌도 받지 않을 것이다. 바로 그 순간, 내담자들은 상담자가 다른 사람과 달리 매우 도움이 되는 존재라고 지각할 것이다. 다시 말하자면, 상담자가 내담자의 연속적인 말들 속에서 개인적 의미를 이해하고 이를 표현할 수 있을 때 내담자는 희망을 느낄 것이다. 이런 점들을 염두에 두고, 상담자가 어떻게 내담자의 말 속에서 핵심 의미를 발견할 수 있는지, 그리고 어떻게 더 정확한 공감을 할 수 있는지에 대해 구체적으로 살펴보자.

반복되는 주제를 찾는 것은 공감적 이해를 유도한다

대부분의 내담자들은 자신을 이해해준다는 느낌에서 나오는 안전감을 제공하지 못하는 상담자에게 많은 이야기를 하거나 자신의 약점을 드러내는 위험을 감수하지 않는다. 상담자들이 내담자를 더 잘 이해하고, 정확히 공감하고 주관적 경험을 잘 이해하는 최선의 방법 중 하나는 내담자들의 이야기 속에서 **반복되는 패턴과 주제**를 발견하는 것이다(Daly & Mallinckrodt, 2009; Levenson, 1995; Levenson & Strupp, 1997). 그것은 사례 개념화를 발전시키는 데에도 도움이 된다. 그럼 이 반복적 패턴을 발견하는 것에 대해 좀 더 깊이 알아보자. 지금까지 살펴본 것처럼, 회기의 도입부에서 상담자가 목표로 하는 바는 다음과 같다.

- 내담자가 스스로 느끼기에 가장 중요하게 다루어야 할 것이 무엇인지를 선택하도록 격려함으로써 내담자의 주도성을 지지하기
- 내담자로 하여금 자신의 관심사를 탐색하는 데 적극적으로 참여시키기
- 내담자가 말하는 것의 핵심 메시지 또는 중심 의미를 규명하기
- 이런 공감적 이해를 내담자에게 표현하기
- 이야기된 문제나 이슈들 간에 공통적인 주제가 있는지 살펴보기

이런 이야기들이 간단하게 들릴지 모르겠지만, 사실은 그렇지 않다. 그것은 상담자로 하

여금 상담의 방향 및 논의 주제의 선택 시점에 대한 통제권을 상당 부분 포기할 것을 요구한다. 내담자가 회기 동안 이야기하고자 하는 대로 '그냥 가도록 내버려두는 것'은 초보 상담자에게는 매우 불편한 일이 될 수 있다. 특히 상황을 통제하는 것(눈에 두드러지지 않는 방식이라 하더라도)에 익숙하고 사회적 상호작용에 유능한 초보 상담자라면 더욱 그러할 것이다. 상담상황 밖에서 사회적 관계를 촉진시키는 대인관계 기술이 상담관계 안에서는 내담자의 발전을 저해할 수 있다. 상담자는 내담자가 해야 할 것들을 눈에 두드러지지 않게 미묘한 방식으로 지시하기보다는 내담자가 제시하는 다양하고도 예측하기 어려운 이야기들에 반응해야 하는 훨씬 어려운 위치에 있다. 이런 접근의 최종 목적은 자기효능감을 증진시키는 대인관계 과정을 산출하는 것인데, 이는 문제를 해결하기 위한 책임을 내담자와 공유함으로써 성취할 수 있다. 그러나 그것은 상담자에게 매우 중요한 사적 부담을 부과하는 것이기도 하다. 구체적으로, 상담자는 다음과 같은 것을 성취하기 위해 **유연성**(flexibility)을 가져야 한다.

- 상담관계에서 다음에 무엇이 일어날 것인지에 대한 통제권을 포기할 수 있어야 한다.
- 내담자가 무슨 얘기를 한 것인지, 그리고 지금 이 이야기가 어디로 흘러갈 것인지 알 수 없는 애매함을 견뎌내야 한다.
- 내담자가 내놓는 다양한 자료들을 이해할 수 있어야 한다.

이렇게 상담을 진행하는 것에는 두 가지 중요한 측면이 있다. 개인적인 수준에서 상담자들은 '자신을 알아야' 한다(Bromberg, 2006). 이런 자기인식은 다문화적 문학에서도 강조되는데(예를 들어, Sue & Sue, 2012; Pedersen et al., 2008), 이는 상담자로 하여금 자신의 삶이나 내담자의 경험에 바탕이 되는 일들에 대해 더욱 완전하게 인식하게 해줄 것이다. 수퍼바이저들은 상담자들이 자신의 경험을 내담자의 삶의 경험과 구분하는 데에 도움이 되는데, 이는 특히 초보 상담자들에게 중요하다. 둘째로, 내담자의 경험을 따라가면 내담자의 이야기 속에 있는 **반복되는** 주제를 쉽게 규명할 수 있는데, 이는 내담자의 주관적 경험을 이해하는 데 도움이 되고 내담자가 내놓는 다양한 범위의 자료들 중에서 가장 중요한 것을 더 잘 이해하는 데도 도움이 될 것이다. 공감적 이해는 내담자의 이야기에 대해 일일이 지시하고 통제하려는 비효과적인 방법과 달리, 상담관계에서 상담자가 정당하게 발휘할 수 있는 유일한 통제권을 상담자에게 부여할 것이다. 게다가 이런 이해에서 비롯되는 적절한 내적 통제는 상담자로 하여금 이런 일에 내재하는 **모호성을 견딜 수 있도록** 도와줄 것이다.

반복되는 패턴과 주제는 내담자에 대한 공감적 이해에 도움을 준다 내담자가 왜 상담에 오게 되었는지 그 이유에 대해 이야기하고 있다고 하자. 상담자는 내담자가 서로간의 연관성을 찾기 위해 선택한 서로 다른 기억과 진술을 따라가면서, 이들 자료들을 통합할 수 있는 초점이 무엇인지 구분하려고 애쓸 것이다. 상담자는 내담자가 내놓는 다양한 자료들에서 반복되는 세 가지 유형의 공통요소를 규명함으로써 이런 일을 할 수 있다.

1. 반복되는 주제 또는 대인관계 패턴

비록 용어가 다르고 강조하는 측면이 다르다 하더라도, 대인/역동 상담의 근본은 내담자 문제의 핵심이 되는 반복적인 관계 패턴을 규명하는 데 있다. 상담자는 내담자가 서로 다른 이야기들 속에서 반복적으로 보이는 대인관계 주제를 듣고 알아차린다. 수련 중에 있는 상담자들은 패턴 인지 능력을 향상시키도록 훈련하게 된다. 즉, 내담자가 내놓는 다양한 이야기들을 관통하는 반복적인 대인관계 주제를 알아차릴 수 있는 눈과 귀를 기르는 것이다. 예를 들어보자.

> 사람들은 내게 너무 많은 것을 기대하고 요구하죠. 내가 아무리 열심히 해도 충분하지 않아요. 다른 사람과 가까워지기 위해서는 내가 원하는 것을 포기해야만 해요. 항상 지는 상황이에요. 남들과 잘 지내면서 그들이 원하는 대로 하거나 아니면 혼자가 되겠죠.

상담자는 확인된 깊은 이해를 제공하고, 이러한 관계 패턴을 부각시키거나 이름 붙임으로써 변화 과정을 개시한다. 상담자는 이런 관계 패턴을 내담자에게 보여줌으로써 내담자가 스스로 이런 시나리오들을 깨닫게 도와준다. 내담자 패턴의 예로 다른 사람에게 통제당하는 듯한 느낌, 무시당하는 듯한 느낌 또는 버려진 듯한 느낌 등을 들 수 있다. 아마도 이 내담자는 늘 비판당했다고 느꼈을 수도 있고 이상화되어 왔을 수도 있으며, 경멸당해 왔을 수도 있다. 상담자가 다음의 세 영역에서 일어나는 동일한 주제를 내담자에게 보여줄 수 있을 때 내담자는 강한 정서 경험을 할 것이다. 세 영역은 다음과 같다.

- 일상생활에서 만나는 타인과의 현재 상호작용
- 가족 구성원들과의 발달적 관계
- 상담자와의 지금-여기서의 현재 상호작용

상담자의 관찰은 잠정적인 방향으로 진행된다. 그리하여 내담자는 방향을 쉽게 조정하고, 수정하고, 나아가 거부할 수도 있다. 내담자는 이와 같이 협력적으로 탐험하면서 다른 어떤 관계에서도 경험하지 못했던 이해받는다는 인상을 받게 된다. 따라서 그들은 종종 다음과 같은 일을 하게 된다.

1. 이러한 관계 패턴 문제들이 어떻게 돌아가는지를 더 잘 이해하게 된다.

2. 타인들과 이러한 익숙하지만 원하지 않는 상황들이 언제 맞물리는지를 관찰하기 시작한다.
3. 이러한 전개에서 자신의 참여를 확인하게 된다.

"또 여기에 와 있네. 그가 더 이상 내 곁에 있길 원하지 않는다는 것을 느껴. 그리고 나는 그를 기쁘게 해줄 방법과 그가 원하는 것을 알아내려고 너무나도 노력하고 있어. 난 이제 내가 하고 있는 걸 바꾸어야 하고, 나 스스로가 무엇을 원하는지에 더 집중해야 할 필요가 있어."

이제 인지적이고 정서적인 부분의 주제를 알아보자. 셋 모두 똑같이 중요하고 불가분하게 얽혀 있다.

2. 병리적 신념, 자동적 사고, 잘못된 기대, 도식 왜곡

상담자들이 내담자들과의 대인관계에서 공통적으로 나타나는 주제를 발견함으로써 내담자를 더 잘 이해할 수 있듯이, 인지적 패턴과 생각의 과정은 정확한 공감과 효과적인 개입의 필수 요소를 제공한다(Beck, 1995; Bjorgunsson & Hart, 2006; Lazarus, Lazarus & Fey, 1993). 예를 들어, 내담자들의 부적응적 관계 패턴은 자신에 대한 잘못된 신념, 타인에 대한 부정확한 지각, 그리고 사람들과의 관계에서 미래에 어떤 일이 일어날 것인지에 대한 잘못된 기대와 밀접하게 관련되어 있다. Ellis(1999)는 가장 흔한 역기능적인 신념 두 가지를 제안했다. 첫째는 타인이 자신을 좋아하고 사랑해주는 것과 관련된 것이고(나는 항상 사랑받아야만 하고 내 삶에서 중요한 사람들로부터 모두 인정받아야만 해), 둘째는 유능함과 관련된 것이다(나는 언제나 모든 상황에서 유능함을 보여주어야만 해). Weiss(1993)와 Silberschatz(2005)는 대인관계에서의 부적응적인 시나리오를 만들어내고 유지시키는 **병리적 신념**(pathogenic beliefs)을 명료화했다. 예를 들어, 죄책감/순종 문제와 관련한 내담자의 병리적 신념은 다음과 같다.

- 내가 원하는 것을 하면 나는 이기적인 사람이다.
- 나의 독자적인 행동 때문에 다른 사람이 상처받을 것이다.
- 중요한 사람을 앞서거나 나의 성공을 즐겨서는 안 된다.

이와 유사하게, 거부나 수치심과 관련된 병리적 신념은 다음과 같다.

- 나는 중요하지 않은 사람이므로 상관없다.
- 다른 사람들은 나를 아직 어리거나 응석 부린다고 볼 것이다.
- 내가 원하는 것이 무엇인지를 알게 되면 곧 나를 무시하거나 우습게 생각할 것이다.

수련 중인 상담자들은 이러한 잘못된 생각을 귀 기울여 듣도록 훈련받는다. 우리가 귀를 기울일 때, 내담자들이 이야기하는 다양한 범주의 이야기들 속에서 익숙한 모티브를 들을 수 있을 것이다. 상담자가 이런 주제들을 찾아낼 수 있을 때, 그리고 협력적으로 내담자에게 명료화하고 인식하는 단계에서 공감을 보일 때, 내담자는 이해받는다는 느낌과 상담자가 도움이 된다는 인상을 받는다.

3. 반복되는 정서 주제

상담자는 또한 내담자의 정서적 반응들에서 공통된 주제를 찾아낼 수 있다. 반복되는 정서 주제를 인식하고 이에 반응하는 것은 상담자가 내담자에게 제공할 수 있는 의미 있는 선물이다(Sue & Zane, 2009). 때때로 다양한 상황에서 하나의 핵심 정서가 반복해서 발생할 수 있다(Greenberg, 2002; Greenberg & Goldman, 2008). 상담자가 내담자의 이야기를 경청함에 따라 슬픔, 비통함, 수치심 등 매우 힘든 감정이 내담자의 정서 전반에 영향을 미치는 것을 알게 되고, 이런 정서들이 내담자가 관련짓는 서로 다른 경험들을 특징짓는다는 것을 감지하게 된다. 예를 들어, 상담자는 다음과 같이 말할 수 있다.

상담자 제가 듣기에는 마치 당신이 희망도 없이 삶의 모든 부담을 짊어진 것처럼 들리는군요.

또는

상담자 계속 나타나는 그 감정은 걱정이나 불안이 아닌, 그것보다 훨씬 더 큰 것 같군요. 두려움과 같이 괴로운 감정은 아닐까 싶군요.

만약 상담자가 내담자의 이런 **특징적 정서**(characterological affect)(자신의 존재에 핵심이 되는 것으로 혹은 자신의 존재를 규정짓는 것으로 경험하는 감정)를 **규명하고 정확하게 이름 붙일** 수 있다면, 그것은 매우 커다란 영향력을 발휘할 것이다. 이런 과정을 경험하면, 내담자는 자신이 누구인지를 상담자가 이해하며 또한 자신이 어떤 존재인지를 상담자가 알고 있다고 느끼게 된다. 이런 경험은 지금까지 어느 누구도 제공해줄 수 없었던 것이다. 아마도 핵심 정서를 찾아내고 그것이 내담자에게 차지하는 심층적인 의미를 정확하게 반영하는 상담자의 능력만이 작업 동맹을 형성할 수 있을 것이다.

대부분의 사례에서 상담자가 할 수 있는 가장 중요한 개입 중의 하나는 내담자의 부적응적 관계 패턴의 결과로 발생하는 반복되는 정서나 정서 주제에 반응하는 것이다(Diener & Hilsenroth, 2009; Markowitz & Milrod, 2011). 불행하게도, 초보 상담자들은 때때로 내담자의 강렬한 감정이나 복잡한 일들에 반응하는 것에 불안을 느낀다(Williams et al., 1997). 수련 중에 있는 상담자들은 정서적 주제를 인식하고 이에 대해 반응하기 위해 수퍼바이저의 도움을 필요로 하는데, 수퍼바이저는 특히 역할극이나 내담자들이 이런 감정들을 이야기했을 때 상담자가 어떤 말을 하거나 행동을 취할 것인지를 설명해줌으로써 초보 상담자를 도울 수 있다. 이 문제는 매우 중요하지만 임상훈련에서는 별로 주목을 받지 못하기 때문에 이 문제에 대한 개입 방안은 5장에서 다룰 것이다. 과정노트가 부록 A에 제시되어 있는데, 이것은 상담자가 세 가지 영역에서 주제를 발견해내도록 하는 데 도움이 될 것이다.

내담자의 대부분의 이야기에 전형적으로 존재하는, 이런 세 가지 영역에서 통일된 패턴과 주제를 발견해내는 것은 내담자의 문제들을 개념화하고 공감적 이해를 제공하는 데 도움이 된다. 앞으로 살펴볼 것이지만, 상담자가 이런 패턴을 발견해내면 내담자의 역동을 개념화하여 치료계획을 마련하는 데 도움이 될 통합적 주제를 찾을 수 있다. 초보 상담자들에게는 내담자가 내놓는 자료들이 서로 관련이 없거나 동떨어진 것처럼 보이기 쉽다. 그러나 훈련이 쌓이면 초보 상담자들도 이 세 영역에 걸쳐 통합적 주제들이 존재한다는 것을 깨닫게 될 것이다. 아래에서 더 다루겠지만, 발달적 경험, 충족되지 않은 필요, 그리고 이런 경험을 하는 중에 받았던 가슴 아픈 메시지와 자신을 원하지 않는다는 느낌은 종종 내담자들이 보이는 패턴과 주제를 이해하는 열쇠가 된다.

28살의 세라는 주치의에 의해 상담치료에 의뢰되었다. 그녀는 3명의 자녀들 중 첫째였으며 어머니는 만성적으로 우울증과 건강 염려증에 시달리고 있었다. 세라가 10살이 되었을 때 그녀는 종종 가족들을 위해 저녁을 준비하고 스스로 점심을 만들어서 쌍둥이와 함께 학교에 가져가 먹곤 했다. 이런 그녀의 역할은 아버지가 '정말 훌륭한 도움'을 주고 있다고 칭찬을 하자 더욱 '강화'되었으며, 그 후 그녀는 성인이 되어 요구사항이 많은 직업들을 갖게 되고 인정받았지만 그러한 칭찬과 경제적 보상은 그녀가 투자한 시간과 에너지에 비해 턱없이 초라한 것이었다. 또한 그녀가 선택한 파트너들은 주로 처음에는 정중하지만 곧 많은 보살핌을 요구했다. 28살이 되었을 때, 그녀는 심한 편두통과 고혈압을 앓게 되었다. 바로 얼마 전 상사는 월급 인상이나 보조인력의 충원 없이 추가적인 업무만 더 부여하며 그녀를 승진시켰다. 상사는 "당신은 최고의 직원이에요. 곧 월급도 올려주고 도와줄게요. 그러나 지금은 그럴 수 없으니 좀 기다려줘요. 적어도 더 나은 타이틀은 지금 줄 수 있겠어요."라고 말했다.

세라는 상충되는 감정을 느꼈다. 칭찬은 어렸을 때 아버지에게서 들었던 칭찬을 회상하게 하여 순응해야 한다고 느꼈다. 하지만 그녀는 화가 나기도 했다. 그녀는 상사의 책임을 떠맡되 도움도 받을 수 없고 경제적 보상도 없는 것이었다. 게다가 그녀는 돌봄을 주는 역할을 요구받았기 때문에 개인적인 삶을 희생당했고 자신이 헌신했던 많은 시간에 화가 나 있었다.

상담자 이번에도 또 당신이 모든 걸 돌봐야 하는 책임자가 된 것 같군요. 그리고 마지막엔 지치고 화난 상태로 끝나고요. 이런 것들이 당신의 삶에서 얼마나 여러 번 반복되었는지 궁금하네요.

내담자 '이런 것들'이라고 하니 어울리지 않네요. 그냥 그게 바로 제 삶이에요! 일, 개인적인 삶, 어린 시절! 그게 제 인생 내내 제 역할이었어요. 모두를 다 돌보는 것이 마치 제 운명이거나 의무인 것처럼요. 하지만 이걸 그만두지 않으면 제가 죽을지도 몰라요. 전 정말 너무나 지쳤어요!

위의 사례에서 세라의 발달적 경험은 현재 그녀가 겪고 있는 가슴 아픈 상황들이 무엇 때문에 일어난 것인지에 대한 패턴과 주제를 이해하도록 돕는 맥락을 제공한다. 나아가 상담자의 공감적 이해는 안정감을 형성했고 세라가 자신에게 필요한 것과 성공의 결과와 책임에 대해 더 깊이 이해할 수 있게 해주었다. 상담자는 내담자의 생각과 감정과 태도 속에 녹아 있는 통합적인 패턴들에 귀 기울이고 부각시킴으로써 내담자가 그들의 오래된 문제들을 이해하도록 도울 수 있다. 이런 연결은 현재의 증상을 그들의 삶의 좀 더 넓은 맥락에서 볼 수 있도록 하며, 이는 그들이 누구이고 어디서 왔는지에 대한 좀 더 일관성 있는 인생 이야기를 발전시킴으로써 내담자의 변화를 도울 수 있다. 발달적 경험이 고려되고 증상의 발현과 반복적인 관계 패턴이 정의되면, 그 후 상담자들은 발견된 주제들을 통합할 수 있고, 그것들을 가능성으로서 잠정적으로 공유하여 내담자와 함께 치료의 초점으로 삼을 수 있을 것이다(Curtis et al., 1988; Smith, 2006).

상담자가 내담자의 경험을 조직화하는 패턴을 인식하기 위한 가장 좋은 방법은 매 회기가 끝난 다음 과정노트를 작성하는 것이다. 과정노트를 작성하는 지침을 부록 A에 제시했고, 다음 장에서 자세히 다룰 것이다. 요약하면, 만약 상담자가 제대로 적용되지 않고 있는 대인관계 패턴, 병리적 신념, 그리고 내담자의 삶에서 반복되어 등장하는 기본적인 감정을 찾아내어 경험과 문제들을 연결시킬 수 있다면 내담자는 연결고리를 찾기 쉬울 것이다. 이를 통해 내담자는 상담자가 남들과는 다른 방식으로 자신을 이해하고 있음을 확인받을 수 있다. 정확히 맞는 말을 함으로써 현저히 차별화되고 특정한 공감대를 형성하는 것은 내담자에게 큰 도움이 된다. **이것은 그저 일종의 조절과 기술이 아니라 상담자가 내담자를 대하는 방향을 특징짓는, 기회를 거듭하여 구성되는, 지속적인 태도이다.**

수행 불안은 작업 동맹의 형성을 방해한다

상담자도 인간이라는 점을 인정하자. 상담자가 항상 경청하거나, 들은 것을 완전히 소화하고 언제나 정확하게 공감적일 수는 없다. 우리가 모두 이해할 수 있듯이, 때로는 상담자가 내담자의 경험에 드러나는 느낌이나 의미를 놓쳐버릴 수 있다. 여기에서는 수행 불안에 대해 검토할 것인데, 수행 불안은 상담자로 하여금 덜 공감적이게 만들고 내담자가 준비도 되기 전에 변화하도록 압력을 넣게 만든다.

1장에서도 살펴보았듯이, 상담자도 과도한 수행 불안에 쫓길 때는 효과적으로 일할 수 없을 것이다. 일반적으로 초보 상담자들은 (도움이 되고자, 또 수퍼바이저로부터 잘 했다는 이야기를 들으려고, 자기 자신이 유능하다는 느낌을 받으려고, 혹은 내담자가 자신을 좋아하도록 하기 위해) 과도하게 노력한다. 상담자가 지나치게 노력하게 되면 자신의 관점에서 벗어나 내담자의 세계를 공감적으로 이해하고 정서적으로 함께하기가 어렵다 (Skovholt & Rennestad, 2003).

초보 상담자들은 이 면담이 다음에는 어디로 향해야 하는지에 대해 너무나 자주 걱정한다. 말하자면, 다음에는 무슨 말을 해야 하나, 어떤 조언을 주어야 하나, 혹은 수퍼바이저가 이 시점에서 어떤 말을 하길 기대할까 등에 대해서 걱정한다. 이런 지나친 자기비판적 모니터링은 학생 상담자를 이러지도 저러지도 못하게 하며, 창의성이 발휘되는 것을 막고, 무엇보다 보람 있어야 할 상담을 즐기지 못하게 만든다. 더구나 이는 상담자가 최선을 다해 내담자의 말을 경청하고 이해하는 것을 방해한다. 따라서 초보 상담자들은 자기 자신을 모니터링하는 것을 줄이고, 바로 이 순간과 현재의 상호작용에 집중하며, 바로 그 경험이 내담자에게 주는 의미에 더욱 초점을 맞추도록 해야 한다. 이 장에서 논의되고 있는바 반복적인 주제를 찾는 작업은 그 자체가 초보 상담자로 하여금 상담자의 역할을 제대로 수행하기 어렵도록 하는 것일 수 있다. 즉, 상담자가 반복적인 주제를 찾아내려고 지나치게 노력하면 전반적인 내담자 삶의 맥락을 잃어버릴 수 있다. 이렇게 되면, 상담자가 그토록 찾아내려 애쓰는 내담자의 패턴을 파악하기가 어려워진다. 차라리 상담자는 긴장을 풀고 인내심을 갖고, 내담자가 경험한 대로 이야기를 풀어갈 수 있도록 하는 것이 좋다. 수행 불안으로 주의가 흩어지지 않으면, 상담자는 반복적인 주제를 발견해내고 내담자 경험의 기본적인 의미를 이해하기가 쉽다.

마지막으로, 초보 상담자들은 자신의 조력능력을 의심한다. 그들은 내담자의 변화를 위해서 무엇인가 해야 할 일들을 더 찾기 마련이다. 초보 상담자들은 흔히 첫 상담회기에서 내담자의 행동, 생각, 그리고 감정을 변화시켜 나가야 한다고 생각한다. 그 결과, 초보 상담자들은 상담 주제를 갑자기 바꾸거나(적어도 내담자의 관점에서 볼 때에는), 내담자가 중요하다고 생각하는 주제에서 상담자가 중요하다고 생각하는 주제로 주제를 변경하기도 한다. 물론 상담자의 입장에서 이런 시도는 내담자가 아직 생각해보지 못한 새로운 주제와 연결시켜 내담자를 도우려는 것이라 할 수 있을 것이다. 그러나 이런 시도가 상담자의 관점에서 내담자의 문제를 고쳐야 한다는 상담자의 내적인 압력에서 비롯된 것이라면 반드시 실패하게 된다. 역설적으로 상담자가 이런 비현실적인 기대를 갖고 일하게 되면 내담자는 상담자가 자신을 잘 이해하지 못한다고 느끼거나 도움이 되지 않는다고 여겨 상담에 오지 않을 것이다. 요약하면, 지나친 수행 불안을 가진 상담자는 효과적이지 않다. 왜냐하면 그들은 내담자를 이해하려 하기보다는 자신의 내적인 욕구에 의해 움직이기 때문이다. 상담자는 수퍼바이저와 개방적인 논의를 통해 수행에 대해 가지는 현실적인 어려움을 해결하는 것이 바람직하다. 상담자는 내담자와의 관계에서 무엇이 일어나고 있는지에 대해 알아야 한다는 지나친 부담감을 갖고 일할 필요가 없다. 다만 무엇이 일어나고 있는지를 함께 알아가기 위해 필수적으로 요구되는 작업 동맹을 형성하려는 노력을 지속할 필요가 있다. 그들은 오직 내담자의 삶의 어떤 부분에 문제가 있는지, 그리고 어떤 행동이 내담자가 원하는 변화를 가져올지를 찾아내고 이해하기 위해 협력적인 대화를 끌어내야 할 뿐이다.

변화의 선결조건인 공감적 이해

물론 상담자는 내담자의 변화를 도와야 한다. 그러나 무엇보다 변화는 내담자가 자신을 이해해주고 돌봐주는 사람으로 상담자를 경험할 때 일어날 가능성이 가장 크다. 첫 회기에서 상담자의 가장 우선적인 목표는 작업 동맹을 구축하는 것이다. 상담자는 내담자에 대한 공감과 존중으로 내담자와의 정서적 유대를 형성함으로써 이를 성취한다. Selma Fraiberg는 고전적인 논문에서 내담자의 경험을 정확하고도 돌보는 방식으로 이해하고 표현하는 능력을 '양육실의 유령(ghosts in the nursery)'이라고 표현했다(Fraiberg, Adelson & Shapiro, 1975). 여기에서 연구된 상담자례는 자신의 아이를 학대하는 경향성이 매우 높은 우울한 젊은 엄마와의 상담이다. 상담 초기에 상담자는 그 젊은 엄마가 우는 아이를 안고 있지만 약 5분 동안이나 아이를 달래려는 아무런 노력도 하지 않는 것을 관찰하고 매우 당황했다. 엄마는 아이를 달래는 말을 한마디도 하지 않고 그냥 아이를 흔들기만 했다. 그녀는 마치 우는 아이로부터 멀리 떨어져 있는 것처럼 보였다. 상담자는 "어째서 이 엄마는 아이의 울음소리를 들을 수 없을까?"라고 자문했다.

상담이 진행됨에 따라 젊은 엄마의 어린 시절 동안 학대가 있었다는 것이 드러났을 때, 상담자는 이 엄마가 어린아이였을 때 자신의 울음소리를 들어주거나 거기에 반응을 해준 사람이 아무도 없었다는 것을 알게 되었다. 상담자는 '이 엄마가 자신의 우는 아이에게 문을 닫고 있는 것처럼 자기 내면의 울고 있는 아이에게도 문을 닫고 있다'는 가설을 세웠다. 이런 개념적 이해는 상담자로 하여금 임상적 가설과 기본 처치계획을 세울 수 있도록 했다. 즉, 엄마 자신의 울음소리를 들을 수 있을 때 비로소 아이의 울음소리도 들을 수 있을 것이다.

상담자는 그 젊은 엄마의 어린 시절 경험을 매우 적극적으로 듣고 공감적으로 표현하고자 애썼다. 그 젊은 엄마가 5살 때 친엄마가 죽었고 11살 때는 돌봐주던 숙모마저 세상을 떠났다. 이런 뼛속 깊은 상실을 겪고 이 젊은 엄마는 '아무도 날 원하지 않는다'는 생각을 갖게 되었다. 상담자는 그녀의 어린 시절 느낌을 듣고 그것을 말로 표현했다.

> 이제까지 얼마나 힘들었나요. … 이건 너무나 깊은 상처가 되었군요. … 물론 당신은 어머니가 필요했죠. 하지만 아무도 당신에게로 돌아오지 않았어요. … 그래요. 어른들은 때때로 이런 것이 아이들에게 어떤 의미인지 잘 모르죠. 당신은 울어야 했죠. … 하지만 아무도 들어줄 사람이 없었어요(p.396).

또 다른 적당한 시점에서 상담자는 그 젊은 엄마의 경험을 정확하게 포착하여 그녀가 자신의 감정을 느낄 수 있도록 했다. 그 결과, 유기되고 내던져진 자기 자신에 대한 분노와 슬픔이 우러나왔다. 그 젊은 엄마는 흐느꼈다. 상담자는 그녀를 이해하고 위로했다. 몇 회기가 지나고 놀랄 만한 일이 일어났다. 아이가 울 때 엄마가 아이를 가까이 끌어안고 아이의 귀에 흥얼거리는 일이 처음으로 일어났다. 상담자의 가설은 옳았다. 그 젊은 엄마는 자신의 울음소리를 들을 수 있을 때 아이의 울음소리를 들을 수 있었다. 이런 초기 애착이 형성됨에 따라 아이에 대한 학대의 위험이 사라진 것이다.

이 극적인 사례는 상담자가 내담자의 갈등을 해결하는 데 치료관계를 유용하게 활용할 수 있음을 보여준다. 엄마가 아이를 돌봐주는 것과 같은 방식으로 상담자가 내담자의 고통에 귀를 기울였을 때, 교정적 정서 경험이 일어났다. 이 사례연구를 통해 상담자가 내담자의 경험에 대한 이해를 온정적으로 표현하는 것이 내담자에게 얼마나 강한 영향력을 끼치는지 알 수 있다.

이런 역할 모델을 사용하려면, 초보 상담자들은 자신이 내담자의 고통을 느낄 수 있으며 또한 내담자의 행복을 진심으로 바란다는 것을 내담자에게 전달할 수 있어야 한다. 따라서 초보 상담자들은 이를 위한 자신만의 방법을 찾을 필요가 있다. 내담자들이 갖고 있는 수많은 갈등들 가운데 핵심이 되는 것은 이들이 자기 자신을 돌보지 못한다는 것이다. 내담자들은 누군가가 자신을 돌보고 있다는 것을 느낄 때에라야 자기 자신을 스스로 돌볼 수 있게 된다(Gilligan, 1982). 상담자가 다음 세 가지의 것들을 내담자에게 해줄 수 있을 때, 내담자는 상담자가 자신을 돌보고 있다고 느낄 것이다. 첫째는 내담자에게 무엇이 중요한지를 이해하는 것이고, 둘째는 내담자의 고통에 진정한 관심을 표현하는 것이다. 마지막으로, 셋째는 내담자가 진정 가치 있는 존재이고 이 관계에서는 내담자를 존중할 것이라는 점을 전달하는 것이다. 바로 이런 것들이 상담자들이 상담의 초기 단계에서 추구해야 할 목표이다.

맺음말

대인과정접근은 서로 다른 이론적 전통에서 개념과 기법을 이끌어내려 한다는 점에서 통합적이다. 이 장의 기본 개념은 Rogers의 공감적 이해를 바탕으로 하는 협력관계의 구축과 관련된 것이다.

대인과정접근은 내담자의 자기효능감을 증진시키는 방향으로 문제를 해결하려고 노력한다. 내담자의 독립을 촉진하는 이런 과정접근은 협력적인 파트너십을 통해서만 이루어질 수 있다(Myers & White, 2010). 내담자는 상담의 각 단계를 통해 적극적인 협조자가 되어야 한다. 의사의 처방을 기다리는 유순한, 치료되기만을 기다리는 유순한 환자의 역할에 머물러서는 곤란하다. 내담자와 상담자가 어떻게 함께 협력하여 일할 것인가 하는 이 과정은 상담자의 이론적 입장이나 그들이 논의하고 있는 내용보다 더 중요하다.

또한 이 장에서는 내담자에게 가장 중요한 것을 이해하는 것 그리고 내담자와 온전히 함께하면서 경청하는 것, 이 두 가지가 내담자에게 지대한 영향을 준다는 것을 살펴보았다. 내담자에게 심층적 이해를 제공하는 것은 내담자에게 선물을 주는 것이나 다름없다. 이것은 상담자의 이론적 입장과 상관없이 상담자가 제공하는 가장 중요한 개입이다. 이런 인간적인 기본 반응은 너무 단순하게 느껴지기 때문에 때로는 간과되기 쉽다. 그러나 이것은 모든 조력관계의 토대이며 작업 동맹을 형성하는 기초가 된다.

연습 활동

당신의 사생활에서 중요한 다른 사람들이 괴로워하거나 위기에 처했을 때, 당신은 일반적으로 어떻게 대응했는가? 상대를 안심시키거나 문제를 해결하려는 시도로, 검증과 공감의 이해를 제공하려는 시도로 자신의 반응을 특성화하겠는가? 돌이켜보면, 당신의 답변이 도움이 되었다고 생각하는가?

이와 병행하여, 최근 몇 년 동안 일어났던 당신 자신의 삶의 중대한 위기를 떠올려보라. 돌이켜보면, 다른 사람들의 어떤 반응이 당신에게 도움이 되었고, 어떤 반응이 당신에게 도움이 되지 않았는가? 그 스트레스를 받는 시간 동안 공감적 이해는 당신에게 무엇을 제공했을까?

추천 도서

Egan, G. (2014). *The skilled helper*. Belmont, CA: Brooks-Cole. 3장과 4장은 공감적으로 경청하고 공감으로 반응하는 데 도움이 되는 가이드라인을 제시한다.

초보 상담자들은 그들이 읽고 있는 개념을 보여주는 역할 모델을 관찰할 필요가 있다. 독자들에게 여기에 제시된 개념을 강력하게 보여주는 교육용 DVD를 시청할 것을 권장한다. 독자들은 가정폭력 문제를 상담하는 내담자에게 공감적 이해를 제공하는 한나 레벤슨(Hanna Levenson)을 관찰할 수 있다. 이 숙련된 상담자는 미국심리학회가 제작한 DVD 시리즈에서 독자들이 치료에 대한 관계적 접근법을 이해하는 데 도움을 줄 것이다.

CHAPTER

03

내담자의 저항 존중하기

조안은 첫 번째 내담자를 만나는 일에 신경이 곤두서 있었다. 그러나 첫 회기는 잘 진행된 것 같았다. 내담자는 걱정거리를 길게 이야기했다. 조안은 이 내담자와 이야기하는 것이 편안하다는 것을 알고 한시름 놓았다. 내담자는 다소 힘든 감정을 나누었고, 조안은 그에게 어떤 일이 일어나고 있는지를 이해한다고 느꼈다. 조안은 그들이 좋은 치료동맹을 맺기 시작했다고 생각하고 있었다. 내담자는 돌아갈 때 아주 우호적이었고 감사하는 것처럼 보였다. 그러나 한 주가 지나고 나서 조안은 내담자에게서 '상담을 계속할 수 없다'는 간단한 전화 메시지를 받았다. 혼란스럽고 실망한 조안은 사무실에 혼자 앉아 무엇이 잘못된 것일까 의아해하고 있었다.

개념적 개관

상담자가 무언가 중요한 것이 시작되고 있다고 느끼는 순간, 어떤 내담자들은 제동을 건다. 내담자는 다음 두 번째 약속을 취소하거나 25분 늦게 오거나 일요일 아침 7시로 약속을 다시 잡아달라고 요구한다. 이러한 저항은 상담을 배우기 시작하는 초보 상담자에게 당혹감과 좌절감을 준다. "왜 그 내담자가 다시 오지 않았지?! 우리가 함께 한 첫 회기는 좋았는데. 그리고 그녀는 꽤 많은 것을 나누었는데…." 대부분의 내담자들이 이러한 특정 방법으로 저항하지는 않겠지만, 다른 형태의 **저항**(resistance)이 상담 전반에 걸쳐 주기적으로 일어날 것이다. 이러한 저항은 변하고자 애쓰는 내담자, 즉 상담에 대한 동기를 갖고 있고 책임있게 행동하는 내담자에게서조차 일어난다. 대부분의 초보 상담자들은 훈련을 받기 시작할 때 저항을 예상하지 못하지만 저항을 다루는 것은 상담과정에서 예상할 수 있는 요소이다. 그러므로 이 장의 목적은 초보 상담자들이 저항을 인식하고, 저항에 효과적으로 반응하는 방법을 배우도록 돕는 데 있다. 그래서 더 많은 내담자들이 계속 상담을 받고, 상담을 통해 유익을 얻게 하는 것이다.

대부분의 내담자들은 상담을 받는다는 것에 대해 긍정적인 감정과 부정적인 감정을 모두 갖고 있다. 그러나 처음에는 대부분의 내담자들에게 보통 긍정적인 감정이 두드러진다. 내담자들은 고통에서 벗어나기 위해 상담을 찾는다. 그러나 우리는 더 나아가 내담자의 복잡한 감정을 보고자 한다. 종종 내담자들은 도움을 구하고 진심으로 변하고자 할 때, 동시에 성취하고자 하는 바로 그 변화에 저항하거나 반대할 수도 있다. 또는 상담자를 좋아하고 그가 도움이 된다는 것을 알면서도 상담시간에 다시 가는 것이 어려울 수 있다. 심리치료의 초창기부터(Breuer & Freud, 1893, 1955에 재판됨) 그리고 동기면담(Motivational Interviewing)(Arkowitz, Miller & Rollnick, 2015; Miller & Rose, 2009)과 같은 현대의 통합적 상담에 이르기까지 지속적으로, 임상가들은 이러한 변화 과정의 역설적인 그림자 측면을 이해하고 설명하려고 애써왔다. 이것은 많은 이유들로 인해 발생한다. 많은 내담자들의 경우, **수치심**(shame)은 도움을 요청하는 것이나 그들이 스스로 해결할 수 없는 정서적 문제와 연관이 있다. 어떤 문화에서는 가족 이외의 사람에게 문제를 드러내면 강한 반발에 부딪히거나 **가족에게 충성스럽지 못한** 것으로 여겨진다. 어떤 내담자들은 자신을 위해 도움을 요청하거나 자신의 욕구 충족을 위해 무언가를 하는 것에 **죄책감**(guilt)을 갖는다. 또한 자신의 왜곡된 인지적 도식에 따라 행동하는 내담자들에게는 상담자가 자신의 삶에서 중요한 사람이 그랬던 것처럼 익숙하지만 원치 않는 혹은 상처를 주는 방식으로 반응할 것이라는 예상으로 인해 **불안**이 유발된다. 그러므로 내담자가 문제를 갖고 있거나 도움을 요청해야만 한다면, 수치심, 죄책감, 불안, 그 밖의 어렵거나 위협적인 감정이 종종 일어나게 된다. 특히, 상담자도 과거에 있었던 다른 사람들처럼 똑같이 문제가 되는 방식으로 반응할 것이라는 굳은 신념을 갖고 있다면 더욱 그럴 것이다. 상담을 시작할 때 생기는 어려움에 덧붙여서, 내담자가 더 좋아진다고 느끼고, 상담에서 진전을 보이고, 생활 속에서 성공적인 변화가 나타날 때도 **양가감정**(ambivalent feelings)은 일어날 수 있음을 보게 될 것이다(Miller & Rollnick, 2013).

상담자는 이러한 특정 내담자가 처음에 상담을 시작하는 데, 그리고 상담에서 일어난 행동 변화를 차후에 유지하는 데 어려움을 주는 구체적인 주제를 확인하고 이에 대한 작업을 하려고 노력하는 것이다. 많은 사례를 보면, **저항은 한때 내담자에게 적응적인 대처 전략이었다.** 예를 들면, 한 아이가 완전하게 자립하고, 양육자에게 어떤 것도 요구하거나 요청하지 않음으로써 버려지거나 어리석게 보이거나 맞거나 어떤 면에서는 상처를 입는 것으로부터 자신을 보호할 수 있었지만, 이것이 성인의 삶에서는 더 이상 필요하지 않다. 상담자의 목표는 이러한 대처 전략을 존중하는 방법을 찾는 것이다. 예를 들면, 다음과 같은 진술로 대처 전략의 발달적인 적응 가치를 인정하라. 당신이 연약함을 드러낼 때, '너무 요구가 많다'고 놀림을 받거나 '까다롭다'고 비웃음을 받았기 때문에 도움을 요청하는 것이 안전하지 않았다는 것은 이해할 만하다. 그래서 상담자는 내담자가 이러한 대처 전략이 더 이상 기능적이지 않음을 알도록 도와준다. 내담자 반응 특수성의 원리에 따라, 상담을 시작하고 도움을 요청하는 것, 상담자나 가족 이외의 다른 사람에게 이야기하는 것 또는 변화가 생기고 자신에 대해 더 좋게 느끼게 되는 것에 대한 구체적인 걱정들은 각각의 개별 내담자에 따라 명료화되어야 한다. 그러나 일반적인 주제들은 다음과 같다.

- 내가 다른 사람들을 필요로 할 때 그들이 그랬던 것처럼, 내가 상담자를 신뢰하거나 그에게 의존한다면 상담자는 나를 비난하거나 판단하든지, 나를 통제하려고 하든지, 나에게 의존하거나 나를 필요로 하든지 혹은 원치 않는 방법으로 나를 이용할 수도 있다.
- 나는 독립적이고 항상 통제해야 하기 때문에 도움을 요청할 수 없다.
- 나는 누군가의 도움을 받을 만한 사람이 아니며, 정말 중요한 사람이 아니다.
- 나는 다른 사람에게서 어떤 도움도 받을 필요가 없다. 내가 완벽하지 않으면 나는 가족들에게 수치심을 줄 수 있다.
- 도움을 요청한다는 것은 정말 어떤 문제가 있음을 인정하는 것이고, 그것은 내가 뭔가 잘못되었음을 증명하는 것이다.
- 나는 나 자신의 내면을 들여다볼 때 내가 알게 될 것이나 통찰력 있는 상담자가 나에 관해 알게 되는 것이 무섭다.
- 나 스스로 이것을 다룰 수 없다면, 남들이 항상 말한 것처럼 내가 정말 요구가 많고 너무 예민하다는 것을 의미하는 셈이다.
- 나는 상담자이며, 나는 문제를 가질 수 없다. 나는 답을 갖고 있어야 한다.
- 내가 울기 시작하면 울음을 멈출 수 없을 것이고, 이것은 부끄러운 일이다.
- 내가 도움을 요청한다면 조건이 붙게 될 것이고, 독립심을 잃어버리게 될 것이다.

이러한 수천 가지의 다른 방식으로, 상담자에게 전화를 하고 초기 회기에 들어가는 단순한 행동은 많은 내담자들에게 어려운 감정이나 저항하는 감정을 일으킬 것이다(Young et al., 2001). 이유는 내담자에 따라 크게 다르겠지만, 위에서 살펴본 많은 실례들에서처럼 **내담자의 저항과 방어는 가장 흔하게는 수치심에서 나온다**. 이러한 저항을 이해하고, 그 속에서 그 저항이 무엇인지에 대해 좀 더 많은 연민을 느끼는 데 도움을 얻기 위해 이제 잠깐 멈춰서 진짜 위기의 시간 동안 있었던 당신 자신의 삶을 생각해보라. 당신 자신에게 질문해보라. "내가 개인적인 혹은 정서적인 문제를 갖고 있어서 누군가에게 도움을 요청해야 한다는 것은 무엇을 의미하는가?" 애석하게도, 많은 사람에게 이 일은 쉬운 일이 아니다. 어떤 사람에게는 단순히 양육자에게 혹은 다른 사람에게 어떤 중요한 문제에 대해 이야기하는 것이 상상조차 할 수 없는 일이다(Egan, 2014).

어떤 사람이 취약성에 어떻게 대처하는가 하는 이 심오한 주제는 우리를 많은 지점으로 안내하는데, 특히 애착 이야기의 핵심으로 안내한다. 아이가 안정적으로 애착되어 있다고 말할 때, 이 말이 정말 의미하는 것은 무엇인가? 이것은 단순하다. 즉, **안정 애착된 아이는 곤경에 처했을 때 양육자가 항상 그들의 고통을 받아들이거나 듣고, 그들이 고통을 해결하거나 돕는 쪽으로 믿을 수 있게 맞춰줄 것이라고 안정적으로 기대한다.** 다시 말해, 그들에게 문제가 있을 때 그들은 혼자가 아니며, 그들은 신뢰할 만한 파트너 혹은 협력자를 갖고 있다는 의미이다. 그 협력자는 언제 무엇이 잘못되었는지를 진정으로 알고자 하고, 어떤 종류의 문제를 가졌든지 믿을 만하게 그들을 돕고자 한다(Bowlby, 1988; Cassidy & Shaver, 2008). 반대로, 저항을 다루는 것은 우리가 보통 불안정 애착의 역사를 다루고 있는 것이다. 이러한 내담자들은 안정 애착의 두 가지 요소, 즉 **안전한 피난처**(Safe Haven)와 **안전 기지**(Secure Base)가 결핍되어 있다. 안전한 피난처는 곤경에 처했을 때 위로를 얻기 위해 갈 수 있는 누군가를 의미하며, 안전 기지는 모험을 하고 탐색을 하고 좀 더 독립적일 수 있도록 지지해주는 누군가이다. 즉, 실생활 경험을 근거로, 많은 내담자들은 곤경에 처하거나 도움이 필요할 때 상담자와 다른 사람들이 정말로 그들에게 반응하는 데 관심이 없거나 반응할 수 없을 것이며 또는 그들의 성장이나 독립이 다른 사람의 필요와 상충될 때에는 이것을 독려하지 않을 것이라는 기대를 하도록 현실적으로 배워온 것이다. 처음에 이러한 신념은 일차 양육자와의 반복된 실생활 경험에서 배운 뒤 이후의 중요한 관계에서 확인된 것으로, 다른 상황에서, 특히 상담이 시작될 때 상담자와의 관계에서 재연될 것이다(Gold, 2011).

내담자의 감정에 접근하기 쉬운 면, 예를 들면 도움을 청하고 상담을 받게 만든 두려움이나 고통에 반응하는 것은 수월하다. 만약 당신이 단지 표면적인 문제를 건드린다면, 보통은 평이하게 보게 된다. 내담자의 한 부분은 당신이 겉으로 드러난 것에 반응해주기를 바랄 것이다. 그러나 흔히 내담자의 또 다른 부분은 그렇지 않을 것이다. 이 그림자 측면은 내담자가 문제를 갖고 있고 도움을 필요로 할 때 다른 사람에게서 받았던 원치 않는 반응에서 나온 모순되거나 양가적인 감정인데, 이것은 상쇄하는 힘으로 작용한다. 만약 이러한 양가적인 감정을 다루지 않는다면, 우리가 도입부의 짧은 이야기에서 본 것처럼, 저항은 상담에 대한 동기를 갖고 있고 상당히 높은 수준에서 상담작업을 할 수 있는 내담자들이 성공적으로 상담에 참여하는 것을 방해할 것이다.

저항을 다루기 꺼림

당신의 내담자가 오지 않거나 아주 늦게 오거나 두 번째 약속을 두 번이나 새로 잡는다고 상상해보라. 어쩌면 여기에는 중요한 심리적 의미가 전혀 없을 수도 있다. 차가 고장 나거나 교통 체증이 있거나 자녀가 아프거나 직원이 시간에 임박해서 업무를 요청했을 수 있다. 그러나 이러한 행동이 내담자가 상담을 받는 것에 대해 갖는 양가감정을 반영하며 단순한 현실적인 어려움이 아니라면, 상담자는 이것을 다루는 효과적인 방법을 알아야 한다. 그렇지 않으면, 조기에 종결될 가능성이 높다. 초기에 상담자는 내담자의 행동이 현실적인 사정에 의한 것인지, 심리적인 이유에서인지, 아니면 그 두 가지 모두에서 비롯된 것인지 모르는 것이 일반적이다. 그러나 앞으로 보겠지만, 상담자는 내담자와 이러한 행동을 탐색하기 위해 위협적이지 않거나 비난하지 않는 방법을 찾음으로써, 내담자의 계속적인 참여의 기회를 상당히 증가시킬 수 있다. 이러한 탐색에서 상담자의 호기심 있으면서도 판단하지 않는 태도는 그들이 말하는 내용에 못지않게 중요하다. 이러한 태도가 없으면, 내담자는 상담자의 관찰을 비난이나 비판으로 오해할 수 있다. 이러한 일은 상담에 도움이 되지 않을 뿐만 아니라 내담자의 저항을 악화시킬 뿐이다.

좀 더 구체적으로, 저항을 다루는 연속적인 두 단계를 따라가보자. 첫째로, 상담자는 내담자가 갖고 있는 기준에 지지적으로 접근하여 그들이 지각하는 현실적인 어려움에 대해서 그럴 수 있다고 수긍하거나 인정하고, 문제를 조정하거나 해결하는 데 도움이 되는 것이라면 무엇이든지 함으로써 유연하게 반응할 수 있다.

내담자 아이가 2시 30분에 학교에서 오는데⋯.

상담자 글쎄요, 제가 수요일에는 다른 시간에 만날 수가 없네요. 그러나 목요일 4시 30분에는 가능해요. 그러면 당신에게 필요한 왕복 시간이 생길까요?

둘째로, 상담자는 내담자의 현실적인 걱정을 내담자처럼 진지하게 받아들인 후에라야 상담을 받는 데 따르는 상반된 다른 감정을 탐색할 수 있다. 상담자는 상담을 받는 것이 심리적으로 또 다른 걱정을 유발하는지에 관한 궁금증을 잠정적인 태도로 드러냄으로써 이러한 합동 탐색을 시작할 수 있다.

상담자 저에게 전화를 하고 저를 만나러 오는 것이 당신에게 어떤지 궁금합니다. 당신이 이런 문제를 갖고 있고, 제가 도울 수 있는지 알아보려고 여기에 오는 것이 어떠신가요?

또는

상담자 여기 와서 저에게 이야기하는 것이 불러오는 가장 큰 두려움이나 걱정은 무엇인가요?

만약 상담자가 이 두 단계 없이 저항에 접근한다면, 대부분의 내담자는 오해받거나 비난받는다고 느낄 수 있고, 그것은 상담에 참여하는 그들의 능력을 저해할 수 있다. 예를 들면, 비난하는 상담자는 "지난번 상담에 오지 않으셨어요. 왜죠?"라고 말할 수 있을 것이다. 또한 다른 극단에 있는 회피적인 상담자는 "오, 또 늦으셨네요. 그래도 당신이 지금 여기 왔다는 사실이 아주 기쁩니다. 좋습니다. 자, 시작할까요? 어디서 시작하면 될까요?"라고 말할 수 있을 것이다. 이번에는 잠재적인 저항에 관해 상담자와 내담자 두 사람 모두가 이야기하기 주저하는 것을 살펴보자. 그리고 이것이 어떻게 내담자를 놓치게 하는지 보자.

상담자가 저항을 다루기 꺼림

몇 가지 이유로, 저항은 대부분의 초보 상담자에게 달가운 개념이 아니다. 직면하기에 불편하거나, 오해받는다고 느낄 수 있다. 그러나 필수적인 기술이며 우리는 이것을 다루는 섬세한 방법을 바로 지금 배울 수 있다. 어느 정도이든 모든 내담자는 때때로 양가적이고, 방어적이며, 저항적일 것이다. 저항하는 내담자들은 변화하고자 하는 진정한 욕구와 동시에 현재 상황을 유지하고자 하는 욕구의 갈등으로 매우 힘들어한다(Gabbard, 2007). 이러한 밀당은 상담 초기에 일어날 수 있고, 상담 전반에 걸쳐 계속해서 밀당할 수 있다. 변화의 단계에서 정보를 얻는 작업을 할 때, Prochaska 등(1992, 2006)은 조기 종결하는 대부분의 내담자들을 '심사숙고 이전의 사람(precontemplators)'이라고 묘사할 수 있다고 보고한다. 심사숙고 전 단계에 있는 사람은 자신에게 문제가 '없다'고 생각하며 보통은 다른 사람들의 압력 때문에 상담을 받는다. 즉, 그들은 떠나겠다고 위협하는 배우자, 해고하겠다고 협박하는 고용인, 처벌하겠다고 겁을 주는 판사 또는 지원을 끊겠다고 압박하는 부모에게서 변화를 강압적으로 요구받는다고 느낀다.

법정이 내담자에게 강제로 상담을 받게 할 때, 저항은 더 큰 이슈가 된다. 이러한 내담자들은 자신이 진정으로 변화시키고자 하는 문제의 양상을 알아내기 위해 협력하여 작업함으로써 종종 도움을 받을 수 있지만, 초보 상담자에게 일반적으로 훨씬 더 큰 위험을 감수하게 하며 그들과 잘 맞지도 않는다. 그러나 상담을 받고자 하는 모든 내담자에 대해서 상담자는 내담자의 잠재적인 저항 신호에 접근하거나 다루고자 하며, 내담자의 저항을 회피하거나 부인하려고 하지 않는다. 연구자들이 발견한 바에 따르면, 상담자가 저항을 인식하고 상담과정에서 내담자의 적극적인 협력을 구축하는 방법으로 저항에 반응할 때, 내담자는 상담에서 진전을 보이고, 더 좋은 결과를 얻게 된다(Beutler et al., 2002; Orlinsky et al., 2004 참조). 왜 많은 초보 상담자와 숙련된 상담자들이 상담과정의 일부인 저항, 양가성, 방어에 접근하고 탐색하는 데 어려움을 갖게 되는지 세 가지 이유를 살펴보자.

첫째로, 많은 초보 상담자는, 특히 자신이 한 번도 상담을 받아본 적이 없다면, 상담을 받겠다고 결정하는 것과 관련된 여러 가지 갈등을 잘 인식하지 못한다. 이 상담자들은 초기 회기에서 내담자들이 겉으로는 도움을 구하면서 실제로는 그 도움에 저항하는 것을 알게 될 때 종종 놀란다. 흔히 상담자는 저항을 탐색하고 다루기를 주저한다. 왜냐하면 그들은 내담자를 화나게 하거나 죄책감을 느끼게 만드는 비난 혹은 비판적인 방법으로 저항을 다룰 여지가 있음을 두려워하기 때문이다. 또한 이 상담자들은 상담자를 더 우월한 위치에 놓고 내담자 자신이 한 경험의 타당성을 부인하는 방식으로 저항을 다루어야 한다고 믿을 수 있다. 그러나 우리는 결코 그렇게 하는 것을 원치 않는다. 예를 들면, 이런 일은 혼자 세 명의 자녀를 키우며 직장을 다니는 엄마에게 상담자가 다음과 같이 비효과적으로 말할 때 일어난다.

비효과적인 상담자 음, 약속시간에 5분 늦으셨다는 것을 알려드립니다.

문제가 되는 것은 이 상담자가 이 내담자의 삶의 맥락에서 있을 수 있는 현실적인 어려움을 인정하는 우리의 첫 번째 단계를 무시하고 있다는 것이다. 저항은 이러한 원치 않는 유형의 위계적인 상담자–내담자 관계와 연관되어서는 안 된다. 상담자는 저항을 다룰 수 있으며, 그러면서도 여전히 사회적인 맥락이나 내담자 생활의 현실적인 어려움에 민감해야 한다(Egan, 2014). 예컨대, 대중교통을 이용하는 내담자가 항상 제시간에 도착할 수는 없을 것이다. 시간에 대해 다양한 견해를 갖는 문화적 배경을 가진 내담자는 50분간의 약속에 5분 늦는 것이 어떤 의미가 있다고 생각하지 않을 수 있다. 어떤 경우에, 심지어는 정시에 오는 것이 무례한 것이라고 생각할 수 있다. 늦게 도착함으로써 주인은 손님맞을 준비를 하는 데 여유의 시간을 가질 수 있는 것이다. 상담자는 상담의 절차에 관해 내담자를 교육할 수 있다. 그리고 우리가 보겠지만, 내담자를 틀렸다고 판단하기보다 내담자가 상담에 대해 믿고 자신을 맡기도록 강화하고, 치료동맹을 증진하고, 용기를 주는 협력적이고 비난하지 않는 방법으로 저항에 반응할 수 있다.

상담자가 내담자의 저항을 다루기 꺼리는 두 번째 이유는 더 개인적인 것이다. 대부분의 초보 상담자는 내담자가 자신을 좋아해주기를 바라는 강력한 욕구를 갖고 있다. 당연히 학생 상담자는 새로운 내담자가 자신을 도움이 되는 사람으로 알아주고, 상담에 계속 오기를 매우 기대한다. 만약 내담자가 나타나지 않거나 늦는다면, 특히 초보 상담자는 종종 실패감으로 힘겨워한다. 만약 이러한 패턴이 다른 내담자에게서도 일어난다면, 초보 상담자는 종종 도움을 줄 수 있는 자신의 능력에 대해 극도로 불안정해지고, 자신에게 더 많은 것을 하도록 요구하며, 다음번 내담자를 위해서 적당히 즐겁게 해주거나 행동하는 데 과도하게 신경을 쓰게 된다. 이것은 정말로 초보 상담자에게 바람직한 자세가 아니다.

셋째로, 종종 상담자는 원치 않는 비판에서 벗어나기 위해서 잠재적인 저항의 신호에 대해 탐색하지 않는다. 상담자들은 무언가 잘못하고 있다는 말을 듣고 싶지 않기 때문에 초보 상담자가 과정 언급을 하고 (겉보기에) 나쁜 소식을 말하는 것은 특히 더 어렵다. 이 아래와 이 책의 전반에 걸쳐 나오는 예시들은 초보 상담자가 내담자에게 사용할, 솔직하고 직접적이지만 어떤 면에서도 결코 직면시키지 않는 언어를 알려주고자 의도된 것이다 (Kiesler, 1988; Wachtel, 2011).

상담자 오늘 저와 이야기한 것이 어떠셨나요? 무엇이 좋게 느껴졌고 무엇이 그렇지 못했을까요?

또는

상담자 우리가 함께 작업한 것에 대해서 별로 좋게 느껴지지 않은 것이 있을까요? 그렇다면, 그게 무엇인지 듣고 싶네요. 당신도 알다시피, 우리는 당신을 위해서 이 작업을 더 잘 하는 데 필요한 어떤 변화든지 만들 수 있습니다.

내담자들처럼, 대부분의 상담자들은 잠재적으로 다른 사람과 갈등을 유발하고, 그 갈등을 솔직하게 자세히 이야기 나누는 것과 같이 자신의 불안을 일으키는 주제에 접근하고 싶어하지 않는다. 그래서 초보 상담자는 상담자의 반응에 대해 보일 수 있는 내담자의 부정적인 반응이나 도움을 청하는 데서 유발되는 걱정이나 상담을 받아야 한다는 것에 대한 내담자의 양가적인 감정을 표현하게 하는 데 주저할 수 있다. 대부분의 사람들은 비판적인 피드백을 하거나 대인관계 갈등에 접근하는 것이 어렵다. 하지만 상담자가 자신을 방어하지 않는 태도로 이런 일을 한다면 이것은 매우 큰 도움이 된다. 많은 내담자들은 이것을 다른 어떤 관계에서도 경험해보지 못했다.

내담자가 상담자나 상담관계의 어떤 측면에 대해 감춰진 메시지를 전달하고, 상담자와의 어떤 갈등이나 상담받는 것에 대한 어떤 어려움을 넌지시 비춘다면, 잠재적인 저항이나 균열을 탐색하는 것은 훨씬 더 중요해진다.

내담자 제가 자랐던 곳에서는 정말 가족 이외의 사람에게는 문제를 이야기하지 않아요.

상담자 그 사실을 말해주셔서 고맙습니다. 그래서 그것 때문에 여기에 오셔서 저에게 이야기하는 것이 힘들다고 말씀하시는 것 같습니다. 이 점에 대해 좀 더 이야기해봅시다.

또는

내담자 제 가족은 자립을 아주 가치 있는 것으로 여깁니다. 선생님은 이전에 어떤 문제도 가져본 적이 없겠지요. 만약 있었다면, 스스로 그 문제를 해결했을 거구요. 그 문제에 대해서 다른 사람에게 이야기하지 않았을 것이고, 상담자를 만나지도 않았을 거예요.

상담자 좋습니다. 그렇다면 당신은 제게 여기에 와서 이렇게 하는 것이 쉽지 않다고 이야기하고 있군요. 이건 가족의 가치를 손상시키는 것이기도 하구요. 저는 당신이 저와 함께 그 문제에 대해 다른 방식으로 다루고자 기꺼이 위험을 감수하는 것에 대해 고맙게 여깁니다. 당신의 가족들은 항상 그것을 받아들일 수 없다고 말해왔는데, 지금까지 이 문제에 관해 저에게 이야기해온 것이 어떠신가요?

내담자 혼란스러워요. 저는 선생님에게 이야기하고 싶어요. 왜냐하면 선생님은 저를 이해하는 것으로 보이니까요. 그러나 약간의 죄책감도 느끼고 있어요.

상담자 당신이 느끼는 감정의 두 가지 측면을 다 인정합니다. 제가 당신을 이해한다고 느낀다니 아주 반갑습니다. 그것이 당신에게 도움이 될 거라고 생각합니다. 그러나 또한 당신이 가족을 존중하고 싶어한다는 것과 그들에게 충성스럽기를 바라는 것도 인정합니다. 저는 당신이 가족들과 다른 방식으로 자신을 위해 더 좋은 어떤 것을 하기로 결정하고 그러면서도 여전히 가족들을 존중하고 존경하는 다른 방법을 찾아볼 수 있을지 궁금합니다.

계속해서 더 나아가, 내담자가 상담자에 대해 어떤 문제나 개인적인 불편이 있음을 암시할 때 상담자가 잠재적인 문제나 오해를 다루는 것은 더 중요하다.

내담자 그렇다면 어쨌거나 선생님은 몇 살이신 거죠? 오랫동안 상담을 해오신 건가요?

많은 초보 상담자들에게, 마치 의미 없는 것을 말한 것처럼 갈등을 회피하기보다는 이러한 직접적이고 방어적이지 않은 방법으로 대인관계 갈등 다루기를 배우는 것은 임상훈련에서 가장 큰 도전 중의 하나이다. 내담자가 하는 그러한 도전적이거나 도발적인 언급은 대부분의 초보 상담자에게 상당한 불안을 야기한다. 그러나 우리는 그것을 예측해야 하며, 치료적으로 반응할 수 있도록 준비해야 한다. 대부분의 초보 상담자들은 이 직업에 종사하겠다고 했을 때, 솔직해지는 것과 대인관계 갈등을 솔직하게 다루는 것이 직무의 일부라는 것을 예상하지 못했다. 만약 상담자가 자신의 불안으로 인해 내담자에게 잠재적인 저항, 양가성이나 균열의 표시를 물어보지 못한다면, 내담자는 훨씬 더 이러한 우려에 따라 행동할 것이고 상담을 조기 종결할 것인데, 이것이 역설이다. 초보 상담자는 깊은 호흡을 하고, 방어하지 않으며 반응하도록 자신의 마음을 가다듬고, 이 어려움을 정면으로 해결하는 위험을 감수해야 한다. 이런 일을 효과적으로 다루는 방법은 단순히 내담자와 이 어려움에 대해 충분히 논의하는 것이다.

상담자 제가 대답할 수 있어서 기쁩니다. 그러나 제가 당신을 도울 수 있는 충분한 경험을 갖고 있는지에 대해 걱정이 되어 묻는 것인지 아니면 우리 사이에서 일어난 어떤 일, 특별히 그러한 의문을 일으킬 만한 어떤 일이 있어서 묻는 것인지 궁금하네요.

그래서 하나의 효과적인 접근은 상담을 받는 것이나 상담자에게 이야기하는 것이 내담자에게 어려울 수 있다는 가능성을 제안하고, 이 가능성을 상담자와 내담자가 함께 탐색하자고 권하는 과정 언급을 하는 것이다. 만약 내담자가 훨씬 더 나이가 많아서 나이에 초점을 맞춘다면, 때로는 솔직한 것이 필요하며, 질문에 직접적으로 반응하는 것이 적절하다. 그러나 종종 질문은 유능성을 묻는 것이다. 머지않아 초보 상담자들은 내담자가 비난받는다고 느끼지 않게 하는 분명한 방식으로 이런 질문에 대처할 수 있다는 것을 알게 될 것이다. 그리고 정직하게 관계 맺으려는 비방어성과 의지는 작업 동맹을 강화한다는 것도 곧 알게 될 것이다.

상담자 오늘은 풀이 죽은 것처럼 보이네요. 여기서 어떤 불편을 느끼는 것 같기도 하구요. 우리 사이에 뭔가 잘 안 되는 것이 있는지 궁금하군요. 어떤 의견이라도 있으세요?

내담자 무슨 뜻인가요?

상담자 우리 관계나 상담받는 것이 지금 잘 되고 있는 건지 모르겠군요. 우리는 어떤 점에서 서로에 대해 모르고 지나가는 것이 있는 것 같아요. 우리 사이에서 일어나고 있는 일에 대해서나 이 작업을 다른 방식으로 더 잘 하기 위해 제가 할 수 있는 일이 뭐라고 생각하세요?

내담자 글쎄요, 선생님이 약간 더 이야기를 많이 하거나 제게 더 많은 피드백을 줄 수 있을 거예요. 선생님은 말이 좀 없으세요. 저는 선생님이 대부분의 시간에 무엇을 생각하고 있는지 정말 모르겠어요.

상담자 이런 이야기를 해주니 기쁘군요. 정직하게 말해주어서 고마워요. 제가 당신과 제 생각을 더 많이 나누게 된다면 기쁠 겁니다. 그건 쉽게 바꿀 수 있을 거예요. 제가 무슨 생각을 하는지 모를 때 당신은 어떤가요?

내담자 글쎄요, 선생님이 조용히 있을 때 선생님이 나를 판단하거나 하는 것이 아닐까 싶기도 해요.

상담자 '당신을 판단하는 것' 확실히 좋은 느낌은 아닐 것 같군요. 명확히 하자면, 저는 당신이 말씀하신 어떤 것에 대해서도 판단한다고 느낀 것은 없습니다. 혹 이전에 제가 그랬다면 그건 확실히 제 한계이거나 문제일 수 있습니다. 그런데 어쩌면 당신은 다른 사람들이 당신의 삶에서 당신에 대해 너무 판단한다고 말하는 것 같기도 한데, 어떤가요?

내담자 아, 네. 제 남편은 아주 비판적이에요. 그리고 어머니도 제가 한 어떤 일에 대해서도 인정하지 않았어요.

이런 방식으로, 내담자의 저항을 탐색하는 위험을 감수하는 것은 (1) 내담자가 상담에 참여하는 것을 방해하고, (2) 내담자 문제의 핵심이 되고 치료의 초점을 명확히 해주는 주된 걱정거리(예를 들어, '판단하기')를 종종 밝혀내거나 드러낼 것이다.

내담자가 저항을 다루기 꺼림

불행하게도, 상담자가 저항을 다루기를 꺼리면 보통 내담자도 저항을 다루기 꺼린다. 내담자는 종종 자신의 저항을 인식하지 못하고, 그것을 다른 사람이나 외부 사건 탓으로 돌린다. 예컨대, 내담자는 이렇게 말한다.

내담자 네, 상담에 늦었어요. 그런데 교통상황이 항상 그렇게 나쁘네요.

이와 같은 이야기는 어느 정도 진실일 수 있지만, 이것이 일관된 행동 패턴이라면 추가의 탐색이 필요함을 시사한다. 현실에 근거한 어려움과 좀 더 개인적이거나 심리적인 이유에 근거한 저항 둘 다를 인식하기 위해, 상담자는 좀 더 일찍 출발하는 것이 가능한지 아니면 다른 상담시간이 좋은지 물어볼 수 있다. 동시에 상담자는 내담자가 상담이나 상담자에 관해 가질 수 있는 어떤 걱정거리나 다른 생각을 탐색하기 시작한다.

상담자 지난주 상담 후에 당신이 주차장까지 걸어가면서 혹은 집까지 운전해 가면서 우리의 회기에 관해 어떤 생각을 했는지 기억할 수 있나요?

또는

상담자 한 주 동안 저에 관한 어떤 생각이나 혹은 우리가 함께 작업하는 것에 관해 우려가 있었는지 궁금하네요.

또는

상담자 당신의 가족이나 교회 친구들은 당신이 상담에 와서 개인적인 문제를 이야기하는 것을 어떻게 생각하는지 궁금하군요.

여기에는 어떤 비판이나 비난도 없다. 어떤 종류의 심리적인 이유에 근거한 저항이 작용할 수 있다는 것에 대해 내담자가 인식하거나 이야기할 준비가 되어 있지 않을지라도, 상담자는 내담자로 하여금 다른 심리적인 요인의 가능성을 생각해보게 하고, 더 많은 논의를 위한 토대를 놓았다. 이것은 상담과정에 관해 내담자를 교육하고, 상담자－내담자 상호작용을 정의하는 사회 규칙을 변화시키는 부분이다. 즉, 상담자는 상담자－내담자 관계에 관한 이야기와 그들 사이에서 일어나는 것에 대한 탐색을 '정상적인' 것으로 만들고 있다. 이것은 내담자의 삶 속에 있는 대부분의 다른 관계에서 일어나는 것과는 다른 새로운 기대를 갖게 한다. 예를 들어보자.

상담자 저는 다른 사람들이 보통은 이런 것을 직접적으로 이야기하지 않는다는 것을 압니다. 그러나 제가 당신을 도울 수 있는 가장 좋은 방법은 당신이 우리의 관계에 대해 가질 수 있는 어떤 걱정거리나 우리가 함께 작업하는 방법에 관해 이야기할 수 있다는 것입니다.

때때로 내담자들은 상담에 참여하는 것을 어렵게 인식하며, 보통 자신의 모순된 행동 때문에 실망하거나 혼란스러워한다. 예를 들면, 내담자는 실망을 다음과 같이 표현한다.

- 저는 문에 들어설 때 아무 말도 생각나지 않는데, 왜 제가 선생님을 만나러 여기 오려고 애쓰며 비용을 쓸까요?
- 우리가 지난주에 그렇게 훌륭한 상담시간을 가진 후에 왜 제가 다음번 약속을 잊었을까요? 이해할 수가 없군요.
- 왜 제가 선생님에게 계속적으로 조언을 요청하면서도 선생님이 제안하는 것에 대해서는 '네, 그렇지만…'이라고 할까요? 저한테 무슨 문제가 있나요?

내담자들이 어떤 식으로든 자신의 노력에 저항하고 있고 **고의로 방해하고 있다**(sabotaging)는 것이 분명해지면, 그들은 전형적으로 자신을 혹독하게, 어떤 점에서는 나쁘게 혹은 실패한 것으로 평가하고, 상담자도 이러한 비판적인 생각을 갖고 있을 것이라고 가정한다. 그러므로 상담자가 저항에 관해 알아보기 시작할 때, 대부분의 내담자는 그 주제를 회피하고자 한다. 왜냐하면 내담자는 할 만큼 열심히 노력하지 않은 것이나 내담자로서 실패한 것이나 동기화되지 않은 것 등에 대해서 상담자가 자신을 비난할 것을 두려워하기 때문이다. 내담자가 비난받거나 비판받는다고 느끼는 것은 결코 상담에 도움이 되지 않으므로, 상담자는 내담자의 자기비판적인 태도가 드러나도록 하며, 내담자가 자신의 저항에 대한 비판적인 태도를 새로운 의미로 대체하도록 도와주려고 한다. 어떻게 이렇게 할 수 있을까? 첫째, 상담자는 내담자가 자신의 저항을 애초에 자기보존적이고 적응적인 기능을 했던 오래된 대처 전략으로 존중하는 방법을 배울 수 있도록 도와준다. 그리고 그 대처 전략은 실제로 내담자들이 자신의 발달상 초기에 이용할 수 있었던 가장 좋은 반응이었다. 둘째, 상담자는 내담자가 상담자와 갖는 현재의 관계와 같이 대개의 지금 관계에서는 이 전략이 더 이상 필요하지 않다는 것을 인식하도록 도와준다. 대신 내담자들은 우선은 상담자, 그다음에는 그들의 일상생활에서 만나는 다른 사람들에게 더 유연하게 반응하는 방식을 배우기 위해 상담자와 작업할 수 있다. 내담자의 저항을 이러한 맥락에서 혹은 발달적으로 이해하는 새로운 해석은 특별히 자기비판과 수치심보다는 자기수용과 이해를 불러옴으로써 여러 가지로 도움이 된다(Neff, 2011). 이것은 복잡하고도 지대한 영향을 미치는 개입이다. 저항이나 대처 양식을 연민을 갖고 다루고, 왜 이 대처 양식이 발달했는지를 이해하는 것은 필수적이다. 이것은 내담자에게 자신에게 연민을 느낄 기회를 주며, 그렇게 함으로써 변화의 과정을 시작하게 된다.

종종 내담자의 저항과 심지어 상담에서 호소하는 증상들은 한때 필요했고, 적응적이었으며, 심지어는 독창적인 생존기제의 역할을 했다. 예를 들어, 불안은 현재의 위협이 아니라 정말로 있었던 과거나 발달적인 문제의 위험을 나타낸다. 유사하게, 우울증상은 양육자에게서 보호와 사랑을 얻고자 했으나 고통스럽게도 충족되지 못한 소망에 대처하기 위한 내담자의 시도를 반영할 수도 있다. 내담자가 경험했으며 여전히 다른 사람과의 관계에서 겪게 되리라고 예상하는 착취나 조롱에 대처하는 한 방법(예를 들면, 감정을 차단하고, 회피하고 철수하고, 느끼기를 중단하기)일 수도 있다. 다시 말하자면, 양육자와의 과거 경험과 의미 있는 타인과의 현재 상호작용은 도움을 요청하고 싶지 않고, 취약한 감정을 나누고 싶지 않으며, 누군가를 신뢰하는 위험을 감수하고 싶지 않은 것에 대한 좋은 이유를 내담자에게 제공한다. 만약 상담자와 내담자가 의미 있는 타인이 지금 어떻게 반응하며 과거에는 어떻게 반응했는지를 탐색한다면, 내담자의 저항을 이해할 수 있게 될 것이다. 내담자의 저항은 '비합리적'이지 않으며, 발달적으로 이해할 수 있다. 이것은 내담자를 확실히 인정해주는 것이며, 용기를 북돋아주는 것이다.

예를 들어, 내담자가 상담을 받는 데 대해 어려움을 갖고 있다고 가정해보라. 상담자는 과정 언급을 사용하고, 원치 않으나 예상되는 이 관계 패턴이 두드러지거나 명확해지는 순간을 포착하여 바로 이때 작업하도록 고무된다.

- 만약 당신과 제가 당신의 문제를 함께 다룬다면, 우리 사이에 무엇이 잘못될까요?
- 만약 당신이 제가 당신을 돕는 위험을 감수한다면, 제가 당신에게 상처를 입히거나 더 악화시킬 수 있는 것은 무엇일까요?
- 우리의 종교적인 차이, 민족적인 차이 혹은 성적 차이가 여기 상담에서 당신과 저에게 그리고 우리가 함께 작업하는 데 어떻게 방해가 되고 문제가 될 수 있을까요?

일상적으로, 이러한 질문들은 내담자의 삶에서 가장 의미 있는 주제를 보여준다. 특별히 이 질문들은 내담자가 두려워하거나 원하지 않지만 예상하는 것을 부각시킨다. 왜냐하면 그것이 과거에 중요한 타인들이 정말로 어떻게 반응했었는지를 보여주기 때문이다. 다시 말하자면, 이러한 과정 질문은 평가기능을 하며, 상담의 초점을 맞추도록 도와준다. 즉, 이 질문들은 내담자 삶의 주요 주제를 명료화하며, 이것은 상담자와 내담자에게 똑같이 정말로 무엇이 잘못되었는지를 명확하게 해준다.

그러한 과정지향적인 질문들은 내담자가 과거에 도움을 요청했을 때 뒤따랐던 불쾌한 결과를 상담자와 내담자가 확인하는 데 도움을 준다. 일반적으로 내담자는 이러한 질문에 아주 구체적인 답변을 갖고 있을 것이고, 과거에 전형적으로 일어났던 대인관계 시나리오를 상세히 기술할 것이다. 예를 들면, 그들이 가족에게 도움을 요청했을 때 무시받고 무력하다고 느꼈거나 놀림을 받고 수치를 느꼈을 수 있으며, 이기적이고 너무 요구가 많다는 이야기를 들었다. 어떤 사람은 인정받지 못했고, 자신이 요청한 것이 정말로 필요하거나 원하는 것이 아니라는 말을 들었다. 그리고 이것에 관해 징징거리고 불평하는 것을 그쳐야 했다. 또한 다른 사람들은 자신이 받은 것이 원치 않는 의무를 초래하거나 그들이 받은 비언어적 의사소통을 통해 그들이 필요로 하거나 요청한 어떤 것은 자신을 돌봐준 사람들에게 짐을 지우는 것이고 죄책감을 유발하는 것이라고 배워왔을 수 있다. 이런 식으로, 상담자와 내담자는 한때는 이해할 만했지만 이제는 쓸모없어지고 부적응적인 것이 된 이런 방식의 반응을 내담자가 왜 처음에 학습하게 되었는지에 관해 아주 좋은 이유를 함께 명료화할 수 있다(Tsai, Yard & Kohlenberg, 2014; Wei & Ku, 2007).

마저리는 45살의 학교 교사로, 현재 장기간의 고립 속에서, 한바탕 울고, 얼마나 오래 '겉치레'를 할 수 있을지를 고민하면서 우울감이 심해져 상담에 오게 되었다. 첫 회기에서, 그녀는 장기간의 정서적 박탈과 방치에 대한 이야기를 했다. 그녀의 어머니는 주요 우울장애가 있었으며 대부분의 오후 시간을 술에 취해 잠이 들어있었다. 마저리는 10살이 되었을 때 보통 자신이 저녁을 만들어서 TV를 보며 혼자 먹었고, 혼자 잠자리에 들었다. 마저리는 다른 사람과 연결되는 것을 간절히 필요로 하며, 자신이 '이웃들의 도우미'로 많은 이웃들의 허드렛일을 돕고 심부름을 했다는 것을 알았다. 어떤 이웃은 이 어린 소녀의 딜레마를 알았고, 친절히 대해주었으며, 가끔 그녀를 식사에 초대했다. 그러나 누군가 마저리에게 친절을 베풀 때마다 그녀는 과도하게 일했고, 그녀의 말을 빌리면 그들이 관심 가져주는 것이 고마워서 '노예가 되는 것'이 현실이었다. 마저리는 45살이 되자 '노예상태'로 인해 '고갈되었다'. 그 회기가 끝났을 때, 상담자는 마저리가 자기 이야기를 하고 편안해하는 것같이 보임을 인식하고, 그녀가 그러한 인정과 연민을 받은 후에 나중에 어떻게 느낄지 궁금했다. 이러한 지지는 그녀가 또 다른 사람에게 보답하고 반응해야 한다는 걱정을 일으킬까?

상담자 마저리, 시간이 거의 다 됐네요. 오늘 여기에서의 경험이 어땠나요? 다음 주에 다시 와서 저를 만나는 건 어떨까요?

내담자 선생님은 경청해주었고, 저는 이해받는다고 느꼈어요.

상담자 좋습니다. 당신이 그렇게 느꼈다니 기쁩니다.

내담자 네, 선생님과 이야기할 수 있어 좋았습니다. 저는 오랫동안 혼자 고립되어 있었고, 다시 사람들과 친해진다는 것이 두렵고….

상담자 오늘 우리가 이야기해온 것들을 생각해볼 때, 저는 다음 주에 당신이 다시 오는 것이 어려울지, 당신이 저도 돌봐주어야 할 거라고 걱정할지 궁금하네요.

내담자 음, 선생님과 이야기하는 것이 정말 좋아요. 저는 정말 외로워요. 그러나 제가 걱정할 거라는 건 맞아요. 제가 선생님께 어떻게 갚아야 할까요? 이것이 선생님의 직업이라는 것을 알지만 선생님께 너무 많이 기대면 안 되지요. 선생님께 너무 많은 빚을 진 것 같아요…. (울먹임)

상담자 네, 당신은 다시 '노예가 되는' 거예요. 그러나 이번에는 당신의 상담자에게요. 저는 우리가 이런 이야기를 하고 있다는 것이 정말 기쁩니다. 그래서 여기서 우리 사이에서는 누군가의 '노예가 되는' 그런 일이 일어나지 않도록 확실하게 할 수 있습니다. 당신과 저는 당신을 그렇게 많이 고갈시켰던 이 낡은 패턴을 변화시킬 수 있습니다. 그 패턴은 당신이 아이였을 때 당신을 돌보아 주는 이웃들과 연결되는 데 도움이 되었고, 그래서 그것은 이해할 만합니다. 그러나 당신은 이제 더 이상 그것이 필요하지 않으며, 적어도 저와는 그렇습니다. 당신과 저는 당신 자신을 고갈시키지 않으면서 그리고 저에게 당신을 '노예처럼 만들' 필요 없이 연결될 수 있습니다.

내담자 저도 그러고 싶어요. 다시 오고 싶지만 무서워요. 이것이 다를 것이라는 걸 어떻게 알 수 있을까요?

상담자 당신이 다른 사람에게 했던 것처럼 저에게 '빚진' 것처럼 느끼고 있는지 아니면 당신이 저를 돌봐주어야 할 것처럼 느끼도록 제가 무언가를 하고 있는지를 확인하기 위해 계속 점검해봅시다.

이런 방식으로, 내담자의 저항을 탐색하면 동기의 부족이 아니라 대개는 낡은 대처 전략이 드러난다(Wei & Ku, 2007). 마저리는 계속해서 상담을 받았고, 의미 있는 진전을 보였다. 그러나 상담자와 무엇이 잘못될 수 있을지를 탐색하지 않았다면, 마저리는 상담자를 아주 좋아했음에도 다음 회기에 다시 온다는 것이 도전이 되었을 수 있다. 상담자가 이러한 낡고 부적응적인 대처 전략을 변화시키기 시작하는 방법을 배우기 위해, 우리는 간단히 상담자가 따를 수 있는 연계적인 네 가지 단계를 소개하려고 한다. 그것은 **확인하기, 인정하기, 따라가기, 일반화하기**이다.

첫째로, 상담자는 내담자가 다른 사람을 대하는 자신의 낡은 대처 전략(완벽해지기, 철수하기, 겁주기, 순응하기 등과 같은 전략들)을 **확인하도록** 도와주려고 한다. 예를 들면, 우리가 마저리 사례에서 본 것처럼, 내담자는 자신의 욕구를 희생하면서 항상 모든 사람을 돌봐주고, 일하는 곳에서는 소진되고 '소모되며', 집에서는 화가 난다. **이 과정의 부분으로서, 상담자는 내담자가 애초에 왜 이런 방식으로 대처하고 자신을 보호해야 했는지를 이해하도록 도와준다.** 예를 들면, 내담자의 양육자는 불안하고 알코올중독이거나 우울하며, 내담자는 자라면서 돌봄을 받기보다 부모를 돌보았다. 이러한 낡은 대처 전략을 확인해야 할 또 다른 측면은 내담자가 상담자를 포함한 다른 사람들과 현재의 상호작용에서 어떻게 지금까지 이 낡은 대처 전략을 계속 구사할 수 있는지를 명료화하는 것이다. 예를 들면, 그러한 내담자는 상담자를 '괴롭히거나' 그에게 '짐이 되고' 싶지 않기 때문에 힘든 감정을 공유하지 못한다.

둘째로, 상담자는 이러한 대인관계 대처 전략이 한때 제공해주었던 보호효과를 **인정하는** 것이다. 이 전략(자신의 욕구를 무시하면서 항상 다른 사람을 돌보는 것)은 다른 사람과 그랬듯이 상담관계에서 지금 문제를 일으키고 있다. 그러나 그것이 한때는 현실적인 문제에 대처하는 강하고 적응적인 반응이었다. 예를 들면, 누군가를 돌보는 마저리는 자신의 무반응적인 양육자에 대한 애착의 무언가를 간직하고 있었다. 그리고 그것은 그녀의 정체성의 기초가 되었으며, 다른 사람들의 욕구를 충족시켜주는 자신의 능력을 통해 그녀가 얻을 수 있었던 그나마의 자존감의 원천이 되었다. 이 새로운 이해를 통해 내담자가 자기비난보다는 자기수용을 더 많이 느끼게 될 때, 종종 이러한 대처 전략의 타당성과 원래의 욕구를 긍정하는 것은 내담자를 자유롭게 해주는 것이 된다(예를 들면, 내담자:

"그래서 저는 제가 단지 어리석고 가망이 없다고 생각하지는 않아요. 저는 아주 좋은 이유로 나의 성공을 방해하는 것을 배웠던 거죠.").

셋째로, 상담자는 과정 차원을 따라가려 하고 또 중요한 다른 사람과의 관계에서 종종 일어났던 이러한 문제 패턴이 상담관계에서 반복되고 있지 않음을 확인하려는 한결같은 의도를 갖고 있다. 상담자는 내담자와 이것을 점검하고 질문해가면서 원치 않는 과거의 경험을 재연하기보다 교정적 정서 체험을 제공할 수 있다.

상담자 직장에서 당신은 모든 사람과 모든 일을 돌보고 처리하는데, 집에서도 똑같은 일을 하는군요. 그리고 화가 나고 소진되는 느낌을 갖는다는 것은 이해할 만합니다. 그래서 우리가 이러한 당신의 원치 않는 삶의 대본을 분명하게 확인하기 시작할 즈음, 어떤 점에서는 당신이 저도 돌보고 있는 것같이 느껴진다는 생각이 드는 거지요.

상담자는 많은 내담자들이 이 같은 과정 질문에 "네."라고 반응할 때 믿을 수 없고, 그들이 다른 사람에 대해 묘사하고 있는 낡은 대처 전략의 측면들이 상담자가 전혀 상상하지 못했던 방식으로 상담자-내담자 사이에서 정말 어떻게 재연되고 있는지를 계속해서 설명한다. 예를 들어보자.

내담자 글쎄요, 저는 가끔 제 문제로 선생님께 짐이 되고 있는 것은 아닌지 걱정하는 것 같아요. 책상에 있는 사진을 보면 선생님이 엄마라는 것을 알 수 있고, 그래서 선생님은 집에 가서도 할 일이 많다는 걸 알아요….

넷째로, 상담자의 궁극적인 목적은 내담자가 상담자와의 이러한 새로운 경험 혹은 새로 학습한 것을 일반화하거나 전이시켜서 내담자가 자신의 생활 속에서 만나는 다른 사람에게 적용할 수 있도록 도와주는 것이다. 예를 들면, 이렇게 돌보아주는 역할을 하는 내담자가 다르게 반응할 수 있고 "아니요."라고 말할 수 있다면, 그 패턴은 상담자와 관계에서 반복되고 있는 것이 아니다.

내담자 아니요, 선생님은 제 직장 상사와 남편, 딸과는 달라요. 저는 선생님을 돌봐드려야 할 필요가 없어요. 제가 그렇게 할 수 있다는 것이 좋아요.

상담자 좋습니다. 여기가 당신이 자신을 고갈시키는 역할을 버리고 당신 자신이 반응을 받는 사람이 되게 할 수 있는 하나의 장소가 된다는 것이 기쁩니다. 당신은 삶 속에서 그 밖의 누구와 이런 패턴을 끊을 수 있을까요? 당신의 욕구에도 똑같이 반응해주는 사람 말이죠.

내담자 글쎄요. 아마도 여동생과는 이러한 관계를 더 많이 가질 수 있을 것 같아요. 그리고 동료 중의 한 사람도 꽤 반응을 하는 편이구요.

상담자 그런 관계를 만들어보도록 합시다. 그리고 좀 더 균형을 잘 잡을 수 있는 다른 사람을 적극적으로 찾아봅시다.

이러한 연속적인 네 단계를 반복적으로 따라감으로써, 상담자는 내담자에게 적어도 여기서는 그들이 오래된 대처 전략을 계속해서 사용할 필요가 없다는 실생활의 경험을 제공한다. 좀 더 정확하게 말하면, 상담자는 내담자가 언제 이런 오래된 방식으로 여전히 반응해야 하는지(예를 들면, 융통성 없고 요구가 많은 직장 상사와 일할 때)와 언제 그렇게 반응하지 않아도 되는지(지지적인 친구나 협력적인 직장 동료와 같은 사람들과 있을 때)를 **변별하게** 도와줄 수 있다.

여기에는 복잡하지만 중요한 많은 정보가 들어있다. 우리는 이 낡은 대인관계 대처 전략의 중심 주제로 돌아가서 변화의 연속적인 네 단계를 더 다루게 될 것이다. 요약하면, 내담자의 저항, 양가성 또는 균열을 지지적이고 협력적인 방법으로 다루지 않으면, 내담자가 상담에서 훨씬 더 많이 꼼짝하지 못하게 되거나 조기에 종결하는 것을 우리는 이제껏 보아왔다(Bender, 2005; Knox, Adrians, Everson et al., 2013; Ogrodniczuk et al., 2005 참조). 성공적인 치료동맹에 내담자를 참여시키고, 상담에서 다루어져야 할 그들의 생활 속 주요 갈등을 확인하는 가장 중요한 방법 중의 하나는 상담을 받는다는 것의 어떤 측면이든지 혹은 상담자가 하는 어떤 것과 관련된 문제에 대해서든지 내담자가 가질 수 있는 어떤 걱정거리라도 논의할 수 있도록 내담자를 초대하는 것이다. 이러한 점에서 Rhodes 등(1994)은 상담에 만족하는 내담자들에게 그들의 상담자들이 그들 사이의 오해를 해결하기 위해 무엇을 했는지를 물었다. 더 많이 만족하는 내담자일수록 상담자가 그들의 관계에서 일어난 것에 대해 어떻게 느끼고 있는지를 물었고, 방어하지 않고 경청했으며, 내담자들이 잘못하고 있다고 생각하는 것을 기꺼이 들으려고 했으며, 상담자가 실수하거나 내담자의 감정을 상하게 했으면 사과했다고 보고했다. 요약하면, **내담자가 자신의 두려움, 양가성 또는 상담을 시작하는 것에 대한 우려들을 이야기하기 쉽고 안전하게 만든다면, 내담자가 그러한 것들을 행동으로 옮기고 조기에 종결하는 일은 덜 일어난다는 것이 지침 원리이다**(Cartwright, 2004). 계속해서 이러한 원리를 실천하는 구체적인 방법을 설명하기 전에, 우리는 먼저 저항이 작동할 수 있을 때를 인식하고, 확인되어야 하는 현실에 기초한 제약과 저항을 구별하는 방법에 관해 더 많이 배워야 한다.

저항 확인하기

특히 수련 초기에 초보 상담자들이 처음 몇 회기 내에 상담을 종결하는 내담자를 만나는 것은 흔히 있는 일이다. 물론 이것은 별로 기분 좋은 일은 아니지만, 지금까지 알아보았듯이 이러한 원치 않는 **조기 종결**(premature terminations)을 예방하기 위해 할 수 있는 일은 많다. 너무 자주, 상담자는 공감적 이해를 제공하는 데 효과적이었는지 혹은 내담자들이 상담을 시작하는 것이나 상담자에 대해 가질 수 있는 어떤 의문점이나 걱정거리에 관해 솔직하게 말하도록 했는지를 생각하지 않는다(Kegel & Fluckiger, 2015). 대신에 상담자는 단지 내담자를 비난하고 내담자가 정말로 상담에 대한 동기가 없거나 자신의 문제를 들여다볼 준비가 되지 않았다고 결론을 내릴 수 있다(내담자가 누군가의 요청으로 상담을 받는 것이 아니라면 이 경우는 흔하지 않다). 혹은 상담자가 자신을 비난할 수 있고, 부지불식간에 이전 회기에서 결정적인 실수를 했다고 생각할 수 있다. 그러나 보통 이것도 사실은 아니다. 흔히 이러한 조기 종결의 배후에는 다른 일들이 일어나고 있다. 연구자들은 상담 후에 내담자들을 인터뷰하여 내담자들이 상담자에 대해 부정적이고 갈등되는 감정을 갖고 있다고 보고하지만 상담자에게는 그 사실을 숨긴다는 것을 발견했다(Hill et al., 1992, 1993). 우리 모두는 이 사실을 기억하고 이로부터 배워야 한다. 좀 더 구체적으로, 종종 내담자들은 이러한 부정적인 감정을 스스로 꺼내기가 안전하지 않다고 느끼며, 일반적으로 상담자들은 '당신과 나'에 관해 이야기하거나 그들 사이의 잠재적인 문제나 오해에 대해 물어보기를 원하지 않는다고 보고한다. 결과적으로, 많은 내담자들은 상담을 시작하는 것에 대한 갈등되는 감정을 이야기하는 것이 아니라 그 감정에 따라 행동하기 때문에 혹은 상담자와 충분히 이야기하지 못하고 또 해결하지 못했던 말로 표현하지 못한 오해나 어려움 때문에 조기에 상담을 종결한다. 이러한 불행스럽지만 흔히 있는 결과가 필연적인 것은 아니다. 상담자들은 내담자가 성공적으로 상담에 참여하고, 흔히 생기는 오해와 어려움을 해결하도록 훨씬 쉽게 도와줄 수 있다. 예를 들면, 상담자는 다음과 같이 할 수 있다.

- 언제 저항이 일어날 수 있는지를 내담자가 확인하도록 도와주기
- 내담자들이 상담자나 상담과정에 관해 가질 수 있는 어떤 걱정이라도 충분히 표현할 수 있도록 내담자를 적극적으로 격려하는, 무비판적이고 환영하는 태도로 이러한 주제에 접근하기
- 수용적이고 방어하지 않는 자세로 경청하고, 문제에 관해 기꺼이 이야기하고자 하는 내담자에게 고마움을 표현하고, 유연하려고 하는 의도를 의사소통함으로써 내담자가 이러한 걱정을 해소하고, 그들의 걱정을 진지하게 받아들이고, 서로가 동의할 만한 해결책을 찾을 수 있도록 도와주기

위의 첫 번째 항목부터 시작하면, 저항이 일어나고 있는 때를 상담자가 어떻게 확인하거나 알 수 있는가? 상담자는 어떤 행동이 특정 내담자에게 어떤 의미가 있는지 정말 모른다. 그러나 내담자들이 상담에 참여하는 데 계속적인 어려움을 느낀다면, 저항이 일어나고 있을 수 있다. 예를 들면, 현실적인 제약(약속시간을 계획하는 데서 생기는 어려움이나 치료비와 같은)을 고려한 후에도 다음 중의 어떤 것이 반복적으로 혹은 복합적으로 일어난다면, 아마도 심리적인 원인에 근거한 저항(예를 들면, 도움을 받는 것이 가족이나 문

화적 규준에 맞지 않거나 내담자가 다른 의미 있는 관계에서도 그랬던 것처럼 상담자에게 판단받거나 통제받는 것을 두려워하는 것)이 일어나고 있을 가능성이 있다.

- 내담자가 여러 번 약속을 어기거나 반복적으로 늦게 온다.
- 내담자가 상담받을 수 있는 시간이 아주 제한되어 있다.
- 내담자가 자주 상담시간을 바꿔달라고 부탁하거나 종종 약속을 취소한다.
- 내담자가 다음 회기에 오겠다는 확실한 언급을 하고 싶어하지 않는다. ("다음 주에 어쩌면 당신을 보러올 수 있을 거예요.")
- 내담자가 오기는 하지만 자신의 문제를 모호하거나 애매하게 말한다.
- 내담자가 자유롭게 이야기하기를 꺼리게 된다. ("오늘은 어떤 것에 대해서도 이야기하고 싶지 않아요.")
- 내담자가 상담에서 나왔던 중요한 어떤 주제들을 피하거나 회기가 끝날 무렵에만 상당히 중요한 주제들을 꺼낸다.
- 내담자가 생산적으로 작업해왔는데, 변화가 일어나기 전에 갑자기 상담을 그만두고 종결하자고 제안한다.

같은 행동이라도 내담자에 따라서 종종 다른 의미를 가진다는 것이 중요하다. 그러나 내담자가 이러한 방식의 한 가지로 상담회기에 오거나 깊이 참여하는 데 어려움이 있다면, 보통 어떤 형태의 저항이 작용하고 있는 것이다(Callahan, 2000; Meissner, 2007). 그런 경우에, 상담자는 이 저항이 갖는 가능한 의미에 관해 작업 가설을 세우기 시작할 수 있다.

저항을 명확히 하기 위한 작업 가설 세우기

무엇이 위협이거나 위험한 것인가? 상담자는 내담자의 현재와 과거 관계에 관해 수집한 정보에 기초해서, 상담을 시작하는 것이 내담자에게 혐오적일 수 있는 다양한 방식을 추측할 수 있다. 상담자는 이 특정 내담자가 상담을 시작하는 것을 어렵게 만들 수 있는 쟁점이나 걱정거리에 관해 다음과 같은 **작업 가설**(working hypotheses)을 세울 수 있다.

- 기독교인 내담자는 자신의 문제를 기도를 통해 해결할 수 없었던 것이 신앙에서 실패했음을 의미한다고 믿는가?
- 불안하고 의존적인 어머니를 돌보면서 자랐던 매우 책임감이 강한 내담자가 자신을 위해 뭔가를 요청하는 것은 죄책감을 유발하는가?

- 나이든 라틴계의 남자가 자신보다 더 어린 아프리카계 미국인 여자 상담자에게 도움을 요청하는 것은 불편하고 창피한 경험인가?
- 노동자가 스스로 해결할 수 없는 정서적 문제를 갖고 있다는 것은 자신의 약함이나 부적절감에 대한 수치스러운 증거가 되는가?
- 아시아계 내담자가 자신의 개인적인 문제를 가족 밖의 사람과 의논한 것은 가족에게 충성스럽지 못한 것인가?

상담자는 저항과 방어가 수치심, 죄책감, 무능력, 불안과 같은 원하지 않는 감정을 다루고자 하는 시도라는 점을 항상 염두에 두고 있을 수 있다. 비록 내담자가 그것을 의식하지 못할 수 있다 하더라도, 내담자는 계속 상담을 받거나 상담자와 관계가 더 깊어지면 과거에 다른 사람이 했던 것처럼 상담자가 자신에게 상처를 줄 것이라는 염려로 종종 씨름한다. 이러한 도식에서 나온 염려가 일상 상호작용에는 나타나지 않을 것이다. 그러나 내담자가 화가 나고, 취약해지고, 스트레스를 받게 될 때 활성화될 것이다[뜨거운 인지(hot cognition)가 위기 동안에 활성화될 때]. 우리는 다음과 같은 목적으로 상담자가 어떻게 과정 언급을 사용할 수 있는지를 볼 것이다. (1) 내담자가 상담자에게 갖는 심리적 안전에 대한 이러한 걱정을 명료화하고 더 잘 이해할 수 있도록 돕기 위해 (2) 내담자가 친밀한 관계에서 학습하여 기대하게 된, 익숙하지만 원하지 않는 방식으로 부지불식간에 상담자가 반응하고 있는 것은 아닌지를 평가하는 법을 배우기 위해(재연하기) (3) 내담자들이 기대해온 것과는 다른 새로운 형태의 관계를 어떻게 함께 만들어가고 있는지를 밝히기 위해(교정적이거나 해결하는). 이런 방식으로 생각하는 것은 초보 상담자에게 가장 중요한 학습곡선 중의 하나이다. 내담자를 보기 시작할 때, 대부분의 수련생들은 내담자들의 강한 지각과 그들에 대한 반응의 많은 부분이 그들이 말한 것과 내담자와 관계했던 것의 현실에 기초하지 않는다는 것을 깨닫지 못한다. 그러나 종종 그 현실은 내담자의 내적 작동 모델에 의해 조성되고 내담자의 애착관계에서 발생한 것이다.

다음으로, 핵심 질문에 내포된 더 큰 의미 하나를 생각해보자. "만약 당신이 저와 그것에 관해 이야기했다면 무엇이 위협이 되거나 위험한 것이 되었을까요? 우리 사이에 무엇이 잘못될 수 있나요?"

상담자는 내담자와 '안전하게 가고' 싶어하지 않으며, 겉으로 편안한 관계를 계속 유지하려고 하지도 않을 것이다. 대신에 상담자는 기꺼이 일상의 사회적 대화를 넘어서는 사람이 되려고 노력할 것이다. 우호적이고 친절한 것은 특히 초기에 환영받겠지만, 그것이 우리를 더 멀리 나아가게 하지 못하며, 대부분의 내담자들이 오래된 혹은 심각한 문제에 진전을 보일 수 있도록 돕는 데는 충분하지 않을 것이다. 그래서 우리는 내담자에게 좀 더 의미 있게 관여할 수 있는 기회를 찾는 한결같은 의도를 갖는다. 우리는 보다 깊은 의미를 반영하고, 보다 강한 감정을 느끼게 하고, 내담자가 말한 것에 내포되거나 암시된 주된 관심사에 접근함으로써 이런 기회를 찾는다. 상담자는 내담자의 삶 속에서 가장 중요한 것에 개인적으로 관여하는 위험을 기꺼이 감수하려고 해야 한다. 내담자의 저항을 탐색하고, 지금-여기, 즉 이 책 전반에 걸쳐 제안되는 **즉시성**(immediacy) 질문을 하는 것은 소심한 사람에게는 맞지 않는다.

- "여기서 무엇이 위협으로 느껴지나요? 당신이 저와 의견을 달리한다면 우리 사이에 무엇이 잘못될 수 있을까요?"
- "당신이 저와 그것을 공유하는 위험을 감수했다면, 저의 어떤 말이나 행동이 사태를 악화시킬 수 있었을까요?"
- "당신이 예상은 할 수 있겠으나 원치 않는 무언가를 공유하는 것에 대해 제가 반응할 수 있는 어떤 방식이 있나요?"

이러한 식으로 반응하면 내담자의 핵심 염려를 부각시켜 그에 대해 논의하게 될 것이다. 또한 치료관계에서 진정한 참여, 공유된 의미, 더 큰 강렬함을 실현함으로써 긍정적인 상담결과에 핵심이 되는 작업 동맹을 강화할 것이다(Horvath & Bedi, 2002). 더 나아가 Ackerman과 Hilsenroth(2003)는 적극적으로 흥미를 갖고 내담자와 관계를 맺는 것과 견고한 동맹을 형성하는 것에는 분명한 상관관계가 있다고 말한다. 그래서 초보 상담자가 상담의 시작부터 끝까지 더욱 강하고 더욱 솔직담백한 태도로 내담자에게 반응하는 위험을 감수하도록 독려한다. 비록 이렇게 하는 것이 가족과 문화 규준을 넘어서는 것이라고 할지라도 말이다. 만약 상담자가 내담자에 대해 일관되게 공감적이고 판단하지 않는 태도를 유지하며, 사회적인 규칙을 깨뜨리고 좀 더 솔직한 방식으로 이야기를 나누는 것이 어떤지에 대해서 내담자와 기꺼이 점검하고자 한다면, 대부분의 내담자는 그러한 정직한 의사소통을 환영할 것이다. 사실, 대부분의 내담자들은 자신의 문제에 대해서 더 이상 혼자가 아니고, 그들과 함께 할 준비가 되어 있어 정말 무엇이 문제인지를 기꺼이 다루고자 하는 누군가를 발견했다는 것을 상담자가 행동으로 보여주기 때문에 안심한다. 여기서 제안하는 모든 아이디어들과 마찬가지로, 일반적으로 수련생은 이것을 실행하기 전에 수퍼바이저가 시연하는 것을 보고 수업을 같이 듣는 사람들과 역할극을 하고 연습을 해보는 것이 필요하다.

또 상담자는 내담자가 상담이나 상담자에 대한 자신의 걱정거리들을 실행 또는 실연할 가능성이 가장 높은 방법을 예측하는 가설을 세울 수 있다. 예를 들면, 상담자가 자신의 우울한 내담자가 죄책감을 느끼고, 자신을 위해 무언가를 하거나 혹은 다른 사람이 자신을 위해 무언가를 할 때마다 자신을 이기적인 사람이라고 믿는 것을 관찰했다고 가정해 보자. 상담자는 모르지만, 그러나 이 내담자가 좋아지기 시작하고 기분이 좀 나아지기 시작하자마자 상담을 받지 않으려고 할 수 있으며 혹은 상담자가 진심으로 자신의 행복과 그들이 함께 작업하는 것에 관심을 갖는다는 것을 깨달을 때 상담자에게서 떨어짐으로써 거리를 둘 수 있다는 잠정적 가설을 세우고 있다.

상담자는 이 초기 가설이 정확하지 않을 수 있음을 알고 있으며, 내담자에 관해 더 많이 알게 되면 그 가설을 수정하거나 폐기할 준비가 되어 있다. 그러나 각 내담자가 상담을 조기에 종결하게 만드는 문제들과 이러한 문제들을 표현할 방법을 상담자가 예측하려고 노력할 수 있다면, 상담자는 좀 더 효과적으로 반응할 수 있을 것이다. 이와 같이 작업가설을 준비함으로써, 학생 상담자는 좀 더 빨리 '이해'할 수 있게 되며, 두 시간이나 이틀이 지나서 녹음한 회기 내용을 들어볼 때가 아니라 상담자와 내담자 사이에 무언가 일어나고 있는 그 순간에 더 잘 인식할 수 있게 된다. 그러면 내담자들이 자신의 저항에 따라서 행동하며 상담을 조기에 종결하고 떠나기 전에, 상담자는 내담자들이 자신의 저항을 탐색하도록 도와줌으로써 더욱 효과적으로 반응할 수 있다.

더 나아가 이것을 확장하면, 상담자는 내담자의 삶 전반에 걸쳐 계속 제기되는 반복적인 쟁점들을 확인함으로써 이러한 반복되는 주제가 상담의 초점이 되게 하는 데 숙달된다. 다시 말해 상담자는 반복되는 주제를 잠정적으로 부각시킴으로써, 즉 반복되는 주제가 일어날 때 내담자에게 이것을 관찰하고 생각하게 함으로써 이 주제가 상담의 초점이 되게 한다. 잠정적으로 제안되었기에 내담자가 수정하거나 폐기할 수 있는 이러한 패턴들은 상담의 초점을 공유하게 만들고, 계속되는 상담과정의 범위를 제공하는 등 협력적으로 제안될 때 대부분의 내담자들이 쉽게 이용할 수 있고, 흥미를 갖게 된다(Binder, 2004; Levenson, 2004). 이는 상담계획(즉, 상담자는 이러한 문제를 해결하기 위해 무엇을 하고자 하는가?)을 안내해갈 사례 개념화(즉, 정말 무엇이 문제인가?)를 계속적으로 세우고 정교하게 만들어나가는 과정의 한 부분이다.

저항에 반응하기

우리는 살면서 방어해야 할 때가 있다. 방어는 종종 대처하는 데 적응적이며 필요하다. 우리가 만나는 대부분의 내담자들은 불안을 줄이고, 애착유대를 유지하고 실제의 위협과 위험으로부터 자신을 지키고 보호하기 위해 어떤 대처 전략이 필요했다. 그때 그들은 아이로서 이 대처 전략들을 처음 학습했다. 그리고 현실적인 방법으로, 내담자들은 성인으로서 지금도 어떤 상황과 관계에서 종종 이 대처 전략들을 필요로 한다. 거의 모든 내담자에 대해서 상담자가 갖는 일차적인 상담목표는 내담자가 방어적인 대처 전략이 정말 필요할 때와 더 이상 도움이 되지 않을 때를 **구별**할 수 있게 도와주는 것이다. 대부분의 내담자들은 이런 구별을 잘 하지 못하며, 그들이 상담에서 나타내는 대부분의 증상과 문제들은 바로 이것에서 비롯된다. 이 책 전반에 걸쳐서, 내담자가 자신의 대처 전략이 여전히 필요하고 도움이 되는 때와 그것이 더 이상 유용하지 않고 필요하지 않은 상황을 평가할 수 있도록 상담자가 도울 수 있는 방법을 보여주고자 한다. 예를 들면, 주목받지 않고 공격받지 않기 위해서 말이 없어지고, 사람들로 가득 찬 방에서 자신을 거의 보이지 않게 만드는 카멜레온 같은 능력을 발달시키는 것은 한때 효과적인 대처 전략이었다. 이 전략은 내담자가 욱하는 부모에게서 양육되는 동안 필요하고 적응적이었으며, 지금은 비판적이고 요구적이며 변덕스러운 관리자를 위해 일하는 사무실에서도 여전히 유용하다(적어도 우리가 이 내담자가 다른 일이나 관리자를 찾아서 이런 아동기 딜레마의 재연을 중단하도록 도울 수 있을 때까지는). 그러나 반대로, 이런 식으로 보이지 않는 존재가 되는 것이 내담자가 상담자와 맺는 현재 관계에서는 더 이상 적응적이지 않으며 필요하지도 않다. 그리고 다른 개인적인 관계에서도 문제를 일으킬 것이 거의 확실하다.

여기서 우리는 상담자가 저항의 흔한 표현에 어떻게 효과적으로 반응할 수 있는지를 배우게 된다. 상담자-내담자 대화 예시는 다음 세 가지 결정적인 지점에서 효과적인 반응과 비효과적인 반응을 보여준다. 그 세 가지 결정적인 지점은 내담자가 처음 약속 날짜를 정하는 데 어려움을 보이는 전화 대화에서, 첫 회기 끝에서, 그리고 약속을 지키기 어려워하는 내담자의 후속 회기에서이다. 앞서 살펴본 것처럼, 수련 중인 상담자는 이러한 대화 속에 내포된 원리를 표현하기 위한 자기 나름의 말을 찾아야 한다.

처음 전화 접촉에서 나타나는 저항 다루기

첫 상담약속을 잡으려고 할 때, 상담자는 내담자에게서 상담에 대한 확실한 참여의사를 얻고 싶어한다. 그러나 내담자는 상담을 받는 것에 대해서 양가적일 수 있고, 첫 전화 통화에서 이런 내심을 공공연히 드러내거나 암묵적으로 표현할 수 있다. 상담자의 목표는 잠재적인 저항의 표시에 관심을 기울이고, 저항의 어떤 측면이 작용하는 것처럼 보인다면 이러한 주제를 판단하지 않고 비난하지 않으며 내담자와 이야기 나눌 수 있는 방식을 찾는 것이다.

상담에 대한 불확실한 참여의지 첫 번째 예에서, 내담자는 첫 회기에 참여하는 것에 대해 최소한의 불확실성만 표현한다.

상담자 당신과 이야기할 수 있어서 좋았습니다. 그러면 화요일 오후 4시에 만날 수 있도록 계획하겠습니다.

내담자 좋습니다. 그때 만날 수 있을 것 같습니다.

상담자 '~할 수 있을 것 같다'고 말씀하신 게 약간 불확실하다고 느끼시는 건지 궁금합니다. 어쩌면 근거가 없을 수 있습니다만, 당신이 상담에 오는 것에 대해 어떻게 느끼는지에 대해 얼마간 이야기를 나누면 어떨까 하는 생각이 듭니다. 제가 답변할 수 있는 어떤 질문이나 걱정이 있으신가요?

내담자 글쎄요, 새로운 일을 시도할 때는 약간 조심스러워요. 그러나 상담에 오고 싶어요. 화요일에 올게요.

상담자 좋습니다. 당신을 만날 수 있기를 기대하겠습니다. 만약 당신이 괜찮다면, 그때 약간의 조심스러움과 저나 상담에 대해 궁금한 점들에 관해 함께 이야기할 수 있습니다. 다음 주 화요일 오후 4시에 만납시다.

내담자의 모호함("제가 … 할 것 같습니다.")에 대한 효과적인 반응은 이 대화에서 본보기가 된다. 상담자는 내담자의 모호한 참여의지 속에 잠재적으로 깔려 있는 우유부단함을 알아채고, 탐색은 하지만 비난하지 않는 태도로 그것에 대해 질문함으로써 직접적이되 섬세하게 다가간다. 비효과적인 반응은 상담자가 별다른 의미가 없을 것이라고 가정하고 그냥 지나쳐버리는 것이다. 물론, 어쩌면 별 의미가 없고, 대부분의 내담자는 약속된 시간에 올 수도 있다. 그러나 상담자가 불확실한 참여의지에 대한 이러한 징후를 인식하지 못하고, 이러한 잠재적인 저항에 대해 이야기하지 않는다면, 내담자가 첫 약속에 나타나지 않을 가능성은 훨씬 더 커지는 것이다. 더욱이, 이러한 모호한 말은 너무 미묘하거나 소소해서 의미가 없는 것처럼 보일 수 있지만, 상담관계에 대한, 즉 '당신과 나'에 관한 하나의 표현이다. 상담은 상담자가 상담관계에 관한 내담자의 언급을 추적하고, 그것을 더 탐색하려는 개방적인 제안을 할 때 유익해진다. 그러나 대부분의 초보 상담자들은 이런 식으로 상호작용해오지는 않았다.

게다가, 상담자는 이러한 우유부단함을 상담에 대한 저항의 표시, 즉 시작이 썩 좋지 않을 수 있다는 표시로 신중하게 받아들일 수 있다. 이것은 상담자가 이러한 '조심스러움'의 가능한 의미에 관해, 앞서 살펴본 세 가지 질문에서 도출한 작업 가설을 세울 수 있는 경우에 해당한다. 상담자는 이러한 유형의 내담자를 만나서 그가 살아온 이야기를 들을 때 '불확실성'과 관련된 다른 자료들에 관해 잠정적인 작업 가설을 고려할 수 있다. 그렇지 않고 이러한 주제를 내담자 삶의 다른 영역에서는 듣지 못한다면 작업 가설을 폐기할 수도 있다.

좀 더 양가적인 내담자 앞선 예시와 비슷한 전화 대화를 상상해보자. 그러나 이번에는 좀 더 저항하는 내담자와의 대화이다.

내담자 좋습니다. 그때 당신을 만날 수 있을 것 같습니다.

상담자 '제가 … 있을 것 같습니다'라는 당신의 말이 좀 불확실한 건가 싶은 생각이 드네요. 여기 오셔서 저를 만나시는 것을 어떻게 느끼시는지 잠깐 얘기할 수 있을까요?

내담자 글쎄요, 우리 가족은 가족의 문제에 관해 다른 사람들에게 진짜 말하지 않습니다.

상담자 저는 가족에게 충실하고자 하는 당신의 마음을 존중합니다. 그들이 당신에게 중요하다는 것을 압니다. 그러나 저는 또한 우리가 균형을 이루는 방법을 찾을 수 있기를 바라고 있습니다. 아마도 우리가 이야기할 수 있는 것 중의 하나는 당신이 다른 사람들에게 어떻게 도움을 요청하며, 당신이 가족을 존중하는 방식으로, 즉 가족에게 충실하지 않은 것이 아니라고 느끼는 방식으로 어떻게 당신의 욕구를 충족시킬 수 있을지에 관한 것입니다.

내담자 그건 좋습니다. 우리 가족은 저에게 정말 중요합니다. 그런데 때로 심리학자들이 모든 것에 대해서 부모를 비난하고 싶어하는 것처럼 보인다는 거지요. 저는 그게 편치 않아요.

상담자 당신의 염려가 이해됩니다. 이야기해주어서 기쁩니다. 저도 그건 편치 않습니다. 저는 당신의 삶에서 무엇이 잘못된 것이고, 무엇이 문제를 일으키는 것인지를 더 잘 이해해서, 당신이 선택하는 변화를 만들 수 있기를 바라고 있습니다. 그래서 저는 비난하는 것이 아니라 문제를 더 잘 이해하기를 기대하고 있습니다. 그것은 차이가 많이 나지요.

내담자 마음에 듭니다. 좋아요. 화요일에 뵙겠습니다.

상담자 좋습니다. 화요일 4시에 만나기를 바랍니다.

비효과적인 반응은 내담자의 불확실한 참여의지("좋습니다. 그때 만날 수 있을 것 같습니다.")를 그대로 수용하는 것이다. 그리고 내담자가 문제를 가지고 있고, 도움을 요청하고, 상담을 시작한다는 것이 무엇을 의미하는지에 대해 중요한 쟁점이 발생했을 가능성을 회피하는 것이다. 대신 이 대화에서, 상담자는 내담자의 염려를 '듣고자' 하며, 그것에 반응하려고 애썼다. 내담자의 양가적인 감정의 두 측면(개인적인 욕구와 가족 충성 간의 균형을 맞추기)을 확인하고, 내담자의 세계관에서 다른 심리학자들과 상담자를 구별하고(내담자의 갈등을 비난하지 않고 이해하려고 애씀), 단순히 갈등을 수용하고 존중함으로써, 상담자는 이 내담자가 첫 단계를 거쳐 상담을 받을 수 있도록 하는 데 큰 도움이 되었다. 그러나 상담자가 내담자의 사소하고 모호한 언급을 추적하지 않으면, 상담을 상당히 잘 받을 수 있는 이러한 내담자가 성공적으로 상담을 시작할 수 없게 될 수 있다.

이 두 가지 대화에서 상담자가 분명한 입장을 취하며, 상담에 오는 것에 대해 참여의사를 확고히 하도록 압력을 가한 이유가 무엇인지를 더 살펴보도록 하자. 내담자가 해야 할 일이라면 다소 잠정적으로 약속을 하도록 여지를 두는 것이 더 지지적인 것은 아닐까? 아니다. 내담자가 상담을 시작하기로 한 결정에 책임을 지고 자신의 문제를 다루지 않는다면, 상담에서 변화는 거의 일어나지 않을 것이다. 그러나 상담자는 유연해야 한다. 예를 들어, 상담자는 내담자에게 상담이나 이 특정 상담자가 자신에게 맞는지를 알아보기 위해 한 회기나 단 몇 회기에 한해서 아주 제한된 참여의지를 표명하도록 허용할 수 있다. 그러나 이런 참여의지가 없다면 상담자는 내담자와 작업을 하지 않아야 한다. 사실, 내담자가 참여의지를 갖지 않고 상담을 시작하고 성공적이지 못한 상담경험을 갖는 것보다는 상담을 받지 않는 것이 더 낫다. Yalom(1981)이 강조했듯이, 상담자는 내담자들의 희망이 꺾이지 않도록 하는 데 관심을 가져야 한다. 내담자들이 한 번 혹은 그 이상 성공적이지 못한 상담경험을 갖게 되면, 다시 문제가 생겨서 도움을 받고자 할 때 용기를 내지 못할 수 있다. 비록 한 회기에만 참여한다고 하더라도 내담자가 참여의지를 분명히 할 때, 상담과정은 공동의 노력이 되며, 상담자와 내담자는 작업하는 데 파트너 혹은 협력자가 되며, 이는 긍정적인 상담결과를 촉진한다(Tyrone & Winograd, 2002).

상담자에게 책임을 지우려는 내담자 초보 상담자가 예비 내담자를 만나려고 하는 또 다른 전화 대화를 계속해서 보자. 어떤 내담자들은 자신의 결정에 대해서 상담자가 (그리고 다른 사람이) 책임을 지게 하려고 할 것이다.

내담자 제가 상담을 시작해야 할지 말아야 할지 잘 모르겠어요. 제가 어떻게 해야 한다고 생각하시나요?

상담자가 내담자에게 관심을 보이고 그가 상담받으려고 하는 것을 적극적으로 환영하는 것이 중요하기는 하지만, 내담자의 결정에 상담자가 책임을 지거나 혹 지지자가 되거나 상담에 필요한 동기를 제공하려고 애씀으로써 내담자의 양가감정을 해결하고자 하지는 않는다. 이와 같이 외부로 탓을 돌리는 내담자들에게는 다음과 같은 반응이 도움이 될 수 있다.

상담자 당신의 말을 들어보니 지금이야말로 당신에게 정말로 어려운 때인 것 같습니다. 당신을 돕고 싶네요. 그러나 당신이 상담에 오는 것에 대해 불확실하기 때문에 저는 일단 한 회기라도 와서 상담이 어떤지를 경험해보고 결정하시라고 권해 드립니다. 우리가 당신에게 어떤 일이 일어나고 있는지에 관해 이야기할 때, 상담과 저와 이야기하시는 것에 대해 좋은 느낌을 가지게 될 것이고, 상담을 계속 받을 것인지 아닌지를 당신이 스스로 결정할 수 있을 것이라고 생각합니다. 어떻습니까?

또는

상담자 물론 저는 당신에게 어떤 장담도 할 수 없어요. 그러나 저는 상담이 도움이 될 거라고 확실히 믿습니다. 저는 당신과 상담을 하고 싶습니다. 한 번만이라도 만나볼 것을 제안합니다. 우리가 함께 이야기한 후에 저와 제가 상담하는 방법에 대해 좋은 느낌을 가지게 될 것이고, 당신이 원하는 것을 당신이 스스로 결정할 수 있으리라고 생각합니다. 그 시간이 끝나갈 때, 우리는 이것을 점검해보고 만남이 어땠는지 그리고 계속해서 하고 싶은지를 솔직하게 이야기할 수 있습니다. 우리가 서로 궁합이 맞지 않는다면 저는 편하게 당신에게 다른 상담자를 소개해드릴 수 있습니다.

우리가 내담자 반응 특수성에 기초해서 예측해본다면, 이러한 직접적인 초대는 때때로 유용할 수 있다. 이 내담자가 성장과정에서 보이지 않는, 잊힌 혹은 거부되는 것으로 느꼈거나 그렇지 않으면 사람들이 자신에게 관심이 없고 자기를 원하지 않는다고 느껴왔을 수 있다는 것을 상담자가 알아차렸을 때, 상담자가 내담자와 작업하는 데 있어 진정한 관심이나 열정을 표현하는 것은 중요하다. 그러나 상담자는 내담자가 기술하는 문제의 관계 패턴을 반복하지 않으려고 열심히 노력하고 있을 때에도, 내담자가 상담을 시작하겠다고 하는 자신의 결정에 대해 반드시 책임을 지게 하는 방식으로 반응하고자 한다. 상담자는 내담자가 상담을 받도록 설득하거나 강압하거나 내담자를 이기고자 하지 않는다. 동시에 상담자는 내담자를 내버려두거나 그에게 무관심하고자 하는 것도 아니다. 그러므로 상담자는 상담을 받는 것에 대한 내담자의 양가성과 갈등을 지지적으로 다루지만 내담자의 선택에 대한 책임을 떠맡지 않는 한에서 내담자를 만나려고 노력한다. 많은 경우에, 내담자가 상담받기를 주저할 때 상담자가 보일 수 있는 효과적인 반응은 다음과 같다.

상담자 당신은 상담을 받기 원하면서도 한편으로는 상담을 원하지 않는 것처럼 보입니다. 당신 감정의 두 가지 측면에 대해서 이야기해보세요.

또는

상담자 당신의 한 부분은 이렇게 하고자 하고, 또 한 부분은 그렇게 하려고 하지 않는 것처럼 들리네요. 그저 한두 회기만 만나기로 합의하는 것은 어떨까요? 우리가 함께 작업하면서 이 두 가지 측면을 자세히 살펴볼 수 있는지 알아봅시다. 그러면 당신이 원하는 것을 스스로 결정할 수 있을 겁니다.

다음 대화에서 내담자는 잠재적으로 중요한 정보를 상담자에게 제공하고 있다. 앞에서처럼, 상담자는 이 행동이 무엇을 의미하는지에 관해 작업 가설을 세울 수 있다. 가설을 세우면, 상담자는 내담자 삶의 또 다른 영역에서 나타나는 주제들에 기민할 수 있다. 예를 들면, 계속적으로 나타나고 있으며 지속적인 관계 주제로 판명되는 불확실성이나 개인적인 책임을 회피하는 이야기가 있다면, 상담의 초점을 내담자에게 맞추기 위해 상담자는 현재 더 지지를 얻게 된 이러한 작업 가설을 사용할 수 있다. 예를 들어보자.

상담자 마리, 당신도 알다시피 당신이 지난주에 남자친구에 대해서 얘기했던 것과 똑같은 주제를 이제 당신의 직장 상사에 대해서 다시 듣고 있어요. 당신이 동의하지 않을 때는 거리낌 없이 말하지 않고 조용해지고 '따라가네요'. 이 가능성에 대해서 어떻게 생각하나요?

상담자는 초기 가설을 고수하려고 하지 않으며, 그 주제가 계속 나타나지 않거나 내담자의 진짜 감정을 담고 있지 않다면 그 가설을 폐기할 준비가 되어 있어야 한다. 초보 상담자가 더 많은 경험을 하게 되면 그들의 초기 가설이 더 유익해진다는 것을 재확인할 수 있다. 상담자가 상담의 초기 단계에서 좀 더 빨리 좀 더 정확한 평가를 요구하는 단기적인 위기 개입 양식으로 상담할 때, 이러한 기술을 발달시키는 것은 상담자에게 특히 중요한 도움이 될 것이다.

대인과정접근에서 강조했듯이, 상담자의 아주 중요한 개입은 상담관계에서 내담자의 잘못된 패턴을 재연하는 계속 진행 중인 방식에 걸려들지 않으려고 노력하는 것이다. 그러나 이런 일은 상담자와 내담자 간의 초기 협상에서 비유적이거나 응집된 방식으로 쉽게 일어날 수 있다. 바로 이러한 이유 때문에 상담자는 책임을 떠맡아서 조언을 구하는 내담자에게 어떻게 하라고 이야기하고 싶어하지 않는다. 예를 들면, 다음의 반응은 의도가 좋지만 많은 내담자에게 도움이 되지 않을 것이다.

비효과적인 상담자 당신이 저에게 이야기한 것에 기초해서, 저는 상담이 당신에게 도움을 줄 수 있다고 생각하며 당신이 노력할 것이라고 믿습니다.

이러한 지시적인 입장을 견지하는 것은 많은 내담자에게 문제가 되는 관계 시나리오를 재연하는 것이 되며 부적응적인 도식을 확인해주는 것이 된다. 많은 내담자들은 자신이 원하는 것에 따라서 행동할 수 없고, 자신의 목표를 추구하거나 자신의 이익을 변호할 수 없다는 잘못된 신념 때문에 삶에서 방해를 받는다. 또한 다른 사람들은 처음부터 애착관계에서 양육자가 자신의 불안을 누그러뜨리기 위해 그들을 의존적이게 하는 것을 배웠다. 이러한 내담자들은 성인이 되어서도 관계를 맺기 위해 계속적으로 의존적으로 행동하고, 다른 사람에게 책임을 떠넘기고, 자신이 내려야 할 결정을 대신 하게 한다.

역설적이게도, 그러한 내담자들은 상담자에게 자신이 무엇을 해야 하는지 말해달라고 부탁해야 한다고 믿으면서도, 독립적인 자기를 원하는 건강한 마음의 한편에서는 그들이 유발했던 그 통제에 저항할 것이다. 그때 이러한 **순응 역동성**[compliance dynamics, 때로는 '과도한 동조(excessive accommodation)'라고 함]을 가진 내담자는 상담자에게 저항한다. 뿐만 아니라 상담자가 제공하는 좋은 도움을 거절한다. 그렇지 않으면, 더 나아가 그들은 상담에서 도움을 받고 좋아짐으로써 더 순응하고 심지어는 자신을 더 많이 잃어버리고 만다. 이러한 일반적인 순응 시나리오가 계속될 때, 내담자들은 자신에 대해 나쁘게 느끼게 되고 자신이 요청한 도움을 왜 거절하는지 혼란스러워한다. 그리고 도와주려고 한 상담자를 거부한 것에 죄책감을 느낀다. 어떤 것을 따라야 할지, 상담을 받을지에 대한 결정의 책임을 내담자에게 맡기는 치료적 반응은 내담자의 이러한 부적응적인 재연이 일어나지 않게 막아주며, 어떤 내담자에게는 낡은 도식에 도전하고 오래된 문제를 변화시키기 시작하는 새롭고 교정적인 반응을 제공할 것이다.

첫 회기 끝에 나타나는 저항 탐색하기

회기가 얼마나 잘 진행되었는지에 상관없이, 첫 회기의 끝으로 가면서 상담자는 내담자에게 그 회기가 어떻게 느껴졌으며, 상담과정과 상담자에 관한 어떤 염려스러운 점이 있는지를 물어보아야 한다. 상담자가 이런 솔직한 방식으로 잠재적인 문제에 관해 물어보려고 하지 않으면, 그러한 염려들은 이야기되지 않고 남아있게 될 것이다. 상담이 끝난 후 내담자를 대상으로 한 추후연구에 따르면, 많은 내담자들이 상담자나 상담의 어떤 측면에 대해서 다소의 실망이나 어려움을 느꼈다고 한다. **그러나 내담자들은 보통 이러한 것을 이야기하지 않으며, 스스로 언급하지도 않는다**(Hill et al., 1992). 내담자가 가질 수 있는 걱정거리가 무엇이든지 그것을 물어보지 못하고 그래서 자세히 살펴보지 못하는 것은 기회를 잃어버리는 것이다. 많은 내담자들은 상담을 시작하는 것에 대해 말하는 것을 조심스러워한다. 그리고 가끔 거의 모든 내담자들은 상담자가 자신에 관해 오인하거나 그들이 말한 중요한 어떤 것을 오해했다고 느낄 것이다. 그러한 오인과 오해는 관계에서 생기는 피할 수 없는 부산물로, 내담자의 부적응적인 도식에 의해 형성된 왜곡 때문에 생길 수 있고 아니면 좋은 의도를 가진 상담자가 단순히 내담자에게 의미 있는 어떤 것을 오해하거나 파악하지 않았기 때문에 생길 수도 있다. 비슷하게, 대부분의 내담자들은 상담의 어떤 지점에서는 상담자가 그들에게 반응하는 방식(예를 들면, 상담자가 너무 조용하고, 너무 지시적이고 하는 등의 느낌)에 대해서 불편해할 수 있다. 만약 상담자가 다음과 같이 한다면, 내담자들 모두는 조기에 종결할 가능성이 적을 것이고, 상담에서 한층 진보를 보이고 변화할 수 있을 것이다.

- 이러한 오해는 있을 수 있고 어떤 걱정거리가 생기든지 내담자는 그것을 드러내고 말할 수 있는 권한이 있음을 설명하기
- 어떤 우려를 듣더라도 환영을 표현하고 방어하지 않으며 내담자에게 귀를 기울이기
- 내담자의 관심사를 진지하게 받아들이고 철저하게 살펴보고 내담자가 두려움을 무릅쓰고 표현한 어떤 것이든지 해결하려고 하는 성실한 노력을 보여주기

대인관계 갈등 다루기 첫 회기가 끝나기 5~10분 전에(내담자에게 상담자와 그 회기에 대한 그들의 반응에 관해 이야기할 충분한 시간을 주기 위해), 상담자는 내담자와 함께 다음과 같이 점검할 수 있다.

상담자 오늘 여기 계신 것이 어땠어요?

대부분의 내담자들은 "좋았다."고 대답할 것이다. 수련 중인 상담자가 불안정하게 느끼고 다소의 확신을 찾을지도 모른다고 생각하면, 내담자는 그 회기가 얼마나 큰 도움이 되었는지를 계속적으로 말할 수 있다. 그렇다면 상담자는 다음과 같이 반응할 수 있다.

상담자 좋습니다. 우리의 첫 회기가 도움이 되었다니 기쁩니다. 당신은 오늘 자신에 관해 많은 것을 얘기해주었습니다. 그리고 저 역시도 우리가 좋은 출발을 했다고 느낍니다. 우리가 함께 작업

하는 것의 일부로서 우리가 어떤 중요한 기본원칙을 세울 수 있고, 다른 사람들이 당신의 일상생활에서 보통 하는 것보다 더 직접적으로 우리 관계에 관해 얘기할 수 있다면 도움이 될 거라고 생각합니다. 저는 당신이 우리의 상호작용에 관해 좋게 느낀 것이나 그렇지 못한 것에 대해, 그리고 우리의 작업이 당신에게 더 도움이 되기 위해 우리가 변화시킬 수 있거나 다르게 할 수 있는 것에 대해 저에게 이야기할 수 있을 만큼 충분히 안전하게 느꼈기를 바랍니다. 그래서 오늘 오신 것이나 우리가 함께 작업한 것에 대해 마음에 들지 않는 어떤 것이 있었는지 궁금합니다. 그렇다면 저는 그 점에 대해 정말 기꺼이 이야기하고 싶습니다. 당신도 알듯이 그러면 우리는 그것을 변화시킬 수 있고 더 좋게 만들 수 있을 겁니다.

내담자 아, 아닙니다. 저는 시작하려고 노력했으며, 선생님은 아주 친절하고 잘 이해해주셨습니다.

상담자 좋습니다. 그러나 앞으로 만약 어떤 일이 생기거나 아마도 생길 것인데, 당신이 그걸 이야기할 수 있다면 우리의 작업에 도움이 될 것입니다. 그렇게 하는 게 어떻습니까? 괜찮을까요? 아니면 당신에게 다소의 어려움이 있을 수 있을까요?

내담자 글쎄요, 잘 모르겠네요. … 저에게는 다소 어려운 것이어서. 선생님도 아시다시피 저는 가족 안에서 예의 발라야 한다고 배웠거든요.

상담자 물론이죠. 예의 바르다는 것은 중요한 겁니다. 그러나 우리는 서로에게 예의 바르면서도 정직할 수 있고, 우리 사이에 어떤 문제가 나타나더라도 해결할 수 있을 것이라 기대하고 있습니다. 제가 상담에 대해 가치 있게 여기는 것 중의 한 가지는 우리의 관계를 포함해서 우리에게 가장 중요한 것은 무엇이든지 그리고 우리 사이에서 생기는 기분 좋은 것과 그렇지 않은 것에 대해 우리가 상담에서는 이야기할 수 있다는 것입니다. 상담 밖에서는 다른 사람들과 이렇게 편하게 할 수 없지만 여기서는 저와 함께 할 수 있습니다. 저는 이것을 환영합니다. 이런 방식으로 우리는 항상 정직할 수 있고, 존중할 수 있으며, 또 서로 조화를 이루는 지점을 알 수 있습니다. 제 얘기가 당신에게 어떻게 들리나요?

(이때 내담자는 다양한 방식으로 반응할 수 있다.)

내담자 저도 솔직해지는 것을 좋아합니다. … 저는 그렇게 하는 것이 익숙하지 않아서 처음에는 어려울 것 같습니다.

또는

내담자 음, 제가 선생님에 대해 좋아하지 않는 어떤 것을 말해야 하면 어쩌지요?

또는

내담자 글쎄요, 잘 모르겠네요. 저는 기독교인이라 서로 존중하는 것이 중요하다고 믿으니까요.

또는

내담자 그래서 선생님은 우리가 여기서는 문제의 핵심을 언급할 수 있고, 무엇이 정말 중요한지에 관해 얘기할 수 있고, 돌려 말하지 않고, 선생님이 무슨 생각을 하실지에 대해 너무 걱정하지 않아도 된다고 말씀하시는 거죠.

이 대화에서, 상담자는 상담과정에 관해 내담자를 교육하고 있으며, 상담에서 어떤 일이 일어날 것인지에 관한 중요한 기대를 확고히 갖게 하려는 것이다. 많은 다른 사람들과 달리, 상담자는 내담자의 소원과 걱정에 관해 듣고자 하며, 그들 사이의 잠재적인 문제에 대해서 솔직하게 표현하기를 원한다는 점을 내담자에게 이야기하고 있는 것이다. 왜냐하면 솔직한 의사소통과 특히 '당신과 나' 사이의 갈등이나 개인적인 문제에 관해 직접적으로 이야기하는 것은 자신의 원가족에서 허용되지 않았었기 때문에, 많은 내담자들은 이러한 초청에 놀라지만 반길 것이다. 여기서 상담자는 대부분의 내담자가 과거에 즐겼던 것보다 더 직접적이고 진정한 관계의 초석을 놓고 있는 것이다. 상담자는 상담의 초기에 말이 아니라 행동으로 내담자들이 이런 중요한 기대를 확고히 갖게 하고자 한다. 앞에서 강조했듯이, 치료동맹에서 균열이나 오해는 있을 것이다. 이것은 실수가 아니라 상담과정의 일부이다(Safran et al., 2002). 효과적인 상담자는 과정 언급을 하고, 잠재적인 문제에 대해 물어보고, 그것을 자세히 살펴봄으로써 피할 수 없이 일어나는 균열을 복구한다(Safran, Muran & Eubanks-Carter, 2011).

상담자가 이러한 예측되는 균열을 기꺼이 꺼내려고 하지 않거나 그에 대해 끝까지 이야기하는 위험을 감수하려고 하지 않는다면 상담관계는 피상적이게 된다. 초보 상담자에게는 도전적이기는 하지만 광범위한 영향을 미칠 균열과 복구라는 이 쟁점을 다룰 때 더 많은 유익이 뒤따른다. 이것은 성공적인 상담에 필수적인 것이다.

좀 더 주장적인 내담자 앞서 지적했듯이, 이러한 직접적인 방식으로 대인관계 갈등에 접근하는 것은 수련 중인 상담자에게 종종 낯선 것이고 불안을 야기한다. 왜냐하면 이것은 가족과 문화의 규범을 어기는 것일 수 있기 때문이다. 이번에는 주장적이고 비판적인 내담자를 살펴보도록 하자.

상담자 이제 시간이 거의 다 되었네요. 오늘 저와 얘기했던 것이 어땠나요?

내담자 글쎄요, 대부분은 다 좋았습니다. 그러나 저는 선생님이 몇 번인가 저를 서두르게 만든다고 느꼈습니다.

임상훈련에는 많은 도전들이 있다. 그러나 수련 중인 많은 상담자에게 상담자와 내담자 사이에서 갈등이 일어나고 있는 바로 그 순간에 대인관계 갈등에 접근하는 것을 배우는 것보다 더 큰 도전은 없다. 우리는 또 다른 주제로 옮겨감으로써 그것을 최소화하거나 피하는 것, 처벌적인 반응으로 그것을 잘라버리는 것 또는 상처받았다고 모호하게 표현하고 내담자의 불평이 어떤 면에서는 너무 많아서 다루기 어렵다거나 달갑지 않다는 의사표현을 하는 것 등을 하고 싶어하지 않는다. 대신에 갈등에 접근하는 가장 좋은 방법은 내담자들에게 그들의 염려를 좀 더 충분히 표현하도록 독려하는 것이다. 그리고 어려울 수 있지만, 할 수 있는 한 방어하지 않고 수용적이고 열린 마음으로 들으려고 하는 것이다.

상담자 정직하게 말해주어서 고맙습니다. 당신이 그와 같이 문제를 꺼내면 우리가 함께 작업하는 것에 도움이 됩니다. 이것을 함께 살펴보면서 우리가 우리 각자에게 일어난 일이 무엇인지를 알아낼 수 있는가 보죠. '서두르게 되는 것'에 대해서 당신이 느낀 점을 더 얘기해주세요.

물론 초보 상담자가 이렇게 하는 것은 종종 어려운 일이다. 직장의 많은 관리자들에게도, 학교의 교사들에게도, 불행하게도 상당히 훈련받고 경험이 많은 상담자에게도 이것은 어려운 일이다. '당신과 나'의 갈등에 관한 이러한 직접적인 대화는 상담자 자신의 불안을 야기할 수 있다. 특히 상담자가 내담자의 승인을 얻고자 하는 욕구가 강할 때 그러하다. 그러나 상담자가 그러한 불안유발적인 균열에 접근하여 치료동맹을 복구하려고 한다면, 상담자는 대인관계 갈등에 대한 그 자신의 특징적 반응을 먼저 인식해야 한다. 예를 들면, 상담자에게 자동적이고 반사적인 반응은 내담자의 불평을 피하고 마치 어떤 중요한 것도 듣지 못한 것처럼 주제를 옮기는 것이다. 또 다른 상담자의 경우, 초기 반응 경향은 비판을 줄이기 위해 내담자의 의견에 선뜻 동의하고 빨리 사과하는 것이다. 또 어떤 상담자들은 자동적으로 자신을 정당화하고자 하며 좋은 의도를 명확히 하고 비판을 그만두게 할 목적으로 긴 설명을 늘어놓을 것이다. 충격적으로, 많은 연구자들은 오랜 경력의 상담자 다수가 실제로 자신의 적대감과 가혹성으로 반격을 가하고, 내담자를 비판한다는 것을 발견했다(Ackerman & Hilsenroth, 2001; Binder & Strupp, 1997; Hadley & Strupp, 1979; Najavits & Strupp, 1994). 더 잘 반응하는 방법을 배우는 첫 단계는 우리가 비판, 부정적인 평가 또는 원하지 않는 직면에 맞닥뜨렸을 때 전형적으로 나타내는 반응이 어떤지를 더 많이 인식하는 것이다. 연구들은 균열을 해결하는 것이 내담자가 상담을 지속하게 하는 데 중요하며(Muran et al., 2009), 다른 여러 상담 유형에 걸쳐 상담결과와 관련이 있음(Safran & Kraus, 2014)을 보여준다.

이러한 자기인식을 발달시키고 대인관계 갈등에 통상 어떻게 반응하는지를 더 많이 배우는 가장 좋은 방법은 자신의 원가족에서 대인관계 갈등을 어떻게 다루었는지를 상기하는 것이다. 나이에 상관없이, 갈등에 대한 초기 반응은 보통 부모님이 부부생활의 갈등을 다룬 방식 및 부모님 각자가 자신의 어린 시절에 갈등을 다룬 방식을 밀접하게 따라간다.

상담자는 자신의 초기 반응 경향을 자동적으로 따르기보다는 좀 더 개방적으로 갈등에 접근하는 것을 배울 수 있다. 지지적인 수퍼바이저의 도움으로, 초보 상담자는 일이 년 내에 효과적으로 이것을 배울 수 있으며, 그리 오래지 않아 편안하게 느끼고 오해와 갈등을 치료기회로 실제 환영할 수 있게 된다.

내담자에게 염려하는 바를 충분히 표현하도록 한 후에, 상담자는 성급하게 그들 사이에서 '정말로 어떤 일이 일어났는지'를 설명하거나 내담자의 지각에 반대해서는 안 된다. 종종 내담자는 옳으며, 정말로 상담자가 내담자를 '몰아부친다'. 대개 내담자의 지각은 부분적으로 정확하고 또 부분적으로 왜곡되었다. 그리고 거기에는 그럴 만한 이유가 있다. 그래서 상담자의 의도는 방어하지 않고, 자신의 행동을 검토하고, 내담자의 지각에 있을 수 있는 어떤 정확성을 알아보려고 하는 것이다. 만약 우리가 내담자의 관점에서 본다면, 상담자는 내담자에게 이것을 인정하기를 두려워할 필요가 없다.

상담자 당신도 알다시피, 저는 당신이 옳을 수 있다고 생각합니다. 저는 시간이 지나는 것을 느끼고 상담을 끝내기 전에 몇 가지 주제를 더 다루려고 했어요. 아마도 그때 당신을 서두르게 만들었을지 모르겠습니다. 저는 당신이 왜 불편했는지 알 수 있습니다. 제가 그것을 인식할 수 있게 해 주어서 기쁩니다. 다시 그렇게 하지 않도록 노력하지요. 당신도 알다시피 저는 당신의 정직함을 좋아합니다. 그건 정말 당신이 가진 강점입니다.

첫 일 년간의 상담자 훈련에 걸쳐, 많은 수련 중인 상담자는 실수하고, 내담자에게 상처를 주고, 도와주지 못하는 것 등에 대한 두려움으로 상당히 큰 고통을 겪는다. 애석하게도, 이러한 많은 염려 때문에 초보 상담자들은 임상훈련을 즐기지 못하며, 어떤 이들은 개인적인 위험을 감수하고 내담자에 대해서 새로운 방식으로 생각하고 반응하려는 시도를 해보지 못한다. 다른 사람을 잘 돌보며 책임감 있는 어떤 이들은 단순히 이러한 염려 때문에 수 년간의 임상훈련을 즐기지 못한다. 초보 상담자들은 실수를 두려워할 필요가 없다는 것을 알면 자유로울 수 있다. 그들은 단지 실수했을 가능성에 대해 개방적이고, 기꺼이 실수를 인정하면 되는 것이다. 앞의 예에서, 상담자는 현실에 기초하여 동등하게 내담자에게 반응하고 있다. 상담자는 내담자의 지각을 인정한다. 이는 상담자가 내담자에게 진실한 대화를 하고자 한다는 것과 그들과 진정한 관계로 들어가는 위험을 감수하고자 함을 말하는 것이다. 또한 이것은 상담자가 내담자에게 내담자의 관심사를 존중하면서 반응할 것임을 시사한다. 너무 자주 상담자와 내담자가 실연하는 관계에서 내담자는 약하고 도움이 필요한 사람의 역할을, 상담자는 실수를 하지 않거나 문제가 없는 건강한 사람의 역할을 한다. 여기서 제안되는 반응은 그러한 착각에서 벗어나도록 한다. 진정한 관계를 갖는 데 필요한 위험을 기꺼이 감수하고자 하는 상담자의 의지는 많은 내담자들에게 하나의 선물이다. 적어도 가끔, 내담자는 다른 사람과의 문제를 충분히 이야기할 수 있고 해결할 수 있음을 알게 된다. 상담자와의 그러한 교정적 경험에서 나온 재학습은 내담자에게 강력한 효과를 발휘하며, 그들의 삶 속에서 다른 사람과의 관계에서 변화를 촉발한다. 예를 들면, 내담자들은 보통 다음 회기에 와서 상담자와 했던 것처럼 자신의 목소리를 사용하기, 이전에는 위축되었던 누군가에게 스스로 목소리를 높이기와 같이 일상생활에서 누군가에게 좀 더 강하게 행동했다는 보고를 한다.

반대로, 상담자는 관계를 피상적으로 만들거나 자신을 우월한 입장에 두는 방식으로 부정적인 피드백을 다룰 수 있다.

비효과적인 상담자 아, 당신은 제가 당신을 서두르게 만들었다고 생각하는군요. 그것이 당신에게 어땠나요?

또는

비효과적인 상담자 그거 흥미롭군요. 당신은 이전에도 다른 관계에서 이런 식으로 느낀 적이 있나요?

이런 반응은 내담자 중심의 반영이나 치료적 중립성을 잘못 사용하는 것이다. 이러한 형태의 치우침을 통해 내담자에게 전달되는 메시지는 "그것은 항상 당신의 문제입니다. 제가 그렇게 만들었다고 보지 못하겠습니다. 이것은 정직하거나 진정한 관계가 아닐 것입니다."이다. 그러한 반응은 관계를 피상적인 만남으로 제한하고, 내담자와 상담자 간의 은밀한 힘겨루기를 하게 한다. 그들의 대인관계 과정이 이러한 문제의 방식으로 계속되는 한 치료적인 이득은 없다는 것을 깨달아야 한다.

그러나 만약 상담자가 내담자의 불평에 동의하지 않는다면 어떻게 해야 하는가? 우리는 정말로 말하려고 했던 것이 아닌 것을 말하고 싶어하지는 않는다. 내담자의 말에 동의하는 것은 아니지만, 그래도 상담자는 여전히 내담자의 지각에 대한 타당성을 받아들일 수 있다.

상담자 제가 참을성이 없는 것으로 비쳤다니 유감이군요. 저라도 썩 좋은 기분이 들지 않을 거예요. 저는 당신을 서두르게 하거나 밀어붙이고 있다는 것을 인식하지 못했습니다. 그러나 앞으로 그것에 대해서 주의하도록 하겠습니다. 만약 다시 그런 일이 일어난다고 느끼면, 바로 그 순간에 저를 멈춰주세요. 그러면 우리가 그 문제를 함께 살펴볼 수 있을 겁니다.

이 예에서 상담자는 내담자에게 다음과 같은 내용을 말하고 있는 것이다.

- 제가 똑같은 방식으로 보지는 않을지라도 당신의 생각을 진지하게 받아들입니다.

- 우리 사이에 의견이 다르고 차이가 있을 수 있습니다. 그래도 여전히 연결되어 있고 존중하면서 함께 작업할 수 있습니다.
- 우리와, 우리가 함께 작업하는 것에 관한 당신의 느낌은 저에게도 중요합니다.

이러한 유형의 반응은 내담자에게 그들 사이의 문제가 해결될 수 있음을 단순히 이야기하는 것이 아니다. 행동으로 내담자에게 보여주는 것이다. 그리고 그렇게 되면 상담자와 내담자는 내담자가 다른 사람들과 갖게 되는 문제도 해결할 수 있을 것이라는 희망을 갖게 된다. 상담자와 내담자 사이의 갈등을 직접적으로 다룸으로써 상담자는 내담자에게 새롭고 보다 건설적인 방식으로 대인관계 갈등을 해결하는 중요한 모델을 제공한다. 여러 가지 이론적 접근들은 이러한 강력한 유형의 **경험적 재학습**(experiential relearning)을 여러 가지 용어로 표현한다. 예를 들면, 노출 시도, 모방하기, 실제 상황에 가까운(in vivo) 재학습, 교정적 정서 경험 등이다. 특히 위협적이거나 해결할 수 없었기 때문에 대인관계 갈등을 회피하도록 학습해왔던 내담자에게 그러한 경험적인 재학습은 정말로 힘을 북돋운다. 이러한 경험적 혹은 관계의 재학습은 단지 언어적이기보다 더 절차적이거나 함축적이기 때문에 행동 변화를 빨리 유도할 수 있다(Renn, 2012).

내담자 맞춰보세요. 직장의 큰 모임에서 제가 용기를 내어 크고 분명하게 말했어요! 전에는 생각도 못했어요. 저는 그냥 불쑥 끼어들어서 제가 생각했던 것을 말했죠. 대단했어요. 제 직장 상사는 정말 놀라는 것처럼 보였어요. 그리고 그 이후로 그가 약간 더 존중하는 태도로 저를 대했다고 생각해요.

마지막으로, 내담자가 상담자의 행동을 초기 부적응적 도식에 따라서 체계적으로 잘못 지각하고 있을 가능성도 있다. 예를 들면, 이러한 내담자는 상담자(그리고 다른 대부분의 권위적인 인물)를 자신이 할 수 있는 것보다 더 많이 요구하고, 그래서 자신이 한 어떤 것에 대해서도 불만족하는 사람으로 경험할 수 있다. 그렇다면 이 내담자는 부모의 시간표에 맞추어 모든 것을 하도록 반복적으로 요구하거나 혹은 아이 자신의 성취를 무시하는 부모 밑에서 성장했을 수 있다. 상담자는 그러한 가설을 지지할 수 있는 더 많은 증거를 얻어야 한다. 그러나 이런 형태의 역사적 해석 또는 전이 해석은 상담자와 내담자가 그들의 현실 관계의 논란을 해결하고 난 후에 제기되어야 한다. 만약 내담자가 이러한 해석을 현실에 기반을 둔 직면을 회피하는 수단으로 본다면, 상담자는 많은 것을 잃어버리는 처지에 놓이게 된다. 그러나 상담자는 이 정보를 나중에 활용할 수 있는 내담자의 인지 도식과 잘못된 기대에 관한 작업 가설을 설정하는 데 사용할 수 있다.

상담자의 적절성을 시험하는 내담자 대부분의 초보 상담자가 치료동맹 안에서 내담자와 생긴 대인관계 갈등에 직접적으로 접근하여 균열을 다루는 것은 매우 도전적인 일이므로, 또 다른 예를 검토해보자. 다음의 상황에서 내담자는 초기 상담시간에 상담자의 능력에 의문을 제기하는데, 이것은 대부분의 초보 상담자에게 불안을 일으키는 영역으로 재빨리 스며든다. 그러나 지금까지 보았듯이, 상담자는 그 주제에 솔직하게 접근할 수 있을 만큼 충분히 방어적이지 않을 수 있고, 내담자가 자신의 문제를 충분히 표현할 수 있게 효과적으로 반응할 수 있다.

상담자 우리 관계나 상담을 받는 것에 대해 바로 지금 당신에게 좋게 느껴지지 않는 어떤 것이 있는지 궁금합니다.

내담자 글쎄요, 선생님은 여기서 학생이라고 말했습니다. 그 말은 우리가 전화로 처음 얘기할 때는 하지 않았던 말이죠?

상담자 네, 저는 지금 석사학위 과정에 있는 2년차 대학원생입니다.

내담자 글쎄요, 저는 제가 실험대상이나 뭐 그런 비슷한 것이라고 느껴지지는 않습니다. 그러나 선생님이 정말 저를 놓고 실습을 하는 것은 아닌가요? 제가 불친절하거나 그런 류의 사람이고 싶지는 않아요. 선생님이 저를 도울 수 있을 만큼 충분한 경험을 갖고 있다고 생각하는지 궁금해요.

상담자 이런 얘기를 꺼내주신 것에 감사드립니다. 제가 당신의 얘기를 정확히 들었는지 다시 표현하고 확인해보고 싶습니다. 당신이 여기 와서 매주 저와 꺼내기 어려운 문제에 관해 이야기하는데 어려움이 있고, 결국 제가 당신을 도울 수 있을 만큼 충분히 알지 못하는 것은 아닌가 걱정된다는 말씀이시죠?

내담자 글쎄요, 네, 그겁니다. 결국 선생님은 초보자이고, 저는 선생님보다 20살이나 많잖아요. 어떻게 생각하세요? 저를 도울 수 있겠어요?

상담자 물론 저는 당신에게 어떤 보장을 해드릴 수는 없습니다. 그러나 최선을 다할 것입니다. 그리고 우리가 두세 번의 상담시간에 더 계속해서 함께 만나보면, 당신이 저에 대해서 더 좋게 볼 수 있고, 저와 작업하는 것이 어떤지 짐작하게 될 것입니다. 저는 이 상담이 당신에게 잘 맞는지, 그리고 우리가 정직하게 함께 얘기할 수 있는지 당신이 스스로 곧 결정할 수 있을 거라고 생각합니다. 그러나 지금은 저의 수련생 지위에 관해 당신에게 대답할 수 있는 질문들이 있는지, 우리의 나이 차이가 어떻게 방해가 될 수 있는지를 알아보도록 하죠.

이 대화에서, 상담자는 내담자의 우려에 직접적으로 접근할 수 있었다. 상담자는 방어적이지 않았기 때문에 효과적으로 반응했다. 그러나 이러한 직면은 불안을 유발했다. 상담자는 내담자를 안심시키고자 하는 처음 충동에 따라 행동하지 않았다. 상담자는 내담자에게 유능하게 보이려는 자신의 개인적인 욕구에 반응하는 대신, 내담자가 비밀을 직접적으로 충분히 표현할 수 있도록 함으로써 내담자의 염려에 반응할 수 있었다. 상담자는 내담자가 염려하는 바들을 논의할 수 있을 만큼 자신의 개인적인 불편을 참았으며, 그렇게 함으로써 행동으로 자신의 유능함을 나타냈다. 이 방법은 항상 말로 안심시키는 것보다 더 효과적이다. 언어적으로 보증하는 것은 내담자에게 단지 무의미하게 들리고, 상담자에게는 여전히 부담을 남기곤 한다.

상담을 시작하는 것에 대한 내담자의 염려 앞부분에서, 상담자는 저항에 관해 탐색했고 내담자는 개인적으로 상담자에게 도전이 되는 자신의 염려를 표현했다. 다음의 예에서, 상담자는 내담자의 잠재적인 저항에 관해 묻고(예를 들면, "당신이 오늘 상담에 오는 것과 이 문제들에 관해 저와 얘기하는 것이 어떻습니까?"), 내담자는 상담자가 아니라 상담을 시작하는 것에 관한 염려를 표현한다. 수련 중인 상담자들은 그러한 염려들이 상담자에 대한 도전보다 훨씬 더 흔한 것이고, 물론 초보 상담자에게는 다루기 더 쉽다는 것에 안심할 수 있다.

내담자 좀 어려워요. 저는 제 자신에 대해 얘기하는 게 아주 익숙하지 않은 것 같아요. 도움을 요청하는 것도 결코 좋아하지 않아요.

상담자의 목표는 상담자가 내담자의 관심사를 들었으며, 핵심 메시지, 핵심 의미 또는 가장 주된 감정을 파악하려고 노력하고 있음을 알게 하는 것이다. 또한 상담자의 의도는 내담자의 염려를 진지하게 받아들이고, 기꺼이 유연하고자 하며, 염려들에 관해 가능하면 무엇이든 하려고 한다는 것을 보여주는 것이다. 다시 말하자면, 이 공감적인 반응을 보여주는 가장 좋은 방법은 내담자가 자신의 우려를 좀 더 충분히 논의할 수 있게 해주는 것이다.

상담자 당신은 바로 그 점에 대해 많은 이야기를 하고 있는데, 그건 중요하게 들립니다. 당신 자신이나 자신의 경험이나 욕구에 초점을 맞춘다는 것 그리고 도움이 필요해서 저에게 당신의 염려들을 가져오는 것, 이런 것들이 당신에게 어떤 의미인지에 관해 좀 더 얘기해주세요.

내담자 저도 어디서부터 시작해야 할지 모르겠네요. … 저는 항상 모든 사람에 대해 염려를 해왔기에 제게 무슨 일이 일어나고 있는지에 주의를 기울이기 위해 그걸 결코 중단할 수 없었어요. 어쩌면 저는 그렇게 해서는 안 되었어요. 당신도 알다시피 이기적이서는….

상담자 저도 가족이 당신에게 얼마나 중요한지 그리고 당신이 얼마나 가족을 존중하는지 알 수 있습니다. 여기 상담에서 우리가 무엇을 얘기하고 어느 정도 나눌지를 당신이 결정할 수 있습니다. 당신이 속도를 정하면, 여기서 우리는 당신의 속도에 맞출 것입니다. 당신이 하고 싶지 않은 얘기를 할 필요는 없습니다. 그리고 당신이 이야기하고 싶다고 결정한 것을 이야기하도록 하겠습니다. 어떠세요?

내담자 네, 좋습니다. 아주 좋은 것 같아요. 제가 가족을 배반하고 있는 것처럼 느낀다면, 그 이야기를 꺼낼 필요가 없는 거네요. 그러나 어쨌든지 제가 무언가에 대해 이야기해야겠다고 결정하면 그때는 선생님과 나누는 것도 좋습니다.

상담자 네, 그건 우리가 함께 작업하는 데 아주 좋은 방법인 것 같습니다.

문화적인 차이가 있을 때 상담자와 내담자 사이에 인종적 혹은 문화적 차이가 존재할 때에는 이러한 확인하는 반응에 대한 내담자의 염려에 대해 듣고 반응하는 것이 중요하다(McClure & Teyber, 2003). 문화적인 차이는 민감한 주제가 될 수 있다. 내담자나 상담자 모두가 그것을 다루기가 편하지 않을 수 있다. 때론 차이를 인식하는 데 있어 어떤 사회적인 불문율이 있는 것처럼 보인다. 그러나 전에도 언급했지만, 이러한 중요한 차이, 즉 내담자의 정체성과 자기감의 중심이 되는 이 차이를 다루는 가장 좋은 방법은 개방적인 방식으로 차이를 인정하는 것이다. 상담자는 내담자에게 그들이 가질 수 있는 어떤 염려에 대해서도 표현할 수 있다는 것을 명백히 말로 허용하기를 원한다. 예를 들면, 내담자와 상담자가 인종, 나이, 사회경제적 지위 또는 종교가 분명히 다른 상황을 가정해보자.

상담자 저를 만나는 것이 어떤지 당신과 점검하고 싶었습니다. 오늘 여기 오는 것 혹은 저와 얘기하는 것에서 우리가 함께 작업하는 것을 방해할 수 있는 어떤 것이 있었나요?

내담자 글쎄요, 제가 무례하게 굴려는 뜻은 아닙니다만 당신이 제 상황을 이해할 수 있을지 모르겠습니다. 왜냐하면 선생님은 다른 인종이니까….

상담자 우리의 문화적인 배경이 다르기 때문에 우리가 이런 얘기를 하는 것이 기쁩니다. 가끔은 제가 당신에 관해 이해하고 싶어도 이해하지 못하는 중요한 것이 있을 겁니다. 그런 경우가 생길 때 저를 도와주세요. 그리고 제가 이해하지 못할 때 말씀해주세요. 바로 이해할 때까지 우리가 함께 그것에 관해 충분히 얘기할 것입니다. 오늘 제가 놓쳤거나 우리가 다시 논의해야 하는데 이해하지 못했던 것이 있었나요?

상담자는 내담자의 염려를 받아들이고, 그의 관점을 인정하고, 그것에 대해 더 탐색하고자 함으로써 확고하게 반응한다. 상담자가 자신과 함께 작업하는 내담자들이 성적 지향, 사회적 계층, 종교적 신념, 인종/민족, 그리고 또 다른 요인들에서 자신과 다르다는 것을 인식하는 것은 중요하다. 예를 들면, 어떤 소수인종들은 백인이 월등히 많은 학교나 일터에서 다르다고 느낄 수 있다. 특히, 그들과 접촉하려고 하고 그들을 포함시키려는 시도가 없다면 특히 그럴 것이다. 어떤 상황에서는 사람들이 다르다고 하는 것이 결함이 있다는 것으로 간주될 수 있다. 상담자가 차이를 인정하고자 하며, 내담자가 가질 수 있는 어떤 염려나 걱정이라도 표현하도록 하는 것은 치료동맹을 형성하고, 자신이 다르다고 느끼는 내담자가 조기 종결하지 않게 하는 데 도움이 될 것이다.

우리가 보았듯이, 분명한 민족적, 종교적 또는 다른 문화적 차이가 존재할 때에는 내담자의 도움을 구하는 것이 좀 더 적절하다. 민족, 계층, 성, 종교적 차이는 복잡하다. 그리고 상담자가 자신과는 다른 문화 출신의 내담자에 대해 모든 것을 이해하는 것이 자신의 책임이라는 잘못된 개념을 가지고 일하는 것은 역효과를 낳는다. 그러나 상담자는 독서를 하거나 잘 알고 있는 동료들에게 자문을 구함으로써 다른 사회적 맥락에서 살고 있는 내담자에 관해 배울 책임을 가진다(Pederson et al., 2008; Sue & Sue, 2013 참조). 특히, 상담자가 잘못 알고 있거나 이해하지 못한다고 느낄 때에는 언제든지 가르쳐 달라고 내담자에게 부탁할 수 있다. 상담자는 문화적 차이 때문에 위협받는다고 느끼는 대신에 이렇게 명료하게 함으로써 그들의 현실적인 차이에 대한 수용을 시사하고 진실한 대화에 열린 마음을 보여주고, 내담자를 현실적인 관계로 이끈다. 그렇게 함으로써, 상담자는 내담자에게 신뢰를 얻고 작업 동맹을 강화한다.

상담자는 또한 내담자들의 문화적 또는 사회적 맥락이 그들의 현재 문제에 어떻게 영향을 미치고 주관적 경험을 어떻게 형성한다고 믿는지 내담자와 좀 더 충분히 탐색해야 한다(Comas-Diaz, 2006; Constantine & Sue, 2005).

상담자 당신의 가족이나 지역사회에서 기대하는 바에 따라서 제가 이 문제를 이해하도록 도와주시겠어요?

내담자 저는 어머니에게 무례하지 않으면서도 제가 원하는 방식으로 아이들을 훈육할 수가 없어요. 저는 라틴계 사람이고, 어머니는 우리와 살고 계시죠. 선생님도 알다시피 어머니는 제가 아직도 자신의 딸이라고 생각하고, 아이들을 돌봐주며 도와주는 것이 자신의 역할이라고 생각하세요. 저는 어머니를 아주 사랑하고, 어머니가 도와주시는 것에 대해서도 감사드려요. 그렇지만 어머니는 아들을 버릇없게 만드시고, 어머니께 그만하시라고 부탁드리면 듣지 않으세요. 제가 큰 소리로 분명하게 말씀드리면 어머니는 거의 화를 내세요. 어머니는 자신이 아이들의 엄마이고, 양육하는 방법도 제가 아닌 당신이 결정한다고 생각하시는 것 같아요.

1장의 핵심 개념을 상기한다면, 분명한 문화적 차이가 눈에 띄지 않을 때에라도 상담자가 내담자의 주관적인 세계관에 더 완전히 들어가려고 할 때 더 효과적일 것이다(Speight et al., 1991; Wachtel, 2014).

요약하면, 상담자의 의도는 상담이나 상담자에 대해서 생기는 어떤 염려라도 내담자가 표현할 수 있게 독려하는 것이다. 그러고 나서 진지하게 그러한 염려들을 수용하고자 노력하는 것이다. 이것은 그러한 염려들을 해결하고, 더 많은 내담자가 상담을 시작하고, 성공적으로 도움을 받는 데 상당히 큰 도움이 될 것이다.

후속 회기 중의 저항

변하지 않는 내담자를 이해하기: 3R 상담이 진척되고 있을 때, 동기가 높은 일부 내담자는 상담에 오거나 나타난 어떤 주제에 머물기가 어렵다는 것을 깨닫거나 갇힌 느낌이 들거나 단순히 상담에서 진척이 없다는 것을 아는 국면을 맞닥뜨릴 수 있다. 너무 자주, 수퍼바이저들이 관찰하는 바는 수련 중인 상담자들이 이 지점에서 내담자를 조용히 포기하고 내담자들이 '동기가 있는지'를 의심하거나 이 내담자가 행동을 취할 준비가 되어 있고, 진짜 변하기 시작하는지에 의문을 던지면서 거리를 둔다는 것이다. 그러나 효과적인 상담자는 이러한 예상할 수 있는 난국을 환영하고 상담관계에 재연이 있는지 탐색하는 기회 혹은 내담자를 다음 단계로 나아가게 할 새로운 주제를 드러내거나 확인하는 기회로 이 지점을 활용한다. 효과적인 상담자는 내담자를 비난하거나 판단하기보다 그리고 포기하고 열심히 하던 노력을 그만두기보다 저항이나 방해물을 이해하기 위해 과정 언급을 사용할 수 있고, 내담자가 협력적이고 비난하지 않는 탐색에 함께 참여할 수 있도록 한다.

상담자 우리가 일종의 난관에 부딪힌 것처럼 보입니다. 당신도 알다시피 우리가 처음 시작했던 때의 그 길로 나아가고 있는 것 같지 않아요. 당신의 생각은 어떤가요? 이 지점에서 우리의 일이 어떻게 되고 있는지 볼까요?

우리가 내담자 반응 특수성에서 기대할 수 있듯이, 내담자들의 저항 이유는 복잡하고 다양하다. 그러나 상담이 중단되거나 내담자가 문제에 대한 진척을 보이지 않을 때 상담자는 세 가지 주제, 즉 **균열**, **재연**, **저항**에 관한 작업 가설을 세움으로써 사태를 이해할 수 있다.

첫째 R, **균열**(ruptures)은 작업 동맹을 방해하는 상담자와 내담자 사이의 오해나 대인관계 갈등이 있을 때 일어난다는 것을 이미 살펴보았다. 상담자는 상담이나 그들 사이의 잠재적인 문제에 관해 내담자와 직접 이야기함으로써 이러한 예상할 수 있는 균열을 보수하거나 '복구'한다. 이러한 적극적인 개입, 개방적인 질문, 내담자 경험에 대한 인정은 치료동맹을 촉진하고 내담자가 상담에 머물게 할 가능성이 크다(Sheehan & Friedlander, 2015). 예를 들어보자.

상담자 제임스, 당신의 이야기는 저에게 짜증이 난 것처럼 들립니다. 우리 사이에 어떤 문제가 있을 수 있을까요? 그렇다면 저는 그것에 관해 충분히 얘기하고 싶습니다. 당신도 알다시피, 무엇이 잘못되고 무엇이 잘 되고 있는지를 우리는 이해할 수 있을 겁니다.

다시 말하지만, 상담분야에서 오래 지속되어온 문제는 어떤 수준의 임상경험을 가지고 있건 간에 어떤 종류의 상담을 하더라도 다 영향을 미치는 것인데, 꽤 흔히 발생하며 통상 치료동맹을 방해하는 오해와 오인을 상담자가 다루기 주저한다는 것이다. 우리가 앞의 대화에서 보듯이, 상담자는 잠재적인 갈등에 대해서 직접적으로 이야기하고 있지만 꽤 협력적으로, 즉 비난하지 않고 비판하지 않는 태도로 하고 있다. 우리는 수련 중인 상담자가 수련 과정에서 이러한 기술을 역할극으로 해보고 연습해보기를 원한다.

둘째 R, **재연**(reenactments)은 내담자가 상담에서 성공할 수 없고, 자신의 삶에서 의미 있는 변화를 만들 수 없게 방해하는 것이다. 강조했던 것처럼, 상담자는 실제나 은유적인 방법으로 내담자가 다른 사람들과 갖는 것과 같은 유형의 문제나 원하지 않는 상호작용이 상담자와 내담자 사이에서 재연되고 있을 가능성을 생각하도록 격려받는다. 즉, 상담의 장애는 내담자가 갖고 있는 문제의 어떤 측면을 해결하기보다는 상담자와 내담자 간의 대인관계 과정이 재연되기 때문에 생기는 것이다. 예를 들면, 내담자는 초기의 부적응적 도식을 기초로 하여 마치 그의 배우자와 부모가 그랬던 것처럼 상담자가 자신에 대해 비판적으로 느끼고 있다고 믿거나 혹은 상담자가 자신에게 대단히 실망했다고 혼자서 절대적으로 확신하게 되었다. 앞서 살펴보았듯이, 상담자는 그 순간에 다룸으로써 그리고 상담자와 내담자 사이의 지금 상호작용을 탐색함으로써 가장 잘 개입한다.

상담자 저에게 이것을 이야기할 때, 바로 지금 제가 당신에 관해 어떤 생각을 하고 있을 거라고 생각하나요, 젠?

또는 어떤 다른 상담자가, 이 내담자가 성장하면서 얼마나 광범위하게 부모 역할을 해왔는지를 인식하지 못한 채 상담자 자신의 개인적인 문제를 노출하기로 결정한 경우를 가정해보자. 이제 이 내담자는 다시 자신의 과거 가족 내 역할을 맡아 상담자를 '돌보아야' 한다고 느낀다. 모든 상담자가 예측할 수 있듯이, 상담자는 그러한 재연이 일어날 때 일단 상담이 난관에 부딪혔거나 진전이 느리다는 것이 분명해지면 상담의 상호작용을 변화시키는 데 도움이 되는 과정 언급을 사용할 수 있다. 다음 예에서, 수련 중인 상담자는 부모의 최근 이혼으로 힘들어하며 가족의 '실패'에 관해 수치심을 느끼고 있었던 내담자와 얼마간의 개인적인 가족 정보를 공유했다. 상담자는 수퍼바이저와 이러한 자기노출을 논의하는 중에 자신의 의도를 설명했고, 이혼의 현실을 '정상적인 것으로 만들고' 내담자가 힘들어하고 있었던 낙인을 최소화하기 위해 자신의 이혼경험을 공유했다고 말했다. 수퍼바이저는 그 상담자의 좋은 의도를 진정으로 인정했다. 그러나 내담자가 그의 원가족에서 부모 역할을 해온 것처럼 보이며, 심지어 지금은 대학 때문에 집을 나와 떠나있으나 여전히 정서적인 지지를 얻으려는 어머니의 전화를 수시로 받았다고 주의를 주었다. 수퍼바이저는 상담자에게 이 내담자가 주는 '돌봄'을 탐색할 기회에 민감해야 한다고 제안했다.

상담자 당신은 제 개인적인 생활과 부모 역할에 관해 물으셨어요. 그리고 저는 작년에 이혼했다고 이야기했습니다. 확실치는 않지만 그때부터 당신이 더 말이 없어진 것처럼 보입니다. 어쩌면 저에게만 그럴 수 있는데, 당신이 약간 더 거리를 두거나 말을 하지 않는 것처럼 보여요. 여기서 저를 도와주시겠어요? 제 느낌이 우리에게 말하고 있는 어떤 중요한 게 있을까요?

내담자 글쎄요, 저는 선생님에 대해 슬픔을 느끼는 것 같아요. 그리고 선생님의 삶에 아픔과 고통이 많은 것이 염려되었어요.

상담자 저를 염려해주셔서 감사합니다. 그러나 저는 잘 지내고 있어요. 그런데 바로 지금 이런 일이 당신을 아주 익숙한 그러나 문제가 되는 저를 돌보는 역할도 하게 하는 것은 아닌지 궁금하네요.

내담자 글쎄요, 제가 하는 게 이런 역할 같아요. 제가 오랫동안 다른 사람을 돌보아왔잖아요.

상담자 음~ 그래서 결국 저를 돌보아야 하는 오래되고 익숙한 지점에 당신이 있게 되었네요. 글쎄요, 우리가 그랬다면, 그런 낡은 역할에 대해 배우고 그것을 변화시키기 위해 당신의 기회를 끝내야 하지 않을까요? 우리가 이걸 이야기하고 있다는 것이 기쁩니다. 그래서 우리는 여기서는 그 일이 일어나지 않는다는 것을 확인할 수 있어요. 당신은 매우 오랫동안 자신을 희생하면서 다른 사람을 위한 양육자로 살아왔어요. 그리고 당신의 상담자에게 더 이상 그렇게 할 필요는 없어요. 이제 제 이혼에 관한 이야기가 어떻게 당신의 그 익숙한 역할을 자극했는지 확실히 알 수 있겠습니다. 우리 사이에 이런 일이 일어났던 또 다른 때, 즉 당신이 어떤 방식으로든 저를 돌봐주어야 한다고 느꼈던 때가 있었나요?

이러한 방법으로 상담자와 내담자 사이에 일어날 수 있는 것에 관해 탐색하고 함께 이야기함으로써 상담자와 내담자는 순조롭게 그들의 작업 동맹을 복구할 수 있고, 계속적으로 반복하는 재연을 중단할 수 있고, 생산적인 일을 재개할 수 있다.

훈련 초기에 대부분의 수련 중인 상담자는 이러한 예측 가능하지만 미묘한 재연을 확인하는 데 필요한 객관성을 갖지 못하며 잠재적인 재연이 일어날 때를 확인하기 위해 수퍼바이저의 지원이 필요할 것이다. 뿐만 아니라 초보 상담자와 마찬가지로 경험 많은 상담자도 똑같이 자신의 상담에서 개인적인 탐색을 함으로써 도움을 받는다. 그래서 그들은 자신만의 반응 양식을 더 많이 인식할 수 있고, 자신의 반응 경향이 내담자의 대인관계 패턴과 어떻게 상호작용할 수 있는지를 더 잘 예측할 수 있다. 상담자와 내담자 사이에 재연이 일어나고 있을 때, 내담자들은 상담에서 멀어진다. 왜냐하면 그들의 부적응적인 도식이 경험으로 틀렸음이 입증되는 것이 아니라 행동으로 확인되기 때문이다. 부적응적인 도식이 확인될 때, 내담자들은 상담자와 즐겼던 대인관계 안전을 잃어버리고 자신의 문제를 더 탐색할 위험을 감수할 수 없고, 그래서 상담은 흔히 정체되고 더욱 피상적이거나 지적인 수준에서 진행되게 된다. 그러나 일단 배가 바로 세워지고 상담관계가 다시 내담자의 부적응적인 관계 패턴에 대한 해결을 다룬다면, 내담자들은 이러한 잘못된 신념과 가족 역할이 확인될 때가 아니라 상담자와의 상호작용을 통해서 도전받고 확장될 때 변화를 재개할 수 있다(Silberschatz, 2005).

셋째 R, 저항(resistance)은 상담 전반에 걸쳐 반복해 나타날 수 있을 것이다. 여러 가지 주제들이 상담에서 탐색될 때, 내담자들은 어떤 주제에 의해 활성화되었던 여러 가지의 갈등과 감정 모두를 충분히 인식하지 못할 것이다. 특히 자랄 때 감정과 지각을 계속해서 인정받지 못했던 내담자들은 자신의 주관적인 경험의 많은 측면들, 즉 그들이 느끼고 또는 보는 것을 인식하지 못하거나 그에 대해 '혼란스럽다'. 저항하는 내담자들은 상담자에게 거짓말하거나 상담자를 속이는 것이 아니다. 그들이 동기를 잃은 것도 아니다. 이런 일은 일어날 수 있고, 또 다른 상담주제이다. 저항은 내담자가 특정 문제들이 실제로 존재한다는 것을 현실적으로 인정하고, 도움을 요청하고, 더 구체적으로 어려운 주제를 탐색하고, 생초보인 상담자도 놀랄 정도로 심지어는 상담에서 성공하고, 의미 있는 변화를 만들어내고, 더 좋아짐으로써 활성화된 여러 가지 감정과 가끔은 모순되는 감정을 단순히 인식하지 못할 때 일어난다. 예를 들어보자.

- 도움을 더 받는 것은 고통을 경감시키지만 도움이 필요하다거나 약하다는 두려움을 일으킬 수 있다.
- 상담자의 진정한 관심 때문에 돌봄을 받는 느낌은 위안을 주지만, 이 욕구가 충족되지 않았던 여러 경우에 대해서는 슬픔이 일어날 수 있다.
- 일관되고 믿을 만한 태도로 내 이야기를 들어주고 이해해주는 것은 안심시켜주지만, 상담자와 점점 더 가까워지면 통제받는 두려움을 유발할 것이다.
- 더 성공하는 것은 힘을 얻게 되지만 부러움을 사거나, 사기를 꺾거나, 고립되는 두려움을 일으킨다.

흔히 일어나는 이러한 반응을 다루고 명확하게 하지 않으면 저항을 초래할 것이다. 어떤 내담자들은 상담을 조기에 종결하게 만들 수 있고, 더 많은 내담자들은 성공을 방해하거나 그들이 이루어낸 변화들을 무효로 만들 수 있다. 다른 내담자들의 경우에, 상담은 정체되고, 반복되거나 지적으로 흐르게 된다. 그러나 임상훈련 초기에 있는 많은 상담자들은 양가적이고 밀었다 당겼다 하거나 모순적인 이러한 갈등의 속성에 익숙하지 않다. 2장의 마샤를 상기하면서 탐색을 계속해보자.

마샤의 두 번째 상담자가 그녀의 감정에 직접적으로 접근하여 그녀의 이야기를 '듣고', 그녀의 경험을 인정했을 때, 마샤는 상당히 안심이 되었다. 그러나 동시에 이러한 아주 긍정적인 경험은 그녀가 '싫어했던' 다른 모순되는 감정을 일으켰다. 마샤는 이제 자신의 이야기를 들어주고 이해받는다고 느꼈지만, 가끔 다음과 같은 감정도 느꼈다.

- 몇 년 동안 인식하지 못했던 외로움이 치밀어 오를 때의 슬픔
- 아주 여러 번 자신의 이야기를 들어주지 않고, 폄하되었던 것에 대한 분노
- 부모에게 화를 내고, 부모에게 충성스럽지 못한 것에 대한 죄책감
- 무언의 가족 규칙을 깨뜨리고, 누군가에게 이런 문제들을 이야기하고, 가족의 진짜 잘못된 것을 밝힌 것에 대한 불안

마샤는 이런 감정을 단 하나라도 경험하고 싶지 않았다. 그녀는 이런 감정을 인식하지

않고, 이러한 감정들이 올라왔을 때 가족과 관련된 상담주제를 계속 다루기가 어려웠다. 그녀는 이러한 것들을 이해하지 못했고, 그 결과 위협을 느꼈다. 그러나 그것들을 사라지게 할 수도 없었다. 다행히 마샤의 상담자는 갈등의 밀고 당기는 특성을 자연스럽게 받아들였고, 드러난 서로 다르고 모순되는 경험의 측면들을 그녀가 이해할 수 있도록 도왔다. 그의 수용적인 반응은 그녀가 이러한 갈등적인 감정을 인식하고 통합하고 점차적으로 해결하도록 도와주었다. 이런 방법으로 두 번째 상담자는 마샤에게 **정서적인 담아내기**(affective containment)를 제공하고 있었다. 애착이론의 용어로 말하면, 이것은 그녀가 이러한 민감한 주제들을 처음으로 다루고, 탐색하고, 경험하고 또는 공유하는 데 필요한 심리적 안전을 제공해준 '버텨주는 환경(holding environment)'이다(Greenberg, 2014). 이러한 변화가 상담관계에서 일어났을 때 마샤는 상담자에게 이전보다 '더 자신감이 생겼다'는 것과 학교에서 더 좋은 성적을 받게 되고, 새로운 친구들을 사귀게 되었다고 이야기하기 시작했다.

상담의 여러 지점에서 내담자들은 변화 과정에서 유발되는 양가적이거나 갈등되는 감정의 잇따른 결과를 종종 인식하지 못할 것이고, 그것을 걱정할 것이다. 결과적으로, 그들은 상담자가 저항의 잠재적인 표시에 관해 탐색하고자 할 때 이해받지 못하거나 심지어는 비난받는다고 느낄 수 있다. 어떤 내담자들은 상담자의 질문에서 자신이 무언가 잘못하고 있거나 충분히 노력하지 않고 있다는 느낌을 받을 수 있다. 내담자들은 상담자가 자신에게 좌절하거나 실망한다고 생각하면 자신의 좋은 의도를 정당화하려고 할 것이다.

내담자 아, 아니에요. 선생님은 이해 못해요. 저는 정말 선생님을 만나고 싶고, 여기에 정각에 오고 싶어요. 단지….

이미 강조했듯이, 상담자는 내담자가 비난받거나 판단받는다고 느끼기를 원하지 않는다. 오히려 상담자는 상담의 어떤 측면이 야기하는 위협이나 위험을 이해하기 위해서 협력적인 탐색에 내담자를 초청하고 함께 하자고 하고 있는 것이다. 내담자는 일단 상담자의 의도가 위협이나 위험을 탐색하는 것이지 판단하는 것이 아니라는 것을 이해하면, 아주 순조롭게 생산적인 탐색에 참여할 것이다.

그래서 상담자는 호기심과 협동적인 탐색의 정신으로 저항의 잠재적인 신호에 가장 잘 접근할 수 있다. 비록 초보 상담자는 너무 무뚝뚝하다든지 또는 비판적이라고 오해받는 것을 종종 염려하지만, 문제는 실제로 다른 방식으로 일어난다. 아주 많은 초보 상담자들이 내담자들의 감정에 상처를 입히거나 그들에게 인정받지 못할까봐 너무 염려하기 때문에, 어떤 초보 상담자들은 이 주제들을 회피하고, 또 다른 초보 상담자들은 할 수 있는 만큼 솔직하게 반응하지 않는다. 많은 초보 상담자들이 자신의 영향력을 감소시키기 위해 내담자에게 말하는 내용을 희석시킨다. 상담자는 자신의 탐색이 내담자에게 주제넘게 나서는 것이거나 불쾌감을 주는 것처럼 보일 수 있다는 염려가 들면, 방법을 바꾸어서 반응하는 다른 방법을 찾을 수 있다. 더 좋게는, 상담자가 내담자에게 직접 질문함으로써 내담자에 대한 자신의 걱정을 점검할 수 있다.

상담자 우리 사이에 제기되는 이런 주제에 관해 얘기하는 것이 좋습니다. 저는 이렇게 하는 것이 우리가 함께 작업하는 데 도움이 된다고 생각합니다. 그러나 당신도 이렇게 솔직하게 하는 것이 편안한지를 점검하고 확인하고 싶었습니다. 저와 이런 방식으로 얘기를 하는 것이 어떠신가요? 당신에게도 괜찮나요?

내담자 처음에는 색달랐습니다. 저는 이렇게 이야기하는 데 익숙하지 않았으니까요. 그러나 지금은 좋습니다. 정말 어떤 일이 일어나고 있는지를 드디어 누군가에게 얘기하고 있는 것처럼 느낍니다. 제 아내도 이것을 좋아해요. 아내는 제가 전보다 더 분명하게 의견을 말하고, 더 많이 이야기한다고 말합니다. 그래서 아내는 저와 유대감을 갖고 있어요.

널리 활용되는 동기면담(Motivational Interviewing) 상담접근의 효과성을 평가하는 연구자들은 저항을 밀어붙이거나 논쟁하는 것은 특히 역효과를 낳으며, 상담자의 협력과 공감은 변화를 촉진한다는 것을 발견했다(Arkowitz et al., 2015; Moyers, 2014; White & Miller, 2007). 그러므로 상담자의 의도는 협력적인 대화를 이끄는 호기심 어린 탐색의 태도로 내담자 저항의 잠재적인 신호를 탐색하는 것이다. 앞서 살펴보았듯이, 잠정적인 접근이 필요하다. 상담자는 어떤 행동이 가질 수 있는 가능한 의미에 관해 단지 내담자와 이야기하며 궁금해할 수 있다. 내담자의 잠재적 저항이 의미하는 바에 대해서는 논쟁도 주장도 하지 않는다. 상담자는 꾸준히 계속해서 좀 더 직접적인, 일련의 점진적인 단계를 거치면서 방어를 유발하지 않고 저항에 접근할 수 있다. 이 단계들은 점차적으로 더 직접적이 되며, 연계되어 일어나는 세 단계로 종종 효과적이다.

1단계: 허용하는 분위기와 교육적인 반응 제공하기

첫 단계에서, 상담자는 상담과 상담자 자신에 관해 생기는 긍정적 및 부정적인 반응에 대해서 내담자가 이야기할 수 있도록 내담자를 격려하는 허용하는 분위기와 교육적인 반응을 제공한다. 특히 상담자는 상담자에 대한 문제나 오해가 불가피하게 일어날 수밖에 없고, 내담자들이 이 문제를 상담에서 화제로 꺼냄으로써 도와줄 수 있다고 설명한다.

상담자 저를 만나러 오는 것이 당신에게 어떤지 얘기할 수 있을까요? 당신은 오늘 20분 늦었고, 지난주에는 약속을 다시 잡아야 했다는 것에 주목합니다. 어쩌면 그것이 아무런 의미가 없는 것일 수도 있지만, 저는 우리가 함께 작업하는 것에 관해 무언가 당신에게 좋지 않게 느껴지는 것이 있는지 궁금합니다. 어떤 생각들이 마음에 떠오르나요?

내담자 아, 아니요. 저는 정말 여기 있고 싶어요. 직장에서 말도 안 되는 일이 있었어요. 선생님은 정말 많은 도움이 되었어요. 지난주에는 마감해야 할 게 있었고, 오늘은 회사에서 나오려고 할 때 상사가 전화를 했을 뿐이에요.

상담자 좋습니다. 그러나 앞으로 상담이나 우리가 함께 작업하는 방식에 관해 어떤 문제가 생기면, 그것에 관해서 거리낌 없이 말해주면 정말 고맙겠습니다. 생길 수 있는 어떤 문제나 오해라도 저에게 알려주세요. 이런 일은 다른 관계에서와 마찬가지로 우리 사이에서도 일어날 수 있으니까요. 당신이 싫어하는 어떤 것을 제가 했다거나 상담에서 불편했던 어떤 것이든지 저와 얘기한다는 것이 어떠신가요?

내담자 글쎄요, 저에게는 그렇게 하는 게 좀 힘든 것 같군요.

상담자 음… 당신에게 힘들게 생각되는 것이 뭘까요?

내담자 글쎄요. 선생님의 감정이나 그 어떤 것도 상하게 하고 싶지 않아요. 선생님이 친절한 분이라서 더 그래요. 제가 사람들에게 기분 좋지 않은 것을 말하기는 어려워요. 저는 모든 사람에게 기분 좋게 하려고 하는 것 같아요. 제가 존중하고 친절하게 한다는 것을 확인하는 것이 저에게는 중요한 것 같아요. 어쩌면 저는 그걸 너무 많이 걱정하는 걸 수도 있어요.

상담자 네, 항상 친절하다는 것이 당신에게는 엄청난 걱정이 되었겠네요. 제가 정직하게 말씀드릴 수 있는 건 저는 당신이 우리 혹은 상담에 관해서 가질 수 있는 어떤 걱정이라도 듣고 싶어한다고 거예요. 제가 당신을 도울 수 있도록 당신은 저와 작업하고 있었다고 생각합니다. 저는 당신이 저에게 친절하지 않았다고는 전혀 생각하지 않아요. 저는 우리 사이의 개방성을 환영합니다. 그러나 당신은 그것이 당신의 삶 속에서 중요했던 다른 사람들과는 달랐다고 제게 말하고 있는 것일 수 있습니다.

이 첫 번째 예에서, 상담자는 내담자가 상담에 대한 어떤 양가적인 감정이나 상담자에 대한 갈등을 자유롭게 이야기하기를 바라면서 허용하는 분위기와 교육적인 반응을 제공했다. 이러한 안내가 충분하지 않을 때, 상담자는 2단계를 취하고 내담자가 잠재적인 위협을 탐색할 수 있도록 격려할 수 있다. 즉, 만약 내담자가 이야기하지 않으면서 저항의 신호(약속을 지키지 않기, 취소하기, 약속을 다시 잡기, 늦게 오기, 단지 피상적인 주제만 논의하기 등)를 계속해서 보여준다면, 상담자는 대인관계의 위협을 탐색함으로써 2단계로 옮겨간다.

2단계: 위험 탐색하기/위협 확인하기

상담자 우리 사이에서 생길 수 있는 어려움에 대해서 당신과 제가 이야기할 수 있다는 것은 우리가 함께 작업하는 데 중요합니다. 그것은 어떤 관계에서나 일어날 수밖에 없는 것들이거든요. 우리 관계에 대해서나 함께 작업하는 것에 관해 당신에게 불편한 것이 있다면, 저에게 이야기해줄 수 있을까요?

내담자 네, 그러지요.

상담자 좋습니다. 당신이 당신 삶의 다른 부분들에 관해 저에게 얘기했던 것을 근거로, 저는 당신이 우리 관계나 상담에서 불편한 것을 이야기하는 것이 다소 어려울 수 있을까 궁금합니다. 당신도 알다시피, 당신이 좋아하지 않는 것을 제가 했는지 아니면 상담에 관해 불편하게 느껴지는 것이 있는지를 얘기하는 것은 꽤 새롭고 어려울 수 있다고 생각합니다. 때때로 사람들은 좋은 내담자나 친절한 사람들은 결코 좌절하거나 실망하지 않는다고 믿어요. 적어도 그러한 감정을 표현해야 한다고는 생각하지 않아요.

내담자 네, 어쩌면 그것이 진실인지도 모르겠네요.

상담자 이것을 함께 알아보도록 하죠. 당신이 상담을 받는 것에 어떤 불편을 갖고 있지만, 아직 그것에 관해 저에게 얘기하는 게 편하지 않은 것처럼 보입니다. 만약 당신이 솔직하고 여기서 불편하게 느낀 것을 저에게 얘기하는 것이 위험을 감수하는 것이라면 당신에게 무엇이 위협이나 위험이 될 수 있을지 궁금하네요. 과거에 다른 사람들과 뭐가 잘못되었었나요? 우리 사이에 뭐가 잘못될 수 있을까요?

내담자 글쎄요. 선생님은 아마도 저를 더 이상 만나고 싶어하지 않을 거예요. 저는 너무 문제가 많고, 너무 비판적이거나 너무 요구가 많거나 그래요. 선생님이 그렇게 말할지 안 할지는 모르지만 선생님은 차라리 제가 떠나서 더 이상 선생님을 괴롭히지 않기를 바랄 거예요.

상담자 바로 그 부분에서 당신은 꽤 중요한 이야기를 많이 했어요. 그러나 당신이 이야기한 것 중에서 만약 당신이 거리낌 없이 말하고 자기 목소리를 내면, 그리고 제가 말하는 것에 동의하지 않거나 제가 원하는 것에 따르지 않으면 제가 당신을 떠나거나 우리 관계를 끝낼 거라는 게 가장 큰 것일 것 같아요.

내담자 글쎄요, 네. 그게 제가 느껴왔던 방식 같아요. 사람들은 정말 그렇지 않은가요?

이 예에서, 상담자는 저항의 원인이 되고 내담자가 다른 사람에 대해서 갖고 있는 주된 문제인 감정이나 걱정을 말할 수 없게 하는 위협이 무엇인지를 확인하고자 애쓰고 있다. 상담자는 내용보다는 과정을 강조하면서, 내담자가 상담에 오지 않는 이유를 찾으려고 하는 것이 아니라 왜 내담자가 그에 관해 이야기하는 데 어려움을 갖는지를 알고자 하는 것이다. 여기서 내담자는 만약 자신이 상담자에게 동의하지 않거나 자신이 원하는 것이나 좋아하지 않는 것을 거리낌 없이 말하고 표현하면, 상담자(그리고 다른 사람)가 자신을 떠날 것이라는 잘못된 신념을 드러낸다. 이것은 초보 상담자에게 환영할 만한 기회처럼 보이지는 않지만 이 순간에 의미 있는 변화의 잠재성이 나타난 것이다. 상담자는 상담자와 내담자가 의견이 서로 맞지 않는다고 바로 그들의 관계를 끝내고 싶어하지 않는다는 것을 명료하게 함으로써 교정적 정서 경험을 제공하기 시작한 것이다. 상담자–내담자 관계에서는 '순응할 것이냐 떠날 것이냐' 하는 잘못된 신념이 부각되지만 그들의 관계에서 확인되지는 않을 때, 사실 이러한 신념이 어떻게 다른 중요한 관계에서 현실적인 기대가 되었는지를 밝히게 될 것이다(Tsai et al., 2014). 우리가 보겠지만, 이 내담자는 상담자가 자신을 버리거나 거절할 것이라고 예상한 것이 가족 내에서 성장하는 동안, 그리고 첫 결혼생활에서 그녀가 행동적으로 경험했던 것(내담자: "제 가족에서는 항상 동의하든지 아니면 혼자가 되든지였어요.")임을 계속해서 기억해낸다. 상담관계에서 순응이라는 오래된 대처 전략을 처음 부각시키고, 그들의 관계에서 이 전략을 변화시킴으로써 상담자는 변화 과정에서 다음 단계를 취할 수 있고, 내담자가 자신의 일상생활에 이것을 일반화하도록 도울 수 있다. 이것은 상담자가 내담자로 하여금 근심하며 다른 사람을 기쁘게 해주려고 하고, 자신이 생각하는 것을 거리낌 없이 말할 수 없고, 다른 사람이 자신과 연결되게 하기 위해 '동의하는' 다른 사람과의 현재 관계를 탐색하도록 도와줄 때 일어난다. 또한 상담자가 내담자로 하여금 이러한 문제의 관계 맺는 방식에 의문을 제기하고 도전하도록 도와줄 때도 일어난다. 예를 들어보자.

상담자 저와 그랬던 것처럼 찬성하든지 아니면 혼자가 되든지 하는 이런 가슴 아픈 문제가 당신의 삶에서 다른 사람과도 어떻게 문제가 될 수 있는지를 이야기해보시지요.

내담자 제가 누군가에게 "아니요."라고 말하는 것은 어렵다고 생각해요. 우리가 이야기하고 있는 바로 지금 저는 아이들을 훈육할 수가 없으니 제가 얼마나 나쁜 엄마인지 생각하고 있었어요. 저는 아이들이 저처럼 불행하기를 원치 않는 것 같아요. 그래서 아이들이 원하는 것에 맞추고 아이들을 기분 좋게 해주려고 노력하는 것 같아요.

상담자 당신은 잘 하고 있어요. 그리고 이제 우리는 이것을 이해하기 시작했어요. 당신이 그것을 바꿀 수 있도록 우리가 도울 수 있는지 알아봅시다. 당신도 알다시피, 아이들에 대해 더 강한 입장을 취하고, 떠날 두려움 때문에 굴복하기보다는 아이들이 인정해주지 않는 것을 참고, 당신이 설정한 규칙을 따르도록 강하게 요구하세요. 여기서 저와 함께 좀 더 단호하게 거리낌 없이 말하고, 자녀들을 보다 효과적으로 훈육할 수 있도록 돕기 위해 함께 작업을 시작한다는 것이 어떻게 들리시나요?

내담자 제 삶 전체가 변할 것 같아요. 제가 그렇게 한다면 저는 다른 사람이 될 것 같아요.

이 내담자는 계속해서 상담에서 생산적으로 작업했으며, 이 회기 후에 다른 상담 약속에 불참하거나 약속을 취소하지 않았다. 이와 비슷하게, 대부분의 내담자들도 이런 방법으로 위협이나 위험을 탐색함으로써 상담에 대한 저항을 해결하고, 내담자들이 나타내는 증상과 문제의 중심이 되는 핵심 걱정을 밝혀낼 것이다.

예를 들어보자.

상담자 나딘, 오늘 다시, 제가 볼 때 당신은 이리저리 화제를 계속 옮겨갔던 것 같습니다. 당신이 여동생과 함께 식사했다고 말한 후부터 특히 그랬습니다. 당신이 주제를 그렇게 자주 바꾸지 않고 한 가지 주제에 더 오래 머물며 제가 그 주제에 당신이 참여하도록 했다면, 무엇이 당신에게 위협이나 위험이 되었을지 궁금하네요.

내담자 저도 모르겠어요. 그런 얘기를 많이 들어요. 저는 그저 어떤 것에 관해 너무 오랫동안 생각하고 싶지 않은 것 같아요.

상담자 어떤 것에 관해 너무 오랫동안 생각하고 싶지 않다는 거군요. 그것 때문에 뭔가 불안해지는 건가요? 뭐가 잘못되죠?

내담자 네… (멈춤) 저는 울기 시작하든지 딴 것을 했을 거라고 생각해요.

상담자 음~ 우는 것이 안전하지 않고, 편하게 느껴지지 않는군요. 제가 더 잘 이해할 수 있게 도와주세요. 당신이 슬퍼서 울기 시작했다면, 제가 당신이 원하지 않거나 더 악화시킬 수 있는 어떤 것을 했다는 걸까요?

내담자 글쎄요, 저도 제가 왜 이런 생각을 하는지 모르겠어요. 저는 선생님이 저를 바보로 여기거나 그럴까봐 두려워요.

상담자 제가 당신을 우습게 안다구요?

내담자 네, 아이처럼 행동하는 제가 한심하다고 생각하시겠죠. … 그러나 선생님이 입 밖에 내서 그런 말을 하시지는 않겠죠. 상담자들은 그렇게 말해서는 안 되니까요.

위협에 초점을 맞추려는 여러 번의 시도가 잘 먹히지 않을 때, 즉 상담자와 내담자가 성공적으로 함께 협력할 수 없고, 위협이나 위험을 확인할 수 없을 때, 상담자는 3단계에 돌입할 수 있다. 다음 대안으로, 상담자는 내담자 저항의 내용을 해석하려고 할 수 있다. 예를 들면, 상담자는 내담자의 저항이 상담에서 내담자를 끌어내고 내담자가 상담자와 연합할 수 없고, 어려움에 관해 이야기할 수도 없다고 생각한다면, 작업 가설을 만들고 저항에 대한 가능한 이유나 해석을 잠정적으로 제안할 수 있다.

3단계: 저항의 잠재적인 이유를 한시적으로 해석하기

상담자 상담에 오는 것이 힘들어진 것 같습니다. 당신은 지난 두 회기에 빠졌어요. 어쩌면 '잊어버렸을' 수도 있겠지요. 그러나 저와 얘기하기 위해 상담에 오는 것에 대해 뭔가 있는지 아니면 우리 사이에 일어난 어떤 일 가운데 편안하지 않은 것이나 제가 말한 것 중에 당신에게 탐탁지 않은 것이 있는지 궁금합니다. 전에 당신에게 이런 것에 대해 물었었지요. … 어떤 가능성이 마음에 떠오르시나요?

내담자 아뇨, 꼭 그런 건 아니에요.

상담자 그렇군요. 그럼 제가 생각해본 몇 가지 가능성을 제안할게요. 그 후에 당신이 그것에 대해 어떻게 생각하는지 말해주세요. 당신이 자신에 관해 얘기한 것들을 생각해보면, 당신이 저를 생각할 때 당신의 삶에서 많은 사람들이 했던 것처럼 저 또한 당신을 '판단'한다고 걱정하는 것은 아닌지 궁금합니다.

내담자 네, 그럴 수 있을 것 같아요. 그러나 선생님이 저를 판단할 거라는 생각이 그렇게 많지는 않아요. 선생님이 저에 대해 더 많이 알게 되면 저를 존중하지 않을 거라는 생각을 더 많이 하지요.

상담자 분명하게 말해줘서 고맙습니다. 판단하는 것이 아니라, 제가 당신을 '존중'하지 않을 거라는 거네요. 저와 이것을 기꺼이 나누는 위험을 감수해주니 정말 고맙습니다. 우리 사이에 이런 일이 일어난 적이 있었나요? 제가 당신을 존중하는 태도로 대하지 않는다고 느낀 때가 한 번이라도 있었을까요?

내담자 글쎄요, 아니요. 아직까지 그런 일은 없었지만 제가 당신에게 그렇게 많이 이야기한 것 같지도 않아요.

상담자 좋습니다. 아직까지 일어난 적이 없다니 다행이에요. 저 때문에 당신이 존중받지 못한다고 느끼는 건 정말 원하지 않습니다. 만약 여기서 제가 당신을 존중하지 않는 일이 일어나면, 당신은 바로 상담을 중단시키고 우리가 그것을 해결할 수 있도록 저에게 말해주세요. 그런데 만약 당신이 저에게 자신에 관해 더 많은 이야기를 하면, 제가 당신을 존중하는 마음을 잃어버릴까봐 걱정하는 것처럼 들립니다. 매주 여기 와서 저와 이야기하는 것이 당신에게 얼마나 어려운지 압니다. 어쩌면 다른 사람과 친해지는 것도 어려울 수 있어요.

내담자 네, 저는 살면서 많이 존중받지 못했다고 생각합니다. 그러나 누군가 저를 무시하는 걸 참지는 않을 것입니다.

상담자 어떻게 하면 당신이 여기서 말해야 하는 그런 모든 것을 안전하게 말할 수 있을까요?

왜 상담자는 이러한 보다 해석적인 입장(잠정적이기는 하지만)을 최후의 수단으로만 견지하는가? 정확하든 정확하지 않든 해석은 상담자의 몫이며, 상담자의 진영에 공을 놓는 것이다. 가능하다면 언제든지 상담자의 방향으로 내담자를 끌어당기기보다는 내담자가 이끄는 대로 따라가려고 하거나 상담과정에 초점을 맞추는 것이 더 좋다. 다시 말하자면, 해석을 해주거나 내담자에게 해야 할 바를 이야기해주는 것보다는 내담자가 저항하는 이유를 이해하려고 탐색하거나 과정 언급을 하거나 현재 상호작용을 다루는 것이 일반적으로 더 효과적이다. 왜 그럴까? 목표는 동반자 관계를 유지하여 가능한 한 협력적인 관계를 지속하는 것이다. 1단계와 2단계가 대부분의 내담자들에게 상당히 효과적이겠지만, 3단계, 즉 저항에 대한 가능한 이유나 해석을 잠정적으로 제안하는 것과 내담자에게 그 해석이 더 잘 맞게 수정하거나 개선해줄 것을 부탁하는 것은 가끔 생산적일 수 있다.

수치심은 저항을 자극한다

오해, 저항, 방어, 양가성, 균열은 상담의 매 단계에서 일어날 것이다. 이것은 상담 작업의 일부분이다. 그러나 저항의 가장 흔한 근원은 수치심이다. 아주 최근에야 상담자들은 많은 내담자의 증상과 문제에서 수치심의 전반적이면서도 진단을 넘어서는 역할을 인식하기 시작했다(Dearing & Tagney, 2011). 수치심은 다른 어떤 주제보다도 더 쉽게 저항을 만들어내며, 조기 종결을 유발할 수 있고, 내담자가 변화를 주도하던 것을 방해할 수 있고, 재발을 유발할 수 있다. 상당히 불행한 상호작용에서 상담자가 내담자와 가장 피하고자 하는 감정도 수치심이다. 간단히 말해서, 내담자들이 그와 같은 아주 고통스러운 감정으로 괴로워할 때 상담자가 내담자와 함께 앉아 있는 것을 견디기는 정말 어려운 일이다. 흔히 초보 상담자나 경험이 많은 상담자나 똑같이 돕는다는 것에 부적절감을 느끼고, 무엇을 해야 할지 몰라 극도의 불확실성을 느낀다. 예측하건대, **그것은 또한 상담자 자신의 수치심을 유발하며,** 내담자가 그랬던 만큼 상담자도 도망치고 싶어한다. 가장 중요한 이 주제에 관해 상담자가 더 많이 책을 읽고 배우면 상당히 많은 내담자들의 인생 이야기에 스며들어 있는 **수치심 주제**를 인식하는 눈과 귀를 발달시킬 수 있다. 예를 들면, 상담자는 내담자가 나타내는 수치심의 다른 측면들을 더 잘 인식할 수 있게 될 것이다. 수치심의 다른 측면들은 완벽주의, 자주 다른 사람을 비난하거나 비판하기, 성질부리기, 긴장하고 폭발하기 쉬움, 다른 사람을 판단하거나 경멸하기, 자기비판하기와 낮은 자존감이나 만성적인 우울, 식이장애와 그 외 약물 중독의 고통, 외모, 발표 또는 인정에 사로잡혀 불안하게 살기, 사회적 철수와 회피, 칭찬을 받아들이지 못하거나 어떤 유형의 건설적인 비판도 견디지 못함, 취약하다거나 다른 사람의 도움이 필요하다고 절대 느끼지 않음, 항상 힘있고 강력하고 또는 독립적으로 보이는 것에 집착하는 등 많은 것들이 있다(Ahmed & Braithwaite, 2004; Potter-Efron, 2011; Sanfer & Tantillo, 2011). 수련 중인 상담자들은 지지적인 수퍼바이저의 지도로 상담의 진전을 방해하는 주제와 걱정뿐만 아니라 내담자가 상담을 시작하는 것과 관련해서 갖는 걱정 중에서 수치심 관련 주제에 대해서 듣고 그것을 인식할 수 있다.

수치심과 죄책감

기본부터 짚어보자. 수치심은 죄책감과는 다르다. 수치심은 다루어야 할 훨씬 더 중요한 문제이다. 죄책감은 내담자가 뭔가를 잘못했다고만 느끼는 것이다. 죄책감을 느끼는 내담자는 종종 후회하고, 사과하거나 배상할 방법을 찾을 것이다. 아주 대조적으로, 수치심은 내가 무언가 나쁜 짓을 했다는 의미가 아니라 **내가 나쁘다는** 것을 의미한다(Lewis, 1971; Tangney, 1998). 수치심으로 활성화되는 '나쁨'이라는 감각은 내담자로 하여금 다른 사람들의 지각된 철저한 조사에서 숨거나 이를 피하고 싶게 만든다. 그리고 죄책감과 같이 해결이나 개선할 생각이나 희망이 없다(Wells & Jones, 2000). 죄책감보다 더 일차적이고 전반적인 감정인 수치심은 자기 자신을 전면적으로 혹은 전적으로 아우르는 감정이다. 여기서 논의되는 유해한 혹은 핵심 수치심은 일상의 악의 없는 자기의식이나 당황스러움의 경험과는 전혀 다른 것으로, 내담자는 자신이 본질적으로 결함이 있는 사람이라고 느낀다고 보고한다. 이 논의의 전반에 걸쳐서, 모든 형태의 수치심에 있는 주요 감정은 경멸임을 기억하라(Miller, 1984; Tomkins, 1967). 수치심으로 고통받는다는 것은 진짜 자기가 다른 사람의 혹평이나 비판에 노출되고, 벌거벗겨지고, 쉽게 상처받는 등의 이런 모든 결점을 느끼는 것이다(Spiegel & Alpert, 2000; Teyber, McClure, Weathers, 2011). 내담자들은 심각한 수치심 반응으로 고통받고 있을 때 자신의 경험을 말없이 의사소통하고 있을 수 있다("제 마음은 텅 비어 있어요."). 때때로 그들이 말할 수 있는 전부는 "저는 흉측한 물건 같아요." "저는 중요하지 않아요." "제게는 뭔가 문제가 있어요." 혹은 단순히 "저는 제가 미워요."이다. 최고조에 달한 수치심 반응은 고통받는 것으로 고민하는 것이다. 그리고 연민을 가진 상담자가 그와 함께 있고 공유한다는 것이 너무 어렵다. 어떤 내담자들은 수치심으로 가득 찬 순간, 자기(the Self)가 완전히 파괴되고 있는 때에 죽고 싶다는 소망을 표현한다.

종종 내담자들은 수치심을 두 가지 다른 주제로 또는 두 가지 구별된 영역 안에서 표현할 수 있다. 첫째는 나쁜 자기의 차원이다. 이 차원은 가치 없고, 결함이 있고, 사랑받을 만하지 않거나 원하지 않았던 또는 존재의 근원에 결함이 있다는 느낌을 두드러지게 반영한다. 가끔 '미움받는 아이'로 언급되는 내담자는 양육자에 의해 공공연하게 거부되거나 화가 나서 폄하되었으며, 자기에 대한 혐오감과 분노로 씨름을 한다. 아마도 아동 성적 학대의 가장 충격적인 결과는 **내면화된 경멸**(internalized contempt)이며, 결과적으로 낙인찍힌 자기감('망가진' '더러운')을 갖게 된다(Finkelhor, 1990). 둘째는 부적절한 자기의 차원이다. 이 차원은 작거나 약한, 무기력하거나 영향력을 빼앗긴, 무능하거나 부족한 또는 실패 등의 지속적인 느낌을 반영한다. 특히 이 내담자는 정기적으로 패배한, 부적절한, 그리고 열등한 느낌(예를 들면, '어리석은')을 갖는다.

또 연구자들은 내적인 수치심과 외적인 수치심을 구별한다. 외적인 수치심으로 더 고통받는 내담자들은 다른 사람의 마음속에서 자신이 어떻게 존재하는가, 즉 다른 사람이 자신을 어떻게 보거나 평가할지에 대해 걱정한다. 내적인 수치심을 가진 내담자들은 자신에 대해 평가절하하고 자기비판적인 주의 초점을 갖는다. 그리고 어떤 내담자들은 내적인 수치심과 외적인 수치심 모두를 다룬다(Lewis, 1995). 수치심에 대한 풍부한 문헌에 의하면 또 다른 구분은, 어떤 내담자들은 수치심을 느끼는 자신의 경향을 인식하지 않는 반면에 어떤 내담자들은 그에 대해 상당히 민감하다는 것이다. 자기애적이고, 자기의 중요성을 과장하거나 통제하는 것과 같이 다양하게 묘사될 수 있는 어떤 내담자들은 자신의 수치심을 인식하지 않으나, 종종 비난하거나 비판적이며, 쉽게 다른 사람의 수치심을 유발한다. 반면에, 어떤 내담자들은 자신의 낮은 자존감을 더 많이 인식한다(Joireman, 2004). 그들은 자신에 대해 처벌적이고, 가혹하게 자기비판적이며, 다른 사람을 너무 쉽게 기쁘게 해주거나 돌봐주거나 순응한다(Wells & Jones, 2000). 슬프게도, 이러한 내담자들은 또한 "그녀는 나를 원하지 않아." "그들은 나를 고용하지 않을 거야." 등의 생각을 하면서 많은 유망한 사회적 관계와 인생의 좋은 기회들로부터도 물러난다.

수치스러워하는 경향의 자기감

많은 내담자의 증상과 문제에서 중심이 되는 유해하거나 핵심적인 수치심과, 모든 사람에게 일상의 불편한 부분이기는 하지만 중요한 치료 주제는 아닌 일상생활의 당황스러움의 차이를 명확히 하기 위해 **수치스러워하는 경향**(shame-prone)이라는 용어를 사용하자. 곤란한 상황에서 당황스러움을 느끼는 것은 보편적이고, 특정 순간에 수치심을 느끼는 것도 흔히 있는 일이다. 물론 이것이 불쾌하기는 하지만 상담자로서 우리 작업에 중요하지는 않으며 이 논의에 적절하지도 않다. 구체적인 상황에서 비롯되는 이러한 감정과 대조적으로, 중요한 관계에서 자주 수치심을 느꼈던, 즉 자신의 애착 양육자로부터 반복적으로 경멸받았던 내담자들은 **수치심에 근거한 자기감**을 발달시키며, **수치스러워하는 경향**이 있다(Mills, Imm, Walling & Weiler, 2008).

수치심 경향성은 가장 많은 유형의 정신병리에 퍼져 있고, 많은 내담자들과 갖는 상담 작업에서 중심이 된다. 예를 들면, 수치심 경향을 갖는 개인은 건설적인 비판을 받아들일 수 없을 것이다. 왜냐하면 비판은 그들의 깊고 전반적이고 오래 지속된 수치심을 노출시키도록 위협하기 때문이다. 심지어는 가족이나 친구의 악의 없는 농담도 이러한 감정을 유발할 수 있다. 심하게 비하되거나 거절되거나 버려지는 또는 벗겨지는 굴욕적인 느낌은 수치스러워하는 경향의 내담자에게서 쉽게 촉발된다. 지적했듯이, 이러한 강하고 때때로 변덕스러운 반응은 다른 사람이라면 그러한 강한 반응을 일으키지 않을 일상의 다른 많은 상황에서도 쉽게 유발된다. 계속적으로 유발되는 강한 수치감에 대한 반응으로 수치스러워하는 경향의 내담자들은 수치심을 다른 사람에게 그리고 아마도 더 중요하게는 자신에게 감추기 위해 다양한 대처 전략을 사용한다. 일상적으로, 그러한 내담자들은 마음 깊은 곳에 있는 **수치스러워할 만하다고** 느끼는 것으로부터 자신을 보호하기 위해 다음과 같은 행동을 한다.

- 다른 사람들에 대해 거만하며 자기가 옳다는 식으로 행동하기
- 위협하거나 통제하거나 다른 사람에게서 수치심을 유발하기
- 자신의 일, 청결 또는 종교적인 실천에서 완벽주의 가치를 적용하기
- 섭식장애나 다른 중독 증상을 나타내기
- 외모나 사회적 인정에 집착하기
- 조롱하듯이 자기비판하기와 사회적으로 위축되기
- 다른 사람을 판단하고 비판하기
- 다른 사람으로부터 철수하기와 많은 상호작용을 회피하기

수치-분노 사이클

상담자는 내담자가 이러한 무시무시한 감정에 대처하기 위해 발달시켜온 잘못된 대처 전략을 관찰할 것이다. 관찰자에게 가장 혼란스러운 것은 '운전하면서 내는 화'와 가정폭력의 때리기와 신체적인 학대 일화를 특징으로 하는 **수치-분노 사이클**일 것이다(Gilligan, 2009; Simon, 2002). 수치스러워하는 경향이 있는 개인이 누군가에 의해 비하되거나 위신이 떨어졌다면, 그는 아내가 쓰레기를 버려달라고 부탁하는 것(또는 아이가 "왜요?"라고 묻는 것)과 같이 전혀 악의가 없는 유순한 말에도 분노를 폭발한다. 분통을 터뜨리거나 분노로 가득 찬 반응은 자신이 수치를 가질 만하다는 것을 부인하기 위한 필사적이지만 소용없는 시도이다("나는 약하지 않아." "나는 쓰레기 나부랭이가 아니야." "당신은 그렇게 나에게 이래라저래라 할 수 없어!"). 또한 이런 반응은 종종 공격이나 다른 사람을 경멸적으로 비하하는 것을 통해서 개인적인 권력과 자기감을 회복하기 위한 인위적이거나 방어적인 시도이다(Potter-Efron, 2007).

강조하자면, 양육자의 **경멸**(예를 들면, "무슨 일이야? 네가 뭘 제대로 할 수 있겠어?" 또는 "너는 내 삶을 망치고 있어. … 너는 태어나지 말았어야 했어.")로 고통을 받으며 성장한 내담자는 수치심에 기초한 자기감을 발달시킨다. 이러한 내담자는 보통 자신의 자기감을 파괴하는 고통스러운 발달 경험을 기억하지만 그에 동반되는 감정은 분리시키거나 방어해왔다. 예를 들면, 술 취한 아버지가 내담자에게 부엌 바닥을 핥게 했으며 형제들은 그런 그를 아무 도움도 주지 않고 힘없이 바라보기만 했다고 말하는 내담자는 보통 행동적으로 무엇이 일어났는지, 즉 무슨 말을 했고 무슨 행동을 했는지를 기억할 수 있고, 이 굴욕적인 경험을 상담자에게 이야기할 수 있다. 그러나 그는 **수치스러운 정서를 느끼지 못하거나 학대에 동반되는 원치 않는 감정을 경험하지 못하고 그렇게 이야기하는 것이다.** 즉, 행동적인 사건은 종종 접근할 수 있고 기억되지만, 동반되는 감정은 너무 고통스럽기에 인정하거나 경험하기 어렵고, 분리되거나 격리될 수 있다. 이와 마찬가지로, 이 내담자는 종종 자신의 분노 폭발을 유발한 현재의 경험(기분 나쁘게 이래라저래라 한다고 느껴지는 것)을 인식하거나 확인하지 못할 수 있다. 다음의 대화에서 상담자는 수치스러워하는 경향이 있는 내담자가 촉발 사건(누군가 자기를 무시하거나 경멸하는 느낌)과 그가 나타내는 문제(그가 화를 참지 못했기 때문에 친밀한 관계를 잃은 것)를 연결시킬 수 있도록 도와주고 있다.

상담자 여기서 일련의 연속적인 사건을 듣고 보니, 당신의 아내가 당신에게 쓰레기를 버려달라고 부탁한 후에 바로 당신이 화를 참지 못했던 것처럼 들리네요. 지난주에 당신은 저에게 당신의 동료가 당신이 해야 하는 일의 어떤 부분을 결정했을 때 화를 냈다고 말했지요. 나중에 당신은 사실은 그것이 큰 문제가 아니었다고 말했지만, 당신의 첫 반응은 그에게 '화를 폭발하는' 것이었습니다. 저는 다른 사람들이 어떤 식으로 당신을 지배하는 어떤 말을 함으로써 당신을 무시하는 것처럼 보일 때, 당신이 화를 참지 못한다는 것을 이야기하고 있지 않나 생각하는데요.

내담자 저는 그렇게 생각하지 않았어요. 선생님도 알다시피, 그건 제가 이번 주에 또 다른 싸움에 말려들었던 것을 생각나게 하네요. 그 벌레 같은 녀석이 고속도로에서 저에게 모욕감을 주었을 때, 저는 그 놈을 죽이고 싶었어요. 저를 '핏불(pit-bull: 매우 공격적이고 무자비한 사람)'이라고 부르는 제 친구는 제가 그 놈에게 소리를 지를 때 제 얼굴이 아주 빨개져서 목에서 핏줄이 불거져 나온 것을 보았다고 말하더군요.

상담자 누군가 당신에게 모욕을 줄 때 또는 합리적인 방법으로 당신에게 뭘 하라고 말할 때조차 당신이 수치를 느끼고 그때 화가 폭발한다는 제 제안과 그건 잘 맞아떨어지네요. 당신에게 그건 거의 죽고 사는 문제가 되지요. 마치 당신은 '내가 모욕을 당하고 있고, 나를 이와 같이 대하는 사람은 누구를 막론하고 참을 수 없다'고 말하는 것처럼 보여요. 그래서 당신은 폭발하지요.

내담자 네. 그 말이 맞습니다. 저는 '수치심'이라는 단어를 생각해본 적이 없어요. 그러나 저는 누군가 저를 모욕하면 거의 미칠 지경이 되지요.

상담자 네, 저도 당신이 그렇다고 생각합니다. 당신은 아내를 당황스럽게 하고 있고, 아들이 무서워하게 될까봐 걱정합니다. 당신은 다른 사람들이 당신을 모욕하지 않을 때에도 수치심을 느낄 수 있어요. 저는 당신의 아내가 정말 당신에게 쓰레기를 버려달라고 부탁하는 것처럼 들리거든요. 그래서 말인데 당신이 지금 저와 여기서 그걸 생각해도 당신 아내가 당신에게 이래라저래라 시키거나 무시하려고 한다고 생각하시나요? 아내가 무엇을 생각하고 있었을지 생각해봅시다. 이 모든 일이 시작되었을 때, 아내의 마음속에는 무엇이 떠올랐을까요?

내담자 아내는 좋은 사람이에요. 저를 모욕하려고 하지 않았어요. (한참 멈추었다가) 저는 이걸 바꿔야 해요. 이건 제 삶을 망치고 있어요.

상담자 네, 이건 당신의 삶을 망치고 있어요. 그리고 당신이 이것을 바꾸는 데 우리가 도움이 될 수 있도록 계속 함께 상담 작업을 하는 것이 좋을 것 같습니다. 그러면 계속 '수치심'에 대해 이야기해보지요. 수치심은 당신의 화를 유발하거나 화를 터뜨리게 하는 것처럼 보이는 감정입니다. 제가 '수치심'이라고 말할 때, 뭐가 마음에 떠오르나요?

내담자 … 글쎄요, 계부는 우리를 때리곤 했어요. … 그는 죽었지만 저는 아직도 그 사람을 증오해요.

수치심-불안

화를 폭발하거나 화를 내는 대신에 수치를 느끼는 경향이 있는 내담자들은 다른 많은 상황에서 강한 불안을 경험한다. 이 상황들에는 기본적인 무가치감, 부적절감 또는 선천적인 결점이나 결함이 있는 자기가 드러날 위협이 항상 존재하는 수치심이라는 두려운 감정이 일어날 때, 다시 이 새로운 상황에서 상담자는 흔히 **수치심-불안**을 목격할 것이다. 예를 들면, 누군가에게 데이트를 요청하거나 직장을 얻으려고 하거나 타이어가 구멍 나서 도움을 요청해야 하거나 길을 잃어서 도움을 요청해야 하거나 직장에서 단순한 실수를 하는 것과 같이 악의 없는 어떤 일이 내담자의 수치스러운 부적절감, 부족함, 요구적인 것 등을 드러낼 것이라는 불안을 유발한다. 반복하면, 그들의 삶 전반에 걸쳐 강한 불안은 부적절하고 결함이 있거나 나쁜 자기가 드러날 것이라는 위협에 의해 유발된다. 수치를 느끼는 경향이 있는 많은 내담자의 경우 이런 일이 아주 흔히 일어나기에, 그들은 불안발작, 대인 공포증, 회피성 성격장애, 일반화된 불안장애 등의 증상으로 표현되는 전반적이고 불안한 각성 속에서 살아간다. 다시 말하자면, 불안은 수치심에 대한 내담자의 방어가 이 상황에서 위협을 받고 있으며, 자신이 수치를 가질 만하다는 것이 당장 다른 사람에게 드러날 것이라는 무서움이 일어나고 있다는 신호이다. 이러한 불안을 다루고 그들의 수치심이 드러날 가능성을 보호하기 위해서, 내담자들은 철수나 회피하기, 남을 기쁘게 해주거나 순응하기, 완벽하려고 더 노력하기, 누군가에게 절대 도움을 청하거나 아무것도 부탁하지 않기 등으로 대처할 수 있고, 이것은 그들의 삶을 특징짓는 성격적 혹은 습관적 대처 반응이 된다(Greenberg & Iwakabe, 2011).

탐색을 계속할 때, 상담자는 내담자가 자신의 수치심을 방어하기 위해 사용하는 이러한 문제가 되는 대처 전략(예를 들면, 소리지르기와 때리기, 회피하기와 철수하기, 다른 사람을 통제하거나 지배하기, 자신을 억제하거나 위축되기, 다른 사람에게 순응하기와 그들이 아니라고 말하고 싶을 때 동의하기, 매일 술에 취하거나 집착하기, 폭식하기 등)을 인식하고 변화시키도록 도울 수 있다. 상담자는 내담자들이 자신에 대해서 느끼는 자기증오나 경멸을 경험하고 나누게 함으로써 내담자가 수치를 느끼는 경향과 그에 동반되는 다양한 많은 증상들을 해결하도록 돕는다. 변화는 내담자가 교정적 정서 경험을 하고, 상담자가 비판적이거나 판단하는 것이 아니라 연민을 가진다는 것을 알고, 내담자가 자신과 자신이 처했던 곤경에 대해서 어떤 공감이나 연민을 갖기 시작할 때 일어난다(Gilbert, 2009; Gilbert, McEwan, Matos & Rives, 2011; Gilbert & Procter, 2006).

그러나 이러한 개입이 갖는 가장 큰 문제는 내담자가 수치심을 갖는 만큼이나 상담자가 내담자의 수치스러운 실제 경험을 목격하고 반응하는 데 많은 어려움을 갖는다는 것이다. 물론 많은 상담자들 자신이 수치를 느끼는 경향이 있으며, 내담자의 수치심에 의해 활성화되는 자신의 해결되지 않은 수치심 역동을 갖고 있다. 너무 자주 이러한 상담자는 내담자를 안심시키기, 문제를 축소시키기, 지적인 설명이나 해석을 제공하기, 주제를 바꾸거나 회피하기, 그리고 의도는 좋지만 효과가 없는 반응을 하기 등을 통해서 자신의 활성화된 수치심에 대처하려고 애쓴다. 상담자가 수치심에 반응하고 내담자가 이것과 다른 고통스러운 감정들을 담을 수 있도록 도와주는 추가적인 지침은 5장에서 제시할 것이다. 우리는 이 어려운 주제를 다룰 수 있을 만큼 배워야 한다. 우선 상담자는 내담자가 살아온 인생의 개인적인 이야기를 들으며 수치심이 있다는 것을 알게 되고, 저항이 내담자의 수치심과 자신의 수용할 수 없는 부분들이 밖으로 드러나지 못하게 내담자를 보호하는 역할을 하기도 한다는 가능성을 생각하기 시작한다. 이것은 말로는 단순한 개념이지만, 자신의 수치심 역동과 금기시되는 주제에 접근하지 못하게 하는 문화적인 금지 때문에 초보 상담자들이 통합하고 적용하는 데는 몇 년이 걸린다. 수치심 역동에 적절히 잘 대응하는 지지적인 수퍼바이저의 지도를 받는 것은 초보 상담자들이 자신의 내담자가 갖는 수치심에 대해 작업을 시작할 수 있도록 돕는 데 필수적이다. 다음의 예를 보자.

수지의 남자친구는 약속한 데이트에 나타나지 않았다. 수지는 절망감과 공허감을 느끼면서 부엌에서 한 통을 다 비울 때까지 땅콩버터를 떠서 자기 입으로 가져가고 있는 자신을 발견했다. 다음날 상담에서 자신의 상담자에게 어떤 일이 있었는지를 이야기할 때, 그녀는 수치심에 압도되었다. 그것은 '역겨운 돼지' 같은 느낌이었다. 수지의 상담자는 외면하고 싶었다. 그녀는 내담자를 어떻게 더 기분 좋게 만들어 이 끔찍한 고통을 멈추게 할 수 있을지를 생각하기에 바빴다. 수지의 상담자는 폭식의 일화에 관해 질문함으로써 통제할 수 없이 가속화되고 있는 것처럼 보였던 믿을 수 없는 자기혐오를 자기 내담자에게서 일으키고 있다고 느꼈다. 그리고 거의 즉각적으로 상담자는 자신의 몸무게와 외모에 관한 수치감이 밀려들기 시작했다. 상담자는 대화를 바꾸고, 이 괴로운 순간을 끝낼 무언가를 하고 싶었다. 그것은 너무 고통스럽고 너무 가까이 있었다. 다행히 그녀는 수퍼바이저의 지지적인 말을 떠올리고, 대신에 느리고 깊게 숨쉴 수 있었다. 상담자는 자신의 수치심으로부터 도망가고 내담자가 자신의 감정을 느끼지 못하게 하려고 노력하기보다 어떻게든 "당신이 자신의 그러한 취약한 부분을 저와 나눌 수 있다는 것을 영광스럽게 생각합니다. 제가 당신과 바로 지금 함께 있다는 것은 특권입니다"라고 말함으로써 교정적 정서 경험을 제공할 수 있었다. 수지는 격렬하게 울었고, 자신의 거부 경험, 외로움, 살면서 더 많은 지지를 얻고자 했던 절망적인 필요에 대한 그녀의 지나온 세월을 나누면서 다음 세 회기를 보냈다. 수지와 상담자는 이런 감정들이 활성화될 때 폭식을 하지 않고 대처하는 방법과 가치감의 주제와 관련된 엄청난 수치심을 다루기 시작할 수 있었다.

내담자의 수치심을 다루는 것을 배우기는 확실히 쉽지 않다. 그러나 상담자가 수치심을 보다 효과적으로 다룰 때 상담자는 그들의 내담자가 여전히 상담을 받으며 그들의 문제에 진정한 진보를 나타낼 것임을 알게 될 것이다. 보다 구체적으로, 수지의 상담자가 효과적으로 보여주듯이 상담자들이 수치심을 인정하거나 그것에 '이름을 붙이고' 공감적으로 반응할 때 내담자들은 자신의 수치심을 해결한다. 내담자의 수치심에 근거한 자기감이 개선될 때 흔히 뒤따르는 중요한 변화를 보는 것은 정작 흥분되는 일이다('낮은 자존감'은 수치심의 완곡한 표현이다). 예를 들면, 외모나 몸무게에 너무 집착했던, 수치를 느끼는 경향이 있는 내담자는 보다 자기수용적이게 된다. 자신이 어떻게 보이는지 별로 신경 쓰지 않았던 어떤 내담자들은 몸무게를 줄이고, 머리를 빗기 시작하고 또는 옷을 더 잘 입을 때 자부심을 느낀다. 수치심에 근거한 자기감을 갖는 것에 대한 불안과 자기 자신을 나쁘게 느끼는 것에 대한 우울은 상담자가 내담자의 수용할 수 없는 부분을 보지만 내담자가 기대하는 비판이나 판단보다는 여전히 연민을 갖고 반응한다는 것을 내담자가 깨달을 때 현저하게 줄어든다.

상담에서 성공은 위협이 될 수 있다

많은 내담자는 상담에서 성공하는 것과 이러한 새로운 행동 변화를 성취하는 것에 대한 불안과 갈등을 경험할 것이다. 이 모순되거나 자기패배적인 행동은 대부분의 초보 상담자에게 혼란스러운 것이다. 저항은 내담자가 건강하게 새로운 변화를 만들 때조차 예상대로 되살아난다. 예를 들면, 어떤 내담자들은 상담에서 진전을 보이고 상담이 성공하는 것에 대해 죄책감이나 불충의 감정을 경험할 것이다. 상담자는 어떤 내담자들은 상담에서 진전을 보일 때 물러서거나 그들이 만든 성공적인 변화를 무효화한다는 것을 관찰할 것이다. 종종 내담자들은 건강하고 새로운 행동이 그들의 인지적인 도식과 불일치하기 때문에 그들이 성취한 긍정적인 변화를 유지할 수 없다. 애착이론과 내적 작동 모델에 따르면, 이러한 성공적인 새로운 방법으로 행동하는 것(예를 들면, 폭식 일화를 멈추기, 비지지적인 관계를 떠나기, 대학을 졸업하기 등)은 그들의 독립이나 성공을 지지하지 않았던 양육자에 대한 그들의 애착유대를 위협한다. 그리고 어떤 내담자에게는 그것이 적극적으로 방해받고 처벌받는 것이다. 상담에서 더 강해지고 좋아진다는 것은 어떤 내담자로 하여금 부모의 인정과 애정에서 멀어지거나 양육자에게 충성스럽지 못하거나 부모에게 상처를 주거나 부모를 떠나거나 능가하는 것에 대한 죄책감을 갖게 만든다. 내담자들이 중요한 행동 변화를 만들거나 자신에 대한 더 좋은 느낌을 보고할 때, 상담자는 내담자들이 다음과 같은 감정을 보고할 것이라고 기대할 수 있다.

1. 의미 있는 변화에 뒤따라오는 외로움, 공허감, 단절되는 느낌
2. 죄책감, 이기적이거나 나쁘다는 감정

이러한 반응이 일어날 때, 내담자들은 상담자가 계속 같이 있어줄 것이고 자기를 더 강하게 지지해줄 것이라고 확신할 수 있어야 한다(Gilbert, 2010). 그렇지 않으면, 그들은 자신의 성공을 방해함으로써 자신의 죄책감을 다루고 자신의 불안정하고 위협받는 애착유대를 복구해야 한다. 상담자는 예를 들어 다음과 같이 말함으로써 내담자의 부적응적인 도식에 도전하고, 문제가 될 수 있는 예상을 확인시켜주지 않고, 교정적 정서 경험을 제공한다.

상담자 당신은 직장에서 큰 성공을 거두었네요. 저는 그것이 바로 지금 당신이 그렇게 불안하고 외롭다고 느끼는 이유와 뭔가 관련이 있지 않나 싶은데요. 당신에게 어떻게 들리나요?

내담자 선생님이 그렇게 말씀하신다면 그건 충분히 이해됩니다. 선생님도 알다시피, 저는 어젯밤에 남동생에게 전화를 했어요. 아주 흥분되었고, 그 애가 기뻐해줄 거라고 생각했어요. 선생님도 알듯이 그 애가 지난달에 승진했을 때, 저는 그 애를 멋진 식당에 데리고 갔잖아요. 그 애가 말한 건 "아, 멋지네."가 전부였고, 동생은 빨리 가야 했어요. 보통은 동생이 말을 더 많이 해요. 그건 저를

슬프게 만들었어요. 저는 성공해서는 안 된다…. 그렇게 빨리 성공해서는 안 된다고 느껴요.

상담자 우리가 이런 이야기를 하고 있다는 것이 기쁩니다. 저는 저와 함께 하는 당신의 경험이 동생과 함께 했던 경험과, 당신이 이전에 친밀했던 다른 사람과 함께 했던 경험과도 다르기를 바랍니다. 저는 당신의 새로운 승진이 아주 기쁘기 때문입니다. 저는 그것에 대해 전부 듣고 싶고, 이 성공과 당신이 아주 잘 하고 있는 것이 어떤지에 대해서 당신이 얘기하고 싶은 만큼 얘기하면서 회기를 보내고 싶습니다.

내담자 저도 좋습니다. 제 삶에서도 좋은 일을 축하할 수 있게 도와줄 누군가가 있다는 것이 좋은 것 같아요.

이와 같이 흔히 일어나는 변화에 대한 저항과 방해물의 근원은 앞으로 더 탐색할 것이다. 특히 5장에서 수치심의 가장 기본적인 정서로 되돌아갈 것이다.

맺음말

내담자와 함께 하며 존중하는 마음으로 내담자의 이야기에 귀를 기울이는 것은 상담의 초기에 상담자가 할 수 있는 가장 중요한 개입이다. 내담자에 대한 이러한 공감적인 입장을 유지하는 것과 내담자가 말한 것에서 지속적으로 가장 중요한 감정이나 주요 관심사를 파악하는 것은 상담자가 작업 동맹을 맺기 위해 사용하는 기본적인 방법이다. 상담과정에서 다음 단계는 양가성에 주의를 기울이고, 막 시작된 관계를 유지하기 위해 저항의 잠재적인 신호를 알아보는, 비난하지 않고 탐색하는 방법을 찾는 것이다. 저항은 내담자에 따라 정도의 차이가 다소 있기는 하겠지만 모든 내담자에게 어느 정도는 일어날 것이다. 우리가 보았듯이, 내담자가 이러한 갈등적인 감정에 관해 이야기할 수 있고 상담자가 긍정적으로 반응한다면, 그 감정 때문에 내담자가 상담을 조기 종결하는 일은 훨씬 줄어들 것이다. 저항은 상담 전반에 걸쳐 커졌다 줄었다 할 것이며, 내담자가 어려운 주제로 더 깊이 들어갈 때 그리고 새로운 행동을 시도하고 성공적인 변화를 만들 때 종종 다시 나타날 것이다. 상담자는 상담의 진전을 유지하기 위해 나타나는 많은 형태의 저항에 계속 효과적으로 반응해야 한다. 만약 상담자가 내담자의 잠재적인 저항에 관한 작업 가설을 세운다면, 저항이 일어날 때를 예측하고 좀 더 효과적으로 반응하는 데 도움이 될 것이다. 요약하면, 상담자의 목표는 다음과 같다.

- 내담자가 상담 과정을 이끌어가고 주인의식을 갖도록 고무시키기

- 작업 동맹을 조성하기 위해 정확한 공감을 제공하기
- 저항의 잠재적인 신호에 민감하고 과정 언급을 통해 저항을 협력적으로 다루기
- 작업 가설을 세움으로써 상담계획을 세우기 시작하기

저항, 양가성, 방어는 내적 갈등에 대한 환상적인 작용을 관찰할 수 있는 창을 제공한다. 사람은 단일한 자기를 소유하고 있지 않다. 우리는 꽤 복잡하고 많은 측면을 갖고 있어서 마치 자신의 한 부분이 또 다른 부분에 상반되게 작동하는 것처럼 느낄 수도 있다. 여기서 논의된 사람들처럼 내적 갈등을 해결함으로써 개인은 약간이라도 더 통합되거나 온전해진다. 자기의 절망스러운 부분을 통합하는 것은 보통 행동 변화의 중요한 부분이며, 좀 더 큰 자기효능감에 이르는 길이다. 저항을 성공적으로 다루는 것은 내담자가 내적 자원을 갖고 있고, 자신의 삶에서 자신이 선택하는 변화를 만들기 위해 필요한 도움을 갖고 있다는 것을 보여준다.

연습 활동

내가 나쁘고 가치 없고 부적절하고 혹은 이런 수치에 근거한 감정 중 하나를 느끼기 시작한다면, 무엇이 이러한 반응을 가장 잘 촉발하는 것 같은가(예를 들면, 파트너가 내 욕구를 충족시키지 않을 때, 내가 쉽게 상처받거나 비판받는다고 느낄 때 등)? 이러한 수치심에 근거한 감정이 나에게 일어날 때, 나의 초기 반응은 무엇인가(예를 들면, 철수하기, 먹기, 마시기, 기분이 좋아지기, 화내기 등)?

추천 도서

R. Dearing & J. Tagney (Eds.) 2011. *Shame in the therapy hour*. Washington, D.C.: American Psychological Association.

CHAPTER

04

변화를 위해 내부로 초점 맞추기

해마다 똑똑하고 유망한 학생 상담 실습생들을 지도하면서, 우리는 계속적으로 어떻게 그들이 내담자와 표면적인 대화만을 하고 있는지 지적했다. 다른 어떤 주제보다, 우리는 일상적이고 표면적인 대화를 넘어서 내담자를 좀 더 깊게 상담에 참여시키는 것에 중점을 두었다. 이 장에서는 상담자가 이런 목표에 도달할 수 있는 방법에 대해 살펴보려고 한다.

다나는 실습 1년차 수업에서 현재 만나고 있는 새로운 내담자에 대해 발표하고 있었다. 다나는 지난번 회기를 비디오 촬영한 영상의 일부분을 보여주었는데, 내담자는 2명의 전 남편, 엄마, 이전에 만났던 상담자 등에 대해서 불만을 토로하고 있었다. 다나는 이 모든 것이 무엇을 의미하는지 몰라 어려워하면서 실습 지도교수에게 무엇을 해야 할지 알려달라고 하였다. 유머감각이 풍부한 다나의 지도교수는 다음과 같이 대답했다. "좋아요, 여러분은 항상 내게 무엇을 해야 할지 묻는데 알려줄게요. 다음 주에 내담자에게 두 가지 선택이 있다고 말하세요. 한 가지는 그녀가 알고 있는 모든 사람이 치료가 필요하니 주변의 모든 사람을 상담받도록 상담소에 의뢰하는 것이지요. 아니면, 그녀 자신이 되어 자신과 만나 자신의 결정과 선택, 그리고 여러 문제에 있어서 자신이 하는 역할이 무엇인지 탐색해봐야 한다고 말하세요." 학생들은 크게 웃었고, 지도교수가 말하고자 하는 바를 이해했다.

개념적 개관

상담의 첫 번째 단계는 상담자와 내담자가 협조적인 관계를 수립하고 내담자의 문제에 대해 함께 작업을 시작하는 것이다. 이런 협조적인 동맹은 상담의 두 번째 단계인 '내부 세계의 탐색'을 위해 반드시 필요하다. 내담자는 변화되기 위해 다른 사람들의 문제 행동에 덜 집중하고 자신의 내적 및 대인적 반응을 탐구해야만 한다. 내담자는 그의 삶에서 이전의 여러 사건, 과거 다른 사람들과의 관계, 다른 사람들의 문제 행동에 초점을 맞추는 것을 중단해야 한다. 대신에 자신의 사고, 감정, 겪고 있는 문제의 사건들에 대한 자신의 반응을 명확히 해야만 한다. 왜 그런가? 대개 다른 사람을 변화시키기 위한 노력은 실패하게 된다. 그러나 자기 자신과 문제에 대한 자신의 역할을 이해하고 이를 변화시킨다면 당면한 문제들을 해결할 수 있게 되기 때문이다. 이런 과정에서 내담자는

1. 문제 상황에서 자신의 습관적인 반응 패턴을 알게 된다. (예를 들어, 나는 이런 상황에서 물러나고 피하는가?)
2. 다른 사람과 갈등이 있을 때, 현재 생활에서 그 반응 패턴의 유용성을 평가한다. (예를 들어, 나는 조용해지고, 문제에 대해 언급하지 않고 방 밖으로 나가는가?)
3. 새롭고 더 적응적인 반응 방식을 시도하기 시작한다. (예를 들어, 현재의 문제에 대해 엄마와 대화를 하려고 노력한다).

다른 사람들을 변화시키기 위해 애쓰기보다 자신의 반응을 확인하고 변화시키는 데 초점을 맞추는 것은 내담자에게 좀 더 큰 자신에 대한 통제감과 자신이 선택한 방법으로 행동할 수 있는 자유를 주게 된다. 그리하여 상담자의 과업은 내담자로 하여금 다른 사람에게서 문제의 원인과 해결을 찾기보다는 **내부로 초점**(internal focus)을 맞추도록 그 이행을 돕는 것이다. 이것은 두 과정으로 이루어진다. 첫째, 상담자가 내담자로 하여금 자신의 내부를 보기 시작하도록 돕는 것이다. 내담자가 비난받는다고 느낄 수 있는 언어를 사용하지 않으면서 내담자가 다른 사람들에 대해 불평하거나 다른 사람들을 변화시키기 위해 노력하지 않도록 하면서, 동시에 자기 자신의 반응을 확인하고, 이해하며, 변화시키는 것에 초점을 맞추는 것이다(Beitman & Soth, 2006; Watson, Goldman & Greenberg, 2011). 이 장에서 제시되는 임상적인 접근은 Carl Rogers의 내담자 중심 치료(1967)에 기반을 두고, 내담자가 내부로 초점을 맞추고 자신의 주관적인 경험(Gendlin, 1996)과 감정(Greenberg, 2002)을 탐구하도록 돕는 것에 열중하는 우리 동료들의 영향을 받았다.

둘째, 내담자가 변화에 대해 좀 더 책임감을 가지도록 돕는 것이다—이것은 자신의 상담과정에서 적극적인 관리자가 되는 것이다. 내담자가 자신의 인지 구조가 항상 정확하지는 않으며, 자신의 대처 방법과 행동 패턴이 다양한 관계에서 항상 효과적이지는 않다

는 것에 대해 좀 더 알게 됨에 따라, 내담자의 변화 과정이 시작된다. 자신의 반응에 대한 인식과 자신의 문제에서 스스로 기여하는 방식을 알게 되면, 내담자는 비효과적인 오래되고 익숙한 방법으로 반응하지 않아야 한다는 것을 인식하게 된다(Goldman, Watson & Greenberg, 2011). 이런 새로운 관점에서 내담자는 새로운 행동적인 대안을 탐색하고 적극적으로 자신이 내적으로 자신과 타인에게 반응하는 문제적인 방식을 변화시키기 시작한다. 즉, 내담자가 자신의 문제에서 스스로 기여하는 바에 대해 알게 됨으로써 그들은 변화 과정에 더욱 전념할 수 있고 이것은 행동적인 변화를 가져오게 된다(변화에 전념하도록 내담자를 북돋는 것에 대한 연구는 Miller & Rose, 2009 참조). 이 장을 통해 여러분은 내담자가 문제되는 상황에서 자신의 역할을 바꾸어나갈 때 상호작용 패턴이 바뀌는 것을 알게 될 것이다—다른 사람이 바뀌지 않고 똑같은 실망스러운 반응을 계속할지라도(Wachtel et al., 2005). 상담자의 지지하에서 내담자가 주도성을 갖고 내적이거나 대인관계의 문제에서 자신의 역할을 변화시킴으로써 내담자들은 변화에 대한 힘을 얻게 된다.

자기효능감은 상담자와 내담자 사이에 이런 협력적인 과정을 통해 발달된다(Bandura, 2006). 상담자는 내담자를 고치거나 치료하는 것이 아니다—내담자는 상담과정의 소유권을 함께 나누는 것이다. 왜 이런 대인관계 과정이 중요한가? 상담자의 목표는 내담자에게 답을 제공하거나 어떻게 살아야 하는지를 알려주는 것이 아니라 내담자가 힘을 갖게 하는 것이다. 우리의 목표는 내담자가 자신의 마음을 잘 알도록 돕는 것이다—자신의 목소리를 갖게 하고 자신의 직관이나 느낌을 신뢰하도록 하는 것. 그리하여 내담자 스스로 결정할 수 있도록 지지하는 것이다. 해답이나 해결책을 내담자에게 제공하면, 내담자는 그것을 자신의 것으로 만들 수 없게 된다—그들은 다른 상황에 적용하지 못하거나 미래에 닥칠 문제를 어떻게 해결하는지 배울 수가 없다. 내담자가 무엇을 느끼고, 기대하고, 행동하고 있는지 스스로 내부를 보도록 도움으로써, 내담자에게 일상생활에 적용할 수 있고 상담이 끝났을 때 자신의 방법을 사용할 수 있도록 가르치고 있는 것이다. 이런 방법으로, 내담자가 상담에 적극적으로 참여하고, 변화 과정에서 기여한다고 느낄 때 지속적인 변화가 일어날 수 있다(Tufekcioglu & Muran, 2015).

새로운 행동과 사고는 상담자가 설명해주고 어떤 것이 무엇을 의미하는지 해석해줄 때가 아니라, 내담자가 적극적인 참여자가 될 때 발생한다. 이러한 과정이 있어야, 상담과정을 통해 일어난 변화가 상담 후에도 유지될 수 있다. 우리가 여기서 기술하는 예들은 모든 내담자에게 적용되지 않을 수도 있다. 예를 들어, 어떤 내담자들은 인생에서 잘못된 것에 대해 전적으로 자신에게 책임이 있다고 느낀다. 이들은 자기비판과 자기비난 혹은 자신이 잘못되었다는 믿음에 몰두해 있어서 타인이 자기 문제의 원인이 될 수 있다는 것을 고려해볼 수조차 없다. 그러나 많은 또 다른 내담자들은 다른 사람으로부터 초점을 옮겨 현재의 문제에서 자기 자신의 역할을 보는 것이 어려울 수 있다. 어떤 내담자들은 상담자가 제공하는 협업이 없이는 자신의 내부로 초점을 옮기는 것이 도전적일 수도 있다. 이런 가치 있는 내부로의 여행을 시작하기 위해, 내담자는 상담자와 안전하고 지지적인 관계를 형성할 필요가 있다. 이 장에서는 상담자가 어떻게 내담자가 내부로 초점을 맞추도록 도울 수 있는지 살펴볼 것이다.

내담자가 자신의 경험에 대해 내부로 초점을 맞추도록 돕기

상담의 초기 단계에서 대부분의 내담자는 자기 문제의 원인이 다른 사람에게 있다고 생각한다. 내담자는 종종 문제에 대한 자신의 경험과 반응을 이야기하기보다 다른 사람들의 문제 행동을 묘사하는 데 많은 시간을 보낸다. 예를 들어, 많은 내담자들은 문제가 정말로 다른 사람 때문이라는 것을 이야기하는 데 상담의 처음 몇 회기를 보낸다.

- 남편은 저에게 전혀 관심이 없어요.
- 아내는 항상 저를 괴롭혀요.
- 우리 아이들은 참을 수가 없어요; 제 말을 전혀 듣지 않아요.
- 상사는 지나친 요구를 하는 폭군이에요. 저는 결코 그를 만족시키지 못해요.
- 엄마는 항상 저를 비판해요; 우리 엄마 말대로라면 저는 제대로 하는 게 아무것도 없어요.
- 저는 스물일곱 살인데 아버지는 저를 어린애 취급해요.
- 남자친구가 바람을 피워요.

상담자가 내담자의 불만을 괴로운 문제로 수긍해주고, 이런 상황을 개선하도록 돕고 싶다는 것을 내담자에게 직접적으로 전하는 것이 매우 중요하다. 비록 이런 불만들이 내담자의 과잉반응이거나 강한 전이 왜곡을 포함한다 할지라도 내담자의 관점에서는 매우 진실한 것이다. 2장에서 강조한 것처럼, 상담자는 다른 사람들의 행동이 정말로 골칫거리임을 인정해준다.

그러나 어떤 때는 상황에 대한 상담자의 평가가 매우 달라서 그러한 수긍이 진심이 아닐 수도 있다. 그럴 때도 최소한 상담자는 내담자의 인식에 대한 주관적인 현실성에 대해 수긍해줄 수 있다.

상담자 당신의 여자친구처럼 상사가 과도하게 요구적이라고 느끼는 것처럼 들리네요. 그래서 당신 입장에서 그들의 행동이 부당한 것처럼 보이는군요.

초기에 상담자가 이렇게 수긍을 하지 않으면 대부분의 내담자들, 특히 삶에서 많은 불인정의 경험으로 힘들었던 내담자들은 상담자가 이해하지 못하고, 자신을 믿지 않으며, 배려해주지 않는다고 느낄 것이다. 이것은 역효과를 유발하고 내담자의 발달적 갈등을 재현하게 될 것이다—자신은 공감받지 못하고, 진지하게 여겨지지 않으며, 자신을 믿지 않는다고. 따라서 이것을 예방하기 위한 상담자의 첫 번째 임무는 **내담자의 문제를 듣고 인정해주는** 것이다. 상담자가 내담자의 주관적인 관점에서 문제들을 보는 이런 진실한 공감적 관계를 형성한 후에야 상담자는 다음 단계로 나아갈 수 있다.

두 번째 단계는 내담자가 외부적인 문제에 전적으로 초점을 맞추는 대신에 다른 사람들의 문제 행동에 대한 내담자 자신의 생각, 느낌 및 반응에 초점을 두기 시작하는 것이다. 종종 이런 과정은 상담자가 처음 두 단계를 함께 짝지어 사용할 때 쉬워진다.

상담자 아버지가 당신에게 그랬다니 유감이군요. 매우 당황스러웠을 것 같은데 … 아버지가 ______때 당신은 어떻게 말하거나 행동했나요?

또는

상담자 당신이 어떻게 하든 상사가 계속 그런 식으로 행동했다니 매우 힘들었을 것처럼 들리는군요. 상사가 ______때 당신의 감정은 어떠했고 무엇을 생각했나요?

이 같은 원칙은 유색인종이나, 여성, 동성애자를 포함해서 영향력이 적거나 권리를 박탈당해온 개인들과 상담할 때는 특히 중요하다. 종종 그들은 자신의 문제에 내재된 사회적 불공평에 대해 이야기한다. 상담자는 이런 불공평에 대해 내부로 초점을 맞추고, 이에 대처하는 방법에 초점을 맞추기 전에 내담자가 경험하는 그대로의 사회적 현실을 알기 원한다. 인정하고 공감하는 것이 탐색에 선행될 필요가 있다.

내담자를 내부로 초점 맞추게 할 때 상담이 더욱 생산적이게 되는 이유는 무엇인가? 다른 사람의 행동 때문에 불안감을 느끼고, 모든 것을 의심하며, 화나고 무기력감을 느끼는 내담자들은 다른 사람을 비난하고 탓하며, 타인을 변화시키기 위한 자신의 노력에 상담자의 지지를 얻고 싶어할 것이다. 그러나 상담자가 단순히 다른 사람의 행동에 초점을 맞추는 내담자의 시도에 합류한다면, 다른 사람의 행동이 얼마나 문제가 있는지에 관계없이 상담에 큰 진전이 있기는 어렵다. 왜 그런가? 실존주의 상담자들이 주장하는 것처럼, 다른 사람의 행동을 변화시키기 위한 내담자의 노력은 대개 실패하기 때문이다; 오히려 자신의 반응 방식을 변화시키고 자신의 진실한 목소리를 발견함으로써 문제를 해결할 가능성이 훨씬 높다(Jacobsen, 2007). Yalom(2003)에 의하면, 일단 내담자가 인생의 어려움에 있어서 스스로의 역할을 인식하게 되면, 변화시킬 수 있는 스스로의 힘을 깨닫게 된다고 했다. 상담자는 지지적이고 비난하지 않는 방법으로 내담자가 다음과 같은 질문에 대해 생각해보도록 돕는다: 어떻게 내가 나의 어려움에 기여하고 있는가?; 혹은 그녀가 그렇게 할 때 어떻게 나는 나의 반응을 바꿀 수 있을까? 일단 이것을 알게 되면, 내담자는 자신이 스스로의 삶을 변화시킬 수 있는 힘을 갖고 있고, 다른 내적인 대화법과 행동적인 반응을 할 수 있음을 인식할 수 있다. 자신의 문제가 외상 경험이나 학대에 있는 내담자는 상담자의 도움으로 자신의 수치심이나 자기증오에 대해 의문을 갖기 시작하고, 자기연민을 갖고 내부를 보기 시작하는 것이 치료과정의 중요한 부분이 될 것이다.

그러므로 상담자의 과업은 (1) 내담자의 초점을 다른 사람뿐만 아니라 자신을 포함하도록 확장하는 것이다. 그리고 (2) 내담자가 자신의 내적 작동 모델(즉, 자신과 타인에 대한 내적인 관점)을 탐색할 때 연민을 가지도록 돕는 것이다. 상담자는 내담자가 내부로 초점을 맞추도록 할 때 융통성이 있어야 한다. 목표는 내담자의 비효과적인 내적이고 대인관계적인 반응뿐만 아니라 타인이 실재로 하고 있는 것을 명확히 이해하는 것이다. 대부분의 내담자에게는 문제가 되는 다른 사람들의 행동이나 잠재적인 의도를 이해하는 데 상담자가 큰 도움이 된다(Fonagy & Allison, 2014). 예를 들어, 어떤 내담자가 경계선 또는 자기애적 성격장애를 가진 부모에 의해 불안하게 양육되었다면, 내담자가 DSM-V(2013)에서 이런 장애에 대한 설명을 읽는 것은 큰 도움이 될 수 있다. 이러한 유형의 외적인 확인은 모든 것이 자신의 잘못이 아니고 자신에게만 일어나는 것이 아니라는 것을 내담자가 깨닫도록 도울 수도 있다.

내담자 그 행동에 대한 나열은 매우 익숙하고 정확해요. 아버지는 정말이지 예측 불가능하고 자기중심적이었어요—나만 그런 게 아니었군요!

그러나, 동시에 상담자는 문제 상황에 대한 내담자 자신의 사고, 감정 및 반응에 대한 자각을 증진시키려고 노력하고 있다. 이 절의 도입부에서 제시했던, 외부로 원인을 돌리는 진술들을 기억해보라. 다음의 각 질문은 내담자로 하여금 자신에게 초점을 맞추고, 문제에서 자신의 역할을 생각해보도록 돕고, 자신의 반응을 다루는 더 좋은 방법을 발견하는 데 사용될 수 있다.

- 남편이 당신을 무시할 때 무슨 생각을 합니까?
- 부인이 잔소리할 때 어떻게 느낍니까?
- 자녀가 당신의 말에 복종하지 않을 때 어떻게 합니까?
- 상사가 매우 요구적이고 비난할 때 당신은 보통 어떻게 합니까?
- 어머니가 당신에 대해 비판할 때 무슨 생각을 합니까?
- 아버지가 무시할 때 아버지에게 어떻게 행동합니까?
- 남자친구가 바람피운다는 것을 알게 되었을 때 드는 생각과 느낌에 대해 말해보세요. 그리고 당신이 그때 말하거나 하고 싶은 행동이 무엇인지 말해보세요.

이런 유형의 간단한 질문은 두 가지 중요한 기능을 한다. 첫째, 상담자가 내담자의 관심사를 경청하고 있으며 그들의 문제를 진지하게 받아들이고 있음을 전달한다. 상담자는 상담의 주제를 바꾸지 않고 내담자의 관심사에 직접적으로 반응하고 있는 것이다. 둘째, 내담자가 그들 자신의 문제에 대해 좀 더 말하게 하는 동시에 상담자는 내담자가 자신을 좀 더 면밀히 볼 수 있도록 격려함으로써 내담자의 초점을 확장한다. 내담자가 자신의 인지적, 정서적, 행동적인 반응에 대해 더 잘 알게 되는 것은 강한 정서를 불러일으키고 자신에게 중요하고 문제가 되는 이슈들을 드러내는 강력한 치료적 개입이 된다. 내담자에게 오래 지속되는 문제가 무엇인지를 명확하게 하는 이런 중요한 단계는 공유된 치료의 초점을 알도록 도와준다.

대부분의 경우에서, 내담자는 자기 자신에 대해 더 많이 이야기하도록 하는 상담자의 시도를 좋아할 것이다. 내담자는 자신의 내부로 초점을 맞추기 시작하고 자신에 대해 더 많은 것을 알기 시작할 때 변화하기 시작한다. 어떻게 그것이 가능한가? 내담자는 문제 상황에서 자신이 어떤 기대를 갖고 있으며 어떤 반응을 하는지에 대해 적극적으로 탐색함으로써 자신이 반복적으로 사용하는 한정된 범위의 반응들에 대한 인식을 증가시킨다. 또한 상담자의 도움으로 자신이 실제적으로 사용가능한 좀 더 넓은 범위의 대안들에 대해 알게 될 것이다. 이런 자신의 옛 반응 패턴에 대한 자각은 좀 더 융통성 있는 다양한 반응 대안들과 함께 보다 증가된 문제해결 기술과 높은 자기효능감을 이끌어낼 것이다. 그러나 모든 내담자가 자신을 더 잘 탐색하게 하려는 상담자의 초기 노력을 긍정적으로 받아들이는 것은 아니다. 내담자는 내부로의 초점을 피하거나 거부할 수 있으며, 계속해서 다른 사람의 문제를 이야기할 수도 있다. 이 경우에 상담자는 내담자와 논쟁하거나 내담자에게 내부로 초점을 맞추라고 계속 요구할 수는 없는데, 내담자가 아직 그렇게 할 수 없기 때문이다. 다행히도 다양한 대안이 존재한다. 예를 들어, 상담자는 내담자의 내적인 경험에 대해 더 자세히 알기 위해 다음 기회를 기다려야 할 수 있다.

내담자 제 남편과 함께 사는 것은 너무 힘들어요. 항상 불평하고, 남편을 기쁘게 해주는 것이 아무것도 없어요.

상담자 남편과 함께 사는 것이 매우 힘든 것처럼 들리네요. 무엇이 가장 힘든가요?

내담자 항상 무엇을 하라고 지시하는 화가 나 있고 요구적인 남편과 사는 것이 얼마나 힘든지 아세요?

상담자 매우 화가 났군요. 왜 그런지 이해가 가는군요. 누군가가 늘 당신에게 그렇게 한다면 정말 힘들 것 같아요.

내담자 남편은 정말이지 멈추지를 않아요—남편은 계속 그렇게 해요.

상담자 남편이 그렇게 할 때 당신은 어떻게 대처하나요? 그가 계속할 때 당신은 무엇을 하지요?

내담자 저는 정말 화가 나고, 제 생각에 … 남편에게 소리 지르는 것 같아요.

상담자 정말로 화가 나게 되고 남편에게 소리 지르기 시작한다고요?

내담자 남편은 멈추지를 않아요.

상담자 소리 지르는 것은 당신에게 무슨 의미인가요? 당신은 남편이 소리 지르는 것을 어떻게 생각하세요?

내담자 그 사람은 화난 사람이에요. 아시겠지만 남편뿐만이 아니에요; 그의 가족 전체가 그래요—항상 다른 사람의 실수를 찾고 있어요. 매우 피곤해요. 항상 내가 무엇을 잘못했는지 듣는 것은 정말이지 피곤해요—저는 항상 모든 것을 잘못하고 실패하는 것 같아요.

상담자 '모든 것을 잘못하고 실패하는 것 같다고요?' 저런! 남편 가족들의 끊임없는 비난이 자신을 뭔가 모자라는 사람처럼 느끼게 해서 무척 고통스럽겠어요. 항상 그런 수치스러운 부적절감이 야기된다면 정말 화가 치밀어 오르겠어요.

내담자 네, 저를 그렇게 느끼게 만드는 그 사람들이 싫습니다. 그들을 멈추게 할 수 있다면 모든 것이 괜찮아질 것 같아요.

상담자 매우 중요한 문제네요. 그것에 대해 함께 이야기해보지요. 그들이 비난할 때 당신은 어떻게 하는지 알고 싶어요. 그래야 당신이 좀 더 적극적으로 한계를 정할 수 있도록 도울 수 있어요. 그리고 스스로에 대해 좀 부족하다고 느끼는 것에 대해서도 이야기해볼 필요가 있는 중요한 부분 같군요. 그래야 남편의 가족들이 당신을 부당하게 비난할 때 당신이 느끼는 부정적인 감정을 멈추게 할 수 있어요. 만약 그들의 말을 사실로 믿고 강하게 반응하는 당신을 변화시킬 수 있다면 당신은 전보다 이 문제를 훨씬 쉽게 다루어나갈 수 있을 것입니다. 얼마나 그들의 비난이 당신을 속상하게 하는지 알겠어요. 그러나 더 중요한 것은 당신 자신에 대해 내부에서 느끼는 것이 더 큰 문제이군요.

내담자 선생님이 말씀하시는 것을 잘 이해 못하겠어요.

상담자 그들의 기대에 대해 상담에서 우리가 할 수 있는 것은 거의 없어요. 그러나 당신 자신에 대한 감정—당신에 대한 그들의 감정과는 별개로—그리고 그들에 대한 당신의 반응에 관해 상담에서 이야기하는 것은 도움이 될 거예요.

내담자 네, 무슨 말씀인지 알겠어요. 그런데 무엇을 해야 할지 잘 모르겠어요.

상담자 자신이 능력이 없다고 느끼는 것에 관해 좀 더 이야기해보세요—그리고 그들의 비난과 요구에 대해 한계를 설정하는 방법에 관한 역할놀이를 해보지요.

내담자 글쎄요, 저는 항상 제가 충분히 잘 하고 있지는 않다고 느껴요.

이 대화에서 상담자는 내담자의 경험에 대해 수긍해주고, 갈등상황에서 자신이 어떤 반응을 하고 또 어떤 역할을 하는지 살펴보도록 북돋아주고 있다. 비록 내담자는 남편과 그 가족의 문제 행동에 초점을 맞추려고 애쓰지만, 자신을 돌아보게 하려는 상담자의 꾸준한 노력으로 결국 방어적으로 원인을 외부로 돌리려는 경향을 감소시킨다. 결과적으로, 내담자는 부부갈등의 원인이 되는 자신의 감정과 사고를 알게 된다. 자신의 부적절감을 더 잘 이해함으로써 내담자는 다른 사람의 비난에 덜 영향받고 수치심을 덜 느끼게 된다. 또한 이러한 능력은 단순히 소리를 지르거나 피하는 것이 아니라—갈등을 더 심화시키게 되는—좀 더 주장적으로 반응하고 효율적으로 한계를 정하는 것을 학습하는 데 중요한 역할을 하게 된다.

대부분의 내담자들은 이전에 자기 자신에게 초점을 맞추도록 격려를 받은 적이 없다. 어떤 내담자는 초기에는 이런 내부로의 초점에 저항할 수 있다. 아마도 내담자 혼자서는 이해할 수 없거나 해결할 수 없는 힘든 감정과 직면해야 하기 때문일 것이다(예를 들어, 이 사례에서처럼 "부적절하게 느껴져요."). 그러나 역설적인 면은 내담자가 자기 문제의 원인을 다른 사람에게 돌림으로써 자신의 관계갈등의 내적이고 개인적인 측면을 피하는 한, 내담자는 계속 무력감과 좌절감을 느끼게 된다는 것이다.

특히, 상담을 받고 있는 대다수의 내담자들은 자신의 문제와 불안전감을 다루는 방법으로 다른 사람을 변화시키고자 하는 잘못된 노력을 하고 있다. 즉, 내담자는 내적으로 더 잘 다룰 수 있는 문제를 외적으로 해결하려고 노력하고 있는 것이다. 현실적으로, 우리의 선호나 개인적 한계("나는 … 하고 싶다.", "나는 … 하지 않을 것이다.")를 명확히 표현하는 것 외에 우리가 다른 사람들이 어떻게 생각하고, 느끼고, 행동하는지에 영향을 줄 수는 없다. 그러나 우리는 스스로의 반응을 변화시킬 수는 있다.

예를 들어, 내담자들은 보통 배우자의 음주, 흡연, 과식을 그만두게 하려고 노력하지만 결국 실패한다. 유사하게, 어떤 내담자들은 부모에게서 받아본 적이 없는 인정과 동의를 다른 사람에게서 얻으려고 오랫동안 노력한다. 또한 다른 내담자들은 장성한 자녀가 다른 종교, 직업 또는 연인을 선택하도록 하기 위해 노력하지만 별로 성공하지 못한다. 많은 내담자는 다른 사람들을 바꾸려는 노력이 실패한 결과로 무력감, 절망, 우울감을 호소하며 상담을 찾게 된다.

요약하면, 더 높은 효능감을 갖고 덜 불안하고 덜 우울하기 위해서 내담자는 자신을 이해하고 변화시키는 데 초점을 둘 필요가 있다. 무력감은 변화하지 않으려는 다른 사람을 변화시키려고 애쓸 때 불가피하게 발생한다. 반면에, 유능감은 자기 자신의 반응을 인식하고 변화시킬 때 생긴다. 그러므로 **일관성 있는 치료적인 개입이란 공감적인 반응과 함께 내담자가 자기 자신에게 초점을 두게 하는 것을 짝지우는 것이다**("그런 일이 있었다니 매우 유감이네요. 다음번에 그가 그렇게 하면 어떻게 반응할 수 있겠습니까?"). 다음과 같은 질문들이 내담자로 하여금 자신의 반응을 탐색하게 하는 데 도움이 될 것이다.

- _______때 당신이 느끼는 주된 감정은 무엇입니까?
- _______때 당신에게 드는 생각은 무엇이었습니까?
- _______때 당신에게 가장 어려운 점은 무엇이었습니까?
- _______때 당신은 어떻게 반응하고 싶습니까?

상담은 내담자가 내부로 초점을 맞출 때 심화된다

내담자로 하여금 자신의 행동에 초점을 두게 함으로써 자신의 문제에 자신이 기여하거나 하고 있는 역할을 드러낼 수 있다. 내담자는 갈등상황에서 자신이 어떤 역할을 하는지 인식하지 못하는 경우가 종종 있다. 앞으로 살펴보겠지만, 자신에게 초점을 맞추고 자신이 갈등상황에 기여한다는 것을 인식할 수 있는 내담자는 대개 그러한 상황에서 자신이 하는 역할을 변화시키고자 노력하게 된다. 이런 변화는 역으로 상대방의 반응을 바꿀 수 있을 것이다. 비난하는 남편과 시댁 식구들에 대해 불평하던 부인의 예를 다시 살펴보자.

비록 내담자는 부적절감과 자신이 남편에게 대처했던 비효율적인 방식에 대해 탐색하기 시작했지만, '불쾌한' 남편과 '우월한' 시댁 식구들에 대한 불평은 계속되었다. 이전과 같이, 상담자는 공감적이었고, 그녀의 경험과 분노를 수용해주었다. 그러나 동시에 상담자는 남편에게만 초점을 두거나 문제에 대한 책임이 전적으로 남편에게 있다고 비난하는 것에는 동의하지 않았다. 상담자는 내담자가 남편의 행동에 집착하는 것에서 벗어나 남편에 대한 자신의 반응에 초점을 맞추도록 지속적으로 노력했다. 예를 들어보자.

상담자 남편을 똑같이 모욕하기보다는 어떤 것이 상황을 더 낫게 하는 것일까요. 다음에 남편이 당신을 비난할 때 어떤 다른 말을 할 수 있을까요? 무엇이 당신 자신을 변호하고 당신이 좋아하지 않는다는 것에 대해 이야기하는 실질적인 방법일까요?

상담자가 이렇게 하지 않았다면 무슨 일이 일어났을까? 만약 타인으로 하여금 자신의 남편을 비난하도록 하는 내담자의 **유발 전략**(eliciting pull)에 상담자가 응했다면, 내담자는 분노하고 무기력한 피해자로 남게 되었을 것이다. 반면에, 상담자가 초기에 내담자의 반응에 공감하지 않고 부부갈등에서 내담자의 몫만을 강조했다면, 내담자는 부적응적 관계 패턴을 되풀이했을 것이다. 내담자의 부적절감을 탐색함으로써 이런 수치스러운 느낌이 부분적으로는 부모에게 거의 지지를 받아본 적이 없고, 무엇이든지 잘못되면 비난받았던 것에서 비롯되었음을 알게 되었다. 그리하여 상담자는 첫째로 내담자의 경험을 지지해주고, 둘째로 내부로 초점 맞추도록 함으로써 남편으로부터(궁극적으로 시댁 식구들과 자신의 친정 식구들로부터) 과도한 비난과 관련한 오래된 문제에 대해 내담자가 새롭고 더 주장적인 반응을 하도록 도와주었다. 예를 들어, 내담자는 상담자와 연습하고, 남편에게 다음과 같이 이야기하려고 노력했다.

내담자 당신은 내가 잘못했다고 말하는데, 나는 그렇게 생각하지 않아요. 우리는 단지 이 문제를 다르게 보고 있는 것 같아요.

그리고

내담자 당신이 그렇게 말할 때 난 바보처럼 느껴져요. 상처가 돼요. 제발 그만해요, 아니면 방에서 나가겠어요.

상담자는 내담자가 남편에 대한 자신의 내적 반응 및 대인 반응에 대해 더 잘 알고 명확히 하도록 도움으로써 내담자가 부부갈등에서 자신의 역할을 바꿀 수 있는 다른 방법들도 제안했다. 구체적으로, 부인은 자신이 남편과 친밀하게 있고 싶을 때와 혼자 있고 싶을 때를 남편에게 좀 더 직접적으로 표현하기 시작했다. 예를 들어, 퇴근 후에는 피곤하고 기진맥진하기 때문에 저녁을 준비하면서 긴장이 풀리도록 30분 정도는 혼자 있고 싶다고 남편에게 말했다. 그러나 저녁 식사 후에는 함께 앉아서 TV나 핸드폰 없이 잠시 하루 동안 무슨 일이 있었는지 이야기를 나누고 싶다고 했다.

좀 더 중요한 것은, 그녀는 자신이 다른 사람들의 요구—다른 사람의 요구에 압도당하는 느낌을 갖게 하는—에 과도하게 책임감을 느끼는 경향이 있다는 것을 알게 되자 남편의 요구에 덜 통제받는다고 느꼈고 덜 반발하게 되었다는 것이다. 자기 자신이 남편의 여러 가지 요구사항에 "싫어."라고 말하거나 자신이 바라는 바를 표현할 수 없기 때문에 남편에게 수치스럽게 느끼며 좌지우지된다는 것도 알게 되었다. 만약 남편이 무언가를 원할 때 자신이 즉시 응답하지 않으면 안 된다고 믿고 있었던 것이다. 남편과의 관계에서 자신이 허용할 수 있는 한계를 정할 수가 없었고, 이기적이라는 느낌 없이는 바라는 바를 말할 수 없었기 때문에 그녀는 남편과의 관계가 불공평하다고 불쾌하게 생각했던 것이다. 또한 이런 자신의 불쾌감을 간접적으로, 즉 비판적이고 관심을 갖지 않는 방식으로 남편에게 표현하고 있음을 알게 되었다. 이런 자각 덕분에 이후 몇 달 동안 그녀는 좀 더 적절한 방식으로 남편의 요구에 응답했다. 그녀는 더 이상 남편의 요구사항에 순응해야만 한다고 느끼지 않았고, 분노 또한 줄어들게 되었다. 이것은 물론 금방 가능한 '아하' 경험은 아니었다. 그러나 내담자의 상황은 그녀가 남편과 자신의 한계를 정하고 자신에 대해 이야기함으로써 점차적으로 개선되었다. 그 과정에서 상담자는 그녀가 이전에는 해보지 않았던 새로운 방법으로 반응하는 역할연기를 적극적으로 하도록 내담자를 도왔다. 내담자가 자신이 생각하는 것보다 더 많은 대안들이 있다는 것을 이해하게 됨으로써 내담자는 좀 더 희망적이 되고 그들의 삶이 변화할 수 있다는 것을 알게 된다.

내부로 초점 맞추기에 대한 주저

아래의 세 개 절에서, 우리는 상담자와 내담자가 내부로 초점 맞추기를 어렵게 할 수 있는 이슈들에 대해 살펴볼 것이다. 대부분의 학생 상담자들에게 내담자의 고통, 갈등, 힘든 개인적인 어려움을 줄이고 안심시키는 것과 그것에 대해 상담에서 접근하고 다루는 것은 다른 것이다. 다음의 첫째 절에서 강조하는 것처럼, 수련생들은 “저는 이런 일에 익숙하지 않아요—이것은 제 가족들의 말하는 방식이 아니에요.”라고 말한다. 또한 다른 수련생들에게 내담자가 모호하게 암시하는 공포, 수치심, 상실에 다가가기 위해 노력하는 것은 ‘어디로 가야 할지’ 또는 내담자와 어떻게 상담할지 모르겠다는 불안감을 불러일으킨다. 둘째 절에서, 우리는 상담자가 ‘진입로(point of entry)’에 주의를 기울임으로써 내담자에게 중심이 되는 이슈에 다가가게 돕는 방법을 살펴볼 것이다. 셋째 절에서는 왜 어떤 내담자들이 외재화하기를 계속하는지 그 이유에 대해 생각해보고, 가장 잘 반응하는 방법에 대해 알아볼 것이다.

상담자의 주저

대부분의 초보 상담자는 상담과정에서 표면적인 것에 대해 이야기하는 것을 편안하게 생각한다—아마도 그들이 사회적으로 상호작용하는 학습된 방식과 유사하며 내담자가 방금 이야기한 것에 함축된 정서적이고 관계적인 중요한 내용을 듣거나 그것에 반응하지 않는 것. 일상적으로 초보 상담자는 자신의 가족과 문화적인 사회화에 기초해서 내담자의 공포와 걱정을 안심시키고, 문제해결에 몰두하거나, 내담자가 의미한 공포나 고통, 어려움을 피하려고 한다. 이것은 좋은 의도의 호의적인 사회적 기술이지만, 이러한 익숙한 ‘친구’의 역할은 상담자의 역할과 잘 맞지 않는다. 내담자를 자신의 내부로 초점 맞추게 하는 것은—내담자를 안심시키는 것보다—내담자에게 가장 핵심이 되는 관심사를 강조하고 밖으로 끌어내는 것을 의미한다.

비효과적인 상담자 걱정하지 마세요. 의사가 무엇이 잘못되었는지 찾아낼 거예요. 다 괜찮아질 거예요. 다른 대안이 있으신가요?

대(versus)

효과적인 상담자 의사는 아직 진단을 내릴 수 없어서 무엇이 잘못된 건지 말할 수 없어요. 당신은 아직 무엇을 기대하고 준비해야 할지 모르죠—그러니 당신이 겁나는 것은 당연해요. 자, 함께 두려움을 탐색해보고 가능한 진단을 내려봅시다.

여러 가지 이유로, 상담자는 내담자의 문제에 접근하고 명료화하는 것이 어려울 수 있다. 어떤 상담자에게는 그러한 직접적인 방법이 무언의 가족 규칙이나 문화적인 규준을 위반하는 것이 될 것이다. 그러나 상담과정에서 상담자는 자신이 성장한 사회의 제한된 사회적 규범을 따르기보다는 그 이상을 하고자 한다. 상담자의 일관된 의도는 내담자의 이야기에서 중심 되는 의미, 주요한 이슈나 핵심이 되는 관심사를 찾아내는 것이다. 내담자와 상담할 때, 상담자는 표면적인 측면보다는 내담자에게 가장 중요한 이슈나 주요한 관심사를—여기서 실제적으로 말하고자 하는 바가 무엇인지—알아내려고 애쓴다. 그렇게 하는 것은 내담자가 경청되고 이해되었다고 느끼도록 돕는다—상담자는 내담자의 사고, 감정과 경험을 알게 되는 것이다(Allen et al., 2008). 즉, 상담자는 완전히 상담에 참여하고 있는 것이다—가장 중요한 메시지를 구분하거나, 내담자가 진정으로 말하고자 하는 것이나 지금 여기서 전달하고자 하는 것을 알아내는 것이다(Groth, 2008). 상담자가 내담자가 말하고 싶어하는 가장 중요한 감정과 이슈를 이해할 때, 내담자는 다음과 같이 느끼게 된다. "우리는 근접해가고 있는 것 같아." 혹은 "아직 무엇을 하고자 하는지는 확실히 모르겠는데, 우리는 무언가 중요한 것에 대해 이야기하고 있는 것이 확실한 것 같아." 이것은 내담자를 보다 위협적인 주제나 어려운 감정으로 인도하는 것이 아니다. 오히려 내담자가 이야기하고 싶었던 중요한 주제에 다가가고 있는 것이다.

초보 상담자가 내담자를 일관성 있게 이런 작업에 몰두하게 하기 어려운 또 다른 이유는 무능력감과 부적절감과 관련이 있다. 이런 접근이 의미 있고 상담에서 상호작용을 심화시키지만, 초보 상담자는 내담자가 내부로 초점을 맞추고 자신의 정서, 선택, 핵심 관심사의 의미에 가까워짐에 따라 종종 무엇을 해야 할지에 대해 불확실감을 느낀다. 이런 수행에 대한 불안은 상담자가 자신이 내담자의 문제를 '고치거나 해결해야' 한다고 믿기 때문에 발생한다. 정말로 필요한 것은 우선 무엇이 문제인지 함께 명료화하는 데 초점을 두고, 협력해서 상담목표를 설정하는 파트너십이다. 이런 과정은 내담자가 다음과 같이 말하도록 돕는 것이다.

"나를 힘들게 하는 것은 … 이다."
"그것이 나에게 의미하는 것은 … 이다."
"나에게 필요하거나 내가 원하는 것은 … 이다."
"내가 변화하고 싶은 것은 … 이다."
"내가 멈추고 싶은 것은 … 이다."
"내가 할 수 있게 되기 원하는 것은 … 이다."

상담자가 내담자의 정서적인 어려움이나 문제의 숨겨진 의미에 대해 듣거나 접근하려고 하지 않는 또 다른 이유들이 있다. 예를 들어, 어떤 초보 상담자는 자신의 개인적인 경험에 비추어볼 때 그러한 솔직한 대화가 단지 비공감적이고 상처가 되는 방식으로만 사용되는 것을 보아왔기 때문에 주제넘게 간섭하려 하는 것, 또는 비밀을 폭로하려 하는 것과 동일한 것으로 느낄 수도 있다. 또한 어떤 상담자들은 타인을 기분 나쁘게 만들고 싶지 않아서 내담자의 정서적인 메시지를 듣지 않거나, 내담자의 관계적인 갈등에서 내담자가 기여하는 바를 탐색하도록 돕는 것을 꺼리기도 한다. 이런 상담자들은 내담자의 불안전감을 완화하고 내담자의 강점과 성과만을 강조함으로써 내담자들을 기분 좋게 해주려 한다. 불행히도, 이것은 내담자에게 더 균형 있게 자신을 평가할 기회를 주지 않는다. 즉, 내담자의 갈등에 대해 정확하게 반영하는 것에서 멀어지는 것은 대개 비효과적인 반응이다. 비록 의도가 좋다 하더라도, **이것은 내담자가 자신의 문제를 충분히 경험하고 무엇이 정말로 잘못된 것인지 아는 것을 방해한다.** 이렇게 되면, 내담자는 문제에 대한 해결책을 발견할 기회 그리고 문제해결을 통해 가질 수 있는 자기효능감의 발달 기회를 잃어버리게 된다. 상담과정에서는 Carl Rogers의 정확한 **공감**(empathy)을 내담자에게 제공해야만 한다. 우리는 내담자의 문제를 실제보다 과장하거나 축소하기 원하지 않는다. 정확한 공감에 도달하기 위해서, 우리는 내담자와 협력적으로 작업하고 물어봐야 한다. "제가 정확하게 이해했나요, 아니면 제가 더 잘 이해하도록 도와주시겠어요—그것이 어떤 것인지 당신의 언어로 말해주시겠어요?" 이런 면에서, Farber 등(2009)은 내담자가 자기노출을 했을 때 수반되는 이점에 대해 기술했다. 그들에 따르면, 외상을 경험한 내담자는 **자신의 모든 이야기를 잘 경청하는** 지지적이고 수용적인 상담자의 도움으로 자기노출을 함으로써 보다 자기인식을 잘 하게 되고, 좀 더 통합된 정체감이나 응집력 있는 자기를 발달시킨다고 강조했다.

또 어떤 상담자는 내담자를 기쁘게 해주고 내담자의 인정을 얻기 위해 내부로의 초점을 피할 수도 있다. 이런 상담자는 불편한 감정이나 회피하고 있는 어려운 갈등을 탐색하게 하면 내담자가 분노할까봐 두려워하고 있는 것이다. 또한 상담자는 내담자가 강렬한 감정을 표현할 때 자신이 내담자와 함께 하면서 적절히 반응할 수 없을지 모른다고 걱정한다. 이런 걱정을 하는 상담자는 수퍼비전을 통해 이것에 대해 명백히 하는 것이 중요하다. 즉, 내담자와의 상담에 영향을 줄 수도 있는 이런 감정에 대해 수퍼비전에서 다루어야 한다. 수퍼비전에서 수퍼바이저와 이런 문제를 다룰 수 있는 다양한 방법에 대해 논의하고 역할연습을 해볼 수 있을 것이다. 이런 문제가 매우 중요한 개인적인 문제와 연관되어 있다면, 개인상담에서 다루는 것이 바람직할 것이다.

우리가 이미 살펴본 것처럼, 내담자의 두려움이—그들이 드러낼 수 있거나, 무엇을 하거나 말해야 하는지 모르는 것—종종 상담을 방해하게 된다. 그러나 내담자에게 가장 중요한 것은 상담자가 내담자가 어떤 상태인지 알고, 내담자가 이야기하고 있는 가장 중요하거나 어려운 것을 알게 해주는 것이다. 내담자의 요구에 반응하는 것은 지적이거나 박식한 해결책을 주는 것 이상을 의미한다—그것은 내담자에게 파트너십과 누군가가 자신의 요구를 이해하고 반응하려 한다는 느낌을 준다. 애착이론가들은 이런 유형의 **조율된 반응**(attuned responsiveness)이 내담자의 어려움을 완화하도록 돕는다고 했다(Shore & Shore, 2008). 그러한 조율된 반응에 의해 제공된 안전과 안도감은 내담자의 내적인 초점을 촉진하고 새로운 방식으로 사고하고 행동하게 인도할 것이다.

상담자가 다음의 것들을 반복적으로 할 때 문제의 원인을 외부로 돌리려는 내담자의 시도에 공모하는 것이다.

- 내담자에게 충고를 하고, 무엇을 할지 혹은 다른 사람들에게 어떻게 반응할 것인지에 대해 말한다.
- 다른 사람의 의도나 행동이 의미하는 바를 해석하거나 설명한다.
- 내담자의 문제는 사라질 것이고 걱정할 것 없다고 안심시킨다.
- 상담자가 유사한 사람이나 유사한 문제에 대처한 방법을 알려준다.

각각의 이런 반응이 때로는 효과적일 수 있다. 그러나 이것이 상담의 전 과정을 특징짓는다면, 내담자 자신의 경험 탐색을 방해하고 결국에는 자신의 문제를 해결하는 것을 방해하게 될 것이다. 그러므로 전체 상담과정을 통해 상담자는 문제가 되는 상황에서 내담자가 하는 자신의 내적 반응과 대인관계 반응에 대한 자각을 확장하도록 계속적으로 도와야 한다. 비록 초보 상담자가 내담자를 내부로 초점 맞추게 하는 것이 때때로 힘들고 불편하더라도, 이것은 상담자가 내담자 자신에게 가장 중요한 것을 알게 함으로써 신뢰성을 얻게 됨에 따라 내담자와의 작업 동맹을 강하게 만든다.

진입로

우리는 오랫동안 실습 지도자와 수퍼바이저로 일하면서 학생들에게 접수면접과 사례에 대한 교육을 해왔다. 자만하는 것은 아니지만 우리가 실습생에게서 듣는 가장 흔한 반응은 우리가 매우 빠르게 내담자의 실질적이고 중요한 이슈에 대해 이야기하고, 그들의 깊은 감정을 공유한다는 것이다. 실습생은 상담과정을 일방경이나 비디오테이프를 통해 보지만, 우리가 어떻게 내담자의 주요 정서와 핵심이 되는 이슈를 빠르게 파악하는지 알아차리지 못한다. 우리는 종종 내담자가 방금 말한 것을 중요하게 여기지 않고, 내담자의 이야기를 따라가면서, 그들이 자신의 이야기를 드러내도록 돕는다. 우리는 항상 우리를 내담자의 핵심이 되는 문제나 고통으로 인도하는 **진입로**(point of entry)에 접근하기 위해 완전히 집중하여 듣는다. 이러한 진입로는 다음 사항들에 관해 듣는 것이다.

- 내담자가 이야기하고 있는 것에 수반되는 고통스러운 정서(특히 두려움, 슬픔이나 상실, 수치심)
- 괴로움을 주는 경험(실망하거나 허탈한 것, 어떤 문제로 무기력하거나 외로운 것, 무력화되거나 경청되지 않은 것과 같은)
- 크고 작은 방식으로 발달적/가족적인 이슈에 연결되는 주제(가정폭력이나 만성적인 부모 갈등, 신체적 성적인 학대를 보면서 성장하는 것, 아동의 자신감을 손상시키는

비지지적인 양육자 밑에서 성장하는 것과 같은)

- 내담자의 반복적이고 갈등을 일으키는 대인관계의 패턴(버려지거나 배신당하는 정서, 타인의 요구를 우선시하고 자신의 요구는 무시하는 것, 관계에서 조정당하는 것과 같은)
- 내적인 갈등이나 모순(내담자가 다음과 같이 말하는 것과 같은, "체중 감소를 원하지만 결심을 지키지 못해요." 혹은 "모든 사람이 이 관계는 나에게 나쁘다고 하고 저도 동의해요. 하지만 헤어질 수가 없어요.")

상담자는 겉으로 보기에는 별거 아닌 이슈가—내담자의 좀 더 중요한 인생의 주제와 연결되기 때문에—내담자의 중요 문제에 대한 진입로가 될 수도 있음을 잘 구분하여 듣는 '귀'를 발달시켜야 한다. 이것은 수퍼바이저가 실습생에게 가르치고 초보 상담자가 발전시켜야 할 매우 어려운 기술이다. 다음에서 우리는 내담자가 중요한 진입로를 보여주는 그러나 상담자가 그것을 알아차리지 못하는 두 개의 사례를 묘사하려고 한다. 첫 번째 사례에서, 상담자는 내담자가 요약하여 말하는 거부에 대한 주제와 상실에 대해 알아차리지 못한다. 두 번째 사례에서 상담자는 내담자가 말하는 염려에 담겨 있는 보다 큰 문제와 깊은 의미에 대해서 듣고 알아차리지만, 내담자를 충분히 파악하기에는 자신감이 없다. 우리는 어떻게 표면적인 대화를 넘어 내담자와 관계를 맺을 수 있는지 진입로에서 효과적인 반응들을 제시할 것이다.

19살의 백인 여성인 사라는 우울해서 학생생활 상담소에 찾아왔다. 사라의 부모는 두 분 모두 약물 문제가 있어서 사라는 초등학교와 고등학교 시기의 대부분을 양부모 가정에서 보냈다. 사라가 16살이 되었을 때, 숙모가 그녀를 자기 집에서 지내게 했다. 그러나 사라가 18살이 되자 숙모는 더 이상 양부모 지원을 할 자격이 되지 않았고, 사라에게 "너는 스스로 돌볼 수 있는 충분한 나이가 되었다."고 말했다. 사라는 그녀가 지내왔던 다양한 양부모 가정에서 버림받고, 숙모에 의해 버려져서가 아니라 자신의 부모에게 철저히 거부당했다고 느꼈다.

내담자 지난주에 제 친구가 저와 시간을 보낼 수 없다고 했어요—더 이상 저와 같이 있을 자유시간이 충분하지 않대요.(진입로) 처음에는 화가 났지만 괜찮아졌어요. 저는 저 자신을 돌보고 방 청소를 해야지 하고 결심했어요—그런데 엉망이어서 어디서부터 시작해야 할지 모르겠더라고요.

비효과적인 상담자 음, 자신을 어떻게 돌볼지 파악하려고 노력한 점이 맘에 들어요—당신이 방을 다시 깨끗하게 청소하게 도울 수 있는 아이디어가 있어요. 전체 방은 압도당하는 것처럼 들리는데. 아마도 한 번에 한 부분부터 시작하는 것이 어떨까요. 방의 어떤 부분이 가장 지저분한가요? 아니면 방의 어떤 부분을 당신이 보기에 잘 치울 수 있다고 생각합니까?

효과적인 상담자 사라, 당신이 친구와 우정을 잃어버릴지도 모른다고 하니 매우 유감이에요. 물론 화가 나고 또한 그 말이 상처가 되었을 수도 있지요. 저에게 상실이나 거부에 대해 좀 더 이야기 해주시겠어요?

친구를 잃는 것은 부모를 잃는 것에 비하면 아무것도 아닐 수 있지만, 우정의 상실은 사라의 인생을 지배해왔던 모든 고통스러운 상실감을 떠올리게 했다. 비록 비효과적이고 문제해결 중심의 상담자가 사라의 발달적인 배경을 알고 있었다 하더라도, 상담자는 진입로가 되는 이러한 주제나 거부와의 연결점과 상실감을 파악하지 못했다. 대부분의 초보 상담자처럼, 이 상담자는 외관상으로는 조그마한 이슈가 얼마나 내담자에게 큰 의미를 가지고 있는 인생 문제를 표현하고 있는지 경청하거나 인식하지 못했다. 반면에, 효과적인 상담자는 사라의 현재 상황에서 다시 발생하고 있는 고통스러운 상실과 거부의 주제를 알아차렸고, 이것을 진입로로 보고, 공감적인 이해로 그 문제에 접근했다.

두 번째 사례에서, 내담자는 가정폭력의 배경이 있었다. 그녀는 부모가 서로 싸우고 때리는 것을 보면서 자랐다. 그녀는 큰딸이었고 엄마는 그녀에게 다음과 같이 털어놓았다.

엄마 너희 아빠는 끔찍한 늙은이가 되어버렸어! 우리가 데이트하고 결혼할 때는 다정하고 사려 깊은 사람이었는데, 실직한 후 질투심이 많고 통제적인 사람이 되어버렸어.

22살의 멕시코계 미국인 여성인 내담자는 최근에 경찰관과 결혼했고, 엄마의 이야기를 들었을 때처럼 불안을 느꼈다. 남편은 데이트하던 시절에는 다정하고 사려 깊은 사람이었다. 그러나 이라크에서 돌아온 후, 그녀의 시간과 활동을 질투하고 통제하는 신호들을 나타내고 있었다. 또한 그녀의 핸드폰과 이메일을 체크하기 시작했다. 그녀는 이 이야기를 상담자에게 했다.

내담자 남편이 통제적으로 변하고 있어요. 나를 쳐다보는 모든 남자에게 질투를 느껴요—심지어는 노인들이 쳐다봐도요. 저를 쳐다보는 사람들을 제가 어떻게 할 수는 없어요. 남편은 제가 남들이 쳐다보게 옷을 입는다고 해요. 심지어는 제가 학교에 가는 것조차도 질투심을 느껴요. 남편은 직장에서 돌아오면 제 전화와 이메일을 체크해요.(진입로)

비효과적인 상담자 남편이 학교에 가는 것을 질투한다고요? 무슨 이유로 그는 학교에 가는 것이 당신의 결혼생활에 영향을 미친다고 생각합니까? 학교를 다니기 시작한 후로 그와 보내는 시간이 줄었나요?

효과적인 상담자 저에게 그것에 대해 말해주어서 감사해요. 당신이 질투심 있고 통제적인 남편 때문에 어려움이 있다니 매우 유감이네요. 그가 그렇게 행동할 때 당신에게 어떤 감정이 생기나요?

내담자 저는 우리가 제 부모님처럼 될까봐 두려워요—항상 싸우는. 아이들에게 같은 일들이 생기고 제가 그랬던 것처럼 항상 무서워하면서 아이들이 성장하길 원하지 않아요.(진입로)

상담자 이해가 가네요. 당신의 결혼이 부모님의 결혼생활과 같아질 가능성을 줄이기 위해 함께 노력해보지요.

내담자 어떻게 할 수 있을까요?

상담자 우선 세 가지가 떠오르네요. 첫째, 당신이 고립되지 않고, 당신의 염려에 대해 알고 당신이 도움이 필요할 때 반응해주는 지지체계를 가지는 것이지요. 둘째, 당신의 염려에 대해 남편에게 어떻게 말할 수 있을지 생각해보는 것이고요. 셋째 우리가 어떻게 한계와 경계를 설정할지 역할연습을 하고, 남편이 그것에 적절하게 반응할 수 있는지 보는 것이지요. 당신이 더 어려움에 처하지 않도록 당신이 말한 것에 대해 이야기해봅시다. 이것이 제 생각이에요. 어떻게 생각하세요?

내담자의 주저

내담자는 왜 내부로의 초점을 피하려고 하는가? 앞서 살펴본 것처럼, 다른 사람을 향해 두었던 초점을 이동한다는 것 자체가 어떤 내담자에게는 상담자가 자신을 잘 이해하지 못하거나 자신의 문제에 공감하지 못하는 것으로 생각될 수 있다. 어떤 내담자는 다른 사람을 변화시키려는 자신의 노력을 포기한다면, 그 문제에 대한 비난을 자신이 수용해야만 하거나 아니면 영원한 패배자의 위치에 있어야 할지 모른다고 두려워하기도 한다. 또한 어떤 내담자는 작업 동맹이 잘 형성되지 않았다고 느끼면서 내부를 탐색할 때 필연적으로 나타나게 마련인 힘든 감정과 선택에 필요한 안전감을 갖고 있지 않다. 만약 상담자와 내담자가 대인관계 과정에서 내담자 갈등의 어떤 측면을 재현하고 있다면, 내담자는 자신의 취약성을 떠오르게 하는 어떤 주제에 대해서도 접근할 수 없을 것이다. 마지막으로 내담자가 주저하는 가장 중요한 이유는 자신의 경험에 기초해볼 때, 다른 사람들은 자신의 경험을 듣기 원하지 않으며, 원치 않는 방식으로 반응할 것이라는 불신이나 기대 때문이다.

상담자 당신은 마치 남편, 자녀들, 그리고 다른 사람들에 의해 종종 오해받는다고 느끼는 것처럼 들리는군요.

내담자 네, 아무도 저를 이해하지 못하는 것 같아요.(진입로)

상담자 아무도 당신을 이해하지 못한다—그것은 정말 문제지요. 상담에서 그것을 다르게 해봅시다. 저는 당신을 이해하고 싶어요. 그러니 당신에 대해 좀 더 말해주시겠어요—그들이나 제가 이해하기 바라는 것에 대해.

내담자 제 남편이요?

상담자 네. 당신이 바라는데 남편이 알지 못하거나 보지 못하는 것은 무엇인가요?

내담자 저는 명상시간을 좋아해요. … 하루종일 일하고 돌아온 직후보다는 아침에 문제를 더 잘 해결할 수 있어요. … 저 역시 피곤해요.

문화적인 요인도 내부로의 초점을 방해할 수 있다. 예를 들어, 미국 인디언, 아시아계 및 기타 집단 중심의 가치를 지닌 문화권에서 온 내담자는 자신의 내부를 탐색하는 것이 자기중심적인 것처럼 느껴지기 때문에 처음에는 부정적으로 반응할 수 있다. 내담자가 가치관이나 목표에서 차이를 지각한다면 상담자의 전문성에 대해 의문을 제기할 수 있다. 상담자는 이런 문제를 상담과정에 대해 설명함으로써 그리고 보다 중요하게 내담자의 세계관과 일치된 방법으로 반응함으로써 해결할 수 있다. Sue와 Zane(2009)은 문화적으로 다양한 내담자와 상담하는 데 있어서 **전문성**(credibility)과 양도하는 것을 강조한다. 그들은 상담자가 민감성 있고 믿을 만하고 도움을 제공할 능력이 있음을 내담자에게 전달하는 방법으로 개입함으로써 상담자의 전문성을 이룰 수 있다고 강조한다. 예를 들어, 가족 내에서의 역할이 매우 위계적인 가족이라면, 자신의 관점이나 다른 견해를 표현할 때 문화적으로 인정되는 방식으로 반응하도록 역할연습하는 것이 도움이 될 것이다. 이것은 문제가 되는 증상을 완화하면서(예를 들어, 불안 감소를 위한 호흡기법을 가르치는 것, 내담자에게 파트너십을 갖게 하는 방식으로 함께 상담목표를 설정하는 것, 새로운 대처기법을 알려주는 것 등) 내담자의 문제를 명확히 하거나 정상화하게 돕는 것을 포함한다.

자신의 문제에서 자기 자신의 행동과 자신이 기여하고 있는 바를 보고 싶어하지 않는 내담자와 상담하는 좋은 방법은 내부를 보기 원하지 않는 이유에 대해 비난하지 않으며, 호기심을 가지고 탐색하는 것이다.

상담자 엄마가 비난할 때 당신의 감정과 반응에 대해 물어보면, 당신은 주제를 바꾸는 경우가 종종 있어요. 그런 감정에 대해 말하는 것을 방해하는 것이 무엇이라고 생각합니까?

내담자 아시다시피, 제가 너무 속상할 때처럼(진입로), 슬퍼지고 또 화가 날까봐 두려워요.

상담자 아, 너무 속상할까봐 두렵군요. 무엇이 위험한가요—당신이 두려운 것은 당신이 너무 속상하게 될까봐인가요?

내담자 글쎄요, 저는 미친 듯이 행동하기 시작해요. 그러고 몹시 울고 멈출 수 없을까봐요. 제가 완전히 통제 불능이 되고—굴욕적이지요.

상담자 화나고 슬프고, 둘 다 매우 격한 감정이지요—당신의 통제감과 품위를 빼앗아가고, 당신에게 끔찍한 굴욕감을 남기는. 저에게 이것에 대해 더 이야기해주세요.

내담자가 이처럼 격한 감정에 대해 이야기할 때, 그것은 상담자에게 이런 감정들을 좀 더 깊게 탐색할 기회가 되는 진입로를 제공하게 된다. 예를 들어, 울고 멈출 수 없다는 그녀의 믿음은 이것이 예전에 발생한 적이 있다면 어떻게 해서 생겼는지, 다른 사람들이 이런 상처받기 쉽고/노출된 순간에 어떻게 반응했는지. 외부로 탓을 돌리는 것은 표면적으로는 분노에 대한 방어이지만 대개는 깊은 공포, 슬픔이나 수치심을 감추고 있다. 이것은 가려지고, 보살핌받지 못하고, 모욕받는 것에 대한 슬픔과 수치심일 수 있다. 그러나 힘을 갖게 만드는 것은 무기력감에서 그러한 행동을 반복하기보다는 이런 감정들을 소유하고, 자신과 타인에게 어떻게 행동할지를 선택하는 것에서 온다. 따라서 이러한 감정들을 탐색하기 위해 내부로 초점을 맞추는 것은 내담자가 자신을 이해하도록 도울 것이다.

대부분의 경우, 내담자는 자신에 대해 좀 더 이야기하라는 상담자의 요구를 받아들인다. 그러나 만일 내담자가 응하지 않는다면, 상담자는 내담자가 자신의 속도에 맞춰 개방하거나 상담에 참여하게 해야 할 것이다. 예를 들어보자.

상담자 아직 당신은 자신에 대해 이야기하는 것이 편안하지 않은 것 같군요. 그러나 당신이 무엇을 얼마나 이야기할지 스스로 선택하는 것이 중요하다고 생각합니다. 아시다시피, 당신이 운전석에 앉아 있어요. 이 말은 어떻게 들리나요?

하지만 앉아서 기다리기보다, 점차적으로 또한 계속해서 내담자가 문제의 원인을 외부로 돌리는 태도를 보인다면, 상담자는 그들의 상호작용을 명확하게 하는 과정 언급(process comment)을 할 수 있다. 예를 들어보자.

상담자 당신은 남편과 딸에 대해서는 쉽게 얘기하는데 당신 자신에 대해서는 말을 별로 하지 않는군요. 당신도 그것을 알고 있는지요?

또는

상담자 제 생각에 우리는 지난 두 회기 동안 서로에 대해 놓친 것 같군요. 제가 계속해서 특정한 상황에서 당신이 무엇을 생각했는지, 무엇을 하려고 노력했는지 묻고 있는데 당신은 다른 사람들에 대해 더 많이 말하는군요. 우리 사이에 무슨 문제가 있나요?

이런 과정에 관한 언급은 내담자로 하여금 자신의 문제를 외부로 돌리는 것에 대해 인식하도록 돕고, 자신이 아마 다른 사람들에게도 같은 방식으로 반응한다는 것을 알게 도울 것이다. 예를 들어, 자기 자신을 다른 사람에게 개방할 수 없는 내담자는 타인에게 지루하고 냉담한 사람으로 지각될 것이다. 그러한 경우에, 예를 들어 내담자의 고독감이나 다른 사람과 의미 있는 관계를 만들기 어려운 것 같은 내담자의 문제는 상담자와의 관계에서도 나타날 수 있다. 상담회기에서도 갈등상황을 되풀이하고 있다는 것을 알게 되는 것은 내담자에게 낙담스러운 일이겠지만, 상담관계 내에서의 이런 재현을 통해 타인과 거리를 두는 것을 변화시킴으로써 문제를 해결할 기회가 될 수 있다. 상담자는 내담자가 다른 사람과 어떻게 상호작용하는지를 자각하게 하고, 다른 사람들이 내담자를 어떻게 경험하는지를 알 수 있도록 돕는다. 이제 상담자는 좀 더 효과적인 방법으로 타인과 관계를 맺을 수 있도록 내담자와 작업을 시작하는 것이다. 다음의 예에서 상담자는 어떻게 내담자가 지금 자신에게 영향을 미치는지 알려주는 과정 언급을 사용하고(특히, 상담자 자신과 관련된 언급), 일상적인 대화를 넘어 즉각적인 개입을 하며, 보다 의미 있는 대화와 관계로 내담자를 초대한다.

상담자 자신보다는 다른 사람들에 대해 이야기할 때 저는 당신에게서 멀리 떨어져 있는 것처럼 느껴져요. 당신의 관심사와 당신에게 중요한 것에 대해 좀 더 알고 싶어요. 우리가 이것에 대해 함께 이야기할 수 있을까요?

상담자가 이처럼 내담자로 하여금 내부로 초점을 맞추도록 하기 위해 질문하거나 과정 언급을 하면, 내담자들은 종종 이전에 이야기한 적이 없는 새롭고 중요한 문제를 드러내는 경우가 있다. 다음의 예에서 볼 수 있는 것처럼, 내담자는 협력적인 탐색이 가능해지고 상담에서 다룰 수 있는 중요한 이슈에 대해 말하게 된다.

- 글쎄요, 저에 대해 사람들이 알고 싶어하는 것은 사실상 별로 없는 것 같아요.
- 저는 생각하거나 느끼는 것을 사람들에게 이야기하지 않아요. 대개 제가 그들을 돌보곤 하죠.
- 제가 어떤 사람과 가까워지려고 애쓸 때마다 결국에는 상처를 입었어요.
- 저에 대해 더 알게 되면, 저를 별로 좋아하지 않을 거예요.
- 제가 다른 사람과 가까워지기 시작하면, 그들은 저를 통제하려고 해요. 혼자인 것이 나아요.

상담자의 과정 언급은 상담에서 다루어질 수 있는 중요한 새로운 문제를 제기한다. 상담관계는 깊이가 더해지고, 내담자의 현재 문제에 중심이 되는 중요한 새로운 정보를 알게 된다. 이렇게 내담자를 내부로 주의집중시키고 이에 대한 그의 저항을 탐색하는 과정을 통해 상담에서 다루어져야 할 가장 중요한 문제들을 알게 된다. 이런 중요하고 새로운 문제는 상담자가 과정에 대한 언급을 하고 내담자를 내부로 집중시킴으로써 밝혀내지 않으면 상담장면에서 다루어지기 어려울 것이다. 즉, 상담관계의 안정감 속에서, 내담자는 자신의 방어를 내려놓고 자신이 감추려고 애썼던 것들에 대해 이해하고 느낄 수 있게 된다.

변화의 주체를 내담자에게 두기

내담자의 주도성 촉진하기

효과적인 상담은 내담자의 자기효능감을 촉진시켜야 한다—우리는 내담자가 상담과정을 통해 자기 행동에 대해 더 큰 통제감을 발전시키기 원한다(Cervone, 2000; Galassi &

Bruch, 1992). 그러나 상담자는 선택, 책임감, 개인의 힘에 관해 내담자와 단순히 말로 이야기만 할 수는 없다; 상담자는 내담자가 상담회기에서 상담자와 좀 더 건강한 방식으로 행동하는 관계를 함께 만들어나가기를 바란다. 일단 내담자가 상담자와의 관계에서 이것을 할 수 있게 되면, 상담자는 내담자가 좀 더 건강한 방식으로 행동하는 것을 다른 관계에도 적용하게 도울 수 있다. 그래서 상담자는 우선 내담자에게 자신의 관심사를 이야기하게 하고, 내담자가 자신에게 가장 의미 있는 주제를 제시하도록 적극적으로 격려한다. 다음의 예를 생각해보자.

상담자 오늘은 무엇에 대해 이야기하는 것으로 시작할까요?

내담자 글쎄요—무엇이 좋을 거라고 생각하세요?

상담자 지금 당신이 생각하기에 가장 중요하다고 여기는 것은 무엇이든지 탐색하면 좋을 것 같군요. 그것이 무엇일까요?

내담자 잘 모르겠는데요.

상담자 잠깐 앉아서, 심호흡을 하고, 자신에게 집중해보세요. 당신의 삶에서 달라지기 원하는 것에 관해 생각해보세요. 지금 당신에게 가장 생생하게 떠오르는 것이 무엇인가요?

내담자 (멈춤) 아내에 대해 이야기하고 싶은 것 같아요. 오래간만에 우리는 매우 좋은 주말을 함께 보냈어요.

상담자 좋은 일이군요. 이번 주말에는 무엇이 달랐나요—당신이 무언가 다르게 했나요?

내담자 제 생각에, 선생님이 제게 말하는 방식으로 아내에게 이야기했어요. 아내에게 무엇을 생각하고 무엇을 원하는지 물어보았어요. 제 생각에는 아내가 그것을 좋아했던 것 같아요. 계속해서 이렇게 해야 할 것 같아요.

일단 내담자가 이런 방식으로 자기 자신의 관심에 대해 탐색하기 시작하면, 상담자는 내담자로 하여금 자신의 문제를 보다 충분히 탐색하고 더 잘 이해하며, 가능한 해결책과 행동적인 대안을 찾도록 돕는 적극적인 참여자가 될 수 있다. 왜 시간이 제한된 상담에서 내담자 자신의 주도성을 격려하고 내담자가 중요하다고 생각하는 것을 먼저 다루는 것이 중요할까? 대부분의 내담자는 살면서 자신의 관심에 따라 행동하거나 자신의 목표를 추구하도록 지지받지 못해왔다. 과거의 관계에서 내담자들은 자신의 관심을 지지하거나 자신의 진실한 감정, 특히 슬픔과 분노에 수용적으로 반응해주는 중요한 타인을 만나지 못했다. 그 결과, 만약 상담자가 자신의 감정과 스스로의 방향성에 대해 지지하면, 내담자는 격려받는다고 느끼나 한편으로는 불안해진다. 상담자의 이론적인 입장이 무엇인지와 관계없이 상담자가 내담자로 하여금 자신의 관심을 추구하도록 하고 자신에게 가장 중요한 문제를 탐구하도록 격려할 때, 상담은 좀 더 강렬하고 생산적인 경험이 된다. 내담자는 변화 과정에서 좀 더 주인의식을 가지게 된다.

상담에서 다루어질 주제를 상담자가 제시하기보다 내담자가 스스로 선택한 주제를 탐색하고 이해하도록 할 때 대개 변화가 일어나기 시작하고 겪고 있는 문제가 개선된다(Csillik, 2015). 어떤 개입이나 기법들을 상담자가 사용하는지와 관계없이 상담자, 고용주나 배우자의 관심거리가 아닌 내담자 자신의 관심에 반응한다면 더 효과적일 것이다. 이런 과정이 상담관계의 가장 중요한 특성 중 하나이다. 상담 초기에 이것은 매우 어려운 일이기 때문에 우리는 그것에 대해 더 자세히 살펴볼 것이다. 일단 상담자가 이러한 대인관계적 과정을 알게 되고, 이것을 내담자에게 적용할 수 있다면, 모든 유형의 상담 개입이 좀 더 효과적일 수 있다. 상담자와 내담자가 이런 유형의 상호적인 교류를 여러 상담회기를 통해 계속할 때, 대부분의 내담자는 상담과정에 깊이 개입하게 되고 타인과 의미 있는 변화가 시작되었다고 말하곤 한다. 이런 성장의 과정을 촉진하는 것은 상담자에게 중요한 도전이 되고 동시에 상담자인 것에 만족을 느끼게 한다. 이것이 내담자와 어떻게 진행되는지 살펴보자.

내담자 제가 무엇을 해야 할지 선생님께서 좀 더 말씀해주시면 좋겠어요. 제가 무엇을 해야 할까요? 선생님은 전문가잖아요.

상담자 저에게 몇 가지 아이디어가 있기는 한데, 제 생각으로는 당신이 생각하고 있는 것을 먼저 들어보는 것이 좋을 것 같군요.

내담자 (짜증 내며) 제가 무엇을 해야 할지 알았다면 그냥 했을 거예요. 저는 선생님에게 도움을 받기 위해 여기에 왔어요!

상담자 (내담자의 주도성을 이끌어내며) 좋아요. 생각을 모아보지요. 당신이 생각하기에 어떤 것이 진행되고 있는지 말해보세요. 그러면 제가 보기에 어떤 일이 발생하고 있는지를 말하지요. 그러고 나서 우리가 함께 무엇을 할 수 있는지 보지요.

내담자 (거절하며 상담자가 주도하도록 압박한다) 말씀드린 대로, 저는 모르겠어요. 저는 정말이지 아무런 생각이 떠오르지 않아요.

상담자 (내담자의 주도성을 이끌어내기 위한 두 번째 시도를 하며) 그럼 어떤 생각이 당신에게 떠오르는지 1분만 기다려봅시다. 만약 아무것도 떠오르지 않는다면, 제가 먼저 이야기하지요.

내담자 (제안을 받아들이고 내부로 초점을 맞춤) (20초간 멈춤) 글쎄요, 아마 저는 혼자 남거나 뭐 그런 것에 대해 두려워하고 있는 것 같아요.

상담자 (내담자가 내부로 초점을 맞추고 자신의 취약성을 드러내며, 상담자는 진입로를 인식한다) 매우 흥미로운 이야기군요. 제가 생각하고 있는 것과도 비슷하네요. '혼자' 남는다는 것이 무엇을 의미하는지에 대해 좀 더 이야기해줄래요? 중요한 것처럼 들리는군요.

내담자 (이에 반응하며 좀 더 자세히 설명한다) 제 생각에 저는 항상 그것에 대해 걱정했던 것 같아요.

상담자 (이제 좀 더 협력적이 된 내담자에게 상담자는 한 가지 가능성을 시험적으로 제안한다) 당신이 말했던 것들에 비추어볼 때, 아마도 당신의 부모님은 실망시킬 때마다 정서적으로 당신에게서 멀어졌던 것 같아요. 그것이 다른 사람들이 있어도 혼자 남게 된다는 느낌을 갖게 했던 것 같군요. 그런 경험은 어린아이에게는 매우 혼란스러울 수 있지요.

내담자 (상담자의 가설을 다듬으면서 계속 협력한다) 네, 아마도 그런 것 같아요. 가장 나빴던 것은 그 모두가 내 잘못 같았다는 거예요. 부모님이 저에게서 멀어지고 있는 것은 제가 실망시켜 드렸기 때문인 것 같아요. 어떻게 생각하세요?

상담자 (내담자의 강점을 인정하고, 그것을 좀 더 깊은 탐색을 위한 진입로로 사용한다) 맞는 생각일 수 있지요. 그런데 당신이 방금 저에게 했던 것과 같이 강력하게 자신의 생각을 표현하는 것을 가끔 뭔가가 방해하는 것 같아요.

상담자와 내담자의 이런 협력적인 상호작용은 독립성을 길러주는 상담접근법이다. 상담자가 적극적으로 내담자로 하여금 자신의 관심을 정의하고 말하게 격려함으로써 내담자는 치료과정에서 책임감을 나누는 것을 경험하게 된다. 상담자가 내담자로 하여금 더욱 적극적인 자세를 견지하도록 지지할 때, 그들은 아이디어와 의견을 제시하며 파트너십을 형성해간다. 앞선 대화에서 상담자는 매우 적극적이지만 매우 지시적이지는 않다. 상담자는 내담자의 주도를 따르고 있지만 비지시적이지도 않다. 우리가 추구하는 그리고 경험적으로 효과적인 상담관계라고 검증된 대인관계적 과정은 이러한 협력적인 노력이다(Horvarth & Greenberg, 1994).

흔히 볼 수 있는 하나의 오해는 장기적이거나, 정신역동상담 혹은 관계지향상담은 내담자의 의존성을 기르는 반면, 단기적이고, 문제해결적인, 혹은 엄격한 행동적인 접근은 그렇지 않다는 것이다. 실상 상담이 의존성이나 독립성을 촉진하는지의 여부는 상담과정에 의해 결정되는 것이지 상담기간이나 상담자의 이론적인 관점에 의해 결정되는 것은 아니다. 단기상담이나 장기상담에서 내담자의 부적절한 의존성은 상담자가 상담의 방향을 결정하고, 조언하며, 해결책을 제시할 때 발생한다. 다음 절에서 협력적인 동맹에 대해 더 자세히 살펴보자. 왜냐하면 이것이 지시적 통제와 비지시적 통제라는 덜 효과적인 양극 사이에서 효과적인 중간지점이 될 수 있기 때문이다.

상담자-내담자 관계에서 통제의 공유 상담자와 내담자가 상담의 의제와 방향에 대해 통제권을 함께 가질 때 상담은 가장 성공적일 수 있다. 상담자가 상담의 과정을 구조화하고 방향 짓는 데 주도적인 역할을 하는 것은 너무 과다하게 통제하는 것이며, 그렇다고 내담자를 혼돈과 갈등에 아무런 방향도 없이 비지시적으로 내버려두는 것 또한 비효과적이다. 좀 더 생산적인 관계에서는 상담자가 내담자로 하여금 상담과정을 이끌어나가도록 격려하면서, 다른 한편으로 내담자가 내어놓는 문제들에 대한 자신의 생각과 제안을 적극적으로 제공한다. 통제가 상담자와 내담자 모두에게 공유되는 관계를 경험하는 것은 대부분의 내담자에게 치료적인 기능을 한다. 이런 치료동맹에서의 협력은 더 높은 자아 효능감을 위해 중요하며 내담자에게 이전의 관계 틀을 수정하고 새롭고 건강하게 행동하도록 지지해주는 것이 된다. 이전에 논의된 것처럼, 상담자는 (1) 내담자가 주도성을 갖고 자신이 원하는 것을 논의할 수 있도록 격려해야 한다, (2) 내담자의 주도성을 따르고, 그들의 문제의식이나 가장 중요한 것에 합류한다, (3) 내담자가 중요한 감정, 관심사나 이슈를 표현하는 진입로를 발견하고, 이러한 중요한 주제를 보다 깊이 탐색할 수 있게 만들어야 한다. 그렇게 함으로써 상담자와 내담자는 일상적인 대화에서 벗어나 의미 있는 문제에 대한 탐색을 시작할 수 있을 것이다. 상담자의 다음과 같은 언급을 생각해보자.

상담자 상담의 매 회기를 당신이 이야기하고 싶은 것으로 시작하도록 합시다. 당신에게 가장 중요해 보이는 것에 관해 상담에서 다루고 싶어요. 저는 제 생각과 제안을 말씀드리겠습니다. 제 생각에 이것이 좋은 파트너십을 시작하는 가장 좋은 방법일 것 같아요.

어떤 상담자는 이런 접근에 대해 좌절감을 느끼고 내담자에게 해결책과 대안행동을 제시해주려고 할 것이다. 특히 제한된 상담회기의 수 때문에 빨리 문제를 해결해야 한다고 압력을 느끼는 경우에는 더욱 그러하다.

이런 견해에 대해, 해결중심적이거나 지시적인 상담자는 다음과 같이 반문할 수 있다. “만약 당신이 내담자의 지시대로 따랐다가 아무 성과가 없으면 어떡하겠습니까?” 물론, 비지시적인 접근은 비현실적으로 많은 시간을 필요로 하고, 종종 초점이 결여된 조직화되지 못한 상담을 초래할 수 있다. 더욱이 완전히 비지시적인 접근법은 허용적인 가정에서 성장한 내담자에게 문제의 관계 패턴을 재현할 수 있다. 이는 지시적인 접근법이 권위적인 가정에서 성장한 내담자에게 같은 패턴을 재현할 수 있는 것과 같다. 그러나 상담자와 내담자 사이의 공유된 통제라는 효과적인 중간 접근이 있을 수 있고, 이것은 Miller와 Rollnick의 『동기면담(*Motivational Interviewing*)』(2013)에 잘 기술되어 있다. 예를 들어, 아래에서 묘사하고 있는 상담자는 내담자가 좀 더 적절한 이야기를 하도록 비지시적으로 기다리지는 않고, 직접적으로 내담자를 새로운 주제로 인도한다. 대신에 상담자는 현재의 상호작용에 대해 과정 언급을 하고, 내담자가 상호작용을 다시 만들어나가도록 한다.

상담자 이것은 아무런 도움이 되지 않는 것 같군요. 무엇이 정말로 문제인지 더 잘 알 수 있게 시간을 보내는 더 좋은 방법이 있을 것 같아요. 이것에 대해 이야기할 다른 방법이 있을까요? 아니면 당신에게 더 중요한 다른 어떤 것이 있나요? 당신의 생각은 어떤가요?

상담자는 단기, 장기 목표와 함께 치료계획과 개입 전략을 가질 필요가 있다. 그러나 이것은 내담자와 협력적인 상호작용을 통해 개발되어야 한다. 그래야 내담자는 상담과정에서 주인의식(ownership)을 느낄 것이다. 이러한 대인과정을 이행하기 위해 상담자는 모호함을 참을 수 있어야 하며, 상호작용을 미묘하게 통제하는 것을 삼가야 한다. 대신에 상담자는 내담자가 자신의 관심에 대해 이야기하고, 주도성을 갖고 행동할 수 있는 기회를 조성해야 한다. 그래야 비로소 상담자는 내담자에게 관심을 집중할 수 있고, 내담자의 주관적인 세계에 들어가 내담자를 붙잡고 있는 핵심적인 의미와 감정에 초점을 맞출 수 있다. 이런 접근은 지시적이지도 않고 비지시적이지도 않은 적극적인 상담자를 필요로 한다. 이런 접근에서 상담자는 다음과 같이 적극적으로 반응한다.

- 내담자의 경험에 대한 이해와 수용을 전달한다.
- 내담자가 이야기한 것을 탐색하고 확장하도록 내담자와 함께 노력한다.
- 내담자가 상담자와 타인에게 어떻게 영향을 주는가에 대한 대인 피드백을 제공하기 위해 자기관여적인 설명이나 내담자에 대한 자신의 경험을 사용한다.
- 강점이나 효과적인 변화를 보여주는 내담자의 행동을 적극적으로 지지한다.
- 반복적인 관계 패턴, 갈등적 핵심 정서, 내담자의 이야기에서 반복되는 병리적인 믿음에 중점을 둠으로써 상담의 초점을 제공한다.

더욱이 상담자는 저항이나 외부로의 초점화 같은 상담을 방해하는 것에 대해 논의하고, 상담자와 내담자 사이에서 원치 않는 관계적인 재현이 나타나지 않도록 하기 위해 과정 언급을 사용하고 있다(예를 들어, 내담자는 다른 사람들이 그랬던 것처럼, 상담자가 짜증나고 지루할 것이라는 자신의 잘못된 믿음 때문에 침묵한다). 상담자는 이것을 지금-여기에서 작업하고, 현재의 상호작용에서 그들 사이에 무엇이 일어나고 있는지에 대해 질문함으로써 해결할 수 있다. 예를 들어보자.

상담자 이것에 대해 말하는 것은 어떻습니까?

내담자 글쎄요. 선생님은 아마 저에게 짜증이 났을 거예요—다른 모든 사람이 그런 것처럼. 왜냐하면, 제가 아직 이 문제에 사로잡혀 있기 때문이지요.

이런 방식으로, 상담자는 내담자의 문제를 '그때-거기에서'의 추상적인 논의에서 벗어나게 만든다. 대신에 상담자는 지금 함께 상호작용하고 있는 방식으로 상담자와 내담자 사이에서 발생하고 있는 것에 내담자의 문제를 연결시킴으로써 즉시성을 만들어가고 있는 것이다.

상담자 아닙니다. 저는 전혀 당신에게 짜증나지 않았어요. 당신을 그렇게 느끼게 하는 것이 우리 사이에 있거나, 제가 그렇다고 생각하게 만드는 것이 무엇이지요? 그렇다면, 함께 정리해보지요. 이것이 당신의 풀기 어려운 문제인 것 같은데요. 당신이 얼마나 힘들게 그것에 대해 무엇인가 하려고 노력하는지 느껴져요.

내담자 정말이요? 선생님은 저 때문에 좌절되지 않나요? 그것이 저를 거의 울고 싶게 만들어요— 저는 제 인생의 모든 사람에게 실망을 주는 것처럼 느껴져요.

내담자와 '지금 – 여기에서' 작업하는 것은 대부분의 상담자에게 새로운 큰 도전이다. 그것은 상담자와 내담자를 매일매일의 사회적 상호작용의 밖으로 나오게 하고, 빠르게 무엇이 잘못되었는지 알게 해준다. 중요한 감정들이 나타나고 내담자에게 중요하지만 상담자가 알지 못했던 주요한 이슈들이 중심부로 나타나게 된다. 그리고 상담관계는 좀 더 진지해지고 상담자와 내담자 모두에게 더욱 중요해진다.

앞으로 6장에서 살펴보겠지만, 부모의 온정성과 더불어 확고한 한계를 설정하는 '권위적인' 양육방식은 독재적인 양육방식과 허용적인 양육방식 사이에서 더 효과적인 중간 방식이다. 마찬가지로, 통제를 공유하는 것은 대부분의 내담자에게 지시적인 접근법이나 비지시적인 접근법보다 더 생산적인 대안이 될 수 있을 것이다. 초보 상담자들은 어떻게 상담자와 내담자가 적극적으로 참여하고 협력적인 방법으로 함께 작업할 수 있는지에 대한 역할 모델이 필요하다. 강한 작업 동맹을 촉진하고, 이런 중간 정도의 통제를 공유하는 치료적인 개입에 대해 알아보도록 하자.

살펴본 바와 같이, 대인과정접근에서 상담자의 목표는 상담과정을 형성해가는 데 적극적으로 참여하면서 동시에 내담자가 상담과정을 이끌어가도록 격려하는 것이다. 이때 상담자에게 중요한 기법은 내담자의 추진력을 떨어뜨리지 않으면서 개입하는 것이다. 다음의 예들은 이렇게 하기 위한 효과적인 방법과 비효과적인 방법을 소개한다.

비효과적인 개입 내담자가 상담회기 내내 부적절한 내용의 이야기만을 끊임없이 쏟아내고 있다고 가정해보자. 상담자는 내담자의 이야기에서 아무런 공통되는 주제를 찾을 수 없거나 이야기가 내담자에게 갖는 개인적인 의미를 이해할 수 없다. 이 경우 상담자는 내담자의 이야기를 중단시키고, 상담자가 생각하기에 더 중요한 특정 주제로 내담자를 이끌어나가기 쉽다. 비록 이것이 때때로 효과적일 수 있으나, 상담의 추진력을 내담자로부터 상담자로 옮기지 않으면서 치료적 상호작용에 활력을 불어넣는다면 더 성공적일 것이다. 다음 대화에서 상담의 책임은 상담자에게 있게 되며, 내담자는 변화를 위한 내적인 초점을 잃게 된다.

비효과적인 상담자 우리의 대화가 어디로 가고 있는지 의심스럽네요. 제가 초점을 잃었나요?

내담자 저도 잘 모르겠어요. 제가 무엇에 대해 이야기해야 한다고 생각하세요?

비효과적인 상담자 이전부터 자신을 주장하는 데 어려움이 있었던 것 같은데요. 제 생각에는 우리가 그것에 대해 더 자세히 살펴볼 필요가 있어요. 지난주에 당신의 상사에게 2주 대신에 3주간의 휴가가 필요하다고 말하고 싶다고 했는데, 그것을 어떻게 말할 건가요?

내담자 확실히는 모르겠어요. 제가 뭐라고 말해야 할까요?

비효과적인 상담자 우선, 상사와 대면 면담을 할 필요가 있어요. 상사의 관심을 받을 수 있게 둘이 만나서, 당신들 중 어느 누구도 무안하지 않게 되는 것이 중요합니다. 그러고 나서 당신이 원하는 것을 직접적으로 말하기 위해 우리가 연습했던 '나' 전달법을 사용해보세요.

내담자 좋아요. 그런데 처음에 뭐라고 말할까요?

이 대화에서 내담자의 반응을 평가해보면, 상담자가 내담자를 보다 중요한 주제로 이동시키고 상사와 효과적으로 대면하는 것에 관해 유용한 정보를 제공했지만, 이런 개입이 생산적이지 않다는 것은 명백하다. 치료의 중심이 내담자로부터 상담자로 이동했으며, 위계적인 교사-학생의 관계가 이루어졌다. 대부분의 내담자는 자신이 추진력을 갖고 활발하게 상담에 참여하기 전까지는 상담자가 주는 유용한 정보를 적용할 수 없다. 더욱이 상담자가 계속해서 알려주어 내담자는 수동적인 역할을 하기 때문에 상담과정에 참여함으로써 얻게 되는 성공감을 느낄 수 없게 된다. 더 좋은 개입은 내담자가 적절하다고 느끼는 다른 주제가 있는지 내담자에게 물어보고, 다시 상담에 참여할 때까지 기다리는 것이다. 그 이전에는 다른 정보를 주거나 상담의 방향을 설정하려는 노력을 자제해야 한다. 그러나 만약 내담자가 다시 적극적으로 상담에 참여하지 않으면, 비지시적으로 계속 기다리고 있을 필요는 없다. 대신에 상담자는 과정 언급을 함으로써 개입할 수 있다. 이러한 더 효과적인 접근방법에 대해 살펴보자.

효과적인 개입 상담자는 내담자로 하여금 상담의 추진력을 이끌면서 동시에 내담자가 더욱 생산적인 주제를 산출하도록 재초점화할 수 있다. 이런 상황에서는 과정 언급이 종종 효과적인데, 과정 언급은 논의의 주제가 상담자와 내담자 사이의 현재 상호작용이 되도록 한다.

효과적인 상담자 당신이 이야기하고 있는 것이 당신에게 정말로 중요한 것이라고 느껴지지 않네요. 제가 중요한 것을 놓치고 있나요, 아니면 이것이 정말로 중요한가요?

내담자 네, 저도 제가 무엇을 하고 있는지 잘 모르겠어요. 제가 무엇에 대해 얘기하길 바라세요?

효과적인 상담자 당신에게 가장 중요한 것이 무엇인지 알기 위해 우리가 함께 노력해야 하고, 그것에 대해 이야기해야 한다고 생각해요. 그것이 무엇일까요?

내담자 정말이지 잘 모르겠어요.

효과적인 상담자 우리 잠시만 조용히 앉아 있어 보지요. 그리고 당신에게 무엇이 생각나는지 봅시다.

내담자 (멈춤) 이야기하기 부끄러운 것이 있는데요. 제가 양성애자이면, 아니 제가 때때로 남자에게 성적인 느낌을 가진다면 죄가 된다고 생각하세요?

초보 상담자는 침묵을 불편하게 느끼고 침묵을 방지하기 위해 무엇인가 하려고 한다.

그러나 만약 상담자가 자제할 수만 있다면, 침묵은 내담자가 자신의 관심사를 정하거나 새로운 논의거리를 만들어내는 아주 좋은 순간이 된다. 이런 유형의 과정 언급은 또한 상담의 추진력을 내담자에게서 뺏지 않으면서 내담자를 보다 실제적인 주제에 접근할 수 있게 한다. 상담자는 자신의 관찰을 내담자와 나누고 현재의 상호작용에 대한 내담자의 지각에 대해 질문함으로써 직접적으로 개입한다. 동시에 상담자는 논의에 활기를 다시 불어넣는 적극적인 참여자라는 내담자의 위치를 유지시켜준다. 대개 내담자는 상담자를 따라가기보다 이런 방법으로 상담을 이끌어가도록 할 때 훨씬 자신에게 중요한 문제를 내어놓게 된다.

이러한 개입 지침을 사용하고 있는 다른 예를 살펴보자. 다음의 상황을 상상해보라. 대학 상담센터에서 19살의 백인 내담자가 청소년 초기에 계모가 옷 벗는 것을 보려 했던 자신의 시도를 상담자에게 이야기하고 있다. 내담자는 자신의 관음적 시도들에 대해 오랫동안 매우 자세하게 이야기하고 있지만, 상담자는 이것이 내담자에게 그리 관심 있는 것이 아니라고 느껴졌다. 상담자는 이 이야기에 대해 내담자가 갖는 적절한 의미를 발견할 수 없었기 때문에 내담자의 현재 삶에서 더 중요한 문제들에 대해 이야기하기를 원했다. 다음의 대화에서, 상담자는 변화 주체로서의 내담자 위치를 변화시키지 않으면서 새롭고 중요한 이슈들에 대해 이야기하도록 내담자를 재초점화하는 과정 언급을 이용한다.

상담자 당신 이야기를 들으면서 지금 말하고 있는 것이 당신이 정말로 관심 있어 하는 것이라고 느껴지지가 않습니다. 맞나요? 아니면 제가 당신이 말하고 있는 것의 의미를 잘 이해하지 못하는 것인가요?

내담자 상담자들은 오이디푸스 콤플렉스 같은 종류의 이야기에 관심이 있다고 생각하는데 … 선생님도 그런 이야기를 듣고 싶어하는 것 아닌가요?

상담자 당신에게 가장 중요한 것에 대해 이야기하기보다, 당신이 생각하기에 제가 듣기를 원하는 것에 대해 말하는 것에 놀랐습니다. 아마도 그것이 우리가 상담에서 살펴보아야 할 문제인 것 같네요. 당신이 다른 사람과의 관계에서도 그런지 궁금하네요.

내담자 (빈정대며) 글쎄요, 물론이지요—그것이 모든 사람들이 교사, 부모나 당신 같은 상담자에게 하는 것 아닌가요? 선생님이 원하는 것을 파악하고 따르는 거지요.

효과적인 상담자 글쎄요, 그것은 어떤 사람들이 교사, 부모나 상담자에게 해야 한다고 배운 거지요. 하지만 그것은 당신이 모든 사람에게 해야 하는 것은 아니지요. 또 저에게 해야 할 것도 아닙니다. 저는 자기 의견을 갖고 있는 사람을 좋아합니다.

내담자 (다시 빈정대며) 그래요?

상담자 네, 그렇습니다. 삶에서 당신은 누구에게 정직해질 수 있고, 당신이 정말로 마음 쓰는 것에 대해 말할 수 있나요?—당신은 누구의 요구에 피상적으로 따릅니까? 누구에게나 지금 저에게 하는 것처럼 화를 내나요?

내담자 선생님은 제가 나쁘다고 생각하시는군요.

상담자 아니요. 당신이 나쁘다고 생각하지 않아요—하지만 저를 약 올린다고 느껴지네요. 당신이 이런 방식으로 이야기하는 다른 사람이 또 있나요?

내담자 글쎄요. (멈춤) 아마도 엄마요.

상담자 만약 당신에게 중요한 것에 대해 엄마에게 말하면 어떤 일이 생기나요?

내담자 엄마는 화내요—내가 누구인지가 엄마를 난처하게 만든 것처럼.

상담자 오, 유감이네요. 그것에 대해 엄마에게 말해본 적이 있나요? 방금 매우 명확하게 말했는데요.

내담자 (경멸하며) 물론 아니지요—선생님은 산타클로스와 이빨 요정을 믿나요? 엄마는 변하지 않을 거예요!

상담자 저에게 말한 것처럼, 특히 그 경멸하는 어조에서 모욕감이 느껴지네요—마치 당신이 나를 바보라고 생각하는 것 같아요. 그것이 당신이 전하고자 하는 건가요?

내담자 (멈춤) 음….

상담자 당신이 빈정대며 경멸적으로 사람들에게 말한다는 것을 알고 있는지 궁금하네요.

내담자 그런 것 같기도 하고 아닌 것 같기도 하네요—하지만 선생님이 말씀하신 것처럼, 그건 문제인 것 같아요.

상담자 네, 다른 사람들이 좋아하지 않을 것 같아요. 어떤 사람들은 친절하게 반응할 수 있지만 어떤 이들은 다소 뒷걸음질칠 수 있어요—심지어 완전히 당신과의 관계를 단절할 수도 있지요.

내담자 네. (멈춤, 침묵) 엄마와 나는 때때로 서로에게 그렇게 해요.

상담자 유감이네요. 엄마나 당신에게 어떻게 일들이 이상하게 되는지 알겠어요. 엄마가 변화할 수 있는지 잘 모르겠지만, 시험해보는 것도 괜찮다고 생각해요. 아마 당신이 엄마에게 다르게 말하기 시작하면 엄마도 다르게 반응할 수 있을 거예요—당신이 저에게 말하는 빈정대는 투가 아니라 당신과 엄마 사이에 무엇이 오가고 있는지 존중하고 직접적인 방식으로 말하면. 그러면 엄마가 좀 더 잘 반응하게 될 거예요. 어떻게 생각하세요?

내담자 네, 아마도. 하지만 만약 엄마가 저에게 엄마의 방식대로 모든 것을 해야 한다고 생각하면 어떻게 나아질 수 있겠어요?

상담자 당신이 엄마에게 다르게 해볼 수 있는 몇 가지 아이디어가 있어요—엄마가 변화하든지 안 하든지 간에—당신이 자신에 대해 좋게 느낄 수 있게 하는 아이디어요.

내담자 엄마가 희망이 없는 것으로 밝혀진다면 어떻게 좋을 수 있나요? 제 생각에 엄마는 항상 하던 대로 말할 거예요—모든 것이 내 잘못이다; 내가 항상 모든 것을 잘못한다고.

상담자 슬프게도 그럴 수 있지요. 하지만 당신이 존중하는 방식으로 엄마에게 말하려고 노력한다면, 엄마와의 상호작용에서 당신이 하는 부분에서 다르게 느낄 겁니다. 아마도 모든 문제가 항상 당신의 잘못이라고 믿는 것을 멈출 수 있을지도 몰라요. 그래서 엄마를 변화시키지는 못해도, 다른 관계가 더 좋아질 수도 있어요.

내담자 여자친구와의 관계처럼요?

상담자 네, 그래요. 저에게 어떻게 여자친구와 교제하는지 말해보세요.

요약하면, 이 대화에서 상담자는 내담자의 모욕적인 태도를 비난하지 않는 방식으로 대인관계에 대한 피드백을 제공하며, 내담자를 자신이 문제의 원인이 되고, 그것을 해결하는 데 있어서 좀 더 책임감을 가지고 도전하게 만든다. Carkhuff(2008)는 이것을 **개인화**(personalizing)라고 불렀으며, 내담자가 자신이 겪고 있는 문제의 원인이 되고, 문제를 유지하는 데 책임감을 공유한다는 것을 깨닫도록 돕는 방식으로 상담자가 반응하도록 장려한다. 상담에서 내담자가 개인적인 책임감을 가지게 도전하도록 하지 않는 상담자는 일반적으로 전문성을 잃어버리고, 작업 동맹은 약해진다. 치료적인 대화가 지지적이고 이해적일 수는 있지만, 그런 대화는 별로 효과가 없다. 따라서 상담자는 개인화하는 방식으로 내담자에게 반응하는 것이 바람직하다. 예를 들어, "그들이 당신을 이용했고, 그 일이 일어났을 때 대항하지 못했기 때문에 당신은 화가 났군요."

문제를 해결하는 데 내담자의 협력 얻기

앞에서 살펴본 것처럼, 내담자는 상담과정을 통해 자신의 내부를 보고, 자신의 내적인 세계를 공유하며, 자신의 문제를 이해하고 해결하는 데 참여함으로써 가장 큰 도움을 받을 수 있다. 내담자의 무엇이 잘못되었고 이를 위해 무엇을 해야 하는지 파악하는 것이 모두 상담자의 책임이라고 가정하는 것은 상담에 대한 보편적인 편견 중 하나이다. 초보 상담자들은 종종 상담자로서 자신이 매우 현명해야만 하고 내담자의 문제에 통찰적인 해결책을 갖고 있어야 한다는 비현실적인 기대를 한다. 따라서 초보 상담자들은 이러한 수행에 대한 요구로 인해 고통스러운 부적절감으로 괴로워한다. 다시 한 번 말하지만, 이런 편견을 그대로 수용한다면 변화를 위한 추진력을 상담자 자신에게 두게 되고, 내담자는 깨우쳐지기를 기다리는 수동적인 수혜자의 역할로 격하시키게 된다. 이런 위계적인 모델을 택하기보다, 좀 더 효과적인 접근법은 협력적인 동맹을 문제해결의 단계까지 확장하는 것이다. 상담자는 내담자가 자신의 문제를 해결하는 데 적극적으로 참여하게 할 때 보다 효과적인 상담자가 된다. 예를 들어, 상담자는 다음과 같이 질문한다.

- 인생을 더 낫게 만들기 위해 당신이 변화시켜야 할 가장 중요한 것은 무엇입니까?
- 과거에 노력했던 것 중에서 당신에게 효과적이었던 것은 무엇입니까?
- 돌아보건대, 다른 사람들은 상황을 더 좋게—혹은 나쁘게—만들기 위해 무엇을 했습니까?

- 당신은 이런 상황에 처한 적이 있나요?
- 당신과 내가 함께 노력하고 돕기 위해 무엇을 할 수 있을까요?
- 당신이 이 위치에 오게 된 방식을 어떻게 봅니까?
- 내일 아침 당신이 일어났을 때 당신의 문제가 좋아지려면, 당신은 상황이 나아지게 하기 위해 무엇을 변화시켜야 할까요?

상담자는 내담자에게 어떻게 삶을 이끌어나가야 하는지 알려주어야 한다는 기대를 가지고 있다—이 모든 것이 무엇을 의미하는지 내담자에게 설명하고, 충고하고, 해결책을 처방함으로써. 그러나 내담자가 협력적인 파트너십에 함께 참여할 때, 그것이 내담자에게 힘을 갖게 하는 것이며, 자신의 독립적인 삶을 좀 더 잘 영위할 기회를 주는 것이다. 상담자는 내담자에게 정답을 제공하려고 노력하기보다, 내담자가 자신의 문제를 탐색하는 방법을 배우고, 다른 시각으로 상황에 대해 사고하며, 스스로 해결책과 대안을 알아내도록 도울 때 가장 효과적이다(Arkowitz et al., 2015). 내담자의 실제적인 변화는 상담이 내담자가 제기하는 문제들을 해결할 뿐만 아니라, 내담자의 자기효능감을 촉진할 때 일어나게 된다. 이것을 설명하기 위해, 내담자의 꿈에 반응하는 두 가지의 서로 다른 방법에 대해 살펴보도록 하자. 비록 꿈에 대한 해석은 같지만, 첫 번째 예는 내담자의 문제를 재현하는 반면에, 두 번째 예는 다른 대인과정을 불러일으킨다.

내담자의 갈등 해결하기

24세 내담자인 안나는 몹시 싸움이 잦은 부모와 함께 살았다. 몇 년째 안나는 가족으로부터 독립하는 발달적 이행과정 때문에 힘들어하고 있다. 안나는 성인으로서의 삶을 확립해나갈 수 없었다. 친구도 거의 없으며, 데이트도 하지 않으며, 특별한 교육이나 직업적인 활동도 없다. 안나의 '희생적인' 엄마와 알코올중독인 아버지는 끊임없이 말다툼을 벌인다. 안나는 집에 머물며, 엄마가 어려운 결혼생활에 대처하도록 돕는 것이 자신의 책임이라고 느끼고 있다. 안나는 우울증상을 호소하며, 상담을 시작하게 되었다.

몇 회기를 진행한 후, 안나는 자신에게 매우 중요하게 느껴졌던 꿈에 대해 상담자에게 자세히 이야기했다. 꿈에서 안나는 아름다운 말을 타고 초원을 가로질러 달리고 있었다. 안나는 드넓은 초원을 미끄러지듯이 달리며 이 우아한 말과 하나가 된 것을 느꼈다. 그들은 멀리 있는 산을 향해 달렸고, 강을 지나갔다. 새들이 날고 있었고, 풀을 뜯어먹고 있는 고라니 떼가 있었다. 안나는 지칠 줄 모르는 말을 앞으로 몰면서 강하고 자유롭게 느꼈다.

멀리 있는 산은 녹색의 초목과 큰 나무들 가운데 새로운 삶에 대한 전망을 보여주었다.

안나가 말을 앞으로 몰고 나갈 때, 그녀 안에서 그 전망들이 점점 빨라짐을 느꼈다. 그러나 산 근처에 이르자, 안나와 말은 느려지기 시작했다. 말의 다리가 그녀 자신의 다리가 되었고, 발을 옮길 때마다 발걸음은 더욱 무거워졌다. 안나는 있는 힘을 다해 앞으로 나아가려고 노력했으나, 실제로 발을 옮기고 있는지조차 알 수 없게 느껴졌고 이윽고 비틀거리기 시작했다. 그 순간에 안나는 자신을 잡으려고 위협하는 다른 기수들에게 둘러싸이게 되었다. 그녀는 숨이 막혀 소리를 지르며 깨어났다.

"제 꿈이 무엇을 의미한다고 생각하세요?" 안나는 물었다.

안나의 상담자는 통찰력 있는 긴 설명을 해주었다. 꿈에 대한 해석에서는 집을 떠나는 것에 대한 안나의 죄책감에 초점이 두어졌다. 상담자는 꿈에서처럼 안나가 스스로의 삶을 개척하고 자신의 관심을 추구하게 된다면 힘있고 생동감 있게 느낄 것이라고 설명했다. 그러나 안나가 자신의 목표에 도달하고 자기 자신의 삶에 대한 만족을 경험하기 전에 엄마와 부모님의 결혼에 대해 느끼는 책임감의 끈에서 자신을 자유롭게 해야 한다고 했다. 엄마에 대한 안나의 충성심은 그녀를 죄책감으로 몰아넣고, 자신의 독립적인 삶을 살지 못하게 위협하고 있었다. 그러고 나서 다음의 대화가 안나와 상담자 사이에 이어졌다.

안나 (열광적으로) 맞아요. 제가 엄마를 떠나서 제가 원하는 것을 할 때마다 저는 나쁜 아이이고 아마 곧 어려움을 겪게 될 것이라고 느껴요. 이것이 제가 그 꿈을 꾼 이유일까요?

비효과적인 상담자 우리는 당신이 다음달에 새 아파트로 이사 갈지에 대해서 이야기하고 있었지요. 제 생각에 그 꿈은 자신의 큰 변화에 대한 당신의 죄책감을 반영하는 것 같군요. 우리가 이야기해온 것처럼—좀 더 독립적이 됨으로써—당신은 이기적이고 엄마에게 상처를 준다고 여기고 있어요.

안나 저는 이사 가고 싶어요. 하지만 저는 엄마를 아빠에게 남겨둘 수가 없어요. 엄마는 제가 이사 가면 아빠와 이혼할 거라고 하세요. 그러면 그것은 제 잘못이 될 거예요. 어떻게 해야 하지요?

비효과적인 상담자 당신 대신에 제가 결정을 내릴 수는 없어요. 자신의 결정에 스스로가 책임을 져야 해요.

안나 하지만 무엇이 최선인지 모르겠어요. 하지만 선생님은 알잖아요. 선생님은 저보다 현명하고요. 저는 제 꿈에 대해서 많이 생각해보았지만 무엇을 의미하는지 몰랐어요.

회기의 남은 시간 동안, 안나는 계속해서 조언을 원했고, 자신의 문제를 해결하는 데 자신이 없다고 말했다. 상담자는 안나가 무엇을 해야 할지 말해주지 않았고, 자율성, 독립성, 그리고 안나 스스로 해결책을 찾아야 할 필요성에 대해 길게 설명했다. 안나는 점점 더 화가 났고 동시에 우울해졌다. 그런데도 상담자는 안나가 스스로 결정해야 함을 계속 설명했다.

비록 상담자가 안나의 꿈을 그녀의 분리 죄책감과 집을 떠나는 것에 대한 갈등에 잘 연결시켰지만, 이 회기는 생산적이지 못했다. 왜 그들의 대인과정은 잘 진행되지 않았을까?

이 회기에서 안나는 집에서 경험하고 있는 것과 유사한 관계 패턴을 상담자와의 관계에서 경험했다. 집에서 안나는 의존적이 되도록 그리고 스스로 성공할 수단을 가지고 있지 않다고 믿도록 훈련되어 왔다. 더욱이 안나는 독립적으로 행동할 때마다 죄책감을 느끼도록 훈련되어 있었다. 상담의 처음 15분 동안, 상담자는 요구하는 아이에게 필요한 모든 답을 주는 부모처럼 행동했다. 행동적인 수준에서 이런 상호작용은 안나가 상담자의 우월한 이해력에 의존적일 것이라는 메시지를 전달했다. 그러나 다른 수준에서 이런 메시지는 독립성에 대한 상담자의 언어적인 메시지와 모순되었다. 독립성에 대한 상담자의 상충된 메시지는 내담자를 이러지도 저러지도 못하게 했다. 상담자의 직접적인 해석은 어떤 내담자에게는 매우 효과적일 수도 있지만, 내담자 반응 특수성이라는 개념을 상기해볼 때 안나에게는 문제가 되었다.

안나는 좀 더 독립적이 되기 위해 상담자의 허락이 필요했고, 동시에 그녀의 엄마처럼 이 상담자도 자신이 의존적으로 남기를 기대하고 있다고 여겼기 때문에 매우 격렬하게 반응했다. 권위에 의존하는 관계 패턴이 상담자와의 관계에서 재현되었을 때, 안나는 자신이 갖고 있는 병리적 신념, 즉 스스로는 결정할 수도 없고 자신의 삶을 가질 수도 없다는 신념의 타당성이 확인되는 것 같았다. 안나는 상담자가 협력적인 동맹을 성공적으로 다시 만들 때까지 우울해 있었다. 다음 회기에서 상담자는 수퍼바이저의 도움을 받아 논의 중이었던 문제에 대한 안나의 생각을 이끌어냄으로써 협력적인 동맹을 재정립할 수 있었다. 상담자는 안나가 자신의 문제에 통찰력을 갖게 되는 것을 매우 기쁘게 느낀다고 이야기했고, 그런 후 상담자 자신이 가지고 있는 생각을 공유했다. 이번에 안나는 상담자의 아이디어를 받아들일 수 있었고, 스스로의 사고를 깊게 하는 데 그 아이디어를 이용할 수 있었다—이것이 파트너십이다.

안나와 상담자는 행동의 재현을 수정했고, 작업 동맹을 회복했으며, 상담은 성공적으로 진행되었다. 상담자가 내담자와의 잘못된 조율을 인식할 수 있을 때, 내담자는 상담관계에 깊이 접근할 수 있고 좋아진다(Safran & Kraus, 2014). 또 내담자에게 자신의 경험과 욕구를 명료화할 기회가 주어지게 된다. 이런 방법으로 내담자는 자신에게 무엇이 일어나고 있고 무엇을 변화시키기 원하는지 설명할 수 있는 힘을 얻게 된다—내담자는 이제 상담과정의 주체로서 더 적극적으로 참여하게 된다(Benjamin, 2009).

이것을 명심하고, "제 꿈이 무엇을 의미한다고 생각하세요?"라는 안나의 질문에 반응하는 더 효과적인 방법에 대해 알아보자. 어떤 문제를 탐색하는 데 내담자를 참여시키는 상담자의 반응은 상담자가 제공하는 그 어떤 정확한 설명보다 더 효과적일 것이다(Kazantzis & Kellis, 2012). 상담자는 다양한 방법으로 반응할 수 있으며, 내담자로 하여금 자신의 꿈이나 다른 문제들을 탐색하게 만들 수 있다. 그러한 협력적인 대인과정에서 상담자는 다음과 같은 질문을 할 수 있을 것이다.

- 저에게도 매우 중요한 꿈처럼 들리는군요. 함께 알아보도록 합시다. 어디서부터 시작하면 좋을까요?
- 꿈에서 깨었을 때 그 꿈과 관련한 주된 감정이 무엇이었나요? 그 감정을 현재 당신의 삶에서 일어나고 있는 어떤 것에 연결시킬 수 있습니까?
- 꿈에서 가장 중요한 이미지는 무엇이었나요? 그 이미지는 당신에게 무엇을 암시하고 있나요?
- 생각을 교환해봅시다. 제가 생각하고 있는 가능성에 대해 이야기할 테니, 당신도 자신의 생각을 이야기해보세요. 우리가 함께 무엇을 생각해낼 수 있을지 보는 것은 흥미롭겠어요. 누가 먼저 할까요?

이런 다양한 각각의 반응은 내담자가 상담자와의 활동에 적극적으로 참여하게 격려한다. 궁극적으로, 상담자는 꿈에 대해 동일한 해석을 주고 싶을 것이다. 그러나 상황에 더 잘 적용되게 내담자가 수정할 수 있도록 협력적으로 내담자를 과정에 초대함으로써 숙련된 방법으로 그렇게 할 것이다(Kiesler, 1996).

비록 상담자가 설명을 제공하더라도, 만약 그것이 상담자와 내담자의 공동의 노력에서 만들어지고 계속되는 협력으로 통합된다면 그 과정은 매우 다르고 내담자에게 보다 생기를 불어넣을 것이다. 이것은 내담자에게 자신이 상담자보다 아래의 위치에 있거나 상담자에게 의존하는 관계에 있는 것이 아니라, 오히려 자신의 능력을 발휘하게 격려받는 관계를 경험하게 해준다. 이럴 때 내담자는 상담과정을 자신의 것으로 느끼게 되고, 상담에 임하는 동기가 높아지며, 개인적인 유능감이 증진된다. 이렇게 자기효능감을 촉진하는 것은 안나와 같은 내담자에게 교정적 정서 경험(CEE)을 제공하는 것이 된다. 이것은 의존성이나 죄의식에서 벗어나 성장하고, 상담자와의 관계에서 유능하게 행동하게 되는 것인데, 내담자가 과거에는 경험하지 못했던 것이다(Silberschatz, 2005; Weiss, 1993). 이것을 좀 더 구체적으로 설명하기 위해, 안나의 상황으로 다시 돌아가서 상담자가 어떻게 좀 더 협력적이고 생산적으로 만들 수 있는지 살펴보자.

안나 (열광하며) 네, 맞아요. 제가 엄마를 떠나고, 원하는 것을 할 때마다 무언가 잘못하고 있다고 느껴요. 이것이 제가 꿈을 꾼 이유일까요?

효과적인 상담자 다음달에 당신이 아파트로 이사 갈지에 대해 이야기해왔는데요. 그 꿈이 당신이 스스로 새로운 시도를 하는 것에 대해 느끼는 죄책감과 관련이 있는지 궁금하네요. 어떻게 생각하세요?

안나 이사 가고 싶지만, 엄마를 아빠에게 남겨두고 떠날 수가 없어요. 엄마는 제가 이사 가면 아빠와 이혼할 거라고 하세요. 그러면 그것은 제 잘못이 될 거예요. 어떻게 해야 하지요?

효과적인 상담자 제가 당신이 방금 말한 것을 천천히 말하면 당신에게 어떤 생각이 드는지 말해보

세요: 어머니가 아버지와 이혼하면 그건 내 잘못이지요.

안나 (멈춤) 미치겠어요. … 제 인생을 망치는 것 같아요.

효과적인 상담자 좋아요—당신의 인생을 망치는군요. 하지만 그것은 사실이 아니에요. 자녀는 부모의 결혼에 책임이 없어요. 자녀가 부모의 결혼생활 갈등에 관여되거나, 지금처럼 부모를 구조하는 것은 합당하지 않아요—그것은 당신 자신의 인생을 사는 걸 방해하지요.

안나 선생님이 그렇게 말해주니 좀 낫네요. 하지만 제가 어떻게 해야 하나요?

효과적인 상담자 당신은 무엇을 할 수 있나요?

안나 저는 소리 내어 말하고 싶어요. 하지만 엄마의 마음을 상하게 하고 싶지는 않아요.

효과적인 상담자 네, 당신이 말하고 있는 화나는 갈등상황을 알 것 같아요: 자신의 인생을 살고 싶지만, 엄마를 사랑하기 때문에 엄마 마음을 상하게 하고 싶지 않은 거죠. 그럼, 소리 내어 말하고 싶은 것의 양쪽 측면을 말해보세요. 무엇을 말하고 싶나요? 그리고 엄마가 그것 때문에 마음 아프다면 어떨 것 같은가요?

안나 전 더 이상 엄마가 저에게 아버지에 대해 불평하는 것을 듣고 싶지 않다고 말하고 싶어요. 아버지가 무엇이 문제인지 듣고 싶지 않아요. 편들고 싶지 않아요. 하지만 제가 그렇게 말하면 엄마는 마음 아프고 배신당했다고 느낄 거예요.

효과적인 상담자 한계를 정하는 것이 나을 것 같아요. 하지만 엄마를 아프게 하는 것에 대한 죄책감은 힘들 거예요. 당신은 오랫동안 이것 때문에 힘들었어요. … 엄마를 '마음 아프게' 하는 말을 하고 행동하는 것이요.

안나 네, 그래요. 하지만 그것을 말하는 좋은 방법을 알고 싶어요—아시다시피, 존중하는 방법으로 … 그러나 엄마는 상처받을 거예요.

효과적인 상담자 물론이죠. 존중하는 방식으로 할 수 있는 방법을 찾아봅시다. 하지만 어떻게 엄마가 반응할지에 대해 현실적인 기대를 가지도록 합시다—또 그것이 어떻게 당신에게 영향을 미칠지에 대해서도요.

안나 좋아요. 선생님이 무슨 생각을 하는지 알아요. 저는 아마 당당하게 할 수 있을 거예요. 하지만 엄마는 제가 이사 가는 것이나 제가 원하는 것을 하는 것에 대해 지지해주지 않을 수도 있어요. 제가 무엇을 말하든지 엄마는 마음 상하고 배신당했다고 느낄 거예요.

효과적인 상담자 제가 틀렸으면 좋겠지만, 슬프게도 저 역시 그럴 거라고 생각되네요.

안나 네, 슬퍼요. 정말로 슬퍼요. 하지만 해보지요. 앞으로 어떻게 해야 할지 모르겠어요.

효과적인 상담자 좋아요. 어떻게 대화가 진행될지 역할연습을 해보죠. 그리고 생길 수 있는 어려움을 예측해봅시다. 제가 보다 주장적이지만 존중하는 안나가 되고, 당신은 엄마가 되어서, 당신이 이것에 대해 엄마에게 말할 때 엄마가 말할 것에 대해 말해보세요. 그러면서 죄책감과 슬픔을 주시해보지요.

내담자의 불안 추적하기

내담자가 내부로 초점화하도록 돕는 다른 한 가지 방법은 내담자의 불안을 추적하는 기술을 개발하는 것이다(Sullivan, 1970). 비록 불안의 주관적인 경험은 불편하고 고통스러울 수 있지만, 상담자에게는 매우 도움이 되는 동맹군과 같은 것이다. 그것은 상담자가 내담자의 핵심 갈등을 확인하도록 돕는 신호가 된다. 무엇이 내담자를 불안하게 만드는지를 정확하게 추적하는 것이 상담자가 내담자의 주요 문제를 파악하게 돕고, 상담자에게 진입로를 제공하게 된다(Wolfe, 2005). 상담자는 무엇이 내담자를 불안하게 하는지를 이해해야 내담자의 문제를 완전히 이해하거나 문제해결을 위해 상담에서 무엇을 해야 하는지 알 수 있게 된다. 어떤 상황이나 상호작용은 왜 특정 내담자를 불안하게 만들고, 내담자는 어떻게 반복되는 불안에 대처하는 것을 학습했을까? 상담자는 상담초점을 명확히 하기 위해 이런 질문에 대한 작업 가설을 만들 필요가 있다(Levenson & Strupp, 2007). 앞으로 살펴보겠지만, 내담자를 자신의 불안에 대해 내적으로 초점 맞추게 하는 것은 내담자가 겪고 있는 문제의 핵심으로 이끌 수 있게 된다.

상담자는 내담자의 불안을 추적하고, 무엇이 정말로 잘못된 것인지 핵심적인 것을 이해하기 위해 4단계 과정을 사용한다. 4단계 과정에서 상담자는

1. 내담자가 느끼는 명백하고 은밀한 불안의 신호를 파악한다.
2. 내담자 불안의 신호에 접근한다.
3. 현재 논의 중인 주제에 주의를 기울이고, 내담자의 불안을 촉진할 수도 있을 현재 일어나고 있는 대인과정에 대해 숙고한다.
4. 내담자 불안의 의미를 탐색하기 위해 내담자를 내부로 초점 맞추게 한다.

위의 4단계에 대해 더 자세히 살펴보자.

1단계. 내담자 불안의 신호 파악하기

내담자는 상담자와 논의하고 있는 사항이 자신의 핵심 갈등을 자극하고, 자신의 관계 틀, 병리적 신념 또는 핵심 갈등 감정을 활성화할 때 불안하게 된다. 내담자는 발달적 갈등이나 부적응적 관계 패턴에 의해 자극된 불안을 떨쳐버리기 위해 다양한 상황에서 반복적으로 사용하는 특정 대인관계 대처 전략을 발달시키게 된다(예를 들어, 다른 사람을 즐겁게 해주기, 통제하기, 물러나기 등). 만약 상담자가 내담자를 불안하게 하는 대인관계 시나리오, 주관적인 욕구 또는 상황적인 요구를 파악할 수 있다면, 상담자는 내담자의 불안을 점화하는 반복적인 패턴 또는 통합적인 주제를 더 잘 식별할 수 있게 된다(Levenson,

Butler, Powers & Beitman, 2002). 이런 이유로, 상담자는 끊임없이 스스로에게 묻고, 내담자가 다음을 파악하는 데 합류하도록 한다. "무엇이 이 내담자를 불안하게 만드는가? 언제 내담자는 위협받거나 불안전하다고 느끼는가? 안전이나 위험은 어디에 있는가?"

핵심 갈등을 개념화하거나 내담자를 힘들게 하고 있는 반복적인 패턴을 파악하기 위해, 상담자는 적극적으로 내담자가 표현하는 불안에 집중해야 한다. 예를 들어, 내담자가 경험하고 있는 무엇인가가 그를 불안하게 만들고 있다는 것을 가리키는 신호에 민감해야만 한다. 내담자가 자신의 불안을 표현하는 데는 수많은 방법들이 있다. 예를 들어, 과한 웃음, 손톱 물어뜯기, 흥분한 듯한 손짓, 동요된 움직임, 말 더듬기, 머리카락 잡아당기기, 말의 막힘 등등. 이런 '불안과 유사한 것들'은 내담자에 따라 끊임없이 다양한 방식으로 표현될 것이며, 상담자는 어떻게 특정 내담자가 불안을 표현하는지에 대해 알아둘 필요가 있다. 이것은 어떤 행동들이—눈 맞춤을 회피하는 것—불안의 신호라기보다는 정상적일 수도 있는 다른 문화적 배경을 가진 내담자들과 상담할 때 특히 중요할 것이다(Ridley & Kelly, 2007).

대부분의 내담자는 불안해질 때 동일한 대인관계 대처 전략을 반복적이거나 특징적인 방법으로 이용한다(Johnson, Popp, Schacht et al., 1989). 이런 전략에는 비판적이거나 통제적이기, 도움을 찾거나 혼란스러운 것처럼 행동하기, 다른 사람을 회피하기 등이 있다. 이런 대인관계 대처 전략은 7장에서 자세히 살펴볼 것이다. 정리하면, 내담자의 불안을 추적하는 첫 번째 단계는 내담자가 불안해지는 때를 관찰하고 알아차리는 것이다(예를 들어, 리더 역할을 맡거나 다른 사람의 지도를 따라야 할 때, 성공하거나 실수를 할 때, 타인과 한계를 설정해야 할 때, 다른 사람에게 동의하지 않거나 도전해야 할 때, 타인과 친밀해지고 타인을 신뢰해야 할 때, 낙담하거나 도움을 요청해야 할 때 등).

2단계. 내담자의 불안에 직접적으로 다가가기

3장에서 상담자는 내담자에게 나타나는 자신의 감정과 관심사에 주목해야 한다고 했다. 유사하게, 상담자는 논의되고 있는 문제나, 상담자와의 관계에서 그 순간에 발생하고 있을 수 있는 내담자의 불안에 접근해야 한다. Greenberg(2004)에 따르면, 상담자는 개방형 질문으로 내담자를 자신의 즉각적인 경험에 집중시킬 수 있다(예를 들어, "저에게 말하면서 지금 어떻게 느끼고 있나요?"라고 질문함으로써). 또 상담자는 좀 더 직접적으로 불안에 이름을 붙여줄 수 있다. 예를 들어보자.

상담자 무엇인가가 당신을 불편하게 만들고 있는 것 같은데, 그것이 무엇이라고 생각하나요?

내담자 잘 모르겠어요—초조한 것 같은데 잘 모르겠어요. 왜 그러시나요?

상담자 문장완성 연습을 다시 해보지요. 스스로에게 '나는 지금 ______이 두렵다'라고 물어볼 때 마음에 처음으로 떠오르는 것은 무엇인가요?

내담자 선생님은 화가 나셨군요. 저는 선생님이 저에게 화났거나 실망했다는 것이 두렵습니다.

상담자는 내담자로 하여금 자신이 경험하고 있는 불안에 대해 내부로 초점 맞추게 하여 더 깊이 탐색하게 함으로써 내담자를 문제의 근원에 더 가까이 가게 한다. 예를 들어, Greenberg(2010)는 변화를 촉진하기 위해 상담자와 내담자가 감정에 주의를 기울이는 것의 중요성에 대해 흥미롭게 기술했다. 비록 어떤 내담자는 자신의 내부를 들여다보고 불안을 더 깊이 탐색하라는 상담자의 요구에 양가감정을 느낄 수 있지만, 어떤 내담자는 자신의 불안과 이에 따라오는 혼돈과 고통을 상담자와 공유할 수 있는 기회를 반길 것이다. 다른 한편으로, 내담자는 자신의 불안에 접근하는 것이 자신의 **내적 작동 모델**(IWMs)에 더 가까워지게 함을 인식할 수도 있다—더 큰 불안을 가져오는 자신에 대한 잘못된 신념과 다른 사람으로부터의 원하지 않는 기대(Pietromonaco & Feldman, 2000).

그리하여 때로 내담자는 상담자가 자신의 불안에 초점을 맞추게 하는 시도를 도움이 된다고 경험할 수도 있지만, 다른 한편으로는 그것이 불안을 더 강렬하게 하는 것으로 경험하여 저항을 하기도 한다. 3장에서 논의된 것처럼, 상담자는 내담자의 저항이 나타날 때, 그 주제에 접근하는 것이 왜 안전하지 않은지 혹은 왜 위협적이 되는지를 탐색함으로써 내담자의 저항에 반응할 필요가 있다. 이런 접근이 내담자의 저항을 무시하거나 단순히 내담자가 자신의 갈등에 대해 말하도록 설득하는 것보다 훨씬 더 효과적일 것이다. 이런 존중적이며, 비요구적이고, 협력적인 접근은 내담자의 자율성을 존중하고, 동기를 높이며, 내담자에게 힘을 갖게 하고, 긍정적인 결과에 기여한다(Csillik, 2015; Guame et al., 2008). 상담자와 내담자가 구체적인 문제에 대해 다루기 전에, 먼저 저항에 대해 탐색하고 이 주제에 대한 어떤 것이 내담자가 이야기하는 데 안전하지 않고 불안을 발생시키는지에 대해 함께 탐색해야 한다. 예를 들어보자.

상담자 좋아요. 이것에 대해 이야기하는 것을 잠깐 멈춥시다. 대신에 그것에 대해 저에게 말한다면 무엇이 위협적인지 제가 이해하게 도와주세요. 우리 사이에 무엇이 잘못되었나요?—당신이 저에게 계속 이야기한다면, 어떻게 다시 상처입는 것으로 끝나게 될까요?

아마도 내담자는 자신이 더 말한다면 상담자가 자신을 더 이상 좋아하지 않거나 존중하지 않을까봐 두려워할 수 있다. 상담자의 의도는 내담자의 저항을 존중하는 방식으로 반응하는 것이다. 3장에서 살펴본 것을 기억해보면, 상담자는 다음과 같이 함으로써 그렇게 할 수 있다.

1. 내담자를 지금과 같은 특정한 방식으로 행동하게 이끈 최초의 혐오적인 경험을 이해하려고 노력한다.

2. 내담자로 하여금 이런 '저항'과 '방어적인' 반응이 어떻게 한때는 필요했고 적응적인 대처 전략이었는지를 인식하게 돕는다.
3. 다음의 예처럼, 내담자가 기대하는 것과는 다르면서도 보다 교정적인 반응(CEE)을 내담자에게 함으로써 내담자의 도식이나 내적 작동 모델을 인정하지 않는다.

상담자 아니요, 화요일에 당신이 그 중요한 프레젠테이션을 하기 전에 제가 당신에게 전화해줄 수 있는지를 묻는 것에 대해 당신을 '요구가 많은 사람'으로 생각하지 않습니다. 몇 분 시간을 내서 당신에게 전화하는 것은 어려운 일이 아닙니다. 오히려 당신이 이것을 저에게 말하고 공유해준 걸 기쁘게 생각합니다.

3단계. 무엇이 내담자의 불안을 촉진하는지 관찰하기

앞에서 살펴본 바와 같이, 상담자는 우선 내담자가 언제 불안한지를 관찰하고, 내담자가 자신이 경험하고 있는 것을 탐색하고 이해하도록 내부로 초점 맞추게 돕는다. 동시에, 상담자는 세 번째 과제를 갖게 되는데, 다음을 인식하려고 노력해야 한다: (1) 방금 어떤 문제가 논의되고 있었는지(내용), 또는 (2) 상담자와 내담자 사이에 어떤 종류의 상호작용이 내담자의 불안을 촉진했는지(과정). 만약 상담자가 내담자를 불안하게 만든 것을 파악할 수 있다면, 상담자는 병리적 신념, 부적응적 관계 패턴, 또는 불안을 야기할 수 있는 핵심 갈등 감정을 파악할 수 있을 것이다. 상담자와 내담자가 협력적으로 촉발하는 사건을 알아차릴 수 있을 때, 무엇이 정말로 문제이고 변화가 필요한지 이해하는 것을 도울 수 있다. 따라서 불안에 접근하는 것은 내담자를 보다 의미 있게 상담으로 초대하는 진입로가 된다.

일반적으로, 내담자는 많은 다양한 문제들을 상담자와 편안하게 이야기할 수 있을 것이다. 그러나 내담자가 불안하게 될 때, 상담자는 불안을 야기한 문제나 이야기의 주제를 파악하기 위해 노력해야만 한다. 내담자가 방금 이야기하고 있었던 것은 무엇이었나? 그것은 성, 죽음, 친밀감, 돈, 성공, 이혼, 부적절감이었나? 이에 대한 답은 내담자의 핵심 갈등과 연결되어 있어서 더 탐색되어야 할 이슈들을 알게 해줄 것이다. 우리가 알고 있는 것처럼, 상담자가 불안을 발생시킬 수 있는 가능한 문제에 대해 작업 가설을 이미 형성했다면, 내담자가 이것을 좀 더 효과적으로 탐색하도록 도울 수 있다. 부록 A에서 제시된 것처럼, 각 회기 후에 과정노트(process notes)를 작성하는 것은 상담자가 보다 효과적으로 작업 가설을 만드는 데 도움이 될 것이다.

또한 내담자의 불안은 종종 상담자와 내담자 사이의 대인과정이 내담자의 발달적 문제나 부적응적 관계 패턴을 재현하고 있다는 신호가 된다. 예를 들어, 상담자는 다음과 같은 상황에서 내담자의 불안을 관찰할 수 있다.

- 상담자가 상담회기에서 무엇이 진행되고 있는지 불확실하다고 표현할 때마다 내담자는 불안해했다. 그것은 아마도 알코올중독인 아버지가 불확실하거나 부적절하다고 느낄 때마다 그녀를 무시하기 때문일 수 있다.
- 내담자가 중요한 통찰을 보였고 상담자가 내담자의 이런 성취를 칭찬했다. 그 직후 내담자는 불안해졌는데, 그것은 부모가 항상 그에게 기대했던 것처럼 아마도 자신이 항상 통찰력이 있어야 하고 잘 해야 한다고 믿었기 때문일 수 있다.
- 상담자가 지지적일 때 내담자는 불안하게 느꼈다. 왜냐하면 그 연결은 항상 과거에 그녀에게 주어졌던 것과 결부되어 있었기 때문이다.
- 내담자의 내적 작동 모델에 따르면, 내담자는 원하지 않지만 내담자를 돌보던 사람이 항상 그랬던 것처럼, 상담자도 지지해준 것에 대해 무언가 지불하게 할지도 모른다고 생각했을 수 있다.

상담자는 현재의 상담자-내담자 상호작용이 어떻게 내담자의 발달적 문제를 활성화하고, 부적응적 관계 패턴을 재현할 수 있었는지에 대한 작업 가설을 형성해야만 한다. 이런 가설들은 내담자의 불안을 유발한 문제들을 내담자로 하여금 더 탐색하게 하고, 불안을 야기한 좀 더 근원적인 문제들을 더 잘 이해할 수 있도록 돕는 데 이용될 수 있다.

4단계. 내담자가 내면에 초점을 맞춰 불안을 탐색하도록 하기

앞에서 살펴본 것처럼, 상담자는 내담자의 불안 신호에 민감해야 하고, 불안이 발생할 때마다 불안에 접근해야 한다. 동시에 상담자는 무엇이 내담자의 불안을 촉발했는지, 특히 두 사람 사이에 직전 발생한 것이 무엇인지를 파악하려고 애쓰게 된다. 그리고 불안의 원인이 되는 관계 패턴, 병리적 신념, 그리고 이에 수반되는 감정들에 대한 작업 가설을 형성하기 시작한다. 마지막으로, 상담자는 내담자에게 위협이나 위험이 되는 것을 보다 구체적으로 탐색하기 위해 내담자가 내부로 초점을 맞추게 해야 한다. 만약 상담자가 내담자를 내부로 초점 맞추게 돕고 불안과 연합되어 있는 사고와 감정을 명확히 하도록 도울 수 있다면, 내담자의 모호한 불편감은 더 구체적으로 드러날 것이다. 즉, 일단 내담자의 근본적인 문제가 더 명확하게 드러나면, 내담자는 불안을 야기하는 문제를 더 직접적으로 이야기할 수 있다.(내담자: "추측하건대, 제가 말하거나 '싫다'라고 하면 그들이 좋아하지 않을 거라고 두려워했던 것 같아요—하지만 그건 제가 받아들여야 할 결과인 것 같아요".) 다음의 대화가 이런 과정을 묘사하고 있다.

상담자 지금 뭔가가 진행 중인 것 같은데, 무슨 일이 일어나고 있나요?

내담자 말하기에 좀 불편한데요. 엄마는 제가 변화되기를 진심으로 원하는 것 같지 않아요. 엄마가 나쁜 사람은 아니지만, 하여간 제 생각에 상담을 통해 제가 나아지고 있는 것 같아요. 그런데 엄마는 그것에 대해 별로 좋아하는 것 같지 않아요.

상담자 네. 어떻게 그렇지요?

내담자 글쎄요. 저는 요즘은 우울하지 않고, 지난달부터 정말로 상태가 좋아요. 아마도 단순히 우연의 일치일 수도 있는데요. 제가 좋아지고 친구들과 시간을 더 보내기 시작하면서, 엄마가 저를 거부하고 말을 하기도 더 힘들어졌어요. 그리고 제 생각에 이전에도 엄마와 저는 그런 관계였던 것 같아요.

상담자 좋은 가설이라고 생각해요. 당신은 상담에서 매우 잘 하고 있고 좋아지고 있어요. 당신이 자신감과 독립성이 커지는 것이 때로는 엄마에게 어려울 수도 있어요.

내담자 (안절부절하며, 손톱을 뜯기 시작하며, 다른 주제에 대해 이야기하기 시작한다)

상담자 무엇인가가 당신을 불편하게 만들었나요?

내담자 모르겠어요. 상담시간이 얼마나 남았나요?

상담자 우리가 이야기하고 있던 것이나 아니면 우리 사이에 오가던 무엇인가가 지금 당신을 불편하게 만들지 않았나 싶네요.

내담자 (잠시 멈춤) 글쎄요, 왜 제가 이런 이야기를 하는지 모르겠지만, 저는 선생님이 멀리 떠날까봐 두려운 것 같아요.

상담자 이해가 가네요. 우리는 방금 당신이 잘 하고 있을 때, 어머니가 당신에게 상처를 주고, 또 당신을 거부하는 것 같다고 이야기하고 있었지요. 그리고 제가 방금 당신이 여기서 매우 잘 하고 있다고 생각한다고 말했고요.

내담자 글쎄요, 그런 것 같아요. 그런데 그것이 저를 썩 그렇게 기분 좋게 하지 않네요. 제가 좋아지면 선생님도 저와 함께 있지 않을 거잖아요.

상담자 중요하게 들리네요. 그런데 잘 이해가 가지 않아요. 다시 한 번 말하거나 다르게 말해주시겠어요?

내담자 제가 좋아지면 우리는 상담을 끝낼 거고. 그러고 나면 저는 엄마, 선생님, 혹은 어느 누구와도 함께 있지 않잖아요. 아시겠지요? 절망적이에요.

상담자 아주 명확하게 말했어요. 처음에는 저도 이해하지 못했는데 당신이 맞아요—우리에게 지금 현재 문제가 되고 있는 상황은 이전에 일어났던 것과 같은 성질의 문제 같아요. 건강하게 느끼고 행동하는 것은 당신에게 혼자가 되어야 한다는 것을 의미하는군요. 과거에 다른 사람들과 가까워지기 위해 당신은 슬프고 우울하고 부족했어야만 했어요. 제 생각에 당신은 항상 이 문제로 힘들어하고 있었어요. 그리고 지금, 똑같은 오래된 원치 않는 이야기가 우리 사이에서 다시 반복되고 있는 것 같군요.

내담자 네, 그래요.

상담자 그러나 우리는 다르게 할 수 있다고 생각해요. 우리가 함께 노력해서 이번에는 더 잘 되게 만들 수 있는 방법을 찾으려고 노력해볼 수 있을까요?

내담자 모르겠어요. 지금까지는 별로 잘 되지 않고 있어요.

상담자 제가 생각하고 있는 한 가지 차이는 우리가 이 문제에 대해 이야기를 나누고 있다는 것이지요—그것에 대해 이야기하고 공유하고. 그리고 이것은 이전에는 일어나지 않았던 것이지요.

내담자 그게 무슨 차이죠?

상담자 아마도 제가 당신 내면에 일어나고 있는 것이 무엇인지 알고, 당신의 자율성과 성공이 여러 번 이런 방식으로 손상되는 것이 얼마나 좌절스러운지 느낄 수 있기 때문에 다르지요. 저는 여전히 당신 옆에 있다고 느끼고 있어요.

내담자 그렇긴 하지만, 그래도 저에게 크게 다르게 보이지는 않는데요.

상담자 좋아요. 저는 이런 차이가 지금 당신이 생각하는 것보다 더 중요하다고 봐요. 이것에 대해 계속 이야기해봅시다.

내담자 왜요? 요점이 무엇이지요?

상담자 만약 당신이 예전처럼 생각하는 것을 멈추고 저나 다른 어떤 사람이 엄마처럼 떠나지 않고 당신이 성공했을 때 당신 옆에 남아있다는 것을 알게 된다면, 당신이 삶에서 더욱 강해질 수 있을 텐데요. 우리가 이야기해왔던 남자친구, 당신의 교수님, 그리고 다른 사람들처럼.

내담자 정말로 그럴 수 있다고 생각하세요?

상담자 네, 그래요. 당신이 여기서 저와 하는 것처럼, 지적이고 유능하게 남자친구를 대한다면, 남자친구가 어떻게 반응할 거라고 생각하세요? 당신의 엄마나 다른 사람들이 그랬던 것처럼, 그도 위협적이라고 느낄까요? 아니면 저처럼 그도 당신의 좋은 면을 보면서 즐겁게 시간을 보낼 수 있을까요?

이런 방식으로, 내담자의 불안을 추적해보는 것은 상담자와 내담자가 내부로 초점을 맞추고, 내담자의 가장 기본적인 이슈를 명료화하는 데 도움이 된다. 특히, 이런 과정은 내담자의 부적응적 관계 패턴이 상담관계에서 어떻게 활성화되는지를 보여줄 것이다. 내담자가 타인과의 관계에서 갖게 되는 문제가 상담자와 내담자의 관계에서 어떻게 재현되는지를 명료화함으로써 상담자는 두 가지 중요한 면에서 개입할 기회를 가지게 된다. 첫째, 상담자는 상담관계를 타인과의 관계에서 일어나는 문제 패턴과 다르게 만들어갈 수 있을 것이다. 둘째, 내담자의 긍정적인 새로운 행동을 내담자의 삶에서 다른 사람들과 연결시킬 수 있다. 다음 장에서 이러한 점에 대해 좀 더 자세히 살펴보고, 어떻게 내담자가 그들 삶에서 다른 사람들에게 이런 새로운 방법을 일반화할 수 있는지 탐색할 것이다.

맺음말

우리는 어떤 이론적 접근을 가진 상담자라도 내담자에게 경험적인 재학습과 상담자와의 실제 관계 속에서 문제에 대한 해결책을 실행하는 것을 통해 그들이 변화하도록 도울 수 있다고 믿는다(Friedlander, Sutherland, Sanders et al., 2012; Goldfried, 2012; Levenson, 2010). 내담자로 하여금 변화를 위해 내부로 초점을 맞추게 돕는 것은 내담자가 경험해 왔던 관계와는 다른 유형의 관계를 제공하기 위한 하나의 중요한 방법이 된다. 내담자는 상담에서 다룰 문제를 함께 결정하고 문제해결에 참여함으로써 문제의 원인이 되는 감정과 신념을 훨씬 더 잘 알 수 있게 되며, 그 과정에서 자기효능감을 더욱 증진할 수 있게 된다. Bowlby(1988)는 이런 대인과정을 다음과 같이 간결하게 기술했다. 내담자에 대한 기본적인 상담자세는 "제가 알아요; 제가 당신에게 말해주지요."가 아니라 "당신이 알고 있어요; 저에게 말해보세요."이다.

중요한 것은 우리가 내담자로 하여금 자신을 더 드러내게 압력을 가하는 것이 아니라는 점을 기억해야 한다. 수퍼비전에서 실습생들의 녹화 비디오를 보면, 내담자는 중요한 내용을 말하고 있고, 실습생은 내담자가 방금 말한 것의 좀 더 깊은 의미를 파악하지 못하거나, 내담자의 감정을 모른다거나, 또는 중요한 포인트를 놓치고 표면적인 이슈를 다루는 것을 종종 발견하곤 한다. 우리는 이 장과 책 전체를 통해 이것이 임상훈련에서 중요한 주제라고 강조하고 있다. 교수자들은 실습생들이 내담자가 말한 것의 핵심이 되는 내용을 경청하고, 그에 반응하는 능력을 발전시키도록 지도할 필요가 있다. **중요한 것은 내담자에게 자신이 완전히 이해받고 있으며 자신의 욕구가 충족되는 느낌을 주는 것이다.**

내담자가 자신의 반응에 대해 깊이 숙고하고 타인의 문제 행동에 덜 집중하게 됨에 따라, 내담자의 전체적인 정서세계가 드러나게 되고, 좀 더 접근 가능하게 된다. 이렇게 내담자의 정서적인 측면이 드러나는 것은 변화 과정에서 가장 중요한 단계이다. 그러나 내부로의 초점을 추구함으로써 발생하는 강렬한 감정은 내담자에게 괴로움을 줄 수 있다—그리고 종종 초보 상담자에게 도전이 될 수 있다. 다음 장에서는 내담자가 자신의 내부를 향해 집중함으로써 발생하는 중요한 감정을 상담자가 어떻게 도울 수 있는지 알아볼 것이다.

연습 활동

내담자가 일상적이고 표면적인 대화를 넘어서 자신에게 중심이 되는 관심사와 정서를 이야기하게 돕는 것은 당신에게 무엇을 떠올리는가?

좀 더 정서적인 주제를 다루는 당신의 능력을 제한하거나 영향을 미칠 수 있는 가족적/문화적인 규범은 무엇인가?

추천 도서

Hill, C. (2014). *Helping skills, (4/E)*, Washington, D. C.: American Psychological Association. 8~10장을 참고하시오.

CHAPTER

05

내담자의 감정 돕기

첫 학기 실습생인 제니는 내담자인 수와 순조롭게 실습을 시작했다. 그러나 세 번째 회기에서 수는 위기에 직면하게 되었다. "유방암에 걸렸어요." 그녀는 울면서 말했다. "의사 선생님이 제가 유방암에 걸렸다고 하셨어요." 그녀는 비통함과 함께 두려움을 표현했다. "내 딸들이 엄마의 보살핌을 받지 못하고 자랄 수도 있어요!" 수의 강한 감정표현에 충격을 받은 제니는 처음에 어떻게 해야 할지 몰랐다. 무엇이라 말할지 생각한 후, 제니는 늘 해왔던 방식으로 접근했다. 사실을 수집하고, 계획을 수립하여 문제를 해결하는 것 말이다. 제니는 많은 질문을 던졌다. "또 다른 생각은 없으세요?" 몇 번의 질문과 대답이 오갔다. "병원에서 다른 치료방식에 대해 대화를 해보셨어요? 지금은 더 다양한 치료법이 있습니다. 화학적 치료는 훨씬 더 효과적일…."

다음날 수퍼비전에서 수퍼바이저는 제니가 수의 깊은 두려움에 근원적으로 반응하기보다는 수를 안심시키고 문제해결에 바로 돌입했다는 점을 지적했다. "힘들었겠네요. 당신은 수가 무엇을 해야 할지 깨닫도록 도와주고 싶었군요. 그런데 수의 감정에 좀 더 오래 머물렀으면 어땠을까요?" 제니는 어떻게 해야 할지 모르는 듯이 보였다. 수퍼바이저는 그녀를 도와주기 위해 좀 더 구체적으로 설명하려 노력했다. "나중에 시도해볼 만한 몇 가지 방법들이 있는데, 예를 들면 내담자에 대한 마음을 좀 더 직접적으로 표현하는 것이 있죠. 또는 내담자가 감당하기 어려워하는 감정을 명료화하는 것도 도움이 될 수 있어요. 아니면 이 모든 것들이 지금 당장 얼마나 두려운지 알아주는 것도 도움이 될 수 있겠죠? 나는 순서가 중요하다고 생각해요. 만약 당신이 내담자의 감정에 대해 먼저 이해나 공감으로 반응한다면, 내담자는 당신의 제안을 좀 더 편하게 받아들일 수 있을 거예요."

그러나 논의가 진행되면서 제니는 반대 의견을 제시했다. “내담자는 그 정도로 깊이 탐색할 준비가 되어 있지 않았습니다. 그녀를 압박하여 그와 같은 감정을 탐색하게 할 만큼 오랜 기간 함께 작업을 진행해온 것은 아니었습니다.” 수퍼바이저는 이에 대해 다음과 같이 대답했다. “수가 원하는 것 이상으로 ‘더 깊이’ 들어가도록 ‘압박’하라는 것은 아니지요. 이 일을 시작한 건 수예요. 즉 그녀가 이런 감정을 가지고 온 것이지요.” 제니는 당황한 것처럼 보였다.

너무 새롭고 익숙지 않은 것이어서 지금은 제니가 받아들이는 데 어려움이 있다. 그러나 실습이 끝나갈 때쯤이면 제니는 내담자가 스스로의 감정을 느낄 수 있도록 훨씬 능숙하게 조력할 수 있을 것이다.

개념적 개관

계속되는 문제의 핵심에는 고통스러운 감정들이 도사리고 있다. 상담자는 내담자에게 효과적으로 반응하여 내담자가 변화하도록 동기를 부여해야 한다. 상담자가 내담자로 하여금 자신의 내적인 경험에 집중하게 할 때 내담자는 좀 더 강렬하게 느끼기 시작할 것이며 동반하는 복잡한 감정을 더욱 직접적으로 표현할 것이다. 이런 정서 과정이 상담의 핵심이다. 이와 같은 정서 과정은 내담자 문제에 핵심이 되는 갈등 감정을 드러내어 실제로 무엇이 잘못되었는지를 명확히 보여준다. 또한 이 과정은 과거에 제대로 반응받지 못했던 중요한 감정에 상담자가 접근해서 반응하고 작업할 수 있게 해준다. 한편으로 내담자는 상담자가 더 깊은 수준에서 자신의 감정을 다루어주는 것을 좋아할 것이다. 그러나 다른 한편, 여타 관계에서 수용될 수 없었던 감정 또는 너무 고통스럽고 수치스러우며 해결의 희망이 없어 보이는 감정을 여전히 두려워하여 회피하고 싶을 것이다. 그래서 내담자가 드러내는 감정에 대해 상담자가 어떻게 반응하는지는 상담효과에 중요한 영향을 미치게 된다(Elliott, Watson, Goldman & Greenberg, 2004).

상담자는 내담자의 감정에 대해 다른 사람들로부터 기대할 수 있는 것보다 더 도움이 되는 반응을 함으로써 내담자의 변화를 촉진한다. 즉, 상담자가 내담자의 감정을 타당하게 여기고 진지하게 받아들이며, 축소하거나 피상적인 위안을 제공하지 않는다(Linehan et al., 2002). 상담자가 내담자의 감정에 반응하지 않거나 회피하면 치료적 관계는 그 생동성과 의미를 잃게 되고 상담은 지적인 담화로 전락하게 될 것이다(Greenberg, 2010). 이 장에서 목표하는 바는 내담자가 중요한 감정을 제시할 때 상담자가 효과적으로 반응하도록 돕는 것이다.

먼저 이제 막 상담자가 된 사람에 대한 격려와 현실적인 기대를 전하면서 이 장을 시작하려고 한다. 이 장에 제시된 내용은 다른 장의 내용보다 개인적으로 더 도발적이며 어려울 것이다. 처음에는 제시된 원리를 내담자에게 적용하기도 어려울 것이다. 이 과정을 지적으로 이해하는 것이 1년차 상담자에게 기대할 수 있는 현실적인 목표가 될 것이다. 애매모호한 상담 상호작용에서 이 개입을 효과적으로 사용할 수 있기를 기대하는 것은 현실적인 목표가 되지 못한다. 인내심을 가져라. 제시된 내용을 1년 혹은 2년 안에 통합하여 스스로 이러한 개입을 할 수 있게 될 것이다. 매사가 그러하듯이, 배우기 위해서는 연습이 필요하다.

내담자의 감정에 반응하기

내담자와 함께 양가감정 다루기

내담자가 제시하는 문제는 많은 경우, 잘못된 신념에 의문을 제기하는 혹은 새로운 관점으로 문제를 재구조화하는 것과 같은 새로운 대처 전략이나 대안적인 행동을 시도함으로써 해결될 수 있는 것들이다. 이러한 간단한 개입방법이 내담자가 가져오는 대부분의 문제들에 효과적일 뿐만 아니라 변화의 중요한 측면을 구성하기도 하다. 그러나 보다 만성적인 문제를 상담하기 위해서는 내담자의 어려움에 동반되는 서로 상충하는 감정 또한 처리될 필요가 있다. 상담과정 연구는 내담자의 정서 경험을 촉진하고 감정을 말로 표현하도록 격려하는 상담자의 개입이 긍정적인 효과와 관련되어 있음을 보고하고 있다(Diener et al., 2007; Greenberg, 2014). 내담자는 자신의 감정과 접촉하고 있을 때 문제를 더 잘 해결한다(Elliott et al., 2004).

때때로 내담자는 상담과정 중에 새롭게 드러나기 시작하는 어려운 감정을 좀 더 충분히 탐색하는 것을 주저하거나 그것에 양가감정을 가질 수 있다. 내담자는 상담자가 자신의 정서 문제를 해결해주기를 원하면서도, 다른 한편으로는 이제껏 혼자서 해결할 수 없었던 어려운 감정을 회피하고 싶을 것이다. 상담 초기에 내담자는 여러 이유로 주저하는 모습을 보인다. 내담자에게 다음과 같은 것은 무의미할 수 있다.

- 전례로 판단해보건대 도움받을 가능성이 거의 없을 때 고통스러운 감정을 다시 한 번 이야기해야 한다는 것
- 비밀, 실패 경험 또는 부적절감을 드러냄으로써 수치심을 경험하는 것
- 수용될 수 없는 것으로 보이는 감정을 가진 것에 대해 상담자로부터 원하지 않지만 예상되는 평가를 받는 위험을 감수하는 것
- '통제력 상실'에 대한 두려움과 싸우는 것

그 결과 내담자는 상담자가 경험의 정서 핵심을 다루려는 시도에 저항한다. 그러나 동시에 상담자의 공감적 이해를 갈망하기도 한다. 내담자가 희망하는 바는 다음과 같다.

- 누군가가 자신을 비판, 비난하지 않고 깊은 이해와 연민으로 이야기를 들어줄 것이다.
- 그들이 경험한 것이 정당한 것으로 인정될 것이다.
- 그들은 수치심, 불안, 분노, 죄의식 또는 다른 스트레스를 더 이상 홀로 감당할 필요가 없을 것이다.
- 그들은 다른 사람들과 신뢰를 바탕으로 하는 의미 있는 관계를 시작할 수 있을 것이다.

일단 상담자가 내담자 주위의 의미 있는 타인들이 어떻게 내담자의 취약점에 반응해왔는지를 이해하고 내담자의 관계 도식을 알게 되면, 내담자의 양가감정 이면에 있는 두려움이나 수치심을 이해할 수 있을 것이다. 부록 B에 간단히 개괄한 바와 같이, 상담자는 내담자의 문제, 그 근원, 그리고 처치의 초점에 관한 작업 가설을 생성하여 서로 상충하는 감정들에 관한 내담자의 잠재적 반응을 예측하려는 시도를 할 수 있다. 나아가 그러한 감정을 회피하는 것이 아니라 직접적으로 다루려는 시도를 할 수 있다. 만약 그렇게 하지 못하면, 상담은 머릿속 활동에 머무를 것이며 의미 있는 지속적인 변화를 이끌어내지 못할 것이다. 정서적 각성은 의미 도식(meaning schemas)을 재조직화하고, 주관적인 세계관을 확장하며, 의미를 발견하는 데 필수적이다(Goldfried, 2006; Lieberman, 2007; Schore, 2012). 요약하면, 상담자는 내담자가 자신의 특정 감정에 접근하기를 주저한다는 점을 이해해야 하지만, 동시에 상담자가 이렇게 개인적인 방식으로 깊이 반응해주기를 내담자는 원한다는 것도 알아야 한다.

대부분 내담자 문제의 핵심에는 어려운 감정들이 자리를 잡고 있다. 이러한 감정에 대한 상담자의 수용 반응(affirming response)은 문제 해결과 변화를 이끌어내는 중요한 도구가 된다. 상담자가 제공하는 교정적 정서 경험(Corrective Emotional Experience; CEE), 즉 내담자를 있는 그대로 받아들이고 언제나 인정해주는 누군가와 교감하고 있다는 경험은 병리적 신념과 기대라는 구속에서 어느 정도 벗어나게 해준다. 말하자면, 융통성 없는 관계 도식이 확장되고 더 융통성 있게 변화하면 결국 바라는 변화를 이룰 수 있는 힘을 갖게 된다. 내담자가 그런 의미가 있는 감정에 대한 치료 혹은 교정 반응을 경험하게 되는 바로 그 순간 상담은 급진전된다. 바로 이 시점에서 내담자는 상담자의 다양한 개입을 더욱 수용하게 된다(Friedlander et al., 2012; Gold, 2006; Renn, 2012).

내담자는 원치 않는 대인관계 결과 때문에 감정을 회피한다

3장에서 우리는 상담자와 내담자 모두가 내담자의 저항에 대해 언급하는 것을 주저한다는 것을 살펴보았다. 앞서 살펴보았듯이, 강력한 감정이 다루어지지 않으면 상담은 길을 잃고 의미를 상실하게 된다. 저항이 나타날 때, 상담자는 내담자의 슬픔, 분노 또는 다른 중요한 감정에 도달할 목적으로 이러한 방어를 뚫어내기만을 원하는 것은 아니다. 우리는 내담자가 공유하고 싶어하지 않는 무엇인가를 느끼게 하거나 이야기하도록 강요하기를 원치 않는다. 그렇다면 우리가 할 수 있는 것은 참을성 있게 기다리는 것뿐인가? 그렇지 않다. 상담자는 감정을 나누거나 드러내라고 내담자를 압박하기보다는 특정 감정을 공유하려 할 때 어떤 위험과 위협을 느끼는지 이해하기 위해 내담자와 적극적으로 협력할 수 있다. 상담자가 어떻게 효과적으로 접근하는지 알아보자.

내담자가 '너무 고통스럽기' 때문에 감정을 경험하거나 공유하는 것을 회피한다는 것이 일반적인 생각이다. 하지만 우리는 이와는 완전히 다른 관점을 제시하려 한다. 즉 방어는 원치 않지만 예상되는 대인관계 결과를 피하고자 하는 것이다. 예를 들어보자.

내담자 제가 그이 곁을 떠나는 것이 얼마나 무서운지, 그리고 혼자가 되고 싶지 않아서 얼마나 참고 살았는지 아시면 선생님은 저를 존중해주지 않을 거예요. 제가 얼마나 바보 같은지 아시게 되면 모욕감이 드실 거예요.

이 대화는 전통적인 '심리 내 역동'이라는 관점과 대조된다.

내담자 너무 힘들어요. 견딜 수가 없어요.

내담자는 두려움, 수치심 또는 죄의식을 불러일으키는 사람으로부터 혹은 상담자로부터 익숙하지만 원치 않는 반응(예, 판단, 비판, 철회, 충고)을 받게 될까 걱정한다. 이런 이유로 내담자는 자신의 어려운 감정을 축소하거나 회피한다. 특정 감정을 경험하거나 공유하는 것이 위협적으로 느껴지는 타당한 이유나 현실적인 이유를 이해하려는 노력에 내담자의 협력을 끌어들일 수 있다면 상담자는 내담자에게 더 큰 안전감을 제공함과 함께 긍정적 대인과정을 창조하게 된다(Geller & Greenberg, 2012). 예를 들면, 상담자는 관계 위협을 탐색하기 위해 어려운 감정을 얘기해보라고 내담자를 압박하기보다 다음과 같은 반응을 활용할 수 있다.

- 좋아요. 당신의 감정에 대해 이야기하면 우리 사이에 또는 당신에게 무슨 일이 일어날 것 같은지 이야기해봅시다.
- 당신이 울거나 약점을 드러내면 내가 당신을 어떻게 생각할 것 같으세요?
- 다른 사람들과 있었던 일 가운데 지금 여기 저와의 관계에서는 다시 일어나지 않기를 바라는 것이 있는지 궁금하군요.
- 당신이 내게 슬픔을 표현한다면 어떤 위험이 있을까요? 당신이 다른 관계에서 어떻게

상처받아왔는지 이해하고 싶네요. 그 사람이 무슨 말을 했나요? 어떤 행동을 했나요?

- 어렸을 때 당신이 _____ 하게 느낄 때 부모님은 당신에게 어떻게 반응했나요? 그때 부모님은 각각 무슨 말씀을 하셨나요? _____을 느끼고 있을 때, 부모님이 당신에게 어떤 감정을 느꼈을 것 같은지 혹은 무슨 생각을 했을 것 같은지 얘기할 수 있을까요? 부모님의 표정이 어땠는지 기억할 수 있겠습니까?

이와 같이 상담자는 내용, 즉 특정 감정을 밝히도록 압박하지 않고 내담자와 협력하여 어떤 위협 또는 위험을 느끼는지 명확히 하려 한다. 즉 감정을 경험하거나 공유하는 것이 안전하지 않은 현실적인 이유를 밝히려 한다. 3장에서 보았듯이, 상담자는 내담자와 협력하여 이와 같은 주저함이나 방어가 한때 필요하고 적응적인 대처 기제가 될 수 있었던 이유를 이해하려 한다. 바로 이와 같은 방식으로 상담자는 내담자의 저항을 존중한다. 그러나 상담자는 자신이(그리고 이후 내담자의 삶 속 누구도) 이와 같은 익숙하지만 원치 않는 방식으로 반응하지 않을 것이라는 점을 분명히 할 수 있을 것이다. 이와 같은 새로운 이해가 생기면, 내담자를 위협하는 또는 수용하기 힘든 감정이 나타나도 안전하게 느낄 것이다.

강조하자면, 내담자가 어려운 감정을 피하고자 하는 데는 대인관계적인 이유가 있다. '너무 고통스럽기 때문에', '너무 벅차서'와 같은 모호한 말을 하지만, 내담자는 익숙하지만 원치 않는 방식의 반응을 받을 것으로 기대한다. 이런 대인관계 성격의 위협은 보통 내담자가 느끼는 주관적 불편감보다 훨씬 중요한 의미를 지닌다. 초보 상담자가 이해할 수 있을지 모르겠지만, 내담자는 상담자에게도 똑같은 기대를 가지고 있다. 상담자가 이전에 이러한 방식으로 반응을 하지 않았더라도 말이다. 중요한 것은 상담자가 내담자의 이와 같은 도전적인 감정과 기대에 공감하는 것, 그리고 특정 감정을 경험하고 공유하는 것이 왜 안전하게 느껴지지 않는지 그 이유를 명료화하도록 내담자를 조력하는 것이다(Moyers & Miller, 2013; Tsai, Yard & Kohlenberg, 2014). 또 상담자는 내담자가 '그때'와 '지금'을 구분하도록 도울 수 있다. 그래서 상담자가 과거 다른 사람들이 했던 것과 달리 현재의 상담자-내담자 관계에서 이제 어떻게 다르게 반응할 것인지를 내담자에게 분명히 할 수 있다. 그러나 내담자가 이러한 구분을 명백히 이해하는 것처럼 보이겠지만 사실 그렇지 않다. 상담자는 내담자에게 이러한 차이점을 강조할 필요가 있다. 예를 들어보자.

상담자 혹시 제가 당신의 남편이나 아버지가 그랬던 것처럼 당신을 평가하는 것 같은 반응을 보였는지 궁금하네요.

또는

상담자 만약 당신이 그 감정을 얘기해서 제가 당신의 그런 측면을 볼 수 있다면, 제가 어떻게 반응할 것이라고 예상하세요?

또는

상담자 다음 두 가지 질문에 답해보세요. 당신이 느끼는 감정을 이야기할 때, 제가 어떻게 반응하기를 원하세요? 당신이 가장 두려워하는 제 반응은 어떤 것인가요?

많은 내담자는 양육자가 자신에게 가했거나 가해오고 있는 고통스러운 영향으로부터 양육자를 보호하기 위해 자신의 고통스러운 감정을 회피하거나 축소한다. 그러나 양육자에 대한 내담자의 이런 충성(loyalty)에는 내담자 자신의 희생이 뒤따른다. 이런 내담자는 성인이 되어서도 여전히 가족의 규칙을 따르고, 부모와 공모해서 상처를 주었던 부모 행위의 영향을 부정한다. 이런 내담자는 불안정한 애착유대('모든 것이 좋다—아무 문제 없다')를 유지한다. 그러나 자신의 두려움 또는 박탈감을 부정하는 대가를 치러야 한다. 이런 식으로 내담자가 자기 경험의 타당성을 상실하면 자신의 목소리도 상실한다. 이와 같은 방어는 상처를 주었던 양육자의 행위(예, 아이를 비웃거나 조롱하는 것, 반복해서 무시하거나 형제자매 중 한 명을 편애하는 것, '완벽'한 아이 또는 가족의 '영웅' 역할을 요구하는 것, 아이를 때리거나 가정 폭력에 노출하는 것 등)를 보지 못하게 하여 내면화된 양육자를 보호한다. 만약 내담자가 이러한 부인에 참여하여 실제 일어나고 있는 문제를 무시하고 있다면 항상성 유지 가족 규칙이 작동하고 있는 것이다. 내담자는 내면화된 이상적 부모 혹은 '선한' 부모에 애착되어 있다. 반대로 이러한 분열 방어에서 자신은 '나쁘며', 무엇인가 문제가 있다고 느끼게 된다. 만약 내담자가 상담에서 고통스러운 감정을 표현하고, 상담자가 애착의 대상이 되는 사람을 탓하거나 거부함 없이 내담자의 경험에 반응할 수 있다면, 기분부전이나 범불안 같은 만성적인 증상들이 종종 완화된다. 예를 들어보자.

상담자 네, 당신이 '늘' 불안하고 걱정이 많다는 것을 알겠습니다. 서로를 욕하고 위협하는 부모님의 싸움 소리를 듣는다는 것은 정말이지 두려운 일이었을 겁니다. 당신의 어머니는 정말로 상처를 입었을 것이고, 당신의 아버지는 어디론가 사라져버렸을 것입니다. 그리고 당신은 그들을 멈추게 할 수도 없었고, 또 문제를 해결해줄 수도 없었을 겁니다. 그리고 방문 틈으로 들려오는 그 소리를 듣고 있는 당신과 여동생에게 그 방은 정말 하늘이 무너지는 장소이지요. 절대로 당신이 '아무것도 아닌 일'에 유난 떤다고 생각하지 않습니다. 당신에게 정말 큰 일이었죠. 당신 부모님들에게도 마찬가지였을 겁니다.

상담자의 의도는 단지 내담자가 감정을 분출하도록 돕는 것만이 아니다. 이렇게 하는 것은 자신의 감정을 슬픔과 분노, 상처를 준 특정 사람과 연결 짓게 하는 데 도움이 되지 않는다. 그리고 그런 감정을 불러일으킨 상호작용과도 연결 짓게 도울 수 없다. 이렇게 일반적인 방식으로 감정을 '분출'하도록 하는 것은 내담자가 문제해결로 나아가도록 돕는 데 도움이 되지 못한다(Lohr et al., 2007). 오히려 그것은 고군분투하고 있는 진짜 감정이나 관심사로부터 내담자의 관심을 돌리는 데 일조할 뿐이다. 이를 애착이론의 용어로 표현하면, 'miscue'(애착 대상으로부터 받는 부정적인 반응을 회피하기 위해 자신의 진정한 욕구를 방어적으로 부인하는 현상을 지칭함 – 역자 주)라 할 수 있다. 더 유용한 접근방법은, 반복적으로 발생하며 특정 감정을 경험하거나 공유하는 것을 어렵게 하는 **문제 상호작용의 순서**를 찾도록 도와주는 것이다. 예를 들어, 내담자는 어떤 것에 대해 화가 나고, 그것을 엄마에게 말한다. 엄마는 그 문제를 과장하다가, 미묘한 방식으로 대화의 초점을 자신의 스트레스로 바꾼다. 혼란스러운 내담자는 아이스크림을 먹기 위해 냉장고 쪽으로 향하는 자신을 발견한다. 상담자는 내담자의 다른 중요한 관계에서 반복해서 일어났던 일을 명확히 하고 이름 붙인다. 이를 통해 상담자는 내담자가 감정을 더 충실히 경험하는 데 필요한 대인 안전감을 제공한다(Geller & Greenberg, 2012). 나아가 상담자는 공감적 이해에 따른 이런 안전감을 활용하여 내담자가 현재의 삶에서 문제 있는 관계를 찾도록 도울 수 있다. 또한 더 나은 반응이 발생하거나 개발될 수 있는 다른 관계들을 구분하도록 도울 수 있다.

내담자의 가장 두드러진 감정에 접근하기

내담자와의 연속적인 대화에서, 상담자에게는 내담자가 방금 말한 것에 대해 어떤 반응을 할지 선택해야 하는 어려움이 있다. 예를 들어, 상담자는 내담자에게 더 많은 정보를 요구하는 반응을 할 수도 있고 내담자가 말한 바를 좀 더 명료화하는 반응을 할 수도 있다. 또한 이 이슈를 이전에 얘기했던 내용과 관련시키는 반응을 할 수도 있고, 그 순간 상담자와 내담자 사이에 일어나고 있는 일에 연결시키는 반응을 할 수도 있다. 그러나 일반적으로 **가장 생산적인 개입은 내담자가 지금 이 순간 얘기하고 있는 내용에서 가장 두드러지는 감정에 접근하는 방법이다.** 다시 말해서, 상담자의 초기 초점 또는 우선순위는 내담자의 반응에서 정서적 요소, 즉 일차 감정과 느낌을 알아차리는 것이다(Elliott et al., 2004).

예를 들어, 상담자와 내담자가 방금 만나서 첫 회기를 다음과 같이 시작했다고 하자.

상담자 마이크 씨, 어떤 어려움 때문에 오시게 되셨나요?

내담자 저는 15살 난 아들과 문제가 좀 많습니다. 그 녀석과 저는 무엇 하나 의견이 일치하는 것이 없고, 이젠 서로 대화도 할 수 없을 지경입니다. 그 애는 제가 시키는 걸 하지 않고요, 저는 아들의 가치관이나 태도가 맘에 들지 않습니다. 저는 그 애 때문에 아주 화가 납니다. 애 엄마와는 이혼을 했고, 양육권을 분할해서 함께 아이를 돌보고 있습니다. 그러나 이제 아들을 엄마와 함께 살도록 보내야 할 것 같습니다. 10대 아이와 엄마가 같이 사는 것이 괜찮을까요?

상담자 저나 당신이나 아직 어떤 결정을 할 만큼 마이크 씨 부자지간에 대해 이해하진 못하고 있다고 생각해요. 그렇지만 마이크 씨, 당신은 방금 전에 아드님에게 '아주 화가 난다'고 말씀하셨습니다. 화가 난 감정에 대해 좀 더 얘기해주십시오.

내담자는 상담자가 더 탐색해볼 수 있는 여러 가지의 문제들을 제시하고 있다. 그러나 일반적인 지침에 따라, 상담자는 내담자가 표현한 일차 정서에 접근했다. 상담자는 부자간 불일치하는 것에 대해 더 질문해보았을 수도 있고, 가치관을 명료화하거나 대화기술에 대해 작업했을 수도 있었다. 또는 부자관계나 이혼에 관한 배경정보를 더 얻을 수도 있었고, 엄마가 양육하는 것과 아빠가 양육하는 것의 영향에 관한 연구 결과를 알려줄 수도 있었을 것이다. 이런저런 반응들이 일군의 내담자들에게는 효과가 있을 것이다. 그러나 내담자가 표현한 가장 두드러진 또는 중심적인 감정에 먼저 반응하는 것이 보통 가장 의미 있는 정보를 산출할 수 있으며, 내담자와 상담자 사이의 상호작용을 강렬하게 할 수 있다(Whelton, 2004).

이 대화에서 상담자는 내담자가 화난 감정을 직접적으로 이야기했을 때 반응했다. 내담자는 종종 두드러진 감정을 비음성적 단서를 통해 이야기한다. 그래서 상담자는 때때로 내담자가 말로 표현하지 않는 내적인 감정에도 반응할 필요가 있다(Richmond, McCroskey & Hickson, 2012; Schore, 2012). 예를 들어, 이 예에서 상담자는 두드러진 감정이 아닌 좀 더 내적인 감정에 반응할 수도 있었을 것이다. 제시된 예에서 조심스럽게 궁금한 어조로 "제가 들어보니, 마이크 씨는 현재 아버지라는 입장에 있는 것이 매우 힘드신 것 같습니다. 너무 힘들어서 어떨 때는 그냥 포기하시고 싶을 것도 같습니다. 제가 정확하게 얘기하고 있나요?"라는 식의 반응을 할 수도 있었을 것이다.

내담자가 자기에게 가장 문제가 되는 것을 얘기할 때 대개 중요한 감정이 드러난다. 눈물을 흘리거나, 한숨을 쉬거나, 얼굴을 찡그리거나 홍조를 띠거나 하는 등의 비음성적 정서 신호는 내담자가 진정한 의미를 지닌 중요한 문제에 대해 얘기하고 있다는 신호가 된다. 이러한 비음성적 단서에 반응함으로써 상담자는 이 상황이 내담자에게 주는 더 깊은 의미나 감정을 공유하도록 내담자를 초대한다. 예를 들어, 한 여자 내담자가 부부 문제를 얘기한다고 상상해보자.

내담자 (얼굴을 찡그리며) 제가 이 결혼을 계속 유지해야 할지 모르겠어요. 저는 오랜 시간 동안 그 이와의 결혼생활이 행복하지 않았어요. 남편이 우리 관계를 위해 얼마나 노력해왔는지는 알아요. 그리고 만약 우리가 이혼을 한다면 네 살짜리 아들은 많이 힘들 거예요. 제가 어떻게 해야 할지 모르겠어요. 저는 어떤 결정을 내려야 할까요?

상담자 당신이 얘기할 때, 얼굴표정이 매우 경직되어 보였습니다(비음성적 의사소통). 지금 이 이야기를 할 때 기분이 어땠는지 궁금하군요.

상담자가 개방적으로 반응하여 내담자를 감정 탐색으로 초대하면, 내담자의 핵심 고민을 명확히 할 수 있다. 때때로 내담자는 좀 더 구체적인 고민을 표현할 것이다. 앞의 대화를 이어서 내담자는 다음과 같은 반응을 할 것이다.

- 저는 제가 사랑하는 사람에게 상처를 주는 것이 너무 슬퍼요.
- 제가 떠난다면 모든 사람들이 저를 이기적이라고 생각할 것 같아 두려워요. 그들은 이혼을 제 탓으로 돌릴 거예요. 사람들은 제가 좋은 엄마가 아니었다고 생각할 거예요.
- 전 혼자가 되고 싶지 않아요. 그와 더 이상 결혼생활을 하고 싶진 않지만 그를 떠나 홀로 서는 것이 두려워요.
- 이러한 결정을 해야만 하는 것이 저라는 것에 화가 납니다. 전 우리가 결정한 모든 것에 책임을 지고 그 결과는 제가 고스란히 돌려받지요. 이것은 공평하지 않아요!

상담의 각 회기를 통해 내담자는 자신에게 가장 문제가 되는 이슈와 걱정에 대해 정서적인 반응을 한다. 때때로 내담자의 정서는 직접적으로 드러날 것이지만 다른 때는 좀 더 미묘하고 내현적일 것이다. 문화적, 계층적, 성별 요인에 따라서 내담자의 정서 반응은 달리 표현될 것이다(Pedersen, Crethar & Carlson, 2008; Sue & Sue, 2016). 예를 들어, 어떤 내담자는 자신의 감정을 밖으로 드러낸다. 그러나 다른 문화권이나 가족 배경을 가진 내담자는 어떠한 감정이 자극될 때 시선을 돌리거나 눈에 띄게 조용해질 것이다. 어떤 내담자는 화가 나거나 동의하지 않을 때 불안해하며 침묵한다. 반대의사를 표현하는 것이 그 문화에서는 결례가 되기 때문이다. 그러나 **상담자의 변하지 않는 의도는 내담자가 현재 가장 중요하게 보이는 감정에 대해 탐색하도록 그를 지속적으로 초대하는 것이다.** 상담자가 내담자의 중심 감정을 이해하고 공유하는 데 참여하게 되면, 아래의 예시와 같은 상황이 일어날 것이다.

- 내담자의 자기노출을 좀 더 촉진한다.
- 내담자의 핵심 고민을 조명한다.
- 상담의 초점과 방향을 더 명확히 한다.

다음 예는 내담자와 상담할 때 우리가 따르는 전형적인 순서를 보여준다. 이 예에서 상담자가 내담자의 감정을 이끌어내고 타당화하는 방법을 보여준다. 이렇게 하면 내담자는 더 깊이 들어가서 자신의 핵심 관심사를 명료화하기 시작한다. 이는 다시 더욱 예리한 처치초점을 제공한다.

20살인 엘라는 만났다 헤어지기를 반복하는 남자친구이자 자신의 2살 된 아들의 아버지인 에드워드에 대해 이야기하고 있다.

내담자 저도 저희 엄마처럼….

상담자 그런가요, 엘라 씨? 이 이야기를 하는데 엘라 씨의 눈에 눈물이 고이네요.

내담자 저는 저를 상처 주고, 경멸하는 남자를 선택했고, 그 곁을 떠나지 못하고 있어요.

상담자 당신은 그런 패턴을 알고 있지만 무슨 이유에서인지 다시 그런 패턴으로 되돌아가는군요.

내담자 네. 맞아요. 도대체 제기 뭐기 잘못된 것인지 모르겠어요.

상담자 이 주제에 대해서 함께 알아봅시다. 이런 패턴이 어떻게 진행되는지 탐색한다면, 어떤 욕구가 충족되는지 이해할 수 있을 거예요.

내담자 네.

상담자 에드워드와 최근에 겪었던 문제에 대해서 얘기해주세요. 무슨 일이 일어났나요? 그 일이 있은 뒤 어떤 느낌이 들었어요?

내담자 그때는 아들의 생일이었어요. 그런데 그는 전화 한 통 하지 않았죠. 내 아들, 아니 우리 아들 생일인데 말이에요. 그래서 다음날 전화를 해서 왜 전화 한 통 하지 않았냐고 물어봤어요.

상담자 그가 아들의 생일에 전화하지 않을 것이라는 것을 알았을 때, 기분이 어땠나요?

내담자 슬프고, 외롭고, 기댈 곳 없는….

상담자 외롭다. … 많이 외롭군요.

내담자 (눈물) 네. 전 정말 외로워요. 저는 모든 걸 혼자 해요. 저는 혼자예요.

상담자 많이 외로웠군요. 엘라 씨 경험을 제게 얘기해줘서 고마워요. 이제 더 이상 혼자 슬퍼할 필요가 없어요.

내담자 제 생각에 그가 '달콤한 말'을 하면 저는 그를 다시 받아들이는 것 같아요. 왜냐하면 전 혼자 되는 것이 너무 두렵거든요. 그가 제게 맞는 사람이 아니라는 것을 알아요. 그는 제 아버지와 너무 똑같아요. 저는 엄마처럼 되고 싶지 않아요. 아버지의 학대를 견디기 위해 마약에 찌든 그런 엄마요.

상담자 당신은 지금 도움을 구하고 있네요. 이렇게 하는 데 많은 용기가 필요했을 테지요. 혼자인 기분이나 혼자가 될까 두려운 감정 모두 이해가 되네요. 당신은 스스로의 삶을 위해 아주 많은 노력을 했어야 했고 많은 것을 혼자 했어야 했네요.

이러한 반응은 엘라로 하여금 그녀의 어머니가 마약에 찌들어 아무것도 할 수 없었을 때, 여러 대리양육기관을 전전해야 했던 과거를 말하게 했다. 그리고 혼자가 되는 것에 대한 두려움이 어떻게 에드워드의 행동조차 기꺼이 견디게 했는지 알게 했다. 이러한 방식을 통해 엘라는 자신의 욕구가 무엇인지, 그리고 이러한 욕구가 사람들과의 관계에 어떤 영향을 미치는지 좀 더 분명하게 이야기할 수 있었다.

강조하자면, 상담자는 내담자를 초대해 정서를 탐색하는 협력적인 방법을 찾기 원한다. 물론 우리는 감정을 '강요'하지 않으며, 상담회기 동안 슬픔, 분노, 그 외 감정을 갖고 있는 내담자에게 매몰되는 것도 원치 않는다. 그러나 수련 중에 있는 대부분의 상담자들에게는 다른 식으로 문제가 발생한다. 말하자면, 내담자는 감정을 이야기하지만 상담자가 그것을 '듣지' 않거나, 상담자가 그 감정을 알게 되더라도 그것에 접근하거나 반응하지 않는다.

이 모든 것들이 듣기에는 쉬워 보일 수 있으나 그렇지 않다. 연구자들은 경험 많은 상담자조차도 종종 내담자의 예민한 감정과 걱정에 아주 효과적으로 접근하지 못한다고 보고한다(Hill & O'Brien, 1999). 2장의 '균열과 회복'에서 다룬 내용을 기억해보라. 내담자는 보통 상담자에 대한 부정적인 감정과 반응을 숨기거나 보여주지 않으려 한다(Regan & Hill, 1992). 또 많은 내담자가 상담회기 동안 중요한 것 한 가지 이상을 말하지 않고 내버려둔다(Hill et al., 1993). 이와 관련한 한 연구에서 참여 내담자의 절반이 장기상담에서조차 삶의 중요한 비밀을 상담자에게 털어놓지 않은 것으로 나타났다(Kelly, 1998). 여기에는 두 가지 이유가 있었다. 첫째는 창피함과 수치심 때문이었다. 둘째는 자신의 감정에 압도당할 것이라는 믿음 또는 상담자가 이해하지 못하거나 다룰 수 없을 것이라는 믿음 때문이었다!

엘라가 상담자에게 말한다.

내담자 저는 에드워드와 저의 안전하지 않은 성관계에 대해 말하는 것이 두려웠어요. 왜냐하면 선생님이 저를 '어리석은 사람'이라고 생각할까봐 걱정했거든요. 그러나 전 정말 도움이 필요해요. 그와 어떻게 이야기해야 할까요? 그가 저를 어떻게 대하는지 아는데, 어떻게 그를 받아들여서 성관계까지 할 수 있겠어요? 그리고 나는 그가 다른 여자들과 성관계를 가지고 있는지조차 그에게 묻지 않았어요. 그걸 물어보면 그가 화를 낼 것이고, 저를 떠날지도 몰라요.

상담자 혼자 남겨지는 것은 당신에게 정말 두려운 일이라는 걸 알겠습니다. 또한 안전하지 못한 성관계에 대해 걱정하고 계시는데 당연한 일이에요. 당신이 에드워드와의 관계를 어떻게 유지해왔는지 이야기하면 제가 어떻게 생각할지 몰라 두려웠군요.

내담자 네. 그가 저를 함부로 대하도록 내버려두었지요. 그리고 나는 결코 전에는 안전한 성관계에 대해 걱정하지 않았어요. 그러나 지금은 그렇지 않아요. 선생님과 이야기하기 시작한 후로 저 자신을 더 위하게 되었죠. 그리고 아들에 대해서도 역시 걱정하고 있어요. 그러나 에드워드가 저를 떠나는 것을 정말 원하지 않아요. 혼자이고 싶지 않아요. 그러나 혼자 되는 것이 두려워서 HIV에 감염될 위험을 무릅쓰고 있다는 것을 인정하는 것이 부끄러워요. 그런 걸 생각하면 가슴 아파요. 제 아들은 결국 아픈 엄마와 지내게 되겠죠. 저도 엄마처럼 아파서 엄마 역할을 할 수 없을 테고, 끝내는 아들을 포기하게 될지도 모르지요.

상담자 당신은 여기에서 많은 이야기를 했어요. 혼자 되는 것을 두려워하고 있지요. 당신은 관계에서 지금 받고 있는 것보다 더 많은 것을 기대하는군요. 그리고 당신 자신과 당신의 건강 그리고 아들에 대해 책임감을 느끼는군요. 이 모든 것은 중요해요, 엘라. 당신의 욕구와 감정은 정말 중요해요. 함께 이에 관해 얘기할 수 있어서 기뻐요.

내담자 그런 이야기를 해도 된다고 하니 기쁘군요. 전 혼자 남겨지는 것도 아들을 힘들게 하는 것도 원하지 않아요. 에드워드에게 어떻게 얘기할지 모르겠습니다. 도와주세요. 그에게 저하고만 성관계를 갖자고 말하고 싶어요. 물론 그는 화를 내겠지만 말입니다. 아들은 정말 저를 필요로 해요.

혼자 남겨지는 것이 두려워서 저나 아들을 위한 옳은 결정을 내리지 못하고 있어요. 저는 엄마처럼 병을 앓으며 죽음을 기다리긴 싫어요. 제가 아들을 돌보지 않으면 결국 대리가정에 맡겨지고 말 거예요.

상담자 이런 얘기를 하고 있는 바로 지금 어때요, 엘라?

내담자 정말 도움이 되어요.

상담자 제가 무슨 도움을 주고 있죠?

내담자 제가 형편없는 엄마라고 느끼게 하지 않는 것이 도움이 된답니다. 대부분의 사람들에게 얘기할 수 없는 것을 당신에게는 할 수 있을 것 같아요. 그들은 단지 나를 실패자라고 생각할 거예요. 에드워드에게는 뭐라고 얘기해야 할까요?

상담자 하고 싶은 말이 무엇인지 생각해보고 함께 연습해봅시다.

앞서 언급한 바와 같은 연구결과(내담자는 자신이 이야기한 것에 대해 상담자가 어떻게 반응할지 두려워한다)는 내담자의 감정에 접근하는 데 대해 많은 것을 얘기해준다. 이 장 도입부에 제시한 제니와 유방암 진단을 받은 그녀의 내담자를 기억해보라. 상담자는 강한 감정을 피하고 때로는 내담자가 말한 것에서 가장 중요한 감정을 알아채지 못해서 표면에 머무르기도 한다. 가장 민감하고, 의미 있는 또는 강렬한 것으로 보이는 감정에 능동적으로 접근하고 '경청'하려는 것은 대부분의 수련생에게 익숙하지 않은 반응 방식이 될 것이다. 예를 들면 다음과 같다.

상담자 당신은 여기서 매우 많은 얘기를 하고 있어요. 그중 바로 지금 당신에게 가장 중요한 감정은 어떤 것입니까?

이렇게 직접적으로 감정에 접근하는 것은 우리가 성장한 사회의 규범에 맞지 않기 때문에 어색하게 느껴진다. 우리는 일상의 상호작용에서 친구와 가족에게 이와 같이 이야기하는 데 익숙하지 않다. 그러나 초보 상담자들은 내담자의 감정에 더 직접적으로 접근하는 방법 및 내담자가 공유하기를 선택한 민감한 소재에 효과적으로 반응하는 방법을 동료와의 연습과 수퍼바이저의 도움으로 배울 수 있다.

내담자의 감정을 확장하고 다듬기

상담자가 내담자의 감정에 가장 잘 반응할 수 있는 방법을 탐색하기 위해 개방 질문을 살펴보자. 때때로 내담자의 감정에 잠정적인 이름을 붙이는 것이 도움이 될 수 있다(예를 들면, "몹시 화가 난 것처럼 들려요." 또는 "지금 실망한 것 같아요."라고 말하는 것이다). 그러나 일반적인 지침을 이야기하자면, 훨씬 더 효과적인 반응은 내담자가 감정을 더 깊이 탐색할 수 있도록 개방적으로 초대하는 다음과 같은 반응이 될 것이다.

- 지금 당신이 느끼는 감정이 무엇인지 궁금하군요.
- 그 감정에 대해 조금 더 말해주세요.
- 그들과 무슨 일이 있었는지 말하고 있는 지금 기분이 어떤가요?
- 지금 이것에 대해 이야기할 때 어떤 감정을 느끼는지 말해주세요.

이런 개방적 초대는 내담자의 정서 경험에서 상담자가 중요하다고 생각하는 것이 아니라 내담자가 핵심적이라고 느끼는 것을 탐색하도록 격려한다(Fitzpatrick et al., 2001). 특히 이런 개방 반응은 더 많은 즉시성을 상담관계에 가져온다. 즉, 내담자의 감정은 상담자와 함께 있는 지금-여기에서 다루어지게 되고, 이후 내담자의 감정이 더 강렬하게 된다(Teyber & Teyber, 2014).

반대로 우리는 '폐쇄 질문'을 많이 하기를 원치 않는다. 폐쇄 질문은 문제에 대한 사실과 세부 정보를 제공해줄 수는 있지만, 이 사건이 내담자에게 주는 의미와 감정에서 멀어지게 한다(Barkham & Shapiro, 1986). 예를 들어 내담자가 "화학 중간고사 성적이 나왔어요."라고 말했다고 가정해보자. 이때 상담자가 "어떤 학점을 받았나요?"와 같은 폐쇄 질문을 하기보다 "그 성적에 관해 어떻게 생각해요?"와 같은 개방 질문으로 반응한다면 더 많은 것을 얻게 된다. 물론 우리 대부분은 내담자의 반응이 지닌 의미를 풀어놓거나 확장하도록 개방적이고 탐색적인 방식으로 반응하는 것을 훈련받지 못했다. 따라서 연습이 필요하다.

개방적 초대는 예를 들면 "그런 상황에서 A를 느꼈습니까, 아니면 B를 느꼈습니까?"와 같이 내담자의 감정에 이름을 붙이려는 시도보다 더 효과적이다. 사실 이런 방식의 선택 질문은 내담자의 반응을 제한할 수 있다. 내담자는 종종 상담자가 예상하지 못했던 어떤 것을 경험한다(우리가 아무리 많은 경험을 해도, 내담자들은 항상 우리를 놀라게 한다). 그리고 내담자는 같은 상황에서도 서로 다른 감정을 가질 수 있다. 그래서 내담자가 느끼는 것을 정확히 그려내는 데는 개방 질문이 더 효과적이며 협력적인 대인관계 과정과 함께 하면 더욱 그럴 것이다.

일반적으로 개방 반응은 내담자에게 왜 특정한 감정을 경험하는지 질문하는 것보다 더 효과적이다. 예를 들어보자.

비효과적인 상담자 왜 그렇게 마음이 상해서 울고 있나요?
내담자 모르겠어요.

가끔은 왜 질문이 효과적일 때도 있지만, 일반적으로 이 질문은 최소한으로 사용하는 것이 좋다. 내담자들은 자신이 왜 그렇게 느끼고, 생각하고, 행동하는지 모르는 경우가 많다. '왜'라고 묻게 되면 내담자는 곤혹스러워하거나 방어적이 될 수 있다. 즉 질문에 대한 답을 모르기 때문에 뭔가 잘못하고 있다고 느낄 수 있다. 유능한 상담자는 내담자에게 "그것에 대해 왜 그렇게 화가 났습니까?"라고 묻기보다는 "제가 좀 더 이해할 수 있도록 해주시겠어요?" 또는 "당신의 분노에 대해 좀 더 얘기해주시겠어요?" 등의 개방 질문을 함으로써 내담자로부터 더 많은 정보와 협력을 이끌어낼 것이다. 상담자는 내담자가 현재 경험하고 있는 감정을 더욱 충분히 표현하도록 초대한다. 이렇게 함으로써 상담자는 내담자의 주관적 경험에 관심이 있으며, 내담자의 어떤 이야기도 함께 다루는 것이 편안하다는 메시지를 주게 된다. 앞서 살펴본 바와 같이, 내담자는 상담자에게 감정이 실린 소재에 대해 잘 이야기하지 않는다. 대부분의 내담자들은 살아오면서 자신의 감정을 그렇게 솔직하게 나누어도 되는 경험을 해본 적이 없었을 것이다. 그렇기 때문에 내담자가 느끼는 감정을 탐색하도록 하는 이러한 개방적 초대는 상담자가 제공하는 가장 중요한 반응 중 하나라고 할 수 있다. 내담자가 상담자와의 관계에서 자신이 진솔할 수 있다는 것을 알게 되고, 느껴지는 대로 느끼는 것이 그 어떤 관계에서보다 안전하다는 것을 깨닫게 되면, 내담자는 더 깊은 곳을 노출하고 새로운 행동을 시도해보는 위험을 기꺼이 감수하며, 상담관계에 더 깊이 몰입한다.

내담자에게 감정을 탐색하도록 개방적 초대를 하는 것은 또한 각각의 감정이 내담자 자신에게 어떤 의미를 갖는지 명확히 하는 데 도움이 된다. 흔히 상담자는 '화' 또는 '슬픔'과 같은 특정 감정 단어의 의미가 자신과 내담자 모두에게 같을 것으로 가정한다. 그러나 그 단어가 내담자에게 어떤 의미인지 확인하지 않았다면, 그 단어를 이해했다고 가정해서는 안 된다. 상담자와 내담자 사이에 문화적 차이가 있을 때 특히 그러하다. 그러나 이러한 점은 모든 내담자와의 관계에도 적용된다. 이러한 상호탐색의 과정에서 앞서 2장에서 공감을 협력적 대화로 규정했던 것처럼 상담자는 내담자의 의미에 대해 이해한 바를 먼저 공유하고 난 뒤에 내담자로 하여금 그것을 수정하게 하거나 그 감정이 가지고 있는 개인적인 의미를 더욱 명확히 할 수 있도록 격려한다. 특히 내담자가 자신을 기술하는 데 '지루함', '압도당함' 등과 같은 압축된 감정 단어를 반복적으로 사용하는 경우 이러한 명료화와 상호탐색이 중요하다. 때때로 한 개의 감정 단어에 몇 가지 다른 중요한 의미들이 압축되기도 한다. 예를 들어보자.

상담자 자, 이 대목에서도 또 본인을 기술하는 데 '지워진' 그리고 '무시당한'이란 단어를 쓰시는군요. 그 사람이 그렇게 하면 당신 스스로가 완전히 하찮은 존재로 느껴진다는 것같이 들리는군요. 말하자면 당신은 완전히 아무것도 아니어서 당신이 무슨 말을 하든 또는 어떤 행동을 하든 전혀 문제가 안 된다는 말이지요. 맞나요? 아니면 제가 좀 더 잘 이해할 수 있도록 얘기해주시겠어요?

내담자에게 이와 같이 그 경험이 가지고 있는 주관적 또는 개인적 의미를 더욱 명료화하게 하는 작업은 상담자가 내담자와 자신을 과하게 동일시하거나, 내담자의 상황을 자신의 상황과 같은 것으로 잘못 지각하는 현상을 방지하게 해줄 것이다. 상담자가 자신을 내담자와 과하게 동일시하면, 상담자는 참여자/관찰자로서의 경계를 유지할 수 없다. 또한 내담자의 문제를 해결하려는 노력을 과도하게 할 수 있다.

많은 내담자는 스스로 무엇을 느끼는지 잘 알지 못한다. 왜냐하면 여러 관계에서 사람들이 자신의 이야기를 경청해주거나 타당화해주지 않았기 때문이다. 다수의 가정에서 아이들은 슬픔, 분노, 심지어 행복 등과 같은 특정 감정을 느끼는 것이 허용되지 않는다고 배우며 자란다. 그런 이유로 인해, 많은 내담자는 그들이 실제로 느끼는 감정을 불편해하거나 심지어는 무엇을 느끼는지 자각조차 하지 못한다. 따라서 내담자는 구체적이지 않고 분화되지 않은 자신의 감정을 명료화할 필요가 있다(내담자: "저도 모르겠어요. 전 그냥 계속 화가 나서 미칠 것 같아요."). 초보 상담자는 내담자의 감정에 접근하기 위해 "어떻게 느끼셨어요?"라고 되풀이해서 묻는 경우가 많은데, 이런 질문은 상담을 흔히 막다른 골목에 이르게 한다. 그런 질문 대신, 상담자는 다음과 같은 질문을 함으로써 내담자를 도울 수 있다. 이를 통해 내담자는 자기 자신, 내면의 삶 그리고 자신의 문제와 관련이 있는 정서 반응에 대해 더 많이 알게 될 것이다.

- 그 감정을 구체적으로 생생하게 얘기해주시겠어요? 그렇게 느낀다는 것은 어떤 것인지 제가 좀 더 잘 이해할 수 있게 도와주세요.
- 그 감정을 잘 나타낼 만한 이미지가 있을까요?
- 그러한 감정을 경험하는 몸의 특정 부위가 있나요?
- 그 감정은 익숙한 것인가요? 오래된 감정인가요? 처음으로 경험한 것은 언제 어디서였습니까? 그때 누구와 함께 있었나요? 그 사람의 반응은 어땠습니까?
- 그 감정을 경험할 때 자신이 몇 살처럼 느껴졌습니까? 7살 혹은 13살? 그 감정에 나이를 붙여볼 수 있을까요?

이런 탐색 질문 중 몇몇은 특정 내담자에게 아주 효과적일 것이지만 다른 내담자에게는 전혀 그렇지 않을 수도 있다. 상담자는 내담자 반응 특정성에 따라 내담자의 감정에 접근하는 상담자의 방식에 대한 내담자의 반응을 평가하고, 각각의 내담자에게 가장 잘 작동하는 접근 방법을 발견하기 원한다. 그러나 위에 제시한 반응은 모두 내담자의 주관적인 세계관에 침투하고 내담자의 감정에 접근하며, 이 감정이 함의하는 주관적 의미를 명료화하는 일반적인 방법이다. 또한 이러한 방식의 반응은 상담자가 내담자의 감정에 관심이 있다는 것을 알려준다. 더 나아가, 이러한 반응을 통해 상담자는 자신이 내담자가 그동안 알아왔던 많은 사람들과 같지 않다는 것을 행동적으로 보여준다. 내담자가 어떠한 감정이든 함께 나누는 것을 상담자는 편안하게 느낀다. 더 나아가, 상담자는 내담자 주변인이 그래왔던 것처럼 그 경험을 최소화하거나 과장하지 않고 있는 그대로의 진솔한 경험에 대해 더 알고 싶어한다. 애착이론에서는 이런 높은 수준의 정확한 공감을 조율된 반응성(attuned responsiveness)이라고 한다.

상담자가 내담자의 감정을 명료화하는 작업을 내담자와 함께 할 때, 이런 작업은 내담자의 가장 내밀한 경험을 보고 반응할 수 있는 기회를 제공한다. 또한 감정 명료화 작업은 내담자가 그동안 잘 몰랐던 자기 자신을 알 수 있는 기회도 제공한다. 내담자 주변의 중요한 타인이 내담자가 느꼈던 슬픔, 분노, 두려움 등의 감정을 무시하거나 간과 혹은 비난을 반복적으로 해왔기 때문이다. 예를 들어, 이러한 현상은 양육자가 다음과 같이 말할 때 나타난다.

양육자 (인정하지 않으면서) 넌 그 일로 인해 화가 난 게 아니야.

또는

양육자 (위협하면서) 너 또 한 번만 더 그래봐. 가만두지 않을 거야.

상담자의 공감과 타당화는 내담자가 가지고 있는 오래된 기대를 불식시킨다. 동시에 내담자는 중요하고도 생생한 변화 경험, 즉 교정적 정서 경험을 하게 된다.

내담자는 단순히 감정에 대해 말할 때가 아니라 감정을 경험할 때 진전한다 앞서 언급했듯이, 상담 처치의 목적은 단순히 감정을 이끌어내도록 내담자를 돕는 것이 아니다. '분출' 그 자체가 행동 변화로 이어지는 것은 아니다(Lohr et al., 2007). 그러나 상담자는 인지적으로 감정을 명명하고, 설명하며, 해석하는 수준 이상을 하고 싶어한다. 상담자는 내담자가 그 순간을 좀 더 충실하게 경험하기 원한다. 이후 그 경험을 타당한 것으로 인정해주고, 스스로가 중요한 존재로 인정받고 있으며 이해받고 있다고 느끼는 데 도움이 되는 교정적 방식의 반응을 해주기 원한다. 애착이론에서는 이를 보듬어줌(containment)이라고 한다. 내담자가 자신의 감정을 주지적으로 이야기하는 것을 멈추고 상담자와 대면하여 자신의 감정을 경험하거나 느껴야 비로소 변화가 일어날 것이다(Carkhuff, 2008).

Rogers의 초기 공동 연구자였던 Gendlin(1996)은 상담 성과를 내담자가 자신의 감정에 얼마나 튜닝하는지, 그리고 자신의 경험 과정에 얼마나 초점을 맞추는지와 동일시했다[Hendricks(2002)의 개관 참고]. 일관성 있게 타당화하고 정확하게 공감하면 치료 동맹은 계속해서 발달하고 내담자는 더 안정감을 느끼게 된다. 다시 말해서, 이런 대인 안전감이 있어야 과거에 강한 불안을 일으키고 허락되지 않았던 감정을 '있는 그대로 느끼고' '있는 그대로 알려는' 위험을 감수할 수 있게 된다. 지금까지 논의한 탐색 반응, 특히 즉시성 개입은 내담자의 경험을 강렬하게 하여 자신의 경험에 좀 더 충실하게 몰입할 수 있게 해준다. 단, 상담자는 내담자의 정서를 견뎌낼 수 있어야 한다. 또한 과잉반응하거나 마음 상해하며, 평가절하하는 등 자신의 경험을 조율하지 않은 채 반응하지 않으며, 내담자와 공감적으로 함께 할 수 있어야 한다. 이 과정에서 상담자는 **성찰**(being reflective)을 함양하고, 이를 특징으로 하는 관계를 내담자에게 제공한다(즉, 다양한 관점에서 바라볼 수 있는 능력의 증대를 의미하는데, 이는 내담자가 다른 새로운 방식으로 반응하도록 돕는다). 말하자면, 상담자는 지금 여기에서 가능한 한 완전하게 내담자의 경험에 초점을 맞추고 경험하며 공명한다. 이렇게 하면, 내담자는 원기가 회복되는 경험을 하게 된다(Allen, 2013; Fonagy et al., 2002).

또 상담자는 내담자의 말과 그에 동반하는 정서 사이의 **불일치**(incongruence)를 언급함으로써 내담자의 정서를 끌어낸다. 내담자는 슬프고 괴로운 이야기를 하면서 전혀 감정을 드러내지 않거나 웃음과 같은 모순된 정서 반응을 보일 수 있다. 사회적 규범은 미묘하지만 강력하게 작용하여 상담자로 하여금 내담자의 불일치한 정서를 따라가지 않을 수 없게 만든다. 특히 초보 상담자는 내담자의 이야기가 슬프게 느껴져도 웃으며 친절하게 반응하지 않으면 암묵적인 사회 규범을 위반하는 것 같은 느낌을 종종 받는다. 그러나 상담자가 사회 규범을 깨는 위험을 감수하고, 내담자가 말한 것과 그에 동반하는 감정 사이의 불일치를 지적하는 과정 언급을 하면 일반적으로 내담자는 안도하게 된다. 상담자는 불일치를 드러낼 적절한 방법을 모색하고 과정 차원에 대한 작업을 함으로써 중요한 개입을 하게 된다. 즉, 상담자는 내담자의 진정한 감정 또는 일치 경험을 초대하기 시작한다. 예를 들어보자.

상담자 저는 약간 혼란스럽네요. 당신의 이야기는 참 슬프게 들리는데 당신은 거의 웃고 있군요. 제가 이런 이야기를 하는 것이 어떠세요?

또는

상담자 당신은 이것에 대해 얼마나 화가 났는지 이야기하고 있는데요, 말할 때 목소리는 너무나 즐겁군요. 아주 부드럽고 고요해요. 말하는 방식과 이야기의 내용이 잘 맞지 않는 것 같습니다. 어떻게 생각하세요? 여기에 불일치가 있을까요? 그것이 무엇을 의미할까요?

여기서 우리의 개입 목표는 내담자에게 대인 피드백을 제공하여 내담자가 자신의 실제 경험에 동반하는 감정에 접촉하도록 돕는 것이다. 많은 증상과 문제들은 내담자가 자신의 감정을 느끼지 못하는 것에서 시작된다. 말하자면, 잃어버리거나 놓친 것에 대해 슬퍼하는 것, 한때 매우 무서워했던 것에 대해 두려워하는 것, 깊이 상처받았던 것에 대해 분노하는 것과 같이 감정을 있는 그대로 느끼지 못하는 것이다. 감정에 접촉하도록 돕는 것은 결코 사소한 개입이 아니다. 내담자의 정체성과 개인 역량, 그리고 있는 그대로의 자기 자신이 되는 능력에 관한 것이다. 자신의 실제 경험에 상응하는 감정을 느낄 수 있도록 돕는 것은 많은 내담자에게 평생의 선물이 된다. '타당화해주기'라는 개념을 떠올려보라. 실제 경험에 상응하는 감정을 느끼도록 돕는 것은 내담자에게 자신의 경험을 되찾게 해준다. 타당화란 자신의 마음을 알 수 있게 내담자에게 힘을 주는 것에 다름 아니다. 자신의 마음을 알게 되면 내담자는 혼란과 불확실 또는 '뒤죽박죽된' 느낌 없이 자신의 삶을 살 수 있다.

교정적 정서 경험을 제공하고 변화를 이끄는 최선의 기회는 내담자가 자신의 문제에서 발생하는 정서적 충격을 온전히 경험하는 그 순간에 발생한다. 그러나 불행히도 이 순간은 상담자가 무엇을 해야 할지 확신이 서지 않아 불안을 느끼는 때이기도 하다. 내담자가 어려운 감정을 경험하고 있을 때 상담자가 정확한 이해와 진실한 연민을 나눈다면, 이는 내담자 문제의 정서적 요소를 해결하는 데 도움이 될 것이다. 실제 생활에서 상담자와 함께한 변화 경험의 결과로 내담자는 앞으로 나아간다. 도식이 확장됨에 따라 타인과의 관계에서도 행동을 변화시킨다. 특히 이 생생한 재학습은 사람들이 자신에게 어떻게 반응할 것인지에 대한 내담자의 기대를 바꾼다. 또한 자신에 대한 사람들의 반응을 왜곡하고 여과하는 선택적 편견도 변화시킨다. 그러나 다음의 예에서 보여주듯이, 자신의 감정을 드러내지 못하거나 지지받지 못하면 그러한 진전을 할 수 없다.

> 이 회기에서 진은 상담자에게 자신이 느끼고 있는 절망감에 대해 이야기했다. 그녀는 자신의 삶을 올라가고 내려가기를 끝없이 반복하며 결국에는 제 자리로 돌아오는 회전목마에 비유했다. 지난주에 진은 '이전에도 여러 번 그래왔듯이' 학교를 그만두었다. 그리고 그녀의 아파트에 다시 들어와 살겠다는 이기적이고, 질투심과 소유욕 많은 남자친구의 압박에 굴복했다. 진은 자신을 위해서는 아무것도 할 수 없을 것 같고 아무것도 가질 수 없는 것 같은 절망감에 대해 얘기했다.

상담자는 진의 절망감을 느낄 수 있었으며 마음이 아팠다. 상담자는 진의 낙담한 마음을 알아주고 그녀의 경험을 타당해줌으로써 진의 감정에 대한 작업을 시도했다.

상담자 슬프고 절망적으로 보여요. 그렇게 심한 패배감을 느끼는 것이 얼마나 고통을 주는지 알겠습니다. 다시 한 번 원하는 것을 할 수 없었군요. 그래서 무척 실망하셨군요. "싫어."라고 말하고 행동하기보다는, 또다시 다른 사람의 뜻에 따르고 그 요구를 충족시켜주어야만 한다고 느끼시는군요.

그러나 지난 회기들에서 그랬듯이, 진은 이러한 것을 경험하는 동안 상담자가 자신의 감정에 정서적으로 교감하도록 허용할 수가 없었다. 그녀는 이러한 감정에 대해 얘기는 했으나 상담자와 일정한 거리를 계속 유지했다. 상담자와 정서적 교감이 결여되어 있었기 때문에 상담자를 안전한 천국으로 활용할 수 없었다. 비록 상담자와 이야기를 나누고 있더라도, 진은 여전히 자신의 감정에 대해 지지를 받지 못했고 외로웠다.

진의 엄마는 자기중심적인 사람이었는데, 진은 자기가 엄마를 양육하고 있는 것 같았다고 느꼈다. 진은 엄마에게 자신의 요구를 전달할 수 없었다. 즉 엄마는 독립적이고 성공적인 삶을 시작하고 즐기려는 진의 능력을 억압했다. 바로 이것이 진으로 하여금 엄마뿐만 아니라 다른 누구와도 자신의 고통이나 걱정을 공유하지 못하게 했다. 왜냐하면 엄마가 이를 활용하여 진이 자신과 함께 살아야 하며 근처 대학에 다녀야 한다고 강조했기 때문이다. 그리고 이 밖에도 여러 방식으로 독립적인 삶을 향한 진의 여정을 가로막았다. 진이 학교를 꾸준히 다니거나 남자친구와 적당한 경계를 유지할 수 있는 능력의 부재는 자신을 위한 선택과 갈등하는 한 측면이었다. 왜냐하면 진이 자신을 위한 선택을 하려고 하면 엄마는 진을 이기적이라고 했기 때문이었다. 반면에, 엄마가 강요한 대로 진이 타인의 이익에 따라 행동하고 자신의 욕구를 억누르면 지금 경험하고 있는 바와 같은 우울감과 절망을 경험했다. 진은 **분리 죄책감**(separation guilt) 때문에 자기 자신을 위한 행동을 하지 못했다. 다른 한편, 순응은 진을 계속 자율적이지 못하고 우울한 상태로 만들었다. 진은 분명 이러지도 저러지도 못하는 상황에 있다.

지난주에 있었던 좌절은 진을 더욱 괴롭게 했다. 상담자는 이런 위기 상황이 스트레스에 빠져 있는 진과 자신이 더 연결되는 기회를 제공한다는 것을 알았다. 진이 처음으로 자신의 감정을 느끼고 있었다.

상담자 그래, 넌 학교를 그만두었고 또 조쉬가 네 집으로 이사하는 걸 허락했지. 지금 네가 바라는 것 모두가 날아가버리고 아무것도 남아있지 않은 것 같겠구나. 낙담하고 희망이 없다고 느끼는 것이 이해가 돼.

진 (긴 침묵, 고개 끄덕임) 네, 희망이 없는 것 같아요. 정말 희망이 없어요. 저란 존재는 중요하지 않은가봐요.

상담자 스스로가 중요하지 않게 느껴지는구나. 자신이 초라하게 느껴지고 … 너무 낙담해서 시도조차 할 수 없구나.

진 (고개를 끄덕이며) 전 항상 그들이 원하는 대로 해야만 했어요.

상담자 그게 익숙한….

진 네, 엄마, 남자친구, 심지어 직장에서조차 그러지요. 전 정말이지 애처로운….

상담자 그래, 너는 이전부터 늘 이렇게 느껴왔어. 지금 이 상황이 얼마나 고통스러운지 알 것 같아.

진 (고개를 돌리고 손을 눈으로 가져간다)

상담자 난 지금 네가 얼마나 슬픈지 알 것 같아.

진 저를 애처롭게 생각하지 않으시나요? 제가 그 자식을 다시 제 집으로 들였잖아요.

상담자 아니. 널 애처롭게 또는 약하게 보지 않아. 난 지금 네가 얼마나 슬픈지 그리고 이 모든 일들이 얼마나 널 아프게 했는지 알겠어. 이런 것을 나에게 이야기하기까지 참 많은 용기가 필요했겠다고 생각해. 네가 원하는 것, 네가 필요로 하는 것을 찾아내려고 얼마나 노력하는지 알아. 그런 점에서 널 존경해.

진 제가 뭘 해야 할지 모르겠어요. 전 정말 절망적이에요.

상담자 그래, 내 생각엔 '잘 지내야 한다는 생각'이 널 무기력하게 하는 것 같아. 그것이 절망적 느낌을 불러일으키는구나.

진 전 이 모든 게 다 싫어요. 전 다른 … 을 바래요. 제가 달라졌으면 좋겠어요.

상담자 어떻게 달라지고 싶니? 만약 할 수 있다면 무엇을 바꾸고 싶니?

진 조쉬에게 나가라고 말할 수 있었으면 좋겠어요. 그렇지만 내가 그렇게 할 수 있을지 모르겠어요. … 조쉬의 감정을 다치게 하면 어떻게 하지요.

상담자 너 자신을 중요하게 여기는 것이 계속 힘들구나.

진 (얼굴을 두 손으로 가리며) 네, 맞아요.

상담자 넌 정말 중요한 존재야. 네가 원하는 것이 중요해.

진 제가 원하는 대로 해도 괜찮은 거죠?

상담자 맞아. 괜찮아. 그동안 한계를 정하고 다른 사람의 욕구보다 네 욕구를 더 중요시 여기는 게 어려웠다는 걸 알아. 네가 너 자신을 중요한 존재로 허용했을 때 드는 감정, 네 인생에서 너 자신을 최우선으로 허용했을 때 어떤 느낌이 드는지 좀 더 시간을 갖고 탐색해보자. 스스로를 위해서 자신을 주장하는 것은 해도 되는 일일뿐더러 실제로 정말 멋진 거야.

진 (상담자를 바라보고는 천천히 울기 시작한다) 음, 완전히 절망적이진 않은 것 같네요. 저 자신을 위해 더 많은 걸 원해요. 정말 저 스스로 더 많은 결정을 하고 싶어요. 전 이기적이라는 소리를 들을까봐 걱정해왔어요. 그렇지만 인생을 다른 사람들을 돌보며 '이용당한' 그리고 우울한 감정을 느끼면서 살고 싶지 않아요.

처음으로 진은 자신이 좌절을 경험하고 있는 동안 상담자가 그녀와 감정적으로 연결되는 것을 허용할 수 있었다. 상담자는 진이 감수한 위험을 알아주었다. 그리고 상담자와 진은 슬픔, 낙담, 자신에 대한 경멸감 등의 감정을 그렇게 솔직히 누군가와 나누는 것이 어떻게 느껴지는지에 대해 얘기했다. 진은 상담자가 자신을 판단하지 않고 여전히 자신을 존중해주는 것을 듣고 놀랐으며, 그것 때문에 그녀는 더 '가벼워졌다'고 이야기했다. 다음 회기에서 진은 우울한 감정이 좀 나아졌다고 말했다. 그리고 남자친구에게 자신은 아직 함께 살 준비가 되지 않았으며 집에서 나가 달라고 말했다는 것을 넌지시 지나가는 말로 이야기했다.

지배적인 정서 확인하기

내담자는 때때로 자신의 감정에 당황한다. 때로는 어떤 감정이 아무런 이유 없이 일어나는 것 같기도 하고, 또 다른 때는 그 상황에서 일어날 수 있는 감정과 일치하지 않는 감정이 생기거나 혹은 상황에 맞지 않게 강렬한 감정을 느끼기도 한다. 내담자가 자신의 감정을 이해할 수 없다면 자신감을 잃고 자기회의에 빠지게 될 것이다. 내담자로 하여금 자신의 감정을 이해할 수 있게 도와주는 것은 자기효능감을 증대시키는 데 필수적이다(Bandura, 1997). 이것을 위해 상담자가 할 수 있는 한 가지 방법은 내담자의 **지배적인 정서**(predominant affect)를 다루는 것이다. 나중에 볼 것이지만, 내담자의 경험 이면에는 종종 수치심이나 죄의식과 같은 하나의 핵심 정서가 있으며, 상담자가 이 지배적인 정서를 확인하고 강조함으로써 내담자를 도울 수 있다.

내담자는 일반적으로 다음의 두 가지 중 하나의 이유로 상담에 온다. 첫째는 현재 삶의 위기가 과거에 있었던 정서적 갈등을 증폭하는 것이다. 이때 현재의 스트레스원이 과거의 상처를 건드린다고 할 수 있을 것이다. 둘째는 내담자가 단기간에 너무 많은 스트레스원을 경험하여 스스로 감당할 수 없다고 느껴서 상담을 찾는 경우이다. 이러한 다양한 스트레스원은 내담자의 평상시 대처 전략을 무력화하고, 불안, 우울, 수면장애, 대인관계 갈등 등의 증상을 유발한다.

과거의 상처

많은 내담자들은 과거의 상처 때문에 상담에 온다. 예를 들면, 이혼이나 사별 등으로 상실감을 겪고 있는 내담자의 경우 과거에도 그러한 경험이 있어 그때의 고통이 되살아난다면 더욱더 심한 고통을 겪을 것이다('축약된 슬픔')(McClure & Teyber, 2003). 현재의 상실감은 아마도 후회, 외로움 혹은 슬픔과 같은 지배적인 감정과 관련이 있을 것이다. 이러한 감정은 과거 다른 대상과의 이별에 연루한 상실감과 연결될 때 더욱 이해되기 쉬우며, 통제할 만한 것으로 나타날 것이다.

예를 들어, 노라는 '우울증'으로 학생상담센터를 방문했다. 그녀는 두 달 전 숙모가 돌아가신 이후부터 과도하게 울며 지냈다. 그녀는 숙모에 대해 잘 알지도 못했고 숙모와 특별히 가까운 사이도 아니었다. 상담자가 '울음을 멈출 수 없다'와 같은 느낌을 과거에도 경험한 적이 있는지 질문했을 때, 모든 것이 이해되기 시작했다. 노라는 "11살 때 엄마가 돌아가셨을 때…"라고 대답하면서 스스로 놀랐다.

이러한 방식으로 상담자는 현재의 위기가 자극한(evoke) 핵심 감정이 무엇인지를 규명하려 하며 그것이 내담자의 원래 상처와 연결되어 있는지를 탐색하려 한다. 이러한 일차적 정서를 내담자가 과거에 느꼈던 방식에 연결시키는 것은 내담자로 하여금 비합리적으로 보이는 감정을 이해할 수 있게 해준다. 이러한 일이 일어날 때 내담자는 자신을 용서하고 받아들임으로써 변화한다(Gilbert, 2010). 내담자는 자신이 실제로 직면해 있는 더 큰 문제를 더 잘 이해할 수 있게 된다. 이러한 과정을 통해 내담자는 자기효능감을 더욱 증대시킬 수 있을 것이다. 이러한 점은 여러 상담방식에서 모두 중요하지만, 특히 위기 개입이나 단기상담에서 상담자가 할 수 있는 가장 중요한 개입방법 중 하나일 것이다.

여러 가지 스트레스원

짐은 회사가 감원을 단행할 때 해고되었다. 그는 경기침체로 인해 새로운 일자리를 찾을 수 없었고, 실패자처럼 느껴졌다. 그러나 이러한 문제는 시작에 불과했다. 자존감은 떨어졌고 돈 걱정은 늘어났다. 그의 부인은 그를 '부정적'이라고 기술했고, 인내심이 없다고 말했다. 결혼생활도 최고는 아니었다. 하지만 현재 작은 일에도 쉽게 화를 내는 비관적인 남편과 매일매일 집에서 하루종일 함께 생활하는 것은 부인에게 너무나 힘든 일이었다. 그가 해고되고 6개월 후, 그녀는 그의 불평과 화를 견딜 수 없어서 집을 나갔다. 부부의 사교적인 모임을 주도한 것은 부인이었고, 함께 어울릴 동료도 없었기 때문에 짐은 더욱 고립되었고 외로웠다. 그는 불안과 우울에 대처하기 위해 너무 많이 먹고 마셨기 때문에 혈압이 매우 높아졌다. 의사의 설득으로 짐은 마지못해 상담을 시작했고, 자신을 '실패자'라고 표현했다.

노라의 경우처럼 이전부터 존재한 취약점이나 과거 상처를 건드리지 않는 한, 대부분의 사람들은 하나의 스트레스 사건에 대해서는 대처할 수 있는 적응적인 대처기제를 가지고 있다. 그러나 짐 또는 다른 사람들에게 일어났던 것처럼, 만약 두 번째 혹은 세 번째의 스트레스 사건이 첫 번째 스트레스 사건에 연속해서 일어난다면, 그것에 대처하기는 훨씬 더 어려울 것이다. 이렇게 되면, 내담자의 정상적인 대처 방식은 잘 작동하지 않을 것이며, 누적된 스트레스는 증상의 발현을 촉진할 것이다. 이런 관점에서 보면, 중요하고 지속적인 문제 대부분은 단순히 하나의 사건으로 발생하는 것이 아니라고 할 수 있다. 짐의 경우처럼, 문제는 시간의 경과에 따른 사건 혹은 상호작용 순환의 연속적 과정으로 발달한다.

여러 가지의 스트레스원을 경험하고 있을 때, 내담자들은 아마도 자신이 감당하기에는 너무 '버겁다' 혹은 '소진되었다' 등으로 자기 자신을 표현할 것이다. 이러한 내담자들은 스트레스 사건에 대한 일차적 정서 반응을 포괄하는 **축약된 어구**를 반복해서 사용하는 경향이 있다.

- 그냥 멀리 떠나서 혼자 있고 싶어요.
- 정말 너무해요. 제가 감당할 수 없어요.

- 이젠 정말 지긋지긋해요. 이젠 어떤 노력도 소용없어요.
- 이젠 '그만'할래요, 더 이상은 못하겠어요.

2장에서 보았듯이 상담자는 반복되는 정서 주제를 찾으려 하고, 이런 축약된 문장이 나타내는 가장 핵심이 되는 감정을 구분해내려 한다. 각각의 축약 문장 이면에는 계속 떠오르는 하나 또는 두 개의 핵심 감정이 있어서 복수의 스트레스원이 내담자에게 미친 핵심적 영향을 포착하고 있다. 일반적으로 다양한 스트레스원은 바퀴의 허브를 중심으로 퍼져 있는 바퀴살처럼 하나 또는 두 개의 두드러진 감정을 중심으로 배열되어 있다. 예를 들면, 너무 많은 사람 또는 일을 상실한 데 대한 반응으로 내담자는 혼자라거나 무기력하다는 두드러진 감정을 가질 수 있다. 또는 추가적인 상실이나 변화를 경험하는 것이나 새로운 관여를 해야 하는 것을 두려워할 수 있다. 상담자가 다른 몇몇 위기사건의 영향을 연결하는 이면의 감정을 포착해낼 수 있으면 내담자는 깊이 이해받고 있다고 느낄 것이다. 예를 살펴보자.

상담자 지난주에 일어났던 일을 들어보니 어느 경우에나 당신 이야기는 제대로 경청을 받지 못한 것 같습니다. 축구 코치도 그렇고 직장 상사로부터 걸려온 전화도 그렇고, 남편과의 싸움도 마찬가지였죠. 당신이 진지하게 고려되지 못한 것이지요. 그래서 정말 화가 난 것 같아요.

상담자가 이와 같이 정확하게 공감을 하고, 통합적인 주제를 확인하고 분명히 하면 희망과 안전이 생겨날 것이다. 다른 곳에서 발견하지 못했던 이런 동조(attunement)에 대한 반응으로 탐색하고 위험을 감수하려는 내담자의 동기가 증가할 것이다. 그리고 내담자는 상담관계에 더 몰입할 것이다. 단기상담에서 성공적인 상담자는 신뢰를 확립하고 작업동맹을 시작하기 위해 상담 초기부터 비교적 일관성 있게 이런 유형의 공감적 연결을 할 수 있는 기술을 개발할 필요가 있다. 물론 이런 능력은 지지적인 훈련과 역할 모델 관찰을 통해 길러질 것이다. 초보 상담자에게 이와 같은 것은 현실적인 목표 또는 기대가 되지 못할 것이다.

성격화된 정서

내담자가 이야기를 할 때 상담자의 의도는 내담자가 경험하고 있는 가장 중요한 또는 의미 있는 감정을 변별하여 바로 그것에 반응하려는 것이다. 상담자는 또한 내담자의 삶에서 계속되는 반복적인 감정, 즉 **성격화된 정서**(characterological affect)에 귀 기울일 수 있다.

상담이 진행되면서 상담자는 종종 현재 갈등을 붙잡고 있으며 삶을 더욱 광범위하게 특징짓는 내담자의 지배적인 감정을 확인할 수 있다. 내담자는 이런 유사한 감정을 오랫동안 삶의 일부로 당연하게 경험해왔다. 이런 감정은 내담자의 삶에 전반적으로 퍼져 있으며, 스트레스나 위기를 겪을 때면 다시 나타난다. 내담자는 삶의 대부분을 통해 지속되어온 하나 또는 두 가지의 핵심 감정을 가지고 있다. 상담자가 다른 상황에서도 반복해서 나타나는 이런 핵심 감정을 확인할 때면 내담자는 종종 공감적으로 반응한다. 예를 들면, 내담자는 다음과 같이 반응할 수 있다.

- 그래요. 늘 그래 왔지요.
- 그랬어요. 그게 제 삶이었지요.
- 네, 그게 바로 저입니다.
- 바로 그거예요. 정확히 그거예요.
- 맞아요!
- 빙고!
- 그게 제가 경험한 거예요.

내담자는 이런 핵심 감정을 '운명'으로 기술하기도 한다. 마치 늘 그곳에 있어왔고 미래에도 늘 그럴 것이라고 느껴지기 때문이다. 상담자가 할 수 있는 가장 중요한 개입 중 하나는 이런 성격화된 정서를 확인하고 내담자에게 정확히 반영해주는 것이다. 예를 들면, 상담자는 내담자의 이야기를 듣고 **통합적인 정서 주제를 포착**한 후 다음과 같이 반응할 수 있다.

- 당신은 당신이 꼭 충족시켜야만 한다고 느끼는 모든 요구들에 대해 늘 부담을 느껴온 것 같습니다.
- 다른 사람들이 당신을 따라 다니면서 당신이 느끼는 부적절감을 그대로 지적할 것 같아 늘 두려워해온 것 같습니다.
- 당신이 아무리 열심히 하더라도 결코 무엇을 하기에 충분치 못하다는 생각에 늘 화가 나있는 듯이 보입니다.
- 다른 사람들이 당신을 이용하지 않을까 해서 늘 주위를 살펴야 하는 것같이 느껴집니다.
- 사람들이 당신의 본심을 안다면 아마 어느 누구도 당신을 사랑하거나 선택해주지 않을 것이라는 걱정을 하고 있지 않나 생각됩니다.

상담자는 내담자의 이야기 속에서 제시되는 다양한 감정들 각각을 일관성 있게 듣고 그것에 반응하려는 지속적인 의도를 가지고 있다. 그러나 상담자가 효과적일 수 있으려면 내담자의 인생에서 반복적으로 나타나며 내담자가 자기 감(sense of self)의 핵심으로 간주하는 한두 가지 반복되는 감정을 규명해낼 수 있어야 한다. 이것이야말로 내담자와의 관계에서 신뢰를 확립하고 작업 동맹을 강화하기 위해 상담자가 할 수 있는 가장 중요한 개입이다. 즉 상담자가 도움을 줄 수 있다는 것을 나타내 보여준다.

만 20살인 호세는 강도를 만나 돈을 뜯긴 후 상담을 받으러 왔다. 그는 자신의 성격화된 정서, 즉 만성적 '부적절감'을 타인에게 드러내는 문제로 씨름했다. 그는 강하게 보임으로써 이를 반복적으로 방어했다.

상담자 네가 우는 걸 보면서 내가 무슨 생각을 할 것 같니?

내담자 제가 약하다고….

상담자 '그런 마음속 깊은 곳에 있는 감정을 의식할 수 있다니 정말 강한 사람이야!' 하고 생각하고 있어.

내담자 (잠깐 침묵) 대부분의 사람은 저의 '통제된' 부분을 보지요.

상담자 그렇구나. 내게 감정 부분을 보여주어서 고맙다.

내담자 (좀 더 크게 울면서) 저의 이 부분은 아무도 몰라요. 겉으로는 저의 사회적 부분만을 보여주죠. 자신 있는 부분이죠. … 진짜 감정에 관한 한 전 정말 혼자라고 느껴요.

상담자 그래. 사람들이 널 보지만 그건 단지 사회적인 부분일 뿐이야. 그러나 마음속으로 넌 외롭고 혼자라는 느낌을 가지고 있지. 아마 넌 누군가 최소한 한 사람이라도 이런 마음을 나눌 수 있기를 바라겠지.

내담자 바로 그거예요! 전 다른 사람들과 함께 할 수 있기를 원해요. 밖에서 전 다른 사람과 잘 지내요. 그러나 집으로 돌아오면 전 혼자지요. 다른 사람들에게 좀 더 개방적이길 원해요. 달리할 필요가 있어요. 저의 강한 부분만 보여주고 싶지는 않아요.

상담자 마음속 깊이 그런 걸 느끼다니 정말 훌륭해. 다른 사람에게 자신을 개방하고 더 많은 것을 나눌 수 있는 관계를 원하고, 균형을 맞추길 원하는구나. 원하면 그것을 위해 함께 작업할 수 있지. 실제로 넌 이미 그 과정을 시작한 거야. 바로 여기서 나와 함께 말이다. 넌 이미 새로운 사람에게 너 자신에 대해 더 많은 것을 이야기하고 있지. 난 바로 지금 너의 그런 용기에 존경을 표한단다.

내담자 강도를 만난 후 얼마나 무서운지에 대해 부모님께 얘기했습니다. 그러나 부모님은 … 글쎄요. … 전 부모님이 좀 달리 반응해주길 기대하고 있었어요.

상담자 어떻게?

내담자 글쎄, 아버지는 일상적인 일을 하면서 거침(tough)에 대해 이야기하기 시작했지요. 그리고 당신이 얼마나 거친 사람인지에 대해서도 얘기했죠. 엄마도 일상적인 일을 하면서 자신도 얼마나 무서운지에 대해 계속 얘기했지요. 그러고 난 후 두 분은 자신들에 관한 얘기를 시작했고 늘 걱정해오던 모든 일들에 대해 얘기하더군요. 전 부모님이 제 얘기 그리고 제 두려움에 귀를 기울여주기를 원했어요. 제가 좀 더 얘기할 수 있게 해주기를 원했던 거죠.

상담자 이해하겠구나. 부모님이나 두 분의 문제가 아니라 너와 너의 두려움을 들어주고 인정해주는 것이 필요했구나.

내담자 그래요! 어떻게 아셨어요? 늘 그런 걸 원해왔어요.

상담자 나도 몰랐다. 난 그저 너와 함께 의문을 갖고 질문을 하고 있을 뿐이란다.

내담자 그래요. 제가 원하는 건 부모님이 저에게, 제가 필요로 하는 것에 귀 기울여주는 것이지요. 그래서 제가 그냥 다가갈 수 있고, 필요한 것도 말할 수 있고, 늘 제 자신을 그렇게 심하게 통제할 필요가 없다는 그런 느낌을 주는 것 말이죠. 그리고 두 분만의 일로 되돌아가는 것이 아니라 저와 함께 있어주기를 원하죠.

상담자 네가 원하는 것을 아주 잘 아는구나. 여기 나와 함께 하면서 넌 네가 필요한 것을 정확히 말할 수 있었어. 네가 두려워한다는 것이 이해가 돼. 강도를 만나 돈을 뜯긴다는 것이 대부분의 사람들에게는 정말 두려운 일이지. 부모님이 귀 기울여주고 그에 반응해주기를 원한다는 것이 정말 이해가 되는구나.

내담자 이해해주셔서 정말 고마워요. (더 많은 눈물을 흘리며) 저를 바보같이 느끼지 않도록 해주셔서 고마워요. 전 정말 부모님이 제 이야기에 귀 기울여주길 원해요. 당신들의 관심사가 아니라 저의 관심사에 관해 말이죠. 전 늘 거친 척해야 했고, 화나 두려움도 숨겨야 했지요. 그러지 않으면 편치 않았죠.

이 상호작용은 호세가 멕시코계 미국인 가족 출신이기 때문에 특히 중요하다. 멕시코계 후예 남자들은 가정에서 지배적이고 강력하며 제공자 역할('machismo'에 대한 정의의 하나로 간주됨)을 해야 한다고 기대받는다. 다른 사람들 앞에서 우는 것은 일반적으로 부끄러운 것으로 간주된다. 문제를 나누거나 얘기하는 것은 '약한' 것으로 간주될 수 있다. 그래서 이 문화권 출신 남자는 사람마다 차이를 보이긴 하지만 많은 경우 '경계'를 철저히 하며 '강한' 사람으로 자신을 나타내 보일 필요를 느낀다. 이는 곧 타인에게 약점을 보이지 않고 금욕적(호세에게는 '통제된')으로 자신을 나타내 보이는 것을 의미한다. 폭력적인 공격에 대한 반응도 마찬가지다(Archineiga & Anderson, 2008; Fragoso & Kashubeck, 2000; Sue & Sue, 2016).

내담자가 빈번하게 제시하는 정서군 인지하기

내담자의 복합적인 감정에 대한 작업은 매우 보람 있는 일이긴 하지만 동시에 무척 어려운 일이다. 어떤 내담자는 자신의 감정을 완전히 회피하거나 사소한 것으로 무시하려 한다. 반면 어떤 내담자는 아무런 진척 없이 자신의 감정에 대해 지나치게 몰입하여 동일한 감정 또는 걱정을 강박적으로 얘기한다. 내담자가 상담에서 별로 진척을 보이지 못할 때,

그에 대한 한 가지 가능한 이유는 내담자가 표면적으로 제시하는 바로 그 한 가지 감정에만 상담자가 반응하기 때문일 것이다. 이 문제에 대처하기 위해 이 절에서는 내담자가 제시하는 정서군 및 감정의 전개 순서(점화 순서)에 대해 알아보고자 한다.

상담자가 내담자의 현재 감정을 알아주고 더욱 깊이 탐색해보도록 도와준다면, 종종 서로 연관된 일련의 감정들이 예측 가능한 순서로 나타날 것이다(Greenberg, 2002, 2010). 예를 들어, 내담자가 분노를 느낀다고 하자. 이 분노는 일어난 일에 대한 슬픔 또는 상처받은 느낌에 반응하여 발생한다. 그러나 슬픈 감정이나 상처받은 느낌은 이 내담자에게는 받아들여질 수 없는 것이어서 부정되거나 부인된다. 이런 감정은 내담자에게 약함으로 보이고 수치심을 자극하기 때문이다. 이런 원하지 않는 수치심을 막기 위해 내담자는 더 강력한 또는 더 안전한 분노 감정(수용할 수 있는 감정이거나 가족 내에서 그에게 부여된 역할임)으로 다시 돌아감으로써 인위적 또는 방어적으로 자기존중감과 개인적 힘 또는 가치감을 재조정한다. 그 결과 다른 사람들은 그를 '화난 사람'으로 지각한다. 이러한 정서군이 내담자 문제의 핵심이며, 이러한 과정에서 연속적으로 나타나는 감정들 각각이 개별적으로 다루어질 필요가 있다. 비록 내담자마다 그러한 감정들이 발생하는 순서가 다르더라도, 상담자는 내담자의 갈등이 활성화될 때 반복적으로 일어나는 서로 관련된 세 가지 감정의 순환을 볼 수 있을 것이다. 이와 비슷한 의미로, Lazarus(1989)는 내담자의 '점화 순서(firing order)'를 추적하는 것에 대해 기술했다. 변화의 과정은 세 가지 감정이 각각 모두 다루어져 해결을 보게 되는 것과 관계된다. 이 절에서는 많은 사례들에서 흔히 볼 수 있는 두 종류의 **정서군**(affective constellations)을 살펴볼 것이다. 또한 내담자의 변화는 상담자가 내담자의 전체 감정의 흐름 속에서 어느 한 감정(내담자가 일차적으로 제시하는 반응)에 반응할 때가 아니라 그러한 흐름 전체에 반응할 때 일어난다는 것을 살펴볼 것이다.

분노-슬픔-수치심

우리가 검토할 첫 정서군은 분노, 슬픔, 수치심으로 이루어져 있다. 어떤 내담자의 지배적 혹은 특징적 감정 상태는 분노이다. 이 내담자는 종종 과민, 성마름, 비판 그리고 냉소를 포함한 넓은 범위의 화난 감정을 경험하고 쉽게 표현한다. 그러나 내담자의 분노는 일반적으로 **반응적**이다. 즉 원래의 슬픔이나 고통 경험에 대한 반응으로 일어나는 이차 감정이다.

상담자는 내담자의 분노를 알아주고, 내담자가 누구에게 그리고 무엇에 화가 났는지를 명료화하기 위해 협력적으로 작업하며, 분노를 표현하는 적절한 방법을 발견하도록 조력해야 한다. 예를 들면, 화난 대상에게 고함을 지르거나, 욕을 하거나 난동을 부리는 것이 아니라 싫어하는 점을 말로 표현하는 것, 한계를 정하는 것, 주장적이 되는 것이 적절한 방법이 될 것이다. 이 첫 번째 단계는 중요하지만 충분하지는 않다. 만약 상담자가 여기서 멈추어 버린다면, 내담자는 화난 감정에서 벗어나지 못하고 그 상태에 정체되어 버려서 큰 변화를 나타내지 못할 것이다. 반대로, 상담자의 개입 목표는 분노라는 반응적 감정을 갖게 한 일차적인 정서 반응, 즉 슬픔 혹은 마음의 상처 등을 내담자가 규명해내고 여기에 머물 수 있도록 돕는 것이다. 내담자에게는 이러한 원래의 감정이 나중에 경험하게 되는 분노의 감정보다 훨씬 더 위협적이고 받아들이기 어렵다.

원래의 정서 경험에 도달하기 위해, 상담자는 내담자가 화난 감정을 자발적으로 분출하기까지 기다릴 필요가 있다. 분노 감정이 완전히 분출되었을 때, 상담자는 내담자가 현재 느끼는 감정에 주목하도록 그를 초대할 수 있다. 보통 분노와 같은 반응적 감정을 따라가면 슬픔이나 마음의 상처 등과 같은 일차 감정으로 진입할 수 있는 지점을 발견하기 마련이다. 예를 들어보자.

상담자 당신은 그러한 상황이 얼마나 화나게 만드는지에 대해 얘기했습니다. 저도 확실히 이해가 됩니다. 그러나 잠깐 멈추고 지금 현재 분노 외에 어떤 느낌이 드는지 점검해봅시다. 말하자면 분노의 다른 측면 말입니다.

이 경우 보통은 원래의 감정(말하자면, 당혹감, 무력감, 연약함 등)이 표면으로 떠오르게 된다. 이러한 감정에 대해 내담자와 함께 하면서 그것이 무엇인지 정확하게 명명해주면, 상담자는 익숙한 반응적인 분노(익숙하고 훨씬 안전하지만 비생산적인)로부터 내담자를 해방시킬 수 있다.

만약 이러한 접근이 잘 작동하지 않는다면, 상담자는 내담자에게 그러한 분노감을 일으키게 한 원래 경험에 대해 직접 물어볼 수 있을 것이다(친구들 앞에서 남편이 자신을 비난했다 등과 같은 것).

상담자 당신이 그렇게 화난 걸 보니, 뭔가가 당신을 무척 가슴 아프게 한 것 같군요. 그 일이 처음 일어났을 때 느낌이 어땠는지 말씀해주시겠어요?

만약 내담자가 계속 화난 감정에 대해서만 얘기한다면, 상담자는 다시 내담자의 원래 경험으로 초점을 돌려야 한다.

상담자 네, 그것이 얼마나 불공평한지 그리고 왜 당신이 그토록 화가 나는지 알겠습니다. 그렇지만 저는 남편이 사람들 앞에서 당신을 비난했을 때, 바로 그때 어떻게 느끼셨는지도 궁금하군요.

내담자 음, 제 감정에 상처를 주지 않았나 싶어요.

상담자 네, 당신의 감정을 상하게 했군요. 정말 그랬군요. 그런 상처를 얘기해주어서 고마워요. 그렇지만 당신은 방금 아주 큰 변화를 이루었어요, 아세요? 이전의 당신은 상처받은 감정을 얘기할 위험을 감수할 수 없었지요. 저와 함께 이런 큰 변화를 성취하고 나니 어떤 느낌이 드세요?

내담자 (공감적으로) 그가 그렇게 저에게 상처 줄 수 있을 만큼 스스로를 나약하게 느끼는 것이 싫어요.

이러한 질문에 대해 내담자는 거의 강박적으로 자신이 얼마나 화가 났는지에 대해 계속 이야기하지 않고 원래 감정인 '상처'를 처음으로 표현했다. 상담자는 내담자가 문제의 내적 측면, 즉 원하지도 받아들일 수도 없는 슬픔 또는 상처 감정을 경험하고 공유하기 시작할 때 긍정적으로 반응한다. 변화를 위해 내면으로 초점 맞추기에서 논의한 내용을 기억해보라. 좀 더 안전한 반응적 감정인 늘 화가 나 있는 상태로 내담자를 되돌아가게 하는 것은 바로 이러한 문제의 내적 측면, 즉 남편이 자신에게 상처 줄 수 있기 때문에 스스로를 약하거나 수치스럽다고 느낀다는 것이다.

내담자가 분노를 경험할 때면 상처 혹은 슬픔의 감정이 뒤따른다. 내담자의 분노 감정은 쉽게 경험되고 표현된다. 그러나 내담자는 원래의 상처와 연약함을 경험하거나 공유하는 것은 안전하지 못하다는 것을 학습했을 것이다. 이러한 원래의 고통스러운 감정을 회피하기 위한 방어로 내담자는 반응적인 분노 감정으로 되돌아가기를 반복한다. 이러한 방어적인 대처 패턴 때문에 종종 다른 사람들은 내담자를 '화가 난 사람'으로 지각하고 직장이나 집에서 타인과 갖는 지속적인 문제가 유지된다.

상담자의 상담목표는 그러한 반응적/반복적인 분노를 느끼게 만드는 슬픔, 마음의 상처, 연약함을 내담자가 경험하도록 돕는 것이다. 그러나 그러한 원래의 상처가 활성화되면 내담자는 곧 이러한 감정에 대해 방어적이 되고 그래서 더 안전한(더욱 '강력'하다고 믿는) 감정인 분노를 향해 반사적으로 되돌아갈 것이다. 따라서 상담자는 원래의 고통스러운 감정으로 접근하는 데 대한 내담자의 저항을 탐색해야만 한다. 종종 원래의 고통스러운 감정이 또 다른 불편한 감정인 불안, 죄의식 또는 가장 흔히 나타나는 수치심 등을 자극하기 때문에 내담자들은 이를 피하고자 한다.

예를 들면, 내담자가 원래의 상처로 접근하기를 주저하는 것에 대해 상담자가 탐색하려 하면, 내담자는 종종 잘못된 신념을 드러내고 다음과 같이 반응할 것이다.

- 만약 내가 그러한 고통을 인정하면, 이는 그가 정말로 내게 상처를 주었다는 것을 인정하는 꼴이 되는 거예요.
- 내가 그것이 상처가 되었다고 인정해 버리면, 바로 그가 승리했다는 것을 의미하는 거예요.
- 내가 슬픔을 느낀다면, 그건 내가 스스로에게 미안함을 느끼는 얘기라는 것을 보여주는 게 되지요.
- 내가 이 일에 대해 부분적으로 나의 실수라고 인정하면, 그땐 모든 것이 나의 실수가 될 겁니다.

그래서 만약 상담자가 반응적 분노 이면에 있는 원래의 고통을 끄집어낸다면, 아마도 내담자에게는 제3의 감정인 수치심이 종종 들게 될 것이다. 원래의 슬픔과 이러한 슬픔과 관련한 수치심을 방어하기 위해 내담자는 자동적으로 더 '강력한' 분노(이 내담자가 드러내기에 더 안전하고 허용할 수 있는 감정)를 향해 달려가기를 학습했을 것이다.

비록 수치심이 가장 일반적인 정서 반응이라 하더라도, 어떤 내담자는 원래의 고통스러운 경험에 대해 죄의식이나 불안 등의 감정으로 반응할 것이다. 예를 들면, 어떤 내담자는 슬픔, 마음의 상처 등을 그대로 느끼도록 자신을 내버려둔다면 "어느 누구도 내 곁에 남아있지 않을 거예요." "모두 나를 외면하겠지요." 또는 "외로운 처지가 되겠지요." 등과 같이 반응할 것이다. 이러한 내담자는 자신의 고통과 마음의 상처를 재경험하게 되면 분리 불안을 느낀다. 그래서 거의 자동적으로 자신의 분노 반응으로 되돌아감으로써 그러한 불안을 회피하고자 한다. 또한 다른 내담자는 자신이 슬픔을 느끼게 내버려둔다면, 그것은 자기가 정말로 무엇인가를 필요로 한다는 것을 인정하는 것이라고 말할 것이다. 그리고 이러한 것의 의미는 곧 자신이 이기적이다 혹은 뭔가를 달라고 칭얼거린다 등이 될 것이다. 이러한 내담자에게 죄의식은 정서군의 세 번째 요소이다.

많은 내담자에게는 이러한 세 감정의 축(triad)이 있다. **빈번한 화는 표현되지 않은 슬픔에 대한 방어이고, 이는 수치심, 죄의식 또는 불안과 연관된다.** 지속적인 변화는 상담자가 내담자로 하여금 이러한 세 감정의 축에 있는 각각의 감정을 좀 더 잘 받아들이게 조력할 수 있을 때 일어날 수 있다. 더 구체적으로, 내담자는 다음과 같은 것을 할 수 있을 때 그러한 갈등을 이루고 있는 감정의 문제를 해결할 수 있다.

1. 각각의 감정을 느끼도록 자신을 허용할 수 있어야 한다.
2. 그러한 감정을 상담자와 공유하여 더 이상 그것을 숨기지 않고 혼자 짊어지지 않아야 한다.
3. 과거에 그러했던 것처럼 문제를 피해 도망가지 않고 상담자의 도움으로 그 문제를 직면하고 그곳에 머무를 수 있어야 한다(말하자면 해결할 때까지 참고 버티거나 보듬을 수 있어야 한다).

바로 이것이 해결되지 않은 감정을 통합하거나 받아들여 타협에 이를 수 있다는 의미이다.

정서군의 세 가지 감정 각각에 대해 이러한 세 단계를 거쳐 나갈 때, 내담자는 자신의 복합적인 감정을 통합할 수 있다. 즉 내적으로 자신의 갈등을 해결한다. 이러한 해결책으로 더 이상 과거의 잘못된 대처 전략, 증상 혹은 방어가 내담자에게 필요하지 않게 될 것이다. 또한 내담자들은 이전에 받아들일 수 없었던 새롭고 더 적응적인 반응을 수용하게 될 것이다. 예를 들면, 늘 화를 내거나 타인을 소외시키기보다는 때때로 다르게 반응하기를 선택할 수 있을 것이다. 다음 예에서 내담자는 화를 내지 않고 더 직접적이고 주장적이 되고 있다.

내담자 (남편에게) 바로 지금 난 비난받고 있다고 느끼고 있는데, 그게 싫어요. 이에 대한 얘기를 좀 다른 방식으로 해주기를 요구해요.

남편 (경멸적으로) 음, 난 당신이 어떻게 생각하는지 별 관심이 없어. 앉아서 마음을 좀 차분하게 하는 것이 어때?

내담자 바로 지금 난 존중받지 못한다고 느껴요. 이 대화를 계속하고 싶지 않네요. 돈을 어떻게 관리할지에 대해서는 더 예의 바르게 이야기하고 싶어요. 내가 말하는 모든 것을 멍청하다고 말하지 않고, 내 아이디어를 기꺼이 경청할 수 있을 때를 알려줘요.

명백히, 이러한 정서적 통합은 변화의 과정에 있어서 필수적인 경험이 된다.

다른 유형의 정서군을 검토하기에 앞서, 수치심(shame)의 특별한 역할에 대해 잠시 강조해보고자 한다. 그동안 불안, 우울, 죄의식에 대해서는 많은 연구가 이루어지고 책이 출간되었지만, 수치심은 많은 관심을 받지 못했다. 이러한 사정으로, 내담자들은 상담자 앞에서 불안, 우울, 죄의식 등의 감정을 가질 수 있었지만 수치심을 가질 수는 없었다. 그러나 감사하게도, 수치심은 더 이상 금기시되는 주제가 아니다. 이제는 많은 이론가들이 '주요 감정(master emotion)'으로 인정하는 것이 되었다(Nathanson, 1987; Scheff, 2000). Helen Block Lewis(1971)의 기념비적인 연구를 통해 대부분의 증상과 방어, 저항에서 수치심의 역할이 조명되었다. 이후 다른 학자들에 의해 더욱 발전되었다(Tangney & Dearing, 2012; Tracey et al., 2007).

3장에서부터 탐색했듯이, 상담자들이 내담자 이야기의 곳곳에 퍼져 있는 수치심 기반 정서에 귀 기울이기 시작할 때 새로운 이해의 지평이 열린다. 수치심을 느낀다는 것은 자신을 근본적으로 나쁘게 느끼는 것이다. 즉 자기 존재의 핵심을 부적절하게 또는 무가치하게 느끼는 것이다(Dearing & Tangney, 2011). 내담자는 수치심 기반 자기감(sense of self)을 나쁜, 멍청한, 무가치한, 자기의식적인, 당황한, 무안한, 낮은 자기존중감, 모욕감 등과 같은 단어로 나타낸다. 수치심을 나타내는 좀 덜 직접적인 경우는 '~해야만 한다' 및 '완벽한' 등의 단어를 반복적으로 사용할 때이다.

어떤 내담자는 수치심을 대인관계에서 방어한다. 이런 내담자는 방어적으로 다른 사람에게 수치심이 들도록 유도하여 상처받은 자기감을 복원하려 한다. 즉 수치심을 잘 느끼는 내담자는 일상적으로 분노와 격렬한 성질 폭발("이래라저래라 하지 마. 내가 알아서 할 거야!")을 보임으로써, 다른 사람에 대한 경멸이나 강한 평가("넌 멍청이야." 또는 "네게 무슨 문제가 있는 것 아니니?")를 함으로써, 허세로 타인을 자극("덤벼 봐.")함으로써, 그리고 특히 만성적인 부부 갈등에서 자동적으로 상대방을 탓하거나 비난에 반격함으로써("아니, 나와는 전혀 상관없어. 모두 네 잘못이야.") 자신의 수치심을 감추려 한다. 다른 내담자 또한 방어적으로 자신을 복원하려 한다. 그러나 이들은 융통성 없이 완벽해지려고 하고, 타인으로부터 철수하여 내면으로 들어가려 하며("다른 사람들에게 내가 보이지 않으면 좋겠어."), 다른 회피적인 수치–불안 순환을 통해 수치심을 부인한다(Balcom et al., 1995; Tangney & Dearing, 2002).

상담자가 문화적 금기를 깨고 수치 반응에 민감하게 접근할 수 있다면 유의미한 진전이 있게 될 것이다. 그러나 대부분의 상담자는 그러한 수치심에 기반을 둔 정서들을 회피하도록(즉, 무시하기, 가볍게 여기기 또는 주제 바꾸기) 사회화되어 있다. 이러한 사회적 규범의 영향에서 벗어나 초보 상담자가 효과적으로 반응하기 위해서는 수퍼바이저의 지지와 안내 그리고 추가적인 독서가 필요하다. Bromberg(2006)는 지지적인 상담관계의 안전함 속에서 수치심에 접근하고 논의하는 것(그래서 정당성으로 도전되는 것이 아니라 공감과 함께 도전된다)이 왜 중요한지를 우아하게 기술했다. 간단히 말하면, 상담자는 내담자의 부적절감 또는 무능력감, 자신에 대한 가혹한 또는 경멸적인 평가, 무가치감에 대한 연민을 보임으로써 내담자가 자신의 수치심을 해결하도록 돕는다. 때때로 이런 수치심 기반 정서는 '낮은 자기존중감'으로 완곡하게 표현된다. 그러나 이런 표현은 실제로 가까이에 있는 파장이 훨씬 더 큰 정서적 상처를 보지 못하게 한다.

상담자는 내담자가 그런 수치심에 기반한 반응을 다음 두 단계를 통해 해결하도록 돕는다. 첫째, 내담자가 이런 수치심을 경험하고 있을 때 상담자가 명백히 친절하고 수용적인 반응을 제공한다. 그런 다음 상담자가 내담자에 대해 평가적이라거나 비판적으로 느끼고 있지 않았다는 점을 명백히 함으로써 이를 처리한다. 둘째, 내담자의 수치심에 대한 상담자의 연민을 시간의 흐름에 따라 내담자가 내재화하도록 상담자는 조력한다. 또한 상담자는 내담자가 자신과 자신의 고통에 대해 공감적으로 느끼도록 조력한다(Elliott, Bohart, Watson & Greenberg, 2011). 내담자는 자신을 거부하거나 경멸적이었던 애착 대상과의 동일시를 깨고, 양육자가 한때 그랬던 것처럼 스스로를 멸시하는 대신 자신과 자신의 존재에 대해 상담자가 제공해주었던 것과 동일한 연민 또는 공감적 태도를 수용하게 된다. 이러한 과정은 수치심 역동의 핵심에 있는 내재화된 경멸을 해결하게 해준다(Teyber, McClure & Weathers, 2011). 끝으로, 내담자의 수치심을 보기는 매우 어렵다. 특히 이제 막 훈련을 시작한 경우에는 더욱 그러하다. 지지적인 수퍼비전과 역할 모델을 통해, 상담자는 이 큰 선물을 어떻게 내담자에게 제시할지 곧 배울 수 있다.

슬픔–분노–죄의식

어떤 내담자들은 그들의 상처를 방어하기 위해 분노 반응을 주로 이용하는 반면, 다른 유형의 내담자들은 분노를 회피하고 슬픈 감정을 주로 활용한다. 이러한 유형의 내담자들은 슬픔, 무기력감, 우울 등의 미분화된 감정 상태를 나타내기도 한다. 이들은 분노를 표현하지도 경험하지도 않는다. 이들은 다른 사람과의 갈등을 피하고 자신의 욕구를 희생하면서 다른 사람의 욕구에 반응하려는 경향이 있다. 이러한 정서군을 예시하기 위해, 앞에서 언급했던 진의 사례로 돌아가자(213쪽).

이 장의 앞부분에서 진이 처음으로 상담자가 자신의 슬픔에 반응하도록 허용하고 또한 슬픔을 경험하고 있는 동안 상담자가 정서적으로 연결되게 허용하는 대화 장면을 검토했다. 이후 상담자는 왜 그녀가 자신의 감정을 타인과 공유하기 어려운지를 탐색했다. 진은 엄마가 자신의 이야기를 들어주곤 했다고 설명했다. 그러나 그 후 엄마는 특히 진이 자신을 위한 행동을 하려고 할 때면 "그러면 안돼."라고 말하곤 했다. 진에게 타인을 '배려'하고 타인의 이익을 먼저 생각하라고 말했다. 그렇게 하는 것은 기독교인으로서 의무와 같은 것이었다. (진은 부분적으로 엄마의 말에 동의했으며 진정으로 좋은 기독교인이 되기를 소망했다고 말했다. 그러나 엄마의 말은 균형을 결여한 것이었고 자신의 다른 중요한 부분을 부정하게 했다. 즉 하나님과 그녀 자신 모두를 존중하려는 그녀의 바람을 지지하지 않았다.) 이와 같은 방식으로 진은 감정을 마음속에 숨겨야 했다. 타인의 욕구가 자신의 것보다 늘 더 가치 있는 것으로 여겨졌기 때문에 이런 걸 타인과 공유해봐야 아무 소용없다고 느꼈기 때문이었다. 즉 비난을 받거나, 이기적이라는 소리를 들어야 했고, 끝내 자신의 욕구는 충족되지 않았을 것이었다. 이런 초기 도식이 성인기까지 이어져서 문제가 되고 있는 애정 관계에서 어린 시절 관계 패턴과 정서 주제를 계속 재현했다.

진이 그 다음 주 상담회기에 왔을 때, 그녀는 유의미한 변화를 보였다. 그녀는 남자친구에게 아직 그와 같이 살 준비가 되지 않았다고 이야기했다. 2주 후 남자친구가 그녀의 차를 빌려가서는 늦게야 그녀를 데리러 왔을 때 그녀는 처음으로 화를 냈다. 진은 남자친구에게 자신이 좀 더 존중받아야 하며 또 자신의 욕구가 좀 더 신중히 고려될 권리가 있음을 얘기했다. 곧이어 진은 그 관계를 청산했다. 진은 슬프고 무력한 피해자 역할에 갇혀 있어야 했다. 직접적으로 화를 표현하고 자신의 욕구를 주장하는 것을 받아들이기 어려웠다는 데 부분적인 이유가 있었다. 즉 이기적이고 타인에게 상처를 주는 것이기 때문이었다. 진은 자신의 감정을 표현하고 상담자로부터 이에 대한 긍정적인 반응을 받았을 때 자신의 힘을 나타내기 시작했다. 이제 진에게 펼쳐진 감정의 순서(슬픔－분노－죄의식)를 좀 더 조심스럽게 살펴볼 필요가 있다.

진은 문제 있는 관계를 청산하는 것에 관한 이야기로 다음 회기를 시작했다. 그러나 여전히 이런 강한 자세를 유지하는 데는 어려움이 있었다. 회기 진행 중에 진은 얼마나 그 남자가 자신을 부당하게 취급해왔는지에 대한 분노로부터 후퇴해서는 얼마나 자신이 그에게 '상처를 주었을지'로 관심을 돌리기 시작했다. 그러고는 결국 그가 '그토록 자신을 원하는데' 그와의 관계를 청산하려 하다니 자신이 얼마나 '이기적인가'하고 반문하기 시작했다. 그러나 상담자는 작업 가설을 통해 진이 분노를 경험하는 것, 한계를 분명히 하는 것, 그리고 자신의 욕구를 충족시키려 하는 것에 대해 죄의식을 느낄 것이라는 점을 예측하고, 이에 대처할 준비를 하고 있었다. 이러한 인식 때문에 상담자는 진의 죄의식을 재빨리 알아차릴 수 있었고, 그 감정의 타당성을 검증하는 데 그녀를 끌어들일 수 있었다. 진은 방어적으로 자신의 분노 감정을 회피했다. 죄의식을 불러일으키기 때문이었다. 이 죄의식은 그녀를 자신의 성격화된 정서인 슬픔과 대인 양상(interpersonal presentation)인 무기력으로 되돌아가게 했다. 상담자가 진으로 하여금 이러한 세 가지 서로 연관된 감정을 검토하도록 도와주었을 때, 그녀는 이윽고 희생양 역할을 포기할 수 있었다.

상담자의 도움으로, 진은 자신의 가족에서 경험했던 고통스러운 박탈감과 경험의 타당성을 인정받지 못했음을 인식할 수 있었다. 진이 이러한 고통스러운 기억의 실체를 더 이상 회피하지 않게 됨에 따라 그것이 현재의 관계에서 재활성화되는 것을 멈출 수 있었다. 다시 말해서, 그녀는 더 이상 상처가 되는 실망스러운 관계 패턴을 되풀이하지 않게 되었다. 상담자는 내담자 정서군의 감정 각각에 반응함으로써 내담자가 스스로를 이해하고 새롭고 좀 더 현실적인 자기 이야기로 삶을 구성해내도록 돕고, 타인에게 반응하는 방식을 바꾸도록 조력한다.

다시 한 번 말하지만, 대부분의 초보 상담자들이 여기서 다루는 내용을 모두 습득하는 것은 어려울 것이다. 잠깐 멈추고 지금까지 이야기한 내용을 요약해보자. 앞으로 돌아가서, 지배적인 성격화된 정서가 어떻게 정서군과 연관되어 있는지를 살펴보자. 지배적인 **성격화된 정서**는 전형적으로 정서군 혹은 삼각축의 시작 위치를 점하고 있다. 예를 들면, 지배적인 정서가 무력감인 내담자는 슬픔이라는 감정에 쉽게 접근하고 표현할 것인데, 이 감정은 자신의 정서군 혹은 삼각축에서 첫 번째 위치를 차지한다. 종종 삼각축에서 첫 번째 감정은 내담자의 원가족에서 허용될 수 있었던 것이기도 하고 가족 내 역할의 일부로 처방된 것이기도 할 것이다. 다른 모든 감정들은 바로 이러한 감정에 따르는 이차적인 것들이다. 삼각축에서 두 번째 오는 감정은 내담자의 부모 또는 양육자에게 너무나 위협적으로 간주되는 것이다. 그러므로 이러한 감정은 경험하거나 혹은 표현하도록 허용되지 않는다. 시간이 지나면서 내담자는 이러한 정당한 감정을 수용될 수 없는 것으로 생각하기 시작한다. 이후 내담자는 자신의 진실한 목소리를 내지 않게 된다. 세 번째 정서(여기에 제시한 두 예에서는 수치심이나 죄의식)는 내담자에게 너무나 고통스럽게 또는 혐오스럽게 느껴지기 때문에 보통 회피된다. 그래서 내담자는 더 안전하고 익숙한 첫 번째 또는 시발 정서로 반복해서 돌아간다.

상담자의 개입 목표는 내담자 정서군의 감정 각각을 정당한 것으로 인정해주고 내담자가 그러한 감정을 경험하고 있는 동안 공감적으로 함께 하는 것이다. 이러한 개입은 당연히 받을 것으로 예측해온 원하지 않는 반응을 받지 않고 자신을 진솔하게 표현하는 경험을 내담자에게 제공한다. 많은 내담자에게 의미 있는 변화는 이전에는 수용될 수 없었던 감정이 익숙하지만 원하지 않는 결과를 불러일으키지 않고도 공유될 수 있다는 것을 알게 될 때 시작된다. 특히 많은 경우 내담자는 자신이 자신의 중심에 설 수 있으며, 다른 사람이 자신을 어떻게 볼 것인가 하는 것 때문에 불안해하지 않고도 자신의 삶을 살아갈 수 있다고 느끼기 시작한다. 타인의 시선에 불안해하는 것은 특히 수치심을 잘 느끼는 내담자에게 문제가 된다. 왜냐하면 수치심은 내면의 자기의식(self-consciousness), 부정적인 자기평가, 자신에게 뭔가 문제가 있다는 근본적인 느낌과 관련이 있기 때문이다. 아마도 이것이 타인에게 부정적으로 보이는 것 같다(Dearing & Tangney, 2011; Parker & Thomas, 2009를 보라). 그래서 정서 경험과 표현에 관한 이러한 제한적인 가족 규칙(종종 문화적 기대 내에 내포되어 있음)에서 벗어나도록 하면 내담자는 더욱 온전한 정체성을 만들어 낸다. 내담자는 더 강력해졌고 안전하다고 느끼게 되면서 상담자와 함께 더 많은 위험을 감수할 수 있게 되고 타인에 대한 반응을 변화시키는 데 필요한 힘을 갖게 된다.

애착이론은 내담자의 스트레스에 반응하는 지침을 제공한다

애착 용어로 이야기하자면, 상담자가 내담자로 하여금 어려운 감정을 해결하도록 하는 가장 좋은 방법은 내담자의 스트레스를 담아낼 안전한 천국(Safe Heaven)을 제공하는 것이다. 감정 보듬어줌(affective containment)이라는 처치목표, 그리고 상담자가 그것을 제공하기 위해 활용할 수 있는 개입들을 탐색하기 전에 상담자가 내담자의 정서를 이해하고 반응하는 데 도움이 되는 애착이론의 핵심 구인을 떠올려서 명확히 해보자.

자녀에게 안전 애착을 제공하는 양육자는 안전한 천국(어린아이의 스트레스에 공감과 정서적 반응성을 가지고 일관성 있게 반응함)과 안전 기지(Ssecure Base)(아동의 탐색과 점증하는 독립성을 적극적으로 지지함)를 제공한다. 이 둘 모두는 안전 애착에 필수적이다. 그러나 안전한 천국이라는 구인이 여기서는 특히 더 적절하며, 우리가 내담자의 갈등하고 있는 감정들을 다루는 방법을 배우는 데 도움을 줄 것이다.

양육자가 아동의 변화하는 정서 상태를 알아차려서 잘 조율된 반응을 하면, 아동은 방어나 증상 없이 자신의 정서를 성공적으로 조율하는 능력을 발달시킨다(Fonagy et al., 2007). 민감하게 조율된 반응을 제공받은 아동은 자신의 정서적 요구 또는 메시지를 일관성 있게 알아차리고 자신이 경험하고 있는 것 또는 필요로 하는 것에 정확히 반응하는 양육자를 가지고 있다. 이런 아이들은 필요할 때 보호받고, 위로받으며 지지를 받은 경험을 가지고 있다. 부모와 아이가 서로를 읽고 반응하는 상황에서 상호 조율된 또는 동기화된 방식으로 기능할 때, 아동은 자신이 중요하며 이해받고 있다는 안전한 느낌을 발달시킨다. 이들은 자신이 누군가에게 중요한 존재이며, 자신의 감정(특히 자신의 문제 또는 스트레스)이 중요하고 곧 반응을 받을 것이라는 것을 배운다.

이와 같이 잘 기능하는 상호작용 쌍에서 아동에세 잘 맞추어진 부모는 아이의 경험을 보고 아이가 과도하게 스트레스를 받기 전에 아이의 요구에 반응한다. 아동과 부모는 서로에게 부드럽게 조율된다. 갈등이나 스트레스는 거의 없고, 있더라도 쉽게 해결된다. 이 운 좋은 아이는 제멋대로 하지 않으며 의존적이 되지도 않는다. 반대로 성공적으로 스트레스에 대처하고, 이를 조절하는 법을 점점 배운다. 연구자들은 이런 안전한 천국 특성들이 실제로 아이들을 더 강하게 또는 더 탄력적이게 한다는 것을 발견했다(Sroufe, 2005). 이런 양육적이고 동조된 관계 경험은 또한 두 사람의 관계가 틀어져도 회복될 수 있다는 것을 알게 해준다. 즉, 양육자와의 관계에서는 불화 또는 실수가 있어도 회복이 가능한데, 이는 스트레스 감정의 관리를 더 쉽게 해준다. 짧은 동안의 조절문제(양육자와 아이가 서로를 '놓치는' 상황)는 회복을 위한 기회로 활용될 수 있다(예를 들어, 엄마: 너는 화났다는 말을 하려 했는데 나는 그냥 네가 단지 힘들다고 하는 줄 알았어. 바빴기 때문에 아주 잘 듣지를 못했지. 내가 너무 성급했다. 미안해. 다시 얘기해보자). 반대로, 애착 대상자가 아동의 요구나 스트레스를 나타내는 말이나 단서를 무시하거나 오(誤)해독하는 비동조 상태가 오래되거나 만성화되면, 아이의 적응에 심각한 장애가 있게 된다. 즉, 정서 조절이나 자기조절의 결여를 낳을 수 있는데, 내담자가 나타내는 대부분의 증상이 이러한 특징을 가지고 있다. 다음 절과 장에서 우리는 애착 연구자들이 정서 조절 문제를 두 가지로 나누고 있음을 볼 것이다.

1. **비활성**(Deactivation)에서는 감정이 일관성 있게 하향 조절되며, 내담자가 자신 및 타인의 감정과 유리된다. 이런 내담자는 환경 내의 현실적인 위협을 무시하거나 최소화한다. 즉, 문제, 요구, 그리고 그 외 부정적 정서를 부정하고 취약한 감정을 억압하는 경향이 있다.
2. **과잉활성**(Hyperactivation)에서 내담자는 전형적으로 정서를 확대하거나 과잉반응한다. 버려지는 것을 두려워하고 스트레스가 되는 정서를 반추하기 때문이다.

아이가 안전감을 느끼거나 보듬어진다는 것을 느끼기 위해서는 양육자가 이런 공감적 동조를 제공하려는 일관성 있는 의도를 유지할 필요가 있다. 이런 의도는 아이의 스트레스에 반응하려 하고 관계가 어긋날 때 복원하려는 의지로 특징지어진다. 이런 조율된 반응을 제공하는 부모는 아이에게 안전한 천국으로 느껴진다. 여기서 아이는 어떤 감정이나 욕구도 나타낼 수 있다. 이것이 안전 애착의 핵심이다. 부모가 제공하는 안전 애착은 아동이 자신의 정서를 조율하고 관리해서 더 나은 정신건강에 이르게 하고, 불안, 정서장애, 식이장애, 분노폭발 등과 같은 증상 발현을 완화한다(Aromur, Elklit & Shevlin, 2011; Bakermans - Kranenburg & Van IJzendoorn, 2009; Tasca, Ritchie, Zachariades, et al., 2013).

우리가 이런 애착/발달 구인들을 수련생에게 강조하는 이유는 무엇일까? 앞서 언급했듯이, 이 개념들에 대한 강력한 경험적 증거가 존재한다. 그리고 우리는 상담자가 내담자의 감정에 어떻게 반응해야 하는지에 대한 정보를 주고 안내하기 위해 이 애착 개념들을 어떻게 활용할 수 있는지를 보여주고자 한다.

안전 애착을 확립하기 위해 안전한 천국을 제공하는 양육자는 또한 **안전 기지**를 아이에게 제공한다. 이것들을 발판 삼아 아이는 점증하는 자신감과 자율성을 가지고 세상을 탐험하고 탐색한다. 아이는 주위 환경에서 무엇이 안전하며 무엇이 위험한지를 나타내는 '신호'로 양육자의 정서 표현을 활용한다. 아이가 안전함을 느끼고 시도해보는 것이 안전하다거나 허용되었다는 '단서'를 포착하면, 더 탐색하고, 자신감을 개발하며, 사람과 세상을 다루는 데 대한 융통성을 보일 것이다. 나아가 더 정합적인 정체감 또는 자기 이야기를 개발할 것이다. 즉 아이는 개별화하거나 더욱 독립적이 될 수 있을 것이고, 정서 표현에 대해 보다 균형 잡힌 접근을 할 수 있게 될 것이다. 이런 사람은 빈번하게 화를 내거나 압도되는 느낌과 같은 증상을 보이지 않고도 감정을 경험할 수 있다. 그래서 **상담에 충분히 그리고 성공적으로 몰입할 수 있는지의 여부는 내담자가 상담자를 안전한 천국(스트레스와 정서적 요구에 대한 지지) 그리고 안전 기지(분화와 독립에 대한 지지)로 경험할 수 있는지에 달려 있다**(Parish & Eagle, 2003).

반대로, 안전 애착 관계를 가져보지 못한 내담자는 종종 고립되어서 고통스러웠던, 예측할 수 없어서 불안했던, 대단하게 여기게 했던 또는 무기력하게 느끼게 했던 등의 발달 경험을 가지고 상담에 온다. 양육자가 아이의 두려움, 문제, 그리고 스트레스에 (아이들이 자신의 갈등을 스스로 조절하거나 관리하는 법을 배우는 데 필요한) 인정과 이해로 일관성 있게 반응해주지 않았기 때문이다(Brisch, 2002; Cassidy & Shaver, 2008). 좀 더 행동적으로 구체화하면, **보듬어줌**은 정서적으로 함께 하는 반응적인 양육자가 아이의 관심을 경청하고 심각하게 고려하며, 이해한다는 의미이다. 아이의 스트레스는 양육자에게 감지되어 축소되거나 과장됨 없이 진지하게 고려된다. 안전감을 느끼는 아이란 자신의 관심과 흥미를 표현하기만 하면 양육자가 '더 현명하고 강력해지며', 양육자로부터 문제를 해결하는 데 필요한 도움을 받을 수 있다는 것을 학습한 아이다(Cooper, Hoffman & Powell, 2013). 즉, **안전 애착을 형성한 아이는 스트레스를 받을 때, 약하다고 느낄 때 또는 필요하다고 느낄 때, 도움을 받거나 반응을 받을 것이라는 기대를 해도 안전함을 느낀다는** 것이 핵심 개념이다. 그러나 아이가 제멋대로 된다, 부모-자녀 관계에서 우위를 점하고 요구가 많아지거나 조종할 수 있다 또는 양육자가 늘 문제를 해결해줄 수 있다는 의미는 아니다. 그보다는 스트레스나 요구가 있을 때 혼자가 아니라는 의미이다. 즉, 공감적 연결이 존재한다.

아이(그리고 내담자)가 문제가 되는 감정을 스스로 통제하는 능력을 개발하고 더욱 독립적으로 기능할 수 있기 전에 누군가가 이런 안전한 천국 또는 버텨주는 환경을 먼저 제공해야 한다. 그러나 학생 상담자는 대부분의 내담자에게 **정서 조절**(affect regulation)을 제공하는 부모의 안전한 천국이라는 필수적인 발달 경험이 제공되지 않았다는 것을 곧 알게 될 것이다. 예를 들어, 한 아이가 슬프거나 혹은 마음의 상처를 입었다고 하자. 어떤 가족에서는 이 아이의 슬픔이

- 부모 자신의 슬픔을 불러일으키고, 따라서 부모가 아이로부터 철수하여 결국 아이는 정서적으로 혼자 남게 된다.
- 어떻게 반응할지 모른다는 것 때문에 부모에게 불안이나 죄의식을 느끼게 한다. 부모는 아이의 슬픈 감정을 부인하고 아이를 기분 좋게 만들려고 애쓴다. 그러나 바로 이러한 것이 아동으로 하여금 혼란스럽게 만들고 자신의 진솔한 경험으로부터 분리시키게 한다.
- 부모로 하여금 부모의 역할을 제대로 못하고 있다고 느끼게 한다. 부모는 아이의 슬픔에 대해 처벌하는 반응을 하거나 조롱하는 반응을 한다. 이러한 것이 아이로 하여금 자신의 약점에 대해 부끄럽게 느끼도록 한다.

흔히 발생하는 이런 시나리오에서 아이의 슬픔은 결코 귀 기울여지거나 반응을 받지 못한다. 그 결과로 이러한 감정들은 원래 흘러가야 할 곳으로 가서 자연스러운 해결에 이르지 못한다. 어린아이들은 정서적으로 가까운 양육자의 지지가 없이는 두려움과 같은 강력하고 고통스러운 감정을 스스로 담아내지 못한다. 결국 아이들은 이러한 고통스러운 감정을 회피하거나 부인할(비활성화) 또는 양육자의 관심을 끌기 위해 감정을 과장할(과잉활성화) 방도를 찾아내야 한다. 몇 년이 지난 뒤, 이 아이가 성인 내담자가 되어 받아들여질 수 없거나 위협적인 감정을 상담자와 공유해야 하는 순간이 왔을 때, **상담자의 목표는 발달적으로 지나쳐온 버텨주는 환경 또는 안전한 천국을 제공해주는 것이 될 것이다**(Fosha, 2003; Johnson, 2004; Fosha, Siegel & Solomon, 2009). 이와 같이 애착 관점에서 작업할 때, 상담자의 역할은 잠깐동안 안전한 은신처가 되어 주는 것이다. 그리고 나중에 내담자가 '보듬어짐'을 느끼고 더 잘 기능하고 있을 때, 이들은 이러한 안전을 활용해서 탐색, 즉 새로운 행동을 시험하고 새로운 정서 경험을 스스로에게 허락한다(예, 상담자를 안전 기지로 활용한다). 내담자에게 이런 애착 안전을 제공하는 것은 매우 중요하다. 왜냐하면 내담자의 정서 조절에 필수적이기 때문이다. 정서 조절이란, 말하자면 분노, 슬픔, 외로움, 불안, 그리고 그 외 문제 감정을 행동화거나 우울, 과식, 알코올 또는 약물 남용 등의 증상 발현 없이 관리할 수 있는 내담자의 능력이다(Shaver & Cassidy, 2008). 2장에서 심리적으로 버텨주는 예 두 가지를 이미 살펴보았다. (1) 마샤의 두 번째 상담자는 그녀의 '공허감'을 듣고 이에 반응했다(73쪽). (2) 우울한 젊은 엄마의 상담자는 내담자의 '주목받지 못한 울음'이 무엇을 의미하는지 예민하게 알아차렸다(86쪽). 두 상담자 모두 성공적으로 안전한 천국을 제공했다. 이로 인해 내담자가 다음에 이어진 회기에서 중요한 진전을 보

이게 되었다.

보듬어주기: 개입을 안내하기 위해 애착 구인 활용하기

상담자의 다음 관심은 안전한 천국과 정서 조절이라는 개념을 상담 실제에 어떻게 적용하여 가장 효과적으로 반응할 수 있는지에 대한 것이 될 것이다. 내담자가 마음속 깊이 고통과 스트레스를 느끼는 특별한 순간에 상담자가 무슨 말을 하며 무엇을 하여 내담자를 도울 수 있을까? 상담자에게 이 순간보다 더 불안전감을 자극하는 것도 없을 것이다.

- 무엇을 할지 정말 모르겠어요. … 어떻게 그의 기분을 좋게 만들 수 있을까요?
- 실수하거나 뭔가 부적절한 말을 하면 어쩌죠? 그녀를 더 어렵게 만들면….
- 이런 감정에 대해 제가 어떻게 도와줄 수 있을까요? 정말 그녀를 돕고 싶지만 정말이지 그 방법을 모르겠어요.

조금 전 보았듯이 애착이론에 대해 잘 알고 있는 상담자는 내담자의 감정을 '보듬어주기' 위해 공감적 이해와 조율된 반응(attuned responsiveness)이라는 안전한 천국 또는 **버텨주는 환경**(holding environment)을 제공하여 내담자의 스트레스 감정에 효과적으로 반응한다. 이렇게 할 수 있는 한 가지 방법은 **내담자가 스트레스에 직면해 있을 때 지속적으로 함께 해주는 것이다**. 이를 위해 자신의 목소리 톤, 눈 맞춤을 유지하는 방식, 신체 접촉이 활용될 수 있다(Levensen, 2010). 상담자의 음성적 그리고 비음성적 메시지는 다음과 같다.

- 이런 어려운 감정을 들을 수 있어요. 그리고 그것이 당신에게 얼마나 중요한지도 알겠어요.
- 그 감정을 참아낼 수 있어요. 당황하거나 압도당하지 않고 당신과 함께 할 수 있어요.
- 우리 함께 이 어려움을 헤쳐나가요. 당신 혼자일 필요 없어요.
- 이런 일을 되돌리고 싶은 당신의 마음을 이해합니다. 당신과 함께 하면서 그 이야기를 듣고 싶군요. 당신이 원하는 것, 필요로 하는 것이 무엇인지 탐색하고 분명하게 하는 동안 저는 당신과 함께 하면서 지지해 드리기로 마음의 결정을 했습니다.

과잉활성 유형의 내담자에게는 스트레스를 견뎌내는 도움이 필요하다. 이들은 자신의 정서를 가라앉히거나 달래는 데 어려움이 있으며, 변증법적 행동치료에서 활용되는 것과 같은 마음챙김 기반 접근의 도움을 받을 수 있을 것이다. 이런 접근에서는 내담자의 생각, 신념, 그리고 행동에 초점을 두고 내담자의 경험을 측은하게 여기면서 타당화해준다

(Linehan, 1993). 역으로, 비활성 유형의 내담자는 자신의 감정을 찾고 인식하게 조력해주며, 감정표현 방법을 학습하도록 도와주는 상담자를 필요로 한다. 이런 내담자는 감정적이 되는 데 또는 밀접하고 친밀한 관계를 갖는 데 대한 위협을 처리할 수 있을 때, 자신의 감정과 취약감에 덜 비판적이 될 것이다. 이런 내담자는 정서 중심 또는 경험 접근(Elliott, Watson, Goldman & Greenberg, 2004)을 활용하는 상담자를 필요로 할 것이다. 상담자가 이전의 관계 패턴을—특히, 정서 경험과 관련한—은유적으로 재현하기보다는 이를 해결하는 새롭고 더 안전한 방식으로 반응할 때 내담자는 교정적 정서 경험을 갖게 된다. 그러나 앞서 강조했듯이, 내담자가 이런 갈등 감정을 경험하거나 이야기할 때, 상담자는 이후 내담자와 함께 다시 검토하고 자신이 생각하고 느끼는 바를 겉으로 드러내거나 명백히 해야 한다. 이렇게 하지 않으면, 많은 내담자는 상담자의 반응을 오(誤)지각하여 자신의 옛 도식에 맞춘다. 다음 즉시성 개입의 예를 검토해보자.

상담자 당신이 이 일에 대해 매우 속상하게 느끼는 이 순간 제가 무슨 생각을 할 것이라고 생각하세요?

내담자 무슨 말인지 모르겠어요. 무슨 질문을 하신 거죠?

상담자 이 이야기를 저에게 하면서 제가 당신에 대해 어떻게 느낄 거라 생각하시죠?

내담자 글쎄요. 상담자이시니 아마도 뭔가 지지적인 반응을 해야겠지요. 지금껏 아무 말씀도 없으셨으니 말이죠. 한데 선생님은 제가 다시 과잉반응한다고 생각할 것 같아요. 아이처럼 말이죠. 남편 말처럼 스스로에 대한 연민을 멈추고 성인처럼 행동해야 한다고 말이죠.

상담자 그렇지 않아요. 전혀 그렇게 생각지 않아요. 그 일이 그렇게 오랫동안 당신에게 상처를 주었다니 그리고 혼자서 모든 걸 감당해야 했다니 정말 가슴 아프다고 느끼고 있었어요.

이와 같은 탐색과 명료화가 없었다면, 내담자는 다른 사람들이 이전에 그랬던 것처럼 상담자도 실망, 좌절, 부담 등을 느낀다는 잘못된 믿음을 계속 유지했을 것이다. 이런 명료화가 없었다면, 어떤 내담자는 그다음 회기에 나타나지 않았을 것이다.

요약하면, 정서적으로 반응적이며 인정해주는 상담자가 이러한 교정적 정서 경험을 지속적으로 제공해주면 내담자의 감정은 보듬어지고, 스트레스를 받고 있는 내담자는 정서적 평정을 스스로 회복할 수 있다는 것을 알게 될 것이다. 진정한 위안은 이와 같이 인정받고(즉, 공감적으로 이해되고 타당화받을 때) 심리적으로 '보듬어질 때' 온다. 이때 내담자는 안전감과 힘을 느낀다(Geller & Greenberg, 2012). 이런 방식의 반응을 받은 내담자는 독립적이 되고, 더 큰 자기성찰 능력과 더 나은 객관적 관점 취하기 능력을 갖게 된다. 또한 내담자는 상담자로부터 보듬어지는 느낌을 경험하면서 자신의 정서 반응을 스스로 조절하는 법을 배우는데, 이를 통해 긍정적 감정과 부정적 감정 모두에 접근할 수 있게 되고, 성숙한 자기감을 발달시킨다(Greenberg, 2002; Schore, 2003). 이런 보듬어주기 경험을 한 직후에 내담자가 어떻게 상담에서 진전을 보이는지 살펴볼 것이다. 그러나 우선 내담자가 스트레스를 받고 있을 때 상담자가 어떻게 보듬어주기를 제공할 수 있는지 좀 더 살펴보자.

상담자는 종종 내담자의 고통스러운 감정을 사소한 것으로 치부하거나 안심시키려 한다. 또는 설명하려거나 못 들은 것처럼 하고 내담자의 고통스러운 감정으로부터 멀어지려 한다. 이렇게 하면 상담자는 내담자의 발달적 문제를 재연하게 된다. 또한 내담자가 스트레스를 받고 어려운 감정을 경험하는 동안 내담자가 다른 사람들과 유리되도록 다시 한 번 내버려두게 된다. 상담자가 이렇게 하는 가장 일반적인 이유는 **자신이 내담자의 고통을 유발하고 있으며, 따라서 그것을 경감시켜야 한다는 너무 과중한 책임감을 가정하기 때문이다.** 초보 상담자는 "내가 내담자를 이리로 몰아넣었구나. 여기서 내담자를 구출해내는 것은 내 책임이야." 하고 생각하는 경향이 있다. 그러나 이 생각의 두 부분 모두 옳지 않다. 상담자는 이 책에서 제안하고 있는 방식으로 반응함으로써 내담자가 이미 가지고 있던 감정들을 **드러낸** 것이지 고통을 유발한 것이 아니다. 상담자가 내담자를 치유할 수 있다거나 원상태로 되돌릴 수 있다고 생각하는 것은 스스로를 속이는 일이다. 실제로는 상담자가 이러한 방식으로 타인의 감정을 조정할 만한 힘을 가지고 있지 않다. 오히려 상담자의 그런 시도는 내담자를 통제하여 계속 의존적이 되도록 하는 내담자 부모의 행동을 되풀이하는 것이 된다. 이와 같은 비효과적인 반응이 발생하면 그곳에 안전한 천국 또는 버텨주는 환경은 없다.

내담자의 핵심 갈등 감정을 듣고 여기에 합류하는 상담자의 능력 부재가 어떻게 내담자의 발달적 어려움을 재연하게 되는지 좀 더 밀접히 살펴보자. 예를 들면, 마샤의 첫 상담자는 마샤의 감정과 상관없는 이야기를 하려 하여 가족관계에서 나타난 경험을 재연했다. 마샤의 첫 상담자는 그녀의 감정을 회피하는 데서 한 발자국 더 나아가 사실상 그녀로 하여금 다른 곳으로 관심을 돌리게 했다. 마샤가 공허감으로 대변되는 그녀의 슬픔에 가까이 도달했을 때, 상담자는 그녀로 하여금 집단상담에 참여할 것과 정신과 의사를 만나 항우울제를 복용할 것을 제안했다. 비록 이런 의뢰가 어떤 때는 필요하지만, 이 경우에는 상담자가 내담자의 감정에 대한 자신의 불편함으로부터 자신을 멀어지게 하는 데 이용했다. 안타깝게도 이런 일이 자주 일어난다. 다음 장에서 더 자세히 살펴보겠지만 주로 거부형 애착 유형을 가진 상담자에게 이런 일이 일어난다(즉, 관계에 헌신하기를 회피함, 자신의 감정을 사소한 것으로 치부함, 자신의 욕구를 부인함, 자기에 대한 믿음을 경직되게 우선시함). 상담자는 내담자의 감정을 환영하고 그것에 직접적으로 다가가야 한다. 예를 들면, 다음에 제시한 것이 마샤의 강한 감정에 반응하는 더 효과적인 방법일 것이다.

상담자 '텅 빈 듯하고 슬픈 마음을 저에게 털어놓아 주셔서 감사합니다. 좀 더 얘기를 해보죠. 그 마음에 대해 좀 더 이해하고 싶군요.

또는

상담자 그런 고통스러운 감정에 대해 이렇게 얘기하고 나누는 것이 당신의 익숙한 규범에 맞지 않는다는 걸 알아요. 그럼에도 이 모든 걸 제게 얘기해주어서 고마워요.

상담자는 또한 자신의 관심과 염려를 진솔하게 표현하는 방법을 찾기 원한다. 물론 상담자가 말로 표현할 수도 있다. 그러나 태도나 목소리 톤 등의 비음성적인 방식으로 표현하는 것도 그에 못지않게 중요하다(Richmond et al., 2012). 내담자가 자신의 감정을 경험하고 있는 동안 상담자는 내담자와 정서적으로 함께 해주고 싶어한다. 물론 이렇게 하는 방법은 여러 가지가 있으며, 많은 경우 비음성적으로 혹은 짧은 몇 마디 말로 이루어진다. 다음으로 버텨주는 환경을 성공적으로 제공하기 위한 몇 가지 지침을 제시할 것이다. 버텨주는 환경은 내담자에게 품어줌이라는 교정 경험을 준다. 여기서 제시되는 지침을 상담자들이 각각의 내담자에게 맞게 그리고 자신의 방식에 맞게 수정해서 사용할 수 있을 것이다.

먼저, 상담자의 일차적 목표는 내담자들이 고통스러운 감정을 경험하고 있는 동안 내담자와 정서적으로 함께 하면서 같이 있어주는 것이다(Geller & Greenberg, 2012). 2장에서 논의했듯이, 상담자는 또한 내담자의 감정을 반영해주거나 경험의 실체를 수용해주고자 할 것이다. 이는 단순히 "지금 아주 슬퍼하는 것 같습니다."라고 인정해주는 말로 가능하다. 어떤 내담자에게는 "당신이 지금 그렇게 화를 내는 건 당연해요. 그가 그렇게 했을 때 참 많이 상처가 되었을 것 같아요."라고 말함으로써 경험을 더욱 타당화해주는 것 또한 필요할 것이다. 전문적 정체성을 개발하는 한 부분으로, 상담자는 내담자에게 연민과 관심을 표현하는 자신만의 방식을 탐색하고 시도해보아야 할 것이다. 역할 모델이 매우 중요하다. 그러나 그런 특별한 순간에 당신이 좋아하는 수퍼바이저나 상담자처럼 되려 하기보다는 궁극적으로 내담자와 함께 하는 자신만의 방식을 찾아야 할 것이다. 예를 들어보자.

상담자 할아버지를 얼마나 그리워하는지 그리고 할아버지가 돌아가셔서 얼마나 슬픈지 알겠습니다. 할아버지가 당신에게 무척 중요했군요. 당신이 이런 특별한 부분을 저와 공유해주어서 정말 감사합니다.

안전한 천국을 제공하기 위해, 상담자는 내담자가 나타내 보이는 감정의 강도를 참아낼 수 있다는 것을 행동적으로 보여주어야 한다. 다른 말로 하면, 상담자는 내담자의 감정으로 인하여 상처받거나, 부담감을 느끼거나 혹은 압도당하지 않는다는 것을 태도(어떤 내담자들에게는 명백하게 말로)로 표현할 수 있어야 한다.

상담자 당신의 경험을 저와 공유해주셔서 감사합니다. 이 순간 당신과 함께 하고 있다고 느낍니다. 아마 문제를 해결할 때까지 당신과 저는 계속 함께 하겠지요.

내담자가 강력한 감정으로부터 평정을 되찾게 됨에 따라, 상담자는 내담자가 그렇게 느낄 때 양육자나 다른 사람이 어떻게 반응해왔는지를 명료화하기 원할 수 있다. 이런 일은 종종 좋은 결실을 가져올 수 있다. 아이에 불과한 내담자가 양육자에게 스트레스를 얘기하는 것이 얼마나 어려운 일이었는지 상담자와 내담자 모두에게 분명해지기 때문이다. 상담자는 또한 다음을 부각시키려 한다.

1. 현재의 상담자–내담자 관계가 과거 타인과의 관계와 어떻게 다른지를 밝히려 할 것이다. (예를 들면, 다른 사람들이 그랬듯이 상담자도 짜증을 내고, 관심을 철회하거나 사소한 것으로 치부하거나 자기 자랑을 하는 것이 아니라 정서적으로 함께 하며 수용한다)
2. 내담자가 방금 얘기한 것을 환영하고 받아들이고 있다는 점을 밝히려 할 것이다. 다시 한 번 말하지만, 상담자에게 자신의 내밀한 얘기를 하는 것이 어떻게 느껴지는지에 대해 내담자와 함께 살펴보는 것이 필수적이다.

앞서 강조했듯이, 상담자들은 너무 자주 이러한 중요한 기회를 놓친다. 내담자의 진실한 표현에 도취되어서, 내담자가 이전에 가지고 있던 관계 틀로 상담자의 돌봄 또는 인정 반응(caring or affirming response)을 잘못 지각할 가능성이 가장 클 때가 바로 이러한 강력하고 특별한 순간이라는 것을 상담자는 쉽게 망각한다. 상담자는 과정 언급을 함으로써 이런 예상되는 왜곡을 바로잡을 수 있다. 예를 들면, 내담자가 슬픔, 분노, 혹은 그 외 감정을 경험하고 있는 동안 상담자가 무엇을 생각하고 어떻게 느끼고 있을 것이라고 생각하는지 내담자에게 질문할 수 있다. 훈련 초기에 초보 상담자가 이런 얘기를 꺼내는 것이 힘들 수 있다. 그리고 이처럼 내담자에게 확인하는 것이 필요하지 않게 보일 수도 있다. 그러나 오랫동안 유지되어 오면서 타인과의 관계에 문제를 일으키는 원인으로 작용한 전이적 왜곡이 바로 이러한 순간에 규명되고 해결될 수 있다. 예를 들면, 상담자는 자기관여적인 언급을 함으로써 내담자의 왜곡을 규명할 수 있을 것이다.

상담자 아닙니다. 저는 당신이 바보스럽게도 또 아이처럼 보이지도 않습니다. 사실 그렇게 어렵고 당황스러운 상황에서 당신이 얼마나 외로움을 느꼈을지를 이해하게 되었습니다. 당신이 느낀 감정이 정말 이해됩니다.

진실하게 표현된다면, 돌봄과 인정하는 간단한 반응들이 내담자에게 큰 힘이 되고 자신의 존엄성과 평상심을 회복하는 데 도움이 될 것이다. 불행히도 초보 상담자는 종종 내담자의 고통에 적절히 반응하기 위해서는 그 이상의 것들을 해야 한다고 믿는다. 이러한 관심은 절대적으로 옳고 그른 반응 방법이 있을 것이라는 초보 상담자의 비현실적인 기대를 반영한다. 그러나 실제 내담자들은 상담자가 자기확신에 차서 아주 세련된 반응을 해주는 것을 필요로 하지는 않는다. 그러한 완벽주의는 비현실적인 것만큼이나 불필요하며, 상담자를 구속할 뿐이다. 또한 이런 완벽주의는 상담자에게 자신의 수행을 평가하는 데 몰두하게 해서 내담자가 말하고 있는 바를 포착하고 내담자와 함께 하는 데 초점을 맞추기 어렵게 한다(Greenberg, 2014). Winnicott(1965)이 말한 것처럼, 어린아이가 원하는 것은 단지 '충분한 양육(good enough mothering)'일 뿐이다. 상담자가 이러한 지침을 실행에 옮기기 위해 진정한 자기 자신만의 방식을 찾을 때 '충분한' 버텨주는 환경을 제공할 수 있다. 내담자들은 비록 항상 잘 생각해서 얘기하지는 않겠지만 그래도 상담자의 이런 진실한 노력에 감사할 것이다.

안전한 천국이 안으로부터의 변화를 촉진한다

내담자가 안전함을 느끼면 긍정적인 결과가 가능하다는 감(sense)을 경험한다. 이런 안전한 관계에서 내담자는 자신의 욕구를 가져올 수 있고, 스스로와 세상에 대한 신념을 명료화할 수 있으며, 상담자와 맺고 있는 관계와 동일한 종류의 관계를 선택된 타인과 구축해 가기 시작한다. 자신이 누구인지, 무엇을 좋아하고 싫어하는지, 그리고 이 세상에서 어떻게 살아가기를 원하는지를 명료화한 결과로, 내담자는 이제 자기 자신이 되는 힘을 갖게 된다. 즉 자신의 '목소리'를 개발한다. 상담관계에서 경험하는 수용과 안전감이 자율성 발달에 도움을 주도록 안정적이고 성숙한 방식으로 자기감을 증진시킨다. 여기서 내담자는 이제 자신의 여러 측면(강점뿐만 아니라 자신의 불완전성과 불안전감을 포함하여)을 포용할 수 있게 된다. 초기 회기에 자신을 나타내던 방식과는 반대로, 내담자는 더 이상 분리되거나 자신의 다른 측면과 절연될(비활성화) 또는 압도될(과잉활성화) 필요가 없다. 이전에는 너무 위협적이어서 탐색하고, 경험하며 공유할 수 없었던 사고, 감정, 경험을 자세히 살펴볼 수 있게 안전을 제공하는 지지적인 타인이 있다는 경험을 갖는다는 것은 말할 수 없이 소중하다(Moyers, Houck, Rice et al., 2015). 이들의 감정은 더 조율되고 융통성을 가지게 된다. 그리고 좀 더 통합된 개인 정체성의 부분이 될 수 있게 된다.

많은 내담자는 상담관계에서 자기는 물론 타인도 자신의 감정 때문에 상처받거나 부담을 느끼거나 혹은 압도당하지 않는다는 것을 알게 되면 근본적으로 안도할 것이다. 상담자가 내담자의 가장 위협적인 감정을 포용하고, **내담자가 예상하는 원치 않는 결과가 이번에는 발생하지 않았다는 것을 분명히 해주면**, 내담자는 상담자와 그리고 자기 자신과 더 진실한 연결을 해나갈 것이다. 내담자는 있는 그대로의 자신으로 보이고 알려지는 것이 이번에는 안전하다는 것을 발견한다. 그래서 이전에 받아들일 수 없다고 격리시켜야만 했던 감정이 이제는 경험되고, 이해되며 통합될 수 있다. 더구나 상담자가 내담자의 위협하는 감정을 버텨주고 내담자에게 그것을 경험하고 공유하는 것을 견뎌내게 해줄 수 있으면 내담자는 이러한 감정을 스스로 보듬을 수 있게 된다. 내담자는 이를 통해 타인에게 반응하는 방법을 바꿀 것이다(Elliott, 2011). **이것이 안으로부터 밖으로의 변화이다.** 이러한 대인간 과정이 종종 지속적인 행동 변화를 가속화하고, 오래 지속되어온 증상들도 이 시점에서 감소한다. 공교롭게도 내담자가 자신의 고통, 약점 그리고 수치심을 노출하는 위험을 감수하고 상담자가 공감적으로 반응할 때, 내담자는 더 자신감을 느낀다. 내담자는 더욱 융통성을 갖게 되고, 자신의 취약점이나 완벽하지 못함을 더 잘 수용하며, 좀 더 성찰적으로 관계에 접근한다. 말하자면, 내담자는 융통성 있게 되며 다양한 관점에서 현상을 볼 수 있게 된다(Fonagy et al., 2002). 상담자가 된다는 것의 가장 만족스러운 측면은 이렇게 내담자의 자기효능감과 자기수용을 촉진하는 것이다.

내담자의 근원적 갈등과 관련한 어려운 감정들이 나타날 때, 상담자는 내담자로 하여금 문제를 해결하고 변화하도록 도와줄 수 있는 최상의 기회를 갖게 된다. **가장 중요한 교정적 정서 경험은 상담자가 내담자의 감정에 새롭고 더 만족스러운 반응을 제공할 때 일어난다. 그러나 또한 내담자의 부적응적 관계 패턴이 상담 장면에서 재연될 가능성이 가장 클 때가 바로 이러한 정서적 순간이기도 하다.** 왜 그런가? 취약점이 우리의 도식 또는 내적 작동 모델을 활성화한다. 그 결과, 내담자는 자신의 감정에 대해 과거에 받아왔던 익숙하지만 원치 않는 반응을 상담자에게서도 받을 것으로 예상한다. 상담자가 제공하는 선의의 반응을 왜곡하거나 잘못 지각하고, 이를 이전의 기대에 맞추는 것은 강력한 감정이 발생했을 때이다. 퍼 벡(Per Beck)의 '뜨거운 인지(hot cognitions)'란 이런 것을 말한다. 이러한 문제에 더해서 상담자 자신의 개인적 문제 혹은 역전이 반응이 또한 이러한 민감하고 강렬한 상호작용에서 자극될 수 있다. 그래서 모든 상담자는 자신의 역전이 경향에 주의를 기울일 필요가 있다. 이를 돕기 위해, 내담자의 감정에 반응하는 것을 어렵게 만드는 상담자 삶의 요인을 살펴보고자 한다.

내담자의 감정은 종종 역전이를 자극한다

내담자의 감정은 종종 상담자 삶의 문제들에 관한 의미 있는 감정을 자극한다. 이런 일은 흔히 일어나는 일이다. 그러나 상담자는 내담자가 제시하는 것들에 대한 자신의 반응을 검토하고 해결할 필요가 있다. 문제를 외재화하고 자신보다는 타인에게 초점을 두는 것이 내담자에게 더 쉬운 것과 마찬가지로, 자신의 이슈와 역동을 보는 것보다 내담자에 초점을 맞추는 것이 상담자에게 더 쉬울 수 있다(Ladany & Inman, 2012). 그러나 내담자가 제시하는 재료에 대한 정서적 반응을 해결하려는 노력을 하지 않으면, 상담자는 내담자의 감정을 다루는 작업을 피하고 지적인 수준에서 내담자에 관여하려 할 것이다.

이 절의 목적은 내담자가 역전이를 자극하는 재료를 제시할 때 상담자가 자신의 반응을 책임감 있게 관리하도록 돕는 것이다. 이는 상담자가 자신의 역전이 경향을 인식하는 방법과 역전이가 발생할 때 취할 수 있는 조치를 배움으로써 가능하다. 내담자가 싸우고 있는 감정이 실린 갈등에 상담자가 정확하게 공감하고 진정한 존중과 연민을 전달할 수 있지 않은 한 작업 동맹도, 안전한 천국도 유지되지 않을 것이다. 그러나 일반적으로 상담자가 내담자의 다양한 감정 모두에 반응하기는 어려울 것이다. 상담자도 상담회기에 자신의 발달사와 현재 삶의 스트레스를 가지고 들어오기 때문이다. 원가족과 문화적 맥락에서 상담자는 어떤 감정이 표현되어도 되는지, 그리고 그 감정이 어떻게 표현되어야 하는지에 관한 암묵적 규칙을 학습한다. 이런 규칙은 가족 내 역할로 구체화된다. 그리고 가족 내 역할은 이제 내담자에게 어떻게 반응해야 하는지를 조형한다. 다음 절에서는 어떻게 이런 개인적 요인들이 상담자들로 하여금 내담자들의 감정에 효과적으로 반응하는 것을 어렵게 하는지를 탐색해본다.

가족 내 규칙과 역할이 역전이 경향을 조형한다

임상 장면에서 실습하고 있는 대부분의 수련생은 관대하고, 진정으로 타인의 삶에 관심이 있으며 헌신하는 사람이다. 종종 그들은 선천적으로 쉽게 타인과 공감하고 그들의 경험에 들어갈 수 있다. 동시에 많은 상담자는 타인이 자신을 좋아하게 하려는 강력한 욕구를 가지고 있다(Hayes, Nelson & Fauth, 2015). 아마 일부는 성장하면서 '외모'에 많은 신경을 쓰거나 다른 사람들의 생각에 대해 걱정스러워하면서 집착을 보여왔을 것이다. 다른 상담자들은 헌신적이고 책임감 있지만, 자신이 받은 양육과 삶의 경험 때문에 매우 판단적이거나 비판적이었을 양육자에 의해 양육되었을 것이다. 또한 다른 상담자들은 아이의 행동을 승인하지 않을 때 정서적으로 단절하는 부모를 가졌을 것이다. 흔히 이런 아이는 좋은 의도를 가졌으나 경직된 양육자의 관심 또는 애정을 얻으려고 불안스레 애쓰며 성장한다. 이런저런 이유로 이런 발달 경험은 승인에 대한 강한 욕구를 갖게 한다. 바로 이것이 상담자가 저항을 탐색하고 회기 중 좋지 않게 느낀 것이 무엇인지 물을 때, 즉 사회 규칙을 깨고 둘 사이에 일어나고 있는 일에 대해 과정 언급을 하거나 내담자의 스트레스 감정에 보다 직접적으로 접근하는 위험을 감수하고자 할 때, 불안을 일으키게 한다.

대부분의 초보 상담자, 특히 사랑받으려는 강한 욕구를 가진 상담자는 도발적이고, 화난 또는 도전적인 대인 양식을 가진 내담자에게 비방어적으로 반응하는 데 큰 어려움을 가질 것이다. 이런 내담자는 다른 사람과의 관계에서도 이와 동일한 양식을 재연한다. 즉, 어떤 내담자는 성격적으로 타인에게 비판적, 도전적, 통제적, 경쟁적, 지배적이다. 물론 이런 내담자는 상담자와의 관계에서도 이와 동일한 도발적이고 고립을 자초하는 대인 패턴을 재연한다. 연구자들은 어떤 이론적 배경을 지닌 상담자라도 그런 '내담자 부정성(negativity)'에 개인적으로 반응한다고 보고한다. 여기에는 분노, 비난, 철회 등과 같은 반치료적인 정서적 대응이나 가장 빈번하게는 내담자에 대한 처벌적이고 판단적인 반응이 있다(Binder & Strupp, 1997; Gold & Stricker, 2011). 불행히도 대부분의 임상훈련 프로그램은 수련생이 부딪히게 될 이런 부정적 측면에 비방어적으로 반응하는 법을 거의 가르치지 않는다. 내담자가 자신을 좋아해야 한다는 욕구를 가진 상담자에게 이는 특히 문제가 된다.

어떤 상담자는 승인이나 타인으로부터 사랑받는 것에 지나친 관심을 두면서 성장했지만, 다른 많은 상담자는 원가족에서 '양육자' 역할을 했다. 예를 들면, 어떤 사람은 취약하거나 스트레스 상태에 있는 양육자를(나중에는 타인을) 알코올 또는 약물 남용, 우울과 불행한 결혼, 의존성과 범불안 장애 등으로부터 구원하려는 불안한 아동기 욕구 및 가족 내 역할 때문에 상담 실제로 유입된다. 특히, 흔히 일어나는 이런 **부모화** 역전이 이슈 때문에 상담자는 슬픔과 상처라는 내담자의 취약한 감정을 논의하는 데 더욱 어려움을 겪는다. 이런 감정은 부모화된 상담자에게 자신의 양육자를 돌보거나 보호할 필요라는 익숙한 어려움을 자극한다. 실제 아이가 이런 일을 하는 것은 언제나 불가능하다. 따라서 이런 필요는 자신의 양육자(이제는 내담자)를 실망시킬 것이라는 고통스러운 예상과 함께 다시 한 번 상담자를 위협한다. 이런 상담자는 부적절감을 느낀다. 어쨌든 이 상담자는 실패했기 때문이다. 이런 상담자의 불안은 자신의 취약한 부모와의 애착 유대가 위협받을 때 그랬던 것과 동일한 방식으로 일어난다. 자신이 양육자의 문제를 해결하거나 양육자를 구원할 수 없었기 때문이다.

이러저러한 역전이 이슈가 있기 때문에 모든 상담자는 자신이 원가족에서 수행했던 역할을 성찰해볼 필요가 있다. **문제는 상담자가 자신의 욕구와 역전이 경향을 가지고 있는가 하는 것이 아니라 그것을 어떻게 다루어나갈 것인가 하는 것이다.** 모든 상담자는 특정한 역전이 반응을 갖기 마련이다. 인간이기 때문이다. 스스로 또는 동료와, 수퍼바이저와, 또는 필요하다면 자신의 개인 상담자와 함께 자기점검을 하는 것이 역전이를 관리하는 책임감 있는 방법이다. 상담자가 자신의 역전이 경향에 따라 행동하는 것은 원하는 바가 아니다. 상담자가 내담자의 인정을 받고자 할 때 이런 일을 하게 된다. '좋은' 사람이 되려 하고, 내담자가 자신을 좋아하게 만들려 한다. 또한 더 깊이 들어가는 위험을 감수하지 않으며, 어려운 감정에 접근하지도 않는다. 오해 또는 불편한 상호작용을 검토하기 위한 과정 언급을 하는 것도 주저한다. 대인 갈등을 회피하고 싶기 때문이다. 다른 한편, 상담자가 내담자를 압박하여 특정 감정을 갖게 하거나 그런 감정이 든다는 고백을 하게 한다든지 또는 그 감정에 머무르게 할 때, 역전이가 또한 작동한다. 이와는 달리, 상담자는 반복적으로 초대하고, 내담자가 **원할** 때 어려운 감정으로 들어오거나 나갈 수 있도록 허용하기를 원한다. 상담자는 내담자가 공유하기 주저하는 감정을 얘기하라고 압박하는 것이 아니라 그렇게 했을 때 일어나는 위협 또는 위험이 무엇인지 탐색한다. 예를 들어보자.

- _____하다고 느낀다는 것은 당신에게 어떤 의미입니까?
- 당신이 _____하게 느끼면 우리 둘 사이에 어떤 일이 일어날 것 같습니까 혹은 무엇이 잘못되어 갈 것 같습니까?
- 당신이 _____하게 느꼈을 때 당신에게 중요한 사람들은 어떻게 반응했습니까?

내담자를 그냥 내버려두면, 내담자는 원가족에서 자신을 지배했던, 그리고 지배적인 문화에서 소외되어온 사람들이 종종 경험하는 강제/요구 그리고 순응 이슈를 회피할 수 있다. 상담자가 내담자의 저항 또는 주저함을 이해하기 위해 과거 한때 실제로 존재했던 위협 혹은 위험을 함께 탐색하면 내담자는 안전감을 느낄 수 있는 중간지대를 확보할 수 있게 된다. 이해와 함께 오는 안전감으로, 내담자는 과거 의식의 저편에 묻어두어야 했던 감정을 탐색할 수 있게 될 것이다.

상담자는 내담자의 감정에 대해 너무 많은 책임이 있다고 생각한다. 상담자가 내담자의 감정에 책임을 지려 하고, 내담자의 문제를 고치거나 해결해주어야 한다는 비현실적인 기대를 자신에게 부과하면, 그에 따른 결과는 부적절감이 될 것이다. 또는 가족 규칙(예, 슬픔은 약함을 나타내는 것이고, 그래서 우리 가족의 남자에게는 허용할 수 없는 것이다) 또는 역할(예, 엄마는 자신의 감정보다는 다른 모든 이의 감정을 고려해야 한다)에 기반하여, 상담자는 내담자가 불러일으키는 슬픔, 분노, 수치 등의 감정에 불편해짐을 학습했을 수 있다. 이런 역전이가 활성화될 때, 상담자는 다음과 같은 비효과적인 반응을 한다.

- 감정이 의미하는 바를 해석하고 자신과는 거리를 둔다.
- 지시적이 되어서 내담자가 무슨 일을 해야 할 것인지 얘기한다.
- 모든 일이 잘될 것이라고 내담자를 안심시킨다.
- 불안해하거나 주제를 바꾼다.
- 침묵에 빠지거나 정서적으로 철회한다.
- 자신의 감정을 노출하고 그에 대한 논의로 옮겨간다.
- 내담자를 구해내려는 시도를 함으로써 내담자를 왜소화한다.
- 내담자와 지나치게 동일시하고 통제적이 된다. 즉 상담자 자신의 원치 않는 감정을 제거하기 위해 어떤 결정을 내리거나 특정 행위를 하도록 내담자를 압박한다.

상담자가 내담자의 감정을 치유해야 한다거나 원인이 되었다는 부적절한 책임감을 가정하지 말아야 한다면, 내담자를 위해 해줄 수 있는 것이 무엇인가? 내담자의 감정에 대한 상담자의 적절한 반응은 다음의 세 가지, 즉 규명하기, 함께 하기, 수용하기다. 첫째, 상담자는 내담자로 하여금 자신이 가진 감정을 충분히 표현하고 파악할 수 있도록 도와야 한다. 둘째, 상담자의 의도는 내담자에게 공감적이 되는 것이다. 그래서 내담자가 과거에 경험했던 것처럼 거부당했다거나 혼자라는 경험을 하게 하기보다 관심을 가져주는 타인과 감정을 공유할 수 있게 하는 것이다. 셋째, 상담자는 내담자에게 자신의 감정을 이해하거나 '맥락화'하도록 조력을 제공하여 왜 이 특정 순간에 그러한 감정을 경험하게 되는지 깨닫게 한다. 상담자는 이렇게 함으로써 내담자 반응을 타당화한다(White, 2007). 이렇게 하면, 상담자는 내담자가 나타내는 어떤 감정에도 효과적으로 반응할 수 있는 자유를 획득할 것이다.

이를 좀 더 자세히 살펴보자. 내담자의 감정에 대한 부적절한 책임감을 갖는 것에 따르는 문제를 잘 알고 있는 상담자조차 내담자의 정서가 강렬해질 때면 이 문제로 씨름하기 쉽다. 생명을 위협하는 건강상의 위기 또는 외상과 학대에 따르는 근본적인 정서를 다룰 때, 많은 초보 상담자는 내담자 고통의 원인이 된 데 대한 책임이 있다거나 그 고통을 없애기 위해 뭔가를 해야 한다는 느낌과 싸운다. 그 결과, 상담자는 이런 강렬한 감정을 회피하거나 변명해서 처리하는 경향을 보인다(Ladany, Friedlander & Nelson, 2005). 이를 예방하기 위해 가끔 상담자는 수퍼바이저나 동료들에게 자문을 구해서 자신의 과장된 책임감을 적절히 통제할 수 있도록 도움을 받아야 한다. 그렇지 않으면 상담자가 역전이로 인해 효과적으로 반응하는 데 어려움을 겪을 뿐만 아니라 내담자가 필요로 하는 타당화와 연민을 제공하는 데도 어려움을 겪을 것이다. 실제 수퍼바이저가 수련생의 발달에 기여할 수 있는 가장 중요한 방법 중 한 가지는 내담자에 대한 수련생의 정서 반응이 어떻게 상담과정에 영향을 미칠 수 있는지 함께 탐색하고 더 잘 이해하는 것이다. 수퍼바이저가 도움을 줄 수 있는 다른 한 가지 방법은 근본적인(profound) 정서 반응과 씨름하고 있는 내담자에게 보듬어줌이라는 안전한 천국을 제공하기 위해 애쓰고 있는 수련생에게 동일한 경험(즉, 보듬어줌)을 제공하는 것이다(Falender & Shafransky, 2004).

내담자의 문제와 상담자의 문제 분리하기

이 장에서 우리는 복잡하고 뭔가 떠올리게 하는 것들에 대해 탐색했다. 이제 특별히 지대한 영향을 미치는 마지막 역전이 문제를 살펴보고 이 장을 마무리지을 것이다. 수련 초기에 많은 초보 상담자를 포함하여 발달의 여러 지점에 있을 모든 상담자는 건강한 또는 적절한 **구분**(differentiation)을 상실하고 자신을 내담자와 지나치게 동일시한다. 일차적으로 이런 일은 삶에서의 상황적 스트레스 요인이 Sullivan이 말했던 '참여자/관찰자' 입장을 유지하는 것을 어렵게 할 때, 그리고 상담자가 내담자와 너무 거리가 멀어지거나 내담자에게 과하게 반응적일 때 일어난다.

먼저 과잉동일시에 초점을 맞추어보면, 때때로 상담자의 개인 문제가 내담자가 경험하고 있는 문제와 유사할 것이다(예, 부부 갈등 또는 이혼, 아이들의 훈육 문제 또는 부모를 모시는 문제와 관련한 갈등, 건강 문제, 재정 문제 등). 이런 일이 일어나면, 어떤 상담자는 건강한 구분을 상실하고 상담관계에서 참여자 역할과 관찰자 역할 모두에 머무르지 못한다. 이런 상담자는 '관찰하는 자기'를 잃고 내담자와 과잉동일시에 빠진다. 즉, 단지 참여하는 자기가 된다. 예를 들면, 수련생이 수퍼바이저에게 "그녀는 마치 저 같아요! 자신이 임신했다는 것을 알았어요. 그런데 그즈음 그녀의 남편은 해고당했어요!"라고 큰 소리로 말할 때는 이런 일이 일어나고 있을 가능성이 높다. 상담자와 내담자의 삶의 상황 유사성이 종종 발생한다 해도, 그들 사이에는 매우 실질적인 차이가 존재하기 마련이다. 예를 들어, 내담자가 백인 여성이고 상담자와 동일하게 심리학 전공자라 해도, 각자의 개인사와 삶의 다른 측면들에서 그들은 다르다. 이런 차이를 염두에 두지 못하고 구분이 상실되면, 상담자는 내담자에게 접근하는 데 어려움을 겪을 것이다. 내담자가 방금 말한 것을 식별하지 못하고 정확하게 공감할 수도 없을 것이다. 이렇게 되면, 내담자가 현재 경험하고 있는 (상담자에게는 불편한) 감정에 머무르게 할 수 없으며, 내담자가 하는 결정 또는 선택에 사적으로 관여하게 된다.

초보 상담자들에게 이와 같은 구분의 상실 또는 참여자와 관찰자 역할 모두로 남기 어려움은 일반적으로 나타나는 일이다. 대부분의 초보 상담자는 때때로 이런 일과 씨름할 것이다. 그리고 경험이 쌓이면서 개선된다. 이 장 전체에서 보았듯이, 수퍼비전은 내담자 경험이 상담자 경험과 유사하기도 하고 다르기도 한 것을 매우 실제적으로 볼 수 있는 최선의 장소가 된다. 이런 것이 명확해지면, 수련생은 최적의 또는 균형 잡힌 대인 거리를 유지하면서 다음 회기로 돌아갈 수 있다. 그러나 만일 유사한 상황적 문제가 아닌 것에서는 이런 일이 일어나지 않는다면? 초보 상담자가 '내담자의 슬픔을 내가 달래는 것'에 좀 더 지속적인 관심을 가지고 있다면? 여기서 다시 말하지만, 이런 상담자는 자기-타인 구분의 부족으로 인한 역전이로 씨름하고 있다. 이런 상황이 발생할 때, 슬픔과 같은 내담자의 정서는 상담자의 오래된 슬픔을 자극한다. 이 상담자는 내담자의 고통에 정확하게 공감하거나 들어갈 수 없다. 이 상담자는 자신의 슬픔 또는 고통을 경험하지만 그것을 내담자를 통해 관리하고 있다는 것을 인식하지 못한다. 이런 문제가 수퍼비전 시간에 탐색될 수 있다. 하지만 이런 해결되지 않은 감정을 작업하는 최적의 장소는 수련생을 위한 개인상담이 될 것이다. 내담자가 얘기하는 것과 상담자의 반응 간에 경계를 설정하는 것을 배우면, 내담자와 작업 시 상담자가 참여자에서 참여자/관찰자로 옮겨가는 데 도움이 될 것이다.

상담은 매우 깊은 인간적인 상호교류라고 할 수 있다. 내담자의 변화를 도와주는 가장 큰 자산이 상담자 자신의 개인적 자질과 정서적 반응성이라 하더라도, 이것이 때로는 장애가 될 수도 있다. 여기서 우리는 구분의 결여에서 발생하는 문제점에 초점을 두었다. 하지만 우리는 상담자 역할이 미진하거나 거리를 두는, 그리고 관계 속으로 들어가 내담자의 영향을 기꺼이 받으려는 위험을 감수하지 않는 수련생보다 과잉동일시 문제를 가지고 작업하는 수련생을 선호한다. 구분하는 능력을 발전시키도록 수련생을 돕는 것은 진정한 공감과 내담자에게 참여하려는 의지를 함양하는 것보다 더 쉽다. 상담자가 거리를 두고 바라보는 관찰자에 불과하고 정서적으로 관여하지 않는 참여자라면, 상담관계는 내담자에게 큰 의미를 갖지 못하며 교정적 정서 경험이 되지 못할 것이다.

요약하면, 역전이 반응은 모든 상담자에게 발생할 것이다. 문제는 역전이의 발생 여부가 아니라 어떻게 다루어지는가이다(Hayes et al., 2015). 역전이가 발생할 때, 상담자는 자신의 개인 내 반응을 더 잘 이해하고 관리하기 위해 동료나 수퍼바이저에게 자문을 구할 필요가 있다. 상담자가 똑같은 유형의 감정(눈물을 흘리거나 슬픔을 느끼는 것과 같은)에 반복적으로 어려움을 느낄 때 또는 수퍼비전을 받아도 여전히 효과적으로 반응할 수 없을 때, 스스로 상담을 받아보는 것을 고려해보아야 한다. **변화란 상담자가 내담자와 함께 조성하는 관계 속에서 일어나기 때문에, 상담자는 자신과 개인적 발달에 대한 작업을 평생에 걸쳐 해야 한다.** 자신의 역전이 문제가 작동될 수 있다는 가능성에 비방어적인 개방성이 없으면 그리고 내담자에 대한 자신의 개인적 반응에 대해 지속적으로 작업하려는 의지가 없으면, 상담자가 제공할 수 있는 조력에는 한계가 있을 것이다(Bromberg, 2006; Robbins & Jolkovski, 1987). 또 지속적인 역전이 반응을 기꺼이 인정하고 이에 대해 작업할 의사가 없는 상담자는 내담자에게 부정적 영향을 주게 될 가능성이 크다(예를 들어, "그건 내담자 문제야. 나와는 아무 상관없어."). 사람들이 변화할 수 있도록 도울 수 있는 것은 일종의 특권이다. 상담자는 자신의 한계를 인식하고, 치료적 과정에 인간적으로 몰입함으로써 그러한 특권을 소중하게 간직한다.

맺음말

변화를 촉진하는 본질적인 요소는 너무나 고통스러워서, 수치스러워서 또는 받아들이기 어려워서 과거에는 견딜 수 없었던 감정을 통합하거나 받아들임으로써 어려운 정서를 해결하도록 내담자를 돕는 것이다. 많은 내담자는 인생에서 비극을 경험했을 것이다. 고통스러운 감정이 내담자가 제시하는 증상 및 문제와 얽혀 있을 것이다. 상담자는 다른 사람들이 이해하거나 받아들이거나 또는 포용할 수 없었던 감정을 위해 안전한 천국과 보듬어주기를 제공함으로써 내담자가 문제를 해결하도록 도와준다. 아마도 가장 중요한 재학습은 내담자가 어려운 감정을 공유하는 위험을 감수하고, 이제껏 자신이 기대해온 반응을 받지 않는다는 것을 발견했을 때 일어날 것이다. 교정적 정서 경험은 기존의 기대와 관계 패턴이 잘못된 것으로 판명될 때 나타난다. 그러나 내담자에게 변화를 가능하게 할 수 있는 관계를 제공하는 데 있어서 가장 큰 장애가 특정 감정에 대한 자신의 불편감이라는 것을 상담자는 인식해야 한다. 이 불편감은 원가족에서 학습한 규칙과 역할에 토대를 두고 있다. 따라서 상담자는 자기 자신의 역전이 경향을 해결하려고 노력해야 하며 이러한 문제들이 내담자와의 작업에 어떻게 영향을 미치는지에 대해서도 파악하고 있어야 한다.

이제 어떤 내용이 제시될까? 다음 세 장에서는 사례 개념화와 처치 계획에 초점을 두고, 상담자가 내담자의 핵심 문제를 명료화하는 방법 및 내담자에게 무엇이 잘못되었으며 무엇이 변화될 필요가 있는지에 대해 더 잘 이해할 수 있는 방법을 살펴볼 것이다. 이를 위해, 내담자의 문제가 어떻게 처음 나타났는지 그리고 어떻게 상담자와 타인과의 관계에서 재연되는지에 대해 학습할 것이다. 이 장에서는 복잡하고 개인적으로 편하지 않은 정보를 제법 많이 제시했다. 이러한 정보를 통합하여 자신의 것으로 만드는 데 종종 몇 년이 걸리곤 한다. 따라서 현실적으로 이런 작업은 어렵다. 스스로에게 인내심을 가지고 필요하면 도움을 구하라.

연습 활동

내담자의 어떤 감정에 접근하는 것이 가장 어려운가? 무엇이 이 감정에 접근하는 것을 어렵게 하는가? 당신의 원가족에서 구성원들은 이 감정에 어떻게 반응했는가?

추천 도서

학생 상담자들이 내담자의 감정에 반응하는 법을 배우는 데 도움을 받으려면, Clara Hill의 책 9장과 10장을 보라. Hill, C.(2014). *Helping Skills*(4/E). Washington, D. C.: American Psychological Association. 경험 많은 독자라면 이 분야의 고전이라 할 수 있는 다음 책을 읽어볼 것을 권한다. Greenberg, L. S. (2002). *Emotion - Focused Therapy*. Washington, D. C.: American Psychological Association.

PART

03 내담자 개념화와 치료 초점 개발하기

CHAPTER

06

가족 및 발달적 요인

개념적 개관

1부와 2부의 앞선 장들에서는 상담자와 내담자 사이에서 발생하는 상호작용에 초점을 맞추고, 상담과정 차원에서 상담자가 작업하는 것에 대한 지침을 제공했다. 3부의 다음 세 장에서는 상담자가 내담자의 문제를 어떻게 개념화하고, 상담의 좀 더 구체적인 초점을 발달시키는지에 대해 알아볼 것이다. 즉, 우리는 내담자에게 무엇이 문제인지 명료화하고, 가능한 도움을 제공하고 변화시키기 위해 치료초점이 어떠해야 하는지에 대해 명확히 하려고 노력할 것이다. 효과적인 상담을 위해 상담자는 구체적인 상담계획을 가능하게 하는 정확한 내담자 문제에 대한 평가 혹은 사례 개념화를 해야 한다(Levensen, 2010, 4장). 이를 위해 상담자는 다음을 이해하려고 노력한다.

- 내담자의 문제는 처음에 어떻게 발달되었는가? (6장)
- 어떻게 이런 발달적인 문제들은 현재 타인과의 문제적인 상호작용에 기여하고 있으며, 내담자를 상담받게 하는 증상 및 문제로 이끄는가? (7장)
- 어떻게 내담자의 대인 문제들은 상담관계에 나타나게 되고, 상담자와 내담자가 함께 상호작용하는 방식에 영향을 미치는가? (8장)

상담자가 이런 세 가지 측면에서 자신의 사고를 좀 더 구체적으로 명료화하고 내담자를 이해할수록 상담자가 내담자의 변화를 돕는 데 필요한 **상담 초점**(treatment focus)을 더 쉽게 형성할 수 있을 것이다. 그러나 대부분의 초보 상담자는 내담자를 개념화하는 데 있어서 훈련이나 경험이 부족하다. 상담자 훈련의 초기에는 상담을 이끌어가기 위한 초점을 명확히 하는 것—핵심 문제를 파악하는 것, 무엇을 하려고 하는지 그리고 무엇을 성취하기 위해 내담자와 노력하고 있는지—이 어렵다. 이런 전문적인 요구에 대한 지침이 다음의 세 장에서 제공될 것이다.

이 장에서 우리는 상담자가 내담자의 문제를 개념화하고 상담계획을 세우는 한 가지 유용한 방법은 내담자 문제의 가족, 문화적 및 발달적인 선행요인을 인식하는 것이라는 점을 살펴볼 것이다. 특히, 상담자는 왜 단지 상황적이거나 작은 스트레스가 확대되고, 내담자의 중요한 증상을 발생시키는지 내담자가 인식하게 돕는 공감적인 이해를 제공할 수 있을 때, 내담자에게 신뢰를 얻고 그들이 상담에 참여하게 도울 수 있다. 비록 우리가 가족 내 상호작용에서 무엇이 적응적이고 무엇이 문제가 있는지 평가하려고 할지라도, 부모를 비난하거나 양육자에게 내담자의 삶과 선택에 대한 책임이 있다고 주장하는 것은 아니다. 애착이론을 임상 현장에 적용하고 있는 문헌들을 살펴봄으로써 시작하자.

성인상담에서 애착 유형과 임상적 의미

이전 장에서 우리는 아동기 애착 유형, 애착 유형, 정서 조절 및 아동의 요구에 적절히 대응하는 것과 같은 애착이론의 기본적인 개념에 대해서 소개했다. 현재 많은 경험적인 문헌들이 애착이론과 성인대상의 임상치료를 관련지어 설명하고 있으며, 상담자가 치료적 관계를 이해하도록 돕고 있다(Cassidy & Shaver, 2008; Daniel, 2006; Gold, 2011; Obegi & Berant, 2009; Shaver & Mikulincer, 2010 참조). John Bowlby는 1988년에 치유적인 애착 대상으로 기능하는 상담자에 대해 처음으로 소개하는 연구를 시작했다. 그는 상담적인 관계를 단순한 교사-학생이나 코치-훈련생 혹은 지시적인 관계(1988)라기보다 잠재적으로 교정적인 애착관계로 보았다. 이러한 치유적인 관계는 재양육이 아니며, 내담자에게 자신의 양육자로부터 정서적으로 결여된 것을 제공하는 것도 아니다. 대신에, 내담자가 자신의 삶에서 좀 더 현실적인 이야기를 발달시키고, 자신이 원했으나 발달적으로 받지 못한 것에 대한 자기자비를 발달시키고, 현재의 관계를 제한하고 손상시키는 IWMs(내적 작동 모델)를 확장하며, 자신의 삶에서 새롭고 좀 더 만족스러운 관계를 형성하는 기술과 능력을 발달시키도록 돕는 것이다.

통합적인 접근의 심리치료 연구자들과 상담자들은 애착이론을 사용하는 것이 상담과정에 도움이 되고, 치료적 관계에 대한 토대를 제공한다는 경험적인 지지를 보여주고 있다(Mallinckrodt, 2010). 예를 들어, 연구자들에 따르면 내담자와 우선 안정적인 관계를 형성하는 것은 행동적, 인지적, 다른 적극적인 개입이 더 효과적이 되게 한다는 것을 발견했다(Connors, 2011; Gold, 2011). 또 연구자들은 다양한 상담접근에 관계없이 효과적인 상담자는 상담의 첫 단계에서 안정감—안전한 피난처/안전 기지—을 발달시키기 위해 노력한다고 주장한다. 상담의 두 번째 단계에서, 상담자는 이러한 CEE(교정적 정서경험)와 새로운 관계적인 기술을 내담자가 일상생활에서 타인에게 일반화하도록 활용하는 것이다(Mallinckrodt, 2015).

이렇게, 상담자와 내담자는 내담자–상담자 관계에서 안정감을 발달시키기 위해 노력한다. 이러한 획득된 안정감을 통해 변화를 촉진하는 것은 상담자가 **일관성** 있게 다음을 촉진함으로써 발생하게 된다: (1) 내담자가 상처받고 어려움에 처했을 때 안전한 피난처의 경험을 제공하는 CEE, (2) 내담자의 탐색과 자율성을 지지하는 진입로가 되어주고, 내담자의 개인적인 강점을 인식하며, 그들의 성공을 축하해주는 안전 기지(Feeney & Van Vleet, 2010; Mallinckrodt & Joeng, 2015; Sroufe, 2005).

이 장은 성인애착의 네 가지 유형에 대한 연구로 시작한다. 이러한 논의는 다음과 같이 전개될 것이다. (a) 네 가지 서로 다른 애착 유형의 성인 내담자가 상담장면에서 어떻게 드러나는지 그리고 상담자와 어떻게 상호작용하는지 묘사할 것이다. (b) 각각의 애착 유형을 지닌 내담자와 상담초점을 발전시키고 개입하는 지침을 제공할 것이다.

네 가지 애착 유형

Bartholomew와 Horowitz(1991), Mikulincer와 Shaver(2007; 2008)와 그외 다른 연구자의 연구에 따라, 성인애착에 관한 연구자들은 **불안**과 **회피**의 두 가지 직교 차원에 따라 **성인 애착 유형**(adult attachment styles)을 측정한다. 불안은 애착관계를 중요시하는 상담자들이 내담자를 만날 때 주의를 기울이는 주요한 감정이다(Slade, 2004). 아동과 유사하게, 성인이 위협받거나, 상처받거나, 어려움에 처했다고 느낄 때, 그들은 자신의 현재 성인 애착관계에서 위로나 지지를 찾게 된다. 애착관계에서 안정감에 대한 불안은 상처받거나 아플 때, 위협받거나 취약할 때, 상실을 경험하거나 외상으로 힘들 때, 우리의 애착 욕구를 충족시켜줄 중요한 타인의 유용성에 대해 걱정하는 것이다(Janzen, Fitzpatrick & Drapeau, 2008; Shevlin, Boyda, Elklit, & Murphy, 2014). 즉, 내담자는 도움을 받기 위한 사람 혹은 중요한 타인의 유용성이나 반응성에 따라 **불안**의 연속선상에서 '높음'이나 '낮음'으로 평가될 수 있다.

또 다른 차원은 힘들 때 애착관계에 대한 **회피**인데, 이것은 친밀감이나 밀접함, 관계에서 정서적인 욕구와 관여에 대한 편안함 대 불편함의 차원을 의미한다. 회피 차원에서 높게 평가된 개인은 자신을 자족적으로 보며, 타인을 의지할 만하지 않다고 생각하고, 과도하게 통제받는 것을 두려워한다. 이것은 자신과 타인 양쪽 모두의 정서와 욕구에 대한

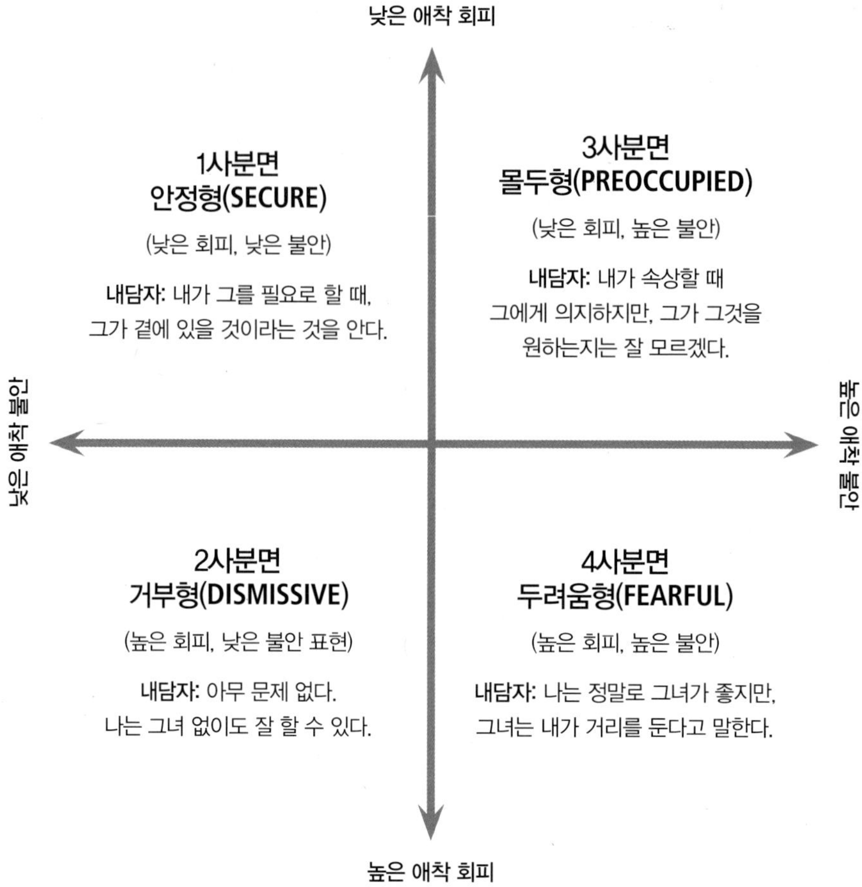

그림 6.1 성인기 애착 유형

회피로 이끌게 된다. 이런 개인들은 자신의 정서적인 어려움을 주관적이거나 개인적으로 경험할 뿐 아니라, 타인과 공유하고, 정서적으로 관여하는 것을 피한다(Mallinckrodt, 2010; Marmarosh, Kivlighan, Bieri et al., 2014). 불안과 회피, 두 차원의 교차점은 네 가지 성인애착의 원형을 보여준다: 안정형(secure)과 세 가지 유형의 불안정한(insecure) 애착: 몰두형(preoccupied), 거부형(dismissive), 두려움형(fearful).

그림 6.1에서 보듯이, 안정 애착 유형의 성인 내담자는 타인에게 도움을 요청하고 이해를 구하는 것에 대한 불안이 낮고, 타인과의 관계에 대한 정서적인 욕구를 가지는 것에 대한 회피가 낮다. 어려움에 처할 때, 이런 적응적인 성인은 자신의 삶에서 사람들에게 편안하게 도움을 요청한다. **거부형**(dismissive) 내담자는 타인을 필요로 하는 것에 대해 명백하게 불안이 낮았고(비록 그들은 관계에 대한 욕구가 발생할 때 높은 생리적인 어려움을 경험했으나), 타인에게 접근하는 것에 대해 높은 회피를 나타낸다. 거부형의 내담자는 어려움에 처했을 때, 쉽게 도움을 구하지 못하고, 자신과 타인의 감정을 회피한다. **몰두형**(preoccupied) 내담자는 타인에게 지지와 이해를 구하는 것에 대해서는 높은 불안을

보였으나, 이러한 욕구를 표현하는 것에서는 낮은 회피를 나타낸다. 이러한 유형의 내담자는 어려움에 처했을 때 지지를 구하지만, 애착 대상이 자신에게 관심을 가지지 않거나 충분히 반응적이지 않을까봐 불안해한다. 마지막으로, **두려움형**(fearful) 내담자는 불안과 회피가 모두 높다. 즉, 그들은 강하게 모순된 접근-회피를 나타낸다. 이런 내담자는 관계를 원하나, 종종 이전에 학대의 경험 때문에 타인에게 접근하는 것이 원하지 않는 혹은 위협적인 감정과 해결되지 않은 외상이나 상실에 대한 기억을 불러일으켜서, 동시에 이러한 관계를 회피하게 된다. 그림 6.1의 2차원 도식은 Bartholomew와 Horowitz(1991)가 제시했다. 우리는 이것을 네 가지 임상적인 애착 유형을 탐색하는 데 사용할 것이다.

안정 애착 유형의 성인 내담자(그림 6.1의 1사분면: 낮은 회피/낮은 불안)

안정 애착 유형의 내담자는 밀접한 애착관계를 가치 있게 여기고, 비방어적인 방식으로 자신의 어린 시절에 대해 일관성 있게 이야기하고 기억한다. 나머지 세 가지의 애착 유형과는 다른 이런 일관성 있는 애착관계에 대한 이야기는 양육자로부터 안전 기지를 제공받아온 것에 기초하며, 이것은 좀 더 통합된 정체감과 일관성 있는 자기인식으로 이끈다. 성인 애착 유형을 평가하기 위해 가장 널리 이용되고 있는 성인 애착 질문지(AAI)에서, 안정적인 내담자는 관계에 대해 명확하고 개방적으로 이야기하며, 자신에 대한 성찰을 보여주며(즉, 자신과 타인의 사고, 감정과 의도에 대해 유연하게 생각할 수 있는 적응적인 능력), 공감을 나타낸다(Bretherton & Munholland, 2008 참조). 그들은 현실적으로 어린 시절에 경험한 것의 영향을 인정하고, 이런 경험이 긍정적이지 않을 때, 거부 애착 유형의 내담자가 하는 것처럼 그것을 부인하지 않는다. 이런 방법으로 안정 애착 유형의 내담자는 현실을 좀 더 정확하게 평가한다. 그들은 부모(혹은 상담자)에 대한 이상화나, 현재 존재하거나 과거에 실제적으로 경험했던 문제에 대해 부인하지 않는다—이것은 다른 세 가지 불안정한 애착 유형의 내담자에게는 매우 일반적이다.

때때로 잘못 이해되고 있는 것처럼, 안정 애착 유형의 성인은 아동기 때 제멋대로 했거나 과잉보호되지는 않았다. 안정 애착 유형 성인의 애착 욕구는 단순히 그들의 성인기에 좀 더 회복탄력적이고 자율적일 수 있게 충족된 것이다. 그들의 반응적인 정서적 환경은 내담자와 조율된 반응성을 포함하고 있다. 즉, 아동의 경험을 공감적으로 보고 인정하는 것—그리고 필요할 때 어려움이나 문제를 해결할 수 있게 반응적으로 돕는 것—은 아동이 자신의 경험을 그대로 경험할 기회를 제공했다. 또한 그것은 아동이 정서적인 자기규제, 충동통제, 공감과 주인의식 같은 중요한 심리적인 힘을 발달시키게 돕는다(Allen, 2012; Fonagy & Target, 1997). 비록 안정 애착 유형을 가진 개인도 때때로 상담에 찾아오지만, 그들은 자신을 선하거나 보살핌을 받을 가치가 있다고 보는 긍정적인 IWM을 가지고 있다(Agrawal, Gunderson, Bjarne et al., 2004; Bowlby, 1969).

안정 애착 유형의 성인은 좀 더 효율적이고, 인지적이고 대인관계적인 면에서 유연하며, 좀 더 탄력적이다—다른 세 가지 애착 유형보다 스트레스를 더 잘 다룬다. 따라서 안정 애착 유형의 성인이 상담을 받으러 오면, 자신이 문제를 가지고 있고, 도움을 요청하는 것에 대해 갈등이 크지 않다. 메타분석 연구에 따르면, 안정 애착 유형의 내담자는 상담자와 좀 더 협력적으로 작업을 수행하고 쉽게 작업 동맹을 형성하며, 감정과 관련된 갈등을 탐색하며, 다른 세 가지 애착 유형보다 상담자에 대한 부정적인 반응을 탐색하는 위험을 더 잘 다룰 수 있다(Brenecker, Levy, & Ellison, 2014; Diener & Monroe, 2011; Romano, Fitzpatrick, & Janzen, 2008; Rubino et al., 2000).

연구에 따르면, 안정 애착 유형의 성인은 필요할 때 도움이 되는 사회적 지지를 찾을 수 있고, 특히 대개 비적응적인 관계를 피하거나 끝낼 수 있다(Mallinckrodt, 2000). 그렇다면, 한 개인이 안정 애착 유형으로 성장할 행운을 가지지 못했다면, 이러한 건강한 특징들은 획득할 수 없는 것일까? 아니다. 애착 유형은 연속성을 지니지만, 시간이 흐르면서 변화 또한 발생한다(Lewis, Feiring, & Rosenthal, 2000). 아동으로서 안정적인 애착 유형을 가지지 못했으나 청소년기나 성인기에 안정적인 애착 유형이 된 사람들은 그들의 문제적인 경험을 현실적으로 해결했다. 이러한 개인들은 상담에서 설정된 상담목표를 달성했다—성취된 또는 **획득된 안정**(earned security). 이것은 삶에서 필요로 할 때, 민감성을 제공하는 타인과의 치유적인 관계를 통해 성취된다(상담자, 확장된 가족 구성원이나 다른 교정적인 관계). 이러한 개인들은 도전이 되었던 아동기 경험으로부터 평화를 되찾은 것이다(Jacobvitz, 2008; Schore, 2014).

따라서 그림 6.1(254쪽)에서 1사분면에 있는 안정 애착 유형의 내담자는 낮은 회피와 낮은 불안을 나타낸다. 즉, 내담자는 힘들 때 타인과의 관계나 자신의 정서적인 욕구를 회피하지 않는다. 오히려 그들은 건강하고 어른스럽게 중요한 타인에게 적절하게 도움이나 이해를 구하며, 다른 애착 유형의 사람들처럼 통제받거나, 버려진다거나, 다른 위협에 대한 불안이나 과도한 걱정 없이 도움을 구한다. 연구에 따르면, 이런 점에서 어느 정도의 의존을 수용하고, 어려울 때 의존할 수 있는 타인에게 지지받고 의지할 수 있는 것은 역설적으로 한 개인이 좀 더 자율적이고 자기신뢰를 가질 수 있게 한다(Feeney & Van Vleet, 2010; Mallinckrodt, 2015). 안정 애착 유형의 내담자와 상담할 때, 당신은 그들의 신뢰감과 안전감을 알 수 있는 다음과 같은 말들을 듣게 될 것이다.

- 내가 그를 필요로 할 때, 그가 곁에 있을 것이라는 것을 안다.
- 내가 그녀에게 다가갈 때, 그녀가 내 마음을 다치지 않게 할 것이라는 것을 안다.
- 내가 괴로울 때, 그는 나를 편안하게 해줄 것이다.
- 그녀와 내가 정서적으로 가까워질 때, 나도 그녀에게 가깝게 느끼기 때문에 즐겁다.

나머지 세 가지 성인 애착 유형은 서로 다른 하위유형의 불안정 애착(거부 애착 유형, 몰두 애착 유형과 두려움 애착 유형)을 나타낸다. 5장에서 다룬 정서 조절을 돌이켜보면, 상담자가 이런 내담자들이 나타내는 증상, 임상적 의미와 방어를 이해하는 데 주요한 개념 중의 하나는 **힘들 때 감정을 극복하는 활성화 전략과 비활성화 전략**이다. 내담자의 애착 경험과 관계적인 경험에 따라서 불안정 애착 유형의 내담자는 자신의 애착 욕구는 충족되지 않을 것이며, 자신의 정서를 조절할 수 있는 방어적인 대처 전략을 만들 필요가 있다는 것을 관계를 통해 학습했다(Daly & Mallinckrodt, 2009).

활성화(hyperactivating) 전략을 사용하는 내담자는 대개 자기를 부정적으로 보는 IWM을 가진다—자기는 기본적으로 사랑스럽지 않고, 타인의 사랑과 반응이 가치롭지 않다는—그리고 다른 사람에 대해서는 좀 더 긍정적이지만, 부정확하거나 비현실적인 IWM. 반대로, **비활성화**(deactivating) 전략을 가지고 있는 사람들은 대개 자기를 긍정적이고 유능하다고 **비현실적으로** 여기는 IWM을 가진다. 그리고 타인은 적대적이고 경쟁적이며, 효과적으로 반응하지 않는다는 좀 더 부정적이고 부정확한 IWM을 가진다. 두려움 애착 유형의 내담자는 활성화 전략과 비활성화 전략을 번갈아 사용하게 되는데, 그것은 종종 자신과 타인들, 그리고 상담자를 혼란스럽게 한다. 그들은 힘들 때, 원하고 의지하고 싶은 사람에 대해 걱정한다(어떤 때는 그들을 돕고 그러나 어떤 때는 그들에게 상처를 준 애착 대상). 따라서 그들이 누군가에게 접근하기 시작할 때, 그들은 동시에 후퇴하고 회피하기 시작한다—그리고 이렇게 접근-회피 고리를 반복적으로 순환함으로써 매우 힘든 삶을 산다. 그들은 자기를 부정적으로 보고 타인을 부정적으로 보는 IWM을 가진다. 그리고 거부형과 몰두형 내담자들이 사용할 수 있는 불안에 대처하는 안정적이고 좀 더 적응적인 대처 전략을 가지고 있지는 않다.

거부 애착 유형의 성인 내담자(그림 6.1의 2사분면: 높은 회피/낮은 불안)

거부 애착 유형 내담자의 원형을 잘 보여주는 임상 사례로 시작해보자. 이 삽화와 다음 절의 몰두 애착 유형의 사례는 서로 다른 애착 유형을 가진 내담자의 상담계획과 사례 개념화에 대한 매우 교육적인 연구에서 발췌한 것이다(Daly & Mallinckrodt, 2009).

> R은 관계의 어려움으로 상담하게 되었다. R은 다른 사람에게 깊은 개인적인 이야기를 하는 것이 매우 불편하고, 타인이 개인적인 정서를 표현하면서 친밀하게 다가오는 것도 불편하다. 이것은 관계에서 문제가 되는데, R이 대인관계에서 일정 수준의 친밀감에 도달하면 뒤로 물러나곤 하기 때문이다. R은 타인과의 관계에서 약간의 거리가 있고, 타인에게 의존할 필요가 없을 때, 좀 더 편안하게 느낀다. 다른 사람에게 의존하는 것에 대해 생각하는 것은 R을 불안하게 만든다. R은 다른 사람을 신뢰하고 믿기 어려우며, 만약에 상대방이 자신의 관심과 욕구가 그들 관계에서 충족되기를 원하

기 시작하면 관계는 빠르게 멀어진다. R은 타인과의 이러한 관계 패턴이 자신의 과거 대인관계에서 문제를 일으켰으며, 대개 위협적으로 보이는 파트너의 요구 때문에 대인관계에서 멀어지게 된다는 것을 인정한다.

안정 애착 유형의 내담자와는 반대로, 위에서 살펴본 대로 거부 애착 유형에 속하는 사람들은 비활성화 전략을 사용하며, 자기를 긍정적이고 유능하다고 여기는 비현실적으로 높은 IWM을 가지며, 타인에 대해서는 부정확하게 부정적인 모델을 가지고 있다(스트레스하에서, 즉 거부 애착 유형의 내담자는 타인이 통제적이고, 적대적이며, 강압적이거나 믿을 수 없다고 왜곡할 것이다). 그들의 과거 학습에 의하면, 타인은 도움이 되지 않는다고 경험해왔다. 아동일 때, 양육자는 그들의 요청사항을 무시하고 거부했다. 또한 어려움에 처했을 때 회피했다—그리고 이러한 패턴은 성장하는 동안 계속되었다(Ainsworth et al., 1978). 그들의 타인에 대한 IWM은 사람들이 잠정적으로 해롭거나 적대적이고, 약하거나 믿을 만하지 못하거나, 강압적이고, 요구적이며 통제적이라고 표상되었다. 왜냐하면 그들은 이런 관계를 일차 양육관계에서 지속적으로 경험해왔기 때문이다. 이러한 경험은 타인에게 친밀감을 구하는 것은 소용없으며, 그것은 개인적인 나약함을 의미한다는 확고한 인식을 갖게 만들었다. 힘들 때 지지를 요청하는 것은 위험할 수 있는데, 타인이 그들의 자율성을 훼손하고 그들을 통제하게 만들 수 있거나, 그들을 무시하거나 심지어 거부할 수 있기 때문이다. 이러한 정서적인 박탈과 고통스러운 외로움의 발달적인 경험을 가진 내담자에게는 친밀함을 구하거나 지속되는 친밀감이 위협적일 수 있다. 그러므로 다른 사람이 필요하다는 것을 최소화하거나 부인하는 것이 가장 안전한 대처 전략이다—그들은 거절을 기대하며, 자신의 어려움을 무시하고 심지어는 인식하지 않음으로써 조율하도록 학습해왔다(Main, 1995).

거부 애착 유형의 내담자는 위협에 대해 비현실적으로 자신감과 유능함을 과장하며, 실제적으로 존재할 수 있는 위험을 과소평가하거나 부정한다—이런 내담자들은 환경을 정확하게 평가하지 않는다(Mikulincer et al., 2003). 더욱이 그들이 현재의 위협적인 상황에서 자신의 공포나 어려움에 대해 잘 알지 못하는 것처럼, 그들은 자신의 주의를 애착 대상과의 실망스럽거나 상처 되는 경험에 대한 사고나 기억으로부터 딴 곳으로 돌릴 것이다(Mallinckrodt, 2010; Mikulincer & Shaver, 2007). 따라서, 거부 애착 유형의 내담자(회피 아동의 어른 버전)는 자신의 불안과 고통을 비활성화 전략으로 과소평가한다. 그리고 거부 애착 유형의 내담자는 타인에 대해 낮은 민감성, 낮은 공감과 낮은 보살핌을 보이며, 친밀감을 싫어하는 경향이 있다(Simpson & Rholes, 2010).

상담 초기에, 상담자가 거부 애착 유형의 내담자에게 직접적으로 묻거나, 어린 시절이나 가족적인 경험에 대해 질문하면 상담이 잘 진행되지 않는다. 이러한 내담자는 자신의 어린 시절의 구체적인 것에 대해 공유하고 싶어하지 않고, 기억하지 못할 수도 있다.

거부 애착 유형의 내담자 저희 부모님은 … 저희 가족은 … 잘 모르겠어요—성장과정에 대해 잘 기억나지 않아요.

대개 그들은 자신의 어린 시절과 가족의 경험에 대해 과도하게 이상화하거나, 긍정적으로 말하거나, 소수는 과도하게 나쁘게 이야기한다. 다음 반응을 보자.

거부 애착 유형의 내담자 우리 가족은 매우 좋았아요—모든 것이 완벽했어요.

또는

거부 애착 유형의 내담자 저는 그들이 필요하지 않아요—그들은 필요 없어요. 혼자서도 잘 할 수 있어요.

그러나 거부 애착 유형의 내담자가 어린 시절의 경험을 짧게 언급할 때, 그것은 상담자에게 모든 것이 정말로 '좋았다'는 것은 아니라는 것이 명백해진다. 상담자는 내담자가 힘들거나 문제가 있어서 양육자와 의사소통할 때, 타인들이 실제로 말하거나 행동한 것의 자세한 내용과 구체적인 행동에 대해 긴밀하게 주의를 집중할 필요가 있다. 대체로, 주의깊게 경청해보면, 양육자가 반응적이지 않고, 과도하게 거부적이거나, 심지어는 신체적으로 학대했다는 고통스러운 이야기를 알게 된다. 그러나 거부 애착 유형의 내담자에게 이러한 고통스럽고, 부끄럽고, 불안을 야기하는 경험은 내담자가 이를 인지적, 정서적으로 과소평가하거나 무시함으로써 방어된다. 이것은 상담자가 어떻게 다른 사람들이 반응했는지 구체적인 행동을 탐색할 수 있는 진입로로 작용할 수도 있다—무엇이 실제적으로 말해졌고 행해졌는지. 예를 들어보자.

상담자 당신이 그녀에게 말할 때, 목소리 톤이나 그녀 얼굴에 나타난 표정은 어떠했나요?

회피 유형의 아동들과 비슷하게, 거부 애착 유형의 내담자는 기본적으로 다른 사람을 신뢰하지 않는다. 반복적인 경험에 의해, 그들은 필요할 때 정서적 혹은 사회적 지지를 받을 수 있다고 믿지 않는다(Connors, 1997, 2011). 따라서 방어적인 대인관계적 양상은 대개 가짜 독립성 혹은 완벽한 자기자족의 형태, 즉 항상 '강하고' 절대 '약하지 않은' 것으로 나타난다. 이런 유형의 내담자는 관계에서 지배와 통제를 추구할 것이다. 그들의 상담자가 거의 모든 상황에서 듣게 되는 말은 "문제없어요."이다. 일관되게 양육자에게 인정, 연민이나 도움을 받지 못한 고통스러운 발달적인 경험들은 자신의 감정에서 분리되고, 타인의 경험과 감정에 대해 공감하지 못하며, 관계에서 정서적인 친밀함과 관여의 제한된 능력을 갖게 만들었다(Mikulincer & Shaver, 2007). 그러나 이것은 또한 상담자의 공감이 중요하고, 이러한 내담자와 새롭고 다른 방식으로 계속적으로 작업하는 것이 중요하다는 것을 의미한다. 이런 반의존적인 내담자가 보이는 핵심 주제는 자신의 취약함과 욕구(심지어는 매우 스트레스가 높은 상황에 대해 고통을 경험하는 것)를 표현하는 것은 용납할 수 없고 수치스럽도록 약한 것으로 본다는 것이다. 이러한 내담자는 초기에 상담에 저항하며, 대개 도움을 거절한다(Dozier, 1990; Dozier, Lomax, Tyrrell, & Lee, 2001).

만약 상담에서 거부 애착 유형의 내담자를 만나게 된다면, 당신은 처음에 지루함을 느낄지도 모른다. 이런 내담자는 친밀한 관계를 피하고, 상담자뿐만 아니라 다른 사람들에 대한 의존을 피한다. 거부 애착 유형의 내담자는 상담에 결석하고, 지각하고, 상담자가 중요한 어떤 사람이 되게 허용하지 않음으로써 상담자의 중요성을 평가절하한다. 그들은 자신의 문제에 대한 고통과 탐색을 회피하고 독립성을 유지함으로써 상담을 추상적으로 만들고, 상담자를 탐색이나 지지의 자원으로 활용하지 않는다(Mikulincer & Shaver, 2007).

상담자는 자신에 대해 이야기를 많이 하지 않고, 주지화하고, 감정을 표현하지 않거나 공유하려고 하지 않는 비반응적이고 상담하기 어려운 내담자를 포기하지 말아야 한다. 우리는 그들이 현재 있는 위치에 합류함으로써—상담의 초기에 그들이 필요로 하는 대인관계적인 거리를 갖게 내버려둠으로써—그러나 그들이 조그만 문제, 실망이나 불만족에 대해 이야기할 때 반응할 수 있는 진입로를 찾음으로써 그들을 도울 수 있다. 상담자는 일반적으로 직접적인 예를 들거나, 숙제를 내주거나, 내담자가 자신의 감정을 공유하게 압력을 가하기를 원하지 않는다. 상담자의 좋은 의도에도 불구하고, 거부 애착 유형의 내담자는 다른 내담자에게는 효과가 있었을지도 모르는 그러한 반응들을 유사하고, 예상했고 원하지 않는 통제로 생각할 가능성이 높다. 거부 애착 유형의 내담자 대부분은 관계에서 힘을 갖고 통제하는 것에 관심이 있고, 따라서 그들은 상담자가 지배적이고 통제적일 거라고 기대할 것이다(Bartholomew & Horowitz, 1991; Chen & Mallinckrodt, 2002). 그들의 힘과 통제 위계에 대한 경쟁과 지향은 종종 초보 상담자를 어렵게 만든다. 이런 내담자들은 일상생활에서 배우자, 파트너, 동료와 타인들에게 했던 것처럼, 상담자와의 상호작용에서 자신이 좀 더 우월하려고 애쓰거나, 상담자를 무시하려고 한다.

그렇다면 이런 반의존적인 거부 애착 유형의 개인이 왜 상담에 오게 되었을까? 아마도 그들의 파트너/배우자가 떠나겠다고 위협했을지도 모른다. 왜냐하면 그들은 친밀해질 수 없거나 파트너의 정서와 관심사에 반응적이지 않거나, 관계에 깊게 관여하지 않기 때문이다(즉, '독립적'이고 자신을 통제할 수 없다고 하면서). 배우자/파트너는 그들이 관계에서 너무 통제적이거나 지배적이거나 소유적이기 때문에 상담받지 않으면 떠나겠다고 위협했을 수도 있다(Levine & Heller, 2010). 또 거부 애착 유형의 내담자들은 애도하는 것에도 도움이 필요하다. 그들은 상실에 직면해서 슬퍼하는 것은 용납할 수 없는 '약한' 감정이라고 생각한다. 그러나 부모나 사랑하는 사람을 잃었을 때, 상실에 대한 그들의 감정은 매우 강렬할 수 있고, 자신의 비활성화 전략을 혼란스럽게 한다. 그들의 어려움을 증폭시키면서, 상실에 대한 어린 시절의 감정—그들이 원했지만 받을 수 없었던 것—이 종종 부모나 다른 애착 대상이 죽었을 때 나타나면서 상담을 시작하게 된다. 연구에 따르면, 우울증 같은 정서장애는 거부 애착 유형을 가지고 있는 개인에게서 나타나곤 한다(Fonagy et al., 1996; Patrick et al., 1994; Tyrrell, Dozier, Teague, & Fallot, 1999). 이것은 그들이 힘들 때 도움이나 지지를 요청하지 않을 것이라는 점에서 이해가 된다. 더욱이, 그들이 일에 열심이고 전문적으로 성공적일 수 있지만, 스트레스가 심할 때 그들은 알코올 중독과 중독장애에 취약하다—비관계적인 대처 전략(Connors, 1997).

상담에 오게 되면, 상담 초기에 거부 애착 유형의 내담자는 자신보다 다른 사람들의 문제에 대해 초점을 맞추기 원할 것이다. 이들은 자신에 관해 상담자와 작업하는 것을 원치 않는다—즉, 깊이 있게 자신의 문제를 들여다보지 않고 문제에서 자신이 기여하는 바를 살펴보려고 하지 않는다. 대신에 내담자는 상담자와 함께 타인을 비난하고 비판하기 원한다. 연구에 따르면, 만약 상담자가 이것에 동조해서 내담자의 문제에 대해 표면적인 대화를 하고, 문제의 탓을 외부로 돌리는 데 내담자와 합류한다면 특히 문제가 될 수 있다(Tyrrell et al., 1999). 이러한 적절하지 않은 상담자-내담자 조화는 내담자가 자신의 도움에 대한 욕구를 부인하고, 상담자는 내담자의 이러한 방어에 합류하고 실제적인 관여를 피함으로써 내담자가 익숙한 곳에 머물게 하기 때문에 발생하게 된다(Dozier, Lomax, Tyrrell, & Lee, 2001). 하지만, 상담은 상담자가 이와는 반대 방향으로 너무 치우쳐서 밀접한 개인적인 관계를 너무 강조해도 실패할 수 있고, 상담 초기에 거부 애착 유형의 내담자에게 필요한 거부적인 방어기제를 허용하지 않고 그들이 필요로 하는 만큼의 거리를 허용하지 않아도 실패할 수 있다.

거부형에 속하는 내담자 내에서도—그리고 다음에서 살펴볼, 불안정 애착 유형의 다른 두 가지 유형 내에서도—상담자는 매우 넓은 범위의 서로 다른 개인들을 만나게 될 것이다. 다른 어떤 분류체계에서와 마찬가지로, 이런 애착 특징들은 상담자가 작업 가설을 형성하고 내담자 기능의 중요한 측면을 명확히 이해하도록 도울 것이다. 그러나 내담자를 '거부형 애착 유형'으로 분류하거나 어떤 다른 분류체계로 유형화한다 해도 개인에 대한 완전한 이해는 가능하지 않을 것이다. 내담자의 거부성의 정도와 심각성은 심각성의 축을 따라 다양하게 펼쳐질 것이다. 예를 들어, 상담자는 앞에서 소개한 사례의 'R'처럼, 삶의 여러 측면에서 잘 대처하지만 친밀성이나 관여적인 대인관계에서는 어려운 매우 적응적인 내담자를 만날 수 있다. 특히 중간 정도의 거부성 범위에는 강박적인 내담자, 심지어는 편집증적 특성을 가진 내담자뿐만 아니라 자기도취적인 특성을 가진 자기중심적인 내담자도 포함된다. 좀 더 심각한 심리장애와 관련해서 생각해보면, 거부적인 마음의 상태는 종종 반사회적 성격장애나 범죄와 관련되어 있다(Allen, 2012; Allen et al., 1996; Mikulincer & Shaver, 2008). 더욱이, 거부 애착 유형의 내담자는 권위주의적인 성격을 지니며, 다음 절에서 우리가 살펴볼 독재적인 부모로 묘사될 것이다.

254쪽의 그림 6.1을 다시 살펴보면, 2사분면에 있는 거부 애착 유형의 내담자들은 높은 회피(즉, 내담자는 자신의 정서적 욕구를 회피하려 하고, 다른 사람들로부터의 도움 추구도 회피한다)와 낮은 불안(실제 문제에 직면했을 때, 비록 생리적인 스트레스 지표들이 나타나지만, 공공연한 불안이나 걱정을 나타내지 않는다)을 나타낸다. 당신이 거부 애착 유형의 내담자와 상담한다면, 다음과 같은 원형적인 말들을 듣게 될 것이다.

- 그녀가 나를 사랑하지 않거나 원하지 않는다 해도 상관없어요.
- 내 감정은 스스로 돌볼 수 있기 때문에, 화가 나도 그에게 이야기하지 않을 거예요.
- 저는 스스로 하는 것에 익숙해져 있기 때문에, 그녀에게 도움을 요청하지 않을 거예요.
- 그가 없어도 잘 지낼 수 있어요.
- 문제없어요. 모든 것이 잘 될 거예요.

이런 원형적인 말에 대해, 거부 애착 유형의 내담자에게 "당신은 어떻게 느끼세요?"라고 묻는 것은 별로 유용하지 않다. 상담이 진전됨에 따라, 거부형 내담자는 점차 이런 질문에 어떤 대답을 할 수 있게 되겠지만, 상담 초기에는 효과가 없다. 대신에, 상담자는 어떤 갈등, 욕구나 어려움이 아주 조금이라도 표현되는 진입로를 경청하려고 노력하고, 다음과 같은 적당한 감정이입적인 시도를 하는 것이 바람직하다.

- "당신은 스스로 많은 것을 해야 하는 것 같아요."
- "자신의 문제에 대해서 혼자 해결하려고 하는 것이 때때로 좀 힘들 수도 있지 않을까 하는 생각이 드네요."
- "아마 다른 사람들이 최선을 다했지만, 항상 당신에게 도움이 되거나, 당신에게 최선이 되게 반응하지 않았을 수도 있지요."

왜 감정이입적인 시도—적지만 공감적인 이해를 제공하기 위한 일관적인 시도—가 이런 방식으로 우선시되는가? 결국 이러한 내담자는 처음에 감정이입적인 시도를 환영하거나 받아들이지 않을 것이다. 내담자는 그것을 거부하고, 때로는 상담자 또한 거부할 것이다. 상담자는 역전이적으로 반응하지 않으려고 주의하고 있다—즉, 공감적인 시도에 대한 내담자의 거부를 개인적으로 받아들이고, 비판, 판단, 거절 등에 대해 방어적으로 반응하는 것(내담자의 삶에서 타인들이 했던 것처럼). 대신에, 이런 내담자에게 새롭고 다른 반응을 하며, 적당한 감정이입적인 시도나 과정 언급을 하며 진입로를 발견하려고 하고, 내담자가 이런 거부적인 방식으로 반응할 때 타인들은 어떻게 하는지 탐색한다.

왜 이런 개입 전략이 중요하거나 더 효과적이라고 할 수 있을까? 거부 애착 유형의 내담자에 대한 일차적인 상담목표는 그들이 경험하지 못했던 안전한 피난처 경험을 반복적으로 촉진함으로써 CEE를 제공하는 것이다. 거부 애착 유형의 내담자는 양육자에게 자신이 실제로 도움이 필요할 때 도움이 필요하지 않다고 방어적으로 전달했고, 스스로 모든 것을 잘 할 수 있는 체했다. 아동일 때, 거부 애착 유형의 내담자는 공포나 고통이 생겼을 때 자신의 감정을 혼자 다루었다(안전한 피난처가 부족했다). 따라서 양육자는 항상 자신의 정서적인 어려움에 반응하지 않는다고 학습함으로써, 그들은 스스로 감당했고, 자신은 도움이 필요하지 않다고 생각했다(Hoffman, Cooper & Powell, 2013).

공감을 제공하는 것이 단지 좋은 것만은 아니다. 그것은 거부 애착 유형 내담자의 핵심 문제의 중심에 있다: 한때는 매우 부족했던 조율, 인정이나 공감적 이해의 부족. 그러나 이제 이러한 내담자가 어려움에 처하거나 문제가 있음을 인식하면서 상담자는 실제적으로 그것을 '경청'하고, 인정하며 지지적인 방식으로 내담자에게 일관되게 합류할 것이다—아마도 내담자의 삶에서 처음으로. 이것은 거부 애착 유형의 내담자가 가지고 있는 확고한 IWM과 제한적인 대인관계 능력을 넓히는 CEE를 제공하게 된다.

상담자는 다음과 같을 때 가장 도움이 될 것이다: 내담자가 공감과 이해를 발견함으로써 신뢰를 발달시킬 수 있게 한다; 내담자에게 필요한 것을 탐색하고, 어떻게 그들의 애착경험이 현재의 문제와 관련 있는지 명확히 한다; 내담자가 언제, 어떤 방식으로 자신과 타인에게 거부적인지 파악하도록 돕는다; 새롭고 더 나은 방식의 반응 방식을 함께 연습함으로써 내담자가 자신의 거부적인 행동을 변화시키도록 돕는다. 거부 애착 유형의 내담자는 그들이 좀 더 정서적으로 관여할 수 있고, 요구를 표현할 수 있을 때(우선 상담자에게 그러고 나서 그들의 삶에서 선택된 몇 명의 타인에게) 상담을 종결할 준비가 된 것이다.

몰두 애착 유형의 성인 내담자(그림 6.1의 3사분면: 낮은 회피/높은 불안)

이전와 같이, 몰두 애착 유형 내담자의 원형을 잘 묘사하고 있는 임상 사례로 시작해보자(Daly & Mallinckrodt, 2009).

> J는 관계적인 문제로 상담에 오게 되었다. J는 항상 다른 사람과의 관계에서 버려지는 것을 두려워하며, 대개 매우 사소한 거절이나 상실에서조차도 큰 불안을 경험한다. 사실, J는 청소년이 된 후로 줄곧 친밀한 관계를 맺어왔는데, 애정적인 관계가 유지되지 않을 때는 불안정하게 느끼고 불안하다. J는 혼자인 것에 대한 끊임없는 걱정으로 시달린다. J는 항상 파트너가 충분하지 않다고 느끼며, 다른 사람과 완전히 일체되는 지점까지 점점 더 가까워지려고 노력한다. J는 파트너가 충분한 관심을 보이지 않고, J의 정서적인 요구에 반응하지 않거나 무시하면 화가 나고 좌절한다. J는 파트너가 시간을 따로 보내자고 해도 화가 난다. J는 관계에 모든 것을 쏟아붓고, 파트너도 J가 필요로 하면 똑같은 정도의 관여와 확신을 주기 바란다. 그러나 J는 관계에서 친밀해지고 연결되려는 자신의 바람이 종종 다른 사람을 겁나게 하고 멀어지게 만든다는 것을 안다.

몰두 애착 유형의 내담자를 정의하는 특징은 정서적인 욕구의 과장인 활성화 유형이다. 이러한 매우 불안한 내담자는 대개 일상생활에서 어려움을 겪는다. 그들은 관계적인 측면에서 타인의 가용성이나 반응성(즉, 안전한 피난처)에 대해 매우 불안해한다. 상담에서, 그들은 혼자 남거나 불필요한 존재가 될까봐 걱정하며, 가능한 한 타인으로부터 주의, 반응과 안도감을 얻기 위해 타인과의 친밀함을 애타게 추구한다. 상담자는 몰두 애착 유형의 내담자들이 다음과 같음을 쉽게 관찰할 수 있다: 어려움의 표현을 과장한다(종종 파트너로부터 안도감을 얻기 위한 목적이나 친밀감을 재정립하기 위한 전략으로 이야기를 만들어낸다); 상담자(연인과 중요한 타인처럼)가 떠나려고 하거나 이용 가능하지 않다는 잠재적인 신호에 과도하게 반응한다; 상담자와 타인에게 더 많은 시간과 주의를 요구한다(Brennan, Clark & Shaver, 1998; Mikulincer & Shaver, 2007).

몰두 애착 유형의 성인 내담자는 현재와 과거의 타인과의 관계에 대해 화내고, 이상화하거나 걱정하는 것이 뒤얽혀 있는 경향이 있다. 또한 계속 말하고, 문장을 완성하거나 사고를 완결하지 않으며 두서없이 말하는 경향이 있다(Dozier, Stovall-McClough, & Albus, 2008). 그들은 자신에게 중요한 타인이 신뢰할 수 있도록 필요할 때 곁에 있어 줄지, 자신을 떠나지 않을지, 실망시키지 않을지에 대해 몰두해 있다. 이들이 보이는 전형적인 표현은 다음과 같다.

몰두 애착 유형의 내담자 그는 내 문자에 왜 답을 하지 않지? 점심 이후로 연락이 없네!

또는

몰두 애착 유형의 내담자 그녀가 나를 속일 거라는 생각을 떨칠 수가 없어요!

내담자가 보이는 자신에게 중요한 타인에 대한 의존성이나 필요할 때 곁에 있어 줄지와 관련된 걱정은 매우 포괄적이어서 마음속에 자신을 위한 공간이 없는 것처럼 보인다—스스로의 생각, 목표, 그리고 흥미(Wallin, 2007). 즉, 타인에게 무엇이 일어나고 있고, 타인이 자신에 대해 어떻게 생각하거나 느끼는지에 대한 걱정과 관심이 이러한 내담자의 주관적인 경험을 지배하고 있어서, 때때로 '압도당하는' 느낌을 가지게 한다.

또한 몰두 애착 유형의 사람들은 자신감이 부족하고 자신의 능력에 대해 의문을 갖는다. 자신이 약하다고 생각하며, 스스로의 대처능력을 믿지 못하며, 타인들도 신뢰롭고 의지할 만한 방법으로 도와줄 수 없을 것이라고 생각한다(Mikulincer et al., 2003). 그들은 또한 자신을 취약하고 사랑스럽지 않다고 여긴다. 이것은 몰두형의 내담자는 자기도취적이거나 자신에게 몰두하고 있는 양육자에게서 성장한 것으로부터 기인하게 된다. 이런 양육자는 자녀가 어려움에 대해 이야기하려고 할 때보다는 자신의 머리에 떠오를 때, 자녀에게 예측할 수 없거나 일관성 없게 반응한다. 이것이 이러한 내담자를 그들의 양육자에게 휘말리게 만드는 혼란스러운 양가감정이다. 거부 애착 유형의 내담자에게는 일관성 있게 타인이 필요할 때 가용하지 않았던 것과 반대되는 방식으로—때때로 몰두 애착 유형 내담자의 양육자는 내담자에게 반응적이고 애정 어리게 대해주었다(Ainsworth et al, 1978). 양육자의 자기도취와 비일관적이고 예상할 수 없는 반응은 아동이 강하게 결핍을 표현하고, 양육자의 관심을 끌기 위해 정서를 극대화하는 대처 전략을 발달시키게 만들었다(Main, 1995).

몰두 애착 유형의 내담자가 가지는 주요한 공포는 관계의 손실에 대한 것이며, 버려짐에 대한 위협이 몰두 애착 유형의 내담자를 혼란스럽게 한다. 따라서 그들은 최근의 헤어짐이나, 매우 문제가 많은 관계를 끝내지 못하거나, 오래전에 끝난 관계를 청산하지 못해서 상담을 받으러 오게 되는 경우가 종종 있다. 사실, 그들의 관계는 그들의 파트너에 대한 과도한 요구, 질투와 의존성 때문에 끝나게 된다(Feeney & Noller, 1990). 몰두 애착 유형의 내담자들은 대개 자기몰두적이며, 타인에 대해 자기중심적인 것과 자신이 두려워하는 거부로 이끄는 타인에게 과도하게 개입하는 것 사이에서 동요한다. 많은 몰두 애착 유형의 내담자들이 예측할 수 없는 부모 밑에서 성장한 경우가 많은데(종종 부모화), 부모는 자신의 정서적인 위기에 사로잡혀서 안전 기지로서의 역할을 할 수 없었던 것이다(Fonagy & Target, 1997). 그리고 어떤 내담자들에게는 양육자가 아동에게 처음에 반응하는 방식에 있어서 아동의 욕구가 아닌 양육자의 정서적인 지지에 대한 욕구가 실제적으로 충족되었던 혼동스러운 역할 반전이 미묘하게 일어났을 수도 있다.

만약 몰두 애착 유형의 내담자들을 상담에서 만나게 된다면, 그들은 초기 회기에서 강렬하고 매력적으로 보일 수 있다. 그들은 높은 수준의 의사소통과 정서적인 표현을 하고, 상담자와 '친밀한' 느낌을 가진다. 이런 내담자들은 자신의 삶에서 타인을 압도하는 경향이 있는 것처럼, 상담자에게 쉽게 압도당하는 느낌을 받는다. 비록 상당한 자기개방을 하더라도, 그것은 아마 단지 지금 만난 누군가에게 무차별적이거나 너무 여과 없이 하는 것일 수 있다(Chen & Mallinckrodt, 2002). 그들이 타인에게 과도하게 의존하길 원하는 것처럼, 그들은 상담하는 동안에 상담자에게 과하게 의존하기를 바랄 것이다. 유사하게, 상담자와 함께 자신의 문제에 대해 성실하게 작업하기보다는 상담자에게 위안을 받으려고 노력할 것이다. 그들은 상담자가 자신에게 잘 반응해줄 것인지에 대한 불안정감 때문에 자신에 대해 탐색적인 작업을 하는 대신, 상담자에게 초점을 둘 것이다.

요약하면, 몰두 애착 유형의 내담자들은 지각된 위협, 버려짐에 대한 만연한 공포에 대해서 과도하게 강한 반응을 하며, 자신이 찾고 있는 도움을 거부하고, 쉽게 편안해지거나 도움을 받지 못한다(즉, 내담자: "맞아요. 그러나 …"). 연구에 따르면, 몰두형 내담자는 거부형 내담자보다 상담하기가 더 어렵다(Fonagy et al., 2006; Levy, Ellison, Scott, & Bernecker, 2011; McBride et al., 2006). 이런 내담자는 초보 상담자에게 쉽게 좌절감과 무력감을 느끼게 한다.

254쪽의 그림 6.1을 보면, 3사분면에 위치한 몰두 애착 유형의 내담자는 낮은 회피와 높은 불안을 나타낸다(즉, 자신의 문제로 다른 사람들에게 다가갈 때, 과도하게 불안하고 걱정이 되지만, 자기 자신의 정서적인 욕구를 회피하지 않고 타인에게 도움을 추구하는 것을 회피하지 않는다). 앞에서 살펴본 것과 같이, 이러한 내담자는 과도하거나 부적절한 자기노출을 보이고, 타인에게 과도하게 의지하거나, 타인과 강한 정서를 공유한다(Bartholomew & Horowitz, 1991; Chen & Mallinckrodt, 2002). 이것은 불안하고/양가감정적인 아동의 성인 버전에 해당한다. 당신이 몰두 애착 유형의 내담자와 상담을 한다면, 다음과 같은 원형적인 말을 듣게 될 것이다.

- 그와 있는 것이 좋지 않더라도, 그가 없이는 살 수 없어요.
- 종종 그녀가 정말 나에 대해서 걱정을 하는지 궁금해요.
- 저는 정말로 그의 정서적인 지지에 의존해요.
- 그녀가 실망시킬 때, 그녀를 용서하기가 어려워요.
- 화가 날 때, 그에게 의지해요. 하지만 기분이 나아지는 데 도움이 되지는 못해요.

몰두 애착 유형의 내담자들이 하는 이런 원형적인 말들에 대해서 상담자의 다음과 같은 차별화되고 경계를 그어주는 반영이 도움이 될 수 있는데, 이것은 내담자가 자신의 마음을 위한 공간이 없다는 핵심적인 문제를 지적해준다.

상담자 샤나카, 당신 삶의 모든 사람들이 당신 생각을 가득 채우고 있어서 당신 자신을 위한 공간이 없는 것 같아요. 당신은 어떻게 다른 사람들이 당신을 보고, 그들이 당신에 대해 어떻게 생각하고, 혹은 남자친구가 전화에 빨리 답하지 않을 것이라는 생각에 너무 몰두해 있어서, 당신 자신의 생각을 위한 공간이 없어 보여요. 당신이 여기에서 나와 같이 있는 잠시동안 타인들을 생각하지 말고, 대신에 당신이 생각하는 것, 느끼는 것, 원하는 것이 무엇인지에 초점을 맞추어봅시다. 이런 말이 당신에게는 어떻게 들리나요?

몰두 애착 유형의 내담자 (천천히 깊이 들이마시고 안도의 한숨을 내쉬며) 아, 정말로 좋아요. 제가 잠잠해지고 잠시동안 단지 숨을 쉬는 것처럼 느껴지네요.

다른 애착 유형 내에서와 마찬가지로, 불안정한 애착 유형의 내담자에 대해서도 몰두형의 연속선에서 다양한 위치가 존재한다. 좀 더 심각한 몰두형 내담자에게서 보이는 결핍과 의존성은 그들이 상담을 생산적으로 이용하는 것을 어렵게 만든다(Dozier et al., 2001; Levy et al., 2011). 거부 애착 유형의 내담자는 상담을 시작하기 어려운 반면, 일단 그들이 상담실에 내방하고 작업 동맹을 발달시키게 되면, 상담이 잘 진행된다—아마도 상담은 그들의 결여된 정서적인 경험에 연결되도록 돕기 때문일 것이다. 그럼으로써, 거부 애착 유형의 내담자는 타인에게 좀 더 연결될 수 있게 된다. 반대로, 몰두 애착 유형의 내담자는 좀 더 쉽게 상담을 시작하지만, 버려짐에 대한 공포와 불안한 관계추구의 사이클이 그들을 종종 위기에 직면하게 한다. 겉보기에는 뒤얽혀 있는 관계에서 확고하게 잘 있는 것처럼 보이지만, 그들은 자신의 감정이나 행동을 반영하려고 애쓰고 있다—무엇이 지금 문제가 되고 있는지 알고 변화시키기 어렵게 만들면서. 그들은 성장하면서 받았던 변화 강화 계획과 덜 반영적이거나 낮은 조망 수용 능력(자신과 타인에 대한) 때문에 거부 애착 유형의 내담자보다 상담에서 더 잘 적응하지 못한다. 몰두 애착 유형의 내담자는 또한 더 많은 증상을 가지며 애착 대상에 대해 해결되지 않은 것이 더 많다(Agrawal, Gunderson, Holmes & Lyons-Ruth, 2004; Daniel, 2006; Weston, Nakash, Thomas, & Bradley, 2006). 주요 애착 대상에 대해 매우 양가적인 것은—때때로 친밀하면서 또한 갈등과 연합되어 있는—내담자를 더 힘들게 하고 상담에서 좋아지는 것을 어렵게 만든다(Benjamin, 2006).

심각성의 연속선에서 더 이동해보면, 몰두 애착 유형의 개인은 좀 더 많은 외상과 학대 경험을 갖고 있을 수 있고, 스트레스하에서 두려움 애착 유형으로 변화할 수 있다. 또한 그들은 특히 매우 가용적이고, 반응적이지 않은 자신의 파트너에게 분노를 많이 나타낸다. 그러나 이러한 분노는 기본적인 공포를 만들어내기 때문에 동시에 불안을 일으킨다. 따라서 그들은 높은 비율의 정서장애와 같은 내재화 문제, 일반화된 불안 같은 내재화된 형태의 불안, 가장 심각하게는 혼란과 공포를 동반하는 경계선 성격장애 증상을 보인다(Bernier et al., 2005; Fonagy et al., 1996; Larose & Bernier, 2001; Patrick, Hobson, Castle, Howard, & Maughan, 1994). 관계가 끝나게 될 때, 몰두 애착 유형의 개인은 자살하겠다고 위협할 수도 있다—아마도 우울증이나 떠나는 파트너와 다시 잘 해보려는 극적인 시도에서(Adams, Sheldon-Keller, & West, 1996). 어떤 연구들은 인정에 대한 욕구, 완벽에 대한 과도한 초점과 정서 조절의 어려움이 몰두 애착 유형의 내담자로 하여금 섭식장애를 발달시키게 할 수도 있다고 보고한다(Tasca & Balfour, 2014). 반대로, 거부 애착 유형의 내담자는 품행장애와 물질관련 중독과 같은 좀 더 외재화된 문제를 나타내는 것으로 보인다(Lasca, Mitjavila, Ochoa & Balluerka, 2015).

어떤 상담자가 몰두 애착 유형의 내담자와 상담을 잘 진행할까? 이런 유형의 내담자에게는 그들이 자신의 관계적인 패턴을 탐색하고, 그들이 좀 더 목소리를 내거나 주장적일 수 있는 관계에서 자율성을 발달시키고, 상담자와의 역할놀이를 통해 분화와 경계설정을 적극적으로 지지하는 안전 기지를 제공할 수 있는 상담자가 필요하다. 그들에게는 상담에서 과정에 대한 언급을 할 수 있고, 함께 그들의 관계와 상호작용에 관해 이야기할 수 있는 상담자가 매우 도움이 된다. 그러나 이것은 쉽지 않은데, 몰두 애착 유형의 내담자는 유쾌하고, 자신의 문제나 불만족에 대해 솔직하게 이야기함으로써 상담자를 불쾌하게 만들기 원하지 않기 때문이다(Safran, Muran, Eubanks-Carter, 2011).

연구에 따르면, 몰두 애착 유형과 거부 애착 유형의 내담자는 안정 애착 유형의 상담자와 상담할 때 더 효과적이라고 한다. 왜냐하면 안정 애착 유형의 상담자는 이런 다양한 대인관계 유형에 좀 더 유연하게 반응할 수 있기 때문이다. 안정 애착 유형의 상담자는 애착 유형이나 관계가 뒤얽혀 있는 것에 덜 역전이적이게 될 것이다. 더욱이, 몰두 애착 유형과 거부 애착 유형의 내담자가 좀 더 반영적인 능력을 발전시키게 도울 수 있는 상담자는 상담을 좀 더 성공적인 결과로 이끌 것이다(Fonagy, Gergely, Jurist & Target, 2002; Katznelson, 2014). 몰두 애착 유형 내담자는 다음과 같을 때 관계에서 좀 더 성공적일 수 있다. (a) 그들이 자신의 한 가지 감정상태에 사로잡혀 있거나 그것에 반응하기보다는 더 유연하게 자신의 사고, 감정과 반응에 대해 고려할 수 있다. (b) 그들이 대인관계에 대해 더 잘 인식하고, 공감적이며, 의도적인 측면에서 타인의 정신상태를 더 잘 고려할 수 있다(즉, 타인이 경험하고, 필요로 하거나 원하는 것을 고려할 수 있는 능력). 요약하면, 효과적인 상담자는 다음과 같이 질문함으로써 이런 반영적인 능력을 촉진하고, 내담자가 조망 수용 능력을 기를 수 있게 돕는다.

상담자 그가 그렇게 했을 때 그가 의도했던 것은 무엇이라고 생각하십니까?

또는

상담자 네, 그것은 그 상황에서 그녀에게 일어나고 있었던 것에 대한 한 가지 좋은 가능성이네요. 이것을 설명할 수 있는 다른 대안적인 가능성이 더 있을까요?

Dozier와 동료들은 초기 연구에서 비상보적인 내담자-상담자 애착 유형이 더 좋은 결과를 가져온다고 제안했다. 즉, 거부형 내담자는 몰두형 상담자와 상담이 더 잘 진행된다고 생각했고, 유사하게 몰두형 내담자는 거부형 상담자와 더 잘 할 것이라고 생각하였다(Dozier et al., 1994; Tyrrell, 1999). 그 이유는 비상보적인 유형의 상담자가 내담자의 발달 배경에서 결핍된 것에 더 반응적일 수 있기 때문이다(Bernier & Dozier, 2002). 몰두형 내담자에 대해 상담자와 내담자가 비상보적인 애착 유형을 가졌을 경우의 이슈는 이러한 내담자들은 구조화된 접근을 사용하는 상담자가 도움이 될 것이라는 것이다. 반면 거부형 내담자들은 보다 정서적으로 가용적이고 공감적이 되게 하는 상담자가 도움이 될 것이라는 것이다(즉, 거부형 상담자가 몰두형 내담자의 필요와 의존성을 인내할 수 있고, 몰두형 상담자가 자기개방을 주저하는 거부형 내담자를 기다리고 관리할 수 있다면).

그러나 최근의 연구들은 이러한 견해를 지지하지 않는다. 대신에 '최적의 상담자-내담자 거리'가 보다 성공적인 상담결과의 예측요인이라고 보고 있다(Daly & Mallinckrodt, 2009; Marmarosh, 2015). 즉, 몰두 애착 유형의 내담자는 그들의 강한 애착불안에 의해 위협받지 않거나, 과도하게 반응하지 않는 상담자가 필요하다. 상담 초기에 상담자가 그들의 강한 친밀함에 대한 요구를 견뎌낼 수 있는 것은 몰두 애착 유형의 내담자가 성공적으로 상담을 시작할 수 있게 돕는다. 그러나 일차적인 상담목표는 상담을 통해 점차적으로 대인관계에서 거리를 유지하게 하고 자율성을 증가시키는 것이다. 유사하게, 거부 애착 유형의 내담자를 만나는 상담자도 치료적인 거리가 중요한데, 상담 초기에는 좀 거리를 두고 시작하지만, 좀 더 정서적인 관여를 할 수 있는 진입로를 찾아야 한다(Mallinckrodt, Choi, & Daly, 2015).

몰두 애착 유형의 내담자와 상담 종결을 고려해야 할 때가 언제인지를 어떻게 알 수 있을까? 그것은 내담자가 대인관계적인 갈등을 덜 두려워하고, 그들이 자신의 정서를 스스로 조절할 수 있고, 필요한 것이 있을 때 위기를 덜 경험하고, 상담자(후에는 다른 사람)에게 덜 의존적인 증가된 치료적 거리를 견디고, 타인의 가용성에 대해 과도하게 몰두하기보다는 더 독립적으로 행동할 수 있을 때이다(Daly & Mallinckrodt, 2009).

두려움 애착 유형의 성인 내담자(그림 6.1의 4사분면: 높은 회피/높은 불안)

어떤 몰두 애착 유형과 거부 애착 유형의 내담자는 심각한 문제를 나타낼 수도 있지만, 그들의 비활성화/활성화 대처 전략은 아주 심각하지는 않은 증상으로 그들을 기능하게 하는 '충분한' 방어 전략이다. 반대로, '두려움 애착 유형'의 내담자에게서는 덜 적응적인 좀 더 오락가락하는 대처 전략을 보게 된다. 이러한 것은 정신과적 치료를 받는 내담자에게 많이 나타난다(Dozier et al., 2008; Shevliv, Boyda, Elkit & Murphy, 2014). 아동일 때, 이들은 패턴이 있는 방어구조나 안정적인 대처 전략이 없었다: '혼란된' 아동이 거부형과 몰두형의 대처 유형 사이를 교대하는 두려움 애착 유형의 성인이 될 수도 있다—이것은 삶에서 이러한 내담자와 다른 사람들을 좌절시키고 혼란스럽게 한다. 상담자는 두려움 애착 유형의 내담자에게서 다양한 증상과 모순되거나 오락가락하고/접근-회피하는 행동을 보게 된다. Main과 Hesse(1990)는 중요한 딜레마를 강조했다: 혼란된 아동의 양육자는 그들의 아동에게 안전이나 도움의 원천으로 간주되었으나, 어떤 때는 정말로 위험스러운 위협의 원천으로 보였다. 매우 혼동스러워하면서, 이런 혼란된 아동은 자신의 양육자를 겁먹은(예, 자신의 어린 자녀에게서 도망치고, "나에게 다가오지마."라고 말하는 것), 무섭거나 위협적인(예, 아동 주위에서 배회하는 것), 해리적인(예, '잊을 수 없는' 목소리로 아동에게 말하는 것), 성적인(예, 아동을 과도하고 친밀하게 어루만지는 것) 그리고 이해할 수 없는 비조직적이거나 이상한 방식으로 아동의 행동에 반응하는 것으로 묘사한다(Fonagy & Target, 1997; Main & Hesse, 1990, 1998).

이런 모든 것은 정서적으로 불안정하고, 관계에서 불안정하고, 공감능력이 부족하고, 경계성 성격장애(BPD)를 가진 내담자에게서 자주 볼 수 있는 혼란된 정체감을 가진 아동으로 성장하게 만든다(Herman, Perry, & van der Kolk, 1989; VanDijke & Ford, 2015). 더욱이 몇몇 연구에 따르면, 아동기에 혼란된 그리고 성인으로서 두려움 애착 유형의 내담자는 자기에 대해 다중적인 IWM을 가진다고 보고된다: 자기를 타인에게 무서운 사람, 타인을 구조하는 사람, 사랑받은 아동, 그리고 거부당하거나 미움받은 아동으로 보는 것. 그들은 또한 자신의 매우 모순된 양육자에 대해 다중적인 모델을 가지고 있을 수도 있다: 양육자를 무기력한 희생자, 화나거나 착취적인 가해자로 여기고, 유능하거나 도움이 되는 사람으로 보는 것. 동일한 양육자로부터 이렇게 현저하게 불일치한 관계적인 경험을 하는 것은 자기에 대한 통합을 어렵게 만들고, 상담을 도전적이게 만든다(Liotti, 2004).

불행히도, 두려움 애착 유형의 내담자는 다음의 두 가지 주제가 뚜렷한 학대와 관련되어 있다. 첫째로, 많은 두려움 애착 유형의 내담자들은 적대적인 부모와 공공연한 거부로 인해서 고통을 받았다(예를 들어, "네가 태어나지 말았어야 해. … 너는 내 인생을 망치고 있어. … 우리는 너를 싫어해."). 둘째로, 두려움 애착 유형의 어떤 내담자들은 성적인 학대의 고통을 겪었고, 신체적인 학대를 목격했거나 경험했다(Fonagy, Leigh, Steele et al., 1996). 그러나 학대나 외상적인 상실의 경험을 해결하지 못했다(이는 혼란된 아동의 성인 버전이며, '유형 D'에 해당한다). 이런 내담자들은 외상이나 상실에 대해 회상할 때, 말에서 앞뒤가 맞지 않는다. 그들은 또 스트레스를 받을 때 방향을 상실한 듯한 태도나 강한 공포를 나타낼 수도 있는데, 이것은 그들의 양육자가 때로는 무섭고 놀라게 하고, 때로는 도움이 되거나 자애로웠던 것을 경험한 결과이다(그들의 애착인물은 자신의 해결되지 않은 외상을 가지고 있었고 자녀에게 위협적이었다)(Fonagy, 2001; Solomon & George, 1999).

당연히, 두려움 애착 유형의 내담자는 종종 강한 불안, 외상 후 스트레스 장애(PTSD), 범죄행동, 물질중독 혹은 자해행동과 같은 증상을 포함하는 심각한 정신병리로 힘들어한다. 어떤 내담자는 또한 외상과 학대의 결과로 해리나 비개인화 같은 변경된 의식상태를 경험할 것이다(Carlson, 1998; Stovall - McClough & Cloitre, 2006). 상담자들은 이러한 중요한 증상들이 특히 애착 스트레스의 상황에서 발생한다는 것을 관찰할 수 있을 것이다(예를 들어, 중요한 사람이 멀리 가거나, 죽거나, 떠나는 것같이 관계가 끝날 때). 또 무서운 기억이나 자신의 해결되지 않은 외상이나 상실감에 대한 정서가 누군가의 호흡에서 알코올 냄새를 맡거나 의료절차의 위협과 같은 것에 의해 자극될 때 발생할 수 있다. 이러한 고통스러운 사건들이 발생했고 아동은 학대에 대한 도움을 받을 수 없었기 때문에(예를 들어, 무엇이 일어났는지 그들이 이해하게 돕는 자신의 경험에 대한 연민과 유용한 설명; 다음에 무엇이 발생할지에 대한 현실적인 기대; 발생한 학대나 상실에 대해 자기비난을 줄일 수 있는 것), 이러한 경험은 해결되지 않은 채로 남아서 주요 우울증의 증상이 나타나는 것과 같은 성인기 병리를 초래한다(Dozier et al., 2008). 이러한 결과는 두려움 애착 유형의 내담자가 외재화된 문제(범죄행동과 같은)와 내재화된 진단(주요 우울증과 BPD)을 나타낼 수 있음을 암시한다(Lyons-Ruth et al., 1997; Ogawa, Sroufe Weinfield et al., 1997; Sroufe, 2005).

두려움 애착 유형의 내담자는 상담자에게 강한 역전이 반응을 일으키는 경우가 있기 때문에 상담과정에서 쉽지 않은 내담자이며, 내담자의 안전을 유지하기 위해 외현화 행동을 관리하는 것이 필요하다. 그들의 경험은 상담자를 포함해 타인은 거부적이며, 필요할 때 도움이 되지 않거나 위협적이라고 느끼게 만들기 때문에 상담에서 호전되기 위해서는 오랜 시간이 걸린다(Reis & Grenyer, 2004). 두려움 애착 유형의 내담자는 상담에서 도움을 받을 수 있으나, 확실히 초보 상담자에게는 적합하지 않은 내담자이다.

상담에서 두려움 애착 유형의 내담자는 거부에 대한 강한 공포로 인해 깊이 있게 상담에 참여하는 것을 피하려고 한다. 그들은 상담자와 타인에게 낮은 자기개방, 낮은 친밀감과 낮은 신뢰를 보인다. 그들은 종종 타인에 대해 매우 완고한 불신을 가지며, 자신을 사랑스럽지 않고 보살핌받을 가치가 없는 존재로 보기도 한다. 비록 그들은 타인에게 관심이 있고 타인과 친밀하게 지내고 싶지만, 거부에 대한 공포 때문에 타인과의 관계를 피한다(Bartholomew & Horowitz, 1991). 따라서 그들은 자신과 타인을 부정적으로 보고, 동시에 높은 애착회피와 타인에게 접근하는 것에 대해 높은 불안을 보인다. 이러한 내담자는 쉽게 상담자를 안전한 피난처(그들의 스트레스를 이야기할)나 안전 기지(타인과 관계 맺는 새로운 방법을 탐색하기 위한)로 이용하지 못한다. 쉽게 타인을 신뢰하지 못하기 때문에 상담에서 천천히 변화하는 경향이 있다. 그들은 개인적 무가치감과 대인관계적인 불안정감을 갖고 있는데, 이것은 거부당하거나 이용당할 것이라는 왜곡된 생각을 통해 상담자의 호의적인 반응을 잘못 이해하게 만든다.

이런 내담자는 때때로 거부 애착 유형의 내담자와 유사해 보일 수도 있고, 때론 애착 대상자에게 접근했을 때 거부당하거나 이용당할 것이라는 강한 불안으로 인해 좌절되는 몰두 애착 유형의 내담자처럼 보일 수도 있다. 스트레스를 받는 상황에서, 성적 학대를 경험한 몰두 애착 유형의 내담자들은 좀 더 심각한 해리증상을 발달시킬 수 있으며, 어떤 거부 애착 유형의 내담자는 신체적인 학대와 같은 외상경험에 대해 이야기할 때, 자신의 경험에서 극도로 단절되는 이인장애가 나타날 수 있다. 비록 네 가지 애착 유형 모두에서 (안정 애착을 포함해서) 외상, 학대, 방치, 그리고 미해결된 상실경험이 나타날 수 있지만, 이것은 두려움 애착 유형에서 가장 두드러진다.

그림 6.1의 4사분면에 위치한 두려움 애착 유형의 내담자(254쪽)는 높은 회피와 높은 불안을 보인다(즉, 이들은 자신의 정서적인 욕구를 회피하고, 애착 대상에게 다가갈 때 과도한 불안을 나타낸다). 만약 두려움 애착 유형의 내담자를 만난다면, 당신은 그들의 깊은 수치심을 보여주는 다음과 같은 원형적인 이야기를 들을 것이다—거절과 학대의 경험에 대한 이야기와 화가 나는 이중 구속.

- 내가 뭔가 잘못된 것 같아요.
- 그녀 없이 살 수 없지만, 내가 그녀와 살 수 있을지 또한 모르겠어요.
- 나는 중요하지 않은 것 같아요—나는 단지 나 자신이 싫어요.

• 그들이 나를 좋아하기 바라지만, 그들은 나 같은 사람을 좋아하지 않을 거예요.

상담과정을 통해, 상담자는 두려움 애착 유형 내담자의 핵심 갈등이 일어나는 것을 보게 된다—미해결된 접근-회피 갈등으로 인해 화나게 하는 이중 구속. 두려움 애착 유형의 내담자는 종종 자신을 무섭게 하고 거부하거나 배신하는 사람이 때때로 그들에게 진정한 도움을 주기도 하는 어린 시절의 딜레마를 겪으면서 자라왔다(Main & Hesse, 1990, 1998). 내담자는 때때로 다른 사람들에게 다가가기를 원하지만, 거절이나 학대의 공포에 의해 빠르게 불안해진다. 그리고 이런 오락가락하는 감정은 그들 삶에서 타인에게 나타나는 것과 마찬가지로 상담자에게도 나타나게 된다. 따라서 그들은 타인과 가까워지지도 못하고 멀어질 수도 없으며, 끊임없는 스트레스와 신체적인 각성상태(부신의 피로감)에서 살게 된다. 그리고 '해결 안 되는 공포'에 몰두함으로써 의학적 · 심리적인 문제로 고생하게 된다. 그들의 힘든 삶을 가장 간단하게 나타내면, 엄격하게 통제된 거부 애착 유형의 내담자들은 관계에 대한 공포를 가지며, 충동적인 몰두 애착 유형의 내담자들은 분화에 대한 공포를 가지며, 두려움 애착 유형의 내담자들은 이 두 가지 공포를 모두 갖고 있다.

두려움 애착 유형의 내담자가 상담을 종결할 준비가 되었다는 것은 어떻게 알 수 있을까? 그들은 자신의 외상과 상실을 다루지 못하는 자신의 무능력을 해결하게 될 것이다. 그들은 다양한 관점으로 사건과 경험을 볼 수 있는 반영적인 능력을 발전시키게 되고, 스트레스하에서도 자신의 정서를 조절할 수 있게 될 것이다. 결국, 그들은 좀 더 유연한 방식으로 친밀감과 자율성을 견딜 수 있게 될 것이다. 대개 이것은 우선은 상담자와의 관계에서 발생하게 되고, 그러고 나서(상담자의 인도하에) 상담 밖의 선택된 몇몇 개인들과의 관계에서 발생하게 될 것이다. 다른 말로 하면, 그들은 '획득된 안정감'을 성취하게 될 것이다. 이것은 치유적인 애착 대상으로 기능하는 관계를 제공할 수 있는 상담자와의 경험적인 재학습을 통해 가장 잘 이루어질 수 있을 것이다.

성인 애착 유형에 대한 결론

애착 유형은 상담자가 내담자를 이해하도록 돕지만, 모든 분류체계와 마찬가지로 제한점을 가지고 있다. 내담자를 순수한 하나의 유형이나 네 가지 유형 중의 하나로 분류하려고 생각하기보다는 여러 요인들에서 발생하는 다양성을 인식하는 것이 바람직하다: 내담자는 이런 애착 유형의 각각을 서로 다른 정도로 가지고 있을 것이다—심각도의 스펙스럼상에서; 제시된 네 가지 주요 애착 유형의 각각에는 서로 다른 몇몇 하위유형이 있다; 많은 내담자들은 하나 이상의 애착 유형의 특성을 가질 것이다; 그리고 몇몇 아동과 성인은 어느 범주에도 속하지 않을 것이다(분류할 수 없다). 어떤 내담자들은 서로 다른 관계와 삶의 다른 시점에서 거부적 혹은 몰두적인 애착 특성을 나타낼 것이다. 이런 현상은 또 인종이나 종교적인 배경과 같은 문화적인 요인과 자율성이 다른 문화적 맥락에서 어떻게 간주되는지에 의해 영향을 받을 수 있다(Fiori et al., 2009; Keller, 2013; Wang & Mallinckrodt, 2006). 더욱이 자신과 타인을 혼란스럽게 하는 것은 어떤 두려움 애착 유형의 내담자들은 몰두 유형과 거부 유형을 번갈아가며 나타낸다는 것이다. 그러나 괴로움을 겪을 때, 많은 사람들은 자신의 가장 중요한 관계에서 한 가지 뚜렷한 애착 유형을 나타낼 것이다.

안정 애착 유형을 갖고 있는 것이 완충작용을 하거나 회복탄력적인 요소이지만, 안정 애착 유형의 성인이 도전적인 삶의 상황에서 오는 증상이나 문제가 없다는 것을 의미하지는 않는다. 그러나 어린 시절에 안정적인 애착을 가지는 것은 불안정한 애착의 아동들과는 다르게, 위협으로부터 보호받고 삶에서의 실제 위험으로부터 완충되는 것을 의미한다. 아동은 자라면서 스트레스를 받을 때 의지할 반응적인 양육자가 있는 경우, 안정감 있게 성장하게 된다. 이와는 반대로, 양가적/불안한, 회피적, 그리고 혼란 애착 대상을 가진 아동들은 보호받지 못하고, 또래집단의 압력에 더욱 취약하다. 또한 그들을 다치게 할 수 있는 위협적인 상황과 대인관계로 이끌 수 있게 하는 환경의 위험신호를 놓치게 될 수 있다(애착 관련 문헌으로 Cassidy and Shaver, 2008; Obegi and Berant, 2009 참조).

자녀양육 방식

앞에서 기술한 애착경험 외에, 아동과 이후 성인기 문제에 중요한 영향을 미치는 부모-아동 상호작용의 영역은 자녀양육 방식이다(Baumrind의 연구 참조: 1971, 1991). 이 절에서 우리는 상담에서 내담자가 나타내는 것과 관련되어 있는 아동이 경험하는 자녀양육 방식에 대해 논의할 것이다. Baumrind와 다른 학자들(예를 들어, Bender et al., 2007; Berk, 2005; Slicker & Thornberry, 2002)은 서로 다른 자녀양육 방식이 아동의 자아존중감, 자율성의 발달, 주도성, 사회성과 의사소통 기술 등에 미치는 영향에 관한 광범위한 연구 프로그램을 수행했다.

부모가 사용하는 서로 다른 자녀양육 방식과, 많은 성인 내담자의 문제들이 어떻게 근본적으로 발달하게 되었는지 잘 이해하기 위해서 그림 6.2에 있는 것처럼 통제(control)와 애정(affection)의 두 가지 영역에 대해 생각해보자. 가로축은 부모의 확고한 규율(높은 통제/구조)에서부터 엄격하지 않은 규율(낮은 통제/구조)의 선을 나타낸다. 세로축은 얼마나 부모가 따뜻하고, 정서적으로 반응적이며, 의사소통적인지(높은 애정/지지)에서부터 낮은 인정, 낮은 수용과 관심(낮은 애정/지지)에 이르는 선을 나타낸다. 이런 두 가지 영역에서의 높고 낮은 점을 활용하여 부모는 네 가지 접근 중의 한 가지로 자녀를 양육한다. 논의할 세 개의 자녀양육 방식은 문제가 있을 수 있으며, 네 번째는 효과적인 방

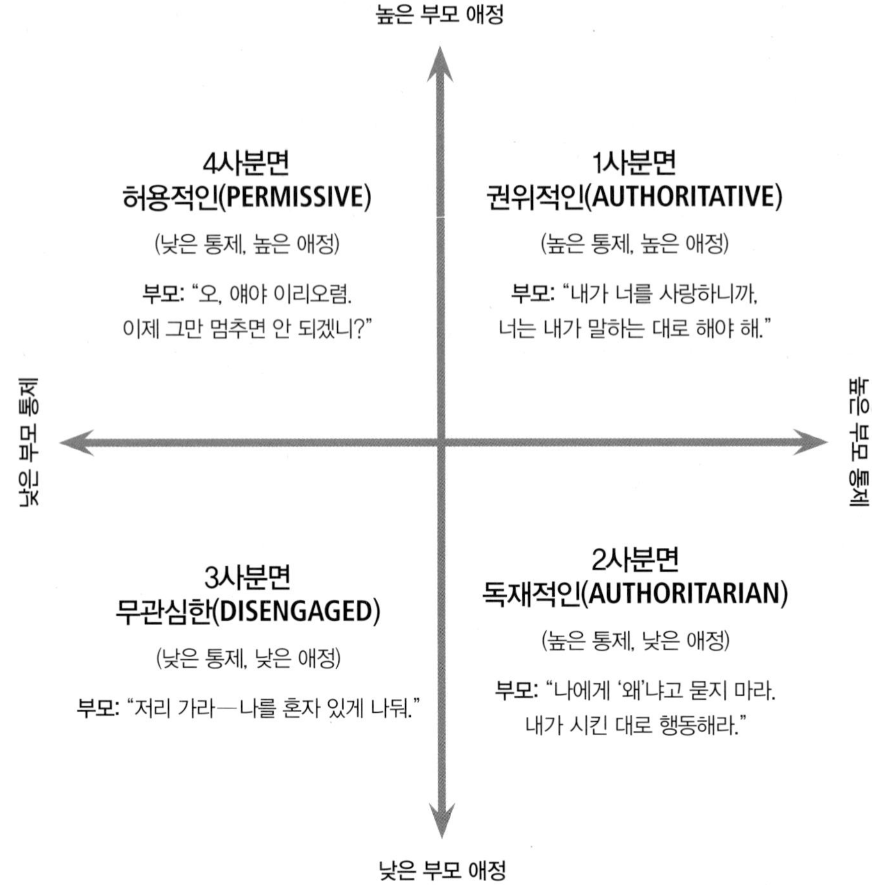

그림 6.2 네 가지 자녀양육 방식

법이다: 독재적인(엄격한/냉정한), 허용적인(너그러운), 무관심한(소홀한), 권위적인(애정적이며 확고한).

독재적인 부모

가장 흔하지만 비효과적인 방법이 **독재적인**(authoritarian) 양육방식인데, 가혹하고, 통제적이며, 비합리적이다(그림 6.2의 2사분면 참조: 높은 통제, 낮은 애정). 이런 부모들은 따뜻함과 반응성은 낮지만, 높은 통제를 보이고 요구적이다. 이들은 엄격한 규율주의자들이다—그들은 아동에게 용인되는 행동과 용인되지 않는 행동에 대해서 분명한 예상을 할 수 있게 한다. 부모의 규칙과 기대는 분명하고, 위반했을 때의 결과는 일관되게 주어진다. 독재적인 부모들은 요구하는 것이 많다—그들은 아이들에게 성숙하고 책임감 있게 행동하도록 하는 높은 기대를 가진다. 그러나 규칙에 대한 설명을 포함한 상호적, 존중적인 의사소통은 거의 하지 않는다—그들의 자녀는 복종하고 부모가 하자는 대로 따르도록 요구된다. 아동은 또한 유능하고, 능력 이상으로 행동하며, 책임감 있고, 기여하는 가족 구성원이 되도록 요구된다.

그러나 소속감과 안정감의 발달에 매우 중요한 정서적인 지지와 애정이 부족한 독재적인 부모의 자녀들은 부모에게 취약성의 어떤 신호도 감추어야 한다고 배우게 된다. 이들은 학령기와 이후에 선택한 직업에서 성공할 수 있지만, 다른 사람들과 거리를 두는 경향이 있고, 엄격한 통제하에서 자신의 감정을 제한한다. 신체적이나 정신적으로 상처받기 쉬운 어떤 경험을 하면, 공포 또는 불인정/거절의 인식 틀이 활성화되고, 이런 내담자들은 종종 일생동안 계속 이런 문제들과 싸우게 된다. 종종 분노를 내면화하고, 좌절에 대처하는 데 어려움을 가지며, 분노를 폭발하는 것으로 반응하기도 한다. 엄격하고 '냉정한' 부모와 친밀하고 애정적인 관계를 가지지 못하므로, 이것을 보상할 수 있는 성인 멘토가 없다면 동일시할 수 있는 건강한 역할 모델이 부족하다. 그들의 정서적 욕구가 원가족에게 중요하게 여겨지지 않는다는 점을 고려할 때, 그들은 관계에서 분리되거나 가짜 독립심을 나타내게 되고, 아동기에는 회피적인 애착 유형 그리고 성인으로서는 거부적인 애착 유형을 보이게 된다.

독재적인 부모의 통제는 단순히 엄격하고 확고한 것에서부터 가혹하고 위협적인 규율을 사용하는 것에 이르는 연속선상에 있다. 따라서 독재적인 부모들은 정서적인 지지나 따뜻함이 부족할 뿐만 아니라 종종 양육방식으로 인해 자녀에게 거부에 대한 공포를 주입한다. 독재적인 부모들은 정한 규칙에 대한 이유와 설명을 자녀에게 하지 않는다. 아동은 왜 부모가 이런 규칙을 정했는지에 대해서 이해하거나 묻지 않고 복종해야 한다. 아동은 왜 이런 규칙이 정해졌는지에 대해 물어볼 수 없다. 독재적인 가정에서 자라난 아동은 부모에게서 "네가 왜 밖에 나갈 수 없는지 물어보지 마라. 나는 네 아버지이고, 너는 내가 말하는 대로 해야 돼!"와 같은 말을 자주 듣게 된다. 더욱이 부모와 자녀 사이에 언어적인 의사소통이나 타협을 위한 공간은 없다. 아동은 대안을 제시하거나, 자신의 이야기를 설명하도록 격려받지 못한다. 독재적인 부모는 자녀를 엄격하게 훈육하고, 자녀에게 많은 기대를 한다. 이런 부모들은 부모의 역할에 전념하지만, 대개 자녀를 책임감 있게 먹이고 입히고, 자녀의 숙제를 도와주고, 함께 게임을 하는 것 등에서 '도구적' 형태의 사랑을 준다.

부모의 힘에 의한 위협 그리고 거부에 대한 공포는 아동이, 특히 어릴 때는 규율을 잘 지키게 만든다. 이런 엄격한 양육방식은 전혀 훈육을 안 하는 것보다는 자녀를 위해 좋지만, 중요한 단점이 있다. 이 아이들은 순종적이고 성취적이지만, 불안하고 우울하며, 불안정하다; 그들은 공포 때문에 순종한다(Gerlsma et al., 1990; Kerig, Ludlow & Wenar, 2012; Sakado et al., 2000). 또 부모의 양육적인 면에서의 부족은 따뜻하고 보호적인 가정에서 자란 친구들에 비해 비협동적이고 미성숙한 아동이나 청소년으로 성장하게 만든다. 유사하게 다른 자료에 따르면, 과통제적이고 비양육적인 가정에서 성장한 아동은 좀 더 불안하고, 우울하며, 자멸적인 행동을 하고, 낮은 자존감을 가지며 부적절하게 느끼는 경향이 있다(Fryers et al., 2012; Love & Thomas, 2014; Uji et al., 2014). 더욱이 이러한 복종은 신경성 식욕부진증과 같은 섭식장애를 가져올 수도 있다(Enten & Golan, 2009; Haycraft & Blissett, 2010). 비록 대부분의 아동이 독재적인 부모에 의해 압도당하고 낮은 자존감을 가지고 불안하게 살게 된다 해도, 어떤 아동은 자라면서 공격적이고 반항적이게 되며 언어적인 표현을 더 많이 하게 된다. 독재적인 부모를 가진 아동은 전통적인 성역할에 따르도록, 즉 남성은 지배적이고 절제적이게, 여성은 정서적, 복종적이고, 의존적이게 사회화된다(Peterson & Zurbriggen, 2010).

독재적인 양육방식의 또 다른 단점은 아동의 비판적인 사고능력의 성장을 제한한다는 것이다. 부모가 왜 어떤 확고한 규칙을 설정했는지 아동이 이해할 수 있도록 알려주지 않고, 이에 대한 대안이나 타협을 제안하지 못하게 할 때, 아동은 언어와 추론기술을 연습하지 못하게 되며, 낮은 인지발달과 낮은 성취를 나타내게 된다(Hamre & Watkins-Lewis, 2012; Kathleen et al., 2012; Sternberg et al., 1994).

이와 반대로, 건강한 가정의 아동은 자신의 주도성과 긍정적인 자존감을 희생하지 않고도 순종하는 것을 학습한다. 건강한 아동은 부모에게 칭찬받으면서 자기를 통제하고 자기를 의존할 수 있다. 그러나 독재적인 부모의 자녀에게 자신의 바람을 실현하는 것과 부모의 인정을 유지하는 것 사이의 균형은 매우 어렵다. 독재적인 부모는 양육과 애정을 거의 제공하지 않기 때문에 아이들은 부모의 인정을 얻기 위해 주도성과 긍정적인 자존감을 잃게 된다. 그들은 부모의 비판과 고통스러운 불인정을 피하기 위해서 모든 것을 '옳게' 해야 하고 실수를 하지 않아야 한다고 걱정한다. 아동이 학교에 들어갈 연령이 될 즈음, 독재적인 부모와의 이런 관계적인 패턴은 인지적인 도식으로 내면화된다: 원래 대인관계적인 갈등이었던 것은 이후 다른 성인과 문제적인 방식으로 관계를 형성하게 되는 내적인 갈등이 된다. 구체적으로, 행동이 바르고 불안정한 아동은 부모가 자신에게 그랬던 것처럼, 스스로에게 엄격하고 비판적이고 요구적이 된다. 많은 사람들이 죄책감, 우울증, 불안과 낮은 자아존중감을 나타내면서 성인이 되어 상담을 필요로 하게 된다. 이런 개인적이고 정서적인 문제는 내담자가 책임감 있고, 열심히 일하고, 성공적인 성인이더라도 나타난다—그들은 내적으로 고통을 받고 있다.

이런 엄격하고, 차가운 환경을 가진 가정에서 자란 내담자에 대한 상담자의 상담목표는 다음과 같다.

1. 공감과 이해를 박탈당해 왔기 때문에 신체적 경험을 포함해 자신의 정서를 인식할 수 없었던 내담자의 경험을 인정한다.
2. 발달적으로 경험하지 못한 자신의 목소리를 발달시킬 수 있도록 선택과 도움을 제공한다.
3. 그들이 상담을 이끌고 주도할 수 있도록 돕고, 상담자와 타인에게 좀 더 적극적으로

주장적인 반응을 하도록 가르치고 지지한다.

4. 스트레스하에서 그들이 예전에는 경험하지 못했던 연민과 따뜻함을 제공하는 안전한 피난처가 되고, 관계에서 공감과 성공에 대한 능력을 증진하도록 한다.
5. 그들이 정서적으로 타인(특히, 파트너/배우자와 자녀)과 친밀해질 수 있도록 의사소통 기술을 발전시키게 돕는다. 또한 비정상적인 식습관을 통해 자신을 과도하게 통제할 필요가 없도록 자신의 삶에서 좀 더 주장적이고 좀 더 통제를 행사할 수 있게 돕는다.

허용적인 부모

비록 독재적인 부모가 자녀가 규칙을 알 필요가 있고 규칙을 위반했을 때는 결과가 주어져야 한다고 인식하더라도, 그들의 규율은 확고하고 공감이 부족하다. 반대로, 또 다른 자녀양육 방식은 허용과 통제가 느슨하다는 측면에서 잘못되어 있을 수 있다. 비록 **허용적인**(permissive) 부모가 따뜻하고, 양육적이고, 의사소통을 하더라도, 그들은 자녀에게 성숙하거나 독립적인 행동에 대한 적절한 기대를 부과하지 않는다. 좀 더 중요하게, 그들은 관대하고 규칙이나 구속을 거의 하지 않으며, 규율을 정했을 때 그것을 일관되게 따르지 않는다(274쪽의 4사분면 참조: 낮은 통제, 높은 애정). 허용적인 가정의 자녀는 스스로 결정을 하고, 부모에게 나이에 적합한 지도를 거의 받지 않는다.

책임을 지고 효과적으로 훈련받지 못한 것, 그것은 아동기와 이후 성인기에 많은 중요한 문제의 원인이 되는데 다양한 이유에서 문제가 발생한다. 어떤 허용적인 부모는 자신이 엄격하면, 심하게 행동하는 것이고 매우 엄격하고 위협적이었던 자신의 독재적인 부모와 '똑같은' 것이라는 잘못된 믿음을 갖고 있을 수 있다(예를 들어, 남자 성인 내담자: "제 아버지는 폭군이었죠. 제가 10살 때, 저는 아버지처럼 되지 않을 것이라고 생각했죠."). 슬프게도, 어떤 불안 애착의 부모들(대개 몰두형)은 자신이 "안 돼."라고 말하면, 자녀가 자신을 사랑하지 않거나 자녀와 친밀하지 않게 될 것이라고 두려워한다. 또한 다른 부모(대개 두려움형)는 아동기 때 자신의 부모에 의해 아마 무력해진 것으로 보이는데, 자신이 책임 있는 한 사람이고, 자신의 가치와 기준을 가르치고, 자녀를 교육할 권리가 있다고 믿지 않는다.

이런저런 이유로, 허용적인 가정에서 힘의 균형은 무너지고, 아동이 부모-자녀 관계에서 너무 큰 통제권을 갖게 된다. 부모는 종종 자녀에게 영향력을 빼앗긴 것처럼 느끼고, 협상하며, 심지어는 바르게 행동하도록 자녀에게 간청한다("자, 제발 멈춰주겠니?"). 통제력이 부모로부터 자녀에게 이렇게 이동하게 되면 부모와 자녀 모두에게 문제가 시작된다. 아이들이 다른 아이들에게 명령적이 되고, 자신이 맘대로 할 수 없을 때 친구에게 화내고, 어른들에게 불손해지면서 문제가 발달하기 시작한다. 물론 똑같은 관계적인 패턴은 상담관계에서도 나타나는데, 내담자는 타인에게 적용되는 똑같은 제한과 규율을 회피하고, 상담자를 조정하고 통제하려고 애쓸 것이다—그들이 자신의 양육자와의 관계에서 배운 것처럼.

허용적인 부모의 자녀는 어떤 행동이 기대되고, 부모가 정한 규준을 어겼을 때 어떤 일이 일어나는지 모른다. 더욱이 허용적인 부모는 정한 규칙을 일관되게 적용하지 않는다. 결과적으로, 자녀는 부모가 규율을 일관성 있게 적용하지 않을 것이기 때문에 복종할 필요가 없다고 배우게 된다. 그래서 허용적인 부모는 자녀를 사랑하고 소통적이지만, 자녀는 규율을 배우지 못하고, 성숙하며 책임감 있는 방식으로 행동하도록 기대되지 않는다. 자신의 능력을 최대한 발휘해서 수행해야 한다는 부모의 기대 없이, 자녀는 기술을 발달시키지 못하고 성공하는 데 필요한 훈련을 내면화하지 못한다. 이러한 아동은 때때로 자기신뢰가 있고 주도성을 보이지만—권위 있는 자녀양육 방식에 의해 성장한 아동처럼(Shaw et al., 2004)—이런 아이들은 대개 자기중심적이고, 의존적이고 요구적인 것으로 알려져 있다(Baumrind, 1991; McCrae & Costa, 1988). 또 이런 아동은 시간이 지나면서 학교에 덜 집중하게 되고, 학교 부적응 행동에 연루되는 경우가 많다(Steinberg et al., 1994). 적절한 자기규제를 발달시키기 위한 지도가 부족하기 때문에 그들은 또 약물과 알코올 사용에 연루될 수 있고(Lamborn et al., 1991), 혼란된 섭식행동을 나타낼 수도 있다(Coccia et al., 2012; Haycraft & Blissett, 2010). 학교 관계자들과의 문제, 부주의한 운전에 따른 경찰과의 문제, 혹은 약물과 알코올 문제와 관련된 행동적 문제를 발달시킬 수도 있다(Love & Thomas, 2014).

허용적인 부모의 자녀는 자신이 안전하지 않고, 자신에게 "안 돼."라고 말할 수 없고, 부모-자녀 관계에서 너무 많은 힘과 통제를 자신에게 주는 부모의 보호를 받을 수 없다는 것을 알고 있다. 이들의 요구적이고, 화내며, 조정적인 특징의 저변에는 불안한 아동이 있는 것이다. 자녀는 자신이 조정할 수 있는 부모 혹은 "안 돼."라고 말할 수 없고 효과적으로 양육할 수 없는 부모(혹은 이후에 상담자)를 존중하지 않는다.

이들은 이후 성인으로 상담을 받을 때도 자기중심적이고, 요구적이며, 관계의존적인 경향이 있고, 관여하고 책임지는 능력이 부족하다. 이런 내담자들은 판사에 의해 상담에 보내지고, 알코올과 물질 중독치료 프로그램에서 많이 보게 된다. 전형적으로, 이런 내담자들은 좋은 팀원이 되지 못하고, 직장에서 타인과 잘 지내지 못해서 직장의 수퍼바이저에 의해 상담에 의뢰될 것이다. 성인으로 상담에 오면, 자신에 대한 책임감을 회피하는 경향이 있고, 자신의 문제에 대해서 타인을 탓하는 경향이 있다. 또한 규칙을 어기며, 타인을 조정함으로써 자신의 행동 결과에서 도피할 수 있다는 것을 배운 사람들이다. 물론, 타인과 문제의 원인이 되고 있는 똑같은 대인관계의 주제가 상담자와의 대인관계 과정에서도 대개 초기의 전화면접이나 첫 회기에서 빠르게 나타날 것이다.

결국 허용적인 가정의 하위유형을 보면, 부모는 자녀에 대해 부모라기보다는 친구로 행동한다. 이런 하위유형에서, 내담자는 자신의 원가족을 같은 지붕아래 살고 있는 형제

자매의 집단으로 묘사할지도 모르는데, 이것은 명확한 세대 간 경계가 없는 것을 의미한다. 부모의 지도나 도움이 필요할 때, 부모는 무능하게 보인다. 그러한 부모에게 애착을 형성하기 위해, 이런 가정의 자녀는 부모화되고 성인의 역할을 하게 된다. 예를 들어, 위기상황에서 부모는 아동에게 도움을 요청하면서 '무너지기도' 한다. 이런 가족의 아동은 한 부모 혹은 부모 모두의 정서적인(때때로 신체적인) 안정에 대해 책임지게 된다. 더 심각한 문제를 가진 가정의 경우, 아동에게 가정의 '구조자' 역할이 주어지기도 하는데, 이때 한 부모가 신체적으로 다른 부모를 학대하는 경우일 수 있다. 아동은 감사의 의미로 부모의 사랑과 관심을 받을 수 있다: 하지만 **사랑은 부모를 도울 수 있는 아동의 능력에 따라 조건적이다**. 그것은 궁극적으로 자녀를 숨 막히게 하고, 안정한 애착, 정체감과 부모로부터 분리되는 것을 발달시키지 못하게 하고, 가족에게서 성공적으로 독립하고, 독립적인 자신의 성인으로서의 삶을 '막는' 사랑이라고 할 수 있다(Teyber, 1983; 2001).

성인 내담자로서 그들은 피상적으로는 자기신뢰가 있는 것처럼 보이지만, 한계와 지도를 받지 못했고, 제멋대로 하면서 성장했기 때문에 정서적인 조절이 부족할 것이다. 결과적으로 그들은 대개 요구적이며 자신의 행동이 타인에게 미치는 영향에 대한 이해가 부족하다. 상담자는 이러한 내담자를 다음과 같이 함으로써 도울 수 있다.

1. 일관성 있게 부과되는 명백한 한계와 기대를 가진다(예를 들어, 시간에 맞춰 상담에 오고 상담료를 지불하는 것; 결석한 회기, 상담의 취소와 상담약속을 다시 잡는 것에 대한 한계를 설정하는 것, 자신의 행동에 책임지는 것; 술 마시거나 술에 취하지 않은 상태로 상담에 오는 것).
2. 자신의 행동(특히 자신의 요구적인 특성)이 다른 사람(배우자나 자녀)에게 미치는 영향에 대해서 좀 더 인식하게 돕는다.
3. 판단적이거나 비판적이지 않으면서, 일관되게 명확히 실제 생활에서 사람들은 그들에게 자동적으로 반응하거나 혹은 그들의 요구를 당연하게 충족시키지 않을 것이라는 것을 명확히 한다.
4. 대인관계에서 상호성의 중요성에 대해 가르치고, 내담자와의 현재 상호작용에서 이것이 발생할 때 알려줄 기회를 찾는다.
5. 그들 행동의 촉발요인과 결과를 강조함으로써 그들이 자기통제와 정서 조절을 발달시키도록 돕는다.
6. 그들이 자기통제와 정서 조절을 학습함으로써 화가 폭발하는 것, 혼란된 섭식행동, 알코올과 약문제와 같은 문제 행동이 줄게 될 것이라는 것을 알게 한다.
7. 상담자는 진실되게 그들의 안녕에 관심이 있지만 그들의 불인정을 두려워하지 않으며, 상담적인 경계가 수치스럽거나 처벌적이지 않으면서 유지될 것이라는 것을 내담자가 알 수 있도록 하는 상담관계를 제공한다.

무관심한 부모

세 번째 자녀양육 방식은 **무관심한**(disengaged) 부모이다(소홀한 부모라고도 불린다). 특히 문제가 많은 자녀양육 방식인 무관심한 부모는 자녀에게 소홀하다(274쪽의 3사분면 참조: 낮은 통제와 낮은 애정). 그림 6.2를 보면, 자녀에게 관여하지 않는 부모는 통제와 애정의 양쪽 축에서 모두 낮은 특징을 보인다—다시 말해, 그들은 자녀를 위해 거의 아무것도 하지 않는다. 수동적으로 무반응적이든 명백하게 거부적이든 간에, 무관심한 부모는 진심으로 다음과 같이 말한다: "저리 가. 나를 혼자 있게 해줘." 이런 부모는 양육자로서 자신의 역할에 거의 시간을 쓰지 않으며, 비일관적인 규율을 자녀에게 부과한다. 무관심한 가정의 다른 하위유형을 보면, 아동은 거부당하고, 방치되고, 신체적 혹은 정서적으로 무시될 수 있으며, 어떤 아동은 양부모 가정으로 입양된다. 아동의 존재 자체가 부모에게는 귀찮고 짐일 수 있다. 이런 고통스러운 상황에 적응하기 위해 무관심한 부모의 자녀는 정체성을 형성하기 위한 자신의 능력을 제한하고, 어떻게 자신을 숨기는지를 배우게 된다.

어떻게 무관심한 자녀양육 방식이 발생하게 되는가? 종종 약물이나 알코올 문제로 인해 무관심한 부모는 너무 자기 생각에만 몰두한 나머지 자녀의 요구에 반응하지 못할 수 있다. 유사하게 무관심한 부모의 다른 유형을 보면, 만성적으로 우울해서 자녀에게 반응할 수가 없을 수도 있는데 이 경우 아동은 무시된 채 성장하게 되고, 상담에서 자신을 '존재감이 없는 혹은 보이지 않는' 존재로 묘사한다. 나르시즘이나 경계선 혹은 편집증적인 성격장애를 가진 양육자 밑에서 성장한 또 다른 아동의 경우는 화난 부모에 의해 관심받지 못하거나 부모의 문제에 대해 비난받으며 거부당하기도 한다(예를 들어, **"네가 태어나지 않았으면 좋았을 텐데!"**). 이런 아동은 화난 부모에 의해 양육받지 못하거나, 부모 자신의 문제에 대해 비난받을 수도 있다. 놀랄 것 없이, 이런 아동은 삶의 모든 측면에서 덜 성숙하고 유능하지 않으며, 권위적인 부모에 의해 양육된 아동에 비교했을 때 더 많은 어려움을 나타낸다(Lamborn, Mounts, Steinberg, & Dornbusch, 1991; Steinberg et al., 2006).

연구에 따르면, 무관심한/소홀한 가정에서 자란 아동은 물질중독과 관련된 좀 더 다양한 문제를 가지며, 높은 우울증을 포함하는 낮은 심리적인 안녕을 나타내고(Rothrauf, et al., 2009), 이러한 문제는 모든 인종, 사회경제적 지위 수준, 성별에 따른 차이 없이(Steinberg et al., 1994, 2001), 그리고 모든 문화권(Ozer et al., 2011)에서 명백하다. 부모의 보살핌이 부족한 것은 아동이 비협동적이고, 권위에 대한 문제를 가지며, 반사회적 성격장애와 같은 성격장애를 발달시키게 만든다(Carter et al., 2001). 무관심한 부모의 자녀는 부모의 지도나 보살핌 없이 자라면서 반사회적 행동, 친구로부터의 약물 영향, 비행 및 빠른 성적인 경험과 같은 많은 문제의 위험에 노출된다. 이런 내담자는 종종 아동복지기관에서 볼 수 있는데, 집단치료쉼터나 소년보호관찰 프로그램에 있는 경우가 종종 있다. 무관심한 가정의 아동은 '자신'의 상태를 확인해주고 그들의 요구, 활동과 결정에 대해 알고 있는 양육자가 없기 때문에, 사회적으로 덜 유능하고, 좀 더 많은 사고가 발생하게 되고, 착취적인 개인으로부터 보호받지 못하게 되며, 성적인 추행과 신체적 학대로 고생하는 경우가 많다(Allen, Fonagy, & Bateman, 2008; Benbassat & Priel, 2012; Katznelson, 2014).

이런 위험에 처해 있는 청소년은 거부에 대한 도식을 갖고 있고, 상담관계를 불신하며, 상담자와 작업 동맹을 형성하는 데 어려움을 보인다. 상담에서 그들은 자신이 아무도 필요하지 않다고 할 것이다. 왜냐하면 그들이 원가족에서 그래왔듯이, 상담자가 거부하거나 그들에게 관심이 없을 것이라고 기대하고, 자신은 상담자의 주의를 받을 가치가 없다고 보기 때문이다. 상담자는 이런 내담자와 상담하면서 다음과 같이 할 필요가 있다.

1. 진실한 개인적인 관심에 기초한 작업 동맹을 수립하며, 그들이 주목받을 가치가 있고 함께 하는 것이 즐겁다는 것을 알게 한다.
2. 그들의 발달적인 배경을 이해함으로써 신뢰의 부족에 대한 이유와, 상담자와 관계를 형성하는 것이 어려움을 인정한다.
3. 내담자의 분노와 원가족에게 사랑받지 못한 것에 대한 수치심에 관해 상담에서 다룬다.
4. 그들이 상담자에게 애착을 형성하도록 돕고—공감적인 이해를 통해서—, 친사회적인 가치에 대해 배우고 더 나은 삶을 선택하도록 도울 수 있는 그들 삶에서의 타인을 찾도록 돕는다.
5. 문제적인 행동의 촉발요인과 결과를 그들이 이해하도록 상담에서 다룬다.
6. 그들이 정서 조절을 할 수 있게 하고, 타인의 관점에서 사건, 상황, 정서, 사고와 요구를 볼 수 있게 자기인식과 자기이해 능력을 포함하는 반영적인 기법을 발달시키도록 돕는다.

권위적인 부모

마지막으로, **권위적인**(authoritative) 자녀양육 방식은 가장 효과적이며 적응적인 자녀로 성장하게 한다(274쪽 1사분면 참조: 높은 통제, 높은 애정). 권위적인 자녀양육 방식은 부모가 엄격한 제한, 신뢰할 수 있는 규칙과 더불어 높은 수준의 따뜻함과 애정을 표현하는 것이다. 따뜻하고 양육적인 부모는 자녀의 욕구에 민감하다. 이러한 긍정적인 양육 경험은 아동의 정서적, 인지적인 발달과 뇌발달을 촉진하고, 그들의 학업적인 성공과 사회적인 유능감에 기여한다(Morgan et al., 2012; Piko & Fitzpatric, 2013; Roisman & Fraley, 2008; Spieker et al., 2011; Sroufe et al., 2005). 명백한 의사소통 방식과 지침을 포함하는 관계를 자녀와 형성하고, 부모의 규칙과 정해진 결정에 대해서는 이유를 알려주고 설명해준다. 부모는 자녀에게 책임감 있고 성숙한 행동을 기대하고, 가능하면 자녀에게 무언가를 함께 결정하는 기회를 준다. 이런 과정은 자녀가 유능하고, 안전하게 느끼게 하며, 독립적인 의사결정자가 되도록 돕는다. 더욱이 권위적인 부모는 합리적인 제한을 설정하고, 따뜻하고 상호 존중하는 방식으로 적극적으로 자녀와 활동하게 되기 때문에 자녀는 사랑받고 가치 있는 존재라고 느끼고, 부모가 가지고 있는 가치관을 선택하게 된다(Schroeder & Mowen, 2014).

그래서 독재적인 부모와는 다르게, 권위적인 부모는 엄격한 규율을 중요하게 생각하지만 이것을 신체적인 애정과 인정해주는 언어와 함께 사용한다. 예를 들어, 권위적인 부모는 바른 행동을 기대하지만, 또한 자녀에게 이야기를 들려주고, 거실에서 함께 놀며, 무릎에 앉히고, 잘하면 칭찬해주며, 자녀의 눈을 바라보면서 "사랑한다."라고 말해준다. 아동은 위협적이거나 거리감 있는 부모보다 애정적인 부모의 요구에 더 잘 협조한다.

비록 권위적인 부모가 규율에 대해 엄격하더라도, 그들은 규율을 만드는 과정에 자녀를 참여시킨다. 그들은 자녀가 대안이나 다른 해결책을 내도록 격려한다. 또한 자녀에게 어떤 행동을 해야 하는지 알려주고, 왜 어떤 행동은 허용되고 어떤 행동은 허용되지 않는지에 대한 이유를 설명해준다. 반대로, 독재적인 부모는 명백하게 정의되고 부과되는 제한에 대해 알려주지만, 협상, 대안이나 설명의 여지는 없다. 매우 어린 아동도 규칙에 대한 이유를 이해한다면, 더 잘 협조하는 경향이 있다. 성인 권위자는 아동이 규율을 만드는 과정에 참여할 때 덜 마음대로 하고, 더 공평하다.

권위적인 부모는 일관성 있게 정한 규칙을 부과한다. 허용적인 부모는 자녀의 동조를 얻기 위해 이유를 말해주고 설명해주지만, 결국 확고한 자세를 취하지 못하며 설득력 있게 규칙을 부과하지 못한다. 아동은 부모가 규칙을 부과하는 것에 관해 얼마나 중요하게 여기는지 아주 빠르게 이해한다. 만약 부모가 일관성 없이 규칙을 적용하면, 자녀는 계속적으로 시험해보며 규칙을 깨려고 애쓸 것이다. 그래서 아동이 이해하거나 동의할 수 있는지와 관계없이, 권위적인 부모는 정해진 규칙을 따르고 부과해야 한다.

명백히, 권위적인 부모는 다양한 자녀양육 기법을 사용한다. 우리는 독재적인 부모가 한계를 설정하지만 너무 엄격하고, 허용적인 부모는 통제를 하지 못하며, 무관심한 부모는 자녀를 양육하지 않는다고 배웠다. 비록 많은 부모들이 자신이 엄격하거나 애정적이거나 둘 중에 하나여야 한다는 잘못된 믿음을 갖고 있더라도(즉, 독재적 또는 허용적), 권위적인 부모는 엄격하면서 동시에 애정적인 유연성을 갖고 있기 때문에 더 효과적이다. 자료는 일관되게 다음을 나타낸다: 권위적인 부모는 비권위적인 부모보다 자립, 유능감, 성취동기, 학업적인 성공과 좀 더 효과적으로 사회화될 수 있는 능력을 촉진한다(Henderson et al., 2006; McKinney & Renk, 2008; Rothcrauft, Cooney, & An, 2009; Schroeder & Mowen, 2014; Steinberg, 2001). 권위적인 가정에서 성장한 아동은 비권위적인 가정에서 성장한 아동보다 더 높은 심리적인 안녕을 보고하고, 더 큰 성공을 보이며, 더 낮은 물질중독을 보인다(Hoeve et al., 2009; Morgan et al., 2012; Pico & Fitzpatrick, 2013; Shah & Walter, 2000).

상담자는 내담자의 이야기를 듣고 그들의 관계 패턴과 발달적인 배경에 대해 더 잘 알게 될수록, 독재적, 허용적 그리고 무관심한 자녀양육 방식으로부터 기인한 관계적인 패턴과 주제에 대해 알게 될 것이다. 그러면 권위적인 부모의 자녀들은 어떨까?—어떠한 문제도 없는 '완벽한' 가족일까? 자녀양육과 발달은 가장 좋은 환경일지라도 항상 도전적이며, 갈등이 없는 가족과 개인은 사회적인 통념일 뿐이다. 그러나 평균적으로 권위적인 부모의 자녀들은 더 잘 적응하고, 안정 애착 유형의 내담자와 같이, 지속적인 문제로 인해 장기간 치료를 받는 경우가 적다. 그들은 위기상황이나 (아동의 주요한 질병과 같은) 발달적인 장애로 도움이 필요할 때, 도움을 추구할 가능성이 높다. 그들은 타인이 자신의 정서적인 요구에 책임감 있게 반응한다는 것을 알고 있기 때문에 필요할 때 도움을 구하고, 상담을 받으며, 그것을 효과적으로 활용한다.

이런 네 가지의 서로 다른 자녀양육 방식에 대해 생각해볼 때, 자녀를 양육하는 것은 매우 복잡하고, 가족의 상호작용에 영향을 미치는 요인들을 인식할 필요가 있다는 것을 알 수 있다. 예를 들어, 출생순위, 성별과 기질이 어떻게 부모가 자녀에게 반응하게 되는지에 큰 영향을 미친다. 모든 자녀양육 방식이 사회적인 환경의 영향을 받고 있기 때문에 가족의 기능은 기본적으로 문화적 가치와 믿음에 의해서 형성된다(Domenech-Rodriquez et al., 2009; Huntsinger & Jose, 2009). 이런저런 영향 때문에, 네 가지 자녀양육 방식은 일상생활에서 훨씬 더 복잡하다. 예를 들어, 어떤 아동이 갈등을 일으킬 수 있는 유형의 두 부모(예를 들어, 독재적인 아버지와 허용적인 어머니)가 있는 가정에서 자란다고 가정해보자. 아동은 행동의 결과로부터 도망치는 것에 대해 학습할 수도 있다. 혹은 이러한 복잡성에 대해 더 기술해보면, 다른 가정의 어떤 아동은 독재적이고 허용적인 부모와 잘 지낼 수도 있다—왜냐하면 아동은 한 부모에게서 그들에게 필요한 따뜻함을 받고 의사소통을 하고, 다른 부모에게서 성숙하고 책임감 있는 행동에 대한 명백한 한계를 가질 수 있기 때문이다. 그러나, 만약 엄격하지만 차가운 아버지와 따뜻하지만 허용적인 어머니가 이혼하고 독재적인 아버지는 이혼 후에 몇 년 동안 적극적인 부모 역할을 하지 않는다고 가정해보자. 이제 아동은 규율을 지키지 않아도 되고, 주로 허용적인 어머니에 의해 양육된다. 대개 그들은 잘 적응하지 못하게 될 것이고(만약 어머니가 이혼의 경험을 통해 성장하고, 아동의 불인정을 잘 견딜 수 있고, 자녀를 좀 더 일관되게 양육하지 않는다면), 아동은 더 요구적이고, 화나 있고, 덜 성취중심적이 될 것이다(Teyber, 2001). 일반적으로, 권위적인 부모(한계와 따뜻함의 조합)가 아동에게 가장 좋으며, 무관심한 부모가 가장 나쁜 결과를 초래한다.

사랑의 철회와 가치의 조건화

권위적인 부모가 아닌 다른 양육자들은 사랑의 **철회**(withdrawal)에 기초한 자녀 훈련기술을 사용한다. 자녀의 행동을 인정할 수 없을 때, 자녀와 함께 대화하기보다는 분노와 거부로 반응하고 자녀의 기본적인 자아를 불인정한다. 이런 부모들은 따뜻함과 자녀에 대한 정서적인 유대를 철회하고, 불안정 애착 과정에 몰두하게 된다(비록 부모와 자녀가 물리적으로 떨어져 있지 않더라도). 이런 의사소통 방식은 종종 언어를 이용하는 것이 아니다: 언어에 포함되는 말소리의 변화, 몸짓, 얼굴표정 등에서 나타난다. 이런 방법으로 심한 방식의 심리적인 통제를 사용하는 부모의 자녀는 부정적인 결과로 힘들어하고, 비행아동이 될 가능성이 증가한다(Hoeve et al., 2009). Carl Rogers(1959, 1980)는 이런 발달적인 문제를 **가치의 조건화**(conditions of worth)라고 설명했다—아동이 부모의 인정을 얻기 위해 해야만 한다고 학습한 것(예, 완벽해지는 것, 중심 인물이 되는 것, 의존적으로 남고 부모의 정서적인 욕구를 보살피는 것).

부모는 자녀의 행동을 벌하고 원하는 행동을 조형하거나, 분노를 표현하기 위해 자녀에게 따뜻함과 정서적인 연결을 닫아버린다. 예를 들어, 부모는 혐오스러워하면서 다음과 같이 이야기하곤 한다: "여기서 나가! 너를 쳐다봐야 하는 것조차 싫으니까. 대체 무엇이 잘못된 거니?" 좀 더 나은 부모는 피곤하거나 당황했을 때 이런 상처 주는 방법으로 반응하고, 후에 자신이 과하게 행동했다고 사과하기도 한다("아빠가 너무 화가 났었어. 그렇게 말하지 말았어야 했는데 미안하다.").

반대로, 어떤 부모는 사랑의 철회와 정서적인 유리를 자주 사용하며, 자녀의 부모에 대한 정서적인 유대 또한 자주 망가지게 한다(van Zeijl et al., 2006). 예를 들어, 부모는 다음과 같이 말하기도 한다: "네 주위에 있을 수가 없으니, 좀 떨어져 있어라." 이런 명백한 거부의 메시지와는 반대로, 양육자는 좀 더 은밀하게 정서적으로 철회하기도 한다. 예를 들어, 어떤 부모는 아무것도 말하지 않으며, 고통스럽게 한숨짓고, 자녀에게 등을 돌리고 걸어가 버리며, 조용히 실망과 질색을 하며 머리를 흔들기도 한다. 예상할 수 있는 것처럼, 자녀는 문제증상을 발달시키게 되며, 분리 불안과 수치스럽게 느끼는 자아에 대처하기 위해 방어기제를 발달시키게 된다. 이런 아동은 "나는 나쁜 아이야." "나는 뭔가 잘못됐어." 혹은 "엄마는 나를 싫어해."라고 믿게 됨으로써 수치심에 기인한 자기도식을 발달시키게 된다.

독재적인 부모와 무관심한 부모가 사랑 철회의 양육기법을 자주 사용하는 경향이 있고 불안정한 애착 아동과 분리 불안을 가진 자녀를 만드는 반면, 허용적인 부모는 때로는 불필요한 사랑과 주의로 아동을 숨 막히게 하면서 정서적으로 뒤얽히거나 과도하게 개입하게 된다. 독재적이고 무관심한 부모의 대인관계 전략은 특히 자신이 불안하거나 힘들 때, 자녀와 거리를 두는 것이다. 반대로, 허용적인 부모의 전략은 자녀를 부모에게 더 밀접하게 만드는 것인데, 자녀가 아닌 자신의 기분을 좋게 할 목적으로 그렇게 행동한다.

사랑의 철회와 '가치의 조건화'는 심각성의 한 연속선상에서 발생한다. 어떤 가족 내에서는 사랑의 철회로 인한 유대관계 손상이 심하지 않을 수 있고, 단지 부모가 스트레스를 받거나 피곤할 때 관계의 손상이 발생할 수 있다. 만약 사랑의 철회가 자주 일어나지 않고 정서적인 연결을 위한 다른 기회들이 있다면, 유대관계는 곧 회복될 수 있다. 비록 불안이 여전히 고통스러울 수 있을지라도, 자녀는 순응을 통해 재결합될 수 있다. 예를 들어, 무관심한 부모의 자녀는 얌전히 구는 것과 부모에게 아무것도 원하지 않는 대인관계 대처 전략을 채택할지도 모른다. 혹은 독재적인 부모의 자녀는 강박적으로 성취하려고 하거나 완벽해지려고 노력함으로써 이런 대처 전략은 아동이 자신의 불안정한 애착관계를 보호하도록 도울 것이다. 초보 상담자는 다양한 내담자를 만나 임상 경험을 쌓음으로써 내담자가 중요한 애착 대상과의 유대관계를 유지하기 위해 사용하는 다양한 대처 전략을 인식할 수 있을 것이다. 그러한 대인관계 대처 전략(혹은 애착의 규칙)은 다음과 같은 것들이다: 내가 다음과 같이 하면, 나는 괜찮아질 거야.

- 야구를 더 잘 하면,
- 항상 착하면,
- 엄마를 위해 더 많은 것을 하면,
- 모든 과목에서 항상 A를 받으면,
- 날씬해지고 더 예뻐지면,
- 아빠가 불행해지는 것을 막게 도울 수 있으면,
- 조용히 하고 아무것도 요구하지 않으면.

상담자가 내담자의 문제를 명확히 하고 상담초점을 발달시키기 위해 이러한 발달적인 이슈에 관해 배우는 것은 왜 도움이 될까? 7장에서 살펴보겠지만, 주목이나 애정을 얻고 좀 더 안정감을 갖기 위한 이러한 시도는 내담자가 삶에서 타인과 지속적으로 사용하게 되는 만연한 대처 전략이 된다. 즉, 이러한 발달적인 대처 전략은 중요한 개인적인 대가를 치르게 되고, 내담자가 상담에서 이후에 나타내는 주요 증상과 문제가 된다. 더욱이 이러한 아동기 경험에서 발달한 도식 때문에, 내담자는 이와 유사하게 자신이 상담자의 관심을 이끌어내거나 그것에 대한 책임이 있다고 믿을 것이다—그들이 삶에서 양육자와 다른 사람에게 그랬던 것처럼.

그러나 좀 더 비기능적인 가정에서 애착의 붕괴는 더 자주 심하게 일어날 것이다. 훈련과 통제와 관련된 매일매일의 상호작용에서, 비록 부모와 자녀가 물리적으로 근접하게 함께 있어도, 자녀는 대인관계의 상실과 정서적인 고립을 자주 경험하게 될 것이다. 이 연속선상에서 좀 더 나아가면, 조롱과 거부는 더 공공연하게 일어난다. 무관심한 가정에서는 무시와 심지어는 유기가 일어나기도 한다. 매우 독재적인 가정에서 이런 행동은 신체적 학대로 이어지기도 한다. 이런 고통스러운 상황에서, 자녀는 자신의 기본적인 자존감에 대한 공격으로서 부모의 분노와 경멸을 경험하며, 자신의 존재에 대해 수치스럽고 심리적으로 외롭게 된다. 자녀는 부모의 분노를 비난하면서 자신에게 수치스러움을 느끼게 된다. 초보 상담자들은 이런 고통스러운 발달적 경험이 있는 많은 내담자들을 상담에서 만나게 될 것이라는 것을 알고, 부모의 무시, 거부, 신체적 학대, 조롱 등에 대해 자신이 비난받아 마땅하다는 병리적 신념을 갖고 있는 이러한 성인 내담자를 도울 필요가 있음을 알아야 한다. 다시 말해, 이런 내담자는 책임감을 느끼고, 양육자가 행동한 것, 말하거나 생각한 것(그리고 성인 내담자로서 그들은 여전히 이것을 내적으로 하고 있는 것이다)에 대해 자신을 비난하고, 다음과 같이 자신을 비난하는 말을 할 것이다.

- 만약 제가 형과 많이 싸우지 않았다면, 아버지는 엄마를 떠나지 않았을 거예요. 엄마가 항상 우는 것은 제 잘못이에요.
- 엄마가 하라고 했던 모든 일들을 제가 했다면, 엄마는 저를 때리지 않았을 거예요. 제가 나빴어요.
- 제가 그렇게 옷을 입지 않았다면, 그는 저를 건드리지 않았을 거예요. 제가 불결하게 느껴져요.

부모는 이런 방식으로 책임감 없이 행동할 때 공공연하게 자신의 부적절한 행동에 대해 자녀를 비난한다. 불행히도 애착이론가에 따르면, 수치심과 비난받아 마땅하다는 느낌은 이러한 아동이 자신의 삶에서 심리적인 통제감을 경험한다면 더 적응적인 방법이 될 수 있다(Janoff-Bulman, 1979). 즉, 부모를 좀 더 현실에 맞게 거부적이고 가혹하게 보는 것은 자녀를 더 애착이 형성되지 못하고, 보호받지 못하며, 혼자라고 느끼게 만들기 때문에 내담자는 그런 잘못된 믿음을 고수하게 된다. 요약하면, 자녀가 훈육방법과 가치의 조건화로써 심한 사랑의 철회를 경험할 때, 그것은 필연적으로 불안과 우울의 증상을 가진 수치심에 기인한 자기인식을 갖게 만든다.

신비화는 문제를 확대한다 자녀훈육과 가치의 조건화의 방법으로서 사랑을 철회하는 것은 다양한 방식으로 다른 유형의 가정에서 나타난다. 부모가 사랑을 철회하는 순간, 아동의 부모에 대한 정서적인 연결은 일시적으로 부서지며, 아동의 애착관계는 망가지게 된다—이것은 아동이 유대관계를 회복하기 위해 순응과 같은 대처 전략을 발견할 때까지 아동에게 분리 불안(그리고 수치심)을 가져온다. 물론, 모든 아동은 때때로 부모와의 유대관계에 위협을 받을 것이다. 그러나 심각한 문제는 유대관계의 붕괴가 매우 강하게 일어나고, 그 관계를 특징지을 수 있을 정도로 자주 발생할 때 일어난다.

또 다른 중요한 측면에 대해 더 살펴보면, 아동의 장기화된 문제는 이러한 파열적인 상호작용이 부모에 의해 부인될 때 확대되고 더 커진다. 즉, 부모는 마치 아무 일도 발생하지 않은 것처럼 행동한다—심지어 강한 분노폭발, 벽을 치는 것이나 가정폭력이 일어났을 때조차도. 부모는 위협적인 일이 발생했다는 것을 인정하기보다 다음과 같이 말하면서 회피한다: "오늘 나는 기분이 매우 나빠. 방금 너무 화가 났었어; 이건 네 잘못이 아니고 내 잘못이야." 결과는 아동을 **어리둥절하게** 만든다: 혼동되고, 무기력해지고—좀 더 불안과 우울에 취약하게 하고, 자신의 경험과 지각을 인정하지 않음으로써 정체감 혼란을 느끼게 한다(Laing & Esterson, 1970; Schatzman, 1974). 이런 방법으로, 상담자는 더 심각한 문제를 가진 가정에서 성장한 내담자가 상처가 되는 상호작용을 입 밖으로 이야기할 수 없는 은밀하거나 **무언의 가족 규칙**(unspoken family rule)과 함께 살아왔다는 것을 알게 될 것이다. 부모와 자녀는 그들의 관계에서 파열적인 상호작용을 인정하고, 그것을 회복할 필요가 있다.

결국 중요한 정서적인 반응의 철회는 독재적인 부모가 분노와 증오로 아동에게 정서적인 연결을 닫아버릴 때 발생한다(Johnson, 2008). 양육자가 신체적으로는 함께 있더라도, 아동은 심리적으로 혼자이고 고통스러운 분리 불안으로 고생하게 된다. 이런 철회는 또한 아동이 부모의 사랑을 받을 수 없고 결국은 수치심에 기초한 자기의식을 갖게 만들기 때문에 무기력해지거나 희망이 없어지게 만든다. 그리하여 아동은 외롭고 나쁘게 느끼게 되며, 관계가 회복되고, 정서적인 유대관계를 새롭게 하기를 바란다. 그러나 부모가 다시 아동에게 개입할 때까지 결국은 그렇게 할 힘을 갖고 있지 않다. 더욱이, 아동의 비효능감은 부모의 불인정과 철회에 대한 책임이 자신에게 있다고 느끼게 될 때 더 악화된다. 이런 변화될 수 없는 이중 구속으로, 아동은 그들의 행동, 예를 들면 우유를 쏟는 것, 우는 것, 화내는 것, 도움을 필요로 하는 것 등이 부모를 떠나가게 만들었다고 믿게 된다. 그것은 자녀가 가장 두려워하는 반응인데, 왜냐하면 이미 불안정한 유대관계를 또 위협하기 때문이다. 아동은 버려진 것에 화가 나며, 물론 대항하려고 하지만, 이것은 독재적인 부모로부터 또 다른 위협을 받게 만든다. 독재적인 부모는 힘을 이용해서 분노를 표현하는 적절한 방법을 찾을 뿐 아니라, 아동이 부모에게 동의하지 않는 것을 허락하지 않는다(예를 들어, 자녀는 부모에게 다음과 같은 이야기를 듣게 된다: "나는 네 아버지다. 너는 나에게 화낼 수 없어. 이해하겠니? 나를 바라보고 '알겠어요'라고 이야기해라."). 그리하여 아동은 대항할 수 없으며, 심지어는 분노를 내부로 표현해야 한다. 왜냐하면 분노의 표현은 부모와 이미 약해진 유대관계를 더 위협할 수 있기 때문이다. 결과적으로, 아동은 자주 분노를 자신의 내부로 돌린다. 분노는 자신을 비하하고 수치심을 느끼게 함으로써 표현된다. 징벌적인 자기비난의 이런 경향은 부모가 처음에 자신에게 했던 것과 같이 아동이 자신에 대해 똑같은 비판적이거나 경멸적인 태도를 채택함으로써 더욱 악화된다.

부모가 화나는 순간에 자녀의 감정과 경험에 대해서 모르게 되는 것처럼, 아동은 이번에는 자신의 내적인 경험의 명확성과 진실함을 잃어버리게 된다. 즉, 독재적 부모가 매우 순응하고 복종적이기를 요구할 때, 또한 무관심한 부모가 자녀의 느낌과 욕구에 비공감적일 때, 자녀는 자기 자신의 내적인 경험을 알 수 없게 되고, Rogers의 개념인 '불일치'를 경험하게 된다. 상담에서 그들은 자신이 무엇을 좋아하고 싫어하는지 모를 수도 있다. 심지어 무엇이 자신에게 좋게 혹은 나쁘게 느끼도록 하는지를 모를 수도 있다. 그들은 자신의 경험이 완전히 무시되므로 청소년기와 초기 성인기에 자신의 가치를 구별하고 직업적인 흥미를 만들어가는 자신의 신념체계를 발달시킬 기반을 가지지 못한다. 다른 말로 표현하면, 그들은 정체감 혹은 좀 더 기본적으로 자기(즉, 자기 자신의 마음이나 목소리)를 갖게 허락되지 않았던 것이다. 초보 상담자들는 아주 다양한 정도의 이런 발달적인 경험에서 기인한 정체감 문제를 가진 많은 내담자와 상담하게 될 것이다.

성인이 된 후에도, 심한 사랑의 철회와 가치 조건화를 사용한 양육자에게서 성장한 내담자는 아동으로서 자신이 경험했던 것과 똑같은 위협과 통제의 영향을 받게 된다. 현재 성인이 되었지만, 만약에 그들이 부모가 요구하는 것에 순응하지 않는다면, 관계가 망가지게 될 것이다. 따라서 상담자는 다음과 같이 말하는 것을 듣게 될 것이다.

- 만약 그와 결혼하면, 우리는 결혼식에도 참석하지 않고 더 이상 너를 만나지 않을 거야.
- 만약 이혼을 하면, 우리는 너를 거부하고 유언장에서도 빼버릴 거야.
- 만약 네가 그 일을 하면, 우리 가족 아무도 다시는 너와 말을 하지 않을 거야.

여기서 중요한 특징은 독재적인 부모나 자녀를 통제하기 위해 심한 사랑의 철회기법을 사용하는 사람들은 단지 받아들일 수 없는 행동에 대해서만 제한점을 두는 것이 아니라는 것이다. 대신에 그들은 **기본적인 관계적 유대를 끊어버리겠다고 위협**하고 있는 것이다. 애착을 추구하는 아동이 이런 강한 불안에 대처하기 위해 노력하면서, 순응은 일반화된 특성이 되고, 전반적인 성격적 압박감과 억제가 발생하며, 강박적인 증상과 섭식장애와 알코올/약물 중독과 같은 통제 관련 문제가 종종 발달하게 된다.

이런 내담자들에 대한 상담자의 초기 상담목표는 다음과 같다.

1. 너무나 오랫동안 정당화되지 않았던 내담자의 주관적인 경험을 인정한다.
2. 손상되었던 내담자의 주도성을 북돋아준다—예를 들어, 상담에서 내담자가 이끌어가는 것을 따라주고, 타인과의 주도성에 대해 지지해준다.
3. 내담자가 자신의 선호를 명료히 하고, 자신의 관심을 추구하며, 가능할 때는 자신의 목표에 따라 행동하도록 돕는 데 상담의 초점을 둔다.

다양한 자녀양육 방식과 애착 유형을 지닌 내담자에게 반응하는 지침

초기 부적응적인 도식이나 내적 작동 모델과 같은 개념이 의미하는 것은 반복적으로 학습된 역할, 기대와 관계 패턴은 청소년기 후기나 성인이 된 후에도 사라지지 않는다는 것이다. 따라서 초보 상담자들은 여기서 논의된, 문제가 될 수 있는 경험을 가지며 힘들게 성장한 내담자를 상담에서 만나게 될 것이다. 권위적이거나 안정한 양육자와 좀 더 건강한 발달적인 경험을 갖고 있는 상담자에게 매우 독재적인 자녀양육 방식의 정서적인 심각성을 인정하는 것은 어려울 수 있다: 매우 독재적인 부모의 정서적인 심각성과 엄격함; 무관심한 가정에서의 거부, 심한 사랑의 철회에서 오는 외로움과 불안; 몰두형 애착 유형을 가진 양육자에게서 성장하는 것의 고통스러운 자기인식과 정체감 혼란 등등.

상담수련의 초기과정에서 상담자는 내담자의 겉보기에는 정상적이고 예의 바른 부모가 종종 어떻게 그렇게 거부적일 수 있으며, 내담자의 심각한 불안과 심지어는 자신을 증오하게 만드는 원인이 될 수 있는지에 대해 의아해한다. 또 다른 상담자는 내담자가 상담자 자신의 독재적인 양육 배경에 대한 정서를 불러일으키기 때문에 이런 내담자의 역동에 대해 어려움을 느낄 수도 있다. 명백히, 이런 이슈는 많은 초보 상담자와 경험 있는 상담자에게 역전이 반응을 불러일으키기 때문에 접근하기 어려울 수 있다. 따라서 수련과정에 있는 상담자는 내담자에게 효과적으로 반응하고, 자신을 더 잘 이해하며, 좀 더 자기자비를 가지도록 돕는 동료, 실습 지도교수와 임상 수퍼바이저로부터의 지속적인 공감과 명백히 표현되는 지지가 필요하다(Angus & Kagan, 2007; Teyber & Teyber, 2014).

초보 상담자의 이런 공감적인 자세를 시작점으로 해서 상담에서의 개입에 대해 살펴보자. 어떻게 상담자는 내담자 부모의 자녀양육 방식과 애착관계를 탐색하고 평가하고, 이러한 발달적인 이해를 내담자의 현재 문제를 돕기 위해 사용할 수 있을까? 경험에 의하면, 상담자의 노력과 내담자에게 발달적/가족적인 이슈를 물어보는 것은 별 소용이 없다. 그것은 내담자가 현재 겪고 있는 문제를 돕도록 의미 있게 연결되거나 적절하지 않은 것처럼 보인다. 대신에, 확실하게 좀 더 생산적인 접근법은 내담자가 아동기/가족의 경험과 직접적으로 관련되어 있는 어떤 것에 대해 이야기하기 시작했을 때 진입로를 발견하는 것이다. 이러한 접근으로 내담자는 자신이 이야기하고 있는 주제에 대해 주인의식을 가지며 상담자를 이끌게 되고, 상담자는 단순히 다음과 같이 함으로써 합류하고 관심을 표현한다: 내담자가 방금 사용한 주요 단어나 문장을 반영해주는 것; 좀 더 탐색하기 위해 개방형 질문을 하는 것; 내담자 자신의 탐색과 아젠다를 촉진하는 협력자가 되는 것. 대부분의 경우에, 이런 대인관계 과정이 가장 좋다고 할 수 있다. 그것은 상담자와 내담자가 생산적으로 현재의 문제를 더 잘 이해할 수 있게 의미 있는 이슈로 이끌어간다.

다음의 세 가지 예에서 상담자는 내담자의 이야기를 듣고 진입로를 반영해주고, 내담자가 수용적인지의 여부와 관계없이 반응적이면서, 이것을 내담자의 발달적인 경험에 대해 좀 더 직접적으로 묻기 위해 사용한다.

상담자 알겠어요. 그것이 당신이 자녀를 훈육하는 방법이군요(진입로에 반응한다). 부모님께서는 당신에게 화가 나거나 당신을 훈육할 때 어떻게 반응했는지 궁금하네요.

내담자 선생님 말을 잘 이해하지 못하겠어요.

상담자 당신의 부모님은 뭐라고 이야기하고 어떻게 행동하셨나요? 그리고 그것은 보통 당신에게 어떤 느낌을 갖게 했나요?

또는

상담자 당신이 방금 이야기한 두 명의 애인은 당신의 감정을 중요하게 여기지 않았군요(진입로에 반응한다). 당신은 스트레스를 받거나 도움이 필요할 때 파트너가 어떻게 반응하기를 기대했는지 알고 싶네요. 당신은 문제가 생겼을 때 파트너에게 도움을 요청하고 이야기했나요?

내담자 아니요.

상담자 당신이 그들에게 말하지 않으려고 한 이유가 궁금하네요. 당신이 다시 일어나기 원하지 않는 무엇을 그들이 말하거나 했나요?

또는

상담자 정말 잘 되었네요. 직장에서 승진한 것은 정말 의미 있는 성공이에요—당신이 정말 기쁘고 자랑스럽게 느낄 수 있는 거지요(진입로에 반응한다). 이것에 대해 부모님께 이야기했나요? 그랬다면 부모님은 어떻게 반응하셨어요?

내담자 음, 저는 그렇게 생각하지 않아요.

상담자 음 … 함께 사고연습을 해보죠. 잠시 눈을 감고 당신이 어렸을 때 한 가장 큰 성공 경험을 떠올려보시겠어요? 자, 이 성공에 대해 부모님에게 이야기하는 것을 상상해보고, 각 부모님의 얼굴표정을 묘사해보세요. 부모님들이 당신에게 뭐라고 이야기하나요?

대부분의 내담자는 특히 진입로가 되는 질문이나 적절한 때에 좀 더 직접적인 질문에 반응해서, 불안한 사랑의 철회, 고통스러운 외로움, 불인정, 공포, 수치심과 관련된 부모–자녀 상호작용에 대해 묘사할 것이다. 다시 말해, 내담자는 매우 힘들었던 상호작용에 대해 기억하고 이야기할 것이다. 하지만 그것에 수반되는 고통스러운 감정은 나타내지 않을 것이다. 상담자는 내담자가 도움을 요청하거나 기대하지 않도록 학습되었다는 것을 알게 될 것이고, 얼마 후에는 양육자에게 도움을 요청할 생각조차 하지 않게 된다는 것을 알게 될 것이다. 애착이론으로 돌아가면: 내담자는 어려움에 처했을 때 양육자가 자신의 동맹자이고 문제에 대해 도와줄 거라고 기대하는 것에 안전하지 않았다—단지 자신의 문제를 들어주고 함께 있어 주는 것일지라도.

추가적인 임상 지침

자녀양육은 아마도 인생에서 가장 도전적인 과제일 것이다. 영향력 있는 가족치료사인 살바도르 미누친(Salvadore Minuchin)이 말하기를, 자녀양육은 항상 다소 불가능한 일이라고 했다. 거의 모든 부모는 할 수 있는 한 자녀에게 가장 잘 하려고 열심히 노력한다. 심지어는 자녀에게 중요한 인생 문제를 야기하는 매우 독재적인 부모도 대부분의 경우에 잔인하거나 나쁜 의도가 있지는 않다. 성격이 서로 다른 것처럼, 자녀양육과 관련하여 사람들은 발달적인 측면에서 서로 다르다. 대부분의 부모는 자녀에게 잘 하고, 어떤 도덕적인 기준을 갖고 살며, 자녀에게 최선을 다하려고 노력한다고 믿으며, 대개는 자신이 받았던 것보다 자녀를 더 잘 키우려고 노력한다. 비록 자녀가 부모의 양육방식에 의해 상처를 받더라도, 그들은 대부분 부모를 사랑하고 부모의 인정을 얻으려고 노력한다.

상담자는 성인 내담자가 부모에게 '새로운 기회'를 주거나 그들의 손상된 그러나 매우 중요한 관계를 회복하기 위해 노력하고 있다는 것을 인정하지 못하면 상담을 잘 해나갈 수 없다(Sampson, 2005). 상담자의 목적은 양육자가 세월이 지나면서 변화했는지, 어느 정도로 그들이 이전보다 현재에 더 잘 반응할 수 있는지를 내담자가 현실적으로 평가하도록 돕는 것이다. 어떤 양육자는 내담자가 어렸을 때보다 현재 더 잘 내담자에게 반응할 수 있다. 반면에, 많은 다른 양육자들은 똑같이 문제적인 방식으로 내담자에게 지속적으로 반응하고 있을 것이다. 상담자의 목표는 내담자에게 현실적인 기대를 갖게 하고 부모와 성인 자녀 사이의 현재 관계가 가능한 한 좋아지게 돕는 것이다. 상담자는 상담에서 내담자로 하여금 양육자에 대한 긍정적이고 부정적인 감정을 표현하게 격려하는 것이 중요하다. 이런 과정을 '제외하는' 상담자는 내담자가 양육자의 좋고 나쁜 부분을 통합하는 매우 중요한 경험을 못하게 하는 것이다. 오랫동안 부모의 좋고 나쁜 측면을 통합할 수 없는 내담자는 또한 자신의—그리고 자신의 자녀의—좋고 나쁜 면을 수용하고 통합하는 데도 어려움을 겪을 것이다. 이런 통합은 그들이 좀 더 진실된 인생을 살기 위해 반드시 필요하다.

가족이론가들이 강조하는 것처럼, 상담자의 역할은 판단하거나 비난하는 것이 아니라 이해하는 것이다(Satir & Bitter, 2000). 그리고 내담자가 그들이 경험해온 것에 대해 좀 더 현실적으로 적합한 삶에서의 새로운 이야기를 형성하도록 돕는 것이다(White, 1997). 그리하여, 한편으로 상담자의 역할은 내담자의 부모를 나쁘다고 하거나, 내담자가 부모를 거부하거나 접촉을 끊게 하거나, 상담자를 이상화하여 부모를 대신하게 함으로써 상처를 주어왔던 부모에 의해 분열된 방어를 바꾸는 것이 아니다. 또한 상처가 되었던 상호작용의 실제 영향을 부정하거나 최소화하는 어떤 방법을 찾는 것도 아니다. 대신에 상담자의 상담목표는 다음과 같다.

1. 내담자가 자신의 원가족의 좋고 나쁜 일들에 대해 좀 더 실제적으로 알도록 돕고, 자신의 인생 경험에 대해 좀 더 정확하거나 현실적인 이야기를 형성하도록 돕는다.
2. 내담자가 현재 다른 사람과의 관계에서 문제가 되는 반응을 변화시키도록 돕는다.
3. 예전에 가졌던 문제적인 관계 패턴을 되풀이하지 않는 새로운 관계를 수립하기 위한 내담자의 현재 노력을 촉진한다.

상담자가 작업 동맹을 유지하고 내담자에게 정서적으로 필요할 때 도움을 줄 수 있으면, 상담자는 내담자에게 교정적 정서 경험(CEE)을 제공하게 된다. 상담자는 내담자가 발달적으로 경험하지 못한 일관되고 안전한 기지를 내담자에게 제공한다. 상담과정에서 일관적인 정서적 가용성이 대개 내담자의 변화에 더 큰 효과를 가진다(Holtforth & Fluckiger, 2012). 그러나 상담자 자신의 원가족 경험에서 오는 역전이 문제로 인해 상담자가 일관성 있고 교정적인 존재가 되는 것은 쉽지 않다.

내담자는 양육자가 이런저런 방법으로 자신을 회피했던 경험이나, 중요한 욕구가 있을 때 정서적으로 도움이 되지 않았던 경험에 대해 이야기한다. 이런 발달적인 결점—그리고 그로 인한 부적응적 관계 패턴—은 쉽게 그러나 매우 미묘하게 상담관계에서 반복될 수 있다. 예를 들어, 어떤 상담자는 내담자의 고통에 정서적으로 함께 하는 데 어려움을 가질 수도 있다. 그들은 내담자의 수치심이나 큰 슬픔 같은 어떤 정서에는 함께 하기가 어려울 수 있다. 내담자의 개별화, 성공이나 독립성은 상담자 자신의 발달과정에서 지지되지 않았기 때문에, 혹은 내담자의 성공은 자신의 직업이나 결혼에서 성취가 부족하다는 감정을 일으키기 때문에 상담자를 불편하게 만들 수도 있다. 내담자가 상담에서 호전되고 종결이 다가옴에 따라, 이런 상담자는 그들의 원가족에서 주어졌던 돌보는 역할을 잃는 것에 대해 슬프거나 불안하게 느낄 수도 있다.

아마도 가장 중요한 것은, 많은 상담자는 내담자가 변화하지 않거나, 상담자를 실망시키거나 좌절시킬 때 내담자를 '포기한다'는 것이다. 이것은, 예를 들어 자신이 위급하게 찾는 도움에 대해 동시에 저항하는 몰두형이거나 두려움 애착 유형의 내담자들에게 발생한다(예를 들어, 내담자: "네, 그러나…"). 상담자는 이런 내담자에 대해 과정 언급을 하고, 내담자의 현재 상호작용에 관해 이야기하기보다, 대개는 다음과 같이 말하면서 포기한다—"내담자는 아직 변화할 준비가 되어 있지 않아요." 상담자는 내담자가 변화하지 않을 때 자신이 실패하고 있다고 느낄지도 모른다. 따라서 비판적이 되고, 궁극적으로는 내담자에게서 철회함으로써 역전이 반응에 비효과적으로 반응하는 경우가 많다.

상담자의 역전이 반응이 일어날 때, 내담자는 다시 혼자 남겨지고 자신의 경험에서 분리된다. 슬프고 화나고 성공적인 것이 타인을 다치고 화나게 하거나 정서적으로 분리시킨다는 내담자의 병리적인 믿음은 이런 대인관계 과정에서 해결되기보다는 다시 한 번 확인되는 것이다. 그러한 재현이 말로 표현되거나 고쳐지지 않고 다시 발생할 때, 오래된 인식 틀과 문제가 되는 관계에 대한 기대가 확인됨으로써 내담자에게 더 큰 불안정을 가져오게 된다.

역전이와 더불어, 내담자의 어떤 요인은 상담자가 일관되게 접근 가능한 존재가 되는 것을 방해한다. 예를 들어, 많은 내담자는 상담자를 좋아하고 믿는다고 말한다. 그러나 만약 상담자가 자신에 대해 정말로 잘 알게 된다면, 자신을 존중하거나 자신에게 관심을 가지지 않을 것이라고 믿을 수도 있다. 내담자는 자신이 상담자를 속였고 자신에 대한 상담자의 긍정적인 감정을 조정한다고 믿는다. 이것이 상담자가 내담자를 내적으로 초점 맞추게 하고, 상담자에 대한 내담자의 감정을 완전히 알아야 하는 이유이다—상담자의 반응에 대한 내담자의 지각을 포함해서. 예를 들어보자.

상담자 당신이 나에게 이것을 말하면, 당신은 내가 당신을 어떻게 느낄 것이라고 생각합니까?

불행하게도, 내담자는 자신의 경멸스럽고, 약하고, 받아들여질 수 없는 감정이 자신의 실제 자아를 구성한다는 병적인 믿음을 가지고 있는 경우가 많다. 내담자가 상담자에게서 판단, 정서적인 철회와 거부가 아닌 연민과 이해를 경험하는 것은 상담자가 제공할 수 있는 가장 강력한 재학습 경험이다. Carl Rogers(1951)는 내담자들이 자기 자신을 수용할 수 있을 때까지 변화되지 않으며, 상담자로부터 수용을 느낄 때 자신을 수용하기 시작한다고 강조했다. 그리하여 상담자는 이런 핵심 갈등 정서를 포함하는 안전한 버텨주는 환경을 제공하고, 내담자가 그것을 경험함에 따라 내담자가 문제를 해결하도록 돕는 것이다.

마지막으로, 어떤 내담자는 과거에 자신이 받은 문제의 반응과 똑같은 반응을 상담자로부터 이끌어내는 데 능숙하다. 우리가 이미 강조한 바와 같이, 대인관계적 과정접근의 기본적인 신념은 대부분의 내담자들의 갈등이 상담과정에서 일시적으로 상담자와 재현될 것이며, 파악되고, 재조직되어야 할 필요가 있다는 것이다. 보통 상담자가 협조적이고 친절하며, 존중적인 내담자와 공감하고 따뜻한 관계를 가지고, 진실되기는 쉽다. 그러나 어떤 내담자의 대인관계 대처 전략(예를 들어, 도발적이거나 지배적, 비판적이거나 통제적, 수동적이거나 의존적 등)은 이간질하고, 위협하며 상담자를 좌절시키는 것이기 때문에 상담하기 어려운 내담자와 작업 동맹을 유지하는 것은 상담자에게 매우 힘든 일이다(Najavitts & Strupp, 1994). 이런 부정적인 내담자에 대해서는, 상담자가 내담자의 부적응적 관계 패턴에 관한 가설을 형성하는 것이 특히 중요하다(Levensen & Strupp, 2007). 상담자가 과정에 대한 언급을 하고, 내담자의 부적응적 관계 패턴에 대한 가설, 즉 내담자가 타인에게서 이끌어내려는 것이 무엇이며, 그들이 상담자에게서 불러일으키려는 것이 무엇인지에 대한 가설을 포함하는 과정노트를 만들 필요가 있다. 상담자가 그런 사례 개념화를 준비했을 때, 내담자에게 자동적으로 반응하고 단순히 내담자에게 익숙한 문제의 시나리오를 재현하기보다는 교정적 정서 경험을 제공할 기회가 증가하게 된다(부록 A와 B 참조). 초보 상담자가 상담 초기에 이런 일을 하는 것은 도전적인 과제가 되기 때문에, 우리는 다음 장에서 더 자세히 살펴볼 것이다.

요약하면, 내담자는 매우 다양한 발달적 경험과 가족 경험에 대해 이야기할 것이고, 어떤 내담자의 역동은 여기서 논의되고 있는 문제들과 연결되지 않을 수도 있을 것이다. 그러나 불안정한 애착, 잘못된 자녀양육 방식, 사랑의 철회와 가치의 조건화는 상담자가 상담에서 자주 듣게 되는 이야기이다. 이것은 내담자가 현재 나타내는 증상과 문제를 형성하게 된 경험에 대해 알려주고, 상담자와 내담자가 무엇이 일어나고 있는지 이해하도록 도울 것이다.

가족의 상호작용 패턴

애착이론과 부모의 자녀양육 방식을 가족체계이론과 연결시키는 것은 상담자가 내담자의 핵심 문제를 이해하고 상담의 초점을 좀 더 효과적으로 구성하도록 돕는다. **구조적인 가족관계**(structural family relations)는 가족 내에 존재하는 비교적 지속적인 동맹, 연합, 충성의 패턴으로 구성되며, 이러한 하위체계 사이의 **세대 간 경계**(intergenerational boundaries)의 명확성은 어떻게 가족이 기능하게 되는지를 형성하도록 돕는다(Cowan & Cowan, 2005). 이런 관계들은 가족 조직의 기본이며, 어떻게 가족이 사회체계로서 작용할 수 있는지를 규정한다(Minuchin & Nichols, 1998). 가족 패턴은 또한 문화적인 가치와 신념의 영향을 크게 받으며, 규범을 형성하고, 가족 내에서 수용 가능한 행동을 규정하게 된다. 따라서 구조적인 가족 관계와 문화는 가족의 의사소통 유형과 가족 구성원들이 채택하는 역할뿐만 아니라, 가족 구성원들이 어떻게 상호작용하는지에 영향을 미친다(Goldenberg & Goldenberg, 2013; Teyber, 2001).

잘 기능하고 있는 가족 내에는 성인의 일과 자녀의 일을 구별해주는 명확히 정의된 세대 간 경계가 있다: 즉, **어른과 자녀 간의 역할과 책임이 명확히 구분되어 있다.** 이것은 성인 양육자가 자녀에게 예측 가능한 매일매일의 일상생활을 조직적으로 제공하고, 결정을 하며, 가족을 위한 계획을 세우고, 한계를 설정하며, 규칙을 부과하는 것을 의미한다(Minuchin, 1984). **비록 부모가 동료애와 지지에 대한 욕구를 가지고 있더라도, 이러한 정서적인 욕구는 기본적으로 자녀를 통해서라기보다 같은 세대의 동료관계에서 충족된다.** 반대로, 자녀는 성인과 자녀의 역할이 명확히 구별되지 않을 때, 세대 간 경계선이 모호할 때, 그리고 많은 성인의 욕구가 자녀를 통해 충족될 때 많은 문제점을 나타내게 된다(Beavers & Hampson, 1993). 이런 일반적인 사실을 명심하면서, 초보 상담자가 상담현장에서 자주 보게 되는 두 가지 공통된 문제점에 대해 알아보도록 하자: 독립(emancipation)과 부모화(parentification)(Perrin, Ehrenberg & Hunter, 2013).

독립과 관련된 갈등 명확하지 않은 세대 간 경계를 가진 세대 간 동맹관계에 있는 많은 자녀들은 개별화 문제를 가지고 있다—특히, 후기 청소년기와 초기 성인이 된 자녀가 원가족을 떠나고, 진로를 탐색하고, 새로운 관계를 만들기 시작하려고 노력할 때. 만약에 양육자가 부부/파트너의 일차적인 연합관계를 가지거나, 한 부모 가정의 부모가 지지적인 동료관계를 맺고 있다면, 자녀는 성장하면서 더 큰 지지를 받게 되고, 성공적으로 독립적인 삶을 시작한다. 명백한 세대 간 경계를 가지고 있는 초기 성인기 자녀는 원가족과 친밀한 유대와 참여관계를 유지하면서 성공적으로 가정에서 분리될 수 있다. 그들은 가족과 정서적으로 분리되거나 신체적으로 접촉을 끊을 필요가 없고, 음주 운전이나 십대 임신과 같은 위험하거나 극단적인 행동을 할 필요가 없다. 이것은 부모가 자신의 삶을 성취하거나 문제를 해결하기 위해 자녀가 자신에게 의존적으로 남게 할 필요가 없기 때문에 가능하다.

반대로, 만약 일차적인 세대 간 연합관계가 부모와 자녀 사이에 있다면(예, 엄마와 장녀), 자녀는 부모를 혼자 남겨두는 것에 대해 **분리 죄책감**(separation guilt)을 느낄 수 있다(Weiss, 1993). 안전한 기지가 부족한 자녀는 특히 자신의 성취에 대해 불만족스럽게 느낄 수 있으며, 다른 사람과 완전한 관계를 이룰 수 없게 되거나, 만성적으로 우울해진다. 독립과 관련된 죄책감은 학생들이 대학상담센터에서 이야기하는 다른 많은 증상과 문제뿐만 아니라 종종 대학에서 학업적인 실패의 원인이 된다(Teyber, 2001). 그리하여 세대 간 동맹은 초기 성인이 된 자녀가 가정을 떠나는 것, 진로를 추구하는 것, 만족스러운 애정관계를 맺는 것과 일반적으로 성공하는 것에 죄책감을 느끼게 하여 구속적인 충성 유대관계를 부과한다. 비록 독립과 관련된 문제들이 다양한 문화권에서 다른 양식으로 표현된다 해도, 종종 자녀에게 개별화와 부부가 되는 것에 대해 허용적이지 않을 때 죄책감과 우울증상이 나타난다. 이런 문제는 특히 새로운 가정과 문화적인 가치가 이민 온 국가와 유의미하게 다를 수 있는 많은 1세대와 2세대 이민자에게 나타난다(Varghese & Jenkins, 2009).

4장에서 살펴본 안나처럼, 많은 내담자들은 명백한 세대 간 경계의 부족에서 기인하는 구속적인 분리 죄책감으로 힘들어한다. 몰두형 양육자 밑에서 성장하거나, 자신이 몰두형이나 두려움 애착 유형인 내담자는 삶에서 행복하고 성공적이거나, 심지어는 상담과정에서 좋아지는 것에 죄책감을 느낄 수도 있다. 이런 내담자에게는 특히 상담자가 내담자의 행복을 즐거워하며 내담자의 성공에 기쁨을 표현하는 것이 중요하다. 초보 상담자는 내담자가 "오늘 정말 기분이 좋아요. 이야기할 어떤 문제도 없어요." 하고 말하면서 회기를 시작할 때 어떻게 반응해야 할지에 대해 확신하지 못하는 경우가 있다. 그런 경우가 발생한다면,

분리 죄책감을 가진 내담자는 자신의 내적 작동 모델에 기초해서 자신의 행복, 성공, 독립은 상담자를 기분 상하게 하거나 상담자가 원하지 않는 것이라고 가정하기 쉽다(부정확하게). 상담자는 교정적 정서 경험을 제공하고, 그러한 내담자의 분리 죄책감과 잘못된 관계 기대를 다음과 같이 반응함으로써 인정하지 않도록 한다—내담자의 좋은 기분을 환영하고 열광적으로 반응함으로써. 예를 들어보자.

상담자 잘됐네요! 이번 주 당신에게 일어난 가장 좋은 일은 무엇인가요?

내담자 삶의 성공적인 측면에 대한 명확한 인정이 없다면, 내담자는 상담자와의 실제 관계에서 교정적 정서 경험을 가지지 못하게 된다. 내담자가 어떤 진전이나 해결책 없이 상담에서 계속적으로 슬픔, 공포, 고통을 나눔으로써 상담은 수렁에 빠지게 된다. 이런 재현이 해결될 때까지 상담에서 진전은 이루어지지 않을 것이다.

10장에서 살펴보겠지만, 독립과 성공에 대한 갈등은 상담을 종결할 즈음, 경계가 뚜렷하지 않은 세대 간 경계를 가진 가정에서 성장하고, 구속적인 세대 간 동맹이 있는 내담자에게서 발생할 것이다. 특히, 분리 죄책감으로 힘들어하는 내담자는 상담자가 더 이상 필요하지 않은 것과 스스로 성공적으로 떠나가는 것을 매우 힘들게 느낄 것이다. **상담자는 이런 내담자에게 상담자를 필요로 하지 않는 것을 인정해주고, 상담에서 준비되었을 때 떠나는 것을 지지해주며, 자신의 성공적인 삶을 즐기고 추구하는 것에 대해 명백하고 치유적인 경계를 제공해야 한다.** 성장하고 강해지는 것, 일과 사랑에서 성공하는 것, 심지어는 부모나 상담자보다 더 행복하고 성공하는 것에 대한 죄책감은 공통적인 주제이다. 다행히도, 내담자의 이런 구속적인 죄책감과 관련된 믿음을 없애도록 돕는 것은 비교적 쉽다. 즉, 상담자는 내담자의 성공을 기쁘게 생각하고, 내담자의 유능감에 즐거움을 느끼며, 내담자가 강해지는 것에 상처받거나 위협받지 않는다고 말이나 행동으로 의사소통함으로써 가능하게 된다.

마지막으로, 문화적인 요인들은 특별히 복잡한 독립과 가족에 대한 충성의 주제에서 균형을 이루는 데 중요한 역할을 하게 된다. 가족의 연결성이나 밀접한 가족 유대감은, 예를 들어 아시아나 라틴계의 내담자나 그 외 관계성을 중시하는 문화권의 내담자에게는 특별한 관심사가 될 수 있다. 이런 내담자의 주관적인 세계관에 대해 상담자는 가족과 문화에 충실한 것과 자신의 실제적인 자아를 가지는 것 사이의 미묘한 균형을 인정하는 것을 배워야 한다. 문화적으로 인정되는 개별화와 독립이 무엇인지 알기 위해, 상담자는 내담자의 문화적인 맥락에 대해 잘 알고 있는 사람의 도움을 받는 것이 좋다(Jung, 1998). 이와 마찬가지로, 내담자에게 어떻게 그들이 자신을 동일시하는지 물어보는 것이 매우 중요하다. 왜냐하면 집단 내에 다양성이 존재하고, 개인이 가족과 연결되는 방법과 문화에 동일시하는 방법도 다양하기 때문이다(Cardemil & Battle, 2003). 그런 협력적인 탐색을 통해, 상담자는 내담자가 자신의 확장된 가족 내에서 역할 모델을 찾도록 도울 수 있거나, 자신의 문화에서 수용될 수 있는 방법으로 개별화되도록 도와줄 수 있다(Pedersen, Crethar & Carlson, 2008).

자녀의 부모화 세대 간 경계가 명확하지 않고 가정에서 일차적인 연합이 양육자와 자녀 사이에 있을 때, 종종 자녀의 **부모화**가 나타난다(Pasternak & Schier, 2014; Perrin, Ehrenberg & Hunter, 2013). 역할의 반전이 발생하는데, 부모가 자녀의 욕구에 반응한다기보다는 자녀가 부모의 정서적인 욕구를 충족시키는 역할을 하게 된다(Boszormenyi-Nagy et al., 1991). 즉, 부모의 정서적인 욕구가 배우자나 다른 동료 성인(같은 세대)에 의해 만족되지 않을 때, 양육자는 정서와 친밀감, 인정과 확신, 안정과 통제감과 같은 자신의 욕구를 만족시키기 위해 부적절하게 자녀에게 의존하게 된다. 상담자는 성인이 자녀를 '가장 친한 친구' '생명줄' 혹은 '절친한 친구'로 표현할 때 이와 같은 문제의 가능성을 염두에 두어야 한다(Teyber, 2001).

이것은 표면적으로는 괜찮아 보이지만, 자녀가 부모의 정서적인 욕구에 책임이 있거나 보살피게 되는 경우는 큰 문제가 된다. 이런 역할 반전이 문제가 되는 것은 자녀가 받기보다는 부모에게 주어야만 하고, 자녀의 나이에 적절한 의존적인 욕구가 채워지지 않기 때문이다. 이렇게 부모화된 자녀는 다른 사람들에게 과도하게 책임감을 느끼고, 타인에게 의지하는 것을 불안해하며, 자신의 욕구가 충족되는 것에 죄의식을 느끼며 성장하게 된다. 부모화된 자녀는 성인이 되었을 때, 아동기 때 받기보다는 준 것의 결과로 인해 종종 자신이 비어 있거나 '내면에 구멍이 있는 것처럼' 느껴진다고 묘사하곤 한다. 부모화된 자녀는 부모에 대한 특별한 자신의 역할을 즐기나, 성인이 되면서 결국 자신의 아동기를 박탈당한 것에 분개하게 된다. 성인 내담자가 상담에서 이야기할 때, 그들은 또한 현재의 대인관계에서 화가 나고/불안하다고 묘사하곤 한다. 다음과 같은 이유 때문이다.

1. 그들은 자신이 힘들 때 타인이 도와줄 것이라고 신뢰하지 않는다.
2. 그들은 자신에게 중요한 타인의 욕구를 만족시킬 수 없을 때, 관계가 손상될 것을 매우 걱정한다.
3. 그들은 중요한 관계에서 주기만 하고 받지 못하는 것의 불공평성에 분개한다.

이러한 주제는 특히 중요한데, 왜냐하면 부모화가 내담자뿐 아니라 상담자에게도 자주 있는 일이기 때문이다(DiCaccavo, 2006). 상담실을 내방한 어떤 내담자는 형제자매를 먹이고 보살피는 기본적인 역할과 같은 성인의 양육 책임을 내담자에게 요구하는 무관심한 양육자에 의해 부모화되었다. 이와 반대로 가장 흔하고 미묘한 몰두형의 양육자는 대개 따뜻하고 의사소통적이며, 외관상으로는 자녀의 정서적 요구에 반응적으로 행동해서 부모화된 자녀를 혼동스럽게 만들었다. 그러나 그들의 대화나 상호작용에서 충족된 것은 자녀의 욕구가 아니라 부모의 욕구였다. 부모화된 자녀의 기본적인 관계 패턴은 타인을 보살피는 것이기 때문에 그들은 간호사, 교사, 상담자 같은 직업을 선택한다. 그들은 친절하고 능력 있지만 "아니오."라고 말하거나 '한계를 정하는 것'이나 자신의 욕구에 충실한 것에는 죄책감을 느낀다. 그들은 경계선을 잘 설정하지 못하기 때문에 다른 사람들의 문제에 과도하게 개입하게 되고, 지치고 소모되는 경험을 하기 쉬운 경향이 있다. 부모를 돌보면서 성장했기 때문에 자신의 삶에서 이런 통제감을 포기하는 것은 이제 위협적이게 된다. 예를 들어, 자신이 모든 것을 해야 하는 것에 분개하면서도, 다른 사람이 책임을 나누어 갖는 것을 어려워한다. 이런 통제와 관련된 문제는, 예를 들어 비행기 공포증과 같은 증상에서 명백하게 나타난다. 비행기에 탑승하면 조종사에게 통제권을 일시적으로 넘겨주어야만 하기 때문이다. 이런 내담자는 밀접한 개인적인 관계에서도 문제를 나타내는데, 타인과 친밀해지는 데 필요한 통제감을 포기해야 하는 것이 너무 위협적이기 때문이다.

그러나 어떤 가족 내에서는—경제적, 한 부모 가정, 혹은 다른 이유로 인해—한 자녀가 일시적으로 동생에게 부모의 역할을 해야 하는 경우도 있다. 이것은 자녀가 부모화되는 것과는 다르다. 왜냐하면 부모가 집에 있을 때에는 책임이 부모에게 있으며, 자녀의 일시적인 역할은 부모의 정서적인 욕구를 보살피는 것이 아니라, 부모의 부재 시에 가정의 기능을 도와주는 것이라고 명확하기 때문이다. 더욱이 동생을 돌보는 것이지 부모의 정서적인 욕구를 돌보는 것이 아니다. 이런 아동에게 나타나는 역할 반전이 없고 책임감 있으며 타인을 도울 줄 아는 아동은 대개 회복탄력성이라는 개인적인 강점을 지니며, 능력 있는 개인으로 성장한다.

부모화된 내담자는 상담자에게 매우 민감하고 반응적일 것이다—그들은 한때 양육자였기 때문이다. 단기적으로는 특히 초보 상담자가 이런 내담자와 상담하는 것은 즐거울 수 있는데, 내담자는 자신이 무엇을 이야기하거나 행동해야 하는지 잘 알아서 초보 상담자가 유능하고 안전하게 느끼도록 만들기 때문이다. 예를 들어, 내담자는 자신의 인생에서 일어나고 있는 긍정적인 변화에 대해 말하며, 심지어 그것을 과장한다. 그러나 상담자가 이런 관계 패턴을 재현하는 데 결탁하지 않는다면, 내담자는 자신의 아동기에 잃어버린 것에 대해 탐색하기 시작할 수 있다. 동시에, 상담자가 이런 관계 패턴이 상담자-내담자 관계에서 일어날 때 과정 언급을 함으로써 탐색을 시작하면 내담자는 불안하더라도 안심할 수 있을 것이다. 예를 들어보자.

상담자 당신이 저를 위해서 방금 말한 진실된 염려에 정말 감사해요—당신이 저를 매우 많이 배려하고 있고 진실되게 느껴지네요. 하지만 우리가 그동안 이야기해온 보살핌에 대해 생각해볼 때, 이것이 얼마나 당신을 오래된 어려움으로 다시 되돌려놓는지에 대해 생각하게 만드는군요. 사실, 당신의 욕구에 대해서는 어떻게 하나 걱정돼요. 당신은 어떻게 생각하세요—제 걱정이 이해가 되나요?

부모화의 개념을 좀 더 명확히 하기 위해 하나의 사례를 함께 생각해보자.

자스민은 정신과 간호사로 매우 존경받는 사람이었다. 그녀는 매우 믿음직스럽고 책임감 있는 사람으로 일어나는 모든 상황을 잘 해결할 수 있었다. 위기에 처한 매우 혼란스러운 환자들을 다루어야 하는 병원의 응급상황에서 그녀는 빠르고 정확한 평가, 훌륭한 판단력과 열정으로 전체 직원들에게 존경을 받았다. 자스민은 비록 직장에서는 수퍼스타로 인정받지만 반복되는 우울증과 '소진'으로 인해 상담을 받게 되었다.

자스민은 총명하며, 상담자가 상담을 이끌어가고, 자신에 대해 이야기하고, 흥미로운 임상적 주제에 대해 동료적인 토론을 가능하게 하는 데 능숙한 매우 참여적인 내담자였다. 그러나 상담자는 상담장면에서의 재현에 대한 가설을 세우고 나서, 자스민이 자신의 패턴을 반복하는 강한 성향을 갖고 있다는 것을 지각했다. 반복적으로, 상담자는 예를 들어 다음과 같이 말함으로써 자스민을 내부로 초점 맞추게 하는 진입로를 찾았다.

상담자 ______때 당신은 어떤지 이야기해보세요.

또는

상담자 만약 당신이 '아니오.'라고 말하고 ______한다면, 무슨 일이 일어날까봐 두려웠나요?

자스민은 상담자가 원하는 것에 몰두하는 대신 자신이 무엇을 생각하고 느끼고 원하는지에 대해 생각하도록 반복적으로 요구받자, 자신과 자신의 내부 경험에 주의를 기울이는 것은 처음이라고 말하기 시작했다. 그녀는 이것이 매우 좋지만, 또한 매우 불편하다는 것을 알았다. 상담자는 그녀의 관심에 공감하고 그녀가 원하지 않을 때는 내부로 초점을 맞추도록 강요하지는 않았다. 대신에 자스민에게 자신의 경험을 살펴보는 것이 어떤지 물어보았다. 내부로 초점을 맞추는 것은 '이기적'이 되는 것에 대한 죄책감을 생기게 하고, '집중의 중심'이 되는 것에 대한 부끄러움을 불러일으킨다는 점이 상담자와 내담자 모두에게 명백해졌다. 그러나 이런 내담자의 반응에 대해 상담자가 확인해주는 반응(예를 들어, "그렇지 않아요. 나는 당신이 전혀 이기적이라고 생각하지 않아요.")을 한 덕분에, 상담자와 내담자 모두 중요한 새로운 측면이 다루어지고 있음을 알 수 있었다.

4주간의 상담 후, 자스민은 이전에 누구에게도 말한 적이 없는 것을 상담자에게 이야기하게 되었다. 그녀의 양아버지는 초기 청소년기 때에 그녀를 성적으로 모욕했다. 자스민은 비록 긁히는 상처가 나고 블라우스가 찢어져 벌어지고, 그를 밀어낼 때 코피가 났지만, 양아버지에게 대항해서 성공적으로 싸워냈다. 자스민은 자세하게 그러나 감정 없이 그녀의 괴로운 경험을 이야기했으며, 상담자는 보살피면서 효과적으로 반응했다. 두 딸의 엄마이기도 한 상담자는 자스민에게 무엇이 화급을 요하는 중요한 문제였는지를 물어보았다.

상담자 당신은 이 비밀을 거의 20년간 지켜왔군요. 당신이 지금 나에게 그 이야기를 해주어서 고맙게 생각합니다만, 당신이 오랫동안 혼자 이 비밀을 간직해온 것에 마음이 아프군요. 왜 어머니께 말하고 도움을 청할 수 없었나요?

내담자 저는 엄마에게 더 많은 짐을 지우고 싶지 않았어요—엄마는 더 많은 것을 할 수는 없는 상황이었고, 저는 엄마가 걱정하기를 원치 않았어요.

자스민의 반응은 부모화된 자녀의 어려움을 묘사하고 있다. 자스민과 엄마의 관계에서처럼, 보호와 편안함에 대한 자스민 자신의 깊은 욕구는 부모의 욕구를 충족시키기 위해 이차적이었던 것이다. 여기서 우리는 다시 애착이론의 핵심을 보고 있다. 모든 불안정한 애착 아동과 같이 자스민은 자신의 문제에 대한 도움을 청하기 위해 애착 대상에게 이야기할 가능성조차도 상상할 수 없었다.

상담자는 많은 내담자에게서 일어나고 있는 세대 간 경계가 모호한 가족과 세대 간 동맹이 있는 이러한 구조적 가족관계에서 문제가 많다는 것을 알게 될 것이다. 이것이 상담자가 이러한 내담자에게 명확한 치료적인 경계를 유지함으로써 교정적 정서 경험을 제공해야 하는 한 가지 이유가 된다. 특히 초보 상담자에게는 내담자에 대한 명백한 치료적인 경계의 이런 과정을 관찰할 수 있도록 적극적으로 돕는 수퍼바이저의 역할이 매우 중요하다.

맺음말

이 장에서 제시된 발달적인 이슈는 상담자와 내담자의 관계에서도 나타나게 된다. 효과적인 상담자는 내담자가 자신의 문제와 취약점을 드러내면서 안전하게 느낄 수 있는 안전한 피난처가 되기를 원한다. 이러한 안전감이 제공될 때, 내담자는 자신과 타인에게 새로운 방법으로 반응하기 위한 안전한 기지로서 상담자를 활용할 수 있을 것이다. 우리는 이것이 내담자가 상담에서 깊은 탐색을 하게 돕고, 그들의 삶에서 의미 있는 변화로 이끌 것이라고 믿는다. 그리하여 모든 상담자에게 개인적인 도전이 되는 것은 내담자에게 안전 기지—상담자 자신의 원가족에서 형성된—를 제공할 자신의 능력을 시험하는 것이다. 상담 수련생들은 불안을 일으키는 대인관계적인 영역을 넓히기 위해 비방어적이 되고 도전해야 하며, 내담자가 나타내는 다양한 문제들에 잘 대응해나갈 수 있도록 자신의 대인관계 범위를 넓히려고 노력해야 한다.

우리는 또한 발달적인 관점을 채택하는 것이 부모를 '나쁘다'고 비난하거나 내담자의 삶과 선택에 대해 책임이 있다고 비난하는 것이라는 일반적인 오해에 대해 살펴보았다.

대신에, 우리의 의도는 내담자를 정말로 힘들게 하는 것이 무엇이며, 그들의 삶에서 잘 기능하지 않는 더 넓은 맥락을 이해하려고 하는 것이다. 여기서 살펴본 가족에 대한 특징은 상담자가 내담자의 현재 문제와 부적응적인 패턴을 이해하게 도움으로써 상담의 초점을 명확히 할 것이다. 수련과정에 있는 상담자는 종종 수퍼바이저에게 "제가 무엇을 해야만 합니까?"라고 질문한다. 그러나 수퍼바이저는 우선적으로 탐색될 필요가 있는 좀 더 어려운 질문을 명백히 할 수 있게 내담자의 문제를 더 넓은 발달적/가족적/문화적인 관점에서 맥락화할 수 있을 때까지 제한된 일반적인 지침만을 제공할 수 있다: "이것은 무엇을 의미하는가?"

마지막으로, 어떤 상담자에게 이런 발달에 대한 자료를 읽는 것은 방해가 될 수도 있다. 왜냐하면 이것은 그들의 원가족에서 발생했던 것을 묻거나 조사함으로써 가족의 규칙과 문화적인 규칙을 위반하기 때문이다. 또한 많은 독자들은 바로 자신이 부모나 조부모이다. 그들이 가족 기능, 자녀양육 방식, 특히 자신의 애착 유형에 대해 알게 됨으로써 원하지 않는 죄책감이 생길 수도 있다. 이러한 죄책감은 이전의 자신의 자녀양육 기술의 한계점과 자신이 자녀와 사랑하는 사람들에게 영향을 주었던 문제가 되는 결과를 인식하면서 생길 수도 있다. 그러한 독자들은 자신에 대한 비현실적인 기대를 포기하고, 자녀양육에 대해 잘 알지 못했던 자신을 용서하기 바란다.

연습 활동

당신의 현재 성인 애착 유형은 무엇인가? 만약 당신이 불안정 애착 유형으로 성장했다면, 획득된 안정감을 가지도록 변화할 수 있었는가? 만약 그렇다면, 당신에게 도움이 되었던 경험이나 관계는 무엇인가? 만약 아니라면, 당신은 획득된 안정감을 얻기 위해 어떤 종류의 도움이 필요하거나 어떤 종류의 경험을 찾고 있는가?

추천 도서

몰두형과 거부형의 내담자와 상담하는 것에 대해 좀 더 학습하기를 원하고, 이런 관계/애착 관점에서 사례 개념화와 상담계획을 준비하는 데 관심이 있는 상담자는 다음을 읽어보기를 권한다. Daly & Mallinckrodt(2009), "Experienced Therapists' Approach to Psychotherapy for Adults with Attachment Avoidance or Attachment Anxiety," *Journal of Counseling Psychology*, 56, 549-63.

CHAPTER

07

유연성이 적은 대인관계 대처 전략

개념적 개관

이 장에서는 파괴적인 내적 작동 모델(IWMs)과 대인관계 대처 전략을 집중적으로 살펴봄으로써 상담자가 내담자의 증상과 문제를 개념화할 수 있도록 한다. 이는 내담자의 전반적인 삶에 영향을 미치며 내담자의 **핵심 갈등**(core conflict)을 형성하는 주요 개념들을 잘 보여준다. 이는 내담자가 제시하는 여러 다른 문제들과 염려들을 하나로 엮고 상담에 초점을 제공하는 중심축이다.

내담자의 핵심 갈등은 불안전 애착, 문제 있는 자녀양육 행동, 잘못된 가족관계 구조 등의 복합적인 영향으로 생긴다. 양육자와의 이런 문제있는 상호작용 패턴이 반복적으로 계속되었다면 자신에 대한 병리적 신념, 타인에 대한 잘못된 기대, 친밀한 관계에서 일상적으로 일어나는 일에 대한 편협되고 왜곡된 시각 등을 동반하는 IWMs가 생겨난다(Wachtel, 2008). 이와 같은 발달적 경험에 동반되는 고통스러운 느낌, 낮은 자기존중감, 대인관계에서의 위협 등에 대처하기 위해서 내담자는 고정된 대인관계 대처 전략을 개발하게 된다(McCarthy et al., 2008). 예를 들어, 많은 내담자는 성격적으로; 일상적으로 남을 기쁘게 해주거나, 완벽하려고 노력하거나, 순응적이며; 어떤 내담자는 책임을 지고 통제와 권력을 추구하며; 다른 내담자는 지속적으로 자신을 드러내지 않고, 모든 갈등을 피하려 하며, 경직된 자기충족감을 보인다(Coolidge et al., 2010). 여기서 중요한 점은 이런 **대인관계 대처 전략**(interpersonal coping strategy)이 생활 전반에 퍼져 있고 심지어 더 이상 필요하지 않거나 적응적이지 않은 때에도 경직되게 과다 사용된다는 것이다(Millon & Grossman, 2007을 참조하면 대인관계 대처 전략에 대한 개관 및 그 전략이 적응적인 행동 및 부적응적인 행동에 대해 어떤 의미를 지니는지를 알 수 있다.)

이런 대인관계 대처 전략과 같은 방어는 모든 사람에게 수시로 필요하다. 이런 전략은 어려운 상황에 대처하는 데 도움이 된다. 상담자가 내담자의 이런 대인관계 대처 전략 중 어떤 것이 어떤 상황에서는 필요하고 적응적이었다고 알아주면 내담자들은 이해받고 인정받는다고 느낄 것이다. 예를 들어 아동이 다른 사람을 기쁘게 해주고 순응하는 태도를 갖게 되면 불안하거나 우울한 부모로부터의 무시나 비난을 받지 않을 수 있고, 뒤로 물러나서 자신을 보이지 않게 하면 알코올중독 부모로부터 폭행을 당하지 않을 수 있다. 그러나 대부분의 내담자들에게 이런 대처 전략은 대부분의 현재 관계에서 더 이상 필요하거나 적응적이지 않음에도 불구하고 여전히 습관적으로 사용된다는 점이 문제다. 이런 전략은 뿌리 깊은 행동 패턴이 되어 이제는 내담자를 도와주기보다는 오히려 내담자가 상담에서 제시하는 여러 문제와 증상—예를 들어, 도움이 필요할 때 소리치기—을 만들어내고 있다(Baumeister & Scher, 1988; Pezzarossa et al., 2002; Wei & Ku, 2007). 이 장의 목적은 이 전략들이 누구에게 여전히 적응적인지, 그리고 언제 도움이 되지 않는지를 상담자가 인식하고 내담자로 하여금 이를 구분할 수 있도록 하며, 이것을 상담의 중요한 목표로 분명하게 제시하는 것이다(Denckla et al., 2015). 한편으로, 상담자는 내담자로 하여금 지금의 관계들 중에서 내담자가 여전히 이렇게 남을 즐겁게 해주거나 혹은 회피하는 것이 필요한 상황(예를 들어, 독재적이고 지배적인 상관)을 분류하도록 한다. 다른 한편으로 예전의 적응 전략(항상 통제하려고 하는)이 더 이상 필요하지 않고 오히려 새로운 문제를 만들어내는 다른 관계들(예를 들어, 새로운 친구나 잠재적인 연인의 경우)을 구별하도록 도와준다.

이런 상담목표를 이루기 위해서, 상담자는 다음 사항에 주목한다.

1. 내담자의 근원적 갈등을 구성하는 형성적인 패턴과 고통스러운 감정을 확인하기
2. 내담자가 발달적 가족 과제에 적응하기 위해 사용해온 대인관계 대처 전략을 드러내기
3. 내담자의 대인관계 대처 전략이 상담자 및 다른 사람들과의 현재 관계에서 어떻게 표현되는지를 명료화하기
4. 우선 상담자와의 관계에서 그리고 일상생활에서 다른 사람들과의 관계에서 이 패턴을 변화시키는 것을 시작하기

초보 상담자는 내담자의 핵심 갈등 및 그것에 대한 대인관계 적응을 성공적으로 파악하게 될수록 이 사례 개념화를 통해 내담자의 주제를 알게 되고, 내담자가 제시하는 복잡한 자료들을 조직하는 유형을 알게 된다(Barber, 2002; Levensen & Strupp, 2007). 2장에서

살펴보았듯이, 내담자에 대한 개념화는 내담자와의 첫 만남에서부터 시작하여 계속 진행하는 과정이다. 내담자 문제에 대한 일반적인 가설은 상담 초기에 형성되어 상담자가 내담자에 대해서 더 알아가면서 이 임시적인 작업 가설 중 어떤 것은 정교화되고 어떤 것은 버려진다. 상담자가 내담자의 내면에 집중하면 내담자 문제의 핵심이 되는 중요 관심사가 드러나고 명확해지며 내담자의 감정이 드러나고, 상담자는 상담자 및 다른 사람에 대한 내담자의 반응과 기대를 탐색하기 위해 과정 영역을 작업한다. 그러면 상담자는 이 지침을 활용하여 핵심 갈등을 명료화하고 그것이 상담자 및 다른 사람들에게 나타나는 방식을 변화시키는 것에 집중하게 된다.

내담자를 개념화하는 대인관계 구조 틀

이 절에서 우리는 내담자의 핵심 갈등을 개념화하는 대인관계 구조 틀—내담자의 핵심 갈등이 처음 어디에서부터 시작되었는지, 그것을 다루기 위한 내담자의 대인관계 적응, 그것이 어떻게 현재의 증상과 문제로 표현되는지 등—을 알아본다. 이와 같은 내담자 문제 개념화에는 다음의 다섯 가지 구성요소가 포함된다.

1. 내담자의 충족되지 않은 발달적 욕구
2. 발달 과제에 근거해서 내담자가 자신과 다른 사람에 대해 믿고 있는 것과 내담자의 IWMs
3. 불안을 관리하거나 대처하기 위한 내담자의 대인관계 전략
4. 핵심 갈등에 대한 대인관계 해결책

Horney(1970)의 대인관계 이론을 인용한 이 네 가지 구성요소는 내담자의 문제를 개념화하도록 도와준다(그림 7.1 참조). 이 파괴적인 IWMs와 경직된 대인관계 대처 전략을 살펴본 후에 이를 상담에 적용한 세 가지 사례연구를 살펴볼 것이다. 이제 다음과 같은 순서로 살펴본다: (a) 자녀에게 충족되지 않은 기본적 발달 욕구가 하나 또는 그 이상 있을 때 어떤 과정을 통해 오래 지속되는 문제가 생기는지를 살펴본다. (b) 파괴적인 IWMs와 경직된 대인관계 대처 전략이 내담자가 상담에서 제시하는 증상과 문제를 어떻게 만들어가는지를 살펴본다.

충족되지 않은 발달적 욕구

그림 7.1은 아래쪽에서 출발하여 위로 올라간다. 이 그림은 어린 자녀의 정서적 욕구 및 안정된 애착을 향한 욕구가 충족되지 않았을 때 나타나는 자녀의 발달 궤적을 잘 보여준다. 만약 양육자가 스트레스 상황에서 나타나는 자녀의 위로 요청에 대해 안정적으로 반

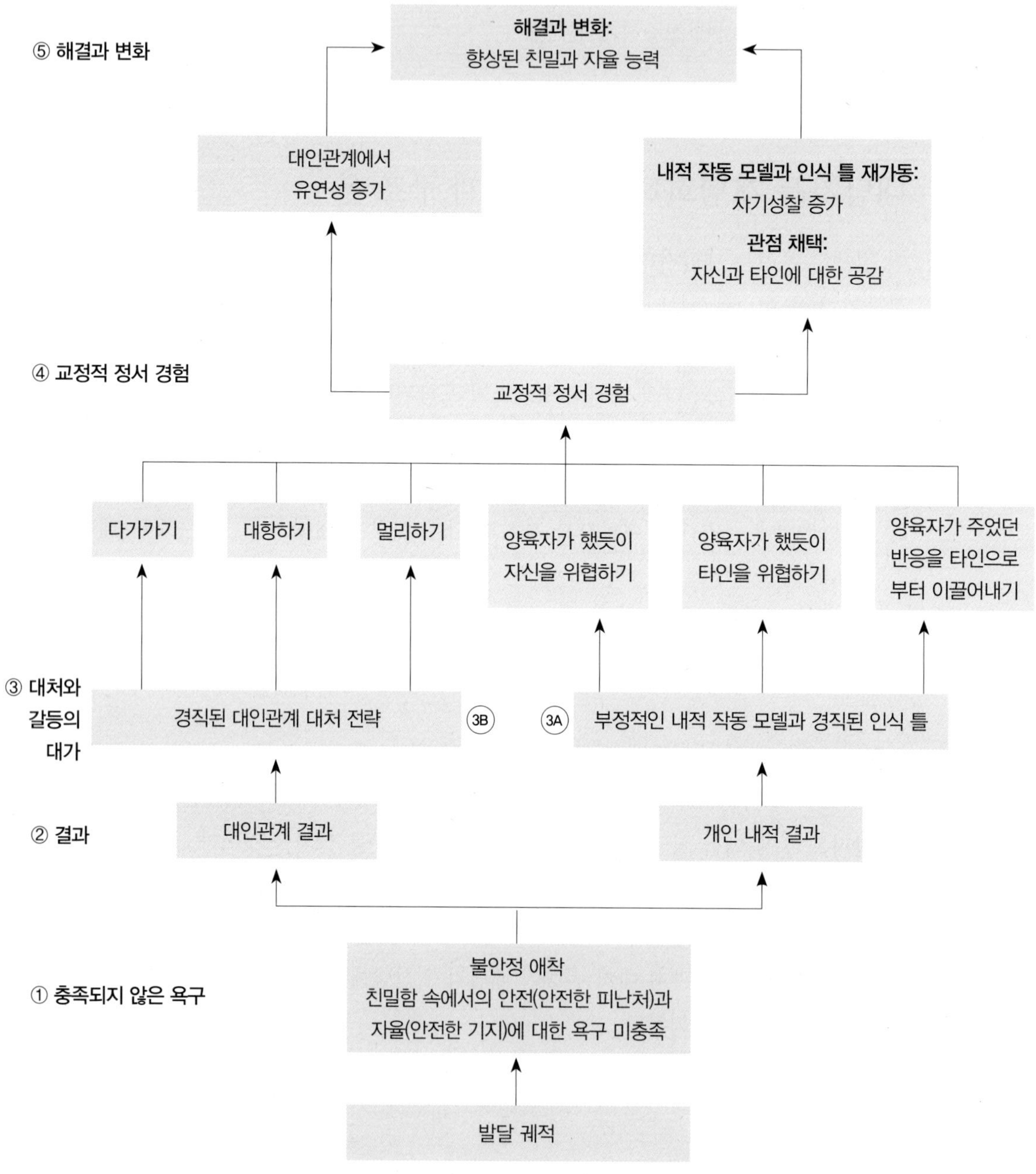

그림 7.1 변화 과정에 대한 대인관계 모델

응해주고(안전한 피난처), 호기심을 표현할 때 탐색을 지지해주면(안전한 기지) 자녀는 자유스럽게 이런 욕구를 표현할 것이다. 물론 자녀는 자라나면서 부모의 반응능력의 한계를 수용하고 부모의 반응이 지연되는 것을 견디는 것이 유익하다는 것을 알게 된다. 그러나 부모가 대개 반응을 보이지 않으면 곧 자녀의 욕구와 불안이 연합될 것이다.

그러면 자녀들은 부모의 무반응에 기초하여 IWMs을 만들어내고 이는 어린 시절 자신과 타인에 대한 감정과 지각을 계속적으로 형성한다(Bogels & Brechman-Toussaint, 2006; Quirk et al., 2015). 취학 전 아동의 온정과 애정에 대한 욕구가 무관심한 부모, 권위주의적인 부모, 허용적인 부모로부터 충족되지 못하는 각각의 경우를 생각해보자. 이런 아동이 스트레스 상황에서 위로를 받기 위해 양육자에게 다가가면 그들의 욕구는 다음과 같은 말로 거부당하게 된다.

무관심한 부모 지금 대체 뭘 바라는 거니? 넌 항상 무언가 필요하다고 하는구나. 여기서 나가버려.

독재적인 부모 뭐가 문제야? 당장 뚝 그쳐. 아니면 정말 울게 해줄 거야.

허용적인 부모 그래, 아가야, 가서 네가 하고 싶은 대로 하렴. 내가 지금 좀 바쁘거든.

이런 상호작용이 반복하여 일어나거나 부모-자녀 관계를 특징짓게 되면 아동은 곧 비판받고 거부당하며 무시당하는 느낌을 예상하게 되고, 위로나 안정의 정서적 욕구가 발생할 때마다 불안을 느끼게 된다. 그리고 자신은 반응을 받을 가치가 없는 존재로, 타인은 반응할 능력이 없는 존재로 IWMs가 형성되어 장래의 대인관계에까지 영향을 미치게 된다(Wachtel, 2008).

아동은 생물학적으로 애착 욕구를 계속 표현하도록 조직되어 있는데 이 직접적인 표현이 부모의 무반응 때문에 방어가 형성되어 축소되거나 부인된다(그림 7.1의 하단 ①파트). 애착을 추구하는 아동은 이런 고통스러운 환경에 적응할 방법을 찾아야 한다. 물론 내담자들이 6장에서 제시된 다양한 발달적 문제로 인해 발생하는 광범위한 범위의 문제들을 나타내지만 지속적인 심리적 문제들은 종종 안정된 애착(안전한 피난처와 안전한 기지)에 대한 어린 시절의 기본적 욕구가 충족되지 못하는 것에서 시작된다. 자녀가 어려움에 처했을 때에는 그들에게 명료한 의사소통과 부모에 대한 지속적인 정서적 접근을 제공하고, 안전한 경우에는 자율과 분화에 대한 지지를 제공해야 하는데, 그렇게 하지 못하면 성인이 되어 헌신과 친밀감 또는 자기 지향과 자율성 또는 이 둘 모두에서 어려움을 경험하는 내담자가 될 수 있다(Otani et al., 2014). 6장에서 살펴본 바와 같이, 따뜻함과 일관된 한계가 있는 예측 가능한 환경에서 자라난 자녀는 가장 좋은 발달 궤적을 갖게 된다(Kobak et al., 2006; Sroufe et al., 2005). 그러나 대부분의 자녀들은 정서적 욕구가 지속적으로 충족되지 않을 때 불안을 경험하여 성인이 되어서 이런 애착 욕구나 정서가 현재의 관계에서 활성화되면 불안을 느낀다(예를 들어, 내담자가 심각한 문제가 있을 때 배우자에게 도움을 요청하거나 어려움을 이야기하는 데 어려움을 겪는다).

그림 7.1의 ②파트와 ③파트는 IWMs와 대인관계 대처 전략을 보여준다. 한편 내담자는 불안을 불러일으키는 느낌이나 욕구를 막거나 최소화하는 방식으로 자신에게 대항한다(예를 들어 "나는 내가 싫어. 난 너무 많은 것을 요구해. 난 모든 사람에게 너무 큰 부담이야."). 동시에 내담자는 수용되지 않는 욕구와 그에 수반되는 불안을 관리하기 위해 대인관계 대처 전략을 사용하기도 한다(예를 들어 "내가 좀 더 날씬해진다면 그가 나를 떠나지 않을 거야."). ④파트는 상담자가 상담관계에서 제공하여 내담자가 일상생활에서 일반화하도록 하려는 교정적 정서 경험(CEE)을 다룬다. 이는 내담자가 자신의 핵심 문제를 해결하고 더 효과적으로 살 수 있도록 돕는다(Bridges, 2006). 이제 내담자의 경직된 대처 양식이 매일의 삶에서 다른 사람들에게 나타났듯이 상담자와의 현재 관계에서 어떻게 나타나는지를 살펴보자. 이는 경험적 재학습을 할 수 있는 강력한 기회를 제공할 것이다.

내적 작동 모델과 대인관계 대처 전략

2장에서 내담자의 갈등을 개념화하는 세 가지 영역을 이야기했다: (1) 부적응적 관계 패턴, (2) 자신에 대한 잘못된 신념과 타인에 대한 비현실적 기대로 구성된 경직된 인식 틀 또는 IWMs, (3) 핵심 갈등 감정. 이들이 서로 얽혀 있지만 그림 7.1의 ①파트에 제시된 충족되지 못한 욕구에 기반을 둔 불안정 애착은 핵심 갈등을 일으킨다. 이 근원적 갈등에서 비롯된 잘못된 신념이 ③A파트에서 지배적으로 나타나고, 이들에 대처하기 위한 대인 전략은 이 장의 주요 내용으로서 ③B파트에서 자세히 다루어질 것이다.

내담자들은 자신의 제한된 욕구를 표현 또는 경험할 때 발생하는 불안에 대처하기 위해 두 가지 심리적 기제를 사용한다. 첫째로, 다른 사람들이 처음에 내담자에게 반응한 그대로 내담자가 자신에게 반응한다(예를 들어, 양육자가 그들을 다루었던 방법에 기초하여 IWMs를 개발한다. 이는 학습경험과 무관한 단순한 비합리적 신념이 아니다). 내담자가 개발한 IWMs는 그들이 누구이며, 다른 사람은 어떻게 반응하여 그들의 행동을 통제할지에 대한 지속적인 신념이 된다. 둘째로, 융통성이 부족하고 과잉일반화된 내담자의 대처 양식은 그들의 개인적인 또는 정서적인 욕구를 극복하거나 관리하여 불안을 감소시키려는 시도이다. 내담자는 그들의 충족되지 못한 애착 욕구가 계속 경험하거나 다루기에는 너무나도 고통스럽고 파괴적이기 때문에 그것을 회피한다. 상담에서 이 대인관계 대처 전략은 내담자가 상담자와 상호작용하는 방법에서 금방 명확하게 나타난다(예를 들어, 특징적으로 기쁘게 해주기/순응하기, 통제하기/경쟁하기, 뒤로 물러나기).

한편으로는 불안을 일으키는 생각, 감정, 욕구를 부인하거나 회피하면서 다른 한편으로는 그것들을 극복하려고 노력하는 이 두 메커니즘은 불안을 줄이고 최소한의 자기조절, 효율성, 존중감을 만들어보려고 하는 시도이다. 이는 내담자의 핵심 갈등에 대한 나름대로의 해결책이었지만 내담자가 상담에 가져오는 많은 증상과 문제를 발생하게 했다. 한때는 내담자가 잘 기능하게 도와주었던 이 방어체제가 어떻게 지금은 비싼 대가를 치르게 하고 더 이상 적응적이지 않은지를 살펴보자.

내적 작동 모델이 증상과 문제를 형성한다

불안한 애착 상태의 아동은 자신에게 가능한 제한된 기술과 방법을 사용하여 부모로 하여금 자신의 정서적 필요에 반응하게 하려고 필사적으로 노력하지만 그들이 필요로 하는 도움을 이끌어낼 수 없다. 이는 부모가 일반적으로 양육적인 반응을 하지 않는 것, 자녀가 접촉을 시도하거나 필요를 표현할 때보다는 부모의 사정에 따라 반응을 하는 것, 또는 처벌적이거나 일관성이 없는 반응을 보이는 것 등에서 나타난다. 그들이 느끼는 무기력에 대해 적극적인 통제력을 갖기 위해 그리고 불안이 발생하는 것을 막기 위해, **아동들은 그들의 양육자가 원래 차단했던 것과 동일한 방법으로 자신의 욕구를 축소하고 차단하기 시작한다**(Otani et al., 2014). 예를 들어, 아동은 자신의 욕구나 스트레스가 의미가 없다면서 부인하며 자신이 중요하지 않다고 여기거나("난 바보야."; "난 아무렇지도 않아."), 욕구를 거부하면서 자신이 너무 요구가 많고 의존적이라고("나는 너무 욕심이 많아.") 스스로를 경멸한다. 상담자들은 이런 내담자들이 다른 사람들이 처음에 자신에게 했던 상처 주는 반응을 동일하게 그대로 사용하는 것을 반복적으로 본다("넌 정말 골칫덩어리야."). 아동들은 자기 자신으로 방향을 돌림으로써 원치 않는 불안을 막아낼 수 있는데, 이 불안은 그들의 발달적 욕구가 합리적이고 적합한 것이지만 그들이 가장 필요로 하고 사랑하는 보호자에게 받아들여지지 않는다는 것을 직면할 때 일어난다. 이런 적응은 애착 연결을 유지하고, 통제감을 갖게 하며("단지 내가 잘못된 거야."), 세상과 부모가 합리적이고 정의롭다는 관점을 계속 유지하게 해준다(Janoff-Bulman, 1979; Weiss, 1995). 이런 식으로, 양육자가 아니라 자신이 문제라고 봄으로써 일정한 애착 안정과 안전을 얻게 된다. 이것이 자신과 남을 보는 IWMs이 되어 이에 맞게 행동함으로써 그 틀에 일치하는 반응을 이끌어낸다. 예를 들어, 이들은 어떤 것(수당 인상, 하루 휴가, 일 도와주기 등)을 요구하면서 자신의 요구가 받아들여지리라고는 기대하지 않는다는 식으로 행동한다. 결과적으로 흔히 이들의 요구는 받아들여지지 않는다. 이렇게 자녀가 자신에게 원래 행해졌던 대로 자신에게 행동하고 현재의 관계에서도 다른 사람으로부터 그것을 이끌어내는 것을 다른 상담 접근에서는 '가해자에 대한 동일시' 또는 '모델링'이라고 한다.

내담자들은 불안을 회피하고 스트레스를 관리하기 위해 다음에 제시되는 세 가지 파괴적인 IWMs를 사용하는데 이 방어가 결국에는 문제를 더 심화시킨다.

1. 우선 내담자는 다른 사람이 자신에게 반응했던 상처 주는 방법과 동일한 방법으로 자신에게 반응한다. 반응을 잘 하지 않는 부모의 자녀는 성인이 된 이후에도 취약하거나 위협을 받는 상태가 되면 재확신이나 사랑에 대한 불안 유발적인 욕구가 여전히 촉

발된다. 이들은 양육자가 했던 방식으로 자신의 욕구를 보고 다른 사람들이 예전에 했던 것처럼 비판적이고 판단적이며 경멸하는 태도로 자신에게 반응함으로써 이 불안에 대응한다. 그들의 정서적 욕구는 어른이 되어도 받아들여지지 않기에 그들은 오래전에 다른 사람에게서 들은 것과 같은 비판적인 말을 자신에게 한다. 이들은 대부분 그들이 들었던 바로 그 단어와 억양을 사용하는데, 이들은 이 내면화된 '녹음 테이프'가 그들의 애착 대상에게서 나왔다는 것을 알지 못한다. 게다가 내담자들이 이 내면화된 테이프를 재생하면서 자신에 대해 느끼는 평가적이고 처벌적이며 거부하는 정서는 양육자가 오래전에 내담자들에게 표현했던 정서와 같은 것이다(예를 들어 "너는 재앙 그 자체야.").

2. 둘째로, 내담자는 생애초기에 막 형성되어가는 관계에서 스트레스와 두려움을 유발했던 대인관계 각본을 그대로 현재의 관계에 재창조 또는 재연함으로써 원하지 않는 발달상의 감정과 기억을 회피한다. 그래서 대인관계 수준에서 내담자는 자신에게 처음 행해졌던 대로 다른 사람에게 말하고 행동한다. 예를 들어, 엄격한 권위적인 부모 또는 무시하는 부모의 아이는 자라서 자기 자녀의 동일한 정서적 욕구를 비슷하게 비판하는 부모가 되는데, 성, 출생순위, 기질, 피부색 등이 자기와 가장 비슷한 자녀에게 특히 그렇다. 특히 자녀양육에 있어서 자신의 갈등하는 정서를 통합하거나 잘 대처하지 못했거나 실제 일어난 일을 정확하게 이해하지 못한 내담자는 자신이 어린 시절 경험한 부적응적 관계 패턴을 동일하게 재연하는 경향이 있다(Siegle & Hartzell, 2014). 부모로서 많은 내담자들은 부모가 자기에게 반응했던 방식과 동일한 상처 주는 방식으로 자녀들을 대하는 자신을 보면서 무기력함과 실망스러움을 경험한다. "나는 부모님이 나에게 한 것처럼 내 아이들에게 결코 하지 않을 거야."라는 굳은 다짐에도 불구하고 과거의 주제들은 여러 다양한 모습으로 시계처럼 일정하게 반복된다. 여기서 다시 대인관계 영역에서 성인 자녀는 자신이 과거에 보고 느낀 것을 알고 경험하기보다는 예전에 자신에게 행해졌던 것을 재연함으로써 자신의 딜레마에 대한 통제력을 확보 또는 '회복'한다.

3. 셋째로, 내담자는 발달하면서 경험했던 불안을 다른 사람과의 현재 주제로 만듦으로써 그 불안을 회피하고, 그럼으로써 그 불안이 가족이나 발달상의 문제가 아닌 것으로 만들어버린다. 그들은 애착 딜레마에서 경험했던 동일한 불만족스러운 반응을 현재 관계하는 다른 사람에게서 이끌어냄으로써 이를 성취한다. 예를 들어, 심각하게 문제있는 발달 경험을 한 아동이 (고모나 삼촌, 친구, 교사, 멘토와) 교정적 관계를 갖지 못하면 어른이 되어 자신의 정서적 욕구에 잘 반응할 수 없는 사람을 배우자로 선택할 가능성이 높다. 배우자가 애정을 표현하고 친밀하게 다가가는 능력이 있다 해도 그들은 이런 정서적 반응을 받아들이기 힘들어한다. 왜 그럴까? 그들이 예전의 충족되지 못했던 욕구에 대한 반응을 얻게 되면, 그것이 비록 좋은 의도에서 비롯된 애정이 넘

치는 반응이라 해도, 종종 이전의 박탈 경험으로부터 수치나 불안이 유발되기 때문이다. 그들은 자신의 IWMs에 따라 과거에 다른 사람들이 그랬던 것처럼 배우자도 그들을 거부하거나 통제할 것이라고 예상하는데, 이는 비록 배우자가 그런 원하지 않는 방식으로 반응하지 않은 상황에서도 일어난다.

내담자들은 지금의 관계보다는 과거의 관계에 적합한 도식 또는 IWMs에 따라 행동함으로써 배우자로부터의 보호를 이끌어내는 동시에 거절하기도 한다. 이는 분명히 배우자를 좌절시키고 혼란스럽게 하는데, 특히 이 혼합된 메시지가 배우자의 문제있는 관계틀을 자극하면 더 그렇다. 정서적 단절을 일으키는 결혼관계의 해결되지 않는 갈등은 배우자의 IWMs이 꼭 들어맞고, 각자가 이전의 관계 패턴을 서로에게 제시할 때 발생한다(Hendrix, 2001). 예를 들어, 경멸적 애착 유형의 남편이 일에 몰두하는 부인과 결혼한 경우를 생각해보자. 남편이 반응적이지 않고 의사소통이 빈약하여 부인은 매우 불안하며 외로워할 것이고, 정서적 지지와 확인에 대한 부인의 욕구가 남편에게는 인간관계에서 경험했고 기피했던 무례하고 많은 것을 요구하며 통제하려는 것으로 여겨지면서 각자 가장 나쁜 두려움을 확인하게 된다. 이렇게 서로 상승작용을 하면서 이런 결말이 날 수 있다: 결혼생활의 즐거움을 좀먹는 갈등이 계속되고 강화됨; 서로 정서적으로 관여하지 않고 평행적인 삶을 지속함; 자녀들을 계속되는 논쟁에 휩쓸리게 하고 어느 한편에 서도록 강요함; 상담을 통해 한쪽 또는 양쪽 배우자가 그들의 상호작용을 알고 변화시키기보다는 가슴 아픈 이혼으로 종결함.

어떤 내담자는 어느 한 가지를 두드러지게 사용할 수 있지만 많은 내담자들은 이 세 가지 방법을 다 사용한다. 그러나 이 세 가지 방법 모두에서 내담자들은 처음에는 그들에게 수동적으로 일어났던 경험을 이제는 통제할 수 있는 대상에 대한 적극적 경험으로 바꾼다. 상담자는 내담자에 대해 크게 의문을 갖거나 호기심을 보임으로써 내담자가 변화하도록 돕기 시작할 수 있다.

대인관계 대처 전략

초보 상담자는 내담자가 자신의 발달적 문제를 다루기 위해 채택한 방어적인 대인관계 양식을 파악해야 한다. 자녀들의 충족되지 못한 욕구와 발달적 문제는 그들이 자라면서 흩어지거나 사라지지 않는다(이들의 양육자가 여러 해에 걸쳐 변화해서 새로운 좋은 방법으로 반응하지 않는다면, 또는 내담자가 다른 사람들과 회복적인 관계를 형성하지 않는다면). 이런 파괴적인 욕구들을 부인할 수 있겠지만, 이것은 성인이 된 이후의 인간관계—특히 결혼과 자녀양육이라는 성인 애착 상황—에서 계속해서 다시 일어난다. 이 충족되지 않은 욕구가 현재의 관계에서도 여전히 직접 표현하거나 다루기에 너무 불안을 많이 일으키거나 수용할 수 없으면 내담자는 다양한 대인관계 대처 전략을 사용하여 이에 대응하려고 노력한다. 이 대인관계 대처 전략을 알아보기 위해서, Horney의 세 가지 생활방식 적응 유형—다른 사람에게 다가가기, 다른 사람을 멀리하기, 다른 사람에게 대항하기—을 살펴볼 것이다(Horney, 1970). 이 용어들은 많은 이론가들이 인용했으며, 많은 경험적 연구를 통해서 이 경직된 대처 전략이 불안정 애착 관계와 문제 많은 양육자에게서 학습된 것임이 밝혀졌다. 경직된 대인관계 대처 전략은 단기적으로는 도움이 되지만 장기적으로는 적응상의 대가를 치르게 된다(Hoffman et al., 2013; Rubino et al., 2004; Schill & Williams, 1993; Wei & Ku, 2007; Gottman & DeClair, 2001).

경직된 대인관계 대처 전략: 다가가기, 대항하기, 멀리하기

내담자는 수용될 수 없는 욕구와 정서가 (자신과 타인에게) 드러났을 때 생길 불안을 감소시키고 약간의 정체성, 가치감 또는 자기존중감을 갖기 위해 경직된 대인관계 양식을 사용한다. 이제 Horney의 세 가지 대처 전략을 살펴볼 것인데, 이는 상담자로 하여금 내담자를 이해하고 내담자에게 반응하는 데 많은 도움을 줄 것이다.

1. **다가가기**(Moving Toward): 어떤 내담자들은 원가족에서 사람들에게 **다가가거나** 그들을 기쁘게 해줌으로써 자신의 충족되지 못한 욕구와 문제되는 가족 간의 상호작용에 대처하는 방법을 학습한다. 이 내담자들은 양육자에게 과도하게 순종하고 항상 선한 모습을 보임으로써(예를 들어 항상 남에게 도움을 주고 친절하며, 완벽하게 잘 행동하기 위해 노력하는 등) 더 이상의 거부와 비판, 무시 등의 위협을 줄이고 필요한 인정을 조금이나마 얻을 수 있다는 것을 알게 된다. 이들은 적절하게 잘 행동하는 것을 배우는 것이 아니라 불안을 방어하고 그들의 상처받기 쉬운 자존감을 유지하기 위해 그들 자신과 정체성을 너무 희생하게 된다. 내담자는 이렇게 연결되고 수용받기 위해 항상 남을 즐겁게 해주려는 태도를 갖게 됨으로써 자신만의 주장과 자신의 고유한 모습을 상실한다(Smith, 2007). 보호자와의 관계에서 채택했던 이런 대처 전략을 일반화해서 이들은 이 관계 맺기 양식을 다른 사람에게도 적용하여 항상 다른 사람을 기쁘게 해주거나 맞추어주고 불일치를 회피한다. 이들은 자신의 관심사나 선호를 표현하거나 자신의 한계와 경계선을 주장하지 못한다. 이 내담자들은 계속 다른 사람을 즐겁게 하는 노예적인 방식으로 다가감으로써 불안을 방어하고 조금의 승인이나마 얻을 수 있다는 것을 배워간다. 이 대처 전략은 상담자, 간호사 등 남을 돌보는 직업을 선택한 사람들에게서 공통적으로 발견된다.
2. **대항하기**(Moving Against): 어떤 내담자들은 부모가 바라는 것에 대해 공격적이거나

저항하는 것이 충분히 오랫동안 계속된다면 고통에서 벗어나고 불안전한 상태를 관리하는 방법이 될 수 있다는 것을 배운다. 이들의 허용적인 양육자가 좀 더 강력하게 행동하거나 가족을 효과적으로 책임져서 이들이 모든 것에 대해서 통제력을 갖지 않고도 안전하다고 느낄 수 있었다면 좋았을 것이다. 그렇지 않았기 때문에 이들은 억압적인 양육자를 무시하는 다른 편 부모와 자신을 동일시하거나 그 부모의 지지를 받았을 것이다. 이 과대망상적이고 지배적인 사람들은 다른 사람에게 **대항하는 방식**으로 대처한다. 이들은 항상 자신과 자신의 감정을 완전하게 통제하려고 하는데, 더 문제되는 것은 다른 사람에 대해서도 그렇게 지배하고 무시하고 지나치게 통제하려 한다는 것이다. 이들은 어떤 대가를 치르더라도 이겨야 한다는 태도를 가지고 경쟁적으로 관계를 시작하며, 이 목적을 위해 공격적으로 자신을 주장한다. 이들은 모든 상황과 갈등에서 이겨야 한다는 마음가짐을 가지고 있다. 그래서 이런 내담자들은 다른 사람을 필요로 하거나 자신이 통제하지 못하는 상황에 있을 때 생기는 원하지 않는 느낌으로부터 스스로 보호하기 위해 다른 사람에게 대항하는 대인관계 양식을 반복한다. 이들은 친밀감이나 상호호혜적인 관계에서보다는 힘을 가지고 다른 사람에게 영향력을 행사하는 것에서 더 동기화된다(Fetterman et al., 2015).

초보 상담자들은 이런 대항하는 내담자들을 무서워하는데 이는 이들이 부담스럽고 상담자에게 비판적이며, 상담자와 경쟁하려 하거나 상담자를 통제하려고 하기 때문이다. 대부분의 연구에 따르면, 많은 상담자들이 상담자에 대한 내담자의 분노를 다루기 힘들어하며(Hill et al., 2008), 이런 부정적이고 분노하며 도발적인 내담자들은 종종 상담과정을 방해한다(Binder & Strupp, 1997; Matsakis, 1998). 실습 지도자와 수퍼바이저들은 이렇게 초보 상담자의 신뢰와 능력에 도전하는 내담자에게 할 수 있는 효과적인 비방어적 반응을 초보 상담자들이 역할 연기나 연습 반응 훈련 등을 통해 익히게 해서 초보 상담자들이 처음에는 부담스럽지만 다루어볼 만한 이런 내담자들에 대해 준비될 수 있도록 해야 한다.

3. **멀리하기**(Moving Away): Horney의 세 번째 대인관계 양식에서 내담자들은 신체적 회피, 정서적 철회, 자기충족 등의 방법으로 다른 사람을 **멀리하는** 것이 그들이 자라오면서 경험한 대인관계에서의 위협을 줄이고 자신을 안전하게 보호하는 가장 좋은 방법이라는 것을 배운다. 이들은 도움을 받는 것이 적절한 상황에서도 도움을 요청하지 않으며, 무엇이든지 스스로 한다. 그들은 일생을 살면서 남을 전혀 필요로 하지 않는데, 이는 이들이 거부나 퇴짜를 예상하고 자신의 모든 욕구를 스스로 해결하려고 시도하기 때문이다. 사람들로부터 멀어지고 회피하려는 이들의 성향은 거부와 수치에 대한 높은 민감성에 의해 형성된다(Millon, 1999; Otani et al., 2014).

누구나 살다 보면 어려움이 생겨 이를 방어할 필요가 있기 때문에 건강한 개인도 이런 세 가지 대인관계 양식을 사용하는 경우가 가끔 있다. 이 대인관계 양식들이 과장되거나 너무 일반적으로 사용되지만 않는다면 이 양식들은 그 자체적으로 적응적인 강점을 가진다. 그러나 이런 대인관계 양식들은 힘든 사람이나 어려운 상황에 대처하기 위해 유연하게 이런 전략을 사용하는 잘 기능하는 사람들의 정체성이나 생활방식은 아니다. 이에 반해 상담에 오는 대부분의 내담자들에게는 한 가지 양식이 지배적이거나 특징적이다. 그 양식은 더 이상 적응적이거나 도움이 되지 않는 상황에서도 유연성 없이 과용된다. 상담자의 역할은 내담자가 언제 그리고 누구에게 이 대처 양식 중 하나를 사용할 것인지, 언제 사용하지 않을 것인지를 좀 더 현실적으로 구분 또는 평가할 수 있도록 가르쳐주는 것이다.

경직된 대인관계 대처 전략: 미덕의 틀을 갖춘 방어

발달상의 문제가 여러 영역에 걸쳐 있거나 심각하면 내담자는 다른 사람에게 다가가거나, 대항하거나, 회피하는 세 가지 대인관계 양식 중 하나를 사용한다. 이러한 **유연하지 않은 대처 양식**(inflexible coping style)은 다른 사람과 관계를 맺는 습관적인 방법이기도 하지만 직업이나 결혼 등 중요한 인생의 선택에서도 나타난다. 많은 예외가 있지만 다른 사람에게 다가가는 사람들은 간호나 상담분야의 직업이 자신의 보호 기술과 욕구에 잘 맞는 것을 발견한다. 다른 사람에게 대항하는 사람들은 법률, 의료나 자산 관리 직업이 책임을 지고 통제력을 가지려는 그들의 대인관계 양식과 일치한다는 것을 발견한다. 다른 사람을 멀리하는 사람들은 연구자, 예술가, 혼자 일하는 기술직 전문가나 명상을 생활양식으로 하는 사람에게 편안함을 느낀다. Horney는 많은 내담자들이 자아개념에 있어서 이 방어적 대처 양식을 특별한 특성이나 미덕으로 전환하여 스스로를 특별한 존재로 느끼고 그것을 기초로 자기존중감이나 정체성을 가지려 한다고 주장했다. 그러나 특별하다는 비현실적인 느낌은 보상적인 것으로서 수치에 기초한 자아감을 나타내는 것이다. 그들의 자아 가치는 부서지기 쉽고 상처받기 쉬운 상태이며, 다른 사람을 즐겁게 해주거나 성취하고 성공하거나, 뒤로 물러서서 냉소적으로 우월함을 느끼는 방식으로 자신의 핵심 갈등을 비껴가거나 부정하려는 것이다.

많은 현대 상담자들은 수치심에 기초한 자아를 방어하고자 하는 여러 다른 내담자 유형에 있는 '자아도취적인' 요소에 대해 언급한다(Kohut, 1977; Stolorow et al., 1994). 이들은 내담자가 (너무 쉽게) 수치심을 느끼거나, 다른 사람으로부터 거절당하거나 무시당한 것에 과도하게 반응할 때, 또는 어떤 식으로든 실패했다고 여길 때 자기가치감이나 힘을 '회복'하기 위해 무엇을 하는지를 설명한다(Thomas et al., 2007 참조). 이는 분명 다루기 어려운 주제이지만 상담자가 위험을 감수하면서 이런 깊숙한 주제들을 꺼낼 수 있는 좋은 방법을 사용하게 되면 내담자에게 매우 큰 도움이 될 수 있다.

다른 사람에게 다가가는 내담자들이 말을 잘 듣고 순응적이지만 그들은 자신이 노예적이라고 생각하지 않는다. 대신 그들은 자신처럼 동정적이지 않은 다른 사람에 비해 자신이 더 관심을 기울여주기 때문에 자신이 특별한 존재라고 생각한다. 이런 왜곡은 자신이 자기희생적인 사랑을 하고, 항상 이타적이며, 다른 사람의 필요에 민감하고, 평화나 정의라는 이상에 헌신하는 존재라고 인식함으로써 생겨난다. 이런 식으로, 방어적인 대인관계 양식이 자기존중감 부족에 대처하는 방법이 되어서 필요로 하는 인정을 다른 사람에게서 받고 불안과 부끄러움을 막아내는 가치로운 자질이 된다. 이 대처 양식은 과거에도 내담자에게 도움이 되었기 때문에 상담에서 이를 나타내게 된다.

마찬가지로, 다른 사람에게 대항하는 내담자들은 자신을 분노에 차있고 경쟁적이며 자기중심적이고 요구가 많은 사람으로 보지 않는다. 비록 자신이 그렇게 행동하고 있으면서도 말이다. 대신 그들은 스스로를 약하고 의존적이며 무능력하여 멸시받을 만한 사람을 지도할 책임을 맡은 강한 지도자 즉 영웅이라고 생각한다.

마지막으로, 다른 사람을 회피하는 내담자들은 자신이 정서적으로 제한되어 있으며, 도피적이고 너무 쉽게 상처받으며, 위험을 싫어하고 자신의 삶을 협소하게 제한한다고 생각하지 않는다. 대신 이들은 자신의 냉담함을 미화해서 자신이 더 세련되며, 다른 사람을 필요로 하지 않는다는 증거를 삼으며, 자신이 다른 사람보다 사물을 더 깊게 느끼거나 경험한다는 환상을 유지한다. 그들은 흔히 냉소적이며 자신이 일반 대중보다 더 나은 존재라고 생각하면서 일반인의 일상생활을 세속적이고 속 좁은 일이라고 생각한다.

내담자들은 불안을 감소시키기 위해 하나의 대인관계 대처 양식을 유연성 없이 사용하여 자신이 특별하다고 느끼며, 정체성과 자기존중감을 가지며, 처음에 이 보상적인 대처 양식을 사용하게 만들었던 문제를 최소화하고 박탈 경험을 관리하려고 한다. 그러나 이런 내담자의 자기존중감은 쉽게 깨지거나 상처받을 수 있는 것이다. 이는 이들의 자기존중감이 자기 자신과 자신의 진정한 감정을 소중히 여기는 방법을 배워서 생긴 것이 아니라 자신이 특별한 존재라고 여기는 비현실적인 감각에 기초하고 있기 때문이다.

내담자들은 자신의 대처 전략을 활용하여 뛰어난 능력을 개발해왔다. 예를 들어, 다른 사람에게 다가가는 많은 내담자들은 다른 사람들이 자신을 좋아하게 만들 수 있을 뿐 아니라 다른 사람을 돌보는 기술도 아주 뛰어나다. 마찬가지로, 다른 사람에게 대항하는 내담자들은 종종 큰 성공과 권력을 성취하며 그 과정에서 중요한 기술이나 능력을 개발하기도 한다. 이와 비슷하게, 다른 사람을 회피하는 내담자들은 비록 혼자만의 삶을 살 수도 있지만 풍부한 내면적 삶을 누리거나 창조적이고 예술적인 능력을 개발할 수 있다.

그러나 이와는 다른 입장에서 상담자가 할 수 있는 가장 중요한 개입은 **내담자로 하여금 자신이 대인관계 대처 전략에 얼마나 엄청난 정서적 대가를 지불하고 있는지를 알게 하는 것이다.** 상담자는 내담자가 대인관계 적응을 통해 개발한 힘과 능력을 알아주면서도 가능한 한 구체적으로 이 적응 양식이 스트레스를 어떻게 만들어내며 현재의 그들의 생활을 어떻게 제한하고 있는지를 보여줌으로써 이와 같은 비용/효과 분석을 한다. 다음 예를 살펴보자.

상담자 당신은 직장에서 또 다른 인정을 받아서 사람들이 당신을 '스타'라고 부르게 되었고, 가정에서도 다른 사람을 위해서 참 많은 일을 하셨네요. 당신이 정말 그렇게도 능력이 많고 모든 사람을 위해 항상 애쓰는 것이 정말 놀랍습니다. 그러나 저는 당신이 무척이나 피곤해 보이고 자주 아픈 것이 걱정이 됩니다. 당신은 자주 '빈 껍데기를 긁어낸다'는 표현을 사용합니다. 나는 이 상담에서 우리가 함께 그 느낌을 살펴보면 좋겠습니다. 그렇게 하면 중요한 어떤 것을 알 수 있을 것입니다.

이런 방식으로, 상담자는 내담자가 대처 전략을 통해 개발해온 실제 강점을 인정해주는 동시에 그들이 치르는 대가를 공감적으로 살펴보도록 할 수 있다. 이 장 후반부에서 내담자들이 이 보상적인 양식을 통해 개발한 기술과 힘을 유지하면서도 더 이상 과거처럼 유연성 없이 한 가지 전략만 활용하지 않는 방법에 대해 살펴볼 것이다. 앞의 예에서처럼 상담자는 내담자들이 자신의 대인관계 대처 양식을 존중하고 그것을 병리적으로 보지 않고 인정하도록 해주어야 한다. 그것은 한때 절대적으로 필요했던 것이고 발달과정상의 그 시점에서 가능한 방법 중 가장 좋은 적응 방법이었다. 지금도 어떤 문제되는 관계에서는 그것이 적응적일 수 있지만 현재 너무 남용되고 있으며, 지금의 여러 상황에서는 더 이상 필요하거나 도움이 되지 않는다. **많은 내담자의 중요한 상담목표는 더 유연하고 다양한 대인관계 대처 양식이 자신에게 더 도움이 된다는 것을 배우는 것이다.**

요약하면, 내담자는 방어적 대인관계 적응을 정체감이나 존재방식으로 전환하여 실제 성격 강점과 중요한 부차적 이익을 가졌던 것이다. 그렇다면 내담자들이 처음에 이 적응에 대해 상담자와 탐색하기를 꺼린다는 것은 그리 놀랄 만한 일이 아니다. 이는 내담자의 방어적인 대인관계 대처 전략이 그들의 자아정체성의 기반이자 자기존중감의 일차적 자원이며, 해결하기 어려운 갈등에 대처하는 유일한 길이 되어왔기 때문이다. 일단 상담자가 이 방어체제가 내담자에게 제공해온 모든 것을 충분히 파악하고 내담자로 하여금 그것이 성취한 것과 대가를 치른 것을 알게 해주면 상담자와 내담자는 내담자의 증상에 대해 덜 비판적인 태도로 더 참아낼 수 있게 될 것이다. 둘 다 변화하려는 내담자의 노력을 더 공감할 수 있을 것이고, 더 유연한 적응 전략을 개발하기 위해 협력하게 될 것이다. 내담자들이 이미 가지고 있던 것을 대치할 더 좋은 것이 없다면 기존의 것을 포기하는 모험을 감수하지 않으리라는 것은 이해할 만한 일이다. 그러나 우리는 이런 보상적인 적응으로는 내담자가 핵심 갈등을 극복하기 어렵다는 것을 앞으로 살펴볼 것이다. 내담자들은 문제를 인식하고 직접적으로 다루어서 많은 문제를 해결하는 데 중요한 더 넓은 경험적/대인관계적 범위를 개발할 수 있다.

자기에 대한 의무사항과 다른 사람의 기대

Horney에 의하면, 이런 대인관계 대처 전략은 흔히 다른 사람에 대한 기대와 함께 자신에게 비현실적인 의무사항을 요구한다. 예를 들어, 자신을 부정하며 다른 사람을 향하는 내담자는 다른 사람이 자신에게 흔들리지 않는 충성과 승인을 할 것이라고 기대하며, 끊임없이 이를 확인하려 한다. 과대망상적이며 다른 사람에게 대항하는 내담자는 리더십과 통제권을 주장하며 다른 사람에게 복종을 요구한다. 다른 사람을 멀리하는 내담자는 다른 사람으로부터 떨어져 있는 것처럼 보이지만 암묵적으로는 다른 사람들이 결코 자신을 비판하거나 무엇인가를 자신에게 요구하지 않을 것을 기대한다. 이런 기대는 지속적인 갈등을 유발하여 내담자가 계속 좌절하게 만드는데, 이는 다른 사람들은 대개 그런 비현실적인 요구와 암묵적인 기대를 수용하지 않기 때문이다.

내담자들은 다른 사람에게 비현실적인 요구를 하면서 자신에게도 가혹하고 타협할 수 없는 '의무사항'을 부과한다. 이 잘못된 신념은 그들의 손상된 자기존중감과 축소된 자기감을 보여준다. 예를 들어, 다른 사람을 향하는 내담자는 자신이 완벽한 연인, 교사, 배우자, 부모가 되어야 한다는 스스로의 요구로 인해 고통받는다. 그들은 항상 다른 사람의 요구를 돌보고 잘 반응해야 하며 결코 화를 내거나 경쟁하거나 자신의 이익을 주장해서는 안 된다. 다른 사람에게 대항하는 내담자는 반드시 승리해야 하며, 모든 어려움을 극복하고 성공적으로 지배해야 한다는 요구를 스스로 부과한다. 그들은 승리해서 정상에 서야 하고, 자신의 감정을 통제해서 항상 '강해야' 하며, 오직 의지의 힘으로 개인적 취약함이나 피곤함, 심지어 신체적 질병도 극복해야 한다. 다른 사람을 멀리하는 내담자가 그들의 대처 전략으로 인해 지불하는 대가는 그들은 피곤함 없이 일하며 항상 생산적이어야 한다고 믿는 것이다. 그들은 어떤 일이라도 당황하지 않고 견뎌내며 누구에게도 도움을 받아서는 안 된다고 자신에게 요구한다. 물론 이들은 자신에게 부여한 엄격한 요구를 항상 이룰 수는 없기 때문에 불가피하게 실패하게 된다.

이렇게 실패하게 되면 강한 불안, 우울과 여러 증상이 나타나고 어떤 내담자는 위기 상황에서 상담을 받게 된다. 내담자의 병리적 신념은 만약 자신이 성공적으로 남을 기쁘게 해주지 못하거나, 무엇인가를 성취하지 못하거나, 혼자로 남아있지 못한다면 자신은 사랑받을 만하지 않으며, 자신을 지킬 수 없고, 다른 사람에게 과도한 요구를 하는 욕심 많은 사람이라고 생각하는 것이다. 특히 대인관계 대처 전략이 실패하면—많은 내담자는 이를 '실패'로 경험하여 '실패 경험'이라고 이야기한다—수치심이 촉발되어 내담자가 상담에 가져오는 여러 다른 증상과 문제를 일으킨다(Tangney & Dearing, 2011; 2002).

다음에 살펴볼 것처럼, '의무사항이라는 독재자'는 내담자의 대인관계 대처 전략에 대해 지불하는 가혹한 대가다. 상담자가 할 수 있는 가장 도움이 되는 개입은 이 대처 전략이 어떻게 내담자의 자아감의 핵심이 되는지를 공감적으로 설명해주는 것이다. 또한 상담자들은 내담자가 이 대인관계 대처 전략의 가치를 인정하도록 도와주어야 한다. 이 대처 전략에는 사실 진정한 힘이 있기에 상담자는 내담자로 하여금 그것이 한때는 필요하고 적응적이었다는 점을 인정하도록 할 수 있다. 다만 현재 과용되고 과잉일반화되었으며, 지금의 여러 상황에서는 더 이상 필요하거나 적응적이지 않은 것이다. 상담자는 a) 이 단일한 대처 전략으로 인해 지불하는 증상과 스트레스라는 불필요한 대가를 명료화하고, b) 이 대처 전략이 언제 그리고 누구에게는 여전히 적응적이지만 그렇지 않을 때는 언제인지를 내담자가 구분하도록 도와준다.

근원적 갈등 해결하기

306쪽에 제시된 그림 7.1의 ④파트는 내담자의 핵심 갈등이 어떻게 해결될 수 있는지를 보여준다. 핵심 갈등을 다루려는 내담자의 대처 전략은 결국에는 성공하지 못한다. 이런 보상적인 방법은 내담자가 이 대인관계 대처 전략을 활용해서 얼마나 성공했는지와 관계없이 내담자의 문제를 해결하지 못한다. 내담자는 여전히 근원적인 갈등을 이해하거나 해결하려고 하기보다는 그것을 보지 않으려 한다. 내담자는 이런 대인관계 양식을 반복적으로 채택해서—그 전략이 필요하거나 효과적이지 않은 상황에서도—현재 관계에서 더 문제를 만들어내며 종종 건강상의 문제를 일으키는 개인적 스트레스를 유발한다. 내담자의 대인관계 대처 전략과 파괴적인 IWMs가 왜 문제를 해결하기보다는 오히려 문제를 더 일으키는지를 살펴보고 상담자가 내담자를 돕기 위해 무엇을 할 수 있는지를 알아보자.

첫째, '의무사항이라는 독재자'는 내담자에게 혹독한 요구를 한다. 이것은 상담에 들어온 내담자가 다음과 같이 말하는 것에서 알 수 있다. "나는 이것을 더 이상 못해. 나는 완전한 부모, 사랑스러운 배우자, 회사에서 가장 성공적인 사람이 될 수 없어. 더 이상 모든 사람에게 모든 것이 될 수 없어!" 내담자의 삶의 질은 이런 비현실적인 기대로 인해 저하된다. 내담자가 상담에 오는 위기가 이렇게 자신과 다른 사람에게 부과한 가혹한 요구로 인해 생기는 것은 아닐지라도, 그것은 소모적이며 고된 일이어서 개인적 · 전문적 잠재력을 감소시킨다. 새로운 관계를 유연하게 탐색할 수 있는 안전한 기지가 없었기 때문에 해야 하는 분투는 '의무사항'에 얽매인 내담자에게 명백하게 나타나며, 안전한 피난처를 갖지 못한 내담자는 부족하고 가치 없으며 가진 것이 없다고 자신을 보는 IWMs를 갖게 된다.

자신과 타인에 대한 내담자의 과도한 기대도 대개 실패한다. 예를 들어, 남을 즐겁게 해주려는 내담자는 그가 필요로 하는 모든 사람의 인정과 사랑을 받을 수 없다. 과대망상적인 내담자도 항상 성공하거나 다른 사람들이 그들의 요구에 항상 순종하도록 할 수 없다. 다른 사람으로부터 분리해 있으려는 내담자도 다른 사람의 비판을 받으며 경쟁을 강요당하는 상황을 만나게 된다. 불가피하게 안전 결핍을 보상하려는 내담자의 시도는 가정과 직장에서 갈등을 일으킨다. 대부분 내담자들은 상황적 생애 스트레스나 성인기의 발달단계 전환, 노화/질병으로 인해 대인관계 대처 전략이 실패하는 경험이 축적될 때 상담에 온다.

상담자는 내담자의 이런 대처 전략이 실패할 때 경험하는 낙담과 고통을 파악할 수 있어야 내담자의 변화를 도울 수 있다. Kohut(1977)은 내담자의 핵심 자아개념에 심한 고통을 주는 자기애적 상처를 잘 표현했다. 비록 내담자가 자신과 다른 사람에게 부여한 요구가 비현실적이더라도 그들의 대인관계 대처 전략이 실패하는 것은 너무나 고통스러운 일이다. 비극적이게도, 이런 실패를 경험하면 어떤 사람은 자살을 시도하거나 자살을 생각할 것이다. 왜 어떤 내담자는 그런 극단적인 반응을 보이는가? 한마디로 수치감 때문이다. 많은 내담자가 사용해온 대인관계 대처 전략은 그들에게 없는 진정한 자기존중감과 안전에 대한 부서지기 쉬운 대체물일 뿐이었다. 내담자의 대인관계 대처 전략의 심각성이 내담자에 따라 다를 수 있지만, 내담자의 관점에서 볼 때 **그는 다른 사람을 기쁘게 해주거나, 성취하거나, 고독하게 남아 있을 수 있는 능력을 자신과 동일시한다.** 이런 내담자는 겉으로 보기에 별것 아닌 사건에 민감하게 반응한다(예를 들어, 연휴 기간에 체중이 3파운드 늘어난다든지, 징징거리는 2살 아이에게 화를 낸다든지). 이런 과잉반응은 그들의 대인관계 대처 전략이 실패하면 그들의 전체 자아감이 위협을 받으며, 자신의 실수—지나치게 확대 해석되어 자기패배적으로 '실패'라고 규정되는—로 인해 수치심에 기초한 자아감이 드러나게 되기 때문에 나타난다.

자신이 바라던 A가 아니라 A⁻를 받게 되어 완전히 실패했다고 생각하는 내담자를 다시 살펴보자. 흔히 내담자의 이런 실망에 대한 상담자의 첫 반응은 성적에 대한 과민반응에 대해 문제를 제기하고 그 상황에 대한 더 현실적인 인식을 제공하려 하는 것이다. 이렇게 좋은 의도를 가진, 현실에 기초한 반응은 분명히 가치가 있기는 하지만 그렇게만 하면 이 특정 내담자에게 있는 더 깊은 의미를 놓치게 된다. 더 생산적인 반응은 공감적 연결을 위해 노력하는 것이다. 즉 상담자는 다음과 같이 숙련된 방식으로 크게 놀라는 모습을 보이면서 내담자로 하여금 실제 의미나 삶을 규정하는 주제를 파악하는 데 더 협조적으로 참여하도록 할 수 있다.

상담자 당신이 실수할 수 없었다는 것이 정말 놀랍네요. 항상 그랬어요? 항상 모든 것이 완벽해야 했어요? 그렇지 않으면 모든 것을 잃어버리는 것 같고, 결과가 끔찍해 보였어요?

이런 식으로 상담자는 내담자의 관점에서 보았을 때 이 '실패'나 실망이 얼마나 중요한지를 파악하기 위해 협조적으로 노력할 수 있다. 상담자는 호기심을 가지고 온정적인 자세로 이 성적이 내담자에게 얼마나 중요한 의미를 지니는지, 내담자가 진정 누구인지, 누가 그로 하여금 그렇게 느끼게 했는지를 함께 탐색하자고 내담자를 초청한다. 이렇게 상담자와 내담자는 종종 이 실패 경험이 처음부터 나쁘거나 원하지 않는 어떤 것의 '증거'로 여겨졌다는 것을 알게 되는데, 이는 일반적으로 내담자 자신의 선택이 아니라 애착 대상의 기대를 보여주는 것이다. 다음 예를 살펴보자.

내담자 내가 승진에서 누락된 것은 내가 그것을 할 수 없다는 것을 모든 사람에게 보여준 것이지요.

상담자 '그것은 내가 결코 그것을 할 수 없다는 증거야'라는 말을 자신에게 하는데, 그것은 누구 목소리를 듣고 하는 말인가요?

내담자 아버지는 항상 '너는 최고가 되어야 하고 그렇지 않으면 실패하는 것'이라고 말했어요.

상담자 그런 경험을 한 것이 안타깝군요. 아버지가 했던 것과는 다르게 당신 자신에 대해 생각할 수 있지 않을까요?

또는

내담자 내가 그렇게 좌절하고 화를 냈으니 그들 중 어느 누구도 다시는 나를 좋아하지 않을 거예요.

상담자 화를 낸 것이 결코 회복되거나 치유될 수 없다거나, 화를 냈다고 해서 당신이 영원히 외로워야 하고, 나쁜 사람이며, 주변에 머물러야 한다는 것은 누구에게서 배운 것입니까?

내담자 음, 내가 화를 내거나 미쳐버리면 엄마는 역겨워하며 돌아서서 방을 나가버렸어요.

상담자 그 사건이 당신에게 고통스럽게 혼자 되는 느낌과 그런 원하지 않는 반응을 받아도 된다는 생각을 갖게 했군요. 어머니가 당신에 대해 생각했던 것과는 다르게 자기 자신에 대해 생각해볼 수 있을까요? 어머니처럼 당신을 혐오하기보다는 당신을 불쌍하게 볼 수 있지 않을까요?

이 예에서 상담자와 내담자는 실망스러운 성적, 승진 실패, 화를 내는 것이 내담자에게 어떤 의미를 지니는지, 그리고 내담자가 실제로 누구인지를 어떻게 정의하는지를 가능한 한 정교하게 주의를 집중해서 명확하게 드러내려고 한다. 예를 들어, 이 성적은 내담자가 정말 부적절하며 어떤 것도 제대로 할 수 없는 '사기꾼'일 뿐임을 증명한다든지, 또는 그가 인정을 받아야 하는 어떤 사람을 실망시키는 일이었다는 것을 상담자와 내담자가 함께 알게 된다. 내담자가 항상 A 학점을 받고 항상 '친절한' 사람이 되어 병리적 사고를 극복하거나 부인하려고 헤라클레스처럼 애를 써보지만, 이 병리적 신념은 내담자의 마음에서는 부인할 수 없는 진실이다.

내담자의 자기감이 어떻게 그의 성취 또는 남을 기쁘게 해주는 능력에 전적으로 의존하고 있는지를 함께 탐색하고 알아가면서(이는 해석, 도전, 재구조화와는 다른 개입과 대인 과정이다) 처음에 이 방어적 대처 전략을 갖도록 한 안전하지 않은 불안한 상황과 정서적 박탈이 드러나게 된다. 상담자는 이런 공감적 이해를 통해 안전한 피난처를 제공하고, 근원적인 문제로 인한 고통과 그것을 극복하거나 부인하려고 오랫동안 고생한 것에 대해 측은히 여기는 마음을 전달한다. 이렇게 상담자가 내담자로 하여금 이 딜레마를 파악하도록 도와줌으로써 내담자에게 계속해서 나타나는 이 전형적인 경험의 진정한 의미를 상담자가 알고 있다는 것을 행동적으로 보여준다. 이런 타당화 또는 파악되고 이해되는 경험은 내담자로 하여금 병리적 신념을 부인하게 해주며, 우울, 불안 증상도 감소시킨다. 이런 공감적 이해는 내담자에게 안전한 기지를 제공하는데 그곳에서 내담자는 자신에 대한 이런 관점과 대처 전략을 의문을 가지고 탐색하며, 왜 그리고 어떻게 그것을 배웠는지를 이해하고, 일상생활 속에서 언제 그것을 사용하는지를 관찰하기 시작한다. 이를 통해 내담자는 우선은 상담자와의 관계에서, 그리고 다른 사람들과의 관계에서 이 관계 양식을 변화시킬 수 있다.

내담자의 대인방어가 실패했을 때 '실패 경험'에 의미를 부여하는 더 넓은 인생의 맥락—내담자 자신에게뿐만 아니라 다른 사람들에게도 항상 아주 비합리적으로 보였던 영향—을 보게 되면 상담자는 대부분의 내담자가 전에 경험해보지 못한 방식으로 내담자를 이해하게 된다. 이런 온정적인 이해는 내담자가 스스로 부여한 의무사항이라는 독재자와 비현실적인 요구사항으로부터 내담자를 자유롭게 하며, 내담자로 하여금 자신이 누구이며, 어떻게 살아가기로 선택할 것인지를 더 현실적으로 다룰 수 있게 하는 CEE이다.

상담자는 내담자로 하여금 자신의 IWMs와 대인관계 대처 전략이 언제 그리고 어떻게 작동하는지를 알아채기 시작하거나 인식하도록 도울 수 있다. 이는 상담자가 내담자의 일상생활 중 다른 사람들과의 관계에서 반복적으로 나타나는 주제나 패턴을 밝히 드러냄으로써 이루어진다. 또한 상담자는 상담자와 내담자가 함께 상호작용하는 바로 지금 어떻게 그것이 발생하고 어떻게 그것이 변화될 수 있는지를 생각할 수 있도록 하는 과정 언급을 사용한다. 다음 사례를 살펴보자.

상담자 지금 나에게 스쳐간 어떤 것을 이야기하려고 하는데 다른 의미로 이해하지 않았으면 좋겠어요. 아주 이상하게 보일 수도 있지만 우리 모두에게 중요한 것을 말해줄 것입니다. 바로 이야기해도 될까요?

내담자 네, 좋습니다.

상담자 나는 이 주제를 당신과 다르게 봅니다. 그런데 내 관점을 이야기하려고 하니 불안해지네요. 나는 당신과 불일치하면 안 될 것 같아요. 만약 내가 당신에게 동의하지 않으면 당신이 내게서 멀어지고 심지어 상담실을 나가서 다시는 돌아오지 않을지도 모르겠어요. 이것을 함께 살펴봐도 될까요? 이것이 단순히 내가 잘못 생각하는 것일까요, 아니면 이전에 누군가가 당신에게 이런 이야기를 한 적이 있나요?

내담자 음, 그래요. 제가 너무 쉽게 '떠나버린다'는 이야기를 들은 적이 있어요.

상담자 나는 당신이 내게서 '떠나버리지' 않았으면 좋겠어요. 이 주제에 대해 조금 더 이야기하면서 더 좋은 방법을 찾아봅시다.

이렇게 상담자는 앞에서 논의한 두 가지 방어적인 방법에 있는 내담자의 진짜 문제를 회피하지 않고 내담자가 그것에 접근하며, 그것을 이해하고 인식하며, 그들이 과거에 받았던 원하지 않는, 그러나 익숙한 반응들이 모든 사람과 모든 관계에서 나오는 것이 아니라는 것을 발견하게 하는 것을 목표로 한다. 상담자의 다른 반응에 의해 제공된 새로운 대인관계 해결책—CEE—은 내담자로 하여금 다른 반응적인 감정을 통합하며, 자신에 대한 병리적 신념을 부인하고, 다른 사람과의 관계에서 일어날 것에 대한 잘못된 신념을 바꾸도록 해준다. 상담자와의 변화 경험은 내담자가 일상생활에서 다른 사람들과 관계하는 경직되고 비효과적인 방식을 변화시킬 능력을 촉진한다. 이렇게 되면 이제 내담자는 과거에 상처가 되고 문제가 되었던 것을 상담자와 재평가함으로써 근원적인 발달상의 갈등을 이해하고 해결할 수 있게 된다. 다음 예를 살펴보자.

내담자 사실 내가 좀 더 독립적이 되고 성공한다고 해서 내가 이기적이라든지 무엇인가 잘못하는 것은 아닙니다. 비록 이 일로 인해 어머니가 슬퍼하고 위축될 수는 있겠지만요.

이런 방식으로, 부적응적 관계 패턴은 깨지고 새롭고 더 유연한 대인관계 양식과 IWMs가 가능해진다. 상담자의 동정과 타당화는 이런 잘못된 신념을 인정해주지 않는 새롭고 회복적인 반응을 형성하며 이로 인해 내담자는 자신을 수용하고 용서할 수 있게 된다. 그래서 내담자는 전에는 수용할 수 없었던 자신의 부분들을 통합하게 되며, 중요하지만 갈등이 많은 다른 인간관계에 있는 좋은 부분과 한계점을 모두 수용할 수 있게 된다. 이런 일이 일어나면 내담자는 상담자와의 경험적 재학습을 다른 사람과의 관계에 일반화할 수 있게 된다. 내담자는 상담자의 도움을 받아 다른 사람과의 관계를 증진하는 더 적응적인 방식으로 반응하기 시작하고 처음부터 사용해온 협소한 대처 양식을 확장하게 된다. 이어지는 장에서 다음 내용을 더 구체적으로 다룰 것이다: (1) 내담자의 핵심 갈등을 해결하는 데 치료적 관계가 어떻게 사용되는가? (2) 특히 상담자와의 정서적 재학습이 내담자의 일상적인 대인관계에 어떻게 일반화되는가? 이제 다른 사람에게 다가가는 내담자에 대한 심층적인 사례연구와, 대항 또는 멀리하는 대처 양식을 가진 두 상담자례에 대한 요약을 통해 상담자들은 이 개념적 모델을 상담 개입에 적용하는 데 도움을 얻을 수 있을 것이다.

피터의 상담자례 연구: 다른 사람에게 다가가는 유형

피터의 성장과정과 갑작스럽게 닥친 위기

피터는 불안정 애착 아동이었고 권위적인 그의 가정에서는 그의 정서적 욕구를 충족시켜

주지 못했다. 게다가 피터는 부모가 계속 싸우는 것을 불안하게 지켜보아야 했고, 결국 부모는 그가 7살 때 격렬한 다툼 끝에 이혼하게 되어 그의 스트레스는 계속 누적되어왔다. 부모는 이혼 후에 협조적으로 양육관계를 유지해주지 못했고 아버지는 부모의 역할을 적극적으로 수행하지 않았다. 이혼 후 2년 동안 피터는 아버지를 자주 만나지 못했고, 만나도 그들의 관계는 피상적이었다.

피터의 어머니는 세 아이를 기르고, 온종일 일하며, 자신만의 개인적인 삶도 살아가야 하는 버거운 삶을 살고 있었다. 피터의 어머니는 이런 여러 요구들과 적은 즐거움에 좌절하여 자주 피터에게 분노를 쏟아부었다. 어머니는 피터를 참아주지 못하고 쉽게 흥분하면서 무엇인가 일이 잘 되지 않으면 피터를 비난했으며, 피터의 욕구에도 자주 화를 냈다. 비록 어머니가 자녀들에게 잘 해주고 좋은 가정환경을 제공하려고 최선을 다했지만 피터에게는 잘 반응하거나 인정해주지 않았다.

아버지가 떠난 후, 피터는 어머니를 돌보는 것만이 그녀의 비난을 피하고 그가 얻을 수 있는 애정을 얻는 최선의 길임을 재빨리 알아차렸다. 불안/양가적 애착 유형에 따라 그는 어머니의 기분과 관심사를 살피는 데 '집중'했다. 10살이 되자 피터는 다른 사람에게 다가가는 전반적인 대인관계 양식을 갖게 되었다. 교사는 그가 매우 책임감 있고 모범적으로 행동해서 '학급에 언제나 큰 도움이 되는 기쁨의 존재'라고 말했다. 이제 15년이 지난 후 성인 초기에 이 발달상의 갈등이 어떻게 나타나는지를 살펴보자.

피터는 25살에 상담전공 대학원 학생이 되었다. 상담자가 되는 것이 피터에게 완벽한 직업 선택으로 보였다. 그는 타인에 대한 자신의 민감성과 관심에 자부심을 느끼면서 도움이 필요한 사람을 도와주는 것을 즐거워했다. 그는 상담자 일을 즐거워했고 자신이 새로운 내담자를 잘 도와준다고 생각했다. 최소한 그의 내담자는 그를 좋아하는 것 같았고 매주 상담을 받으러 왔다. 피터는 2학기 실습을 할 때까지는 자신의 길을 잘 가고 있다고 생각했다.

그러나 피터는 그 학기 말에 좌절하게 되었다. 집단 수퍼비전에서 자신의 상담자례의 비디오테이프를 제시했을 때 피터는 예상치 못한 피드백을 받았다. 실습 지도자가 피터에게 그가 내담자에게 너무 친절하며, 내담자의 인정을 지나치게 요구하는 것으로 보인다고 했다. 실습 지도자는 계속해서 피터가 내담자에게 도전하기를 두려워하며 지나치게 내담자를 안심시키려 하는 것으로 보이며, 다루어야 할 상담자와 내담자 간의 오해나 갈등을 회피하려 한다고 말했다.

피터는 깜짝 놀랐다. 자신이 갈등을 싫어한다는 점은 알았지만 실습 지도자의 비판으로 인해 마음에 상처를 입고 혼란에 빠지게 되었다. 자기의 지도자가 자신을 좋아하고 자신의 상담을 인정해주는 것이 피터에게는 중요했던 것이다. 피터는 자신과 내담자 간에 형성해가고 있는 친밀한 관계나 자신이 내담자가 제시한 중요한 주제들을 다 알아차리고 있음을 지도자가 잘 이해하지 못했다고 조심스럽게 설명하려 했다. 지도자는 그것이 맞을 수도 있지만 그것이 초점이 아니라고 대답했다. 그는 피터가 대인관계에서의 갈등을 다루거나 내담자가 듣기 싫어하는 말을 하기를 꺼리는 것을 생각할 필요가 있다는 말을 반복했다. 게다가 실습 집단의 두 학생이 끼어들어서 지도자의 말에 동의하여 사태가 더 악화되었다. 그러자 피터는 불안이 심해져서 더 이상 자신에 대해 설명하거나 그들의 지적으로부터 배우려는 시도를 하지 못하게 되었다. 피터는 그들과의 논쟁을 그치고, 아래를 바라보면서, 남은 수퍼비전 시간 내내 조용하게 있었다.

그 후 며칠 동안 피터는 그 비판으로 인해 너무 실망해서 다른 어떤 것도 생각할 수 없었다. 잠시동안 그는 실습 집단에서 빠져야겠다는 생각도 했으나 그는 자신이 열심히 노력하기만 하면 지도자의 비판적인 관찰이 근거가 없다는 것을 이해시킬 수 있으리라고 생각했다. 피터는 그 피드백을 잠재우고 내면에서 일어나는 불안을 그치게 할 방법을 찾기 시작했다.

일주일 후 피터는 여자친구가 같은 전공의 다른 학생과 성적인 관계를 맺고 있다는 것을 알게 되었다. 처음에는 이해하려 했지만 충격을 받고 배신감을 느끼게 되었다. 그는 뒤로 물러서서 이제 관계가 끝났다고 말하는 행동과 그녀를 되돌리려고 필사적으로 노력하는 행동을 번갈아 하게 되었다. 피터는 엉망진창이 되어 갔다. 그는 너무 불안해져서 식사나 수면을 제대로 취하지 못하고 공부는 포기했다. 결국 피터는 심계항진에 호흡항진을 겪으며 불안장애를 갖게 되었다.

사태를 더욱 악화시킨 것은 피터가 이 모든 것을 자기 혼자 간직하고 있었다는 점이다. 그는 '안정을 유지하며 잘 어울려야' 한다고 생각했다. 만약 자신이 '혼란한 상태에 빠져' 불안장애를 지니고 있으면 실습 지도자가 내담자를 만나지 못하게 할 것이라고 두려워했다. 스트레스를 숨기려고 처절하게 노력했지만 곧 개인 수퍼바이저는 무엇이 문제인지를 피터에게 물었다.

비록 요청할 수는 없었지만, 피터는 개인 수퍼바이저의 지지를 간절하게 원했고 그것을 받자 크게 안도했다. 피터는 실습 집단이 어떻게 자기 생애에서 최악의 경험이 되었는지와 여자친구가 한 행동을 수용하기가 얼마나 힘든지를 설명했다. 수퍼바이저는 지지적이었지만 실습 지도자의 언급이 자신의 관찰과 일치하는 면이 있다고 잘 설명했다. 피터는 개인 수퍼바이저가 자신을 좋아한다는 것을 알고 있었기에 이번에는 이 피드백을 받아들일 수 있었다. 수퍼바이저는 이것이 피터가 다루어야 할 중요한 주제이므로 수퍼비전보다는 개인상담에서 더 잘 다룰 수 있다고 말했다. 피터는 이에 동의하고 개인상담을 받기 시작했다.

불안장애에도 불구하고, 피터는 좋은 상담자가 될 수 있다고 수퍼바이저가 생각한 것이 도움이 되었다. 그러나 상담을 시작해도 불안으로 인한 피터의 무기력한 상태는 계속되었다. 다행히도 피터의 상담자는 숙련되고 경험이 많아서 곧 피터의 취약성, 대인관계 대처 전략, 위기를 갑자기 불러온 상황적 요인을 파악했다. 다른 사람에게 다가가는 피터의 대처 전략은 이 시점까지는 잘 작동해왔다. 그러나 피터가 경험한 두 가지의 위기가 바로 핵심 갈등의 중심과 그것을 다루는 대처 양식을 헤집어놓았다. 다른 사람을 즐겁게 해주어 핵심 갈등에 대처하는 피터의 능력이 실패하면서 그의 매우 불안전한 아동기와 관련된 불안이 터져나오고 결국 불안 발작이 생긴 것이다. 왜 피터가 이 증상을 갖게 되었는지를 더 자세히 살펴보자.

갑작스러운 위기, 부적응적 관계 패턴, 증상 발달

많은 사람들은 피터가 겪은 두 가지 스트레스 사건을 경험할 때 이 정도의 심각한 증상을 나타내지 않고 대처할 수 있을 것이다. 그러나 앞에서 보았듯이 우리는 내담자 반응의 특수성이라는 개념을 적용하여 더 많은 것을 이해할 수 있다. 피터의 사례를 통해 상황적 요인이 고통스러운 발달적 경험을 자극하고 병리적 신념을 확증하며 대인관계 대처 전략이 실패하도록 할 때 어떻게 증상이 생겨나는지를 설명하겠다.

피터의 첫 번째 스트레스원은 실습 지도자의 비판적인 피드백이었다. 존경하는 권위적인 존재로부터의 비판은 대부분의 사람들에게 당황스러운 것이지만 대개 그것에 대처할 수 있다. 그러나 피터 같은 사람에게는 그런 비난이 훨씬 더 크게 다가온다. 피터의 어린 시절 박탈 경험, 인정에 대한 강한 욕구, 과도한 비난을 받아온 개인사 등으로 인해 도움을 주고 친절하게 대해주어 이런 발달과정의 갈등에 대처하려고 했던 피터의 생애 적응 양식이 작동하지 않았다.

둘째로, 실습 지도자는 피터의 핵심 갈등—비판받고 거부당하는 것에 대한 불안—을 건드리는 동시에 다른 사람을 기쁘게 해주고 그들의 필요를 충족시켜주는 그의 대인 방어를 약화시켰다. IWMs가 발달하는 방법에 비추어볼 때, 그는 그의 초기 양육자가 그에게 말했던 자신에 대한 태도—그는 주목해야 할 만큼 중요하지 않다(아버지와 여자친구로부터), 그는 인정이나 반응을 주어야 할 정도로 좋지는 않다(어머니로부터), 다른 사람은 자주 그를 비판할 것이다(실습 지도자처럼)—를 자신에게 적용했다. 아버지의 버림과 어머니의 비판으로 인해 생긴 불안에 대처하는 피터의 방법은 남을 기쁘게 해주고 그들의 욕구를 충족시키기 위해 자신을 감추어서 완벽해지는 것이었다. 그러면 피터는 그들의 인정을 받아 자기비판적인 도식을 부인할 수 있었다(Bernstein & Benfield, 2013). 물론 이 대처 양식은 실패하게 되어 있다. 피터가 만나는 모든 사람으로부터 항상 사랑받으며 인정받는 것은 불가능하다. 그에게 건설적인 비판이란 없었다. 그는 인정받지 못하면 거부당하는 것이라고 생각했고, 모든 사람의 인정을 받지 못하면 크게 마음이 상했다. 예를 들어, 피터는 학부 1학년 수업에서 불평하는 두세 명의 학생만 기억했다. 그는 대부분의 학생들이 자신의 수업을 좋아하며 자신이 수업을 잘 한다고 생각한다는 것을 의미 있게 받아들이지 못했다.

이에 뒤따른 여자친구의 사건만 없었더라도, 피터는 아마도 증상을 보이지 않고 첫 번째 좌절로부터 회복했을 것이다. 아마도 그의 대인관계 대처 양식을 다시 작동시켜 그의 생활 속에 있는 다른 사람들—다른 실습 지도자, 친구, 그리고 흔한 경우 아마도 내담자까지—로부터 그가 필요로 하는 인정을 얻어내는 데 성공했을 것이다. 그러나 앞으로 살펴보겠지만 뒤이어 터진 여자친구와의 문제도 동일한 핵심 갈등을 건드린 것이다. 여기에서 다른 사람에게 다가가는 그의 대처 양식이 실패하고 그의 불안전한 애착 역사와 연관된 강한 불안이 일어나게 되었다. 더 구체적으로, 이것은 '수치심 불안'으로서 자신의 사랑스럽지 않고 무가치한 자아가 드러나는 위협에 대한 불안이다. 그의 수치스러운 자아가 자신과 다른 사람에게 드러나는 것에 대한 위협으로 인한 불안은 너무나 강해져서 불안장애와 증상이 나타나게 되었다.

연인의 부정행위는 모든 사람에게 매우 충격적인 것이다. 그러나 여기서 다시 이 특정 스트레스원은 피터의 개인 발달사와 주관적 세계관이라는 개인적인 맥락에서 볼 때 그에게 매우 중요한 의미를 지니는 것이다. 피터는 단순히 여자친구의 신뢰를 잃어버리는 것을 훨씬 뛰어넘는 것에 대처해야 했다; 그는 정체성, 자기가치감의 기반, 다른 사람을 기쁘게 해주어 그들의 인정을 받고자 하는 대인관계 대처 전략에 타격을 입은 것이다.

이런 여러 스트레스원은 그 자체로 많은 사람들에게 위기를 촉발해서 상담을 받게 한다. 그러나 이 상황적인 스트레스원이 기존의 인식 틀과 연관되고, 원하지 않지만 익숙한 관계 시나리오를 반복하며, 병리적 신념을 확인해주지 않으면 이렇게 강한 불안을 일으키지는 않는다. 그런 내담자는 위기 개입이나 단기간의 지지적인 상담을 통해 비교적 빨리 회복될 수 있다. 반면 생애 스트레스가 내담자의 핵심 갈등을 정확하게 건드리게 되면 피터와 같은 내담자는 현재 상황적인 스트레스원으로 인한 부담 이상의 것을 다루어야 한다.

그러므로 피터의 여자친구가 다른 남자와 성적인 관계를 맺었을 때 그는 이 배신의 고통 이상의 것에 대처해야 했던 것이다. 그는 이로 인해 촉발된 더 큰 발달적 문제에 대처해야 했다: 그의 오래전 애착 역사가 자극되었다; 그가 예상하는 비판과 거부에 대처하기 위해 다른 사람을 즐겁게 해주려는 그의 대인관계 대처 전략이 실패했다; 그리고 피터는 어린 시절 공감받은 경험이 없었기 때문에 이렇게 어려울 때 자신을 돌보기 위해 필요한 자기연민이나 자기공감 능력이 없다(Neff, 2014).

이렇게 피터와 같은 내담자들은 위기의 상황에서 의지할 것이 거의 없다. 비현실적이긴 하지만 내담자가 다른 사람에게 다가가고 '헌신적인' 존재가 됨으로써 얻는 부차적인 이익은 정체성이나 자기가치감뿐인데, 이는 이미 다른 내담자들은 가지고 있는 것이다. 그렇다면 피터가 불안장애에 압도당한 것은 이해할 만한 일이다. 상황적인 스트레스원 두 가지가 피터의 근원적 갈등을 심화시켰고, 이를 방어해왔던 그의 대처 전략을 무력화한 것이다. 이런 점에서 보면 내담자의 현재 증상은 결코 비합리적인 것이 아니란 것을 알 수 있다. 내담자 반응의 특수성을 고려하여 내담자의 발달 역사와 이 역사에서 생긴

인지 도식, 병리적 신념, 경직된 대처 전략이라는 넓은 맥락을 통해 증상을 이해하면 그것은 나름대로 타당한 이유가 있다.

상담과정

다행히도 피터의 상담자는 총명하고 친절했다. 그는 이 상황적 위기가 피터에게 가져온 고통에 대해 진심으로 공감하면서도 피터가 무엇으로 인해 그렇게 취약한 상태가 되었는지를 잘 파악했다. 상담자는 현재의 이 위기가 더 중요한 발달적 갈등을 해결할 기회를 제공한다는 것을 알아차렸다. 이 발달적 갈등으로 인해 피터는 다른 사람이 자신을 떠나거나 인정하지 않으면 언제나 이런 위기를 재경험할 가능성이 있다. 몇 달간의 상담을 통해, 피터는 이 갑작스러운 위기를 해결하게 되었다. 더 중요한 것은 그는 자신의 발달과정과 그로 인한 문제들을 마주할 수 있게 된 것이다. 결국 피터는 다른 사람에게 다가가는 협소한 대처 양식을 확장하여 더 유연한 대인관계 전략을 사용할 수 있게 되었다. 여기와 다음 장에서 우리는 피터가 이 큰 변화를 경험하게 된 상담과정을 살펴볼 것이다.

첫 회기부터 피터는 상담자가 자신을 이해하고 돌보는 것을 알 수 있었다. 상담자의 정확한 공감을 통해 강한 상담 동맹을 형성해가면서 피터의 불안장애는 멈추었다. 상담자가 효과적인 보듬어주는 환경을 제공함에 따라 그토록 피터에게 혼란스러웠던 강한 불안과 깊은 스트레스는 점차 사라져갔다.

상담자가 상담을 시작하면서 우선적으로 한 것은 피터가 다른 사람을 즐겁게 해주는 습관적인 대처 양식을 가지고 있다는 것을 알게 하고, 그것이 얼마나 자주 그리고 자동적으로 작동하는지를 깨닫게 해주는 것이었다. 상담자는 그것에 이름을 붙여서 그것을 함께 이야기하고 탐색할 수 있도록—판단하지 않고 온화한 분위기에서—했다. 이것이 모든 것을 바꾸는 계기가 되었다. 예를 들어, 이런 대화를 통해서 피터는 그가 이 대처 패턴을 사용하여 남을 즐겁게 해주어야 한다는 압박을 느끼는 순간이 될 때 자신이 무엇을 경험하는지와 다른 사람과의 관계에서 무엇이 일어나는지를 알아차리기 위해 자신의 내면에 집중하는 방법을 배우게 되었다. 대개 그런 상황이 되면 곧바로 그는 다른 사람들이 어떤 방식으로든 그를 인정하지 않거나 그에게서 떠나서 관계가 끝날 것이라고 예상하곤 했다. 상담자의 도움을 통해 피터는 이런 일련의 과정과, 다른 사람을 기쁘게 해주는 행동을 할 때 일어나는 불안을 억누르는 자신의 성향을 점차 인식하게 되었다(Levinsen, 2010).

특히 상담자는 피터의 이야기를 들으면서 피터의 핵심적인 대인관계 주제들이 나타나는 경우 이를 부각시키려고 했다(Barber et al., 2002). 상담자는 피터가 (1) 다른 사람을 즐겁게 해주고, (2) 분노와 대인관계에서의 갈등을 회피하며, (3) 다른 사람이 비판적이고 거부적이라고 예상하는 경우를 정확하게 짚어내었다. 특히 상담자는 그들 사이에서나 다른 사람과의 상호작용에서 이 세 가지 반복적인 대인관계 주제들이 나타난다고 생각되는 경우 이에 접근하여 탐색하기 위해 과정 언급을 사용했다(DeFile, Hilsenroth, & Kuutmann, 2014). 예를 들어, 상담자는 피터가 상담자를 즐겁게 해주려고 하는 모습을 보인다고 생각되면 이를 다음 대화와 같이 직접적이지만 협조적인 태도로 드러내고 그 가능성에 대해 대화할 것을 제안했다.

상담자 피터, 이야기하다 보니 나는 당신이 나나 다른 사람으로부터 듣고 싶어하는 말에 지나치게 신경 쓰는 것이 아닌가 하는 생각이 들어요. 어떻게 생각해요? 그런 면이 있나요?

또 상담자는 피터가 다른 사람과의 관계에서 이 세 가지 주제 중 어느 하나를 보인다고 생각될 때마다 이를 부각시켰다. 다음 예를 살펴보자.

상담자 그들과의 상호작용에 대한 설명을 들으니 그들이 당신에게 화를 내지 않게 하기 위해서 당신이 무척이나 애쓰고 있는 것으로 보여요. 전에도 이런 이야기를 들은 것 같아요. 이런 경우가 많나요?

이런 피드백은 이들이 함께 작업할 방향—상담의 초점—을 제시했고, 서로 합의한 상담목표를 개발하는 데 기반이 되었다. 예를 들어, 상담자는 피터에게 더 이상 상담자를 기쁘게 해주려 하지 말고 대신 그들 관계에서 피터가 무엇을 원하는지를 그냥 말하고 행동하는 모험을 해보라고 격려했다. 상담자가 무엇을 좋아하고 원하는지에 주의를 기울이지 않게 되자, 피터는 더 이상 다른 사람이 듣기 원하는 것에 신경 쓰지 않고 자신의 모습으로 살고 자신의 생각을 가지게 되었다. 이것이 피터에게 CEE가 되었다. 상담자를 즐겁게 해주거나 계속 곁에 머물게 하고 자신을 떠나거나 비판하지 않도록 하는 행동(자주 상담자를 칭찬하거나 상담자가 얼마나 도움이 되는지를 말하기)을 하지 않는데도 불구하고 상담자로부터 돌봄을 받는 관계를 피터는 경험하게 되었다.

상담자는 계속 피터가 내면에 집중하도록 했다. 특히 피터가 다른 사람을 즐겁게 해주는 예전의 대처 양식 대신에 상담자와 연습한 새로운 반응을 감행할 때 생기는 감정을 탐색했다. 피터는 점차로 자신의 예전 대처 양식을 사용하기 바로 전에 경험하는 것에 초점을 맞추어가면서 어린 시절 고통당했던, 그러나 너무나도 수치스러워서 다른 사람에게 드러내놓지 못했고 심지어 자신도 충분히 인식하지 못했던 정서적 박탈에 대해 명확하게 알아가게 되었다. 상담자의 수용적인 태도로 인해 피터는 고통을 드러내는 것에 대한 부끄러움을 비교적 빠르게 극복했다. 이제 피터는 난생처음 그의 모든 강점과 약점을 다른 사람에게 충분히 인정받으며 지속적으로 수용받는 경험을 했다. 피터는 자신이 어머니와 다른 사람을 돌보고 즐겁게 해줌으로써 어린 시절의 어려움에 대처해왔다는 것을 이해하기 시작했다. 그러나 피터는 이 중요한 성장과정에서 발생했던 불안, 수치, 슬픔의 감정으로 인해 계속 힘들어했다.

서로 모순되는 이 감정들이 다음 몇 달 동안 계속 커졌다 작아졌다를 반복했다. 피터는 자신이 어린 시절 얼마나 버림받고 외로운 느낌으로 살았는지, 그리고 자신의 존재에 대해 얼마나 부끄러워했는지를 점차 더 알아가게 되었다. 이런 감정과 더불어, 피터는 그가 무가치하기—즉 다른 사람이 중요하게 생각할 정도로 의미 있지 않기—때문에 사랑받지 못했던 것이라는 잘못된 믿음을 인식하고 이에 도전하게 되었다. 상담자가 계속 피터를 깊은 이해로 보듬어주자 피터는 오랫동안 지녀온 박탈과 타당화되지 못한 것에 대한 슬픔을 처음으로 표현했다. 피터는 깊은 CEE를 받으면서 예전의 기대와 대처 양식에서 성공적으로 벗어났다. 상담자의 타당화 반응은 반복적으로 관계에 대한 피터의 오래된 기대를 강력하게 불식시키고 그가 항상 갈구해온 인정을 제공해주면서 깊은 위안을 주었다. 또한 이 타당화 반응으로 인해 피터는 누군가가 자신을 돌보며 알고 있으며, 자신의 있는 모습 그대로 수용해준다는 느낌을 생애 처음 갖게 되었다.

이제 피터는 일어난 일에 대해 자신을 비난하기보다는 자신에 대한 슬픔과 연민을 느끼고 어린 시절의 외로움에 대해 슬퍼하기 시작했다. 이런 슬픔의 감정에 뒤이어 두 가지의 반응적 감정이 바로 나타났다. 피터는 다음과 같은 분노를 경험했다. 아버지에게는 자신을 떠난 것에 대해 분노를 느끼고, 어머니에 대해서는 자신이 어머니의 사랑을 얻기 위해 그렇게도 애써야 했고, 어머니의 경멸을 받지 않기 위해 그렇게도 '착하게' 되려고 애쓰게 만들었다는 것에 대해 분노를 느꼈다. 그러나 이 화가 일어나자마자 피터는 극도로 불안해졌는데, 이는 상담자, 여자친구, 부모 또는 다른 사람들이 그를 다루었던 방식에 대해 그가 '반항'하고 그들에게 화를 낸 것 때문에 그들이 그를 혼자 버려둘 것에 대한 두려움이었다. 피터의 정서군에서 이 세 가지 감정—충족되지 못한 정서적 욕구를 둘러싼 부끄러움, 너무나도 쉽게 거부되고 부인되는 것에 대한 분노, 반항하면 버려지거나 정서적으로 차단될 것에 대한 불안—이 상담과정에서 반복하여 나타났다. 상담자의 도움으로 피터는 점차 이 감정들을 통합하고 해결해나가게 되었다. 그럼으로써 피터는 그것을 충분히 경험하거나 알고, 상담자와 이야기하거나 표현하는 모험을 감행하고, 상담자의 지지를 받아 그 감정들을 겪어내거나 품을 수 있다는 것을 발견하게 되었다.

상담자는 피터의 성장 역사에 있었던 좋은 소식과 나쁜 소식 간에 균형을 잘 유지했다. 그는 피터가 어머니를 사랑하며 이전에 일어난 모든 일에도 불구하고 아직 그녀에게 효도하고자 하며, 그가 자신에 대해 높이 평가하는 자질 중 일부는 그녀로부터 왔다는 사실을 알아차릴 수 있었다. 그러나 이런 현실에 기초한 자질에는 피터의 정서적 박탈과 불인정이라는 고통스러운 현실이 수반되었다. 양 측면을 인정하는 이 과정은 피터가 어머니에 대한 유대감의 중요한 측면을 유지하도록 도와주었다. 그토록 불공평하고 고통스러웠던 것에 대해 상담자와 함께 저항한다는 것은 부모를 거부하고, 원한을 품거나, 자신을 싫어하거나 부모를 나쁜 사람으로 만드는 것이 아니다. 오히려 이는 피터의 일생에 대한 이야기를 바꾸고, 이런 일들이 실제로 일어났고 고통스러웠으며 그가 이런 일을 초래했거나 당할 이유가 없었다고 말하는 것이다. 자신의 환경이라는 현실을 더 이상 부인하지 않고 자신의 감정과 지각을 난생처음 인정받게 되자, 피터는 이를 다른 관계로 일반화할 수 있는 더 강한 모습을 갖게 되었다. 피터는 더 확신에 차고 더 주장적이 되었고, 더욱 견고한 경계를 형성하여 자신이 누구인지를 명확하게 말하게 되었으며, 다른 사람을 돌보지 않으면 비판받거나 거부당할 것이라는 병리적 신념을 거부하게 되었다. 그는 어머니의 거부나 분노가 정당하지 않은 것이었으며 단지 그녀가 사랑받을 희망이 없다는 것의 표현일 뿐이었다는 것을 이해하게 되었다. 더욱 의미 있는 것은 피터가 어머니를 불쌍히 여기고 그녀가 오랜 우울을 겪을 당시의 고통스러운 처지를 이해하면서도 이로 인해 자신에게 주어졌던 고통스러운 결과라는 현실을 부인하지 않았던 것이다.

이 변화의 결과로, 피터는 다른 사람이 그를 좋아하게 만들어야 한다는 압박에서 벗어나고, 대인관계 갈등의 위협을 덜 느꼈으며, 더 자기수용적이 되었다. 피터는 다른 사람에게 다가가는 유형의 장점을 유지할 수 있었다: 그는 진실로 남을 돌보고 잘 반응하는 사람이 되었다. 그러나 피터는 과거처럼 더 이상 한 가지 방식으로만 반응하지 않았다. 그는 더 이상 모든 사람들이 자신을 좋아하게 하려고 강박적으로 노력하지 않았다. 그는 힘들기는 하지만 대인관계에서 생긴 갈등을 점점 더 잘 다루게 되었다. 그럼에도 불구하고 이런 성장 능력은 서로에게 더 보상이 되는 관계를 형성하는 데 도움이 되었다.

앞으로도 피터는 과거의 상처를 건드리는 환경을 다시 만나면 또 다른 위기를 경험하겠지만 지금 그가 경험한 변화로 인해 앞으로의 문제에 대해 더 힘있고 현재 중심적인 방식으로 대처해나갈 것이다.

두 사례 요약

피터의 사례에서 대인관계 사례 개념화 모델이 다가가는 유형의 내담자에게 어떻게 사용될 수 있는지를 살펴보았다. 이제 대항하는 내담자와 멀리하는 내담자의 상담과정을 잘 보여주는 두 사례를 살펴보자.

후안: 다른 사람에게 대항하는 내담자

후안은 질투하고 참견하며 강압적인 행동에 대해 상담받지 않으면 아내 마리아가 떠나겠다고 위협했기 때문에 상담을 받게 되었다. 후안이 아내의 핸드폰과 이메일을 몰래 보면서 그녀를 감시하는 것이 발각되었다. 그녀가 그것을 그만두라고 하자 그는 그녀가 바람을 피우고 있다고 위협하며 화를 폭발했는데, 그러자 그녀는 그가 상담을 받겠다고 약속할 때까지 일주일간 부모 집에 가 있었다.

내담자 아내가 나를 떠나겠다고 위협하기 때문에 여기 왔어요. 그녀는 내가 너무 소유욕이 강하고 통제적이라고 해요. 상담이 어떻게 도움이 될지는 모르겠지만 그녀가 친정으로 가버렸기 때문에 상담받겠다고 했지요.

상담자 제가 이해하기로는 당신은 여기에서 저에게 이야기하고 싶지는 않지만 결혼생활을 유지하고 싶어서 상담을 받으려고 하는군요. 저에게 이야기하는 것이 도움이 된다는 것을 알게 되어서 나중에는 스스로 오게 되면 좋겠습니다. 부인은 당신이 소유욕이 강하고 통제적이라고 말했는데 그것에 대해 조금 더 말해주시겠어요?

내담자 음, 내가 아프카니스탄에서 막 돌아와서 알게 된 것은 내가 동의하지 않는다는 것을 알면서도 그녀가 학교에 다니기 시작한 거예요. 그녀는 경력이 필요하다고 말해요. 내가 그녀와 가족을 돌보고 있는데 왜 경력이 필요한 거죠? 나는 그것을 좋아하지 않고 그녀가 학교를 그만두어야 한다고 말했어요. 나는 그가 사귀는 친구들을 믿을 수 없고 싫어요. 그녀는 내가 군대에 있을 때 모든 결정을 혼자 해야 했다고 말하면서 지금은 자신에 대한 어떤 결정을 내려야 한다고 생각해요. 나는 집이나 회사에서 항상 내가 결정을 내려왔어요. 군 복무를 할 때를 제외하곤요.

상담자 당신은 그녀가 학교 가는 것에 동의하지 않는데 지금 당신이 뒤로 밀려났고, 당신이 가족 내 모든 결정을 해야 한다고 생각하는군요. 내가 올바로 파악한 것인가요?

내담자 맞아요. 나는 우리 집의 주인입니다. 그녀는 내 허락 없이 학교를 다니기 시작하거나 그녀가 친구라고 말하는 새로운 사람들과 시간을 낭비하지 말았어야 해요. 그리고 이제는 내가 돌아왔으니 가족에 대한 결정을 나에게 맡기고 내가 그녀가 학교에 가기를 원하지 않는다는 것을 존중해야 해요. 그녀는 심지어 야간 수업도 듣고 있어요.

상담자 그녀가 당신에게 확인하지 않고 결정을 내린 것에 대해 당신은 어떻게 반응했나요?

내담자 나는 내가 그것을 싫어한다, 일이 잘 풀릴 것이라고 말했지요. 내가 아프카니스탄으로 가기 전에 그녀는 내가 결정한 대로 잘 따르곤 했어요. 하지만 내가 책임지고 통제하려는 것에 대해서 항상 불평했었지요. 그녀는 나를 '통제 씨'라고 불렀어요. 그러나 당신은 아마도 페미니스트일 테니 부인이 남편을 존중하지 않는다고 해도 별 문제가 되지 않겠지요. 나는 내가 내 집에서 통제권을 갖지 않는다면 내가 대체 어떤 인간인가, 우리는 대체 어떤 삶을 살려고 하는 것인가 하는 생각이 듭니다.

상담자 아닙니다. 나는 당신의 부인이 당신을 존중하지 않아도 된다고 생각하는 페미니스트가 아닙니다. 그러나 통제와 상호 존중을 공유하는 상호적인 관계를 중요하게 생각합니다. 그러므로 우리가 인식하고 살펴보아야 할 우리 사이의 가치관 차이가 있습니다. 그러나 통제권을 갖는 것이 당신에게는 매우 중요합니다. 이것을 제가 이해할 수 있게 도와주세요. 당신은 항상 이런 식으로 살았나요?

내담자 오, 아니요. 어린아이였을 때는 전혀 통제권을 갖지 못했지요.

상담자 통제권이 전혀 없었다. … 좋아 보이지는 않네요. 그때 어땠는지 이야기해보세요.

내담자 네, 전혀 통제권이 없었지요. 밤에 어디 가서 자야 하는지.

상담자 당신은 밤에 잠자기 위해 어느 침대에 가야 하는지를 몰랐다는 말입니까?

내담자 그렇게 잠자기 위해 어느 침대에 가는지를 몰랐다면 좋았겠어요. 그러나 나는 어느 집으로 가야 할지를 몰랐던 것입니다.

상담자 '어느 집으로 가야 할지'라면 정말 '통제권이 전혀 없는' 상태였군요. 어린아이에게는 너무나도 힘든 일이었겠어요. 어린아이로서 통제권을 갖지 못했다는 것—잠자러 어디로 가야 할지 몰랐다는 것에 대해 더 말해주세요. 그리고 그것이 지금 당신에게 어떤 영향을 미치고 있다고 생각되는지요?

내담자 음, 어머니는 믿을 수 없는 사람이었어요. 어머니는 나와 함께 있으면서 친절하게 도움을 주었던 때도 있었지만 새로운 남자친구가 생겨 갑자기 몇 주간 사라져버리곤 했어요. 나는 주로 할머니와 함께 살았는데 할머니는 내가 5살 때 돌아가셨어요. 그 후 다른 가족들과 함께 살았는데 다들 잠시동안만 나를 맡았지요. 나는 고모나 삼촌과 진정한 가족이 되지는 못했어요. 항상 외부인으로 살았지요. 나는 전혀 통제권을 가질 수 없었고, 내 침대나 내 옷을 가져본 적이 없어요. 그저 '나에게 주어진 것'이지요. 나는 너무나도 외로웠는데 사람들은 내가 너무 화를 많이 낸다고 했어요. 나는 수없이 치고박고 싸웠어요. 내가 다른 아이들처럼 가정을 갖고 있지 않아서 화가 난다는 것쯤은 알아요. 그것을 이야기해줄 심리학자가 필요한 것이 아니에요. 내가 나중에 가정을 갖게 되면 그때와는 다르게 내가 어떻게 살아야 하는지와 여러 가정사에 대해서 통제권을 가질 것이라고 다짐했지요.

상담자 후안, 지금 아주 많은 이야기를 했어요. 정말 가슴 아픕니다. 어린아이인데 그렇게 외부인 취급을 당하며 정말 외롭고 고통스러웠겠어요. 그리고 언제 어머니가 함께 있거나 가버릴지 모르고, 누가 당신을 받아들일지 모르니 정말 통제권이 전혀 없었네요. 그러니 상황이 안정적이고 통제권이 주어져 있는 지금 마리아와 안정된 생활을 하고 싶은 것이 당연하네요. 그런데 통제권을 당신뿐만 아니라 마리아에게도 줄 수 있는 좀 더 좋은 방법을 탐색해볼 수 있지 않을까요?

내담자 글쎄, 당신네 여자들은 서로 지지해주기를 좋아한다는 것을 난 알고 있어요. 나는 당신이 나에 대해 슬퍼하는 것이 필요 없어요. 그러나 돌봄을 받는 여자는 당연히 남편이 원하는 것을 원해야 하지 않나요? 나는 이 집의 가장이기 때문에 최종 결정을 할 수 있어야 해요. 나는 16살에 독립한 이후에 항상 책임졌어요. 나는 이리저리 밀려다니는 것에서 정말 벗어나고 싶었고, 사람들이 나에게 무엇을 하라고 말하지 못하게 했어요. 나는 창고에서 일하기 시작했는데 거기서도 책임자 역할을 했지요. 사람들이 그런 내 모습을 좋아해서 승진시켜주어서 나는 최연소 감독자 자리에 오르기도 했어요. 내가 더 머물렀어야 했지만 그들이 계속 일을 더 하라고 해서 화가 나 그만두고 군에 입대했어요. 나는 군대가 많은 혜택을 주고 대학 등록금을 대줄 것이라고 생각했는데, 군대는 정말로 사람을 통제해요. 나는 그게 싫었고 그래서 이제 돌아왔어요. 나는 아내가 내가 모르는 곳에 가서 내가 모르는 사람들과 어울리고 내가 모르는 일을 하는 것을 용납할 수 없어요. 그녀는 내 아내이며 내가 원하는 것을 존중해야 해요.

상담자 여성의 역할에 대해 강한 신념을 가지고 있는 것으로 들리네요. 그것에 대해 더 말씀해보세요.

내담자 마리아는 내가 소유욕이 있고 책임을 져야 한다는 것을 알았지만 결혼하면 달라질 것이라고 생각했다고 합니다. 그러나 그녀는 내가 군에 갔다 오면서 더 나빠졌다고 생각해요. 그리고 내가 없을 때 학교에 가는 등 좀 독립적으로 살고 싶으며 그녀가 마땅히 해야 하는 집에만 있는 것은 싫다고 합니다. 내가 있는데 왜 그녀가 다른 사람을, 다른 무엇을 필요로 하는 걸까요?

상담자 당신의 어린 시절 경험으로 인해 당신이 그와는 다른 더 좋은 삶을 살고 싶어하는 것은 충분히 이해되고 분명히 그것을 존중합니다. 그런데 당신이 여러 일과 마리아에 대해서 통제권을 가지려고 시도하는 방법은 안전감과 예측 가능성을 얻고자 하는 것인데 동시에 그것을 위해 치르는 비용이 너무 큽니다.

내담자 '비용을 치른다'구요? 무슨 말입니까? 이것은 아무 비용이 안 들어요. 이것은 옳은 방법이에요.

상담자 글쎄요. 마리아라는 비용을 치를까봐 걱정이 됩니다. 그녀는 이런 통제를 원하지 않는다고 말하면서 친정으로 갔지요.

내담자 아니, 그녀는 좋은 아내가 되어야 해요. 그런데 당신은 그녀 편을 드는군요. 당신은 마리아가 되고 싶어하는 직장 여성이지요. 당신은 아마도 그녀가 나를 떠나는 것을 좋아하겠어요.

상담자 당신의 걱정을 이렇게 직접적으로 표현해주어서 고맙습니다. 그러나 저는 그녀가 당신을 떠나는 것을 원하지 않습니다. 오히려 당신들이 함께 하기 위해 할 수 있는 새로운 방법을 시도할 수 있기를 바랍니다.

내담자 그러게 어떻게 그럴 수 있냐고요. 어떻게 이 엉터리 상담이 도움이 되겠어요? 분명 당신은 그녀의 부모가 하듯이 나를 통제 괴짜라고 생각하고 있고, 교묘하게 말을 해대고 있으니까요.

상담자 후안, 나는 전혀 당신을 속이려 하지 않아요. 당신 삶에서 중요한 관계는 지금까지 신뢰롭지 않았고 매우 고통스럽고 의지할 만하지 않았어요. 나는 그것에 보태고 싶지 않아요. 당신이 원하고 마땅히 누릴 만한, 그러나 항상 마리아를 통제하지 않아도 되는 안정된 삶을 살아갈 수 있는 중간지대를 우리가 함께 노력해서 찾아낼 수 있다면 상담이 도움이 될 것입니다. 이 말이 어떻게 들립니까?

내담자 내가 통제를 하지 못하는데 어떻게 안정된 삶을 살 수 있어요? 그것은 디즈니랜드에서나 이야기하는 결코 일어나지 않을 재미난 이야기일 뿐이에요.

상담자 그래요. 당신은 그런 것을 전혀 경험해보지 않았으니 그 가능성을 상상해보는 것이 매우 어렵겠지요. 그러나 나는 당신과 마리아가 통제권을 공유하면서 안정된 가족생활을 할 수 있다고 생각합니다. 그녀가 지금은 당신을 선택하고 있지요. 그러나 당신은 그녀가 모든 일을 당신의 방식대로 하지 않으면 화를 낼 것이고, 그녀는 그것이 두려워 당신과 함께 있지 않으려 합니다. 물론 제가 보장할 수는 없지만 저는 당신 모두에게 좋은 방향으로 관계가 발전할 수 있다고 생각합니다.

내담자 (싸우려는 태도가 줄어들고 생각에 잠긴 목소리로) 마리아가 거의 똑같은 말을 나에게 했어요(침묵). 그러나 이야기를 시작하면 나는 열이 받아서, 아마 화가 나서 모든 것이 엉망이 되어 버려요. 나는 그녀가 하려고 하는 이 '독립'이 싫어요. 그러나 아, 나는 그녀도 잃고 싶지 않아요. 언젠가 세 명이 함께 만날 수 있을까요? 그러면 이야기하기가 좀 쉬워질까요?

상담자 그래요. 우리가 같은 생각을 했네요. 똑같은 것을 제안하려던 참이었어요. 그리고 후안, 좀 다른 것을 이야기하고 싶은데, 우리에 대한 이야기에요. 나는 이것이 중요하다고 생각해요. 바로 지금 우리의 관계, 당신과 내가 이야기하거나 함께 있는 방식이 변화한 것으로 보입니다. 당신이 나와 함께 위험을 감수하면서 우리의 관계에서 통제권을 놓기 시작했고, 농담이나 경쟁하기보다는 함께 작업하기 시작했어요. 나는 이 변화가 매우 반갑습니다. 당신도 무엇인가 다른 일이 일어난 것을 알아차렸나요?

내담자 네, 그랬어요. 나도 이것이 너무 좋아요.

앞에서 살펴본 피터의 사례에서 우리는 그의 다가가는 대인관계 대처 전략의 다양한 측면과 그 전략이 그의 삶과 상담에서 어떻게 나타났는지를 살펴보았다. 이와는 달리, 후안의 상담자례에서는 하나의 중요한 주제인 과정 영역을 부각시키기 위해 이 긴 대화를 사용하려 한다.

다른 대항하는 내담자처럼 후안은 일상생활에서 다른 사람들에게 하듯이 (대부분의 초보 상담자가 특히 싫어하는) 도전하는 방식으로 상담자에게 반응했다. 후안은 상담자에게 도발했고 어떤 경우에는 드러내놓고 무시하고 모욕하며 심지어 경멸하기도 했다. 그가 반복적으로 이런 대항하는 방식으로 저항했지만 상담자는 비방어적 태도를 유지하며 자신과 상담에 대한 그의 무시를 개인화하지 않았다. 그 대신 그녀는 이런 일을 겪으면서도 후안에 대한 공감적 자세를 유지할 수 있었는데 이는 대부분의 상담자가 실행하기 어려운 일이다. 그녀는 측은히 여기는 마음으로 그의 어린 시절 깊은 상실(할머니), 버려짐(어머니), 외로움(그가 떠돌아다녔던 친척에게서 외부인)의 의미를 쉽게 파악했다. 그리고 상담자가 후안의 관점에서 사건을 바라보자고 여러 번 제안했지만 그는 반복적으로 상담자의 공감을 거부하고 상담자가 그를 대항하여 아내의 편을 든다며 반항했다.

> 여기에서 잠시 쉬면서 사고 훈련을 해보자. 후안이 당신의 내담자라면 당신은 어떤 느낌을 갖게 될 것이며, 그에게 어떻게 반응할 것인가?

후안처럼 대항하는 내담자는 다른 사람으로부터 싸우거나 도망가는 반응을 이끌어낸다. 즉 어떤 사람은 즉각 또는 자동적으로 적대감을 보이며 경멸하고, 어떤 사람은 그냥 위축되어 이런 힘든 사람으로부터 멀어진다. 상담자의 이론적 지향이 무엇인지와 관계없이, 만약 상담자가 이런 비효과적인 방식으로 반응하여 일상생활에서 다른 사람들과의 관계에서 전형적으로 경험하는 익숙하지만 잘못된 대인과정을 재현한다면 상담은 실패할 것이다. 즉 후안의 상담자는 동일한 적대감으로 방어적으로 반응하지 않았고, 후안이 많은 사람들에게서 이끌어내었던 그와의 통제권 쟁탈전에 휘말려들지 않았다. 그리고 그녀는 그와 통제권 투쟁을 하지 않으면서도 후안에게 굴복하지도 않았다. 그는 그녀를 통제하거나 지배하지 못했고, 그녀는 후안이 다른 사람에게서 일으킨 반응처럼 신체적으로 뒤로 물러나거나 정서적으로 항복하지 않았다. 그 대신 이 상담자는 후안과 새롭고 다른 대인과정을 효과적으로 형성해서 그의 삶에 스며있는 이 두 부적응적인 시나리오를 반복하지 않았다. 상담자가 그들의 상호작용에서 치료적인 다른 대인과정을 만들려고 끈기 있게 노력해서 후안은 이 대화 마지막 부분에서 매우 의미 있는 전환을 하게 되었다. 그는 상담자와의 적대적인 상호작용 방식을 (잠시나마) 멈추었고, 통제하려는 자세를 잠시 버렸으며, 더 협조적으로 작업하자고 하는 상담자의 반복적인 제안을 수용했다. 마지막 부분에 나타난 그들의 대인과정—그들이 서로 상호작용하는 방식—은 아내와의 문제에 대한 해결책을 행동적으로 보여주는 것이다.

후안은 개인적인 역사 속에서 매우 중요한 애착 트라우마를 겪었기 때문에 오랫동안 그의 방어적인 대인관계 대처 전략을 버리지 못할 것이다. 그러나 이 성공 경험—그들의 상호작용 중에 나타난 관계 맺는 다른 방식을 후안으로 하여금 인식하게 하려고 상담자가 '이름을 붙여' 명백하게 드러낸—은 중요하다. 그리고 그와 상담자가 이 새로운 다른 방식으로 상호작용하는 방법을 계속 찾아간다면 아내와의 관계가 변화될 가능성은 매우 커진다.

매기: 다른 사람을 멀리하는 내담자

> 38살 혼혈 여성인 매기는 청소년기 딸이 강간을 당한 후 6개월이 지나고 나서도 그 일이 바로 전날 일어난 것처럼 여전히 위기상태에 있었다. 악몽으로 잠을 설쳤고 긴장성 두통이 매일 그녀를 괴롭혔다. 매기는 딸을 어떻게 위로해야 할지 몰랐으며 경찰과 법원의 통상적인 무관심한 태도에 화가 나면서 자신의 삶이 통제를 벗어나 튕겨나가는 것처럼 두려워졌다. 직장에서 그녀의 상사는 그녀가 '신경과민에 불친절한 태도로 인해 동료들이 상호작용하기 어려운 상태'라고 평가하고 상담받을 것을 제안했다. 매기는 예전부터 어떤 도움을 요청하는 것을 항상 꺼리기는 했지만 일자리가 위협받는다는 것을 알고는 상담자를 만나게 되었다. 상담자는 매기가 딸의 사건으로 갖게 된 분노와 죄책감, 무기력의 감정에 잘 반응해주었다. 매기는 자신이 상담자로부터 이해받는다는 느낌을 갖는 것이 놀라웠다. 여러 차례 상담자는 정말 매기가 하는 말이 무엇인지 '알아차렸고' 매기는 상담시간을 실제 기대하게 되었다. 그녀는 상담자를 점차 신뢰하게 되었고 그 관계에 더 집중하게 되었다.

어떤 회기에 매기는 지난밤의 꿈을 이야기했다. 꿈에서 매기는 밤에 넓은 사막에 혼자 있었다. 크고 조용한 공간에 다른 아무도 없었다. 그 사막의 밤은 캄캄해서 달이나 별빛이 전혀 없었다. 끝없는 사막을 걸어가고 있을 때 시원하고 건조한 바람이 그녀의 얼굴에 가볍게 와 닿았다. 매기는 모래에 누워서 눈을 감고 어둠 속으로 조용하게 사라져갔다.

매기는 이런 내용의 꿈을 일생동안 반복하여 꾸었다고 말했다. 상담자는 반복하여 꾸는 꿈이기에 그 꿈이 많은 의미를 지니며, 아직은 충분히 이해할 수 없지만 아마도 그녀의 핵심 갈등을 단적으로 나타내는 것이라고 생각했다. 상담자는 꿈이 그녀의 외로움이라는 핵심 감정으로 가는 길을 제공해주기를 바라면서 다른 사람을 멀리하는 매기의 성향과 연결시키고자 했다.

상담자 눈을 감고 꿈을 다시 한 번 생각해보세요.

매기 네. (뒤로 기대어 눈을 감는다)

상담자 무엇이 보이는지 말해보세요.

매기 나는 걷고 있어요. 그러나 지쳤어요. 이제 갈 곳이 없어요. 조용하고 어두워요. 아무것도 없어요. 나는 혼자예요. 바람이 불어오네요. 모래가 가득하고 멀리 지평선이 있어요. 나는 이제 모래에 누워요. 눈을 감으니 영원히 잠에 빠지는 것처럼 슬그머니 없어져가요.

상담자 당신을 거기 혼자 있게 하고 싶지 않네요. 내가 함께 해도 될까요?

매기 (침묵 후 조심스럽게) 네, 고마워요. 그러나 혼자 있는 것이 제 느낌에는 익숙하고 안전해요.

상담자 혼자 있는 것이 익숙하군요. 거기가 당신의 안전 지대군요.

매기 네, 그런 것 같아요.

상담자 그런 상태가 당신이 원하는 것인가요?

매기 (매우 긴 침묵, 눈물을 흘림) 아니에요. … 사실은 아니에요. 나는 혼자 있고 싶지 않아요. (상담자를 바라보며) 나는 당신과 함께 하고 싶어요. 당신과 이야기하면 위안이 돼요. 하지만 또한 겁도 나요.

상담자 아, 그래요. 내가 거기 있어서 당신이 혼자가 아닌 것이 위안이 되기도 하지만 겁이 나기도 하는군요.

매기 네, 나는 혼자서 모든 일을 해야 한다고 배워왔어요. 혼자 내 일을 하는 것이 안전한 방법이 되어왔어요. 그러나 아니에요. 난 정말 더 이상 혼자이고 싶지 않아요.

상담자 좋아요. 당신이 원한다면 내가 당신과 함께 하면서 그 겁나는 느낌에 대해 이야기해도 될까요?

매기 그래요. 그런데 정말 나와 함께 하고 싶으세요?

상담자 그래요, 매기. 나는 정말로 당신과 함께 하고 싶어요. 그리고 당신이 나를 초청한다면 당신에게 상처 주는 일은 어떤 것이라도 하지 않을 것입니다.

매기 그래요, 더 이상 혼자가 아니라면 좋을 것 같아요.

상담자 내가 당신과 함께 하는 것을 허락하는 모험을 시도해주어서 고마워요. 이제 그 꿈으로 되돌아가서 우리가 함께 있어볼까요?

매기 그러지요.

상담자 좋아요. 눈을 계속 감고 그 같은 익숙한 이미지를 유지하세요. 그러나 지금은 혼자가 아닙니다. 내가 당신에게로 걸어갑니다. 내가 오른손을 당신에게 내밉니다. 손을 잡으시겠어요?

매기 네, 좋아요. 하지만 여전히 조금 무서워요.

상담자 음, 음. 나는 이제 당신과 함께 꿈속에 있어요. 당신은 더 이상 그곳에 혼자 있지 않아요. 우리는 손을 잡고 그 사막의 밤을 함께 걸어갑니다. 두 감정이 느껴지는데 한편으로는 좋은데 다른 한편으로는 무서워요.

매기 네, 우리는 함께 걸어요. (눈을 뜨고 상담자를 본다) 나는 혼자가 아니에요. 당신과 함께 하니 좋아요. 무섭기보다는 좋은 느낌이에요. 그런데 이야기를 계속하려니 울 것 같아요.

이 함께 하는 경험은 상담에서 전환점이 되었다. 매기는 꿈의 상황과 같이 적막한 공간에서 자라났다. 아버지에 대해서 전혀 몰랐고 엄마는 자주 새로운 남자를 따라서 '떠나' 있었다. 10살이 되기까지 매기는 대부분의 주말을 혼자 지냈으며 엄마가 '없을' 때 혼자 식사를 만들어 먹었으며 혼자 잠자리에 들었다. 매기는 엄마가 자기를 원하지 않으며 거절한다고 느꼈으며, 엄마가 데려오는 남자와 있을 때 '안전하지' 않다고 느꼈다. 그 남자는 '항상 좋지만은 않았'으며, 가끔 매기는 그 남자가 '무서웠다'. 그 꿈은 어린 시절의 공허함, 그녀가 경험한 위안과 보호의 부재, 그리고 다른 사람으로부터 회피하는 생활 적응 양식을 반영하는 것이었다. 그러나 딸의 위기는 다른 사람에게서 회피하여 혼자 있으면서도 만족하며 살아온 그녀의 대처 양식을 흔들어버렸다. 상담자를 그녀의 어둡고 공허한 공간에 참여하게 함으로써 매기는 오랫동안 갈구해왔지만 멀리할 수밖에 없었던 인간적인 접촉을 수용하는 커다란 개인적 모험을 시도한 것이다. 물론 이 한 번의 교정적 정서 경험이 그녀의 핵심 갈등을 해결하거나 대인관계 대처 양식을 변화시킨 것은 아니다. 그러나 이렇게 상담자와 함께 하는 경험이 여러 방식으로 계속되었다.

매기의 외로운 느낌은 그녀가 혼혈이었기 때문에 다른 사람과 '다른' 존재라고 인식하는 것으로 인해 더욱 심화되었는데, 상담자 자신도 혼혈이었기 때문에 이를 잘 알고 있었다. 매기의 외로움에 기여한 가족, 문화, 인종 요소를 상담자가 잘 설명하고 지지해주어 매기는 다음 세 가지 방식으로 변화하기 시작했다.

첫째 변화는 매기의 갈등되는 정서군이 나타난 것이다. 앞서 제시된 대화 후반부에서 본 것처럼 어린 시절 버림받은 것에서 나온 깊은 슬픔이 나타나기 시작했다. 매기가 어린 시절 경험한 반응의 결핍이 반복되지 않는다는 것을 보장하기 위해, 상담자는 지금 매기의 감정을 상담자가 잘 듣고 있다는 것을 알려주기 위해 노력했다. 상담자는 매기가 더 이상 어둡고 적막한 진공상태에 있지 않으며 오히려 돌봄을 받으며 반응적인 관계 안에 있다는 것을 잘 말해주었다. 매기는 상담자에게 더 편안하게 자신의 외로움에 대해 이야기하게 되었고 외로움와 동반된 생각들—자신은 '별로 중요하지 않으며', 그녀가 문제를 겪으면서 다른 사람의 도움을 필요로 하는데도 불구하고 다른 사람들은 '자신을 돕는 것에 별 관심이 없다'—에 대해 의문을 제기하기 시작했다. 매기는 상담자에게서 편안함을 느끼게 되면서 자신의 결핍을 지금까지 해온 것처럼 부인하지 않고 경험하며 직면하게 되었다. 그녀는 이것이 얼마나 그녀에게 고통스러웠는지를 좀 더 실제적으로 인식하게 되었다. 이런 깊은 이야기와 상담자의 공감은 그녀에게 안도감을 주었지만 다른 위협적인 감정도 자극했는데, 그것은 엄마가 실질적으로는 그녀를 떠나 있었으며 이런 남자들을 집에 들락거리게 한 것에 대한 강한 분노였다. 상담자는 그녀의 분노를 인정해주면서 보호와 돌봄을 받지 못한 것에 대한 그녀의 느낌이 타당하다는 것을 확인해주었다. 다음의 대화를 살펴보자.

매기 난 이런 대우를 받을 사람이 아니었어요. 엄마가 바보 같은 남자친구나 따라다니느라고 어린 딸을 혼자 집에 버려두거나 이런 잡것들이 집에 들어오게 하지 않았어야 해요. 가장 오래 있었던 남자는 정말 끔찍했어요. 그는 욕실이 잠기지 않는다는 것을 알고는 내가 거기 있을 때 항상 '우연히' 들어오곤 했어요. 그는 내 가슴과 엉덩이의 크기에 대해 말하곤 했어요. 그 사람의 행동은 성범죄였는데도 엄마는 그가 그런 말 하는 것을 막지 않았어요. 나는 엄마가 나보다 그 형편없는 남자를 더 좋아한다고 생각했어요. 그 사람들이 나를 만지려고 할 때에도 엄마는 그들이 단지 '치근대는' 것일 뿐이라고 했어요. 난 그게 싫었어요.

엄마에게 그런 분노를 느끼게 되자 그녀의 정서군에서 세 번째 감정인 불안이 일어나게 되었다. 고통스러운 분리 불안이 이런 저항에 의해 생겨났는데, 매기는 엄마에게 화를 내면 엄마가 자신을 밀쳐내고 처음 상태로 되돌려놓아서 더욱 외로움을 느낄 것이라는 두려움을 느꼈다. 상담자는 그녀의 정서군에 있는 이 각각의 감정들을 인정해주었고 그녀는 점차 각각의 감정에 대해 편안함을 느끼게 되었다. 이에 따라 매기는 다른 사람과의 상호작용에서도 조금 더 확신을 갖고 적극적으로 참여하는 경험을 상담에서 이야기했다.

둘째 변화는 상담자가 계속하여 그녀의 정서군에 있는 각각의 감정을 이해하고 지지해주자 매기가 상담자에게 반응하는 방식에 중요한 행동적 변화를 보이기 시작한 것이다. 매기는 상담자와 강한 작업 동맹을 형성했지만 여전히 누군가의 도움을 받는 것은 매우 꺼렸고 한발 뒤로 물러서 있었다. 흥미롭게도 상담자의 혼혈 정체성은 인종과 성의 유사성에 기초한 **귀속된 신뢰**(ascribed credibility)로 작용하여 처음에 그녀가 상담에 대해 확신이 없을 때 상담에 머물게 했다. 그러나 이제는 상담자의 **성취한 신뢰**(achieved credibility)—상담자의 숙련됨과 반응의 효과—가 중심을 차지했다.

매기는 지속되는 상담 작업 동맹 속에서 자신의 대처 양식을 점차 포기하게 되었으며 상담자가 그녀를 보고, 알고, 돕도록 허용했다. 매기는 덜 수줍어하는 태도로 상담자를 대하게 되었으며 지금까지 다른 사람에게 대했던 것보다 더 표현적이고 반응적이 되었다. 그녀는 자신에 대해 더 자유롭게 이야기했고 상담자 개인의 삶에 대해 궁금증을 갖게 되었다. 상담자는 이것이 이 내담자에게 긍정적인 의미가 있다고 보아 그때마다 기꺼이 반응해주었다. 매기의 악몽과 두통은 이미 감소되었고 유머와 관대함이 표현되기 시작했다.

셋째 변화는 매기가 내적으로 '풍성하게' 느끼게 되면서 다른 관계에서도 변화가 일어나게 된 것이다. 직장에서 그녀의 상사는 그녀가 '이전의 예민함과 불친절이 줄어들어' 기쁘고, 직장 내 다른 사람들도 그녀와 이야기하고 함께 일하기가 편해졌다고 이야기했다. 그러나 아직은 다른 사람과의 관계에서 긴장이 발생하면 매기는 우선은 뒤로 물러나서 '내면으로 들어갔다'. 그러나 매기는 다른 사람과의 문제에 더 잘 접근하게 되었고 바쁜 회사에서 불가피하게 발생하는 대인관계 갈등에 대해 충분히 이야기할 수 있게 되었다. 상담에서 동료나 고객과 겪었던 갈등을 이야기하고 상담자가 다른 새로운 반응 방법을 제안하는 것이 매기에게 도움이 되었다. 그들은 매기가 예전에 했던 것처럼 뒤로 물러서서 외롭게 있지 않고 그 상황에 계속 관여하는 다른 반응들을 함께 역할 연습했다. 매기는 자신이 다른 고객이나 동료의 역할을 하고 상담자는 그 상황에서 매기가 할 수 있는 말이나 행동을 역할 연기하는 것을 좋아했다. 매기는 이런 행동 훈련이 유용하다는 것을 알게 되었다. 매기는 상담자가 본을 보인 그 단어와 표현을 다른 사람들에게 사용하면서 여러 번 성공 경험을 하게 되었다.

상담자가 특히 의미 있게 관찰한 것은 매기가 그녀의 두 청소년 자녀에게 더 가까워진—더 정서적으로 함께하는—것이었다. 그녀는 자녀들에게 자신의 관심과 살아온 삶을 처음으로 이야기했다. 다 자란 자녀들은 이런 이야기를 반기면서 자기 자신과 일상생활에 대해 더 이야기하게 되었다. 매기는 자녀들에게 더 가까워지는 것을 느꼈고, 성폭력 후유증을 겪는 딸을 상담자의 지도를 받아 도울 수 있게 되었다.

또 매기는 사귀던 남자친구를 대하는 태도가 변화하기 시작했다. 이 관계는 다른 대부분의 관계에서 그랬듯이 피상적인 관계였다. 2년 이상 사귀었지만, 이제야 매기는 개인적인 이야기와 정서적 친밀감을 보이고 그에게 더 적극적인 관여를 요구하게 되었다. 특히 그녀는 그 남자가 할 수 있는 행동인 그에 대해 더 많은 것을 이야기하고 그녀와 더 많은 시간을 함께 보내자는 요구를 했다. 이러한 단계를 밟아나가는 것은 흥분되지만 불안을 일으키는 일이었다. 남자친구나 다른 사람을 향해 한 걸음씩 움직일 때마다 그녀의 오래된 적응 양식이 나타나곤 했는데, 특히 다른 사람들이 전적으로 긍정적으로 반응하지 않으면 그러했다. 상담자는 반복적으로 각 영역에서 그녀의 성공을 축하했으며, 그녀가 뒤로 물러날 때마다 이를 해결할 수 있도록 끈기를 가지고 돕고, 그때마다 반복되는 실망으로부터 그녀가 회복되도록 도왔다. 그녀가 계속 상담에서 진전을 보이고 삶에 더 충분히 참여하게 되자 매기는 조심스럽게 상담을 마칠 때가 되었다고 말했다.

지금까지 상담이 잘 되어오긴 했지만 종결에 대해 이야기하기 시작하자 매기는 우울한 상태가 되었다. 그녀가 종결의 주제를 꺼내놓고 나서는 다음 회기에 오지 않았고("깜빡

잊었어요.") 그다음 회기에는 지각했다. 지금까지 진행했던 상담에서처럼 상담자가 매기의 내면에 집중하자 매기의 내면 깊숙하게 자리잡고 있던 아무도 자신을 원하지 않으며, 외롭고, 보호받지 못하고, 상처받기 쉽다는 느낌 등의 감정이 다시 나타났다. 상담자는 종결 날짜 결정을 잠시 미루고 이 슬픔에 대해 더 상담을 하자고 제안했다. 매기는 이전보다 더 생생하고 구체적으로 어린 시절의 우울을 기억해내었다. 고통스러운 기억들이 되살아났다—예를 들어 8살이 되었을 때 거실에 홀로 앉아 시계가 째깍거리는 소리를 오후 내내 듣고 있었다. 매기는 어머니가 집으로 돌아올 수 있기를 간절히 바랐던 것을 기억하며 흐느꼈는데, 이런 일이 그녀의 불행한 결혼 선택에서 다시 나타났던 것이다. 매기는 자신의 초기 부적응적 도식에 따라 장기간 일 때문에 집을 떠나 있어야 하고 일에 몰두하며 집에서도 자신에게 반응적이지 않은 사업가와 결혼했다. 매기는 첫 번째 중요한 사랑의 관계에서도 자신의 외로움의 역사를 해결하기보다는 반복하는 사람을 선택한 것이다. 그러나 그녀의 어린 시절 버려진 경험으로 인한 고통을 이렇게 직접적으로 다루고 그것이 실망스러운 결혼생활에 어떻게 다시 나타났는지를 충분히 나눔으로써 상담 종결 제안으로 인해 갑자기 발생했던 우울 증상은 해소되었다. 오래지 않아 매기는 상담을 종결할 때가 되었다고 생각했고 이번에는 상담을 성공적으로 종결했다.

맺음말

이 장에서 우리는 내담자를 개념화하는 대인관계 모델을 살펴보았다. 다른 사람에게 다가가는 유형인 피터에 대한 심층적인 사례연구에서 우리는 이 모델이 어떻게 상담에 적용되는지를 살펴보았다. 또한 이 모델이 대항하는 내담자(후안)와 회피하는 내담자(매기)에게 어떻게 적용되는지를 두 개의 사례 요약을 통해 보았다. 이 세 사례에서 상담자들이 성공적이었던 것은 내담자의 대인관계 대처 양식을 처음부터 상담의 초점으로 삼았기 때문이다. 또한 이들은 내담자와 협력적으로 상담했고 내담자들의 대처 전략을 인식하고 확장하는 일에 내담자를 참여시켰기 때문에 도움을 줄 수 있었다.

그러나 초보 상담자들은 자신의 내담자가 이 세 가지 대처 양식과 관련된다는 것을 알면서도 이들에게 비효과적인 방법으로 개입하곤 한다. Safran과 Muran(2000)이 관계 패턴을 결정하려는 상담자의 섣부른 시도(즉 그것을 강요하기)가 내담자에게는 비난처럼 느껴질 수 있다고 했다. 이들은 협력을 강조하며 Kiesler(1996)와 다른 사람들이 언급한 것처럼 상담자가 관찰한 것을 '능숙한 유보적 태도(skillful tentativeness)'로 내담자에게 이야기할 것을 제안했다. 상담자의 주관성을 강조하는 것(예를 들어 "내 느낌에는 …" "내게 이런 생각이 들어요." "…이 아닐까 생각해요.")은 동등한 관계를 제안하는 것이다. 이렇게 하면 내담자는 상담자의 관찰을 자연스럽게 받아들이거나 거부하거나 수정해서 자신의 것으로 만들 수 있게 된다. 반면에 상담자가 관계 패턴을 결정해 버린다면 내담자에게 이 패턴을 빨리 바꾸라고 압박하는 것이 될 수 있다. 대부분의 내담자들에게는 이렇게 성급하게 대처 전략을 바꾸라고 압박하기보다는, 내담자가 이렇게 반응할 때 이를 보게 함으로써 관계 패턴을 그저 인식하도록 하는 것이 더 낫다. 다음의 사례를 살펴보자.

상담자 이것을 주시하여 언제 나타나는지 봅시다. 당신이 언제 자신을 적응시키려고 하거나 지나치게 남을 즐겁게 해주려고 하는지에 주의를 기울이기만 하세요. 그러면 우리가 함께 그것을 살펴볼 것입니다. 당신이 그것을 알아갈수록 그것을 변화시키고 당신이 선택한 대로 다르게 반응하는 것이 쉬워질 것입니다.

이제 초보 상담자는 내담자를 개념화하는 지침과, 각 내담자와의 상담이 지향하는 바와, 상담에서 이루려고 하는 것을 안내해주는 상담계획 수립에 대한 도움이 필요하다. 이를 위해 8장에서 내담자의 대인관계 기능에 대한 정보를 다룰 것이다. 이제 독자들은 부록 A에 제시된 과정노트 작성 지침과 부록 B에 제시된 사례 개념화 지침을 사용할 준비가 되어 있다. 이 지침은 다음과 같은 두 개의 전체적인 목표를 가진다. 첫째, 이 지침은 상담의 초점이 될 부적응적 관계 패턴과 부적응적 인지 패턴을 명료화하여 상담계획 수립을 도와줄 것이다. 둘째, 이 지침은 상담자가 과정 영역을 인식하고 현재 상담자와의 상호작용을 내담자가 다른 사람과의 관계에서 갖고 있는 문제와 연결시켜 효과적으로 개입할 수 있도록 도와줄 것이다.

연습 활동

당신의 어린 시절 대인관계 대처 전략은 무엇인가? 어린 시절 그것은 왜 당신의 원가족에서 적응적인 방법이었는가? 그것은 지금 당신의 삶에 어떤 유익을 주었고 어떤 대가를 치르게 했는가?

추천 도서

2년 이상의 상담경력이 있는 학생 상담자는 New York: Guilford에서 출간한 Lorna Smith Benjamin(2006)의 *Interpersonal Reconstructive Therapy*를 읽기 바란다. 임상적으로 풍부

하고 대인관계 및 애착 지향적인 이 책은 독자가 내담자를 이해하고 개입하는 것을 도와줄 것이다. 명료하게 쓰였고 통합적이며 지혜 있는 이 책은 경험 있는 대학원 학생 상담자의 필독서이다.

CHAPTER

08

관계 주제와 치유 경험

개념적 개관

이 장에서는 내담자의 삶에서 문제를 일으키고 있는 대인관계 패턴을 추가로 더 탐색하고, 그 대인관계 패턴이 상담관계에서 재연될 수 있는 다른 방식들을 강조하며, 또 이러한 재연에 반응하는 유용한 방법을 제안한다. 특별히 우리는 이러한 부적응적 관계 패턴을 탐색하려고 하는데, 이것은 상담자들로 하여금 내담자들에게 무엇이 진짜 잘못되었는지를 개념화하고 상담관계에서 무슨 일이 일어나고 있는지를 더 잘 이해할 수 있게 도와줄 것이다. 내담자들이 다른 사람들에 대해서 갖는 문제를 이해하는 가장 좋은 방법 중 하나로, 우리는 상담자가 내담자에 대한 자신의 감정과 개인적인 반응을 어떻게 사용할 것인지를 배울 것이다. 즉, 내담자들은 일상의 다른 사람들과의 사이에서 일어나는 것과 똑같은 문제선상에서 상담자들도 내담자들에 대해 느끼거나 반응하게 하는 데 능숙하다(예를 들면, 내담자 삶 속의 다른 사람들과 마찬가지로 상담자가 내담자에게 압도되거나 지루해지거나 통제받는 느낌을 갖게 함, 도울 수 있다는 것에 대해 무기력해지거나 사기가 꺾임, 그들을 불쾌하게 하거나 실수할까봐 불안해함 등). 우리는 타인들과의 관계를 깨뜨리고 있는 내담자 문제의 패턴이 상담관계에 어떤 식으로 나타나고 과정 차원에 따라 상담자와 어떻게 재연되는지를 볼 것이다. 상담자는 상담자와 내담자 사이에서 일어나고 있는 것이 무엇인지 이해함으로써 힘을 얻게 되면 더 좋은 상담계획을 세울 수 있고, 그들이 어디로 가려고 하는지 그리고 내담자를 도와서 무엇을 하려고 하는지 알 수 있다. 우리는 상담자가 과정에 대해 언급하고, 대인관계 피드백을 주고, 내적 작동 모델을 확인해주지 않고, 교정적 관계 경험을 제공하는 즉각적인 개입을 사용함으로써 이러한 문제의 재연을 변화시키기 위해 개입할 수 있는 다른 방법들을 제안할 것이다.

상담관계에서 내담자가 다른 사람과 갖는 문제를 재연하는 세 가지 방법

내담자가 상담에서 해결하려고 하는 문제들은 대개 애착과 가족관계의 형성에 뿌리를 두고 있는 것이며, 현재의 관계에서 비슷한 주제로 지금 재연되고 있는 것이다. 보통 다른 사람과 문제를 일으키고 있는 똑같은 대인관계 패턴은 마찬가지로 상담관계에서도 어떤 형태로든 나타난다. 우리가 보았듯이, 내담자들은 다른 사람들과 갖는 문제에 관해 상담자와 단순히 이야기만 하지 않는다(Beatson & Rao, 2014). 또 내담자들은 다른 사람들과의 사이에서 갖는 문제의 패턴과 아주 비슷한 관계 주제를 상담자들과 다시 만들어낸다. 그때 상담자가 할 일은 과정 언급을 하거나 교정적 정서 경험을 제공함으로써 이 패턴을 변화시킬 방법을 찾는 것이다. 단순히 패턴을 해석하거나 지적으로 설명하는 것에 반해서 상담자와 갖는 이런 변화의 경험은 배우자, 자녀들, 그리고 중요한 타인들과 이런 잘못된 패턴을 변화시키는 내담자의 능력을 상당히 촉진해준다(Rubinstein, 2015). 상담과정 내내, 상담자의 목표는 다음과 같다.

1. 다른 사람과의 관계에서 계속해서 반복적으로 일어나는 부적응적인 관계 패턴을 확인하고 부각시키기
2. 새롭고 더 좋은 반응을 제공하여 익숙한 시나리오를 그들의 상호작용에서 반복하지 않도록 하기
3. 내담자가 상담관계에서 경험한 변화를 자신의 일상생활에서 다른 사람과의 상호작용에 일반화하도록 도와주기

대인/관계, 정신역동/상호주관성, 애착, 인지/도식 지향 등 다양한 접근을 사용하는 상담자들은 내담자들이 다른 사람과 갖게 되는 문제를 상담관계에 끌어오는, 서로 밀접하게 관련되어 있으면서도 각기 구별되는 세 가지 방법, 즉 **반응유발 전략, 시험해보는 행동, 전이 반응**을 모두 다룬다. 부연하면, 이 세 가지 모든 주제들은 특별히 중요한 요소를 공유한다. 즉, 대개 각각의 방법은 상담자에게서 역전이 반응을 유발한다.

내담자는 다른 사람이 예측 가능한 방법으로 반응하게 만듦으로써 불안을 피하고 그들의 문제를 방어하는 반응유발 전략을 사용한다(Sullivan, 1968). 어떤 때에는 내담자가 문

제에 대처하기 위해 두 번째 대인관계 대처 전략, 즉 시험해보는 행동을 사용할 것이다(Weiss, 1993). '시험해보기'를 할 때, 내담자는 상담자가 그들이 예상하는 익숙하지만 문제가 되는 방법으로 반응할 것인지 아니면 그들이 실제로 필요로 하는 좀 더 도움이 되는 방식으로 반응할 것인지를 평가하기 위한 방식으로 행동한다. 내담자가 그들의 갈등을 상담관계에서 보이는 마지막 (그리고 더 잘 알려진) 방법은 전이 반응이나 내적 작동 모델에 근거한 왜곡, 즉 상담자에 대한 체계적인 오해나 인지적인 왜곡을 통해서이다. 이러한 세 가지 개념은 상담관계에서 무엇이 일어나고 있는지를 훨씬 분명하게 해준다. 세 가지 개념 모두의 기본적인 가정은 내담자가 어떤 문제가 되는 관계 패턴을 상담자와 다시 만들어낼 때, 상담자와 다른 사람은 중요한 애착 대상이 한때 그랬던 것처럼 똑같이 원치 않는 방식으로 반응할 것인지 아니면 새롭고 좀 더 도움이 되는 교정적인 방식으로 반응할 것인지를 확인한다는 것이다(Castonguay & Hill, 2012; Gelso & Hayes, 2002). 이러한 중요한 대인과정과 이 세 가지 방식이 상담자에게서 일으키는 역전이 주제를 자세히 살펴보자.

반응유발 전략

인지적이고 대인관계 지향적인 많은 상담자들은 내담자들이 불안을 회피하고 그들이 예측하는 다른 사람들의 원치 않는 반응을 방어하기 위해 고정된 대인관계 양식을 어떻게 발달시키는지를 기술해왔다(예를 들면, Beck et al., 2003; Benjamin, 2006; Millon, 2004; Young, 1999 참조). 보통 내담자들은 타인에 대해 부정확하게 지각하며 정서의 범위가 제한되어 있다. 우리가 7장에서 보았듯이, 내담자들은 흔히 타인에게 다가가기, 타인을 멀리하기, 타인에게 대항하기 등의 경직된 대처 양식을 사용하면서 다른 사람에게 유연하지 않게 반응한다. 부분적으로, 내담자는 다음과 같은 목적으로 이러한 대인관계 양식을 체계적으로 사용한다.

1. 자신의 갈등을 피하고 불안을 막을 수 있는 원하는 반응을 타인에게서 이끌어내기 위해
2. 자신의 내적 작동 모델과 주요 갈등을 촉발할 수 있는 위협적이고 원치 않는 타인의 반응을 방해하기 위해

그래서 반응유발 전략은 불안을 막아내고 어떤 바라는 안전한 반응을 끌어내는 하나의 대인관계 전략이다. 그러나 양육과 가족 상호작용에서 학습된 이러한 방어 전략은 내담자를 꼼짝 못하게 만들어서 변화, 개인적 성장, 대인관계를 방해한다(Bartsch et al., 2015). 반응유발 전략이 문제를 방어하는 데 어떻게 작용하는지 실증하기 위해 7장에서 보았던 타인에게

다가가는 유형의 내담자인 피터의 사례를 살펴보자.

피터의 타인에게 다가가는 유형의 행동 양식은 다른 사람으로부터 인정과 친절을 이끌어내는 경향이 있었다. 일반적인 삶의 방식으로써 피터는 다른 사람에게 도움이 되는 존재였다. 그는 사람들을 동정했고, 사람들의 의견에 동의했고, 사람들과 협력했다. 예를 들어, 피터는 여자친구의 부정(不貞)을 '이해'하려고 했으며, 지도교수의 인정을 얻고자 노력했다. 피터는 상담자를 만나면서도 자신의 삶에서 다른 사람에게 사용해온 대인관계 양식과 똑같은 양식을 계속해서 사용했다. 타인에게 다가가는 많은 내담자들이 상담자에게 하듯이, 피터도 빠른 속도로 좋아지는 '좋은' 내담자가 됨으로써 상담자의 인정을 얻어내려고 애썼다. 상담자가 이 원치 않는, 증상으로 보이는 순응에 의문을 제기하는 과정 언급을 하기 시작할 때까지는 그러했다. 예를 들면, "피터, 가끔 나는 궁금해지는 게 당신은 내가 당신에게 바라는 것이 무엇인지를 알아내기 위해 너무 애를 쓰고 있지 않나 싶어요. 이 가능성에 대해 어떻게 생각하나요?"

피터는 자기 삶에서 누군가에게 솔직하거나 적절하게 자기 의견을 주장하거나 화를 내거나 의심을 하거나 한 적이 거의 없었다. 이러한 반응들은 잘 기능하는 사람들이 가끔 보여야 하는 것이지만 피터의 대인관계 행동목록에는 포함되어 있지 않았다. 예를 들면, 그는 여자친구에게 자신이 얼마나 화가 났는지를 이야기하지 않았으며, 심지어 자기가 실제로 부모님에게 얼마나 화가 났는지 알아차리지조차 못했다. 이와 유사하게, 그는 실습강사나 동료들에게 자신이 한 번에 소화할 수 있는 비판적인 피드백이 어느 정도인지에 대해 한계를 설정하지 않았다. 그래서 다른 사람을 기쁘게 해주려는 그의 대인관계 대처 양식은 타인의 인정을 얻어내고 그에게서 강한 불안을 유발할 수 있는 익숙하고 화나는 비판적인 반응을 막기 위한 것이었다.

만약 피터의 상담자가 처음에 피터의 대인관계 양식이 타인에게서 무엇을 유발하는 경향이 있는지를 생각하지 않고 피터를 단순히 지지하거나 인정에 대한 그의 불안한 욕구를 충족시키면서 그저 자동적으로 반응했다면, 피터는 상담에서 많이 변하지 않았을 것이다. 피터는 살아오면서 내내 사용해온 남을 기쁘게 해주고, 돌봐주고, 맞추어주는 똑같은 대인관계를 상담에서 그저 재연했을 것이다. 이러한 방어적인 대처 양식을 견고하게 하는 것은 종종 단기상담이나 지지적인 상담에서 목표가 될 수 있으며, 위기 상황에 있는 내담자들이 안정을 회복하는 데 도움이 될 수 있다. 그러나 상담자는 피터와 이보다 더 많은 것을 하기를 원했다. 상담자는 단순히 증상만 경감하는 것이 아니라 더 지속적인 변화를 추구하면서 타인에게 다가가는 피터의 행동 양식이 논의의 초점으로 드러나게 하는 데 도움이 되는 과정 언급을 요령 있게 사용했다. 그래서 상담자는 피터가 유발하려고 하는 것에 자동적으로 반응하여 인정, 지지, 안심시키기만 제공하는 대신에 상담에서 다루어야 하는 피터가 가진 문제의 한 부분으로서 이 반응유발 전략에 초점을 맞추었다. 이러한 개입은 어떤 방식으로 이루어졌을까?

몇 개월간의 상담과정을 통해, 상담자는 타인에게 다가가는 피터의 대처 양식이 피터의 생활에서 상담자와 다른 사람 사이에서 나타날 수 있는 경우를 지지적이면서도 호기심 어린 태도로 조심스럽게 지켜보았다. 곧 이 부분에 대해 피터와 상담자는 서로 협력하여 작업하면서 이것이 어떻게 피터가 그의 문제로부터 그를 보호하고 문제를 회피할 수 있게 하며, 더 나아가 갈등과 고통을 일으키는지를 생각해보기 시작했다. 그들이 이 행동패턴을 '명명하고' 함께 그것을 찾기 시작하면서, 피터는 다른 사람에게 다가가는 이 양식을 사용하는 자신을 관찰했던 경우를 점점 더 많이 보고했다. 그리고 다른 사람에게 다가가는 행동 양식이 다른 사람으로부터 어떻게 인정과 지지를 유발하는지를 알아차리게 되었다. 또한 그는 이 행동 양식이 그의 어린 시절에 아주 익숙하면서도 너무나 고통스러운 불안을 일으켰던 타인의 비판적이거나 거절하는 반응을 어떻게 막아주었는지를 보기 시작했다. 피터는 상담을 통해 좋아지면서, 점차 다른 사람의 인정을 얻는 데 몰두하는 것이 줄었고, 다른 사람과의 상호작용이 약간 갈등을 빚거나 부드럽게 이루어지지 않을 때 그것을 '바로잡는 것'에 대해 덜 걱정하게 되었다. 그의 대인관계 범위를 확장하는 상담목표는 그가 전보다 자신을 덜 의식하고, 다른 사람에게 더 직접적으로 말하고, 상황이 요구할 때에는 남에게 좌지우지되지 않고 자신의 의견을 더 주장하는 경우를 계속 보고하면서 충족되고 있었다. 피터는 이러한 변화에 들떴고, 자신을 '덜 불안하고' '더 강하게' 느낀다고 했다.

내담자의 반응유발 전략은 상담자의 역전이를 일으킬 수 있다 내담자의 반응유발 전략은 상담자에게서 치유적인 반응보다는 문제를 재연하게 하는 역전이 반응을 일으킬 수 있다. 예를 들면, 피터와 같이 다른 사람에게 다가가는 내담자가 사용하는 반응유발 전략은 대부분의 초보 상담자에게 개인적으로 위협적이거나 도전적이지는 않다. 그러나 만약 상담자가 사랑받거나 인정받으려는 강한 욕구를 가지고 있고 관계에서 갈등을 피하고자 한다면, 피터가 다른 사람과의 관계에서 하는 것을 상담에서 이 상담자가 피터와 어떻게 함께 재연할 수 있는지를 알아보기는 쉽다. 이렇게 되면 두 사람은 기분이 좋겠지만, 피터에게 변화는 일어나지 않는다. 반대로, 7장에서 본 후안과 같이, 대항하는 유형의 내담자는 종종 초보 상담자와 경험이 많은 상담자에게 똑같이 도전적인 반응유발 전략을 사용한다. 예를 들면, 첫 상담회기의 처음 몇 분 안에 대항하는 내담자들은 종종 관계를 지배하려는 뭔가를 할 수 있다. 이들은 상담관계에서 상담자가 불안정감을 갖게 하여 (또는 가끔은 방어적으로 화나거나 경쟁적으로 느끼게 하여) 상담자를 겁주거나 자극하는 방법을 찾아낼 수 있다. 예를 들면, 내담자들이 상담자의 자리에 앉겠다고 고집부리거나 상담자의 적절성에 의문을 제기하거나 상담자의 자격을 폄하하거나 '더 좋은' 혹은 더 숙련된 상담자와 비교하거나 상담자가 했던 말이나 행동을 비판할 수도 있다. 다음의 경우를 생각해보자.

내담자 당신이 수련생 상담자라면 나를 도와줄 만큼 충분히 알고 있다고 생각할 만한 근거가 있나요?

상담자 글쎄요, 저는 훈련 프로그램을 시작하기 전에도 어느 정도 경험이 있었고, 저를 도와줄 수퍼바이저가 있습니다.

내담자 알겠어요. 그럼 그 수퍼바이저는 항상 당신이 무슨 말을 할지 얘기해주거나 가끔은 당신 같은 초보자가 무슨 생각을 하는지를 말하라고 하나요?

화를 돋우는 이런 이야기는 내담자의 삶에서 다른 사람을 도발하듯이 종종 많은 상담자에게도 불안을 일으킨다. 많은 상담자들은 적대적인 도전을 중단시키기 위해 친절하려고 애쓰며 반응한다. 즉, 숨어 있는 적대적 의미를 무시하면 적대적 도전을 그만둘 것이라는 희망을 갖는다거나 조용해지거나 정서적으로 위축되는 등의 반응을 보이며 진행한다. 반면에, 어떤 상담자들은 내담자가 하는 식으로 반응하고, 내담자를 비판하거나 처벌하게 된다. 그리고 어떤 상담자들은 적대감을 겉으로 드러내며 대응한다(Binder & Strupp, 1997; Henry, Schact & Strupp, 1990; Lambert & Barley, 2002). 다른 사람에게 대항하는 유형의 내담자가 다른 사람과 흔히 하듯이 상담자에게서 이러한 방어적인 도피 – 투쟁 반응(flight-or-fight)을 유발하는 데 성공하면, 상담에 진전은 없을 것이다. 이런 내담자들은 상담자와 이러한 부적응적 관계 패턴을 재연함으로써 자신을 도와주려는 상담자를 무능력하게 만드는 데 성공했다. 내담자들은 문제가 있다는 것, 도움을 요청하는 것, 통제를 포기하는 것, 정말 뭔가 잘못된 것을 더 알게 되는 것 등과 연관된 불안을 이런 방식으로 방어해왔다. 내담자의 반응유발 전략은 근원적인 갈등으로부터 그들을 보호해주지만 내담자가 자신의 변화를 경험하지 못하게 한다.

불행하게도, 상담자들은 자신의 역전이 경향, 즉 도망가거나 싸우는 성격적 특성으로 인해 내담자의 반응유발 전략에 반사적으로 또는 자동적으로 반응하기 쉽다(Millon & Grossman, 2007; Mueller & Aniskiewicz, 1986). 그러면, 대신에 상담자는 어떻게 해야 하는가? 첫째로, 상담자는 그것을 쉽게 개인적인 것으로 돌리거나 과잉반응하기보다는 내담자와의 관계에서 바로 지금 일어나고 있는 것을 이해하려고 노력함으로써 내적으로 자신에 대한 정당한 통제감을 유지하려고 할 수 있다. 초보 상담자가 초기에 이렇게 하기는 확실히 어렵다. 그러나 경험이 생기고 수퍼바이저의 도움을 받으면 다음과 같은 주제에 대해 작업 가설을 세울 수 있다.

- 이러한 대항하는 행동이 내담자의 생활에서 다른 사람에게 미치는 영향(예: 논쟁하는 것처럼 느끼게 만들기 또는 그들로부터 멀어지기)
- 이 전략을 사용함으로써 내담자가 회피하고 있을 수 있는 갈등이나 불안을 일으키는 상황(예를 들면, 도움을 필요로 하거나 스스로 해결할 수 없는 문제를 갖고 있는 것을

약하거나 수치스럽다고 느끼기)

둘째로, 대인관계 수준에서 상담자는 지배, 위축 또는 경쟁 등의 대인관계 패턴이 재연되지 않는 방식으로 대항하는 내담자에게 개입하는 방법을 찾으려고 노력할 수 있다. 즉각적인 개입은 많은 가능성을 제공한다(Teyber & Teyber, 2014). 한 가지 대안은 상담자가 도전을 피하거나 방어하지 않고 내담자에게 호기심을 가지고 내담자의 반응을 탐색하고 진단적으로나 치료적으로 내담자의 반응을 유용한 것으로 이해하려고 하는 것이다(Datz et al., 2016). 예를 들어보자.

상담자 (부드럽게, 단도직입적으로) 그러니까 당신의 이전 상담자는 경험이 풍부한 정신과 의사였군요. 그래서 당신은 저와 같은 젊은 사회사업가가 당신을 도울 수 있을지 의심스러우신 거네요. 그 점에 관해 함께 이야기해보도록 하지요. 당신이 걱정하는 것에 대해 더 말씀해주시죠.

또 다른 대안은 상담자가 과정 언급을 하고, 지금의 상호작용과 그들 사이에서 어떤 일이 일어나고 있는지에 대해 내담자와 이야기하는 것이다.

상담자 당신은 바로 지금 크고 강한 목소리로 이야기하고 있어요. 화가 난 것처럼 들리네요. 여기서 우리 사이에 일어나고 있는 일에 관해 당신은 어떤 생각을 하고 있나요?

어떤 내담자들에게 상담자는 자기 관련 진술을 사용하거나 내담자의 대인관계 양식이 다른 사람에게 미치는 영향을 탐색하고 그에 뒤따르는 관계 패턴을 부각시키기 위해 대인관계 피드백을 제공하고 싶을 수 있다.

상담자 저는 여기서 약간 위험을 무릅쓰고 가끔 당신이 저에게 미치는 영향에 대해 이야기하겠습니다. 바로 지금 당신이 저를 다시 교정해주었을 때 가끔 느꼈던 것처럼 저는 비판받는 느낌이 듭니다. 당신의 삶 속에서 만나는 다른 사람들은 보통 당신이 이처럼 비판적일 때 어떻게 반응하는지 궁금해집니다. 보통 그다음엔 어떤 일이 일어나지요?

이러한 내담자들의 일부는 그들의 도발과 비판이 다른 사람들과 멀어지게 만들고 관계를 깨뜨릴 수 있다는 것을 인식하지 못할 것이며, 그렇기 때문에 이러한 대인관계 피드백은 이것에 대해 협력적으로 탐색을 시작할 지점을 제공할 수 있다. 타인에게 대항하는 어떤 내담자들은 자신이 누군가와 친해지기 전에 '먼저 부딪쳤던 것'을 암시하는 어떤 내용을 말할 것이다. 여기서의 목적은 힘과 통제의 싸움에서 이기는 것이 아니다. 하나의 과정 수준에서 보면, 이 상호작용은 다른 사람들과의 관계에서 반복해서 일어나는 순환적인 패턴을 똑같이 계속하거나 재연할 뿐이다(Wachtel, 2005). 오히려 이 접근은 다른 사람이 보통 하듯이 내담자의 반응유발 전략에 대해 자동적으로 화를 내거나 통제하거나 위축되는 반응을 하기보다 상담자가 내담자에게 개입할 방법을 찾을 수 있게 하려는 것이다. 그리고 이것은 내담자로 하여금 이런 대처 양식을 사용할 때, 그것이 다른 사람에게 미치는 영향과 이 대처 양식을 사용함으로써 지불하게 되는 대가(변화가 일어나는 데 가장 중요한 것)에 대해 더 잘 알게 해줄 것이다. 내담자들이 상담자로부터 대인관계 피드백을 듣고, 그들이 다른 사람에게 미치는 영향을 더 많이 인식하고, 언제 그리고 왜 그들이 이러한 방식으로 행동하는지를 성찰하기 시작하면, 내담자들은 더 유연하게 반응할 것이고, 반응 방식에 대해 더 많은 대안을 구사하게 될 것이다.

또 다른 가능성은 상담자가 내담자의 반응유발 전략이 내담자 자신과 타인에게 어떻게 영향을 미치는지를 탐색하는 것이다.

상담자 (방어하지 않으면서) 당신은 계속 제 의자에 앉겠다고 고집했고, 저는 앉지 않으면 좋겠다고 부탁드렸어요. 지금 당신은 그 자리에 있는데, 어떻게 느끼시는지요?

보통은 다른 사람에게 대항하는 내담자들은 이런 순간에 외롭고, 공허하고 또는 불안을 느끼고 있음을 깨닫게 된다. 그리고 이런 공허한 승리는 상담자와 내담자에게 새롭게 공유하는 출발점을 마련해준다. 이러한 네 가지 다른 유형의 즉시성 반응들을 보면 상담자가 반응해야 하는 '올바른' 방법에 대한 간단한 처방은 없다. 내담자 반응 특수성에 따라 어떤 반응 유형이 어떤 내담자에게는 잘 맞는데, 다른 내담자에게는 전혀 먹히지 않을 것이다. 상담자는 유연해야 하며, 내담자가 각 개입에 어떻게 반응하는지를 평가해야 하고, 특정한 내담자에게 가장 잘 먹히는 것이 무엇인지 알아내기 위해 자신의 반응을 수정해야 한다(Persons & Silberschatz, 1998). 그러므로 상담자는 이러한 어려운 내담자가 보여주는 반응유발 전략에 효과적으로 반응하기 위해 다음과 같은 목적을 가져야 한다.

- 상담자 자신의 주관적인 반응에 주의를 기울이고, 내담자가 상담자에게서 무엇을 유발하고 있는지(무능감이나 경쟁심 같은 것)를 인식하기
- 다른 사람들이 전형적으로 어떻게 반응하는지에 관한 작업 가설을 세우고, 내담자 삶에서 다른 사람과의 사이에서 일어나고 있고 또 문제를 일으키고 있는 관계 패턴을 확인하기
- 이전의 익숙한 경로를 따라가지 않고, 내담자가 일상적으로 다른 사람에게서 행동을 유발하는 것과 똑같은 문제의 시나리오를 재연하지 않고 반응하는 또 다른 방법(예를 들면, 과정 언급, 자기 관련 진술 또는 대인관계 피드백)을 찾으려고 노력하기

비록 다른 사람에게 대항하는 내담자가 종종 초보 상담자를 주눅 들게 할지라도, 보통 이런 일이 아주 오래 지속되지는 않는다. 임상 경험, 훈련, 연습이 좀 더 많아지고 지지

적인 수퍼바이저를 만나게 되면, 초보 상담자도 내담자가 보이는 위험신호에 선뜻 책임을 지지 않아도 된다는 것을 알게 된다. 다른 사람에게 대항하는 유형의 내담자들을 많이 만나게 되면, 처음에 얼마나 낯설든지 간에 상담자는 내담자의 반응유발 전략 강도와 경직성이 내담자의 불안과 갈등 정도에 상응한다는 점을 이해하게 된다. 상담자가 이러한 거리 두기 전략의 목적을 더 잘 이해하게 되면, 그러한 내담자들이 겪고 있는 곤경에 동정심을 갖게 된다. 그런 어려운 상황에서는 보통 내담자의 이런 오래된 관계 패턴이 나올 수밖에 없다. 상담자가 여러 다른 접근들을 유연하게 시도해본다면(수업을 같이 듣는 친구와 수퍼바이저와 역할극을 해보는 것이 도움이 된다), 이러한 내담자들이 보통 다른 사람에게서 성공적으로 유발하는 주눅 들거나 위축되는 아니면 경쟁적이거나 적대적인 패턴을 상담자가 재연하지 않으면서 이 내담자들에게 개입할 방법을 찾아내는 것은 정말 그렇게 어렵지 않다(Gans, 2011).

우리가 보았듯이, 7장에 제시된 후안과 같이 다른 사람에게 대항하는 유형의 내담자가 사용하는 직면적인 반응유발 전략은 많은 초보 상담자에게 상당히 부담이 된다. 그러나 놀랍게도, 7장에서 보여준 매기와 같이 더 온순하며 다른 사람을 멀리하는 유형의 내담자는 종종 장기적으로 더 큰 어려움을 준다. 상담을 직업으로 선택하는 많은 사람들은 친밀한 개인적인 관계에 대해 강한 욕구를 갖고 있으며 그러한 관계를 상당히 즐긴다. 다른 사람을 멀리하는 내담자들이 계속해서 정서적으로 거리를 두는 특유의 입장을 유지할 때, 상담자들은 자신이 효과적이지 못하고 중요하지 않은 사람처럼 느낄 수 있고, 상담관계와 도움을 주는 일에서 의욕이 좌절되고, 다른 많은 사람들이 전에 철수했듯이 결국 상담자도 포기한다(Robbins & Jolkovski, 1987). 이런 일이 일어날 때, 내담자의 유발 행동은 상담자와의 의미 있는 관계에서 자신을 성공적으로 방어해주었으며, 그렇게 함으로써 불안을 일으키는 주제, 즉 그들의 삶 속에서 참된 관계를 맺을 때 생길 수 있는 위험을 감수함으로써 생기는 현실적인 위협을 회피하게 한다. 그래서 내담자의 갈등이나 과거의 관계가 초래했던 위협과 위험은 활성화되지 않을 것이다. 그러나 이러한 문제를 해결하는 데 필요한 상담자의 유일한 실제적 수단은 친해지는 것이다. 상담자는 이러한 내담자의 냉담함에 대해 포기하거나, 또 흔하게는 동기가 없다고 내담자를 비난함으로써 자동적으로 반응하기보다 동맹을 맺을 다른 방법을 찾기 위해 과정 언급을 사용할 수 있다.

효과적인 상담자 당신은 정말 말이 없군요, 메리. 가끔 마치 당신이 저와 함께 방에 있지 않은 것처럼 느껴집니다. 여기 와서 당신이 위험을 감수하며 당신의 삶에 저를 초대하는 것이 어떤지 이야기를 나누어도 괜찮을까요?

내담자 저는 선생님이 무슨 말씀을 하시는지 모르겠는데요. 제가 뭘 잘못하고 있나요?

상담자 아, 아니요. 당신이 잘못하고 있는 건 전혀 없습니다. 저는 제가 당신의 관심 밖에 있는 것처럼 아니면 당신의 삶에서 무엇이 진짜 문제가 되는지에 가까이 다가가지 못한 것처럼 느껴진다는 것을 말하려는 것입니다. 그러나 저는 가까이 가고 싶습니다. 전에 누군가 당신에게 이렇게 말한 적이 있나요? 아니면 저만 이렇게 이야기하는 건가요?

내담자 글쎄요. 어느 정도는. 진짜 괜찮았던 남자친구가 있었는데 헤어졌어요. 그 사람은 자기가 저에게 아주 중요한 사람으로 전혀 느껴지지 않는다고 말했어요. 그는 저를 '잡으려고 쫓아다니는' 것을 포기했어요.

상담자 이야기해줘서 고마워요. 말하기 민감한 주제이기는 하지만 우리가 이 주제에 대해 이야기하는 것은 중요하다고 생각합니다. 어떤 점에서 다른 사람들은 당신에게서 멀리 떨어져 있다고 느낀다는 것처럼 들려요. 그들은 당신의 관심을 얻기 위해 노력해야 하고 어쩌면 당신은 너무 쉽게 그들을 '떠나'거나 그들 없이 지낼 수 있다는 것처럼 들려요. 저는 이런 일이 당신의 삶에서 어떻게 일어나는지 이해하려고 합니다. 제가 그것을 더 잘 알 수 있게 도와주실래요?

내담자 저는 제가 다른 사람들에게서 쉽게 멀어진다고 생각합니다. 제가 너무 민감해서 사람들이 '아무것도 아니라고' 말하는 것에 제 감정이 너무나 쉽게 상처받는다는 것을 알아요. 그리고 때때로 그들이 말하는 어떤 것도 저에게 도움이 되지 않는다고 느껴요.

상담자 알겠습니다. 당신의 감정이 상처입을 때 당신은 떠나고, 어쩌면 다른 사람들은 당신에게 정말 어떤 일이 일어나고 있는지를 이해하지 못할 수 있어요. 여기서 우리는 그것을 자세히 보아야 할 거고, 당신과 나 사이에는 그런 일이 일어나지 않는다는 것을 확인해야 할 거예요. 그러나 바로 지금 우리가 이것을 자세히 살펴보는 동안 당신이 저를 떠나지 않기로 하고, 현재에 머물러 저와 함께 하는 위험을 감수하고 있음을 고맙게 생각합니다. 이것은 우리가 보통 때 느꼈던 것과는 아주 다른 느낌이에요. 저는 당신과 좀 더 연결된 느낌이 들고 좋은데 당신은 어떨지 궁금하네요.

내담자 저는 모르겠어요. … 잘 모르겠어요. 저는 다른 사람이 두려워요. 너무 쉽게 떠나서는 안 된다는 것을 알아요. 그러나 그게 더 쉽게 느껴지고 … 더 안전해요.

상담자 '좀 더 안전하게 느껴지겠지요.' 지금 이 순간 저와 함께 하는 것은 아주 안전하게 느껴지지 않을 수 있어요.

내담자 선생님은 아주 친절하시지만 그래도 떠나는 것이 더 쉬워요. 그건 제가 항상 해온 거니까요.

상담자 글쎄요. 과거에는 안전하지 않았기 때문에 '떠나는 것'이 더 쉬울 수 있었다고 생각합니다. 당신이 이처럼 저와 함께 있으면 제가 당신에게 어떻게 상처를 입힐 수 있는지에 대해서 혹은 당신이 정말로 다른 사람들을 떠나야 했던 과거에 다른 사람들이 무엇을 했는지에 대해서 더 이야기해주시겠어요? 당신이 먼저 이야기하시면 제가 뒤따라가겠습니다.

상담자는 내담자가 다른 사람에게서 체계적으로 어떤 행동을 유발하는 것에 주의를 기울여서 이 대인관계 전략이 다른 사람에게 어떻게 영향을 미치며, 그들의 삶에서 어떻게 문제를 야기하는지 가설을 세울 수 있다. 이렇게 하기 위해서, 상담자는 내담자의 발달력과 현재의 생활 상황, 대처 양식과 반응유발 전략이 담겨 있는 문화적 맥락에 주의를 기울인다. 중요한 점은 상담자는 내담자가 유발하는 상담자 자신의 감정에도 주의를 기울인다는 것이다. 이러한 자기인식은 내담자에 대한, 그리고 내담자들의 대인관계 양식이 다른 사람들에게서 유발하거나 '이끌어내는' 경향이 있는 것(통제받는, 축소되는, 떠밀리는, 이상화되는 느낌 등)에 대한 가장 중요한 정보원의 하나이다. 그러나 내담자에 대한 상담자 자신의 개인적인 반응을 통해 배우기 위해, 상담자는 내담자가 상담자로부터 유발하거나 '이끌어내려고' 하는 것을 관찰할 수 있을 만큼은 **방어적이지 않는** 것을 목표로 한다(Bass, 2007; Gabbard, 2007).

이런 방식으로 상담자가 자신의 개인적인 반응에 주의를 기울이면 내담자의 주요 관심사, 오래된 문제를 방어하기 위한 대처 전략, 상담관계에서 재연되고 있는 관계 주제가 다른 관계를 어떻게 방해하는지 등에 관한 중요한 정보를 얻을 것이다. 이렇게 하는 것은 **상담의 초점**을 부각시키는 데 아주 유용하다.

1. 무엇이 내담자를 그의 삶에서 이 특별한 장소로 데려왔는가(발달력)?
2. 내담자의 삶에서 현재 무엇이 문제를 일으키고 있으며, 이것은 내담자가 발달적으로 다루어야 했던 것과 어떻게 비슷한가?
3. 이 모든 것이 발달되어온 문화적인 맥락은 무엇인가?
4. 이 주제는 잠재적으로 내담자–상담자 관계에서 어떻게 재연되고 있는가?
5. 내담자–상담자 관계에서 내담자에게 어려웠던 것을 어떻게 다루고, 명료화하며, 다르면서도 치료적이고 힘을 북돋우는 경험을 어떻게 제공할 것인가?

시간이 지나면서 상담자는 내담자가 자신의 반응유발 기제를 확인하고, 그들이 이러한 기제를 사용하는 상호작용 상황이나 유형을 인식하고, 과거에 이러한 전략이 안전하게 해주는 데 어떤 역할을 했는지 이해하도록 도와줄 수 있다. 그러나 상담자가 이렇게 하는 데는 용기가 필요하며, 특히 임상훈련을 시작할 때 그러하다. 상담자는 이러한 원치 않는 반응이 자신의 삶과 개인적인 감정에 더 많이 관련되는지(즉, 역전이), 혹은 이러한 감정과 반응이 상담자에게 내담자의 반응유발 전략에 관해 알게 해주며, 내담자가 다른 관계에서 유발하는 것이 무엇인지를 이해하도록 도와주는지 자세히 살펴보기 위해 자신의 원하지 않는 감정을 충분히 긴 시간 동안 견디려고 한다(Datz et al., 2016). 여기서 중요한 요소는 상담자가 자신의 반응을 성찰하고, 상담관계에서 어떤 일이 일어나고 있는지에 관해 더 많이 배울 수 있도록 상담자가 자신의 반응에 대해 방어적이지 않은 태도를 유지한다는 것이다.

우리는 이 접점을 더 살펴보고, **내담자의 반응유발 전략이 종종 상담자 자신의 개인적인 주제를 어떻게 건드리는지**, 즉 재연을 유도하고, 잘못된 신념과 기대를 확고히 하고, 상담을 방해하는 **역전이 반응**(countertransference reactions)을 어떻게 활성화하는지 알아보도록 하자.

두 가지 유형의 역전이: 내담자-유도 역전이 대 상담자-유도 역전이 이 장을 시작할 때, 우리는 세 가지 주제가 공통분모를 가지고 있음을 지적했다. 즉 역전이는 세 가지 주제 각각에 퍼져 있다. 우리는 반응유발 전략이 상담자의 역전이 반응을 어떻게 일으키는지 보기 시작했다. 그리고 다음 두 가지 주제인 시험해보는 행동과 전이 반응에서도 역전이를 살펴볼 것이다. 여기서 관련된 이 새로운 개념을 소개하고, 두 가지 다른 유형의 역전이, 즉 내담자-유도 역전이 대 상담자-유도 역전이를 구별함으로써 시작해보자.

우리가 보았듯이, 내담자의 반응유발 전략은 상담자와 다른 사람에게서 어떤 비슷한 반응을 일으키는 경향이 있다. 내담자가 대부분의 사람들에게서 이러한 반응을 유도하는 경향이 있기 때문에 우리는 이것을 **내담자-유도 역전이**(client-induced countertransference)라고 부른다. 반면에, 내담자의 유발하는 행동이 상담자 자신의 개인적인 주제나 현재의 스트레스를 건드리게 될 때 더 복잡해지는 것을 보게 된다. 이것은 상담자와 상당히 개인적으로 관계되기 때문에 우리는 이것을 **상담자-유도 역전이**(therapist-induced countertransference)라고 부른다(Springmann, 1986). 상담자-유도 역전이는 상담자 자신의 삶과 성격이 그 상황에서 어떻게 활성화되고 엮이게 되는지에 관한 것이며, 내담자가 다른 사람에게서 유발하는 경향과 관련된 역전이가 아니다.

설명을 돕기 위해서, 과도하게 활동적인 내담자가 무기력하게 행동하고, 자신의 고통을 계속 악화시키고 있는 것을 가정해보자. 상담자는 더 잘 반응하고 도우려고 열심히 노력하겠지만 모든 시도가 '실패'할 것이다. 이상적으로, 상담자는 객관성을 유지하고, 내담자의 반응에 과도하게 애쓰지 않으면서 상담에 적극적으로 관여하고, 다른 반응방법을 계속해서 탐색할 것이다. 예를 들면, 상담자가 하려는 것이 무엇이든 내담자를 실망시키는 것처럼 보이고 도움이 되지 못한다는 것을 과정 언급하는 것이다. 그러나 만약 이 상담자가 비판적인 양육자에게서 성장했고, 무엇을 하든지 옳지 않았거나 양육자를 기쁘게 할 수 없었다면 어떨까? 상담자 자신의 수행 요구나 비판에 대한 개인적인 관심사가 이런 방식으로 활성화된다면, 내담자의 유발하는 전략은 상담자 자신의 과거 역사와 개인적인 주제를 건드리기(다른 말로, '상담자-유도' 역전이) 때문에 상담자는 자신의 내담자를 효과적으로 상담하기 어렵게 된다. 계속해서, 이제 이 내담자의 무언의 불승인에 과도하게 반응적인 상담자는 부적절하다고 느끼고 위축될 것이다. 그리고 상담자로서 실패하고 있거나 무능력하다고 잘못 믿게 되고, 그다음에는 아마도 내담자에게 화가 나고 비판적이게 될 수 있다. 내담자가 보통 다른 사람들에게서 유발하는 것과 똑같은 유형의 반응을 상담자에게서 성공적으로 유발할 때, 여기서 일어나고 있는 것처럼, 상담자와 내담자는 문제를 해결한다기보다 재연하고 있는 것이다. 이러한 '실연(enactments)'은 교정적 정서 경험을 제공하기보다 원치 않는 패턴을 재연하는 것이며(Aron, 1996; Renik, 1998), 초보 상담자들에게는 복잡하고 도전적인 주제이다. 학생 상담자가 상담자와 내담자 사이에서 일어날 수 있는 일을 이해하는 방식을 더 많이 배우게 되면, 내담자에게 개입하여 내담자가 변화하도록 도와줄 수 있는 더 구체적인 방법을 식별하게 된다.

내담자의 반응유발 전략이 상담자－유도 역전이를 활성화하고, 상담관계에서 재연되게 하는 앞의 시나리오와 같은 것들은 흔히 있는 일이다. 초보 상담자와 경험이 많은 상담자에게 똑같이, 이것은 상담 작업의 한 부분이다. 그러나 이런 유형의 재연이 일어날 때, 그리고 내담자의 방어적인 반응유발 전략이 상담자를 꼼짝 못하게 하고 사기를 꺾을 때, 내담자들은 종종 그들 양면성의 다른 측면을 보이며, 이 상담회기가 정말로 도움이 되었다는 식으로 말하여 상담자를 안심시키면서 상담자와 다시 관계를 맺고자 한다. 내담자들은 상담자와 관계를 끝내고 싶어하지 않으며, **종종 자신과 멀어졌거나 사기가 꺾인 상담자와 다시 관계를 맺으려고 노력할 것이다.** 불행하게도 조기 종결이나 불필요한 종결이 이루어질 수 있는데, 이는 사기가 꺾이거나 좌절된 상담자가 상담관계를 단념했기 때문에 관계를 새롭게 맺고자 하는 내담자의 요청을 상담자가 (그리고 아마도 수퍼바이저가) 듣지 못하게 되어서이다. 예를 들어보자.

> **비효과적인 상담자** 이 내담자는 가망이 없어요. 그는 변할 준비가 되어 있지 않아요. 그는 비난의 왕이에요. 그는 저를 포함해서 모든 사람에게 무엇이 잘못되었는지를 이야기하고 싶어해요. 그의 세 번째 비서가 사직하고 그의 십대 아들이 그와 더 이상 아무것도 하지 않으려는 것이 당연해요.

이렇게 멀어지고 나서 뒤이어 다시 관계를 맺으려고 하는 전략이 학대 경험에 대처하고 있는 더 많이 혼란된 내담자에게 특히 중요하다는 것을 상담자는 알 것이다.

상담자는 내담자의 반응유발 전략(내담자－유도), 자신의 개인적인 주제(상담자－유도) 또는 이 두 가지의 조합이 자신의 강한 반응을 유발하고 있는지 여부를 어떻게 스스로 자세히 살펴볼 수 있을까? 어떤 내담자가 상담자는 물론이고 다른 사람들도 비슷하게 느끼고 반응하게 만든다면(예를 들어, 상담자가 상담시간에 느끼게 되는 것처럼 내담자의 일상 속에서 만나는 다른 사람들도 지루하거나 참을 수 없거나 겁을 먹는다), 그것은 아마도 내담자－유도일 것이다. 만약 그렇지 않다면 이러한 반응은 아마도 상담자 자신의 개인적인 삶과 더 많이 관련되어 있을 것이다(이것은 상담자－유도 역전이일 가능성이 많다). 물론 재연과 균열이 경험되고 있을 때 둘 다가 일어나고 있을 수 있으며(Hill & Knox, 2009), 보통은 수퍼비전이 이것을 자세히 살펴볼 수 있는 가장 좋은 방법이다(Falender & Shrafransky, 2004).

우리는 내담자의 시험해보는 행동과 그들의 전이 반응을 탐색하면서 역전이의 이 두 가지 다른 개념이 유용하다는 것을 알게 될 것이다.

내담자의 시험해보는 행동

우리는 지금까지 내담자들이 다른 사람에게서 체계적으로 반응을 유발하기 위해 융통성 없는 대처 양식을 어떻게 사용하는지 보았다. 이것은 자기패배적으로 보일 수 있지만 과거에는 불안을 피하거나 자존감을 지지해주는 역할을 했다. 이 반응유발 전략을 Sullivan(1968)은 '안전 작동(security operations)'이라고 했는데, 이것은 대인관계 방어를 위한 것이다.

반응유발 전략은 불안을 회피하기 위해 방어적으로 사용된다. 그러나 또 다른 경우에 내담자는 문제에 접근하고 해결하기 위해 다른 대인관계 전략을 사용한다. 모순처럼 들릴지 모르지만, 이것은 상담에 대한 내담자의 양가적인 감정을 반영한다. 즉, 내담자는 변할 수 있고 더 좋아질 수 있을 거라는 희망을 가지면서 동시에 똑같이 원치 않는 결과가 다시 일어날 것이라는 도식에서 나온 기대를 갖는다. 내담자는 가끔 **시험해보는 행동**(testing behavior)의 수단으로 그들이 가진 양가성의 이러한 건강한 접근 측면을 실행한다(Sampson, 2005; Silberschatz & Curtis, 1993; Weiss, 1993). 내담자는 직접적이거나 더 은밀한 방법으로, 그리고 특히 상담의 초기와 강한 감정이 일어났을 때, 자신의 삶에서 다른 사람과 문제를 일으켜온 그 대인관계 패턴을 상담자와 재구축하는 경향이 있다(Strupp & Binder, 1984; Zilcha-Mano et al., 2014). 내담자는 과거에 다른 사람들이 했던 익숙하지만 문제가 되는 방법으로 상담자가 반응할 것인지 아니면 바라는 것처럼 과거의 예측 가능한 시나리오를 변화시키는 다르면서도 좀 더 보상이 되는 방법으로 상담자가 반응할 수 있는지 확신하기 위해 '시험해본다'. 이것은 내담자의 내적 작동 모델을 확장해주며, 그들의 문제에 대한 진전을 촉진할 것이다. 내담자의 이 시험해보는 행동은 전혀 무심한 것이 아니다. 내담자들은 강하지만 잘못된 기대와 신념을 상담자가 확인시켜줄 것인지 확인시켜주지 않을 것인지를 평가하는 데 상당히 관심이 많다. 많은 내담자들은 상당히 고통스러운 착취, 폄하, 배척, 거절의 역사를 갖고 있다. 이 내담자들의 경우 다른 사람에 대한 신뢰는 배반당했었다. 상담자를 시험해보는 내담자들의 행동은 종종 더 건강하고 더 안전한 관계에 대한 내담자들의 강한 소망을 반영한다. 특히 상담자의 반응이 내담자의 다시 침해받고 실망하고 상처 입을 것에 대한 두려움을 확인시켜주지 않기를 바란다. 다시 말하자면, 내담자는 시험해보는 것을 통해 상담관계의 안전과 위험을 평가하려고 하는 것이다(Rubinstein, 2015).

상담자는 내담자의 잘못된 신념과 기대를 행동으로 확인시켜주지 않음으로써 효과적으로 반응하고 중요한 시험을 통과한다. 그리고 이 교정적 혹은 실제 생활 경험(단순히 해석, 설명 또는 재구성하기가 아니라)은 변화 과정이 강력하게 일어나게 한다. 내담자는 다른 사람이 종종 했던 그리고 이제는 상담자가 그렇게 할 것이라고 예상했던, 익숙하지만 문제가 되는 방법으로 상담자가 반응하지 않을 때 더 안전하게 느낀다. 이 교정적 정서 경험이 있은 바로 다음에, 내담자는 종종 상담에서 눈에 띄는 변화를 보인다. 예를 들면, 상담자는 1~2분 내에 내담자가 더 강하게 행동하거나 다음과 같은 방식 중 하나로 행동이 개선되는 것을 관찰할 것이다.

- 내담자는 자신과 상담자에 대해 더 많은 자신감을 표현한다. ("선생님도 알다시피, 저는 바로 가서 아내에게 이걸 이야기해야겠다고 생각해요. 제 머릿속에서 너무 오랫동안 그것에 관한 생각이 맴돌았어요. 저는 이제 이걸 아내에게 꺼내놓고 속내를 이야기하려고 해요. 제가 이처럼 그걸 계속 피하는 건 좋지 않아요.")
- 내담자는 불안이나 우울과 같은 증상이 줄어들 때 더 좋게 느낀다. ("저는 지금 훨씬 안정된 기분이에요. 아마도 그는 그렇게 뽐내는 것을 그만두지 않을 것 같아요. 그러나 그게 그 사람이니까. 그게 정말 저와 그렇게 관계가 있는 것은 아니에요. 어쩌면 그는 변하지 않을 수 있지만 그가 그처럼 요구할 때, 제가 그렇게 화내고 속상할 필요는 없지요.")
- 내담자는 상담자와 위협적인 새로운 재료를 다루는 위험을 무릅쓴다. ("저는 일어나고 있는 일에 관해 선생님에게 이야기하는 것이 부끄러웠어요. 저는 잠시 바람을 피웠어요. 저는 그것을 선생님에게 이야기해야 한다는 것을 알았지만 말하기가 두려웠어요. 저를 판단할 거라고 걱정했지요. 선생님이 이 사실을 알게 되면 더 이상 저를 존중하지 않을 거라고 생각했죠.")
- 내담자는 상담자에게 더 정직하거나 솔직함으로써 그리고 그들 사이의 문제를 토론함으로써 더 강하게 행동한다. ("선생님의 감정이나 어떤 것도 상처를 입히고 싶지 않았기 때문에 이걸 말하기가 약간 어려웠어요. 그러나 저는 상담이 아주 잘 진행되고 있지 않다는 것을 잠시 생각했어요. 선생님은 너무 말이 없고, 저는 선생님이 많은 시간 동안 무엇을 생각하고 있는지 모르면서 말이지요. 저는 선생님이 주는 더 많은 피드백이나 그 무언가가 필요해요.")

종종 내담자는 문제를 다루고 해결하려는 건강한 시도에서 다른 사람들과 관계에서 갖는 문제와 똑같은 유형의 문제를 상담자에게서 적극적으로 (그러나 정말로 그것을 의식하지 못하면서) 끄집어낸다. 내담자들은 이러한 문제가 되는 관계 패턴을 변화시킬 수 있고, 또 그러한 패턴에서 나온 병리적 신념을 부정할 수 있는지 알아보기 위해 적극적으로 시험해보고 있는 것이다. 그러나 내담자가 부정하는 증거를 찾아내기란 어려운 일이다. 왜냐하면 이 신념이 반복적으로 확인됨으로써 내담자는 부정하는 증거에 무감각해졌기 때문이다. 또한 선택적 주의와 편향된 걸러내기가 내담자로 하여금 계속해서 다양한 경험을 똑같이 좁은 범주에 끼워 넣게 만들기 때문이다(Beck, 1995). 그러나 상담자와의 즉각적이고 실제 상황에 가까운 재학습의 힘은 내담자로 하여금 깊숙한 곳에 갖고 있는 자신에 대한 잘못된 신념과 타인에 대한 기대에 의문을 갖기 시작하게 하며, 심지어는 포기하게 만들기도 한다.

설명을 돕기 위해서, 젊은 성인 내담자가 우울증으로 대학상담센터에 왔다고 가정해보자. 상담자는 이 내담자가 자기의 욕구를 인식하고 자기가 원하는 것을 활기차게 하면, 그 어머니가 상처 입고 슬퍼하며 위축될 것이라는 병리적 신념의 통제를 받고 있다는 작업 가설을 세웠다. 그래서 그 내담자는 어머니로부터 분리되려고 할 때마다 자신이 나쁜 사람이라고 느끼는 것이 당연하다고 믿는다. 왜냐하면 이것은 '이기적인' 것이고, 어머니를 상처 입히는 것이기 때문이다. 그리고 그녀의 어머니는 순교자처럼 행동하고, 죄책감을 유발한다. 이 내담자의 시험을 상담자가 통과하려고 할 때, 이 가설은 상담자의 개입을 어떻게 안내할 수 있을까? 상담자가 내담자의 시험을 통과하지 못할 수 있다. 왜냐하면 이 억제된 내담자가 (다른 사람의 욕구에 자기 자신을 감추기보다) 더 독립적으로 되거나 자신을 위해 용기를 내거나 행동하거나 어떤 방식으로든 자신의 흥미와 목적을 추구하는 말을 할 때, 상담자가 경고, 걱정, 혹은 의심을 표현한다면, 상담자는 내담자가 다른 사람들과 갖는 역기능적인 대인관계 패턴을 반복하고 있기 때문일 것이다. 예를 들어보자.

내담자 저는 사업을 하고 싶은 생각은 전혀 없어요. 저는 많이 수강했던 이런 경영학 수업을 좋아하지 않아요. 다른 학생들은 괜찮겠지만 저는 정말 좋아하지 않아요. 저는 가르치는 것을 더 좋아해요. 아이들은 항상 저를 즐겁게 해주거든요.

비효과적인 상담자 글쎄요, 교육학이 당신에게 더 좋은 전공일 수 있어요. 그러나 그 분야에서 직장을 구하기가 지금은 어려워요. 그리고 월급도 적지요.

내담자 (기운이 없어지며) 네, 저는 그것에 대해서는 생각해보지 않았어요. 저는 더 많은 실습이 필요하다고 생각해요. 어쩌면 결국 가르치는 일은 저에게 전혀 맞지 않을 수 있어요.

상담자의 의구심은 많은 내담자에게 중요하지 않을 수 있고, 어떤 내담자에게는 도움이 될 수도 있다. 그러나 이 특정 내담자에게는 이것이 상당히 문제가 된다. 예를 들면, 이 재연에서 내담자는 자신의 선택과 흥미를 인정받지 못했고, 그러고 나서 현재 보이는 우울증상이 악화되었다. 반대로, 상담자가 이 시험을 통과하고 이 조심스럽고 순응적인 내담자의 힘을 북돋우는 데 도움이 되는 반대의 반응은 내담자의 흥미에 관심을 표현하고 내담자의 주도성이 나올 때마다 그 주도성을 지지하는 것이다. 예를 들어보자.

내담자 저는 사업을 하고 싶은 생각은 전혀 없어요. 저는 많이 수강했던 이런 경영학 수업을 좋아하지 않아요. 다른 학생들은 괜찮겠지만 저는 정말 좋아하지 않아요. 저는 가르치는 것을 더 좋아해요. 아이들은 항상 저를 즐겁게 해주거든요.

효과적인 상담자 아이들이 당신에게 즐거움이군요. 가르치는 것에 대한 당신의 관심에 대해 듣고 싶어요. 더 이야기해보세요.

내담자 글쎄요, 저는 부모님이 저를 '일개 교사'로 보고 싶어한다고 생각지 않아요. 선생님도 알다시피 저는 국가 장학생이었어요. 그러나 저는 제 학급을 갖고 싶어요. 그리고 여름방학이 있어서 훨씬 더 균형 잡힌 생활을 할 수 있을 거라고 생각해요. 가족을 돌볼 시간도 가질 수 있을 거예요.

효과적인 상담자 당신은 아주 신이 난 것 같아요. 그건 당신이 선택한 일종의 라이프스타일을 줄 것 같네요. 당신이 말하는 건 지금 정말 다르게 들려요. 당신이 이 가능성을 이야기할 때 목소리는 더 생생하고, 더 많은 느낌을 갖고 있어요.

이와 같은 시험해보는 행동은 모든 상담관계에서, 즉 첫 회기부터 마지막까지 전반적으로 있는 것이다. 그러나 시험해보기는 특히 초기 회기에서, 강한 감정이 유발되고 있는 상황에서, 그리고 상담자와 내담자 간의 현재 상호작용이 내담자가 다른 사람과 갖고 있는 관계문제와 비슷한 모습으로 나타날 때 일어나는 것 같다. 시험해보기는 내담자가 트라우마나 학대와 같은 좀 더 심각하고 고통스러운 문제로 어려움을 겪고 있을 때 더 반복적이고 광범위하게 일어난다. 이것을 더 넓은 삶의 맥락에서 고려해보면 이해할 수 있다. 예를 들면, 대개 내담자의 경험은 이렇다. 내담자의 어머니는 의붓아버지가 자신을 '만진다'는 딸의 말을 믿지 않았다. 고등학교 때 내담자의 동생은 똑같은 폭행을 당했는데, 동생은 "이 이야기를 하고 싶지 않다."라고 말했다. 대학 때 가장 친한 친구는 "미안하다."고 걱정스럽게 말하며, 바로 주제를 바꾸었다. 그녀가 이전 상담자에게 어린 시절의 추행을 모호하게 암시했을 때, 그 상담자는 그녀가 현재 보이는 불안발작 증상에 초점을 맞추자고 했다. 만약 이 내담자가 어느 시점에 또 다른 상담자에게 상담을 받기로 결심한다면, 그녀는 이 상담자가 자신에게 일어난 일에 대해 듣고자 하는지 듣지 않고자 하는지를 알아보기 위해 처음에 전화로 이야기하거나 첫 회기에서 진지하게 시험해보기를 할 것이다. 그래서 다시는 고통스럽게 무시받지는 않을 것이다. 시험해보기는 대인관계가 일어나는 환경에서 안전과 위험을 평가하는 것이다.

시험해보기의 또 다른 예를 생각해보자. 일단 상담자가 시험해보기의 개념을 갖고 있다면, 많은 경우 이러한 시험들은 알아차리기 쉽고 그 시험들을 쉽게 통과할 것이다. 그리고 내담자가 상담에서 진전을 보이고, 그들의 생활 속에서 변화를 만들 수 있게 된다. 예를 들면, 한 여자 내담자를 생각해보자. 이 내담자는 자신의 삶 속에서 다른 사람에게 수동적이고 의존적인 방식으로 행동해왔다. 이 내담자가 자신의 남자 상담자에게 "오늘은 어디서 시작해야 할까요?"라고 말한다. 상담자가 가장 좋은 의도를 갖고 있다고 할지라도 미끼에 걸려 "…에 관해서 이야기해보세요."라고 말한다면, 상담자는 이 내담자의 시험에 실패할 것이다. 내담자는 상담자의 지시를 요청했지만, 상담자는 이 내담자에게 어디서 시작할지를 이야기함으로써 다른 사람에게 복종하는 역할을 해야 하고 다른 사람이 원하는 것을 따르거나 그것에 순응해야 한다고 하는 이 내담자의 병리적 신념을 확인시켜준 셈이다. 자신을 주장하거나 주도권을 쥐거나 이끄는 역할을 해서는 안 된다고 하는, 문제가 되는 내담자의 신념은 상담자가 이 내담자에게 무엇을 이야기해야 하는지를 말할 때 확인되었다(내담자 반응 특수성에 따라 이러한 똑같은 지시가 다른 내담자에게는 도움이 될 수 있음을 기억하라). 이 내담자는 상담자와의 관계에서 비주장적이고 의존적이기 쉬우며, 결과적으로 자신의 삶에서 다른 사람과 이것을 변화시킬 수 없다. 반대로, 내담자가 위험을 무릅쓰고라도 자신을 위해 말하려고 할 때마다(상담자가 내담자의 문제를 순응에 관한 것이라고 개념화했다면, 그 순간에 알아차릴 수 있다) 상담자가 자기 목소리를 내도록 내담자를 격려하고 적극적으로 내담자의 주도성을 지지하는 방법을 찾는다면 상담자는 이 시험을 통과하고, 이 잘못된 신념의 부당성을 증명하게 되는 것 같다. 그러므로 이 내담자가 상담자를 시험하여 상담자에게 무엇을 이야기하고 어디서 시작할 것인지를 물을 때, 상담자는 다음과 같이 반응함으로써 변화의 경험을 제공할 수 있다.

- 글쎄요. 잠깐동안 조용히 앉아서 지금 당신에게 가장 중요하다고 느껴지는 주제나 관심사에 대해 생각해보세요. 그러고 나서 저에게 그걸 이야기해주세요.
- 오늘 우리가 어떤 이야기로 시작하기를 원하시나요?
- 좋습니다. 제가 몇 가지 대안을 갖고 있기는 합니다만, 먼저 오늘 우리의 시간을 사용하는 가장 좋은 방법에 대해 당신의 생각을 듣고 싶어요.
- 당신이 가장 도움이 될 거라고 생각하는 것이면 무엇이든 그걸 이야기하고 싶습니다. 그게 뭘까요? 떠오르는 게 있으신가요?

물론 대부분의 순응적인 내담자는 이러한 제안을 그렇게 쉽게 받아들이지 않을 것이다. 종종 그들은 상담자의 첫 번째 제안을 받아들이지 않지만, 내담자의 선택과 자신에게 가장 중요한 것처럼 보이는 것에 상담자가 관심을 보일 때, 상담자가 정말 그런 의도를 갖고 있는지를 알아보기 위해 계속 시험해볼 것이다.

내담자 (모호하게) 아, 잘 모르겠어요. 저는 정말 아무것도 생각할 수 없어요. 무엇을 제안하실래요?

상담자는 내담자의 현재 상호작용에서 낡은 관계 패턴을 변화시키고 새롭고 더 동등한 방법으로 내담자에게 개입하려고 다시 노력할 때 내담자에게 주도권을 줄 수 있는 두 번째 제안을 줌으로써 시험을 통과할 것이다.

상담자 (편안하면서도 참을성 있게) 좋아요. 그러면 잠깐 기다립시다. 잠깐 시간을 가지고 자신을 살펴보고 자신이 되어 보고, 당신에게 무엇이 떠오르는지 알아봅시다.

내담자 (멈칫하며) 글쎄요, 어, 좋아요. … 저는 최근에 잠을 아주 잘 못 잤어요. 나쁜 꿈을 계속 꾸어요.

상담자 똑같은 나쁜 꿈이 계속 나온다니 유감이군요. 저도 그 이야기를 나누고 싶군요. 나쁜 꿈에 대해 이야기해주세요.

상담자는 이런 반응 하나하나에서 그가 진정으로 더 협력적인 방식으로 내담자를 상담에 참여시키고자 한다는 것을 보여주려고 한다. 상담자는 내담자가 갖고 있는 의존적이고 복종적이어야 하며 무엇을 할 것인지를 들어야 한다는 신념을 공유하지 않는다는 것을 내담자에게 행동으로 보여주고 있는 것이다. 또한 상담자는 다른 관계에서는 너무 흔히 이런 일이 일어난다는 것을 상담의 초점으로 좀 더 분명하게 알아차리고 있는 것이다. 자신은 독립적으로 행동할 수 없고, 다른 사람들은 자신이 그들에게 의존하거나 복종하기를 바라거나 자신이 원하는 것을 말하고 자신의 욕구를 표현할 권리가 없다고 하는 증상을 일으키는 내담자의 신념은 부당하다고 일관되게 증명해주는 이런 종류의 반복된 상호작용은 치료적이며, 내담자의 자기효능감과 자율성을 증진하게 될 것이다. 상담자에게 더 강하게 행동해도 안전하다는 것을 내담자가 계속해서 알게 될 때, 내담자는 자신의 삶 속에서 만나는 몇몇의 조심스럽게 선택된 (안전하고 긍정해주는) 다른 사람과 이러한 새로운 관계 맺는 방법을 일반화하고 또 시도해볼 수 있다. 내담자와 상담자는 내담자의 삶에서 좀 더 주장적이고 독립적으로 행동해도 되는 안전한 사람과 그녀의 자신감을 약화시키고 통제하려고 하고 내담자를 한 수 아래에 두려고 하거나 의존하게 하려는 사람에 대해 자세히 살펴보고 확인할 것이다.

보통 초보 상담자가 의존/순응 주제를 둘러싼 이런 유형의 시험해보기를 확인하고 효과적으로 반응하는 것은 비교적 쉽다. 반면에, 보통 힘과 통제에 대한 주제와 관련된 시험은 초보 상담자뿐만 아니라 경험이 있는 상담자에게도 마찬가지로 훨씬 더 힘든 것이다. 다른 발달경험을 갖고 있는 내담자, 예를 들면 양육자를 능가할 수 있었거나 가정사에서 힘과 영향력을 너무 많이 행사했던 내담자는 종종 상담자의 결심을 시험한다. 이러한 적대적인 혹은 다른 사람에게 대항하는 내담자가 상담자를 성공적으로 지배하거나 비하하거나 통제할 때 상담자와 내담자 모두에게 똑같이 사태가 금방 악화된다. 이러한 내담자들은 개인적이거나 취약한 주제를 노출하는 데 안전하다고 느끼기 전에 또는 작업동맹에 참여하기 전에 상담관계의 안전/위험을 평가해야 한다. 이것은 이런 내담자들에게 상담자가 자신의 요구를 다룰 수 있는지 그리고 화내거나 처벌하지 않고 또는 위축되지 않고 경계를 유지할 수 있는지를 알아보는 것이다. 예를 들면, 내담자가 자신의 관대한 양육자에게 할 수 있었던 것처럼 상담자에게 모욕을 주거나, 화나게 만들거나, 조종하려고 하거나, 한계까지 밀어부칠 때, 내담자는 종종 상담자를 시험해보고 있는 것이다. 좀 더 도전적이고 화를 돋우는 이런 유형의 시험해보기의 한 사례를 생각해보자.

칼의 훈련 프로그램에서 대학원생은 모든 상담회기를 녹화하기로 되어 있었다. 그러나 상담 초기에 칼의 내담자 루시는 녹화를 하게 되면 '자신을 의식하게 된다'고 불평했다. 그녀는 자신의 삶에서 일어나는 것을 이야기하는 게 벌써 어렵고, 녹화하는 것 때문에 정말 중요한 것을 이야기하는 것은 '불가능'해졌다고 말했다. 몇 주 동안 루시는 칼에 대한 자신의 점점 커지는 분노와 상담에 대한 실망을 표현했다. 루시는 칼이 자신을 돕고 있지 않다고 말하며, 비디오 녹화기를 끄지 않으면 상담을 중단하겠다고 위협했다.

칼은 괴로웠고, 정말로 어떻게 해야 할지 몰랐다. 그는 상담실의 규칙들을 알고 있었고, 그의 수퍼바이저도 그 규칙들을 따르라고 할 것을 알고 있었다. 그러나 동시에 그는 자신의 내담자가 필요로 하는 것을 할 만큼은 유연해야 한다고 느꼈다. 칼은 그녀가 상담에 오지 않고, '또 한 명의 내담자'를 잃는 것을 원하지 않았다. 칼은 수퍼바이저와 상의하지 않고 루시와 타협을 하여, 매 회기의 마지막 5분 동안 비디오테이프를 끄기로 합의했다. 루시는 고마움을 표했고, 정말 칼에게 새로운 사실들을 이야기했다. 칼은 수퍼바이저의 허가 없이 이렇게 한 것을 불편하게 느꼈지만, 이것이 자신의 내담자를 도와주며 상담을 계속 받게 하는 유일한 방법처럼 보였다(이것은 칼과 루시가 바라는 바였다).

그러나 곧 칼은 상담이 잘 진행되고 있지 않음을 깨달았다. 루시는 적절한 새로운 주제를 가져왔지만, 산만했고 이 주제에서 저 주제로 마구 옮겨 다니기 시작했다. 칼은 그녀를 붙잡아 한 번에 한 주제에 머무르게 하면서 자꾸 변하는 기분이나 산만해진 사고에 초점을 맞추려고 애썼다. 그러나 그녀는 매번 다른 주제로 빠져나갔다. 루시의 불편감은 고조되었고, "너무 화가 난다."라고 불평했으며, 칼에게 더 많은 안내를 요구했다. 그러나 그가 시도하는 것마다 도움이 되지 못했다. 칼은 자신이 실수를 했으며 내담자가 좋아지기보다 점점 더 나빠지는 사태를 깨달으면서, 자신의 불안을 직면하고 수퍼바이저와 이야기하기로 결심했다.

먼저 칼과 그의 수퍼바이저는 테이프를 끄기로 한 칼의 결정이 그들의 관계와 협력적으로 작업하는 그들의 능력에 대해 어떤 의미를 갖는지를 정직하게 논의하는 데 시간을 보냈다. 그들의 관계가 복구된 후에, 칼과 그의 수퍼바이저는 루시와 칼 사이에 어떤 일이 일어나고 있었는지를 탐색하기 시작했다. 그리고 이 상호작용 패턴이 무엇을 의미하는지 이해하려고 했다. 칼은 자신이 한 일에 대해 다른 사람들이 비판할 때 항상 자신에 대해 매우 기분이 나빴었다는 것을 분명하게 말했다. 칼은 그가 무엇을 하든지 '제대로 할 수 없었던' 상황에 있는 것이 '겁났다'고 했다. 그들의 상호작용을 더 명료화하면서, 수퍼바이저는 루시가 자신의 삶에서 다른 사람에게 했듯이 칼에게 했던 비판적이고 요구적인 입장으로 인해 칼의 삶의 역전이 주제가 어떻게 활성화되었는지를 칼이 인식하도록 도와주었다. 칼은 내담자－상담자 관계에서 일어나는 것에 대해 새로운 방식으로 생각하게 됨으로써 힘을 얻었다고 느꼈으며, 비디오테이프는 매 회기 전반에 걸쳐 작동되어야 한다는 수퍼바이저의 확고한 제한을 받아들였다. 그러나 당황스럽게도 루시는 정말 화를 냈고 칼이 그다음 회기의 초반에 이 제한을 다시 적용했을 때 배신감을 느꼈다. 그녀는 칼이 그들의 합의를 깨뜨렸기 때문에 그를 '믿을 수 없다'고 비난했으며, 정말 좋은 상담자는 되지 못할 거라고 말했고, 더 이상 어떤 중요한 주제도 그에게 말할 수 없다고 했다. 이 모든 것이 칼에게는 어려웠지만 가장 큰 위협은 루시가 다음 주에 다시 오고 싶은지 그리고 그에게 상담을 계속 받을지를 생각해보아야겠다고 말한 것이다.

칼은 그녀의 위협과 비난이 '끔찍하게' 느껴졌다. 그러나 수퍼바이저의 지지로, 그는 불편감을 참아냈고, 할 수 있는 한 방어하지 않으려고 했으며, 이번에는 그 규칙을 지켰다. 루시는 계속해서 비난하고 위협하고 불평했지만, 다시 상담을 받으러 왔다. 사실 그녀가 항변하기는 했지만, 실제로는 전보다 더 차분해 보였고 상담 중에 좀 더 생산적으로 초점을 맞추기 시작했다. 다음 몇 주가 지나서, 루시는 그녀의 삶에서 중요한 변화를 만드는 데 성공했다. 그녀는 '자신의 어머니가 했듯이 자신의 아버지에게 강제로 시키고 부려먹을' 수 있는 것이 얼마나 '역겨운' 느낌인지를 칼과 나누기 시작했다. 루시가 꽤 수치스럽게 느낀 것을 이렇게 노출한 다음에, 루시는 다음 회기 상담에 와서 자신의 남자친구에게 자신이 '지나치게 요구적인' 것에 대해 사과했다고 말했다. 루시는 남자친구에게 '더 이상은 남자친구나 다른 어떤 사람에게도 이런 방식을 원하지 않을 것'이고, 이것을 바꾸려고 한다고 이야기했다.

루시와 같은 내담자들이 상담자가 자신의 병리적 신념을 확증해줄 것인지 아니면 부정해줄 것인지를 시험해보는 것은 적응적이다. 내담자들은 현재의 치료관계가 과거보다 더 안전하지 않다고 한다면, 더 취약한 재료들을 꺼내거나 그들의 삶에서 변화를 만들어낼 수 없다. 그러나 깊은 곳에 갖고 있는 신념과 기대에 대해 말로 내담자를 단순히 안심시키는 것은 매우 한계가 있다. 더욱이 대부분의 내담자들은 이러한 방식으로 상담자를 시험해본다는 것을 의식적으로 인식하지 못하며, 보통 이런 시험해보는 행동을 그들에게 지적해주는 것이 도움이 되지 않는다. 대신에, 모든 인간관계에서처럼 **중요한 것은 상담자가 말하는 것이 아니라 행동하는 것이다.**

상담자가 병리적 신념을 행동으로 부정해주고 부적응적 관계 패턴을 바꾸어주는 방식으로 반복적으로 반응할 때, 상담자는 시험을 통과하고 교정적 정서 경험을 제공하게 된다. 다행히, 모든 상담자가 가끔은 시험을 통과하지 못할지라도, 칼처럼 회복할 많은 기회를 갖게 될 것이다. **초보 상담자는 실수와 시험 실패, 재연을 쉽게 회복할 수 있다고 확신하는 것이 특히 중요하다.** 초보 상담자는 무엇이 잘못되었는지 인정하고 그것을 내담자와 이야기하거나 이 쟁점이나 주제가 나오는 다음 회기에서, 종종 바로 그 동일 회기의 나중이나 그다음 회기에서 좀 더 효과적으로 단순하게 반응할 수 있다. 특히 상담자가 다음과 같이 한다면, 상담자는 균열과 마찬가지로 가장 효과적이고 경험이 있는 상담자에게조차 정기적으로 일어나는 이러한 시험 실패에서 회복할 수 있다.

- 공공연히 하든 미묘하게 하든 간에 내담자가 상담자나 그들의 상호작용에 대해 하는 어떤 관계 진술에 대해서든 면밀히 조율하기(내담자: "당신은 이런 것을 인정할 만한 종류의 사람은 아닐 수도 있겠네요. 그러나…").
- 이어지는 매 상호작용에서 상담자가 한 말이나 행동에 대해 내담자가 어떻게 반응하는지 추적하기(상담자: "제가 당신에게 그것을 분명하게 해달라고 부탁했더니 당신은 말이 없어졌어요. 저는 바로 거기서 우리에게 어떤 일이 일어난 건지 궁금합니다. 뭐가 잘못된 건가요?").
- 상담자가 지금 뭔가 제대로 되고 있지 않다고 스스로 생각하고 있을 때, 점검하고 내담자에게 물어보기(상담자: "우리가 지금 여기서 어떻게 하고 있는지, 우리가 이야기

할 때 우리 사이의 일이 당신에게 어떻게 느껴지는지 잠시 당신과 점검해볼 수 있을까요?").

상담자는 내담자가 요구하는 방식으로 반응함으로써 내담자의 시험을 통과하고, 복구 경험을 제공한다. 내담자는 상담관계에서 새로운 차원의 안전을 경험한다(성장과정에서 어른에게 너무 많은 힘을 갖고 적절한 한계와 경계를 경험하지 않았던 루시에게 한계를 제공하기와 같은). 내담자가 좀 더 분명하게 기억하고, 좀 더 깊이 느끼고, 좀 더 충분히 나누기 시작함으로써 이러한 새로운 안전에 대해 반응하는 것을 상담자는 관찰하게 될 것이다. 다음 몇 회기에서 상담자는 루시가 했던 것처럼 내담자가 위험을 감수하고 그들의 삶에서 만나는 다른 사람에게 새롭고 더 좋은 방법으로 반응하려는 것을 관찰하게 될 것이다. 대부분의 내담자들은 다음의 예와 같이 말하면서 스스로 이러한 변화를 주도할 것이다.

내담자 제가 이번 주에 뭘 했는지 아세요? 제가 마침내 용기를 내서 남자친구에게 이야기를 했어요.

이 지점에서 상담자는 내담자가 새롭고 자신을 확신하는 방법으로 다른 사람과 관계맺는 위험을 기꺼이 무릅쓴 것을 지지할 수 있다. 이것은 내담자의 삶에서 내담자가 만든 변화에 확고하게 반응할 수 있는 사람과 그렇지 않은 사람을 구별하는 것을 추가로 논의할 수 있게 해준다. 그래서 내담자는 이 새로운 반응 양식을 일반화하는 방법을 상담자와 안전하게 처리할 수 있고, 자신과 다른 사람에 대한 새로운 신념을 확고히 할 수 있다.

상담자 당신은 저와 함께 이것을 다르게 해보았군요. 정말 잘 했어요. 당신이 남편에게 용기를 내어 스스로 더 잘 말할 수 있을지, 당신이 원하는 것을 더 많이 말할 수 있을지 궁금하네요. 당신이 저와 했던 것처럼 이것을 남편과 해보는 것이 어떨까요? 그렇게 하면 뭐가 도움이 되고 뭐가 도움이 되지 않을까요?

상담자가 내담자의 시험을 통과하는 치유 반응을 제공할 수 있도록 상담자 도와주기 시험을 통과하고 치유 경험을 제공하기 위해, 상담자는 이 특정한 내담자가 필요로 하는 대인관계 반응을 어떻게 명확하게 할 수 있을까? 상담자의 반응을 안내하기 위해서, 상담자는 (1) 내담자 반응 특수성을 고려할 수 있고, (2) 순간순간 일어나는 일련의 연속적인 상호작용 행동을 추적하고, 상담자의 말과 행동에 대한 내담자의 긍정적 혹은 부정적인 반응을 평가할 수 있다. 이 두 가지를 면밀히 살펴보자.

내담자 반응 특수성 1장에서 논의했던 것처럼, 상담자는 내담자에 따라 다르게 반응할 수 있는 유연성이 필요하다(Norcross & Wampold, 2011 참조). 상담관계에서 '올바른' 개입 방법을 위한 간편 공식이란 없다. 한 가지 사이즈가 모든 사람에게 다 맞는 것은 아니다. 즉, 한 내담자에게서 시험을 통과한 상담반응과 똑같은 반응이 다른 내적 작동 모델과 기대를 갖고 있는 내담자에게서는 문제를 재연할 수 있다(Persons & Silberschatz, 1998). 예를 들면, 니코는 내담자의 압력을 받고 실질적으로 상담료를 할인해주는 데 동의했다. 그러자 니코는 내담자가 값비싼 시계를 차고, 다가오는 휴가를 하와이에서 보내려고 일등석 비행기를 타기 위해 '마일리지를 전환하고 있다'는 것을 알게 되었다. 내담자가 상담자를 이용해 제 잇속을 차린다는 것을 알아차리고, 니코는 이 상담주제를 표면화하여 새로 상담료를 협상해야 할 필요성을 인식했다. 이 내담자는 맹목적으로 사랑하는 부모님과 아내에게 자기가 하고 싶은 대로 해왔고, 이제 상담자도 자신에게 '동조해줄 것'인지를 알아보기 위해 시험하고 있었던 것이다. 이 주제를 다룰 지점이 곧 나타났고, 니코는 잠재적으로는 위험한 요소를 가진 이 대화가 꽤 쉽게 풀린다는 것을 알고 안도했다. 내담자는 상담자의 솔직한 논의와 제한에 마치 안심하는 것 같았다. 그 회기의 후반부에 내담자는 자신이 다른 사람을 너무 많이 통제할 때 '외롭고' '불안하게' 느낀다는 중요하고도 새로운 재료를 꺼내놓았다. 함께 상담을 해나가면서, 내담자는 이러한 요구적이거나 남을 이용하는 패턴이 사람들과의 다른 관계에서 어떻게 작용하고 또 방해하는지, 즉 그 사람들에게 마침내 인기를 얻지만 그러고 나서 그 사람들이 그를 신뢰하거나 좋아하지 않게 되는 이유를 탐색하는 새롭고 생산적인 상담 국면에 들어가게 되었다.

내담자가 자신의 이러한 원치 않는 부분들을 기꺼이 살펴보고자 하는 것에 기초해서 니코는 확고하게 행동하고, 내담자가 잇속을 챙기지 못하게 함으로써 내담자의 시험을 통과했고, 내담자가 필요로 했던 교정적인 반응을 제공했다. 그러나 이 내담자는 니코를 시험해보는 자신의 행동을 인식하지 못했고, 그것을 어떤 방식으로든 명료하게 표현할 수 없었다. 대부분의 내담자들처럼, 이 내담자는 자신의 삶에서 다른 사람을 조종했던 것처럼 니코를 조종할 수 없다는 것을 행동으로 확신하게 되자 이 민감한 주제를 인식하고 논의할 만큼 충분히 안전하다고 느끼게 되었다.

반면에, 상담료를 깎아주는 똑같은 반응이 다른 내담자에게는 도움이 될 수 있다. 크리스는 최근 이혼으로 수입이 줄어들자 수입과 지출을 맞추는 데 어려움을 겪고 있었다. 상담자는 크리스가 주는 것은 거의 없이 요구가 많고 권위적인 부모 밑에서 성장했다는 것을 알았을 때, 그녀에게 좀 더 유연하게 상담료를 정하는 것이 중요한 시작점이 될 수 있다는 것을 깨달았다. 이 내담자는 결코 상담자에게 상담료를 깎아달라고 하지 않았을(또는 누구에게도 어떤 도움도 요청하지 않았을) 것이고, 상담자가 제안하는 대안적인 상담료 책정을 처음에는 받아들이려고 하지 않았다. 상담자가 그의 제안을 왜 생각해보는 것조차 꺼리는지 물어보자 크리스는 울기 시작했다. 곧 이에 대해 이야기하면서 상담자의 관대한 반응이 자신은 '소중하지 않다'는 그녀의 병리적 신념이 잘못되었음을 증명해주었고, 부모가 '자신을 봐주고' 문제가 있을 때 도와주기를 간절히 갈망했던 그녀의 마음을 자극했다는 것을 알게 되었다. 크리스는 모든 것을 '완벽하게' 해야 하는 요구가 많은 기대 속에서 성장했고, 어떤 도움이나 지지를 필요로 하지 말아야 했다. 그것은 단순히 가족 규칙이었고, 그녀에게 기대하는 것이었다. 분명히, 이 내담자와 상담료 계약을 바꾼 것은 그녀 자신에 대한 병리적 신념과 다른 사람에 대한 잘못된 기대가 부당함을 증명해 주었다. 이 회기 내에서 상담은 내담자의 정서적 박탈감과 다른 사람에게 '소중한 존재가 아니다'라는 그녀의 신념에 대해 좀 더 집중적인 작업을 하는 쪽으로 진전되었다. 이 두 가지 상담자례가 보여주듯이, **상담자의 똑같은 반응은 내담자에 따라서 종종 전혀 다른 효과를 낼 수 있다**(Daly & Mallinckrodt, 2009; Silberschatz, 2005).

내담자의 문화적 또는 민족적 배경은 반응 특수성을 좀 더 복잡하게 한다. 예를 들면, 상담자가 자신의 삶에 해결해야 할 상당한 어려움이 있다는 것을 노출하는 것은 전통적인 아시아계 내담자에게는 상담자를 비전문적인 사람으로 보게 할 수 있다. 그러나 똑같은 노출은 아프리카계 미국인 내담자에게 환영을 받을 수 있고, 상담자가 인간이라는 의미를 전달해주고, 덜 판단받는 것 같다. 이러한 방법으로 상담자와 내담자 간의 인종, 성, 종교, 그리고 또 다른 차이들은 내담자가 상담자의 자기노출에 어떻게 반응할 것인지에 영향을 미칠 것이다. 그러나 우리의 이전 지침에 따르면, 상담자의 의도는 내담자가 이 개입에 어떻게 반응하는지에 세밀한 주의를 기울이는 것이다. 예를 들면, 상담자의 자기노출이 이 내담자에게 생산적일 것이라고 결정한다면, **상담자는 내담자가 그에 대해 어떻게 반응하는지**, 즉 작업 동맹에 도움이 되는 새로운 관점을 갖거나 작업 동맹에 더 관여하는지 아니면 더 신중해지고 상담자에게 정서적 거리를 두는지를 **자세히 관찰할 것이다**.

내담자 반응 특수성은 상담자에게 많은 것을 요구한다. 그것은 단순히 규칙에 근거하여 상담하는 안정성을 제거한다. 설명서에 준한 상담접근은 특별히 원래의 목적이 연구인 경우에 처치 접근을 고수한다는 점에서 유용했다. 그러나 설명서에 준한 처치가 구체적으로 내담자 욕구에 근거한 다양성을 허용하지 않는다면 내담자 반응 특수성을 존중하는 데 실패하게 된다. 동기면담(Motivational Interviewing: MI) 문헌은 내담자가 표현하는 욕구나 주도권을 충분히 고려하지 않고, 설명서를 엄격하게 준수해야 하는 압력이 있을 때 설명서에 준한 접근이 얼마나 제한적일 수 있는지를 이해하는 데 풍부한 정보를 제공해주었다. 이러한 동기면담 연구자들은 그들의 상담접근에서 상담자가 **설명서를 유연하게 적용하고, 상담자가 하려고 했던 것에 내담자가 어떻게 반응하는지에 주의를 기울여 적응하면서 개입에 대한 내담자의 반응을 추적할 때, 효과적이고 지속적인 변화가 더 많이 나타나는 것 같**다고 보고한다(Amhrein et al., 2003; Levant, 2005; Miller & Rose, 2013 참조). 내담자 반응 특수성은 상담자에게 각 개별 내담자의 독특하고 개인적인 경험에 친숙해질 것을 요구한다. 그러나 이러한 상당히 개별적인 사례 접근 내에서, 상담자가 여러 내담자의 특정 필요에 더 정확하게 반응할 수 있게 도와주는 데 지침을 이용할 수 있다. 특별히 상담자는 다음의 세 가지 영역에서 자주 일어나는 경향이 있는 부적응적 관계 패턴을 알아냄으로써 각 개별 내담자가 필요로 하는 구체적인 관계 경험을 평가하는 것을 배울 수 있다.

1. 현재의 내담자–상담자 상호작용
2. 내담자의 현재 삶 속에 있는 중요한 타인과의 관계
3. 이러한 내적 작동 모델과 패턴이 처음 생겨난 내담자의 원가족

우리는 상담자가 어떻게 시험을 통과하고, 내담자가 필요로 하는 구체적인 관계 경험을 내담자에게 어떻게 제공할지에 대해 상담자의 서로 다른 개입들에 대한 내담자의 반응을 평가함으로써 배운다는 것을 알았다. 이것에 대해 더 알아보자. 이것을 배움으로써 초보 상담자는 더 힘을 얻게 된다.

내담자의 반응 평가하기 상담자가 내담자의 시험을 통과했는지 아니면 시험에 실패했는지 혹은 상담자가 내담자의 말과 행동에 유용하게 반응했는지를 일반적으로 어떻게 결정하는가? 여기서 우리는 초보 상담자들이 그들의 개입이나 반응이 도움이 됐는지 혹은 내담자가 가진 갈등의 어떤 부분을 잠재적으로 재연했는지를 평가하는 데 도움이 되는 지침을 제공한다.

초보 상담자는 내담자에게 개입하는 단 하나의 옳은 방법만 있다는 잘못된 생각을 갖는 경우가 있다. 그리고 그들은 그렇게 하지 못했다는 데 대해 걱정하거나 불안을 느낀다. 더 좋은 접근이란 상담자의 반응에 내담자가 어떻게 반응하는지를 관찰하는 것이다. 이 유연하고 평가지향적인 접근에서는 내담자가 가장 좋은 개입방법을 결정한다. 이것은 상담자가 상담의 진전을 위해 말하고 행동한 것을 내담자가 얼마나 잘 사용할 수 있는지에 근거한 것이다. 차례로 대화를 주고받으면서 상담자는 바로 지금 이 내담자에게 반응하는 가장 좋은 방법이 무엇인지를 결정하려고 한다. 그리고 공감하기, 도전하기, 탐색하기, 긍정하기, 재구성하기, 연결시키기, 피드백 제공하기 등의 반응을 선택하려고 한다.

그러나 상담자가 반응하자마자 곧 상담자의 의도는 **내담자가 이 개입에 어떻게 반응하는 것처럼 보이는지 자세히 주의를 기울여 관찰하는 것이다.** 상담자가 순간순간 일어나는 일련의 연속적인 상호작용, 즉 상담자가 말하고 행동한 것에 대해 내담자가 바로 지금 어떻게 반응하는지를 추적해갈 때, 내담자는 관찰하고 있는 상담자에게 이용할 수 있고 유익을 얻을 수 있는 반응에 대한 정보를 준다. 내담자는 보통 이러한 결과를 말로 표현하지 않는다. 그리고 그것을 의식하지 못할 수도 있다. 그러나 **내담자들은 자신의 행동 반응으로 상담자가 직전에 어떻게 개입했는지에 대해 믿을 만한 안내를 해준다.** 이것이 어떻게 일어나는지 더 면밀히 살펴보자.

상담자가 내담자의 시험에 효과적으로 반응하고 자기에 대한 병리적인 신념과 타인에

대한 잘못된 기대가 잘못되었음을 증명해줄 때, 내담자는 종종 더 안전하게 느끼고 새롭고 더 적응적인 방식으로 행동하기 시작한다. 이러한 진보는 다른 많은 방식으로 표현될 수 있다. 예를 들어, 상담자가 시험을 통과하고 몇 분 지나지 않아서 내담자는 다른 사람에 대한 불평을 중단하고 자신의 사고와 감정에 대해 더 직접적으로 이야기하기 시작할 수 있다. 또는 니코의 내담자가 그랬듯이 내담자들은 문제에 대해 자신이 기여한 바를 더 정직하게 볼 수 있다. 아마도 내담자는 전보다 더 명확하게 사람이나 상황에 관한 이야기를 연결 지을 것이다. 상담자와의 상호작용은 더 즉각적이고 강력하게 될 것이고, 대화는 덜 지적인 방향으로 흐르게 되거나 피상적인 사회적인 대화가 되지 않을 것이다. 내담자는 상담자에게 따뜻한 감정을 표현함으로써 또는 상담자에 대해 갖고 있는 문제를 꺼내는 위험을 무릅씀으로써 상담자와 좀 더 직접적으로 관계를 맺거나 좀 더 현재에 충실할 것이다. 종종 내담자의 정서가 나타나거나 강렬하게 될 것이다. 내담자가 이런 방식으로 더 강하게 행동할 때 상담자는 주의를 기울이고자 한다. 내담자가 좋아지는 것을 보는 것은 기쁜 일이다. 그러나 또한 내담자는 바로 좀 전에 상담자가 무엇을 했는지, 차이를 만들기 위해 그들이 앞으로 무엇을 할 수 있는지를 가르쳐주고 있는 것이다.

또 상담자들은 내담자들이 탐색할 적절한 새로운 재료들을 꺼낼 때 자신이 효과적으로 반응했거나 시험을 통과했다는 것을 알게 된다. 이런 방식으로 내담자가 새로운 주제를 꺼내어 이야기해 나갈 때, 특히 생산적이게 되는 경향이 있다. 상담자가 해석을 해주거나 발달 또는 가족관계로 내담자를 인도해가지 않더라도, 특히 내담자는 스스로 자신의 현재 행동과 발달에 중요한 관계 사이에 유용한 연결고리를 만들 수 있다. 이러한 상황에서 내담자가 만들어내는 통찰은 생동감이 있고, 내담자에게 진짜 의미가 있다. 그리고 내담자의 일상생활 속에서 이 통찰은 새로운 사고와 행동방식으로 순조롭게 옮겨진다. 반대로, 상담자가 역사적인 해석을 하거나 내담자로 하여금 과거의 가족관계로 거슬러 올라가도록 이끄는 것은 생산적인 방법이 아니다. 이러한 발달적인 연결이 정확할 때에라도 내담자는 보통 자신이 자신의 현재 문제에 관련되어 있다는 것을 알지 못한다. 이것은 진정한 의미를 내포하거나 행동 변화를 이끌어내지 못하는 단지 추상적인 아이디어이거나 가능성이 희박할 뿐이다. 예를 들어, 내담자가 격분하여 소리칠 수 있다. "엄마라뇨? 왜 엄마에 대해서 묻죠? 저는 31살이에요. 우리 엄마가 무슨 관련이 있는데요?!".

내담자가 이런 방식 중의 한 가지로 더 강한 행동을 할 때, 상담자는 보통 자신이 효과적으로 반응했고 내담자의 시험을 통과했다고 확신한다. 설명을 돕기 위하여, 이전 사례로 돌아가보자. 칼이 회기 전체를 녹화하기로 했을 때, 루시는 불평했고 상담을 그만두겠다고 협박했다. 그러나 칼은 적절한 전문적인 경계를 유지함으로써 자신이 루시의 아버지와 다르고 그래서 더 안전하다는 것을 행동으로 보여주었다. 칼은 루시가 인정하지 않는 것을 견뎌낼 수 있었고, 그녀가 요구하는 것이 아니라 필요로 하는 것을 할 수 있었다. 위협하고 불평하기는 했지만, 루시는 칼과 훨씬 더 생산적으로 상담작업을 하기 시작했고, 삶에서 다른 사람과 제대로 되지 않던 관계 맺기 방식을 바꾸기 시작했다.

상담지기 자신의 개입에 내담자가 어떻게 반응하는지 관찰하고 내담자의 시험을 통과(혹은 실패)하기 위해 무엇을 했는지 확인하고자 한다면, 상담계획을 좀 더 효과적으로 세울 수 있을 것이다. 이러한 개념화를 차후의 개입을 위해 사용할 수 있고, 내담자에게 변화를 위해 그들이 필요로 하는 반응을 더 잘 제공할 수 있다. 예를 들어, 상담 중 불안을 야기하는 지점에서, 루시는 다시 칼의 제한을 밀쳐내려고 할 것이다. 그러나 칼이 이전 상호작용에서 배운 바가 있다면, 루시가 필요로 하고 겉으로 드러나지 않지만 요구하고 있는 분명한 한계를 제공할 준비가 더 잘 되어 있을 것이다.

동전의 또 다른 측면은 무엇인가? 상담자가 내담자의 시험을 통과하지 못했거나 혹은 어떤 방식으로든 내담자의 갈등을 자신도 모르게 재연했을 때 이것을 어떻게 아는가? 이런 상황에서 상담자는 내담자가 더 순응적이거나 방어적이거나 혼란스러워하거나 외부로 탓을 돌리거나 거리를 둔다거나 자기를 의심하거나 자기처벌적이 되는 등의 방식으로 더 취약하게 행동하는 것을 종종 관찰하게 될 것이다. 내담자는 최근의 성공을 없던 걸로 하거나 철회하는 방식으로 건강하고 새로운 행동으로부터 멀어지거나 작업 동맹에 덜 협력적일 수 있다. 만약 상담자가 자신이 말한 것에 대해 내담자가 어떻게 반응하고 있는지를 자세히 평가하고 있다면, 시험에 실패한 것에 대한 반응은 보통 1~2분 내로 분명하게 나타나며 다음 회기까지 이어질 수 있다. 상담자는 이 순간순간의 방법으로 대인관계 과정을 추적함으로써 그들의 현재 상호작용이 언제 내담자의 시험에 실패하게 되었는지를 훨씬 더 잘 인식할 수 있게 된다. 특히 상담자는 자신도 모르는 사이에 다음과 같은 때에 내담자 갈등의 어떤 측면을 재연했을 가능성을 고려해야 한다.

- 내담자가 자신에 관해서보다는 다른 사람에 관해 이야기하기 시작하고 대화가 더 피상적이게 될 때
- 상담과정이 반복되고 지적으로 흐르게 되거나 현실적인 초점을 잃을 때
- 내담자가 수동적이거나 순응적이게 되고, 주도성을 잃고 또는 이야기할 만한 의미 있는 내용을 찾을 수 없을 때

우리는 상담자가 시험을 통과할 때, 내담자는 보통 더 강하게 행동하고 상담에서 진전을 보임으로써 상담자의 효과성을 인정한다는 것을 살펴보았다. 동시에 상담자가 특정 시험에 반복적으로 실패할 때, 내담자는 똑같은 문제의 시나리오가 일어나고 있었던 다른 관계를 회상함으로써 무언가 잘못되었음을 상담자에게 알릴 수 있다. 즉, 내담자는 그들이 알고 지냈던 다른 사람에 관한 일화들 또는 똑같은 문제의 패턴을 보여주고 있는 책이나 영화의 등장인물에 관해 상담자에게 이야기하기 시작할 수 있다. 상담자는 항상 내담자가 또 다른 관계에 관해 이야기하고 있을 때는 언제든지 이것을 상담자와 내담자 사이에서 일어나고 있는 것

을 기술하기 위해 비유, 유추 또는 **부호화된 준거**(encoded reference)로 사용하고 있을 가능성을 생각하고자 한다(Kahn, 1997). 각 회기에 걸쳐 상담자는 내담자가 이어가려고 선택하는 일화들의 특징이 되는 관계 주제를 듣고 있는 것이다. 예를 들면, 만약 내담자가 신뢰를 배반당하고, 통제권을 놓고 싸움이 일어나고 있고, 다른 사람들은 책임이 없고 돌봄을 받아야 한다는 등의 이야기를 반복적으로 나눈다면, 내담자는 이러한 똑같은 패턴이 상담자와의 관계에서 현재 어떻게 활성화되고 있거나 실연되고 있는지를 표현하고 있는 것이다. Yalom(2003)은 이것을 '토끼의 귀'(내담자가 보내는 메시지의 의미를 잘 감지하고 파악할 수 있는 태도–역자 주)로 듣는 것이라고 묘사한다. 즉, 내담자가 상담자에게 비밀스럽게 언급하고 있을 수 있는 또 다른 사람에 관해서나 상담자–내담자 사이에서 일어나고 있는 것에 관해서 이야기하고 있을 때는 언제든지 그 가능성을 고려하는 것이다. 이 유추가 발생할 때, 상담자는 이 가능성에 관해 알아보고, 이 관계 주제를 드러내고, 이 관계 주제를 상담관계의 즉시성으로 다시 끌어오기 위해 과정 언급을 사용할 수 있다. 상담관계에서는 오해를 다루고 해결하거나 작업 동맹의 균열을 복구하기 위해 무언가를 할 수 있다. 예를 들어보자.

상담자 당신이 저에게 이야기한 이 두 사람은 다른 사람이 그들에게 이야기하려는 중요한 것들을 듣지 못했군요. 그와 같은 일이 지금 당신과 저 사이에도 일어날 수 있는 것은 아닌가 싶네요.

내담자 선생님이 무슨 말씀을 하시는지 모르겠는데요.

상담자 이 두 사람들처럼 당신에게 중요한 어떤 것을 이전에 저에게 이야기했는데 제가 잘 알아듣지 못했을 가능성에 대해 궁금해하는 거예요. 어떤 가능한 일이 떠오르시나요?

내담자 글쎄요, 그런 것 같지는 않아요. 선생님이 그 말을 한 이후로 가끔 실제보다 상황을 더 좋게 보려고 한다고 생각해요. 선생님이 실제보다 제가 더 행복해야 하는 것처럼 또는 제 문제를 실제보다 덜 심각하게 만들고 싶은 것처럼요.

상담자 좋습니다, 제가 실제보다 상황을 더 좋게 보려고 한다는 것 같네요. 때때로 제가 당신에게 그것이 얼마나 나쁜지를 알고 싶어하지 않는 것처럼요? 당신이 왜 그것을 좋아하지 않는지 정말 알겠어요. 그리고 당신이 용기를 내어 말해주고 이야기해주는 것이 도움이 되네요. 저는 이것을 더 잘 이해하고 싶고 바꾸고 싶어요. 예를 들어줄 수 있어요? 오늘 제가 그랬나요?

내담자 음~ 제가 잠에서 깨어나 그들이 사라졌을 때, 저는 "무서웠다."라고 말했어요. 그리고 선생님은 "네, 당신이 얼마나 불안했을지 알겠어요."라고 말했죠. 선생님은 제가 불안을 느끼기를 더 좋아할 수도 있지만 저는 아니었어요. 저는 무서웠어요. 제가 말했던 것, 말하려던 것은 이거예요. 그러나 선생님은 내가 그렇게 느끼기를 원했다고 생각하지 않아요.

상담자 알겠어요. 고마워요. 이제 당신이 말하려는 게 무엇인지 알겠어요. 저는 이렇게 하고 싶지 않아요. 그것을 바꾸도록 유념할게요. 당신이 제가 여전히 그렇게 하고 있다고 느낀다면, 지금처럼 다시 용기 내어 말씀해주시겠어요? 저는 계속 이렇게 되는 걸 원치 않아요.

내담자 네, 그럴게요. 제 이야기를 잘 들어주셔서 고맙습니다. (멈춤) 선생님도 아시다시피, 저는 종종 제가 다른 사람에 대해 '너무 많이' 느끼다고 생각해요.

수퍼바이저와 이론가들은 확실히 도움이 된다. 그러나 내담자 반응을 평가하고 자신의 개입의 효과성을 스스로 결정하는 방법을 배움으로써, 초보 상담자들은 더 많은 자율성을 개발하고 상담자로서의 정체성을 더 잘 알 수 있다. 여기서 제안된 방식으로 상담과정을 추적함으로써, 상담자는 내담자들에게 그들이 필요로 하는 교정적인 반응을 제공하고 있는지를 평가할 수 있다. 그러나 이 모든 것들이 초보 상담자가 한 번에 추적하기에 너무 많은 것처럼 보일 수 있다. 동시에 내담자와 상호작용하고 또 함께 머물러 있으면서 그렇게 많은 것을 시도하고 생각하는 것은 압도되는 것처럼 느낄 수 있지만, 이러한 것들의 대부분은 연습과 몇 년간의 경험으로 제2의 천성이 된다. 그러나 이런 방식으로 상담자가 점진적으로 내담자 반응을 추적하고 평가하는 것을 배우게 될 때, 상담자는 내담자가 말한 것에 대해 그다음에 어떻게 반응하고 싶은지를 더 자신 있게 선택하거나 더 쉽게 알 수 있을 것이며, 좋은 느낌을 갖게 될 것이다.

전이 반응

내담자가 다른 사람과 겪는 문제를 상담관계에 가져오는 세 번째 방법은 전이 반응을 통해서이다. **전이**(transference)는 내담자가 자신의 과거 중요한 인물에 대해 갖고 있던 다양한 긍정적 및 부정적 감정과 태도를 상담자에게로 잘못 옮겨오거나 투사하는 것을 의미한다(Gelso & Bhatia, 2012; Gelso, Palma & Bhatia, 2013). 즉, 이 왜곡은 과잉일반화되거나 상담자에게 옮겨진 것이다. 내담자의 과거에서 나온 역사적 인물에게 더 잘 맞는 역할을 상담자에게 잘못 맡기는 것이다. 바로 심리적으로 취약하거나 고통스러운 강한 감정이 나타나는 순간에 내담자는 상담자와 이전의 익숙했던 사람들을 가장 잘 오인하는 것 같다. 상담자(그리고 다른 사람)에 대한 이러한 지속적인 왜곡은 내담자의 도식이나 내적 작동 모델을 반영한다. **혼란이 심한 내담자일수록 그들의 전이 왜곡은 더 전반적일 것이다.** 이것은 내담자의 친밀한 개인적인 관계에서 중요한 문제를 야기할 뿐만 아니라 상담자에 대한 반응을 왜곡시킨다(Levy & Scalia, 2012).

초보 상담자가 임상적 경험을 더 많이 하게 될 때, 자신의 정체성과 반응 방법에 정말 적합하지 않은 강한 반응을 하며 괴로워하는 내담자들을 경험하는 만큼 초보 상담자의 세계관은 종종 변화한다. 그러나 상담자는 자신에 대한 내담자의 긍정적 혹은 부정적 정서를 자동적으로 혹은 너무 쉽게 전이 왜곡에 불과한 것으로 격하할 때 실수하게 된다. 우리는 그 가능성을 작업 가설로 만들 수 있다. 그러나 또한 상담자는 그러한 반응의 잠재적인 타당성이나 부분적인 정확성을 고려할 만큼 충분히 방어적이지 않으려고 한다. 아마도 내담자는 타당한 불만을 가질 수 있고, 우리가 말하거나 행동한 것이 내담자의

(외견상) 오인이나 오해에 기여했을 수 있다. 전이에 대한 이런 행동주의 접근에서, 상담자는 결코 완전하게 중립적이거나 객관적인 관찰자가 아니다. 대신에 항상 내담자와 상담자가 둘 다 그들 자신의 편견에 기여하고 있을 가능성을 고려한다(Hill & Knox, 2009). 이 점에서, 애착 연구가들은 안정 애착 유형을 가진 상담자들은 불안정 상담자(즉, 거부형이나 몰두형)보다 방어적이지 않고, 내담자의 다른 관점을 고려할 성찰 능력을 가지고 있으며, 내담자가 성격적으로 다른 사람에게서 유발하거나 '끌어내는' 경향이 있는 자동적인 반응을 쉽게 제공하지 않을 수 있음을 발견한다(Dozier et al., 1994; Dozier & Tyrell, 1998; Fornagy et al., 2002).

상담자는 내담자를 개념화하고 상담관계 내의 문제를 해결하기 위해 전이 반응을 사용할 수 있다. 중요한 변화는 상담자가 전이 반응을 어떻게 다루는가 하는 데서 일어났다. 과거 수십 년 동안, 전이 반응은 역사적인 관계와 부모 및 초기 양육자와의 갈등 기원을 해석하는 출발점으로 사용되었다. 그러나 이제는 전이 반응을 상담자와 내담자 간 현재의 상호작용을 이해하고 변화시키기 위해 사용한다(Levenson, 1995). 앞서 지적했듯이, 상담자는 현재의 문제와 발달적인 관계 간의 중요한 연결을 종종 인식할 것이다. 그러나 내담자들은 상담자와의 현실에 기초한 관계에서 먼저 이러한 왜곡을 다루거나 해결하지 않고는 이런 연결이 의미 있다는 것을 거의 모를 것이다. 더 구체적으로, 좀 더 현대적인 접근에서 상담자는 내담자에게 해석을 해주는 지적인 접근이나 내담자를 과거 역사의 관계로 거슬러 올라가게 하는 다소 동떨어진 접근을 통해서가 아니라 현재 직면한 관계의 즉시성에서 전이를 다루고 있는 것이다. 예를 들어보자.

효과적인 상담자 당신이 저에게 이 이야기를 할 때, 제가 당신에 대해서 무엇을 생각하거나 느낄까요?

또는

비효과적인 상담자 그래서 당신은 여기서 나를 참고 있는 걸로 보고 있는데 … 그렇게 보는 건 저보다는 당신의 아버지에게 더 잘 맞는 건 아닐까요?

연구자들은 이 지금-여기에서의 접근이 더 좋은 상담결과와 관련된다는 강한 경험적 지지를 발견한다(Andrusyna et al., 2006; Levy et al., 2006). 전이에 대한 이 현대적인 접근에서 목표는 다음과 같은 것이다.

1. 내담자가 상담자에 대한 개인적인 반응을 탐색하고 논의하는 데 안전하게 느낄 수 있도록 돕기
2. 문제가 되는 상호작용이나 그들 관계에서의 잘못된 지각에 대해 서로가 기여한 바를

탐색하기 위해 협력적으로 작업하기

3. 문제가 되는 상호작용을 변화시키거나 상담자와의 처음 잘못된 지각을 해결하기 위해 함께 작업하기, 그리고 이것이 그들의 삶에서 다른 사람에게 어떻게 나타날 수 있는지를 탐색하기

우리는 상담자에 대한 내담자의 반응이 아마도 상담자와의 상호작용이나 그 상호작용의 어떤 측면들을 정확하게 포착할 것임을 더 강조하고자 한다. 상담자는 내담자의 지각이 잠재적으로 타당하다는 것을 인정하고 고려하는 것이 중요하다. 정말로 그것을 알아차리지 못하면, 우리는 잘못된 지각, 오해 또는 관계의 균열에 기여하는 어떤 것을 충분히 말하거나 행동할 수 있다. 상담자는 방어하지 않고, 어떤 오해나 작업 동맹의 균열이 있을 때 각자가 무엇을 생각하고 느끼고 의도하고 있었는지를 명확하게 하기 위해 내담자와 진심 어린 대화를 하고자 한다. 이것이 나타나자마자 이런 방식으로 서로 다르게 지각한 것과 균열을 다루고 해결하는 것은 조기종결되지 않고 끝까지 상담을 받는 것과 좋은 상담 결과와 관련이 있다(Muran et al., 2009). 내담자는 이런 평등한 관계에서 존중받고 힘을 얻는 것을 느끼며, 상담자와 그들의 생활 속에서 만나는 다른 사람들과의 관계에서 좀 더 진정한 자신이 될 수 있다.

이런 방식으로, 상담자는 갈등의 역사적인 기원에 초점을 맞추기보다 내담자 반응의 잠재적인 타당성을 수용하고, 현재 관계에서 불일치와 왜곡을 자세히 살펴보고 해결하려고 한다. 흥미롭게도, 상담자와 내담자가 그들 사이의 중요한 오인이나 오해를 다루고 해결한 바로 다음에, 내담자는 스스로 발달적 관계와 현재 관계 간에 의미 있는 연결을 해나간다. 더 나아가, 상담자가 내담자의 변화를 돕기 위해 전이에 어떻게 개입할 수 있는지 살펴보자.

일상생활에서의 전이 전이 반응은 흔히 있는 일이며 인간관계에 전반적으로 퍼져 있다. 전이 반응은 정도의 차이는 있지만 상담자를 포함하여 때때로 모든 인간에게서 일어난다. 우리 모두는 이전의 학습을 현재 상황에 과잉일반화한 결과로 다른 사람을 체계적으로 잘못 지각한다. 특히 우리가 심리적으로 취약하거나 괴롭다고 느낄 때 그러하다.

또한 전이 반응은 또 다른 유형의 감정이 크게 일어나는 상황에서 나타나는 것 같다. 예를 들어, 특히 전이 반응은 두 사람이 사랑에 빠질 때 확연히 드러난다. 결혼한 많은 부부들은 연애기간을 자신의 생애에서 가장 행복한 때로 회상한다. 이 기간 동안 각자는 상대를 충족되지 못한 발달적 욕구를 채워줄 수 있는 누군가, 즉 가장 흔하게는 아마도 전에는 경험해보지 못했던 사랑받을 만하다거나 원하는 사람이라고 느끼게 해주는 사람으로서 체계적으로 오해할 수 있을 것이다. 그러나 두 가지 이유로 이 낭만적인 기간은 보통 짧다. 첫째, 전이 투사는 깨어진다. 즉, 두 사람은 상대방이 자신의 충족되지 못한 발

달적 욕구를 충족시켜줄 수 없음을 깨닫게 되고, 이러한 실망을 맞닥뜨릴 때 그들의 낡은 도식은 원래로 되돌아간다. 만약 충족되지 못한 애착 욕구와 그에 수반되는 전이 왜곡이 강하다면, 그 결과는 종종 꿈의 파괴와 배반에 대한 분노의 감정이다. 반대로, 파트너에 대한 전이 왜곡이 극단적이지 않다면, 전이 왜곡은 쉽게 벗어버릴 수 있고 더 현실적이고 지속적인 관계를 발달시킬 수 있다. 배우자에 대한 이러한 전이 왜곡을 버리는 것이 연애와 결혼 초기 단계의 주된 심리적 과제 중의 하나이다.

둘째, 불안정 애착 유형을 가진 개인은 종종 더 좋지 않은 관계를 선택할 것이다. 왜냐하면 이들은 흥분하게 만드는 새로운 파트너의 문제, 현실적인 제한 또는 주의할 점을 '보지' 못할 것이기 때문이다. 이러한 일이 일어날 때, 파트너는 획득된 안정성을 성취해야 얻을 수 있는 애착 대상과의 관계에서 문제를 보인다. 이러한 개인은 애착 대상의 좋고 나쁜 소식을 수용할 수 있는, 새롭고 좀 더 현실적인 자기 삶의 이야기(narrative)를 발달시킬 필요가 있다. 이것은 한때 원했지만 받을 수 없었던 것에 대한 상실을 비통해하거나 슬픔을 느끼는 것을 의미한다.

전이 왜곡이 일어나는 삶의 가장 일차적인 영역은 부모 역할이다. 한 가지 유형은 부모가 자신의 부모에게 갖고 있는 미해결된 갈등을 자녀(흔히 출생순서, 성, 혹은 외모에 의해 선택됨)에게 투사할 때 일어난다. 그리고 이 아이는 그 부모에게 가장 큰 상처를 입힌 조부모를 가장 많이 생각나게 만든다. 심지어 더 강하게 일어날 수 있다. 다음의 가슴 아픈 일화에서처럼, 이 아이는 엄마에게 현재 별거 중이며 사실 혐오해왔던 아이의 아버지를 '생각나게 만든다'.

10살 된 아담은 교사의 요청으로 상담에 왔다. 교사는 아담이 '침울하고 위축되어' 있으며, 수업시간에 화난/근육질의 남자, 칼과 다른 무기들, 피를 그리며 시간을 보낸다고 보고했다. 교사는 아담이 학교에서 다른 아이들과 싸움에 휘말리기 시작했을 때 아담에게 점차 관심을 갖게 되었고, 아담이 자신의 팔을 칼로 그었다는 것을 알아챘을 때 상담에 의뢰했다. 아담을 평가하면서, 상담자는 아담의 엄마가 지난 1년 동안 아담에 대해 점점 더 부정적이고 적대적으로 되었다는 것을 알아냈다(예를 들면, 아담의 침대를 창고에 내놓기). 아담의 엄마는 아담에게 자기는 그의 쓸모없는 아버지를 '증오'하며, 아담은 '마치 그 아버지 같고' '부전자전'이라고 말해왔다. 아담은 자살충동을 강렬하게 느낀다고 보고했고 입원해야 했다(사실 거기서 아담은 '자신을 긁어 상처내기' 위해 사용한 철사 집게를 콘센트 속에 삽입하여 자신을 감전사시키려고 한 번 시도했다). 아담의 엄마는 어떤 치료도 필요하지 않다며 반대했고 입원이 필요한 아들에 대해서도 냉소적이었다. 아담의 엄마가 아담 앞에서 상담자에게 "당신은 아담이 당신을 조종하려는 것이 아니라는 것, 그의 아버지가 항상 그랬듯이 단지 주의를 끌려고 하는 것이 아니라는 걸 확신하나요?"라고 말했을 때, "엄마는 나를 증오해."라는 아담의 신념을 확인시켜 주었다.

상담에서 상담자는 내담자가 다른 사람과 갖는 문제를 더 잘 이해하기 위해 내담자의 전이 반응을 체계적으로 활용할 수 있다. 내담자의 내적 작동 모델과 잘못된 기대를 구별하고 전이 왜곡을 상담에서 쉽게 논의하는 가장 효과적인 방법 중의 하나는 내담자가 상담자를 어떻게 지각하고 상담자에게 어떻게 반응하는지 혹은 바로 지금 그들 사이에 어떤 일이 일어나고 있는지를 정기적으로 점검하고 질문하는 것이다. 보통 다른 사람과 문제를 일으키는 패턴과 주제들이 똑같이 상담자에 대해서도 활성화될 것이고 상담관계에서 재연된다(Connolly et al., 2000). 만약 상담자가 이 전이 반응을 추적하고 그에 관한 대화에 내담자를 성공적으로 참여하게 한다면, 전이 반응은 내담자에게 잘못된 도식을 명료화해주며 상담자와 재연되고 있는 문제의 관계 패턴을 변화시키는 데 도움이 될 수 있다. 상담자와 이러한 중요한 재학습이 일어날 때, 내담자는 다른 사람과도 이 패턴을 변화시킬 수 있는 힘을 얻을 수 있다. 상담자가 문제를 구별하고 상담초점을 명확히 하는 데 전이가 어떻게 도움이 되는지 좀 더 면밀하게 살펴보자.

내담자를 개념화하기 위해 전이 반응 활용하기 애착 역사는 전이 반응을 이해하고 우리가 내담자들을 개념화하는 데 도움을 주는 한 가지 유용한 렌즈를 제공해준다. Bowlby가 지적했듯이(1988), 초기 양육자와의 반복된 상호작용은 상담자와 다른 사람에 대한 아동의 기대 그리고 차후에 전이 왜곡을 형성한다. 연구자들은 이것을 지지했으며, 개인이 발달시키는 애착 패턴이 내담자의 전이와 상담자의 역전이 반응을 형성한다는 것을 보여주었다(Dozier & Tyrrell, 1998; Mallinckrodt et al., 1995; Martin et al., 2007; Woodhouse et al., 2003). 예를 들면, 연구자들은 몰두형의 내담자들이 상담자가 자신의 정서적 욕구를 충족시켜줄지 믿을 수 없다거나 자신의 정서적 욕구에 압도된다고 상담자를 오해하는 경향이 있음을 발견했다. 동시에 몰두형의 내담자들은 상담자를 기분 나쁘게 해서 상담자와의 관계를 잃어버리게 될까 하는 두려움 때문에 상담자와 이런 혹은 다른 문제들을 다루려고 하지 않는 것 같다. 그래서 상담자가 이런 내담자들에게 상담자에 대한 반응에 대해 직접적으로 물어보고 상담자에 대한 그들의 지각을 탐색하는 것이 특히 중요하게 된다. 이것은 이러한 내담자들이 자신의 내적 작동 모델에 도전하는 안전한 관계 혹은 다른 관계라는 것을 알도록 돕는 한 방법이다. 왜냐하면 과거의 중요한 다른 사람들과 달리 상담자는 내담자들에 의해 압도되지 않으며, 혹은 일관되고 믿을 수 있는 방법으로 내담자들을 볼 수 있고 반응할 수 있을 만큼 자신의 정서적인 문제나 괴로움에 지나치게 사로잡히지 않음을 분명하게 하기 때문이다.

거부형의 내담자에 대한 전이 왜곡은 자신이 취약하거나 상담자와 깊은 관계를 갖게 되면, 상담자가 자신을 약하다고 보거나 사생활을 침범하고 통제할 것이라는 주제가 뒤따라오는 경향이 있다. 거부형의 내담자는 또한 상담자와 자신의 삶 속의 다른 사람들을 적대적이고 경쟁적인 것으로 왜곡하는 경향이 있을 것이다. 이때 실제로 이런 방식으로 반응하며 지배하고 통제하려고 함으로써 다른 사람과 문제를 일으키는 사람들은 보통 무시형의 내담자들이다(Mallinckrodt, Daly, & Wang, 2009; Smith et al., 2010).

상담자가 내담자의 전이 반응을 끌어내려고 적극적으로 개입하지 않으면, 상담자는 내담자의 전이 반응과 전이 반응이 제공하는 값진 사례 개념화와 이해를 보지 못할 수도 있다. 상담자가 내담자의 전이 반응을 어떻게 부각시키고 확인할 수 있을지를 더 살펴보자. 아래에 우리는 내담자가 전이 왜곡을 이해하고 그것을 변화시키기 위해 상담자와 협력할 수 있도록 내담자의 전이 왜곡을 드러내는 몇 가지 방법을 제시한다.

먼저 상담자는 상담자에 대한 내담자의 감정과 반응에 관해 탐색하는 능숙하고 직접적인 방식을 찾고 있다. 우리가 3장에서 저항을 논의할 때 보았듯이, 내담자가 되어 도움을 요청하는 것에 대한 내담자의 반응에 대해 상담자와 내담자 모두가 알아가는 것이 중요하다. 상담이 더 진행되면, 마찬가지로 상담자에 대한 내담자의 지각과 반응을 알아가는 것이 중요하다. 이것은 특히 다음과 같은 때에 중요하다.

- 상담자와 내담자 간에 갈등이나 오해가 생길 때
- 내담자가 강한 정서를 막 공유했거나 자기노출을 했을 때

내담자가 상담자를 과거에 다른 사람이 했던 것과 똑같은 문제가 되는 혹은 원치 않는 방식으로 반응한다고 가장 잘못 지각하는 것은 이 두 가지 유형의 민감한 상호작용 중에 일어난다. 예를 들어 우리가 지금 보았듯이, 내담자는 자신이 당황스럽게 느끼거나 강한 감정을 갖는 어떤 것을 노출한다면, 상담자가 자신의 슬픈 감정에 의해 부담을 느끼거나 우울해질 것이라고 (잘못) 확신할 것이다. 또는 자신이 자신에 관한 이러한 정보를 노출했기 때문에 상담자가 자신을 더 이상 존중하지 않는다고 잘못 믿을 수 있다. 상담자는 이처럼 생각하거나 느끼지 않으며 어떤 식으로든 반감을 표현하지 않았지만, 과거에 중요한 다른 사람이 이렇게 반응했기 때문에 내담자는 상담자가 이러한 원치 않는 방식으로 은밀하게 반응하고 있다고 믿는다.

대부분의 대학원생 상담자는 초기에 이것을 파악하기가 어렵다. 상호작용하거나 공유한다는 것은 그들에게 매우 긍정적이고 내담자에게 꽤 잘 수용되는 것처럼 보이기 때문에, 초보 상담자는 내담자가 문제가 되는 방식으로 잘못 지각할 수 있다는 것을 믿기 어렵다. 그러나 상담자가 내담자에 대해 점검하지 않고, 이러한 중요한 느낌을 함께 나누거나 상담자와 이러한 중요한 주제를 노출하는 것이 어떤지를 묻지 않는다면, 어떤 내담자들은 다음 회기에 빠지거나 약속을 다시 잡거나 늦게 올 수 있다. 또는 오더라도 다음 회기를 피상적으로 유지할 수 있다. 그러므로 상담자는 내담자에게 잠재적인 전이 왜곡에 관해 질문해야 하고, 이를 명확히 해야 하며, 필요하다면 그들이 과거에 중요한 다른 사람이 했던 것과 똑같이 원치 않는 것을 생각하거나 느끼고 있지 않음을 분명하게 밝혀야 할 것이다. 예를 들어보자.

상담자 나눌 것이 많이 있었다는 것이죠. 거기엔 매우 큰 슬픔이 있네요.

내담자 네, 저는 꽤 심하게 울고 있었어요.

상담자 그래요. 저는 당신이 그러한 중요한 감정을 저와 나누기로 한 것을 존중합니다. 제가 잠시 이것에 대해, 즉 저와 그렇게 많이 나누고 그렇게 많이 울었던 것에 관해 지금 어떻게 느끼는지를 점검해도 될까요?

내담자 글쎄요. 선생님은 항상 아주 친절하시지만 이 일은 선생님을 꽤 피곤하게 할 거예요.

상담자 피곤하다구요? 아니요, 전혀 피곤하지 않아요. 실제로 우리가 우리 두 사람 모두에게 의미 있는 것을 공유했다는 것은 저에게 생생한 느낌이 들게 해요. 저는 지금 당신과 연결되어 있음을 느껴요.

내담자 정말요? 제가 이걸로 선생님을 지치게 하지 않았나요?

상담자 아니요, 어쨌든 저는 전혀 지치거나 피곤을 느끼지 않아요. 실제는 그 반대예요. 저는 당신의 진실한 경험에 반응할 수 있는 것이 좋습니다.

내담자 어머나, 이건 정말 저와 달라요. 제가 때로 슬프거나 울고 싶은 것이 선생님에게는 괜찮군요. 제 생각에 엄마는 제가 항상 행복해야 한다고 그랬고, 그래서 저는 행복하지 않지만 그런 것처럼 행동했어요. 제 사진을 보면 사람들은 제가 예뻐 보이거나 멋진 미소를 갖고 있다고 말하지만 저는 슬픈 얼굴을 봐요.

이런 방식으로, 상담자는 민감한 상호작용 **후에** 내담자에게 **이에 대해 듣고자 하며,** 상담자를 왜곡하는지 혹은 정확하게 지각하는지 점검하고자 한다. 만약 전이 왜곡이 작용하고 있다면, 상담자는 자신을 중요한 다른 사람 및 내담자의 내적 작동 모델과 구별하고자 한다. 예를 들어보자.

상담자 일상생활에서 다른 사람들이 당신을 버겁게 느꼈거나 당신의 요구가 사람들을 '피곤하게' 만들었다고 말하는 것일 수 있겠네요. 그러나 저는 그런 중요한 다른 사람들과는 다르다고 생각해요. 저는 전혀 '피곤'하거나 버겁거나 혹은 그 비슷한 것도 느끼지 않아요.

더불어 다른 덜 중요한 때에 상담자는 내담자를 점검하고 상담자에 대한 내담자의 반응을 탐색하고자 한다. 보통 다음 유형의 질문들은 내담자가 상담 중에 공유하는 가장 중요하고 기대하지 않았던 정보들을 개방하게 할 것이고, 내담자 문제에 중심이 되지만 상담자가 이런 방법으로 물어보지 않았다면 접근할 수 없었을 지각과 반응을 드러내줄 것이다.

- 오늘 상담에 올 때, 저를 만나러 온다는 것에 대해서 어떻게 느끼셨나요?
- 당신이 상담을 생각할 때, 저에 대해서나 우리가 함께 작업하는 것에 대해 어떤 종류의 생각을 갖고 계신가요?
- 우리가 이 민감한 주제를 이야기할 때, 바로 지금 당신이 저에 대해서 어떻게 생각하

고 있는지 궁금합니다.

- 우리가 어떻게 함께 작업하고 또 어떻게 함께 하고 있는지에 대해 점검하고 당신의 생각을 알고 싶었습니다. 우리가 함께 보내는 시간에 대해서, 그리고 그렇게 좋게 느껴지지 않을 수 있는 우리 상호작용의 어떤 것을 당신이 좋아하는지 알고 싶습니다.

또 상담자는 내담자가 상담자에게 투사하는 것, 즉 그 순간에 상담자가 내담자에 대해 생각하고 기대하고 느낄 것이라고 내담자가 믿는 바를 탐색할 수 있다.

- 당신이 저에게 그 이야기를 할 때, 제가 당신에 대해서 어떻게 느낄 거라고 생각합니까?
- 당신이 그렇게 한다면, 제가 어떻게 반응할 것이라고 생각합니까?
- 당신이 그 상황에서 무엇을 하리라고 제가 기대한다고 생각합니까?

전형적으로 초보 상담자가 뿌리 깊은 가족과 문화의 규준을 깨뜨리고 '당신과 나'에 관한 이야기를 꽤 직접적으로 하도록 내담자를 초대하는 것은 불편할 수 있다. 그러나 그렇게 함으로써 내담자 문제와 상담관계에 중심이 되는 주요 주제와 관심사를 꺼낼 수 있다. 그러나 상담자는 이것이 은밀하게 내담자에게 일어나고 있다는 생각을 하지 못한다. 훈련과 연습으로, 학생 상담자는 개인적인 삶에서 다른 사람과 할 수 있었던 것(또는 어쩌면 하고자 했던 것)보다 내담자와 더 안전하고 편안하게 솔직해지는 것을 배울 수 있다(Spangler, Hill & Dunn et al., 2014).

여기서 일상의 사회적 상호작용과 임상 개입을 구별하는 것이 중요하다. 많은 상담자들은 다른 사람에게 다가가는 대인관계 양식을 갖고 있기 때문에, 그들이 이런 방법으로 좀 더 솔직해지고 내담자의 반감을 무릅쓰는 것은 특히나 어렵다. 초보 상담자는 동료 및 수퍼바이저와 이러한 대인관계 기술을 역할 바꾸기하여 연습해봄으로써, 자신의 상담시간을 녹화한 영상을 보고 과정지향적인 개입을 할 수 있었을 때를 생각해봄으로써, 그리고 자신의 개인적인 상담에서 정도가 지나치거나 혹은 직면하거나 사생활을 침해하지 않으면서도—이건 우리가 그렇게 하고 싶거나 할 필요가 전혀 없는 것이다—내담자와 좀 더 직접적이거나 솔직해지는 연습을 할 수 있다. 수련생이 동료들과 이런 개입을 연습하고 무안하지 않으면서도 정중하게 그러한 질문을 제기하는 위험을 감수한다면, 내담자의 전이 반응은 겉으로 드러나게 될 것이고, 종종 상담자는 내담자 문제의 핵심에 바로 다가갈 수 있을 것이다. 드러나는 새로운 주제는 종종 의미가 풍부하고, 보통 내담자는 다음과 같이 대답하여 상담자를 놀라게 한다.

- 당신이 저에게 실망하고 있다는 생각이 들어요.

- 당신은 친절하게 대해주지만 실제로는 속으로 제가 오지 않기를 바란다는 생각이 들어요.
- 당신은 제가 이혼을 생각하고 있는 것조차 잘못된 것이고 아이들에게 그렇게 하는 것이 이기적이라고 생각하고 있을 것 같아요.

이와 같은 내적 작동 모델과 오해들이 드러나게 될 때, 상담자는 내담자에게 그들의 실제 반응을 명확하게 해줄 수 있다. 그리고 그 자체로 종종 내담자에게 치료적 경험을 제공하기도 한다. 전이 반응이 이런 방식으로 드러날 때, 상담자는 다른 관계에서는 종종 발견되지 않는 즉시성과 진정성으로 내담자에게 반응할 기회를 갖는 것이다(Gelso et al., 2013). 예를 들면, 상담자는 다음과 같이 응답함으로써 전이 왜곡을 명확하게 해줄 수 있다.

- 아뇨, 저는 당신에게 전혀 실망하고 있지 않아요. 사실은 당신이 매우 잘 하고 있어서 아주 기쁩니다. 그런데 '실망감'이라는 것이 어디서 오는 건지는 궁금하네요. 오늘 제가 당신에게 실망했다고 생각할 만한 것이 있었나요? 아니면 혹시 이것이 다른 사람을 생각나게 할 수도 있는 걸까요?
- 제가 당신이 그만 오기를 바란다구요? 오, 아니에요. 전혀 그렇지 않아요. 저는 당신과 상담하는 것을 상당히 좋아합니다. 그러나 당신이 이것을 저에게 얘기해주니 아주 기쁩니다. 우리가 그걸 가지고 작업할 수 있으니까요. 언제 이런 생각을 하게 되었는지 아시나요?
- 아니요, 저는 당신이 이기적이라고 생각하지 않았어요. 저는 당신이 당신의 욕구와 당신이 다른 사람을 위해 하고자 하는 것 사이에서 균형을 찾기 위해 올바르게 하려고 얼마나 애쓰고 있는지에 대해 생각하고 있었어요. 저에게 '이기적'이라는 것에 관해 더 얘기해주세요. 그 단어는 판단의 용어인데, 그 단어가 당신에게 중요하거나 익숙한 단어인가요?

대부분의 초보 상담자는 그들이 내담자에게 어떻게 반응했는지에 대해서 내담자가 상담자에 대해 현실에 기초하지 않은 의미 있는 느낌과 잘못된 지각을 갖고 있을 가능성을 탐색하는 것이 어렵다는 것을 안다. 경험이 쌓이면 초보 상담자들은 내담자의 왜곡에 더 익숙해지게 되고 그것을 탐색하고 명료화하는 것에 더 잘 준비될 수 있다. 비록 상담자가 결코 이런 문제가 되는 지각을 반영하는 방식으로 내담자에게 반응하지 않더라도, 분별력 있는 상담자라면 그러한 내담자 반응이 존재하지만 드러나지 않는 것 같다는 가정하에서 상담을 한다. 이러한 왜곡이 드러나지 않고 바로잡히지 않는다면 변화의 가능성은 제한적이다. 어떤 수련생들에게는 아마도 다음과 같은 것이 결정적일 수 있다. 초보 상담자는 내담자가 타인에 대해 그러한 잘못된 기대를 가질 수 있음을 머리로는 받아들일 수 있다. 그러나 내담자가 상담자에 대해서 그러한 원치 않는 반응을 할 수 있다는 가능성을 탐색하는 것은 종종 너무 위협적이며, 실수에 대한 불안이나 뭔가 잘못하는 것에 대한 죄책감을 너무 많이 불러일으킨다.

상담자에 대한 내담자의 반응을 탐색해보면 세 가지 중요한 유형의 정보를 얻을 수 있다. 첫째, 드러난 잘못된 지각과 기대는 종종 내담자가 나타내는 문제의 중심이 된다. 이제 이것은 상담의 초점을 마련해주며, 상담자와 내담자 간의 실제적인 관계의 즉시성에서 자세히 살펴지고 해결될 수 있다.

둘째로, 전이탐색은 내담자가 다른 사람에 대해 갖고 있고, 원래 발달적인 가족관계에서 경험했던 문제와 똑같은 문제가 어떻게 상담자와 재연되고 있는지를 보여줄 것이다. 상담자에 대한 내담자의 반응을 직접적으로 다루고 탐색하지 않으면, 이러한 왜곡과 재연은 확인되거나 해결되기 어려운 것 같다. 여기서 다시 전이 반응은 내담자의 주요 관심사를 드러내며, 그것을 해결할 기회를 준다. 먼저는 상담자와의 관계에서이며, 그다음에는 다른 사람과의 관계에서이다.

셋째로, 처음에는 모순처럼 들리겠지만, 궁극적으로 전이 반응은 내담자에게 그들의 감정과 지각이 실제로 신뢰할 만하다는 증거를 제공한다. 잠시 자기효능감의 주제로 되돌아가보자. 내담자의 기대와 정서적 반응이 그것을 야기한 현재 상황에 정확하게 맞지 않을 수 있기 때문에 처음에는 내담자나 다른 사람에게 이해가 안 될 수 있다. 결과적으로, 많은 내담자들은 배우자, 자녀, 고용주, 다른 사람들에 대한 그들의 정서적 반응을 '비합리적', '어리석은' 또는 '미친' 것으로 경험한다. 따라서 그들은 자기 경험의 타당성을 신뢰하지 못하며, 결과적으로 그들의 자기효능감은 떨어진다. 이것은 또한 상담관계에서 내담자가 상담자에 대해서 부적절하거나 과장되게 보이는 정서적 반응을 할 때 일어난다.

그러나 내담자의 정서 반응은 비합리적인 것이 아니다. 비록 그 반응들이 현재 상황에는 완전히 맞아떨어지지 않을 수 있어도, 그 반응들을 원래의 발달적 맥락에서 이해할 수 있을 때 이것은 타당하게 된다. 실제 생활사건은 정당하게 내담자들이 한 대로 느끼고 기대하게 한다. 상담자가 내담자로 하여금 감정과 기대를 배웠던 지점과 연결하도록 도울 때, 그 감정과 기대는 다른 시간과 장소에서 어떤 사람에게는 적절한 반응일 수 있었음이 판명될 것이다(예를 들어, 상담자가 "당신은 언제 처음 이런 방식의 느낌을 기억할 수 있었나요? 당신은 누구와 함께 있었고 무슨 일이 일어나고 있었지요?"라고 물음으로써). 일단 상담자와 내담자가 처음에 그들의 현재 상호작용에서 나타나는 전이 왜곡을 명확하게 하고 해결할 수 있다면, 이 발달적 연결은 종종 쉽게 이루어질 수 있다. 반면에, 전이 왜곡이 상담자와 현재 상호작용에서 먼저 해결되지 않으면 내담자에게 발달적 맥락이 생생하게 다가오거나 의미 있지는 않을 것이다. 이런 방식으로, 전이 반응은 저항과 마찬가지로 궁극적으로 내담자의 감정이 타당하다는 것을 밝혀낸다. 다음의 대화를 생각해보자.

내담자 그는 제 이야기를 듣고 싶어하지 않아요. 아마 제가 정말 너무하다고 할 수 있어요. 너무 어렵고, 너무 요구가 많고, 너무 많은 생활비 … 저도 모르겠어요.

상담자 당신은 여기서 저와 그렇게 느낀 적이 있나요? 제가 어떤 점에서 당신이 '너무한다'고 생각했을까요?

내담자 글쎄요, 네. 때로 저는 그렇다고 생각했어요. 그러나 선생님은 상담자니까 그렇게 말할 수 없죠. 친절해야죠. 그게 선생님의 일이잖아요.

상담자 글쎄요, 친절한 것이 제 일이라고 생각하지는 않아요. 그러나 당신에게 정직한 피드백을 주는 것이 제 책무지요. 만약 제가 당신 삶에서 다른 사람과 문제를 일으키고 있는 어떤 것을 저와도 일으키고 있다고 생각했다면 당신에게 이야기했을 거예요. 그렇게 말하는 것이 쉽지 않지만, 절대적으로 저는 위험을 무릅쓰고라도 그것에 관해 당신과 건설적인 방식으로 이야기할 방법을 찾으려고 할 거예요. 그래서 아니에요. 저는 당신이 저에게 어렵거나 요구가 많거나 너무한다고 생각하지 않아요. 사실 저는 당신이 스스로 거리낌 없이 말하는 것이 좋아요. 저는 그것이 당신의 강하고 건강한 부분이라고 생각해요.

내담자 그렇게 말해주시니 기뻐요. 저는 다른 사람에게 너무 동조한다고 생각해요. 그리고 제가 원하는 것을 말하지 않아요. 왜냐하면 이기적이거나 요구가 많거나 그 비슷한 어떤 사람처럼 보일까봐 두려워요. 저는 여기에서 선생님께 제가 원하는 것을 말하는 것이 여기가 아닌 다른 곳에서 말하는 것보다 더 쉽다고 생각해요.

상담자 [상담자와의 상호작용을 내담자의 일상생활과 연결 지으며]: 저와 더 말하기 쉽다니 기쁘네요. 그러나 다음에 당신의 남자친구가 당신 얘기에 귀 기울이지 않거나 당신을 진지하게 대하지 않는 것처럼 느낄 때 당신은 뭐라고 말할 수 있을까요?

내담자 그에게 멍청이처럼 굴지 말라고 바로 말할 거예요.

상담자 그건 당신의 관계에 어떻게 도움이 될 거라고 생각하나요?

내담자 아마도 우리는 또 싸움을 하게 되겠지요. … 어떤 제안이라도 가지고 계신가요?

상담자 다음번에 당신이 남자친구에게 "나는 네가 바로 지금 정말 내 말에 귀를 기울인다는 생각이 안 들어. 우리 둘 모두 서로의 말을 더 잘 경청할 수 있을까?"라고 말한다면 어떻게 될까요? 당신이 이렇게 무언가를 시도하는 건 어떤가요?

내담자 네, 그게 더 좋은 방법이네요. 저는 그 사람에게 그렇게 말할 수 있어요. 만약 그가 제 얘기에 정말 귀를 기울일 수 없다면, 아마도 저는 그와 사는 것을 생각해서는 안 될 거라고 생각해요.

상담자 네, 당신이 필요로 하는 것을 그에게 부탁했을 때 그가 일반적으로 잘 반응한다면 좋은 신호예요. 그러나 그가 여전히 당신이 그렇게 구체적으로 정중하게 부탁할 때에도 당신의 이야기에 귀 기울이지 않는다면 좋지 못한 신호예요.

내담자는 이런 유형의 전이 명료화를 통해 실제 생활에서 변화를 경험한다. 내담자는 그들의 부정확한 기대나 문제가 되는 내적 작동 모델이 이 관계에 맞지 않는다는 것을 배운다. 내담자들이 상담자와 실제 생활에서 변화를 경험할 때, 적어도 어떤 관계는 때로 또 다른 방법으로 이루어질 수 있다는 것을 알게 된다. 이러한 경험적 재학습은 상담자와 잘못된 지각을 명확히 함으로써 생기며, 많은 내담자들은 두 가지 중요한 단계를 밟게 된다. 첫째로, 내담자들은 종종 발달적 관계에 현재 패턴 및 문제에 해결의 빛을 비추는 의미 있는 연결을 할 수 있다. 둘째로, 많은 내담자들은 전이 왜곡을 명료화하고 상담자가 익숙하지만 원하지 않는 방식으로 반응하고 있지 않다는 것을 알 때 상담자와 성공했던 이러한 새로운 반응 방법을 다른 사람에게 시도해볼 수 있는 힘을 얻게 된다. 어떤 내담자들은 이런 단계를 본인이 스스로 잘 시작할 것이고(내담자: 제가 이번 주에 무엇을 했을지 맞춰보세요), 어떤 내담자들은 앞의 대화에서 있었던 것처럼 상담자가 제안할 때 변화의 위험을 감수하려고 할 것이다(상담자: 그에게 …라고 말해보는 건 어떨까요?). 더불어 그 때에 상담자와 내담자는 내담자의 삶에서 누가 이런 변화에 잘 반응하고 누가 반응하지 않는 것 같은지를 살펴보는 실질적인 과정을 시작한다.

대인관계의 균형 발견하기

이 장에서 우리는 상담초점을 식별하기 위해 내담자 대인관계 기능의 패턴과 목적을 이해하려고 한다. 특히 우리는 내담자가 다른 사람들과 문제를 일으키는 관계 패턴과 주제를 상담자와 실연하는 경향이 있는 여러 방식들을 탐색하고 있다. 그러나 우리는 내담자의 반응유발 전략, 시험해보는 행동, 그리고 전이 반응을 고려함으로써 상담자가 내담자와 '실연'에 끌려들어가는 역전이와 밀접하게 관련된 주제로 더 나아가게 된다. 우리는 내담자와 균형 잡힌 수준의 대인관계 관여를 유지하려고 노력하고 있다. 상담자의 의도는 공감적이고, 함께 있어주며, 정서적으로 관여하지만 여전히 경계를 지키고, 분화되어 있는 것이다. 이 균형 잡힌 관여의 정도는 상담자 자신의 '내담자–유도' 역전이 반응과 '상담자–유도' 역전이 반응을 더 효과적으로 다룰 수 있고, 익숙하지만 원하지 않는 관계 시나리오를 재연하지 않는 교정적 반응을 내담자에게 제공하기 위해 잘 준비될 수 있도록 도와준다(Gelso & Hayes, 2002; 2007).

임상훈련에서 가장 기본적인 이 주제를 잘 다루기 위해, 앞서 소개했던 두 가지 중요한 애착 개념, 안전한 피난처와 안전 기지를 상기해보라. 안전한 피난처로서, 상담자는 내담자가 자신의 괴로움을 나누고 그 괴로움에 대해 반응받는 것을 안전하다고 느끼게 해주는 공감적 이해와 정서적 가용성을 사용한다. 그에 덧붙여 안전 기지로서, 상담자는 연결을 유지하면서도 자율성과 분화를 지지하는 직무를 갖고 있다. 이것은 내담자의 도식에 정중하게 도전하고 그들의 대인관계 대처 전략의 현재 유용성에 의문을 던지는 것과 같은 것이다(Yeomans et al., 2013). 그래서 상담자는 이 두 가지 다른 궤적을 추적 관찰해야 한다. 즉, 분리되고 관계 맺는 것의 균형을 동시에 잡고, 두 가지 흔히 있는 유형의 역전이, 즉 **밀착**(enmeshment)과 **격리**(disengagement)를 피하려고 하는 것이다.

변화를 촉진하는 상담관계를 마련하기 위해, 상담자는 이 대인과정을 따라가고자 하며, 균형 잡힌 수준의 관계를 잃어버렸을 때 이것을 복구하기 위해 개입하고자 한다. 한편으로, 상담자가 내담자의 선택이나 변화에 과도하게 관여하게 되면, 이것은 많은 내담자에게 원치 않는 재연이 될 것이다(밀착). 특히 너무 많은 부모의 통제를 받았거나 사생활을 침해받았거나 자신의 흥미와 목적을 추구하는 데 거의 지원을 받지 못하고 성장한 내담자의 경우, 그들이 상담자(그리고 그들과 친밀했던 그들 삶 속의 다른 사람)에 의해 다시 통제받을 것이라는 두려움과 기대가 확인될 것이다. 다른 한편으로, 상담자가 정서적으로 떨어져 있거나 개인적으로 거리를 둔다면(분리), 교정적 정서 경험 또한 일어날 수 없다. 이것은 특히 권위주의적인, 거부하는, 방임하는, 무시하는 또는 그 밖의 거리를 두는 양육자에게서 자란 내담자에게 문제가 되겠지만 대부분의 내담자에게도 상담성과에 대한 잠재적 가능성을 감소시킬 것이다. 왜냐하면 관계가 너무 의미 없어서 변화를 가져올 수 없기 때문이다. 분리된 상담자가 과거에 내담자가 경험했던 것을 중화시키는 새롭고 더 건강한 방법으로 반응한다고 할지라도 그것은 썩 영향력을 갖지 못한다. 왜냐하면 그 관계는 내담자에게 너무 의미가 없기 때문이다. 그러므로 상담과정 내내 상담자는 상담관계에서 분리와 관계의 균형을 지켜보면서 효과적인 대인관계 균형을 유지하고자 한다(Kerr & Bowen, 1988; Minuchin & Nichols, 2007).

초보 상담자는 이 개념을 자신의 내담자에게 적용하는 자신의 능력에 대해 참을성을 갖고자 한다. 내담자－유도 역전이 때문인지 상담자－유도 역전이 때문인지는 모르겠으나, 때때로 모든 상담자는 어떤 내담자들과는 효과적인 대인관계 균형을 유지하는 데 어려움을 겪을 것이다. 이러한 노력을 다루기 위해, 상담자는 관계에서 진정한 참여자이면서 동시에 객관적인 관찰자가 되는 것을 목표로 한다. Sullivan(1968)은 '참여자－관찰자'라는 오래된 용어로 이 복잡한 두 가지 역할을 표현했다. 그러나 진정한 공감적 참여를 '관찰하는 자아' 또는 객관적인 관점과 결합하는 것은 초보 (또는 경험 많은) 상담자에게 쉬운 일이 아니다. 친밀해지거나 관계를 맺으면서(공감적으로 개입하면서) 동시에 또 분리된다는(분화되어 있고 또 분명한 경계를 유지하는) 것은 참으로 도전적인 모순이다(Jordan et al., 1991).

의문의 여지 없이, 균형을 잡는 행위는 많은 초보 상담자가 개발해야 하는 매우 힘들고 어려운 도전 중의 하나이다. 아마도 가장 적절한 유추는 수동 변속기가 장착된 차 안에 있는 16살 학생 운전자가 되는 것일 수 있다. 초보 운전자는 동시에 왼발로는 클러치를, 오른발로는 브레이크나 가속기를 누르고, 왼손으로는 핸들을 조종하고, 오른손으로는 기아 변속기를 바꾸려고 한다. 초보 운전자는 길을 따라가며 전방을 주시한 채 이런 일을 한다. 즉, 자신이 가고 있는 곳을 보고, 빠르게 접근하는 물체에 주의를 기울이고,

운전자 옆에 앉아서 고함치며 지시하는 운전 교관의 지시를 들으려고 한다. 물론 아주 짧은 시간 안에 초보 운전자는 이런 일을 거의 자동적으로 할 수 있을 것이다. 심지어 MP3 플레이어에 있는 재생 목록을 바꾸고, GPS에 있는 방향을 추적 관찰하고, 깊이 있는 대화까지도 동시에 할 수 있다. 비슷하게, 초보 상담자도 연습과 2~3년의 경험을 쌓게 되면 확실히 자기성찰적인 능력을 유지하면서 동시에 상담 상호작용에서 일어나고 있는 일의 참여자와 관찰자 둘 다가 되는 것이 훨씬 더 쉬워질 것이다.

밀착

때때로 모든 상담자는 어떤 내담자와 과도하게 동일시될 것이다. 가족체계 용어로 이를 '밀착된'이라고 한다. 예를 들면, 어떤 내담자가 상담자와 다른 사람들로 하여금 구조하고 지시하고 혹은 책임을 지게 하는 데 노련하고 잘 숙련되어 있다면, 이것은 내담자-유도 역전이의 예이다. 즉, 이것은 상담자 자신의 개인적인 주제보다는 내담자가 다른 사람에게서 유발하는 것과 더 많이 관련될 것이다. 지지적인 수퍼바이저의 도움으로, 상담자는 내담자가 그의 삶 속에서 다른 사람에게 하듯이 상담자로 하여금 내담자에 대한 책임을 느끼게 만들고 있다는 것을 인식할 수 있다. 이러한 관계 패턴에 관해 내담자와 이야기하는 것과 상담관계에서 이것이 잠재적으로 어떻게 재연되고 있는지를 변화시키는 것은 비교적 쉽다.

그러나 내담자가 상담자로 하여금 내담자에 대해 책임지게 하고, 자기노출을 하게 하거나 친구 같은 관계를 맺게 하려는 시도를 하는 것이 상담자 자신의 개인적인 주제(예를 들면, 이 상담자가 부모화되어 있거나 부모 역할을 하면서 성장했거나 인정에 대한 아주 강한 욕구를 갖는 불안하게 몰두하는 애착 유형을 갖고 있다)에 걸려들 때, 이것은 좀 더 복잡한 주제가 된다. 이런 유형의 상담자-유도 역전이로, 상담자는 내담자에 대한 객관성을 잃는다. 왜냐하면 그 자신의 개인적인 관심사가 활성화되기 때문이다. 예를 들어, 부모화된 상담자는 내담자를 돌보고 의존을 조장하는 역할을 계속해서 할 것이며 몰두형의 상담자는 분명한 경계를 유지하거나 내담자에게 도전하는 데 어려움을 겪을 수 있다. 왜냐하면 상담자는 내담자의 불승인을 감수할 수 없기 때문이다(Sauer et al., 2003). 또 다른 흔한 예를 들면, 상담자는 자신의 최근 이혼이나 어릴 때 부모의 이혼으로 상당한 상처를 입은 경험이 있을 때 내담자가 이혼을 하려는(혹은 하지 않으려는) 선택에 개인적으로 관여하게 된다.

이런 방식으로, 모든 상담자는 자신의 발달적인 역사 때문에 그들의 개인적인 경계의 명확성을 잃어버릴 것이고, 때로 어떤 내담자에게는 과도하게 관여하게 될 것이다. 상담자는 이런 상담자-유도 유형의 역전이가 일어나고 있는 때를 어떻게 인식할 수 있을까? 상담자가 변하지 않는 내담자에게 좌절하거나 화가 나거나 비판적이라는 것을 발견할 때, 그들은 내담자에게 과도하게 관여된 것이고, 보통 내담자를 통해 개인적인 주제를 다루려고 하는 것이다. 비슷하게, 상담자가 내담자에 관한 꿈을 꾸고, 종종 상담시간 외에 내담자에 대해 생각하고, 내담자가 변하지 않는다고 우울해하고(적절하게 걱정한다기보다는) 또는 내담자 삶의 긍정적인 변화에 대해 질투하거나 흥분할 때, 상담자는 종종 내담자와 밀착된 상태에 있는 것이다. 밀착은 보통 상담자가 내담자를 '마치 나와 같다'고 묘사하고, 현실에서 항상 상담자와 내담자 사이에 존재하는 많은 차이점을 인식할 수 없을 때 일어나고 있는 것이다. 예를 들면, 이 과도한 관여는 몰두형 상담자가 강한 개입이나 심지어 융합에 대한 압력을 넣고 있는 몰두형 내담자와 분명한 경계를 잃어버릴 때 일어난다. 이것은 내담자에 대한 진정한 돌봄과 호감과는 전혀 다른 것이지만, 물론 조절된다면 내담자에게 도움이 되고 적절한 것이다. 밀착이 일어날 때 상담자는 보통 자신의 욕구 충족을 위해, 예를 들면 상담자로서의 자신의 적절감을 높이거나 개인적인 문제나 내담자와 유사한 상담자 자신의 감정을 처리하기 위해 내담자의 변화를 필요로 한다. 내부로부터의 변화나 변화를 위해 내부에 초점을 맞추는 개념을 상기해보면, 밀착된 상담자는 자신의 내적 문제를 내담자를 통해서 외적으로 해결하려고 하는 것이다.

상담의 진전과 변화는 보통 상담자가 내담자에게 과도하게 관여하게 될 때 그 지점에서 멈추게 된다. 그들이 밀착될 때, 상담자는 내담자가 자신의 것과는 실제로 다른 많은 요인들로 형성된 내담자 자신의 주관적인 세계관을 갖고 있다는 사실을 보지 못하게 된다. 그들은 내담자를 통제하게 되고 그들 자신의 문제와 해결책을 내담자에게 투사하는 경향이 있다. 이 반응은 보통 상담관계에서 내담자의 발달적 어려움을 재연한다. 예를 들면, 많은 내담자들은 과도하게 통제하거나 사생활을 침범하는 양육자가 있는 가족 내에서 성장해왔다. 상담자가 내담자 자신의 자율성과 분화를 지지하지 못할 때, 상담자는 양육자들이 발달적 관계에서 했던 것과 똑같이 문제가 되는 방식으로 반응하고 있는 것이다. 상담자의 이러한 재연은 내담자를 처음에 상담에 오게 한 친밀감과 통제를 둘러싼 갈등을 내담자가 해결하려고 할 때 이들을 방해할 것이다. 대인관계 균형을 유지하는 데 주의를 기울이고 밀착의 발생 가능성에 항상 민감한 한 가지 이유는 역전이와 원래 내담자에게 문제를 일으켰던 익숙한 방식으로 그에게 반응하는 것을 보호하기 위해서이다.

더 나아가 상담자가 너무 친밀하거나 과도하게 동일시될 때, 상담자는 참여자–관찰자가 되는 능력을 잃어버린다. 상담자는 내담자에 관해 객관적으로 생각할 수 없고, 그들의 상호작용이 어떤 의미일지를 고려하기 위해 내담자와 실연하고 있는 대인관계 과정에서 빠져나올 수가 없다. 동시에 내담자에 대한 상담자의 고조된 정서 반응은 그들의 이해를 흐리게 만들고, 버텨주는 환경(holding environment)을 제공하고 내담자의 감정과 고통을 담는 '안정된 존재(steady presence)'가 되는 능력을 감소시킬 것이다(Fonagy et al., 2008 참조). 밀착된 상담자는 자신의 사고, 감정, 행동, 그리고 내담자의 경험에 대해 심사숙고하고, 상담자와 내담자 사이에서 일어나고 있는 것에 반응하기 위해 정서적으로 부과된 상호작용에서 충분히 빠져나올 수 있는 성찰 능력이 부족하다. 그리고 밀착된 상담자는 정확한 공감 대신 이 특별한 경험이 내담자에게 갖는 구체적이고 개인적인 의미를 일관되게 포착하지 못한, 전반적이고 변별되지 않은 동감만을 내담자에게 제공할 것이다(**비효과적인 상담자**: "아, 완전히 알겠어요! 당신이 뭘 말하려는지 정확히 알아요!"). 무엇보다 가장 중요한 것은 상담자가 그들 자신과 내담자 사이에 실제적인 차이가 존재한다는 것을 구별하지 못하는 것이다. 그리고 내담자가 마치 자신인 것처럼 보기 시작할 것이다. 이 과잉동일시는 친밀감이나 깊은 이해처럼 느껴질 수 있고, 처음에는 내담자를 안심시킬 수 있다. 그러나 초기의 긍정적인 변화가 밀착된 상담관계에서는 잘 지속되지 않는다. 왜냐하면 내담자는 분화되어야 하기 때문이다. 밀착된 상담자는 지지하는 데 어려움을 갖게 될 것이다.

격리

많은 상담자들이 때때로 내담자와 밀착되듯이, 많은 상담자들 역시 때때로 내담자에게서 멀리 떨어져서 자신을 지키려고 한다. 내담자-유도 역전이의 경우, 상담자는 다른 사람에게 대항하거나 성격적으로 적대적이고, 비판적이고, 경쟁적이고, 의심이 많고, 통제하려고 하거나 조종하는 '부정적인' 다른 내담자들과 초기에 거리를 두는 자신을 종종 관찰할 것이다(Martin et al., 2007). 격리된 상담자는 내담자 삶 속에 있는 다른 사람들이 내담자로부터 거리를 두는 것처럼 그 자신이 거리를 두고 있는 것이다. 유사하게, 거부하는 애착 유형을 가진 내담자들은 상담자에게서 지루하고 무심하고 하찮고 불필요한 느낌을 불러일으키는 것이 보통이다. 이 감정들은 내담자가 일상생활 속의 다른 사람에게서 유발하는 것들이며, 거부형 내담자 자신의 어린 시절 경험을 반영하는 감정들이다(Daly & Mallinckrodt, 2009; Slade, 1999). 상담자들이 **자신의 개인적인 반응이 내담자들이 다른 사람들과 갖는 문제에 관해 자신에게 무엇인가를 가르쳐주고 있다는 것을 인식할** 때, 상담자는 다루기 힘든 이 주제를 꺼낼 지점을 찾을 수 있고 그에 관해 이야기를 시작할 수 있다(Bennett, 2008).

상담자는 또한 내담자가 상담자 자신의 개인적인 갈등을 유발할 때 내담자로부터 격리되거나 멀어지는 경향이 있다. 예를 들면, 내담자들이 고령의 부모님의 임박한 죽음에 관해 이야기할 때 상담자는 내담자로부터 격리될 수 있을 것이다. 이 상황에서 상담자는 중요한 상실, 실망, 박탈에 관한 자신의 미해결된 슬픔으로 인해 활성화될 수 있다. 수퍼비전의 일차적인 목적은 상담자가 자신의 역전이 반응을 인식하고, 자신의 개인적인 감정을 관리하는 좀 더 적절한 방법을 알고(예를 들면, 수퍼바이저나 동료와 자신의 감정에 대해서 이야기하거나 그 주제가 지속된다면 자신의 상담에서 이야기하기), 자기 자리에서 자신의 경계를 더 잘 유지하며 내담자에게 다시 관여할 힘을 얻도록 돕는 것이다

(Falender & Schafransky, 2004). 많은 연구들은 상담자가 역전이에 주의를 기울이는 것이 긍정적인 상담결과에 필수적임을 보여준다(Beatson & Rao, 2014).

상담자가 내담자에게 정서적으로 도움이 될 수 없거나 반응적일 수 없을 때, 작업 동맹은 피상적이 되거나 초기면접이나 첫 회기 후에 내담자가 상담에 참여하도록 하는 공감이 거의 없을 수 있다. 상담자가 내담자와의 실제적인 관계에서 '참여자'가 될 수 없을 때, 상담은 열정을 잃어버리게 되거나 지적인 것이 된다(Gelso, 2014; Marmarosh et al., 2009). 상담자는 내담자에게 영향을 주고 받는 위험을 감수할 수 있어야 한다. 위험을 무릅쓰지 않으면 얻는 것도 없다.

상담자가 내담자들과 거리를 둘 때 상담자는 또한 자신의 직관과 창의성을 잃어버린다. 내담자는 큰 감정이 실린 문제를 탐색하는 데 필수적인 지지적인 관계나 안전한 버텨주는 환경을 제공하는 참여를 필요로 한다. 상담은 지적인 노출 그 이상이다. 지속적인 변화는 정서적으로 격리된 관계에서는 거의 일어나지 않는다. 진정한 개인적 관여가 제공하는 자극이나 실제적인 의미가 없다면, 설령 상담자가 도식이 잘못되었음을 확인하는 방식으로 반응한다고 할지라도, 교정적 정서 경험은 일어나지 않을 것이다. 그 관계는 내담자에게 영향을 미치고 변화를 가져올 만큼 충분치 않다.

마지막으로, 상담자가 너무 거리를 두거나 관여하지 않는 상담관계는 많은 내담자의 발달적 문제를 재연할 것이다. 예를 들면, 부모가 냉담하고 거부형이고 자기중심적이거나 권위주의적이어서 어린 시절의 정서적 지지 욕구를 충족시킬 수 없었던 내담자는 거리를 두는 상담자에게 좌절을 느낄 수 있지만 궁극적으로는 '안전감'을 느낄 것이다. 즉, 그들의 불안정 애착에 대한 불안 및 충족되지 못한 욕구, 그리고 신뢰, 친밀감 또는 다른 사람에게 헌신하는 것과 관련된 문제들이 이 상담관계에서는 활성화되지 않을 것이다. 예를 들면, 거부형 상담자와 거부형 내담자가 상담에서 짝을 이룰 때 두 사람은 거리를 둠으로써 너무 편안함을 느껴 서로에게 혹은 내담자의 문제에 의미 있는 방식으로 참여하지 않을 수 있다(Dozier et al., 1994). 불행하게도, 격리된 상담관계에서는 내담자의 갈등이 나타나지 않듯이 이러한 갈등을 해결할 기회도 잃게 된다. 수퍼바이저로서 우리의 경험에 의하면, 내담자와 진정한 관계를 맺는 위험을 지속적으로 감수하기 꺼리는 초보 상담자는 실제적인 관계를 맺는 위험을 기꺼이 감수하지만 때로 과도하게 관여하게 되는 경향이 있는 초보 상담자보다 덜 효과적이고 수퍼비전에서도 도움을 덜 받는 것 같다.

균형 잡힌 관여의 효과적인 중간지대

효과적인 참여자-관찰자가 되기 위해 혹은 분리되어 있으나 연결되어 있는 관계의 효과적인 균형을 유지하기 위해, 상담자는 관여의 중간지대를 유지하려는 노력을 한다. 상담의 과정을 통해서 이 균형 잡힌 관여를 유지하는 것이 목표이기는 하지만 쉬운 일은 아니다. 이 목표를 달성하기 위한 다른 방법들을 알아보자.

자신의 반응을 관리하는 방법 배우기 상담자는 내담자가 나타내는 민감하고 정서가 얽혀 있는 이야기들로 인해 자신의 삶에 있는 개인적인 주제를 계속해서 직면하게 된다. 그것은 모든 상담자에게 일의 한 부분이며, 예삿일이다. 상담자 훈련의 기본 요소로서, 모든 상담자는 자신의 역전이 경향에 주의를 기울이고 내담자가 상담자 자신의 불안이나 개인적인 주제를 활성화할 때 자신이 어떻게 반응하는 경향이 있는지에 대해 더 많이 인식하게 되도록 격려를 받는다. 예를 들면, 내담자가 당신에게 어려운 주제에 관해 이야기할 때, 잠시 멈추어 당신의 첫 반응 경향을 확인하려고 해보라.

어떤 상담자들은 처음에 그 내담자로부터 위축되고, 주지화함으로써, 예를 들면 내담자가 자신의 정서를 충분히 경험하기 전에 그것을 해석함으로써 또는 어떤 의미인지를 비효과적으로 '설명하거나' 해석함으로써 거리를 둘 것이다. 또한 어떤 상담자들은 과도하게 문제해결적이고 처방적이어서 내담자에게 그들이 특정 상황에서 무엇을 해야 하는지를 말해준다. 어떤 상담자들은 너무 이야기를 많이 하는 반면, 많은 학생 상담자는 너무 말이 없고 반응이 없어 내담자가 어떤 도움도 받고 있지 않거나 상담실에 그들과 함께 하는 실제 파트너가 없다고 느끼도록 내버려둔다. 그러나 상담자는 단지 약간의 노력과 얼마간의 방어하지 않는 태도로 자신의 역전이 경향을 확인할 수 있고, 그것을 책임감 있게 관리하는 방법을 배울 수 있다. 다시 말하지만, 이것은 역전이가 상담결과에 지속적으로 영향을 미친다는 연구결과로서 아주 중요하다(Hayes et al., 2011).

상담자가 자신의 반응 경향에 익숙해지는 것은 다른 사람에게 대항하고 상담자에게 부정적으로 반응하는 어려운 내담자를 대할 때 더 중요하다(Binder & Strupp, 1997). 반응유발 전략, 시험해보는 행동, 전이 왜곡을 다루면서, 우리는 어떤 내담자들이 상담자에게 부정적인 방식으로 반응할 것이라는 것을 살펴보았다. 그러나 너무 많은 상담자들이 이런 도전적인 상황에 방어하지 않으며 반응하는 데 필요한 연습과 준비를 충분히 하지 못했다. 수련 중인 상담자는 역할 바꾸기나 좀 더 '중립성'(즉, 그들이 전형적으로 유발하는 익숙한 투쟁-도피 반응이 아님)을 제공하는 수퍼바이저와 대안적인 반응을 연습해야 한다. 그렇게 함으로써, 이 내담자의 부정적 성향이 흔히 다른 사람에게서 유발하는 익숙하지만 문제가 되는 반응을 덜 반복하게 되는 것 같다. 또한 초보 상담자는 자신의 개인적인 주제와 반응 경향이 내담자가 주는 다른 종류의 도전적이고 원치 않는 반응, 즉 힘의 투쟁, 비판, 성적인 빈정거림으로 인해 어떻게 촉발되는지를 예측하고 탐색하도록 격려받는다.

공감, 진정성, 온화함 또는 작업 동맹과 같은 '근사한' 것들에 관해 더 많이 이야기하는 반면, 요구가 많고, 수동-공격적이고 또는 비하하는 내담자(예를 들면, "약간 살찐 것처럼 보이는데요. 당신의 남편은 거기에 대해 뭐라고 말하던가요?"라고 말하는 사람)에 대해 초보 상담자가 반응하도록 도와주는 훈련은 덜 제공된다. 이러한 점에서, 연구자들은 상담자가 자신에 대한 내담자의 부정적인 반응에 감정을 아주 잘 나타내거나 반응하지 못한다는 것을 발견한다. 즉, 상담자는 원치 않는 표시를 부정하거나 피하는 경향이 있다. 상담자가 긍정적인 반응보다는 내담자의 부정적/적대적인 반응을 놓치거나 얼버무리고 넘어가는 것이 훨씬 더 쉬운 것 같다(Hill et al., 1992). 그러나 우리는 내담자의 이러한 중요한 메시지를 무시하거나 놓치기를 원하지 않는다. 왜 그럴까? 우리에 대한 부정적 성향은 종종 내담자가 다른 사람과의 관계에서 일으키고 있는 문제의 중심이 되기 때문이다. 우리는 내담자와 갖는 시간을 최대로 이용해야 한다. 그리고 다른 사람과 갖게 되는 내담자의 문제, 특히 우리와 함께 바로 여기에서 그 문제가 일어나고 있을 때 그 문제를 다루는 것이 통상 가장 좋은 방법이다.

그러므로 우리의 의도는 부정적 성향을 회피하거나 마치 어떤 중요한 것도 이야기되고 있지 않은 것처럼 행동하기보다는, 비록 초기에 이렇게 하는 것이 어려울 수 있지만, 방어하지 않으면서 부정적 성향에 접근하는 것이다. 우리의 목적은 어떤 식으로든 내담자를 처벌하거나 비난하지 않고, 대신에 내담자가 다른 사람에게 미치는 문제가 되는 영향과 관계에서 갈등을 협상하고 감정을 관리하는 더 좋은 방법을 알도록 도와주는 솔직한 방법으로 부정적 성향을 다루는 것이다.

내담자 (비판조로) 선생님의 사무실은 약간 싫증이 나요. 이 가구와 갈색은 수십 년 전 것으로 시대에 뒤처진 것이에요.

상담자 (차분하게) 여기 있는 것들이 당신에게는 약간 시대에 뒤떨어진 것처럼 보이는군요.

내담자 네, 변화를 주기 위해 뭔가 하셔야 해요.

상담자 아니요, 저는 어떤 변화도 주고 싶지 않은데요. 저는 여기가 편안해요. 그러나 우리가 이것에 대해 잠깐 동안 이야기하는 것이 도움이 될 수도 있을 거예요. 당신은 전에도 제게 그와 같이 말했어요. 당신이 다른 사람들을 비판하거나 그들에게 무언가를 해야 한다고 말할 때 그들이 보통 어떻게 반응하는지 궁금해요.

내담자 맙소사, 박사님, 안심하세요. 저는 도우려는 것뿐이에요. 그렇게 민감할 필요 없으세요.

상담자 당신이 제 인테리어를 좋아하지 않는 것은 괜찮아요. 그러나 당신이 다른 사람들에게 그와 같이 조언할 때 그들이 보통 어떻게 반응하는지는 여전히 궁금하네요.

내담자 글쎄요, 모르겠어요. 저는 대부분 그들이 그렇게 한다고 생각되네요.

상담자 아, 당신은 고상한 취향을 갖고 있고, 권위 있는 목소리로 의견을 강하게 표현한다는 것을 압니다. 그러나 그것이 당신의 관계에 어떻게 영향을 미칠지는 궁금합니다. 아마도 당신이 옳을 수 있고, 이건 단지 제 의견일 뿐이에요. 그러나 저는 대부분의 사람들은 이것을 썩 좋아하지는 않을 거라고 생각하는데, 당신은 어떻게 생각하시나요?

내담자 (멈칫하며) 글쎄요, 아니요, 교회의 어떤 사람들은 아마도 선생님에게 동의할 거예요. 그리고 제가 아는 체한다고 말하겠지요.

상담자 글쎄요. 제가 그렇게 말하는 것은 아니에요. 그러나 이것이 다른 사람에게는 어떨까 궁금한 거예요. 네, 그래서 저는 당신에게 겁을 먹고 도망치는 사람들과 분통을 터트리며 당신과 논쟁하려고 하는 또 다른 사람들을 상상할 수 있어요. 당신은 이런 식으로 보이는 것이 어떤가요? 어떻게 느껴지세요?

내담자 글쎄요, 선생님이 그렇게 말할 때, 저는 약간 기분이 나빴고, 거의 울 것 같았어요.

상담자 울고 싶었군요. 그 감정에 머물러 거기 그대로 있어봅시다.

내담자 (천천히) 저는 마치 엄마가 항상 했던 것처럼 장악하고 있어요. 다른 사람이 물어보지도 않고 원하지도 않는 충고와 의견을 주는 것. 가끔 저는 엄마가 자신의 결혼생활을 망가뜨린 것처럼 제 결혼생활도 망가뜨리려고 하는 것은 아닌가 싶어요.

이 상담자는 내담자의 비판과 통제에 직면하여 방어하지 않았기에 효과적이었다. 상담자는 마치 어떤 중요한 일도 그들 사이에서 일어나고 있지 않은 것처럼 그저 계속하거나 행동하기보다 그것을 명명하고 존중하는 태도로 그에 관해 질문하는 위험을 감수하며 이 민감한 주제에 접근했다. 반면에, 다른 상담자는 그러한 부정적 성향에 너무 자주 자신의 개인적 혹은 역전이 반응으로 효과적이지 않게 반응한다.

내담자 선생님의 사무실은 약간 싫증이 나요. 이 가구와 갈색은 수십 년 전 것으로 시대에 뒤처진 것이에요.

이러한 내담자에 대한 세 개의 비효과적인 반응 :

- (다른 사람에게 다가가기와 순응하기) 아, 미안합니다. 아마 당신 말이 맞을 수 있어요. 여기 있는 것들을 최근 것으로 바꿀 때가 되었을 거예요.
- (다른 사람을 멀리하기) 좋아요, 글쎄요. 어, 우리가 오늘 무엇에 대해 작업해야 한다고 생각하시나요?
- (다른 사람에게 대항하기와 꾸짖기) 당신은 자신의 문제에 관해 더 많이 생각하고 다른 사람이 해야 하는 것에 관해서는 덜 생각하며 시간을 보내야 할 거예요.

상담자는 연습을 함으로써, 그리고 강사가 효과적인 반응을 역할극하거나 모범을 보이는 것을 관찰함으로써, 방어하지 않으며 부정적 성향에 접근하는 방법, 즉 효과적으로 반응하는 핵심을 더 잘 배울 수 있다. 이 접근은 대인관계 피드백을 제공하고, 과정 언급을 하고, 이야기된 것에 대해 호기심 어린 입장을 취할 때 또는 이 부정적 성향에 대해 질문하고, 부각시키거나 탐색하는 중립적인 입장을 단순히 채택함으로써 상담자가 개입할 수 있게 힘을 실어준다. 임상훈련으로 통합되기는 여전히 빈약하지만, 심리치료 연구자들은 수십 년 동안 부정적 성향은 많은 내담자에게 일어날 것이고, 상담자는 그것을 좀 더 효과적으로 다루는 방법을 배워야 한다는 것을 임상가들에게 얘기하려고 노력해왔다. 내담자가 다른 사람에게서 유발하고 자신의 삶에서 문제를 일으키는 똑같은 투쟁-도피 반응으로 상담자들이 반응하는 경향이 있을 때, 분명히 이것은 초보 및 숙련된 상담자에게 똑같이 어려운 상담과정의 중요한 부분이다(Safran & Muran, 2003; Strupp & Hadley, 1979).

상담자가 내담자와 효과적인 대인관계 균형을 더 잘 유지하도록 돕기 위하여, 상담자가 내담자의 부정적 성향에 대한 자신의 역전이 반응을 다루기 위해 할 수 있는 것을 더 살펴보자. Angus와 Kagan(2007)은 상담자가 훈련 초기에 자신의 반응 경향과 역전이 경향을 추적하기 시작하는 것이 결정적이라고 강조한다. 그리고 그들은 이 과정에 도움을 주는 지침을 제공한다. 상담자에게 한 가지 유용한 연습은 불안을 유발하는 다른 상황에서 그들의 초기 반응 경향, 예를 들면, 내담자가 당신을 무시하거나 비판할 때 혹은 당신에게 당신이 정말 놀랍다고 말하고 다음 주에 스타벅스에서 만날 수 있는지 물을 때 당신이 처음에 말하거나 행동할 가능성이 가장 높은 반응을 기록하는 것이다.

또는 수련생들은 파트너와 함께 도전적인 다른 상황에서 다양한 내담자에 대한 그들의 반응을 역할극으로 해볼 수 있다. 예를 들면, 한 사람은 경쟁적이고 겁을 주거나 모욕하는 내담자 역할을 할 수 있다. 이 내담자는 상담자가 정말 도움을 줄 만큼 충분히 능력이 있고 경험이 풍부하며 나이가 들었는지를 의심하고 있다. 순서를 바꾸어서, 또 다른 수련생이 이 도발적인 내담자에게 반응하는 것을 연습한다. 3~4명으로 구성된 소집단 토의에서 수련생들은 서로 피드백을 주거나 비디오테이프를 통해 자신이 하고 있는 역할을 볼 수 있다. 그리고 이러한 도전적인 상황을 역할극하는 동안 다른 상담자들의 반응을 관찰한 것을 나눌 수 있다. 연습과 수퍼바이저의 지도로, 초보 상담자는 이러한 원치 않는 상황을 대충 넘어가거나 피하기보다는 이 상황에 접근하는 것을 배우고, 그것을 드러내고 이야기하기 안전하게 만드는 대립하지 않고 비난하지 않는 방법을 발견하고, 내담자와 협력하여 그것을 탐색할 수 있다. 이러한 접근의 목적은 내담자가 다른 사람과 전형적으로 야기하는 흔히 있는 문제의 시나리오를 확인하고 바꾸는 것이다. 앞의 대화에서 보았던 것처럼, 이것은 상담자에게 새롭고 교정적인 변화를 경험할 기회를 주는 것이다.

과도한 관여와 소극적인 관여 다루기 과도한 관여와 소극적인 관여 간에 효과적인 균형을 유지하는 것은 어려울 수 있다. 왜냐하면 내담자들은 종종 자신의 대인관계 대처 전략의 부분으로 상담자를 이 관여의 연속선을 따라 바꾸거나 움직이게 하려고 하기 때문이다. 이것이 우리가 논의해왔던 '내담자-유도 역전이'이다. 상담자가 효과적으로 반응해오고 있을 때, 어떤 내담자들은 (더 성공적이거나 더 좋아짐으로써) 나타나기 시작하는 불안을 유발하는 문제에 의해 혹은 동맹이 강화되고 상담자가 내담자에게 더 중요한 사람이 됨으로써 위협을 느끼게 될 수 있다. 상담이 성공적일 때 유발될 수 있는 이러한 불안에 대처하기 위해, 어떤 내담자들은 상담자에게 밀착이나 격리를 불러일으키려고 함으로써 상담관계에서의 안전과 위험을 다시 시험할 것이다. 예를 들면, 어떤 내담자들은 그들이 정말 관심을 갖고 있지 않은 주제를 이야기함으로써 상담자를 지루하게 만들려고 할 수 있다(이것은 밀착과 강렬함이 필요한 몰두형 애착 상담자에게 좀 더 문제가 될 수 있는 것이다). 반면에, 어떤 내담자들은 고통을 과장하고 도움의 필요에 대한 긴박성을 조장함으로써 상담자로부터 과도한 관여를 이끌어내려고 할 수 있다(이것은 강한 정서와 강렬한 개입에 대한 노력을 최소화하는 경향이 있는 거부형 애착 상담자에게 더 많은 도전을 줄 수 있다). 이런저런 방법으로, 내담자의 반응유발 행동은 상담자에게 관여의 균형 잡힌 중간지대에서 멀어지도록 압박을 가할 수 있다.

상담자들이 상담관계에서 참여자와 관찰자 두 가지 입장에 있음으로써 이러한 효과적인 중간지대의 관여를 유지할 수 있다면, 상담자들은 격렬한 감정 기복이나 장기간의 어려움 없이 더 평탄한 상담을 제공할 수 있다. 또한 상담자가 어느 한쪽으로 치우침 없이 그리고 과도하게 반응적이거나 반응이 없거나 하지 않아서 내담자가 상담자를 믿고 이용할 수 있을 때, 내담자는 더 안전하게 상처를 드러내고 상담자를 신뢰할 수 있다. 상담자는 내담자의 반응유발 전략이 있을 때 이렇게 안정되게 있어줌으로써 내담자에게 안전 기지를 제공하는 것이다. 특히 상담자가 이런 효과적인 대인관계 균형을 유지할 수 있을 때, 내담자는 과도하게 관여하는 상담자를 실망시키거나 기대를 저버리는 것에 대해 혹은 정서적으로 동떨어져 있거나 거리를 두는 상담자에게서 반응이나 개입을 유발하는 것에 대해 걱정하지 않아도 된다. 이러한 점에서 애착 연구자들은 관계에서 안전감과 신뢰를 발달시키는 데 있어 양육자와 상담자의 일관된 반응성의 중요성을 가장 잘 평가했다(Tufekciogly & Muran, 2015). 상담자가 내담자에게 공감적이고 반응적(관계)이면서도 자신의 개인적인 경계를 유지하는 것(분리)이 핵심이다. 상담자는 내담자의 주관적인 세계관에 들어가고자, 즉 온전히 함께 있어주고 공감적으로 조율되고자 애를 쓰면서도 여전히 적절한 자기 경계와 자기/타인 분화를 유지하려고 노력하고 있는 것이다.

상담자가 내담자와 실연하는 대인관계 과정을 인식하고 내담자에 대한 관여의 균형을 평가하는 데 우리가 어떤 도움을 줄 수 있을까? 상담자는 매 상담회기 후에 다음과 같은 질문들을 고려함으로써 이렇게 할 수 있다.

1. 이 내담자에 대한 나의 감정과 개인적인 반응은 무엇인가?
2. 내 반응은 내담자 삶에서 중요한 타인의 반응과 어떤 면에서 비슷한가?
3. 내 감정은 다른 사람에 대한 전형적인 반응인가 아니면 이 특정 내담자에게만 나타나는 것인가?

상담자는 매 상담회기 후에 사례노트에 이런 질문들에 대한 대답을 작성함으로써 과정 차원에 주의를 기울이고 있음을 확인하게 된다. 상담자가 자신에게 그러한 질문을 하는 것은 내담자에 대한 자신의 개인적인 반응(상담자-유도 역전이)을 많은 사람에게 영향을 미치는 내담자의 유발 행동 및 대인관계 대처 전략(내담자-유도 역전이)과 구별할 수 있게 도와줄 것이다. 이러한 세 가지 질문을 토대로, 상담자는 매 상담회기 후에 부록 A에 있는 과정노트 기록 지침을 이용하길 바란다.

모든 상담자가 때로는 한 내담자에게 과도하게 관여하게 된다. 정말로 많은 상담 이론가들은 상담과정을, **상담자가 내담자의 관계 맺는 방식에 빠져들게 되고 이후에 이 실연에서 벗어나 상담자 방식으로 작업할 수 있는 상담자의 능력**이라고 기술했다(Gill & Muslin, 1976; Levenson, 1982; Mitchell, 1988). 초보 상담자들은 그들이 여기서 다시 내담자의 문제 측면을 그들의 대인관계 과정에서 재연하고 있음을 수퍼바이저가 정확하게 지적할 때 종종 사기가 꺾인다. 초보 상담자는 자신의 정서 및 대인관계 범위를 검토하고, 자신의 역전이 경향을 예측하고, 상담관계에서 분리-관계 차원을 추적함으로써 점차 효과적인 대인관계 균형을 유지할 수 있게 될 것이다. 그리고 그렇게 함으로써 더 효과적인 상담자가 될 것이다.

상담자가 내담자에게 과도하게 관여되었거나 소극적으로 관여했다는 것을 인식하고 스스로는 과정 언급으로 관계를 변경할 수 없음을 알게 될 때, 분명한 경계를 세우는 데 도움을 받기 위해 동료나 수퍼바이저와 상의하는 것이 가장 좋다. 수퍼비전을 가장 생산적으로 활용하는 방법 중의 하나는 **상담자가 자신의 정서 반응을 다시 통제하게 되어 상담자를 성공적으로 밀어내거나 너무 많이 끌어당겼던 내담자와 효과적인 관여 정도를 다시 설정하도록 도와주는 것**이다. 이렇게 대인관계 균형을 유지하는 것은 치료적 관계를 제공해주고 다른 사람들과 있을 때 나타나는 익숙하지만 문제가 되는 시나리오의 재연을 방지하는 가장 좋은 방법이다.

양가감정: 내담자 경험의 양면에 반응하기

상담자는 많은 갈등의 양가적인 속성을 인식하고 있을 때 내담자의 문제를 더 잘 이해할 수 있다. 종종 내담자의 가장 오래된 문제와 핵심 갈등에는 양면이 있다. 상담자는 이 딜레마의 양면을 파악할 수 있고 또 반응할 수 있어야 많은 문제들을 해결할 수 있다. 상담자는 내담자를 설득하거나 압력을 넣고 또는 미묘하게 내담자를 어느 한 측면으로 유도하고 회유하기보다는 **양면 모두**에 대해 관심과 호기심, 개방적이고 탐색적인 입장으로 반응함으로써 해결할 수 있다(Miller & Rollnick, 2014; 2002).

흔히 상담자는 자신의 역전이 때문에 내담자 갈등의 양면을 인식하지 못할 수 있다. 가끔 상담자는 무엇이 '옳은지' 그리고 내담자가 무엇을 '해야 하는지'를 안다고 믿기 때문에 어떤 결정에 관해 그들 양가감정의 한 측면으로만 내담자를 압박한다(예를 들면, 비효

과적인 상담자: 그냥 남자친구를 떠나세요. … 당신은 그냥 학교에 남아있어야 해요. 당신은 그 자리에 지원해야 합니다. … 당신은 그에게 그 차를 사주면 안돼요. … 너무 어려서 결혼하는 것은 실수예요.). 내담자가 붙잡고 씨름하고 있는 갈등의 양날을 가진 속성을 구성하는 두 가지 상반된 감정, 경쟁적인 욕구 또는 모순되는 신념을 상담자가 더 분명하게 설명하고 강조할 수 있고, 그러고 나서 내담자가 스스로 그것들을 탐색하고 살펴보도록 도울 수 있을 때 상담자는 내담자에게 더 도움이 된다. 예를 들어보자.

효과적인 상담자 네, 저는 이것이 당신에게 얼마나 중요하고도 어려운 결정인지 알 수 있습니다. 저는 당신이 내리는 결정에 관여하지 않을 것입니다. 단지 저는 당신이 복합적인 감정과 이 결정에 관한 장단점을 살펴보도록 도와드리고자 합니다. 양면을 탐색해보도록 합시다. 그를 떠나고자 하는 당신의 마음과 그를 떠나고 싶지 않은 당신의 마음에 관해 이야기해보세요.

구어적 표현이 갈등의 두 가지 측면의 속성을 나타내준다. 우리는 종종 누가 "진퇴양난에 처했다."고 말한다. 그러한 표현은 갈등의 상반된 두 개의 속성을 내포한다. 즉, 당신은 "그것이 있어도 살 수 없고 그것이 없어도 살 수 없다."든가 또는 "당신이 해도 욕먹고 안 해도 욕먹는다."와 같은 상황에 처하는 것이다. 비슷하게 다른 이론적인 관점을 가지고 상담하는 상담자들은 이것을 기술하기 위해 다른 용어를 사용해왔다. 예를 들어, 오래전에 행동주의 상담자 Dollard와 Miller(1950)는 내담자가 '접근－접근' 또는 '회피－회피' 갈등으로 어떻게 씨름하고 있는지를 강조했다. 반면에 의사소통 상담자들과 초기 가족치료자들은 이중 구속 상호작용과 역설적인 의사소통을 강조했다(Bateson, 1972). 현대의 애착 연구자들은 가끔 도움이 되면서도 또 어떤 때는 겁을 먹게 하거나 상처를 주는 양육자에게 애착된 'D 범주' 아동의 꼼짝달싹할 수 없는 어려운 처지를 보여주었다(Hesse & Main, 1999). 겉보기에, 이러한 아동에게 이 이중 구속에 대한 해결책은 없다. 아동들은 "내가 의지하고 있는 이 양육자를 떠날 수 없어. 그런데 또 가까이 할 수도 없어. 나를 아주 많이 겁주거나 상처를 입히기도 하는 이 사람이 필요해."라고 생각한다. 이런 점에서 가장 다루기 어려운 증상을 가지고 있고, 양육자의 문제가 되는 양육방식과 증상 행동을 내면화하거나 반복하는 경향이 있는 내담자들은 이러한 상당히 양가적인 관계에서 성장했다(Benjamin, 2006). 정말 양육자들이 대체로 좋거나 아니면 대체로 문제가 있으면 삶은 더 쉬워진다. 반면에, 너무 좋고 나쁜 뉴스가 함께 섞여 있을 때, 문제는 해결하기 더 복잡하고 더 어려워진다(예를 들어, 내담자의 삶에서 가장 반응적이고 가장 도움을 준 어른이 계부인데 이 계부에게 성추행을 당할 때).

갈등의 양면성에는 다른 많은 국면들이 있다. 한 가지 측면은 상담자가 종종 어떤 내담자들이 다른 사람에게서 상처를 받듯이 상담자에게서 상처받는 것과, 또 정상적이고 적절한 일을 한 것 때문에 다른 사람에게 상처를 입히는 것, 이 두 가지 모두에 대해 걱정한다는 것을 정말 제대로 평가하지 못한다는 것이다(Weiss, 1993). 상담분야에서는 내담자가 나른 중요한 관계에서 그랬듯이(즉, 전이) 상담자에 의해 다시 상처받고 오해받고 배반당할 것이라는 내담자의 기대에 대한 개념이 잘 발달되어 있다. 반면에, 내담자가 삶에서 성공함으로써 상담자와 다른 사람(그리고 자신의 내재화된 애착 대상)에게 상처를 주는 것에 대한 내담자의 걱정과 죄책감에 대해서는 주의를 훨씬 덜 기울여왔다. 예를 들면, 이것은 보통 이 내담자들이 부모보다 더 잘 하고, 그들의 양육자보다 돈을 더 많이 벌거나 더 행복한 결혼생활을 하거나 단순히 더 오래 살거나 더 잘 사는 것같이 어떤 영역에서 양육자를 능가할 때 일어난다. 또한 내담자가 많은 사람들이 원하는 목표를 이루어 성공하고, 적절하게 혼자 힘으로 일어서거나 스스로 변호하고, 자신의 흥미나 경력 선택을 추구하는 등의 경우에도 일어날 수 있다.

그러므로 이러한 내담자들이 상담에서 진전을 보이고 좋아지고 있을 때(예를 들면, 자신에게 잘 해주는 사람과 관계를 맺기), 그들은 이러한 성공 경험에서 후퇴할 수 있다. 그들은 여러 가지 방법으로 자신을 고의적으로 방해할 수 있고, 자신이 선택한 목표의 진보를 유지할 수 없거나 가장 흔하게는 그들이 성취한 성공을 즐길 수 없거나 그 성공에 대해 좋은 느낌을 가질 수 없다. 상담자는 어떤 내담자가 분리 죄책감 또는 생존자 죄책감의 결과로 우울해지는 것을 관찰할 것이다. 내담자들은 성공이 그들의 개별화를 지지하지 않았던 내면화된 양육자에 대한 애착 유대를 위협할 때 또는 그 성공이 자신의 이미 정해진 가족 역할에서 이탈하는 것일 때(예를 들면, 다른 사람을 돌보기, 자신의 이익과 목적을 추구하지 않고 자신의 욕구를 깊이 감추기) 심지어는 더 불안해질 것이며, 분명히 상담자는 내담자들이 상담에서 진전을 보이고 그들의 삶에서 좋아지기 시작할 때 뒤로 물러나 앉아 쉬려고 하지 않는다. 이것은 종종 진짜 작업이 시작되는 지점이다! 우리가 내담자들이 가진 갈등의 양면성, 상반되고 이중 구속적인 속성을 이해할 때 비로소 그들의 모순되거나 자기패배적인 행동을 이해하게 된다.

상담자들이 양가감정이나 '그림자 측면'에 대해 제대로 된 더 많은 인식을 가지고 중립적이고 탐색적인 입장을 취할 수 있고, 내담자들이 이 주제에 대한 자신의 경쟁적이거나 상반된 사고나 감정의 전부를 탐색하도록 할 수 있을 때, 상담자들은 더욱 효과적이게 될 것이다. 예를 들어보자.

상담자 한 부분은 결혼하고 싶고, 다른 한 부분은 확신이 없는 것처럼 들리네요. 두 가지 측면 모두가 충분한 목소리를 내도록 해봅시다. 당신이 그와 결혼하고 싶은 부분과 그렇지 않은 부분에 관해 이야기해주시죠. 그러면 우리는 이것에 대한 당신의 걱정 모두를 자세히 살펴볼 수 있을 겁니다.

상담자들은 탐색할 수 있는 안전한 기지를 제공한다. 그리고 종종 내담자들의 양가감정에 대한 두 가지 측면을 환영하고 양 측면을 동반하는 상반되거나 모순되는 감정에 반응함으로써 교정적 정서 경험을 제공한다. 내담자는 어떤 결정에 대한 자신의 모든 걱정을 탐색하는 데 상담자의 지지를 받는다는 것을 알게 될 때, 자신이 더 원하는 것이 무엇인지를 명확히 하고, 자신의 선택에 책임을 지고, 자신의 결정에 따라 행동할 수 있는 힘을 얻게 된다. 반면에, 상담자가 내담자 양가성의 한 측면에만 반응하고, 내담자가 주제의 양면 모두를 탐색하도록 격려하지 않고 혹은 둘 사이에 끼어들어 미묘하게 변호하거나 드러내고 내담자에게 무엇을 할 것인지 이야기할 때는 효과적이지 않을 것이다. 음주 문제를 가진 사람과의 동기면담에서 Miller와 Rollnick은 금주와 같은 특정 결정을 내리도록 주입하거나 내담자를 '동기화'하려고 하기보다 변화를 위한 내담자 고유의 동기를 경청하고 그러고 나서 지지하는 것에 대한 강한 경험적 지지를 발견했다(2013; 2002). 상담자가 내담자 양가성의 두 가지 측면을 '들을' 수 없거나 상담자가 원하는 방법으로 행동하거나 선택하도록 내담자에게 압력을 가할 때, 다음의 일화가 보여주듯이 보통은 상담자 자신의 역전이 주제가 작동한다.

마리는 우울한 25살의 대학원생으로 대학의 학생상담센터에서 시간이 한정된 (16회기) 상담을 받게 되었다. 처음 몇 회기 동안에 마리는 엄마에게 얼마나 화가 났는지를 탐색했다. 그녀의 엄마는 마리가 완벽하기를 기대했고, 마리가 어떤 문제도 갖고 있지 않다고 주장했으며, 항상 마리는 '행복'해야 한다고 했다. 상담에서 마리는 자신의 진짜 감정을 너무 많이 부인하고 그녀가 '어떠해야 하는'지에 대해 너무 많은 기대를 가지는 엄마에게 얼마나 분개하는지를 깨닫기 시작했다. 마리의 상담자는 자신이 겪은 어린 시절의 비슷한 주제를 상기하면서 분노로 가득 찼고, 그녀의 분개를 적극적으로 지지했다.

처음에 마리는 오랫동안 억눌러온 분노를 확인함으로써 자유로움을 느꼈다. 그녀는 더 이상 엄마의 비현실적인 기대를 계속 충족시키지 않아도 된다는 것을 깨달으면서 흥분되고 해방감을 느꼈다. 그러나 이런 좋은 느낌은 오래가지 못했다. 다음 몇 회기 동안에 마리는 새로 발견한 자유 때문에 점차 의기소침해졌고 오래 지속되었던 감정부전으로 되돌아갔다. 상담자는 마리가 엄마의 기대를 거역하는 것 때문에 가족 내에서 '나쁜 아이'가 되는 것, 상담자에게 엄마에 대한 불평을 늘어놓아서 가족에게 충성스럽지 못한 느낌을 갖는 것, 그리고 엄마에게 화내는 것 때문에 죄책감을 갖는 것에 대해 걱정한다고 생각했다.

이러한 합리적인 가능성을 묻고 탐색할 기회를 질문하거나 찾으면서, 상담자는 마리의 분노를 계속해서 끌어내고 격려했다. 그러나 마리는 상담자와는 다른 방향으로 움직여 가면서 엄마에 관한 좋은 기억을 나누기 시작했고, 방과 후에 빵을 굽고 쿠키를 만들면서 엄마와 함께 보낸 특별한 시간을 회상했다. 그러나 상담자는 마리가 엄마에 대해서 보이는 긍정적인 감정에 대해 썩 반응을 보이지 않았다. 상담자는 마리의 좋은 기억들은 그들 모녀관계의 현실적인 갈등을 피하면서 엄마에 대한 분노를 부인하는 부분이라고 생각했으며, 마리가 계속해서 엄마의 문제가 되는 기대에 지배받고 있을 거라고 걱정했다.

상담에서 빈번하게 일어나듯이, 마리의 상담자는 마리가 갖는 양가성의 한 측면만을 인식했고, 갈등의 양면에 대한 감정에 반응하지 못했다. 그렇다. 마리는 엄마에게 화가 났고, 이 감정은 탐색되어야 하고 확인되어야 했다. 그러나 동시에 마리는 엄마가 부모로서 자신에게 좋은 것들을 많이 제공해주었다는 것을 알았다. 그리고 마리는 그들이 공유했던 좋은 것들을 포기하고 싶지 않았다. 마리의 갈등은 모녀관계의 문제가 되는 측면을 받아들이지 않고 그녀가 엄마와 경험했던 좋은 것들을 간직하고자 한다는 것이었다. 한편에서 마리는 엄마가 마리에게 부과했던 완벽하고 행복해야 한다는 비현실적인 요구를 거절하길 원했다. 그러나 다른 한편에서는 이렇게 하는 유일한 방법이 엄마와의 동일시를 완전히 포기해야 하는 것처럼 보였을 때 마리는 우울해졌다. 이것은 그녀의 삶에서 가장 중요한 관계였다. 그리고 마리가 이런 관계의 좋은 부분을 잃어버리는 위험을 감수하고 싶지 않았던 것도 이해할 만하다.

마리의 상담자는 시간이 얼마 남지 않았는데 상담이 활발하게 진행되지 않는다는 것을 알고 동료에게 자문을 구했다. 외부의 관찰자로서, 동료는 마리의 양가성의 두 측면을 쉽게 알아차렸다. 그 동료는 상담자에게 마리가 엄마에 대해 감사와 분노라는 모순된 감정을 동시에 갖고 있는 것을 지지하라고 격려했다. 처음에, 상담자는 꺼려졌고 동료와 논쟁하기 시작했다. 그러나 곧 상담자는 자신의 역전이가 작동하고 있었을 가능성을 생각하고, 자신의 과거력 때문에 마리가 엄마에 대해 가진 감사보다는 분노를 지지하는 것이 더 쉬웠다는 것을 생각하기 시작했다. 이러한 유용한 자문을 받고 나서, 상담자는 다음 회기에서 다음과 같은 방법으로 마리의 감정이 지닌 다른 측면에 관심을 기울이고 확인하기 위한 기회를 찾았다.

상담자 당신이 엄마에 대해서 동시에 두 가지 다른 감정을 느끼고 있다는 것으로 들립니다. 그리고 그것은 이해할 만하네요. 당신은 항상 당신에게 완벽하고 행복하기를 기대하는 엄마에게 화가 나지만, 또한 엄마와 함께 가졌던 즐거웠던 많은 시간을 아주 소중히 생각하지요. 저에게 엄마에 대한 화나는 감정과 사랑하는 감정에 대해 더 말해보세요. 이 두 측면 모두에 대해 얘기해주세요.

이 새로운 접근은 마리에게 즉각적인 영향을 미쳤다. 상담자가 마리로 하여금 그녀가 가진 감정의 두 가지 측면을 탐색하도록 하고, 결과적으로 마리가 엄마를 사랑하고 동시에 엄마에게 화를 낼 수 있게 하자 마리는 생동감을 느끼게 되었고 정말로 나아지기 시작했다. 마리는 자신이 지속시키고 자신의 일부로 만들고 싶었던 엄마의 어떤 특성들(잘 웃는 것과 가끔 있는 진정한 온정과 같은)과 그녀가 버리고 싶었던 측면(외모와 다른 사람이 생각할 수 있는 것에 집착하는 것)을 명료화하기 시작했다. 또한 이러한 분화의 과정에서 마리가 엄마와의 관계에서 다루고 싶고 이야기하고자 하며 희망적으로 변화시키고자 했던 주제와 그냥 놔두고 자신이 받아들이는 것이 더 나은 주제가 무엇인지를 명료화할 수 있게 되었다.

상담자가 이 과정에 머물러 마리가 가진 양가성의 두 측면을 계속해서 지지할 때, 마리는 계속해서 상담에서 나아지는 모습을 보였다. 예를 들면, 가끔 상담자는 "엄마가 그렇게 했을 때 정말 당신을 화나게 했군요."를 관찰하겠지만, 곧 "저는 당신 두 사람이 서로에게 얼마나 중요한 사람인지, 당신이 엄마를 얼마나 사랑하는지를 알 수 있어요. 그러나 이러한 문제가 가끔은 방해가 된다는 것이지요."라는 반영이 이 관찰 다음에 이어질 것이다. 상담은 16회기에 성공적으로 종결되었다. 마리는 더 이상 우울해하지 않았고, 한 여성으로서 자신의 정체성의 측면들을 더 잘 통합하게 되었다. 종결 후 수개월 내에 마리는 계속해서 엄마와 화해하기 시작했고, 모녀관계에서 무엇이 변화될 수 있고 더 좋아질 수 있는지, 무엇을 변화시킬 수 없는지를 살펴보고 있었고, 자신의 삶에서 이제 다른 지점에서 공유할 수 있는 친밀함을 포함하여 자신이 현실적으로 얼마나 진정성을 가질 수 있는지를 탐색하고 있었다.

마리가 보여주듯이, 상담자가 내담자 갈등 구조의 두 가지 측면을 인식할 때 내담자가 변화하도록 도울 수 있고, 또 내담자로 하여금 자신의 양가감정의 두 측면 모두를 탐색하고 통합하도록 도와줄 수 있다. 상담자는 병리적 측면을 찾도록 훈련받으면 개인적인 강점이나 갈등관계의 긍정적인 측면을 놓치게 되는 경향이 있다. 그러나 상담자가 문제시되는 부분을 현실적으로 탐색하면서 내담자가 부모(또는 배우자) 관계에서 좋은 부분을 유지할 수 있도록 적극적으로 격려할 때 내담자는 더 많이 호전될 것이다. 이런 점에서, **상담자가 내담자에게 그들이 부모나 배우자의 문제를 얘기한다고 그 사람에게 불성실한 사람이 되는 것이 아니며, 내담자의 불평이 그 사람에 대해 내담자가 느끼는 감정의 전부를 나타내는 것이 아님을 안다고 분명하게 말해줄 수 있다면** 이것은 대개 아주 큰 도움이 된다. 이것은 내담자가 사랑하는 사람의 다른 더 좋은 측면에 여전히 연결되어 있으면서도 그 사람에게 실망하거나 화낼 수 있음을 의미한다. 결국 이것은 내담자가 어떤 것에 대해 서로에게 실망하더라도 여전히 가치 있게 느끼도록 할 것이다.

맺음말

이러한 개념적인 지침을 기억하면서, 다음 장에서는 상담과정에 더 직접적으로 들어가서 과정 차원을 더 깊게 탐색한다. 과정 차원에서 지금–여기에서 상담하는 것은 어떤 상담 접근을 하는 상담자에게든 도움이 될 수 있다. 그러나 상담자가 변화에 영향을 미치기 위해 과정지향적인 개입과 상담관계를 사용한다면, 그들의 현재 상호작용과 그들 사이에서 일어날 수 있는 것에 관해 내담자와 이야기 나눌 수 있어야 한다. 이러한 즉시성 개입은 강력하지만 대부분의 초보 상담자가 채택하기에는 도전이 될 수 있다. 왜냐하면 종종 메타커뮤니케이션하는 것과 '당신과 나에 관해 이야기'하는 것은 불편할 수 있기 때문이다. 그래서 9장에서 우리는 과정 차원을 가지고 상담하는 상담자들의 걱정을 탐색하고, 상담자들이 더 효과적으로 과정 언급을 사용하도록 도울 수 있는 지침을 제공한다.

연습 활동

당신의 원가족이 해체되어 있는지 아니면 밀착되어 있는지(혹은 두 가지 모두에 대해) 기술해보라. 해체나 밀착을 보여주는 한 예를 들어보라. 관계에 대한 당신의 가족체계는 당신의 가장 중요한 현재 관계에 어떻게 영향을 미친다고 생각하는가? 이것은 당신이 내담자와 개인적으로 혹은 정서적으로 연루되고 또한 동시에 분명한 경계를 제공하는 당신의 능력에 어떻게 영향을 미치는가?

추천 도서

Hayes, J. A., Gelso, C. J., & Hummel, A. M. (2011). Managing countertransference. *Psychotherapy, 48*, 88-97. 유용한 이 논문은 역전이에 대한 다른 사고방식과 상담자가 자신의 역전이를 관리하는 데 도움을 줄 실제적인 가이드라인을 제공한다.

PART

04 해결과 변화

CHAPTER

09

과정 차원에서 작업하기

개념적 개관

이전의 세 장은 상담자가 내담자의 문제를 개념화하고 처치계획을 구안하는 데 도움을 줄 것이다. 이번에는 초점을 과정 차원으로 돌려 이제 변화란 어떻게 일어나는지에 대해 살펴보자. 상담자는 내담자가 자신의 삶에 대한 새로운 이야기(narrative)를 개발하도록 북돋을 필요가 있다. 이 새로운 이야기는 현재의 자신이 되기까지 그리고 현재 경험하고 있는 문제를 형성하기까지 어떤 일이 일어났는지를 이해하도록 해준다(Crits-Christoph et al., 1999). 내담자는 가족 신화나 역할, 소망과 부인(denial), 그리고 왜곡의 가능성이 높은 부정확성에 의해 정의되는 것이 아니라 자신의 애착관계에서 실제로 경험한 일과 좀 더 잘 부합하는 현실적인 자기-이야기를 개발해야 한다. 그래야 미래에 어디로 갈지 스스로를 인도할 수 있을 것이며 상담이 종료된 후에도 변화를 유지할 수 있을 것이기 때문이다. 이처럼 내담자가 경험했던 상호작용 패턴과 그 형성 경험에 대한 좀 더 현실적인 평가는 내담자가 어떻게 이 시점까지 왔는지를 상담자와 내담자 모두가 이해할 수 있게 도와줄 것이다. 즉, 초기 비적응적 도식과 문제가 되는 내적 작동 모델(IWMs)이 어디서 시작되었는지, 그리고 왜 현재의 관계가 이런 틀 속에 있게 되었으며 이러한 방식으로 재현되는지 등에 대해 이해할 수 있게 해줄 것이다(Bowlby, 1988; Luborsky et al., 1997; Mallinckrodt, 2010). 그러나 과거에 일어난 일 또는 과거 관계에 주된 초점을 두는 것은 변화를 불러일으키지 못할 것이다. 오히려 내담자가 현재 문제를 얘기할 때 수반되는 불안감을 회피하는 데 이용될 소지가 있다.

내담자가 상담자와의 현재 관계에서 자신의 문제에 대한 새로운 반응을 발견하고, 이후 상담자의 안내로 상담실 밖 다른 사람들과의 관계에서 나타나는 유사 문제들을 해결하기 위한 작업을 해나갈 때(work through), 변화가 나타난다. 이러한 경험적 재학습이 인지적 해석, 재구조화(reframing) 또는 어떤 일에 대한 설명 등에 비해 더욱 강력하다는 점을 강조하기 위해, 애착 연구자들은 다음과 같이 기술했다. "아이에게 공감적이 되라고 가르치거나 훈계하여 공감적이게 할 수는 없다. 그 아이에게 **공감적이 됨으로써** 공감적인 아이가 되게 할 수 있을 뿐이다"(Karen, 1998). 상담자의 의도는 이러한 변화 경험을 상담관계 내 계속적인 상호작용 패턴으로 만드는 것이다. 한 번의 학습으로는 충분하지 않기 때문이다. 이러한 일이 일어나면서, 상담의 초점은 내담자가 이런 생생한 현장의 재학습을 삶의 다른 영역으로 일반화하도록 조력하는 것으로 바뀐다. 일반적으로 내담자의 삶에서는 유사한 주제가 재현되고 있으며 이것이 증상에 기여하고 있다. 역으로, 상담자와 내담자가 중요한 문제 및 행동 선택지에 대해 이야기만 하고, 상담자와 관계 맺는 새로운 방식을 다른 관계에 시도해보도록 적극적으로 돕지 않으면, 변화는 일어나지 않을 것이다. 그래서 이 장에서는 과정 차원을 좀 더 명확히 설명하고, 서로 다른 이론적 배경을 지닌 상담자들이 내담자 변화를 조력하기 위해 어떻게 치료적 관계를 사용할 수 있는지에 대해 설명하려 한다(Gold, 2011; Goldfried, 2004; Levenson, 2010; Sampson, 2005).

대인과정을 통해 문제 해결하기

이 절에서는 어떻게 내담자의 문제가 치료관계에 나타나며, 상담자가 오래된 익숙한 경험이 아닌 새로운 관계 경험을 제공할 수 있는지를 검토한다. 이 정보들을 모두 검토하면, 처치의 다음 단계, 즉 교정적 정서 경험(CEE) 제공하기 및 재학습한 것을 삶의 다른 관계에 적용해보도록 내담자 돕기를 소개할 것이다. 이후 이런 구성 개념들이 어떻게 실행되는지를 보여주는 네 가지 사례를 검토할 것이다.

치료적 관계 내에서 내담자의 갈등에 반응하기

주 양육자와의 문제 상호작용 패턴이 지속되면 내담자 혼자의 힘으로는 해결할 수 없는 발달적 갈등을 불러일으킨다. 증상과 문제는 융통성 없이 한 가지 대인관계 대처 전략으로 어려운 감정과 잘못된 신념에 대처하고자 할 때 나타난다. 이러한 대처 전략이 한때는 필요했고 적응적이었다고 할지라도, 이제는 더 이상 필요하지 않고 오히려 다른 여러 관계들에서 문제를 일으킨다. 상담자의 우선적인 과제는 정확한 공감으로 내담자와 협력적인 작업 동맹을 형성하는 것이다. 이는 상담자와 내담자 간 작업 동맹이 상담성과를 유의하게 예언하며, 이떤 이론적 배경을 기졌는지보다 더 큰 설명력을 갖는다(Barber et al., 2009; Norcross & Lambert, 2014; Norcross & Wampold, 2011)는 경험연구 문헌과도 일치한다. 내담자에 대한 상담자의 공감적 동조(同調; attunement)는 상담에 참여하려는 동기(Westin et al., 2004)뿐만 아니라 내담자의 자기성찰/타인의 관점에서 바라보는 능력과 주인감(sense of agency)(Allen, 2013; Bandura, 2006)도 촉진한다.

일단 동맹이 확립되면 상담자와 내담자는 상담관계 및 여타 관계에서 발생하는 부적응적 관계 패턴을 규명하고 변화시키는 작업을 함께 한다. 이에 수반되는 갈등 감정과 병리적 신념 또한 함께 규명되고 변화가 시도된다. 이 작업이 진행될 때, 상담자는 이러한 관계 주제를 상담관계에서 재현하려는 내담자의 시도(client's pull)를 찾아 인지하려 한다. 이후 상담자의 목표는 다른 사람들과는 다른 반응을 하여 익숙하지만 문제가 되는 시나리오를 변화시키는 것이 된다. 즉 내담자의 반복되는 관계 주제를 재연하기보다는 이를 해결하는 새로운 유형의 관계를 제공하는 것이다(Beebe et al., 2005; Goldfried, 2004; Sampson, 2005; Wachtel, 2005). 상담자가 과거에 학습한 문제의 기대가 잘못되었음을 보여주는 방식으로 반응하면, 내담자는 자신의 습관적인 대처 양식에 의문을 제기하거나 그 비용과 이득을 평가하고, 이어 새로운 관계맺음을 경험할 것이다. 이러한 과정에서 내담자는 현재 관계에서 어떻게 반응할지를 더욱 융통성 있게 선택할 수 있으며, 좀 더 현실적이고 긍정적인 자기개념을 발달시킬 수 있다(Gilbert, 2014).

상담자의 일차적인 역할은 조언, 설명, 해석, 자기노출 또는 안심시키려 하거나 타인의 동기나 행동에 초점을 맞추는 것이 아니다. 오히려 상담자는 상담의 방향을 설정함으로써 내담자가 상담과정에 대해 주인의식(ownership)을 갖도록 격려한다(Miller & Rollnick, 2013). 상담자는 내담자가 바로 지금 중요하다고 또는 시급하다고 느끼는 문제를 정하도록 돕는데, 내담자 주도(initiative)에 합류하거나 반응함으로써 이 일을 한다.

상담자는 내담자로 하여금 계속 내면에 초점을 두도록 하고, 핵심 정서 메시지를 반영해준다. 그리고 내담자의 부적응적 관계 패턴을 내담자의 현재 상호작용과 연결시키고, 내담자로 하여금 변화 과정에 대한 주인의식을 갖는 적극적 참여자가 되도록 함으로써 협력적인 작업 동맹을 유지한다. 내담자의 잘못된 신념, 기대, 그리고 대처 양식이 내담자의 이야기 속에서 반복되면, 상담 내 상호작용의 방향을 제시함과 동시에 상담의 초점을 명확히 해줄 주제가 드러난다(Barber et al., 2009). 예를 들면, 상담자는 다음과 같은 일을 할 수 있을 것이다.

- 내담자가 갈등을 억누르기 위해 자신의 대인관계 대처 전략을 언제 어떻게 사용하는지를 지적한다.
- 어떻게 다른 사람들이 자신에게 했던 방식과 동일한 방식으로 스스로에게 내적으로

반응하는지를 인식하도록 돕는다.

- 왜 특정한 때에 불안해지는지, 불안을 관리하기 위해 타인과 상담자로부터 어떤 유형의 반응을 유발하는지, 그리고 특정 대인 양식이나 감정을 어떻게 체계적으로 회피하는지를 탐색하도록 돕는다.

우리가 보아왔듯이, 내담자와 상담자는 상담 장면에서 문제에 대해 이야기만 하는 것이 아니다. 그들은 치료적 관계 속에서 그것들을 실제로 재경험한다. 이러한 일은 다음 세 가지 방식으로 일어난다.

갈등을 치료관계에 가져오기

첫째, 전이 반응은 내담자의 핵심 갈등을 상담자와의 현재 관계로 끌어온다(Connolly et al., 2000). 내담자의 갈등이 상담 장면으로 들어오기 시작하면, 내담자는 이전에 유의미한 타인이 했던 것과 같은 원치 않는 방식으로 상담자가 반응하고 있지 않은지(또는 반응할 것이 아닌지)에 대해 점점 더 관심을 보일 것이다. 이런 두려움과 잘못된 지각은 내담자의 인지 도식에서 나오는 것으로, 내담자가 스트레스를 받으며 강렬한 감정을 경험할 때 발생할 확률이 가장 높다(Quirk et al., 2015). 어떤 경우에는 상담자의 실제 의도와 내담자가 기대하는 그리고 다른 중요한 관계에서 실제 받았던 문제 반응을 구별하도록 상담자가 도와주어야 막다른 골목에서 벗어날 수 있을 것이다.

상담자 당신이 이것에 대해 얘기할 때 내가 당신에 대해 어떻게 느낄 거라 생각합니까?

내담자 글쎄요, 당신이 나에게 좀 실망하지 않을까 하고 걱정했습니다.

상담자 실망했다구요? 전혀 그렇지 않습니다. 실제로 저는 … 라고 생각하고 있었습니다.

둘째, 내담자는 상담자로부터 자신의 옛 시나리오를 재현하거나 타인에 대한 기대가 옳았다는 것을 확인하는 반응을 유발한다. 상담이 정체되거나 조기 종결한 경우를 살펴보면, 내담자는 일반적으로 이러한 방식으로 자신의 갈등을 상담자에게 재현했다는 것을 알게 된다. 이러한 바람직하지 않은 재현은 과거 타인으로부터 받은 것과 주제에 있어서 유사한 반응을 상담자로부터 유발할 때 발생한다. 이러한 반응은 다시 한 번 거부, 이상화, 경쟁적인, 비판적인 등등으로 내담자에게 지각된다. 몇 가지 이유로, 내담자는 상담자로부터 이런 익숙하지만 문제가 되는 반응을 유발한다. 때로는 방어적으로 갈등의 내적 측면을 회피하기 위해, 때로는 더욱 적응적으로 타인에게 기대해왔던 익숙한 관계 시나리오에 대한 더 나은 반응을 획득할 수 있는지를 테스트하기 위해 이런 반응을 유발한다.

상담자 지금 내게 하고 있는 얘기를 다른 사람에게 하면 그 사람은 어떻게 반응합니까?

내담자 아마 별로 좋아하지 않겠지요. 모두들 내게 짜증을 내겠지요.

상담자 그렇군요. 알겠어요. 그런 상황을 변화시키기 위해 여기 상담에서, 우리의 관계에서 해볼 수 있는 것이 있어요. 우리 둘 사이에 일어나고 있는 것에 대해 얘기를 시작해서 여기서 뭔가를 바꿀 수 있다면, 이는 다른 사람과의 관계에도 변화를 줄 수 있는 첫 단계가 될 거예요. 어떻게 생각하세요?

셋째, 치료적 과정, 즉 상담자가 내담자에게 반응하는 방식, 즉 대인과정은 내담자의 갈등을 부지불식간에 재현한다. 이미 강조했듯이, 상담자와의 관계는 내담자의 갈등에 대한 과거의 반응과는 다르거나 훨씬 도움이 되는 반응을 제공할 필요가 있다. 그러나 이러한 교정적 정서 경험을 제공하는 것이 쉬운 것은 아니다. 많은 내담자는 상담자에게 과거 다른 사람으로부터 받아온 것과 유사한 문제 반응을 기대한다. 어떤 내담자는 성공적으로 그런 반응을 유발하기도 한다. 상담자의 과제는 **내담자와의 대인과정이 내담자 문제를 어떻게 재현하는지를 규명하는** 것이 된다. 그리고 이러한 일이 일어날 때 이러한 과정을 논의의 주제로 명백히 드러내기 위해 과정 언급을 활용하는 것이 된다. 이후 상담자는 예전의 관계 시나리오를 반복하지 않는 새로운 상호작용 패턴을 확립하기 위해(내담자의 문제가 상담자 자신의 문제나 갈등을 자극하면 수퍼바이저의 도움으로) 내담자와 함께 작업하게 된다. 그러나 이러한 아이디어를 실행하기는 말처럼 쉽지 않다. 다음 대화를 보자.

상담자 전 당신의 의견에 동의하지 않았습니다. 이것이 어떻게 느껴지세요?

내담자 글쎄요, 뭔가 다르게 느껴져요. 전 다른 사람이 제 의견에 소리 높여 반대하는 데 익숙지 않군요.

상담자 그렇군요, 알겠어요. 그들이 왜 … 당신은 말을 할 때 너무 고압적이군요. 당신은 15살 된 딸과 대화를 더 잘 나누고 싶다고 합니다. 그러나 당신 딸은 당신이 너무 지배적이라고 말합니다. 그래서 자기 의견을 주장하며 당신 의견에 반대하기를 주저하지요. 전 그 상황이 이해됩니다. 저는 45세의 잘 훈련받은 전문가입니다. 그럼에도 불구하고 당신은 상대하기가 벅차군요.

내담자 이것에 대해 작업할 필요가 있겠네요. 아내가 오랫동안 내게 말하려고 한 것이 바로 이것이겠군요.

상담자가 내담자 갈등의 반복이 아니라 해결을 실현했다면, 내담자는 문제에 대한 단순 설명 이상의 것을 받은 것이 될 것이다. 오랜 갈등이 올라왔지만 이전에 일어났던 것보다는 더 나은 결과가 산출되었다는 것을 발견하는 의미 있는 관계를 경험하게 되는 것이다. 내담자들은 자신의 의견을 주장하거나 자신을 드러낼 수 있고 더 대담하게 행동할 수 있으며, 도움을 요청하거나 필요한 것을 표현할 수 있게 된다. 일상적으로 기대했던 원치 않는 반응을 받지 않고서 말이다. 유의미한 관계 맥락에서 이러한 일이 일어나면, 그런 경험적 재학습은 매우 강력한 효과를 낸다.

물론 내담자가 부적응적 도식에 맞지 않는 상담자와의 상호작용을 경험하는 것이 지금껏 삶을 형성해왔던 박탈감이나 실망감을 보상하지는 못한다. 그러나 이러한 경험은 변화가 일어날 수 있다는 것을 행동적으로 보여준다. 최소한 때때로 몇몇 관계는 더 나은 방식으로 작동할 수 있다는 것을 보여준다. 이러한 CEE는 관계를 맺고 있는 두 사람 사이에 일어나는 일에 대한 내담자의 도식을 확장하고, 대인적, 정서적 범위를 확대한다. 내담자는 다른 사람의 놀림이나 방해 없이 자신의 목소리를 낼 수 있다, 자신이 동의하지 않거나 자신의 욕구를 우선시하면 홀로 남게 될 것이라는 두려움을 느낄 필요가 없다, 자신의 성취에 대해 기분 좋아하면 너무 교만하게 보인다고 걱정할 필요가 없다 등이 그 예이다.

내담자가 상담자와의 관계에서 의미 있는 변화를 경험하고 있으며 동시에 상담과정이 내담자 갈등에 대한 해결을 제공하고 있는 이 중요한 시점에 두 가지 중요한 일이 일어난다. 첫째, 여러 이론적 학파에서 제시하고 있는 개입기법이 더욱 효과적이 된다(Ackerman & Hilsenroth, 2013). 즉 내담자가 인지적 개입, 해석적 개입, 자기감찰, 교육적 개입, 기술(skill) 개발 등 모든 개입을 더욱더 생산적으로 활용할 수 있다. 이러한 개입들이 갖고 있는 유용한 새로운 내용이 내담자가 구현하고 있는 교정적 과정과 일치하기 때문이다. 둘째, 내담자가 상담자와의 관계에서 변화를 반복적으로 경험할 때, 상담자는 내담자가 이러한 경험적 재학습을 유사한 갈등이 일어나고 있는 삶의 다른 영역에도 적용해보도록 도울 수 있다. 상담의 다음 단계, 즉 상담자와 관계에서 발생한 경험적 재학습을 다른 관계들로 전이하는 것을 훈습(working through)이라 하는데, 이는 다음 장에서 본격적으로 논의될 것이다.

변화 과정에 대한 지금까지의 개관을 염두에 두고, 내담자의 변화를 위해 상담자가 어떻게 대인관계 과정을 활용할 수 있는지 좀 더 자세히 살펴보자.

변화를 촉진하기 위해 과정 차원 사용하기

상담자는 변화를 촉진하기 위해 다음과 같은 일을 한다.

1. 내담자가 아동기에 학습했던 자기에 대한 핵심 메시지(예를 들어, 도움을 요청하거나 무엇인가를 필요로 한다는 것은 약하다는 의미야.)와 타인에 대한 핵심 메시지(예를 들어, 그들은 네 말을 듣고 싶어하지 않아. 그들은 널 믿지 않아.)를 찾기 위해 예민하게 듣는다.
2. 초점을 이런 문제 있는 기대를 충족시키지 않는(disconfirm) 반응을 제공하는 데 둔다(예를 들어, 다른 사람에게 얘기하지 않는 것이 안전해. 늘 비판받거나 통제받고 싶지 않아.).

대인과정 접근에서 이런 생생한 또는 경험적 재학습을 제공하는 것이 변화의 핵심 요소이다.

다른 이론으로부터 유래한 개입들도 이런 맥락 안으로 통합될 수 있다. Rogers(1975)에 따르면(그리고 동기면담 접근에 따르면), 상담자가 공감적으로 듣고 협력적으로 작업하는 것은 필수적이다. 또한 정신역동적 해석을 제공하고 문제의 근원과 경과에 관한 통찰을 촉진하는 것이 어떤 내담자에게는 도움이 된다(Hill et al., 2007). 행동 및 인지 치료자는 새로운 이완법, 둔감법, 그리고 주장 기술을 훈련시키고, 상황에 대한 인지적 재구조화를 시도하며, 더 적응적인 새로운 행동 반응을 회기 사이에 시도해보도록 제안하는 등의 조력을 제공한다. 이들 각각의 개입방법은 확실히 유용할 것이다. 그러나 상담자가 내담자와 함께 실연하고 있는 대인과정에 주의를 기울일 때 각각의 기법은 더 효과를 낼 수 있을 것이다.

변화를 촉진하기 위해 과정 차원이 어떻게 활용될 수 있는지를 보여주는 네 가지 사례를 검토하자.

예시 1: 문제 재연하기−대인과정을 알아차리지 못함 수련 중인 상담자는 과정 차원을 개념적으로 이해하거나, (집단 수퍼비전에서) 내담자의 부적응 관계 패턴이 상담자와의 관계에서 재연될 때를 쉽게 찾는다. 그러나 자신의 사례에서 자신과 내담자가 만들어가는 대인과정이 내담자의 갈등을 해결하기보다 반복하는지를 알아차리기는 훨씬 어렵다.

카레이나는 30세 여성이다. 그녀는 지난 10년간 범불안장애와 식이장애로 어려움을 겪었다. 그녀는 똑똑하고, 매력적이며 성실해 보인다. 그녀는 폭식과 구토의 결과로 자신이 얼마나 고통을 겪고 있는지 말하면서 상담을 시작했다. 카레이나는 이 증상이 처음 나타났을 때 "그건 일종의 친구 같은 것이었죠."라고 얘기했다. 구토가 때때로 감당할 수 없게 느껴지는 불안을 일시적으로 멈추게 했기 때문이다. 6살 때, 그녀는 불안 때문에 '머리가 터져버릴 것 같다'고 생각했다. 카레이나는 부모님을 사랑하고 존경했다. 그러나 동시에 부모님과 심한 갈등도 겪었다. 흑인 아버지와 히스패닉 어머니는 둘 다 가족의 지원이나 도움 없이 10대 초반에 중앙아메리카에서 미국으로 이주해왔다. 부모님은 가난을 극복하기에는 어렸기 때문에 '열심히 일해서' 지금껏 살아왔으며, 이제 가족이 재정적으로 안정된 삶을 살 수 있게 하는 데 성공했다. 그러나 성공에 도움이 되었던 그들의 강력한 적응력은 이제 큰 비용을 치르고 있다. 부모님은 카레이나에게 매우 비판적이고 요구적이며 통제적이었다. 그들은 그녀가 하는 모든 것에서 '완벽'을 요구했다. 카레이나가 조금이라도 부족하면, 감정이 올라갔다. 첫째, 부모님 두 분 또는 한 분이 그녀에게 실망감 또는 좌절감을 표현했고, 그러고 나서는 격분해서 말을 중단했다. 부모님은 서로 말싸움을 하고 각자의 양육방식을 탓했는데, 때로는 벽을 치거나 그릇을 던지기도 했다. 이에 대해 카레이나는 고통스러운 책임을 느꼈다. 카레이나는 자신의 방에서 모든 것을 듣고 울곤 했다. 책임을 느끼기도 하고 부모님의 격렬한 갈등을 탓하기도 했다. 그리고 고함과 그릇 깨뜨리는 행위가 몸싸움으로 번질지 모른다고 불안스레 걱정도 했다.

카레이나는 식이장애에 대해 마음속 깊이 수치감을 느꼈다. 그것을 비밀로 하려 노력했지만, 사람들은 그녀의 지속적인 게으름, 건강 문제, 음식과 먹는 것에 대한 집착 때문에 그것을 곧 알아챘다. 최근 어머니는 카레이나가 화장실에서 토하고 있을 때 "그래서는 안 돼."라고 '얘기'했다. 카레이나는 괴로웠지만 과식과 구토를 멈출 수 없었다. 그녀는 상담을 받기로 했다. 첫 회기에서 "모두 저에게 실망하고 말아요. 내가 얼마나 열심히 하든 그래요. 식이장애를 가지고 있다고 얘기하면 가장 친한 친구조차 거리를 둬요. 이제 남자친구도 거리를 두기 시작했어요. 내가 화장실에서 너무 많은 시간을 보내기 때문이지요. 그러면 외로움과 불안을 느껴요. 제가 싫어져요. 그래서 매일 반복적으로 구토를 하죠. 그리고 그것은 불안을 멈출 수 있게 해주기 때문에 친구라 할 수 있죠."

상담자는 그녀의 상황에 가슴이 아팠지만 불행히도 자신과의 경계를 분명히 하지 못하고 그녀를 변화시키는 데 너무 몰입하게 되었다. 상담자는 그녀의 말에서 그녀가 얼마나 괴롭고 절망적인지를 듣는 것이 힘들다는 것을 깨달았다. 상담자는 잘 될 것이라는 말로 그녀를 안심시키기 시작했다. 상담자는 자신도 몇 해 전에 식이장애를 경험했으며, 폭식-구토를 멈추기 위해 카레이나가 무엇을 해야 하는지 안다고 말했다. 상담자와 내담자는 우호적인 라포를 형성했다. 이를 통해 카레이나는 반응적인 상담자로부터 많은 지지와 격려를 성공적으로 유발해내었다. 카레이나는 이런 지지를 좋아했다. 그녀는 진심으로 상담자의 조언을 따르고자 노력했다.

몇 주 동안은 잘 진척되었다. 그러나 늘 그렇듯 카레이나는 '길을 잃고' 폭식과 구토를 반복하기 시작했다. 카레이나는 상담자에게 얘기하는 것이 편하지 못했다. 또다시 실망을 주고 인정받지 못할 것이 두렵기 때문이었다. 그러고는 상담에 늦기 시작했다. 몇몇 회기에 오지 않자, 상담자는 '배신당한 것 같다(let down)'는 느낌을 얘기했다. 카레이나는 '(상담자에게 먼저 전화하기 전까지는 폭식과 구토를 하지 않겠다는) 약속을 지키지' 못했으며, 몰래 폭식과 구토를 했다는 것을 인정했다. 상담자는 좌절감을 느꼈다. 자신이 보통 다른 내담자에게 하는 것보다 더 많은 정성을 그녀에게 기울였기 때문이다. 상담자는 카레이나가 둘 다를 배신하고 있다고 느꼈다. 그래서 그렇게 말했던 것이다.

의도치 않게, 상담자는 다른 사람들이 그래왔듯이 내담자에게 실망하고, 그녀의 '비생산적(counter productive)' 행동이 미친 영향에 대한 죄의식을 유도해내고 말았다(상담자: 철석같이 약속해놓고 어떻게 내게 먼저 전화하지 않고 그렇게 할 수 있어요?). 카레이나는 이를 다시 완벽해지지 못함(수치감)으로 경험했다. 카레이나는 다른 사람들과의 관계에서 했던 것처럼 깊이 뉘우치고 다시 상담자로부터의 지지를 유발해내었다. 그러나 카레이나는 그다음 회기에 나타나지 않았으며, 이후로도 상담에 다시 나타나지 않았다[내담자(혼잣말로): 난 희망이 없어. 제대로 할 수 있는 것이 없어. 모든 사람이 내게 넌더리를 내잖아, 이 상담자조차도].

이 대인과정은 카레이나의 갈등을 해결하기보다는 두 가지 방식으로 재연했다. 첫째, 그녀는 처음에는 상담자로부터 동정을 유발했다. 그러나 카레이나가 상담자의 기대를 충족시키지 못하자 상담자의 지지는 통제, 비판, 정서 철회로 바뀌었다. 카레이나가 가진 이런 익숙하지만 고통스러운 시나리오 재연은 자신이 언제나 다른 사람을 실망시키고 만다는 병인적(pathogenic) 신념을 확인시켜 주었다. 관계는 유지되지 않고, 갈등은 해소되지 못한다. 이는 첫 상담회기 때 그녀가 상담자에게 미리 경고했던 구체적인 관계 패턴이다.

둘째, 상담자는 좋은 의도를 가지고 이 내담자를 구하려고 노력했는데, 카레이나는 스트레스를 심하게 받고 있었으며 조력과 지시를 명시적으로 요구하고 있었다. 상담자는 처음부터 상담에 대한 통제권을 쥐고, 이 내담자에게 무엇이 도움이 될지 자신의 생각이나 제안을 제시하도록 요청하지 않은 채 더 나아지기 위해 '해야만 하는' 프로그램을 카레이나에게 주었을 뿐이다. 그러나 카레이나는 자신이 주도권을 쥐고 뭔가를 해보거나 자신의 삶에 대해 목소리를 낼 때 거의 지지를 받아보지 못했던 사람이다. 상담자는 협력적으로 작업하지 않았을 뿐 아니라 카레이나가 회기에서 또는 타인과의 관계에서 더 주장적으로 또는 더 독립적으로 행동할 때 반응할 수 있는 지점을 찾지 않았으며, 자신의 정체성을 건강하게 표현할 때 긍정적으로 반응하지도 않았다. 그래서 두 사람 사이의 대인과정은 좋은 의도를 가졌지만 안전 기지로 기능할 수 없어서 카레이나의 탐색, 효능감, 자율성을 지지할 수 없었던 통제적인 부모와의 상호작용과 유사했다.

몇 주 뒤 이 사례를 리뷰할 때, 상담자는 "내담자는 아직 폭식-구토 행동을 멈출 준비가 되어 있지 않았어요. 문제가 있다는 것을 부정하는 것을 멈추고 그 문제에 대해 작업할 수 있으려면 좀 더 악화되어 바닥을 쳐야 할 것 같아요."라고 보고했다. 이 상담자는 두 사람이 상담에서 재연한 대인과정이 내담자의 익숙하지만 문제가 되는 대인 시나리오를 의도치 않게 반복했으며, 그래서 변화가 일어나지 않게 했다는 점을 인지하지 못했다. 처치가 실패할 때 종종 일어나는 일인데, 상담자는 서로 이야기를 나누었던 내용(식이 문제)에만 주의를 기울였지 과정이 내담자의 대인 문제(상담자의 기대를 충족시키지 못했을 때 탓함이나 실망함을 보게 되는 것)를 어떻게 재현하고 있는지에는 주의를 기울이지 않았다. 이런 조기 종결을 어떻게 방지할 수 있을까? 계속 강조하고 있는 순서를 따르면, 상담자는 먼저 공감적 반응을 제공하여 안전한 천국을 제공할 것이다. 그다음으로 현재의 상호작용에서 일어나고 있는 것에 대한 재연을 두 사람이 실제 느끼는 강도로 즉시성과 함께 탐색하기 위해 과정 언급을 하여 안전 기지를 제공할 것이다. 예를 들어보자.

상담자 물러서서 다시 폭식/구토를 시작했다니 정말 유감입니다. 하지만 지금 제 첫 번째 관심은 당신과 나에 관한 것입니다. 이런 얘기를 저에게 하는 것이 안전하지 않다고 느끼는 것 같습니다. 아니면 제가 당신이 원하지 않는 반응을 할까봐 걱정하는 것 같습니다. 저에게 얘기하는 것이 왜 어려운지 함께 얘기할 수 있을까요?

내담자 글쎄요, 아마도 선생님이 실망할 것이라고 생각했던 것 같습니다. … 제가 약속을 지키지 못했으니….

상담자 (상냥하고 진실되게) 아, 제가 당신에게 실망할 것 같다. … 이것에 관해 얘기할 수 있게 되어서 기쁘네요. 고마워요.

초보이든 경험이 많든, 모든 상담자는 때때로 이런 일이 일어나고 있다는 것을 인식하지 못한 채 내담자의 패턴과 문제를 재연할 것이다. 다른 상담자의 회기 녹화를 볼 때처럼 정서적으로 중립을 유지할 수 있는 위치에서 보면, 이런 오래된 패턴이 대인과정에서 어떻게 재연되고 있는지를 비교적 쉽게 발견한다. 그러나 이와는 달리, 상담자가 강렬한 정서가 실린 관계에서 자신의 대인과정을 보는 것은 몹시 어렵다. 초보 상담자가 논의되고 있는 이야기의 내용과 논의 중 재연되고 있는 과정 모두에 주의를 기울이기는 어렵다. 확실히 수련 중인 상담자들은 전문성 발달과정에서 복잡한 도전을 직면하고 있으며, 스스로에 대한 인내를 필요로 한다. 그러나 꾸준히 연습하고 경험이 쌓이면, 과정지향적인 접근을 사용할 때 가장 강력한 영향을 미칠 수 있으며, 이런 즉시성 기반 개입을 활용하는 것이 편안해진다는 것을 알게 될 것이다(Spangler, Hill & Dunn et al., 2014; Kuutmann & Hilsenroth, 2012). 학생 상담자는 이 주제에 대한 추가적인 독서, 리허설, 동료와의 연습, 역할연습, 실습 강사의 모델링, 그리고 지지적인 수퍼바이저의 지도를 통해 배울 수 있을 것이다(Hill, 2014의 14장에 제시된 실습 지침과 연습, Angus와 Kagan, 2017 참조).

예시 2: 과정 언급이 원치 않는 패턴을 상담자가 반복하게 하는 것을 막아준다 예시 1에서는 내담자의 오랜 시나리오가 치료적 과정에서 재현되었다. 다음의 예에서는 비슷한 역동이 시작되지만 상담자가 내담자와 함께 펼치고 있는 대인관계 과정을 알아차리고, 과정 언급을 이용하여 그러한 상호작용을 효과적으로 조정하게 된다.

많은 내담자들이 우울증 때문에 상담을 시작한다. 그들은 슬픔을 느끼고 자신이 나쁜 사람이라고 믿으며 상황을 변화시킬 힘이 없다고 본다. 많은 경우, 이러한 내담자들은 도움에 대한 정서적 애원과 함께 자신의 고통을 상담자에게 털어놓는다. 그러나 어떤 내담자(특히 몰두형과 두려움형 내담자)에게는 상담자가 시도하는 어떤 것도 잘 작동하지 않는다. 내담자가 도움을 구하는 애원에 반응하여 상담자가 노력해보지만, 종종 "네. 그러나…"라는 내담자의 반응을 접하기 일쑤다. 문제가 되는 순환 과정은 다음과 같이 시작된다. 불안과 우울 문제[아마 격정성 우울(agitated depression)]를 가지고 있는 내담자가 스트레스를 점점 더 많이 느끼게 되고 결국에는 도움에 대한 애원이 강력해진다. 예를 들면, 그런 내담자는 뭔가가 바뀌지 않으면 더 이상 살아갈 수가 없다고 하며, 떠나는 파트너를 다시 돌아오게 하려는 과활성화 시도로 자살 생각을 나타내기도 한다. 이러한 것에 대한 반응으로, 상담자는 더욱더 적극적이 되어서 뭔가 도움이 되는 방식으로 반응하려고 더욱 열심히 노력하게 된다. 그러나 그 어떤 것도 이런 내담자의 고통을 해소하는 데 효과를 발휘하지 못한다.

적극적으로 유발해내려고 노력해왔던 상담자의 도움을 내담자가 거부하게 되면, 도움을 주고자 하는 상담자의 의욕이 좌절된다. 예를 들어, 발달적으로 보았을 때 조력자로서 막 생겨난 적절감 및 아직 미약한 확신감이 내담자의 이런 반응으로 위협받을 수 있다. 특히 학생 상담자가 수퍼바이저로부터 지지를 받고 있다고 느끼지 못하면 더욱 그러할 것이다. 또는 원가족에서 부모 역할을 해왔던 상담자는 가족에서의 역할에 충실하지 못했으며 다른 사람의 정서적 욕구를 충족시키지 못했다는 점에서 스트레스를 받을 것이다. 이런 방식 중 하나로 내담자의 유발 행동이 상담자의 개인 문제들에 스며들게 되면, 어떤 상담자는 내담자를 만족시키기 위해 더 열심히 작업하게 될 것이다. 다른 상담자는 철수해서 정서적으로 관여하지 않으려 할 것이다. 또 다른 상담자는 내담자에게 처벌적이 되거나 비판적이 된다. 어떤 상담자는 정서적인 관여를 철회하기도 한다. 이런 일이 일어나면, 내담자는 상담자와의 치유 관계(reparative relationship)를 경험하지 못한다.

이제 잠깐 멈추고 당신의 반응 경향에 대해 생각해보라. 그리고 내담자로부터 받는 이런 혼재된 메시지에 내적으로 그리고 행동적으로 어떤 반응을 하는 경향이 있는지 생각해보라.

상담자가 내담자에게 비판적인 상태가 되거나 정서적으로 관여되지 않고 혹은 계속 내담자를 만족시키려 한다면 상담에 진전이 없거나 조기 종결하게 된다. 관계를 끝내겠다고 위협하거나 자신에게 비판적인, 너무 쉽게 신뢰하는 또는 일관성 있게 함께 해주지 않는 누군가와의 관계에 또다시 의존하고 있다는 느낌을 가진다면, 우울한 내담자의 갈등이 반복되는 결과가 된다. 대안은 없는가? 성공적인 상담에서는 상담자가 과정 언급(메타커뮤니케이션)을 활용하여 현재의 상호작용에서 진행되고 있는 것에 대해 내담자와 대화를 시작한다. 논의되고 있는 내용(예를 들면, 우울증)에만 초점을 두기보다는 상호간 상대방에게 어떻게 반응하고 있는지에 대해 의문을 제기하고 공개적으로 논의할 수 있다. 바로 이러한 것이 부적응적 관계 패턴의 재현을 막는 한 가지 효과적인 방법이다. 예를 들어 보자.

상담자 방금 우리 둘 사이에 일어난 일들에 대해 이야기해봅시다. 그리고 우리 둘 사이의 관계에서 어떤 일이 일어나고 있는지 봅시다. 제가 보기에는 당신이 저에게 계속 도움을 요청하고 있는 것 같습니다만 대답은 계속 '네, 그렇습니다. 그러나…'를 반복하고 있습니다. 당신이 그렇게 대답할 때 사실 전 좌절을 느낍니다. 당신을 돕는 것을 허락하지 않는 것 같아서요. 당신은 우리 둘 사이에 어떤 일이 일어나고 있다고 생각하세요?

이런 형태의 과정 언급을 이용해서, 상담자는 상호간의 상호작용을 이해하는 노력에 내담자가 참여할 수 있도록 초대한다. 상담자는 내담자로 하여금 자신의 우울이 다른 사람에게 어떻게 표현되고 경험되는지를 보게 한다. (최근 이 내담자는 "집사람은 지지적이었지만 이젠 포기하고 나를 떠날 것 같습니다."라고 얘기했다.) 앞으로 보겠지만, 과정 언급은 상담자에게 상황을 더 악화시키는 내담자의 요구와 상담자의 점증하는 좌절이라는 악순환을 그 순간만이라도 멈출 수 있게 해준다.

과정 언급은 어떻게 내담자가 변화하도록 돕는가? 이 순간 내담자는 자신의 옛 관계 패턴에 대해 이전과는 다른 새로운 반응을 제공해주는 상담자와의 관계를 경험한다. 상담자와의 관계가 자신의 옛 관계 패턴과는 다른 새로운 해결을 제시하고 있음을 경험하고 있다. 이 순간 상담이 왜 정체되는지를 탐색하는 데 내담자를 초청함으로써, 상담자는 관여를 유지하고 있다. 계속적인 퇴짜에 직면해도 유지되는 상담자의 가용성은 내담자가 다른 관계에서 종종 경험해온 과정(sequence)과는 다르다. 즉 도움을 주려는 초기 시도, 좌절하여 비판적이 되거나 탓을 하는 조력자, 마지막으로 관심을 철회하여 궁극적으로 관계가 파탄되는 이런 과정은 내담자가 다른 사람과의 관계에서 자주 경험해온 것이다. 과정 언급은 내담자에 대한 지속적인 관심과 지금 일어나고 있는 것을 이해하는 데 있어서 협력적 파트너가 되려는 헌신을 나타낸다.

이 순간 거부나 포기를 기대하고, 유발하며, 실제 경험하는 누군가에게는 과정 언급이 정말 새롭고도 상이한 경험이 된다. 내담자는 이런 일관성 있는 관여(상담자나 타인이 한편으로는 과도한 반응을 하고 다른 한편으로는 포기하는 것과는 상이한) 또는 그것이 제공하는 버텨주는 환경을 과거에는 경험해보지 못했을 것이다. 내담자에 대한 이러한 교정적 입장이 계속되고, 크든 작든 상담 전체를 통해 여러 차례 반복되면, 내담자는 상담자와의 관계에서 자신의 핵심 갈등의 해결을 경험하게 된다. 내담자가 단지 수동적 혹은 관념적으로 조언, 안심 또는 해석을 듣는 게 아니라 실생활에서 이러한 변화를 경험하게 되면, 다른 사람과의 관계에서도 유사한 변화를 만들어낼 수 있게 된다.

대인과정접근에서 핵심 개념은 **상담관계가 점점 의미 깊어짐에 따라**, 즉 상담자가 내담자에게 중요한 누군가가 되어 감에 따라 **변화를 위한 능력도 점점 증대되어 간다**는 것이다(심리치료에서 '현실 관계'에 대한 Gelso, 2011과 Gelso & Samstag, 2008 논의 참조). 대인 해결이 상담자와의 관계에서 실현되면 상담 동맹이 강화되고, 다음 두 가지 방식으로 변화가 촉진된다. 첫째, 이런 새로운 형태의 관계는 내담자에게 대인 안전감을 제공한다(Weiss, 2005). 이런 새로운 맥락의 대인 안전감은 내담자로 하여금 부적응적 관계 패턴에 수반되는 병리적 신념과 핵심 갈등 감정을 인정할 수 있게 해준다(Westin et al., 2004). 달리 말하면, 내담자는 너무나 위협적이어서 예전에는 부정하거나 분리(split off)해야 했던 감정과 상황을 경험하고 통합하는 데 필요한 지지 관계를 가지게 된다.

둘째, 상담자와의 관계를 통한 변화 경험은 현재의 관계가 이전의 관계와 다를 수 있다는 것을 단순히 말로만이 아니라 **실제로 보여준다**. 이러한 일은 관계에 관한 인지적 도식을 확장함으로써, 즉 관계가 가져올 수 있는 가능성에 대한 핵심 신념을 변화시킴으로써 이루어진다(예를 들면, "난 중요하고 존중받을 수 있어."; "내가 원하는 것을 얘기할 수 있고, 그렇게 한다고 해서 홀로 남겨지지도 않을 거야."; "한계를 설정할 권리가 내게 있으니 아이들이 나를 함부로 대하게 내버려두지 않을 거야."). 상담자의 도움으로 내담자는 더욱 융통성 있고 자기 긍정적인 방향으로 이러한 재학습을 전이하고 다른 사람들과 더 나은 관계를 형성할 것이다. 한 예로, 우울을 경험하고 있는 내담자가 상담자의 과정 언급에 어떤 반응을 하고 있는지 살펴보자.

내담자 그래요. 전 계속 '네, 그러나…'로 반응하고 있어요. 내 아내도 내가 언제나 그렇게 얘기한다고 하지요. 그래서 모든 게 별 의미가 없군요. 내가 여전히 그런 방식으로 얘기하면 내가 더 나아질 방법이 없겠죠. 아마 모든 걸 잊고 이제 그만두어야 하겠지요.

상담자 그런 건 아니죠. 다른 사람과의 관계에서 있었던 것과 동일한 문제를 여기서 나와의 관계에서도 가지고 있다는 것이 의미가 있네요. 어떤 의미에서 그것은 문제이지만 다른 각도에서 보면 그것은 지금 여기 나와의 관계에서 해결할 수 있는 기회를 주지요.

내담자 어떻게요?

상담자 나와의 관계에서 더 나은 방식으로 반응하는 방법을 찾아내 실행할 수 있다면, 말하자면 우리 둘 사이에서 이런 오랜 패턴이 반복되지 않도록 할 수 있다면, 당신 아내나 다른 사람과의 관계에서도 이런 패턴을 변화시키는 데 도움이 될 것이라고 생각해요.

내담자 지금까지 할 수 없었던 것을 어떻게 지금 갑자기 할 수 있지요?

상담자 글쎄요. 그래도 가능할 거예요. 우리가 현재 서로 상호작용하는 방식에 대해 얘기하는 것 그 자체가 그런 패턴을 깨고 있는 것이지요. 관계에 대해 그리고 서로에게 반응하는 방식에 대해 얘기하는 것이 어떠세요?

내담자 다르네요. 좋네요. 선생님이 뭔가를 지적하고 있지만, 처벌적(비판적)이라 느껴지지는 않네요.

상담자 그렇죠. 저도 처벌적이라 느끼지 않아요. 그리고 현재 상호작용하는 방식이 좋네요. 뭔가를 같이 하는 것 같아요. 이제 자꾸 거부당하는 느낌이 없네요. 다른 사람과도 이렇게 한다면 그 사람들이 좌절한다거나 철수함 없이 당신과의 관계에 머무는 것이 좀 더 쉽지 않을까 생각되는데, 어떻게 생각하세요?

이 예에서 상담자는 내담자와의 현재 상호작용을 효과적으로 변화시키기 위해 과정 언급을 활용했다. 그 순간 상담자와 내담자는 내담자의 익숙한 어려움을 반복하지 않게 되었다. 이전의 '네, 그러나…' 패턴의 변형이 곧 나타날 것이고, 상담자는 한 번 더 과정 언급을 하며 유사한 사이클에 대한 훈습을 해야 할 것이다. 그러나 과정 언급을 함으로써, 상담자는 일시적으로 내담자에게 이전의 시나리오와는 잘 맞지 않는 다른 반응을 제공하고 있다. 만약 상담자가 전체 상담회기에 걸쳐 중립적이거나 교정적인 이러한 유형의 반응을 제공하기 위해 노력한다면 내담자는 치유 관계(reparative relationship)를 경험할 것이다(Bridges, 2006). 나아가 타인과의 관계에서 패턴의 변화를 시작할 것이다. 이것에 대해서는 다음 장에서 논의될 것이다. 다음 예시 3에서는 처치의 진행에 따라 과정 차원을 추적하는 좀 더 거시적인 관점을 보여준다.

예시 3: 서로 다른 이론 관점들을 연결하는 하나의 수단으로서의 과정 차원 내담자의 변화를 조력하는 많은 방법이 있다. 또한 서로 다른 이론 관점을 가진 상담자 모두 내담자의 변화를 조력할 수 있다. 모든 이론 접근은 내담자 문제의 몇몇 측면을 설명할 수 있지만, 동시에 한계도 가지고 있다. 흥미롭게도, 통합적 관점을 가진 연구자들은 서로 다른 이론 접근을 대표하는 상담 대가들이 상담회기 내에서 유사하게 행동하며, 그 유사성 정도는 각각의 상담 모델을 대표하는 상담 대가와 그 추종자 간의 유사성 정도보다 더 높다는 것을 발견했다(Goldfried et al., 1998). 또 연구자들은 각각의 이론 관점 내에서 변화의 여부는 이론 그 자체(예를 들면, 내담자 중심 대 정신역동)가 아니라 개별 상담자가 상담관계에 그 이론을 얼마나 효과적으로 잘 적용하는지에 달려 있다는 것을 발견했다(Narcross & Lambert, 2014; Norcross & Wampold, 2011). 말하자면, 어떤 인지행동 상담자는 다른 인지행동 상담자보다 훨씬 더 효과적일 수 있으며 이는 상담성과 연구에서 나타난 상담효과의 대부분을 설명한다. 더구나 처치효과를 내는 가장 강력한 것은 상담자와 내담자의 관계, 그리고 공감, 진실성, 긍정적 존중과 같은 공통요인이다(Luborsky et al., 1997; Norcross, 2011; Teyber & McClure, 2000; Wampold, 2015).

수십 년 전 Kiesler(1966)는 이런 이슈를 지적하며 이를 '**동일성 신화**(uniformity myth)'라고 명명했다. 동일성 신화는 모든 상담자가 똑같이 효과적이며, 상담성과의 차이가 동일 상담 접근 내 상담자 효과의 차이가 아니라 이론 관점의 차이에 기인한다는 잘못된 믿음을 말한다. 이후 Kiesler 및 다른 사람들은 상담성과 연구자들이 상담성과에 대한 많은 설명량을 갖는 것으로 보고되고 있는 집단 내 차이(즉, 더 효과적인 정신역동 상담자와 덜 효과적인 정신역동 상담자, 더 효과적인 인지행동 상담자와 덜 효과적인 인지행동 상담자)에 대해 살펴보도록 촉구했다. 집단 내 차이에 대한 연구는 집단 간 차이(예를 들면, 인지행동상담 대 정신역동상담)에 초점을 두는 것보다 훨씬 더 많은 정보를 제공해준다. 집단 간 차이 연구에서 상담 모델에 따른 효과 차이는 아주 적거나 0인 것으로 보고되고 있다. 달리 말하면, 효과의 변산 정도는 이론적 관점이 아니라 일차적으로 상담자 효과에서 발생한다(Anderson et al., 2009; Okiishi et al., 2003).

이와 같은 문헌의 내용을 정리하면서, Lambert와 Ogles(2004)는 경험적으로 지지되는 처치(empirically supported treatment; EST)를 찾으려 하기보다는 경험적으로 지지되는 상담자를 찾으려 해야 한다고 주장했다. 요약하면, 이론 관점이나 처치접근에 관계없이 상담자가 공감적 이해를 통해 강력한 작업 동맹을 형성하고, 동맹에 문제가 있을 경우 이를 바로잡을 수 있을 때 변화가 일어날 것이다(Angus & Kagan, 2007; Horvath, Del Re, Fluckinger, & Symonds, 2011; Norcross, 2010, 2002; Wampold, 2001). 또 장기상담을 하든 단기상담을 하든 그리고 어떤 이론 관점을 가지고 있든 상관없이, 상담자들은 상담관계가 내담자의 갈등을 되풀이하지 않고 해결을 제공해줄 때 변화가 일어난다는 것을 알고 있다.

레이첼은 2년간의 분석 상담을 받고 난 후에도 여전히 자신의 삶을 주인으로 살 수가 없었다. 남편처럼 상담자도 왜 그리고 어떻게 그녀가 현재의 방식으로 행동하는지에 대한 해석에 몰두했기 때문이었다. 상담자에 대한 레이첼의 반응은 남편에 대한 반응과 같았다. 즉, 그녀는 남편의 견해를 '진실'로 받아들였다. 레이첼은 아이들에게 어떤 일을 시켰을 때 실제로 그 일을 아이들이 실행하게 하는 것에도 어려움을 겪고 있었는데, 이로 인해 그녀의 유능감이 급락했다. 이는 상황을 더 악화시켰다. 그녀는 또한 가정주부로서 늘 해야 하는 집안의 자질구레한 일에 대해서도 불평했다. 그러나 그 상황을 개선하기 위한 어떤 것도 할 수 없었다. 사무직 직업을 갖기 위해 남편의 주장대로 학원에 등록하거나 면접을 보러 가기도 했다. 그러나 그녀는 남편이 제안한 바대로 따르지 못했다.

상담에서 레이첼은 자신의 어린 시절을 탐색하는 데 많은 시간을 보냈다. 상담자는 그녀의 회상에 나타난 주제들을 엮어서 조직화하는 데 능숙했다. 예를 들면, 내담자가 어렸을 때부터 활동을 주도하지 못하도록 교묘하게 방해받아온 방식을 상담자는 예리하게 관찰했다. 또한 내담자는 자신의 성공 경험에 대해 기분 좋게 느끼도록 허용받지 못했다. 적극적인 흥미를 표현할 때마다, 새로운 것을 시도할 때마다 또는 아이로서 자랑스러워할 만한 것을 성취할 때마다 부모는 그것을 알아채지 못했다. 부모가 그것을 알아챘더라도 그것에 대해 매우 기뻐하는 것 같지 않았다.

한 번은 상담자가 레이첼이 수동–의존적인 성격 유형의 소유자임을 민감하고 비판단적인 방식으로 설명했다. 레이첼은 낙인찍혔다든가 모욕당했다고 느끼기보다는 상담자가 자신을 그렇게 잘 이해하고 있다는 사실에 깊은 인상을 받았다. 상담자는 레이첼이 얘기하지 않아도 레이첼에 대해 많은 것을 알고 있었다. 그녀의 문제가 많이 해결된 것은 아니었지만 상담자가 치료해줄 수 있을 것으로 굳게 믿었다. 상담자는 너무나 똑똑했고 통찰력이 있었다. 그는 진정으로 그녀를 돌보고 있는 것 같았다. 그는 그녀에게 어떤 일을 하라고 말하지 않았지만 상황이 너무 힘들어지면 문제가 의미하는 바가 무엇인지 설명함으로써 그녀를 도와줄 수 있었다. 그와 함께 있으면 정말 안심이 되었다. 레이첼은 상담자 없이는 아무것도 할 수 없을 것 같았다.

더딘 상담성과에 인내심을 잃은 사람은 남편 프랭크였다. 2년이 경과한 시점에도 끝나지 않는 상담료 청구서와 아내의 끝없는 불만에 견딜 수가 없었다. 아내의 어쩔 수 없는 불만족은 자신을 더 사랑해달라는 또는 자신의 삶을 어떤 방식으로든 채워달라는 무언의 끊이지 않는 요구로 다가왔다. 그는 이런 미묘한 끊임없는 요구에 진절머리가 났다. 뭔가 변화를 시급히 원했다.

행동파인 프랭크는 근처 한 대학의 교수로 재직 중인 인지이론 관점을 가지고 있는 상담자 이름을 알게 되었다. 한 친구가 프랭크에게 이 상담자는 신속히 문제를 해결할 수 있는 '문제해결 현실주의자'라고 얘기했다. 이 말을 들은 프랭크는 자신이 필요로 하는 바로 그 접근법이라고 확신했다. 프랭크는 지금 하고 있는 상담을 그만두고 새 상담자와 상담을 시작하는 것이 좋겠다고 주장했다. 레이첼은 현재의 상담자를 떠나야 한다는 생각에 마음이 편치 않았다. 그러나 프랭크가 더 이상 인내하지 않을 것임을 감지했다. 레이첼은 여전히 현재의 상담자를 믿고 그와 상담을 계속하고 싶었지만, 프랭크의 말대로 하지 않으면 프랭크가 자신을 떠날 것 같다고 걱정했다.

새 상담자와 두 회기를 마친 후, 레이첼은 프랭크가 옳았다는 생각을 하고는 충격을 받았다. 새 상담자는 지체 없이 상황을 파악하고 대처해 나갔다. 자신이 따라야 하는 단계들로 구성된 처치 계획을 세우고 더 구체적으로 생각 기록을 추적하게 하는 상담자와 함께 하는 것은 정말이지 레이첼에게 위안이 되었다. 새 상담자는 구체적인 처치 목표의 목록을 제시하고 그녀와 논의했다. 상담자와 레이첼은 계획을 세워서 그러한 목표를 달성하기 위한 일련의 과제를 정해진 시간 스케줄에 따라 수행하기로 했다.

첫 시간 동안 상담자는 레이첼의 두 아이가 말을 듣지 않을 때 그녀가 어떻게 반응하는지 역할연습을 통해 보여주도록 요청했다. 이후 상담자의 시범과 코치로 그녀가 아이들에게 할 수 있는 좀 더 주장적인 반응을 연습했다. 상담자는 자신이 운영하고 있는 주장 훈련 반에 레이첼이 등록하도록 했다. 또한 매주 레이첼은 할당된 과제를 수행했다. 둘째 주 동안 레이첼은 가까이 지내고 싶은 새로운 사람에게 전화를 하여 점심을 함께 할 것을 요청하는 과제를 수행해야 했다. 레이첼은 다음 회기의 초반에 이 과제에 대해 상담자에게 보고할 것으로 예정되어 있었다.

프랭크는 아내의 문제에 대한 이러한 실질적인 문제해결 접근에 고무되었다. 프랭크는 어쨌든 뭔가 바뀔 것이라고 생각했다. 레이첼 역시 자신이 희망을 느끼고 있다는 것을 발견하고는 놀랐다. 레이첼은 처음에는 별로 내키지 않았지만 이제는 이번 상담에 희망을 걸어보려 했다. 레이첼은 상담자가 원하는 것이라면 무엇이든 해볼 것이라고 스스로에게 다짐했다.

첫 몇 주 동안은 상담이 잘 진행되어 갔다. 그러나 곧 다시 속도가 느려지기 시작했다. 레이첼은 주장 훈련 반에 참석할 활력을 찾지 못했는데 그 이유를 알지 못했다. 상담자가 자신에게 실망할 것이라는 것을 알았지만 어떻게 할 도리가 없었다. 레이첼은 상담회기에도 늦기 시작했다. 이에 대해 죄의식과 함께 혼란을 느꼈지만 어쩔 수 없었다. 다음 몇 달 동안에는 약속을 변경하거나 아예 상담에 나타나지도 않는 일이 시작되었다. 곧 모든 처치 과정에서 그녀의 모습을 볼 수 없게 되었다. 레이첼의 새 상담자가 선택한 '상황장악(take-charge)' 접근은 부지불식간에 그녀에게 스스로가 독립적인 행위를 할 능력이 없으며 늘 남편의 의견을 필요로 했듯이 상담자의 지시를 필요로 한다는 메시지를 전달했다.

레이첼의 두 상담자는 서로 상이한 접근을 사용했지만 레이첼의 문제에 결정적인 영향을 미치지 못했다는 점에서는 동일하다. 이론적으로 정신분석 지향 상담자는 이런 성공적이지 못한 결과를 이 내담자의 근본적인 의존 욕구를 재구조화하는 데 있어서의 어려움에 귀인할 것이다. 인지행동 상담자는 도움추구 행동으로부터 얻는 이차 이득이 너무 많기 때문에 그녀가 충분히 동기화되지 못했다고 생각할 것이다. 그러나 상담자와 내담자 사이에 일어난 대인과정을 살펴보면, 다른 그림이 나타난다. 이 두 상담자가 실은 문제가 되는 방식과 아주 유사한 방식으로 레이첼에게 반응했던 것이다.

그들의 대인관계 과정을 주의깊게 살펴보자. 레이첼은 자신의 두 아이 및 남편과 가졌던 부적응적 관계 패턴을 두 상담자와의 관계에 재연했다. 그녀의 호소 문제는 아이들이 자신에게 멋대로 행동하지만 아이들로 하여금 자신의 말을 듣게 할 수 없다는 것이었다. 그녀의 모든 것을 책임지는 남편에 대한 지나칠 정도의 순응은 근본적으로 아이들과의 관계에서 겪는 문제와 동일한 것이라 할 수 있다. 상담은 실패했다. 왜냐하면 그녀의 수동-순응 패턴이 상담자와의 관계에서 재연되었기 때문이다. 부지불식간에 두 상담자 모두 **위계적 관계**(hierarchical relationship)를 제공했다. 이 관계에서 레이첼은 모든 것을 책임지고 자신을 치료해줄 '전문가'에 의해 인도되는 수동적인 피조력자에 머물러 있었다. 이러한 대인과정은 문제를 해결할 힘과 능력이 자신이 아니라 상담자나 다른 누군가에게 있다는 그녀의 병리적 신념을 강화했다. 그녀는 상담에서 협력적인 파트너가 아니었다. 그래서 변화에 대한 주도성, 동기, 헌신을 유지하기 어려웠다(Horvath & Bedi, 2002; Rollnick & Miller, 2013).

레이첼이 변화하기 위해서는 자신의 효능감을 행동적으로 증명해주는 치료관계를 경험할 필요가 있다. 이런 관계에서는 상담자가 내담자 자신이 탐색하고 싶은 바를 주도하도록 적극적으로 격려하고 상담자와 통제를 공유하며 개인적 경계를 확고히 하도록 초대하며, 내담자가 스스로 결정하고 선택하는 것을 더욱 명백히 지지한다. 새로운 대인관계 과정 맥락에서 상담자가 다음과 같이 하면 내담자의 증상은 눈에 띄게 개선될 것이다.

- 관계에서 더욱 독립적으로 행동하도록 격려한다.
- 상담자나 다른 사람과의 관계에서 그녀가 더욱 독립적으로 또는 주장적으로 행동하려 할 때마다 발생하는 불안과 죄의식을 협력적으로 탐색하는 데 참여한다.

상담자와의 관계에서 일어난 변화 경험은 그녀의 내적 작동 모델(IWMs)에 행동적으로 도전한다. 또한 더 협력적이고 생산적인 관계에서 상담자의 기술과 이해가 더해져서 자신의 강점이 가치 있으며 활용될 수 있다는 것을 알게 된다.

불행하게도, 레이첼의 두 상담자는 위계적인 조력자–피조력자 관계 과정에 불편함이 없었으므로 그것을 상담의 초점으로 가져오지 못했다. 예를 들어보자.

상담자 우리가 어떻게 상담하고 있는지에 대해 얘기해볼 수 있을까요? 저는 제가 선생님이거나 리더이고 당신은 학생이나 추종자인 것처럼 상호작용하고 있다고 느낍니다. 당신이 얘기한 다른 관계에서도 그랬다고 알고 있습니다. 이런 방식은 좋지 않은 것 같습니다. 저는 우리가 좀 더 협력적이고 동등한 파트너로 작업하면 좋겠습니다. 어떻게 생각하세요? 우리 사이에 무슨 일이 일어나고 있다고 생각하세요?

어떤 상담자도 그들의 현재 상호작용이 다른 관계들에서 문제가 되었던 패턴과 동일한 패턴을 재연하고 있다는 메타커뮤니케이션을 제공하지 못했다. 상담자가 레이첼에게 무엇을 원하는지를 묻고 자신의 의견을 표출하려는 노력을 지지했다면, 이는 레이첼에게 효능감을 갖게 해주었을 것이다. 요령 있게 그리고 잠정적으로 공유된 그런 과정 언급은 이런 지지적인 환경에서 레이첼로 하여금 그런 증상 패턴을 살펴보게 했을 것이다. 나아가 과정 언급은 레이첼로 하여금 상담자에게 의존하고 순응하는 대처 양식을 바꾸도록 했을 것이며, 그들의 관계 속에서 자신의 감정, 흥미, 진정한 목소리를 표현하게 했을 것이다.

때로는 순서가 중요하다. 즉, 레이첼이 상담자와의 관계에서 자신의 주도성에 대한 지지를 먼저 경험할 수 있다면, 레이첼은 다른 사람과의 관계에 이를 일반화하여 적용하는 데 더 많은 힘을 얻게 될 것이다. 상담자와 관계에서 일어난 새로운 경험은 두 가지 중요한 메시지를 전달한다. 첫째, 어떤 관계는 다른 관계와 다를 수 있다(즉, 상담자에게, 그리고 나아가 다른 누군가에게 레이첼이 자신의 목소리를 내어도 유기되거나 조롱받거나 무시당하지 않을 것이다). 둘째, 자신의 삶과 미래에 대한 결정에 있어서 좀 더 주인으로 행동함으로써 이미 성공하고 있으며 자율성 강화를 경험하고 있다(Bandura, 2006).

상담자와 상호작용하는 방식에 있어서 이러한 변화는 상담실을 찾게 한 타인과의 실제 생활 문제를 해결하는 것과 무슨 관계가 있는가? 상담자가 그녀가 무엇을 해야 할지를 이야기해주는 한, 레이첼은 두 아이와 경계를 설정할 수 없으며 남편과의 관계에서 더 주장적인 자세를 견지할 수도 없고 자신의 진정한 관심과 목표를 자각할 수도 없을 것이다. 또한 자신이 원하는 바대로 할 수도 없을 것이다. 말하자면, 그녀가 상담자와 논의한 내용(자율성, 주장성, 정체감 이슈)은 그들이 구현했던 대인관계 과정과 일치하지 않았다. 레이첼이 상담자와의 관계에서 적극적이고 동등한 참여자로 행동하는 경험을 하지 못하면, 이러한 더욱 강력한 삶의 자세를 삶의 다른 영역으로 받아들이지 못할 것이다. 달리 말하면, 과정이 내용과 일치해야 한다.

그러나 상담자가 레이첼과 같은 누군가와 더욱 동등한 또는 협력적인 관계를 구현하는 것은 단순한 일이 아니다. 이를 위해서는 치료적 기술과 더불어 과정 차원에 대한 사려 깊은 모니터링이 필요하다. 살아온 인생의 경험에 따라, 레이첼은 상담자, 남편, 두 아들, 그리고 다른 사람들이 그녀를 이끌고 지시하며 책임지도록 하는 데 익숙했다. 행동주의 상담자나 정신분석 지향 상담자가 상담회기 동안 레이첼이 좀 더 주도적이 되도록 격려했다면, 그래서 주도하기를 주저하는 이유를 함께 탐색하는 데 초점을 두었다면, 레이첼의 핵심 갈등은 상담관계에서 아주 분명히 드러났을 것이다. 즉 상담자가 그녀 자신의 의제를 따르거나 가장 중요하다고 느끼는 것을 이야기 주제로 선택하게 하면, 또는 상담자에 대해 가지고 있는 불만족을 표현하도록 하며 상담자의 의견에 반대하도록 격려했다면, 또는 자신감 있게 행동하거나 더욱 강력히 행동할 때마다 축하해주었다면, 레이첼은 불안해졌을 것이다. 바로 그 순간 상담자는 이 개입 시점을 포착하여 그녀로 하여금 내부의 불안에 초점 맞추도록 해서 함께 어떤 위협이나 위험 때문에 그렇게 순종적이 되고 도움을 요구하게 되는지(예를 들어, 언제나 다른 사람을 기쁘게 해주거나 친절하고 순응하지 않으면 그 사람이 자신을 떠날 것이라는 믿음; 요구가 많고 지배적인 엄마처럼 행동할 것이라는 믿음—닮을까 두려워함; 자신이 이기적이라거나 자기 목소리를 내면 다른 사람은 자신이 화난 듯이 행동한다고 생각할 것이라는 믿음 등) 함께 탐색해나갈 수 있었을 것이다.

동시에 이들 상담자는 내담자에게 상담관계 내에서 더욱 주장적으로 행동하게 허용하거나 둘 사이의 상호작용에서 행동을 촉진하는 반응을 할 수 있었을 것이다. 이를 위해, 상담자는 다음 두 가지 방식을 활용할 수 있다. 첫째, 상담자는 이러한 효과적인 새로운 삶의 자세가 둘 사이의 관계나 다른 이들과의 관계에서 나타날 때마다 주의를 기울이고 긍정해줄 수 있다. 둘째, 상담자는 레이첼이 상담자와의 관계에서 더 강력한 방식으로 반응한 후 더 안전하고 비주장적인 양식으로 후퇴함으로써 스스로를 망치는 바로 그 순간에 반응할 수 있다. 레이첼의 인생 경험과 대인관계 대처 양식을 고려하면 상담자의 의견에 반대했거나 또는 스스로에 대해 통찰한 직후 또는 회기를 자신의 진정한 관심사를 다루는 데 활용한 직후, 그녀는 사과하거나 혼란함을 보이며, 의존적으로 행동하고 지시를 요구하는 경향을 보일 것이다. 상담자가 이런 경향에 관한 작업 가설을 세운다면 대인관계 과정에서 이런 가능성의 재현을 추적해갈 수 있게 될 것이다. 그러면 상담자는 내담자를 도와 이런 문제 패턴이 발생하는 순간을 확인할 수 있게 된다. 나아가 그녀가 상담자와의 관계에서 새롭고 더 강력한 삶의 자세를 나타낸 후 후퇴할 때 그녀가 느끼는 위협이나 위험을 탐색할 수 있게 될 것이다. 이 즉시성 개입을 설명해보자.

상담자 방금 당신은 위험을 감수하고, 좀 더 강력하게 행동했어요. 제 의견에 동의하지 않으셨으니까 말이에요. 저는 그게 너무 좋아요. 하지만 한 가지 확인할 것이 있어요. 당신이 그렇게 나에게 좀 더 주장적으로 행동한 후, 내 마음속에서 어떤 일이 일어날 것이라 생각하세요?

내담자 아, 글쎄요. 잘 모르겠네요. … (잠깐 멈춤) 선생님이 그것을 진짜 좋아하지는 않을 것 같아요. 하지만 그렇다고 말할 수는 없겠지요. 아마 선생님은 제가 강압적이라고 생각할 수 있을 것 같아요. 제 엄마처럼 말이죠. 그런 사람이 되고 싶지는 않지만요.

상담자 아뇨, 전혀 강압적이지 않았어요. 그리고 저는 진심으로 그걸 좋아해요. 나에 대한 느낌과 생각을 소리 높여 더 말하기를 원해요.

내담자 알겠습니다. 하지만 아버지는 우리를 떠났어요. 더 이상 엄마의 강압을 견디지 못하겠다고 말하고는….

상담자 뭔가 당신이 원하는 것에 대해 목소리를 낸 뒤 큰 대가를 치러야 했군요. 혹시 당신이 원하는 것을 얘기하면 제가 이 관계를 그만둘 것이라는 걱정이 있으신가요?

내담자 잘 모르겠네요. … 다른 사람들은 그랬어요.

상담자 과거 다른 사람들은 그랬지만, 저는 떠나지 않을 거예요. 현재 알고 있는 사람 중 어떤 이는 당신이 더 강해지면 싫어할지 모르겠지만, 누군가는 좋아할 거예요. 어떤 사람이 좋아하고 어떤 사람이 싫어하는지를 구분할 필요가 있어요. 그러나 먼저, 당신이 너무나 강압적 또는 징징거린다고 내가 생각하거나 그 비슷한 일이 일어날지 모른다고 당신이 걱정할 때, 바로 그 지점에서 멈추고 그것에 대해 논의하도록 합시다. 그렇게 하면, 나는 내 반응에 책임질 수 있고, 당신은 내가 어떻게 생각하는지에 관계없이 당신이 원하는 것을 이야기할 수 있을 것입니다. 어떻습니까?

내담자 네, 그렇게 해봐요.

대부분의 상담관계에서 상담자와 내담자는 대인관계 과정에서 내담자의 핵심 갈등을 일시적으로 재현할 것이다. 이런 일은 발생하기 마련이다. 그러나 어떤 이론적 배경을 갖고 있는지에 상관없이, 성공적인 상담에서는 상담자와 내담자가 부적응적 관계 패턴의 재현을 지속하지 않는다. 대신 이러한 반복되는 패턴을 인지하고 이름 붙일 수 있으며(예컨대, '사이좋게 지내기') 이전의 익숙한 시나리오가 펼쳐지는 과정을 변화시키는 다른 유형의 관계를 만들어내기 위해 노력한다. 간주관적인 상담자들은 이를 **해체**(deconstruct) 또는 이러한 시나리오 실연으로부터 벗어난다고 말한다. 내담자가 자신의 갈등이 활성화되거나 상담자와의 관계에서 갈등이 재현될 수 있지만 반드시 예상되는 결과, 즉 좌절스럽거나 상처가 되는 결과에 이르는 것은 아니라는 것을 알게 되면, 도식과 기대가 확장되고 더욱 유연해질 것이다. 이 핵심적 시점에서는 상담자가 상담의 다음 단계(즉, 훈습 국면)로 나아가 내담자로 하여금 이러한 경험적 재학습을 다른 관계에 일반화하도록 조력하는 것이 쉬워진다.

예시 4: 과정 차원에 대한 작업을 통해 성적 학대 문제 해결하기 수행에 대해 지나치게 요구하면, 수련생은 종종 내담자 변화를 위해 무슨 일이든 해야 할 것 같은 압박감을 느끼게 된다. 불행하게도 상담자가 느끼는 이러한 내적 압박은 내담자에 대한 (변화하라는) 대인 압박으로 전환된다. 이런 일은 상담자 또는 내담자가 진짜 잘못된 것이 무엇인지 알기 전에 그리고 알았다고 하더라도 그것에 대해 무엇을 하고 싶은지 파악하기도 전에 일어난다. 때 이른 시점에서의 개입기법에 대한 강조가 바로 이런 점을 나타내주는데, 일반적으로 탐색이나 이해가 거의 없이 이루어진다. 상담자가 내담자의 여타 관계에서 어떤 문제가 있는지 개념화하지 않으면 그리고 이러한 관계 주제가 상담과정에서 어떻게 재연될 수 있을지 고려하지 않으면, 개입기법은 실패할 것이다. 반대로 다음과 같은 일을 하면 비교적 쉽게 효과적인 개입방법을 찾을 수 있을 것이다. 첫째, 상담자가 평가를 충실히 하고(assessment oriented) 지속적으로 "어떤 경험 때문에 이 내담자가 지금에 이르게 되었을까?"라는 질문을 스스로에게 한다. 둘째, 내담자와의 상호작용에 관한 작업 가설 및 내담자의 변화에 필요한 관계 경험에 관한 작업 가설 두세 개를 생성해낸다. 그래서 상담자는 스스로에게 "무엇을 해야 할까?"보다는 "이것이 무슨 의미일까?"라는 질문을 반복적으로 해야 한다. 앞으로 보겠지만, 일반적으로 전자에 대한 답은 후자에 대한 답에서 발견된다.

상담자는 여러 이론에서 도출되는 다양한 기법들을 활용할 수 있다(Wachtel, 2008; 1997). 여기서 핵심은 상담자가 방금 한 말이나 행위에 대해 내담자가 어떻게 반응하는지를 세세히 관찰하는 것이다(Curtis & Silberschatz, 1997; Weiss, 1993). 말하자면, 상담자가 연속적인 개입 각각의 효과를 평가하는 것이다. 이 평가는 상담의 진척을 위해 이러한 유형의 반응을 활용하는 내담자의 능력이라는 관점에서 이루어진다. 내담자로부터의 이러한 행동 피드백을 토대로 하여, 상담자는 내담자에게 가장 잘 작동하는 반응을 제공하기 위해 자신의 개입을 수정하는 융통성을 필요로 한다(Binder, 2004; Teyber & McClure, 2000). 불행하게도, 연구자들은 많은 상담자들이 내담자의 욕구에 맞추어 개입을 융통성 있게 변화시키지 않고 교조적으로 적용한다는 것을 발견했다(Ackerman & Hilsenroth, 2001; Najavits & Strupp, 1994).

개입을 안내하기 위해, 우리의 이해를 활용해야 한다는 것을 보여주는 근친상간 피해자와의 상담에 나타난 두 가지 중요한 사건을 검토해보자. 이 사건에서 상담자는 저항 타당화 및 역할 연기라는 두 가지 개입기법을 사용했는데, 이 두 기법은 내담자에게 심대한 영향을 미쳤다. 그러나 변화를 촉진한 것은 개입기법 그 자체가 아니었다. 이 두 개입기법이 현재의 상호작용에서 일어나고 있는 것에 대한 상담자의 이해와 일치했고 상담자-내담자 관계의 즉시성에서 이러한 이슈에 대해 작업할 수 있었기 때문에 두 개입기법 모두 효과적일 수 있었다.

상담 초기에 샌디는 자신이 근친상간 피해자라는 사실을 남성 상담자에게 털어놓았다. 이런 근원적인 (가족에 대한) 배신을 파악한 상담자는 신뢰가 둘 사이의 관계에서 핵심 이슈가 될 것이라고 예상했다. 상담은 좋게 출발했지만, 오래지 않아 샌디가 동일한 내용을 반복적으로 제시했으며, 이에 따라 상담의 진척 속도는 더디어져 갔다. 이즈음 샌디는 두 개의 이야기를 자세히 했는데, 이 두 이야기의 관계 주제는 남성에 대한 비안전감이었다. 상담자와 내담자가 나눈 이런저런 얘기의 내용을 기반으로 하여, 상담자는 샌디가 둘 사이의 관계에서 신뢰를 주제로 끄집어내기 위해 부지불식간에 이러한 얘기를 하고 있는지 모른다는 가설을 세웠다. 둘 사이의 관계가 샌디에게 더 중요해짐에 따라 안전과 배신에 대한 그녀의 깊은 걱정이 이제 상담자와의 관계에서 활성화되고 있는 것으로 보였다.

관계에 관한 이런 깊이 박힌(embedded) 메시지에 대한 반응으로, 상담자는 둘 사이의 신뢰에 관해 샌디와 이야기하기 시작했다. 또한 샌디가 상담자인 자신을 향해 가지고 있는 생각과 감정에 대해서도 질문했다. 샌디는 진심으로 상담자를 좋아했으며 상담자가 도움이 된다고 느꼈다. 그러나 상담자가 신뢰 이슈를 탐색하고 자신과의 관계에서 안전감을 느끼는지에 대해 구체적으로 질문했을 때 그녀의 반응은 반신반의하며 확신이 없어 보였다. 이 문제에 대해 보다 직접적으로 얘기했을 때, 샌디가 상담자를 정서적으로 제거하고 있었다는 것이 상담자와 샌디 모두에게 곧 명확해졌다.

상담자는 다음과 같이 함으로써 샌디의 관심사에 반응했다. 먼저, 샌디가 느끼는 양가감정의 두 측면을 인정했다. 그리고 즉시성을 활용하여 관계 측면에서 그녀의 걱정에 대해 직접적으로 작업했다.

상담자 당신의 반은 나를 좋아하고 신뢰하지만 또 다른 반은 안전하다고 느끼지 못한다는 걸 알아요. 나를 향한 두 감정 모두 타당하고 또한 우리가 작업해야 할 중요한 문제라고 생각해요.

샌디 (그것이 사실이라는 듯 수줍게 고개를 끄덕이고 모호한 몸짓을 한다)

꽤 많은 시간 동안 신뢰와 배신 문제에 관해 이야기해왔고, 따라서 다음 작업을 위한 토대가 잘 준비되었다고 판단한 상담자는 지금이 이 문제에 대해 좀 더 깊이 작업할 수 있는 기회라고 생각했다. 상담자는 이 문제에 대해 그녀에게 설명을 해주거나 자신을 신뢰할 수 있는 사람이라고 확신시키려 하지 않았다. 상담자는 샌디의 불신을 타당화하고 그것에 대해 숙고하도록 하여 좀 더 충분히 정교화하도록 했다.

상담자 당신이 내게 도와달라는 요청을 한 후 내가 어떤 식으로든 당신의 신뢰를 저버렸다면 그건 참 유감입니다. 제가 당신에게 성적으로 접근하려 했거나 관계를 다르게 해보려 했다면 그건 당신에게 상처가 되는 일임에 틀림없을 겁니다. 아마도 그랬다면 그건 너무 상처가 되어서 다시는 누구를 신뢰하거나 도움을 요청하는 위험을 감수할 수 없게 되었을 수도 있겠지요.

샌디 (눈물을 흘리며, 상담자를 쳐다보며 동의의 표시로 천천히 고개를 끄덕인다)

관계의 즉시성 내에서 상담자는 남자들로부터의 착취와 불신에 관한 샌디의 관심사를 계속해서 정교화했다.

상담자 내가 이 관계를 이용하여 사욕을 채우려 한다면 당신은 배신감을 느끼겠지요. 아마도 다시 몹시 우울해져서 상처가 되거나 착취당할 위험이 있는 관계에 빠져들겠지요. 심지어는 살고 싶지 않다는 생각을 갖기 시작할 것 같기도 해요.

상담자는 다른 사람들과 관련하여 논의해오던 관심사를 상담자와 내담자 자신의 관계로 드러내자 내담자의 태도가 바뀌었다는 것을 알게 되었다. 그녀는 눈물을 흘리고 있었지만 동시에 주의를 집중하고 그가 하는 말에 동의하는 듯 고개를 끄덕였다. 이 문제에 대해 계속 얘기를 해가면서, 상담자는 자신의 태도를 진술했으며 샌디의 불신을 강점으로 재구조화했다.

상담자 내가 당신의 신뢰를 배신한다면 당신에게 얼마나 큰 상처가 될지 알아요. 나는 추호도 당신이 그런 아픔을 겪는 걸 원하지 않아요. 사실 나는 나에 대한 신뢰를 확신하지 못하는 당신의 조심스러운 부분을 존중해요. 당신의 바로 그 부분이 당신의 동맹군이지요. 당신이 가진 강점입니다. 우리는 그 부분이 필요합니다. 당신이 다시 상처를 받게 내버려두지 않을 것이기 때문이지요. 여기에서 당신의 속도로 얘기를 진행하고, 우리가 이야기하는 것에 대한 통제를 당신이 하고, 나에게 아니라고 말할 수 있으며, 내가 당신의 한계를 존중할 것이라는 것을 아는 것이 중요한 이유가 바로 이겁니다.

상담자는 샌디의 저항에 수용적으로 반응하고, 이전에는 말할 수 없었지만 두려워했던 배신당할지 모른다는 기대에 대한 작업을 둘 사이의 관계 관점에서 수행했다. 이후 중요한 변화가 일어났다. 과거에 샌디는 어린 시절 아동학대에 대해 모호하게 넌지시 비추기만 했다. 그러나 이제는 그것을 좀 더 명백하게 공유하기를 선택했다(Hill et al., 2013; Hill et al., 2008; Kuutmann & Hilsenroth, 2011; Mayotte-Blum et al., 2012). 다음 12주 동안 12살 많은 이복 오빠가 1년에 거쳐 어떻게 그녀를 성적으로 치근거렸는지에 대해 고통스러웠지만 세세하게 이야기했다. 샌디가 처음 엄마에게 도움을 요청했을 때, 엄마는 지지적이지 않았으며, 학대가 있었다는 것을 부인했다. 오히려 샌디에게 "그런 얘기 다시는 하지 마."라고 얘기했다. 샌디는 의붓아버지에게 보호를 구할 생각은 엄두도 내지 못했다. 의붓아버지는 늘 거리가 있었고 별로 관심을 기울여주지 않는 사람이었다. 도움을 받지 못한 샌디는 두려움과 수치를 느끼며 옷장 안에 오랫동안 홀로 앉아 있던 일을 기억했다. 바로 이때가 "늘 혼자일 거야."라고 다짐한 바로 그 시점이라고 샌디는 말했다. 이런 마음속 깊은 고백에 상담자는 연민을 느끼며 그녀의 경험을 타당화해주었다. 그리고 상담자는 샌디가 연결하기 시작한 가족 비극과 증상 사이의 관계와 현재 삶에서 고군분투하고 있는 문제들을 다루도록 조력했다.

함께 한 작업을 통해 상담자는 역할연습이야말로 샌디에게 유용한 효과적인 개입방법이라는 것을 알고 있었다. 어느 한 회기에 상담자는 샌디가 겪었던 성폭력에 대해 이전과 다르게 반응하기 위해 역할연습 기법을 활용하는 것을 제안했다. 샌디는 그 제안을 받아들였다.

상담자 누군가 함께 있어서 그런 짓을 못하게 하고 당신을 보호했다면 얼마나 좋았을까요. 불행히도 아무도 없었군요. 만약 내가 함께 있었다면 당신 침실로 가서 불을 켜고 "그만하지 못해! 저리 가. 그 애를 혼자 내버려둬! 네가 무슨 짓을 하려는지 알아. 그건 나쁜 짓이야. 넌 그 애에게 상처를 주고 있는 거야. 내가 너를 가만두지 않을 거야."라고 큰 소리로 얘기했을 텐데.

마치 진짜 가해자에게 얘기하는 것처럼 강력하게 말하고 난 후, 상담자는 샌디의 코트를 공처럼 말았다. 그것을 어린 샌디 인형으로 보고, 달래듯이 말했다.

상담자 넌 이제 안전해. 그는 영원히 가버렸어. 그가 괴롭히러 다시 올지 모른다는 걱정을 할 필요가 없도록 경찰을 불러서 널 보호하게 할 거야.

소녀 시절부터 필사적으로 갈망해왔지만 결코 얻지 못했던 그런 보호 반응을 상담자가 비유적으로 하자, 샌디는 고립감과 수치감을 있는 그대로 모두 표출했다. 이런 중요한 감정이 한번 표출되자 샌디는 더욱 차분해졌고 "이젠 더 이상 혼자가 아니야. 난 이제 잘 될 거야."라고 말했다. 둥글게 만 코트를 소중한 듯 들고 서있던 상담자는 샌디에게 아직 도움이 필요한 어린 소녀를 돌보는 데 함께 해줄 수 있는지를 물었다. 샌디의 반응은 거의 환희에 가까웠다. 상담자는 그것을 샌디의 팔에 조심스럽게 안겨주었다.

상담자 이 작은 소녀는 어렸을 때의 당신입니다. 이 소녀는 당신이 마음을 열고 편안히 안아주기를 원합니다. 당신은 이 소녀를 돌보아야 합니다. 수치가 아니라 연민을 가지세요. 바로 지금 내가 느끼듯이. 그들이 했던 것처럼 그리고 그 이후 당신이 했던 것처럼 이 소녀를 밀어내면 안 됩니다. 소녀를 안아주고 얘기하며, 소녀가 얘기하는 것을 들어주어야 합니다. 전 당신이 나와 함께 당신의 이 부분을 돌보는 데 참여하기를 원합니다. 그래서 이 작은 소녀가 더 이상 옷장 문 뒤에서 홀로 있지 않기를 원합니다.

샌디는 이런 책임을 기꺼이 수용했다. 나중에 샌디는 돌봄을 원했으나 보호받지 못했던 자신의 이 부분을 나타낼 인형을 사왔다. 그녀는 늘 스스로를 '매력적이지 못하다'고 생각해왔다. 그러나 귀엽다고 느끼는 인형을 찾아 구매하는 데 상당한 노력을 기울였다.

샌디는 성폭행 후 거의 25년이 지나 불안하고, 비주장적이며 혼자서는 집을 나설 수 없는 상태를 경험하며 상담을 시작하게 되었다. 그러나 이 회기 후 몇 주가 지나자 그녀는 운전면허증을 갱신했으며, 몇 년 만에 처음으로 다시 운전을 하기 시작했다. 그녀는 식당 여종업원 일을 시작했는데, 6년 만에 처음으로 하는 돈을 버는 일이었다. 늘 성공 직전 스스로 좌절했지만 이제는 지역의 전문학교에 등록하여 여러 과목에서 A 학점을 받기 시작했다. 샌디는 무력감을 느끼고, 희생자 역할을 해왔으며 다른 사람들에게 이용당해왔지만 이제는 점점 더 주장적이며 마음을 터놓는 사람이 되어 가고 있다. 물론 샌디의 모든 문제가 사라진 것은 아니다. 그러나 오랫동안 지속해오던 증상이 해결되었다. 그리고 그녀의 삶은 이제 새로운 방향으로 향하고 있다.

무엇이 이렇게 샌디를 강해지게 했는가? 몇 가지 요인이 이 역할연습 개입방법을 효과적이게 했다. 이 기법을 이용하여 상담자는 샌디의 갈등을 상담관계로 불러들인 후 그녀가 필요로 하는 교정 경험을 제공했다. 그녀의 가족 구성원들이 했던 것과는 반대로, 샌디는 보호, 타당화, 적절한 경계, 지지적인 버텨주는 환경(holding environment)을 경험했다. 상담자와의 관계를 통한 교정 경험은 자신이 보호를 받거나 돌봄을 받을 만한 중요한 존재가 아니라는 그녀의 병리적 신념이 잘못된 것임을 알려주었다. 상담자의 연민 어린 반응은 내담자로 하여금 부모의 거부와 유기에 대한 동일시(나아가 이로 인한 수치심과 자기증오)에서 벗어나 자신에 대한 상담자의 연민 및 그런 상담자에 대한 동일시로 나아가도록 도왔다(Neff, 2011). 결국 이런 건강한 새로운 동일시는 스스로를 좀 더 잘 돌볼 수 있게 이끌었다. 그리고 자신이 중요한 존재이며 혼자가 아니라는 믿음을 처음으로 갖게 했다. 이러한 결과는 샌디의 취약성에 대한 상담자의 긍정적 반응에 의해 산출되었다. 역할연습을 통해 상담자는 교정적 정서 경험을 제공했는데, 이 경험은 스스로를 더욱 강하게 하고 자신을 더 잘 보호할 수 있게 하는 데 중요한 공헌을 했다.

이 절을 통해 독자는 자신과 내담자 사이에 발생하는 대인과정을 '보는' 능력과 그것에 대해 생각할 수 있는 능력을 개발하고 있을 것이다. 상담자가 자신의 대인과정이 교정적 또는 촉진적이라고 생각하지 않을 때(예를 들어, 상담자가 스스로 "난 이걸 좋아하지 않아. … 어디로 가고 있는지 모르겠어."라고 생각한다), 이에 개입해서 상황을 변화시키는 가장 좋은 방법은 과정 언급을 활용하는 것이다. 이에 대해 좀 더 살펴보자.

대인 해결을 제공하기 위해 과정 언급 사용하기

이제 과정 언급[상담학 문헌에서는 **즉시성 개입**(immediacy interventions)이라고 지칭되며 가족체계 문헌에서는 메타커뮤니케이션이라고 불림]에 익숙해졌을 것이므로 변화를 촉진하기 위해 상담자가 이를 어떻게 활용하는지 좀 더 살펴볼 수 있게 되었다. 연구자들에 따르면, 즉시성 개입은 작업 동맹을 강화하는 데, 회기의 깊이를 더하고 사적인 이슈를 더 많이 이야기하게 하는 데, 생각과 감정을 더 충분히 경험하도록 내담자를 조력하는 데, 상담자와 내담자 간 관계의 균열을 메우고 관계 문제에 대해 협상하도록 돕는 데, 저항에 반응하는 데, 그리고 다른 개입들을 촉진하는 데 활용될 수 있다(Hill et al., 2008; Hill & Knox, 2009; Hill et al., 2013; Kuutmann & Hilsenroth, 2011; Mayott-Blum et al., 2012; Muran et al., 2009). 과정 언급은 진정한 초점과 강도를 드러나게 하는 강력한 개입이지만, 이제 막 시작한 사람에게는 그렇지 않다. 일반적으로 초보 상담자에게는 배우기 어려운 것으로 여겨진다. 과정 언급은 일반 사회 규칙을 깨고 현재의 상호작용에서 둘 사이에 일어나고 있는 일에 대해 내담자와 얘기하도록 하는 지금-여기에서 개입할 것을 요구한다. 예를 들어보자.

상담자 방금 위험을 무릅쓰고 저에게 많은 것을 공유해주셨는데, 지금 저에 대해 그리고 우리에 대해 어떻게 느끼시는지 궁금합니다.

이처럼 모든 과정 언급은 상담자와 내담자 사이의 상호작용을 드러내어서 논의의 주제로 삼는다. 이 절에서 서로 다른 유형의 과정 언급을 탐색할 때, 논의된 **내용**과 상담자와 내담자가 상호작용하는 방식에 관한 **과정**을 구분할 것을 강조한다. 초보 상담자가 이런 과정지향 개입을 시도할 때, 가장 흔히 나타나는 어려움은 자신의 불안을 간직하면서(contain), 과정 언급이 가족 규칙 및 문화와 어떻게 상충하는지를 검토하는 것이다. 많은 수련생에게 자신과 가족 중 한 명과의 관계 및 현재 상호작용에 관해 그 가족 구성원과 직접 이야기하는 것은 금기시되거나 수용할 수 없는 일일 것이다. 또한 많은 수련생은 '너와 나'에 관해 이야기하는 것이 너무 직설적이지 않을지 또는 실례가 되지 않을지 걱정한다. 말하는 **방식**과 선택하는 언어가 매우 중요하다(Wachtel, 2014). 앞선 장들에서 많은 과정 언급을 제시했는데, 이를 통해 과정 언급이 이야기를 직접적으로 하게 하는 공손하고 협력적인 초대가 될 수 있으며, 결코 도전적이거나 주제 넘는 일이 되지 말아야 한다는 점을 설명했다. 앞으로 (1) 과정 언급을 활용하기 위한 지침을 살펴보고, (2) 여러 유형의 과정 언급을 검토하며, (3) 과정 언급이 어떻게 다른 치료적 개입을 더 효과적으로 만들 수 있는지를 볼 것이다.

1. 과정 언급을 활용하기 위한 지침 이런 강력한 개입방법을 활용하도록 조력하기 위한 첫 지침은 수련생이 과정 언급을 일상적인 삶에서 사용하지 않게 하라는 것이다. 우리가 초점을 두고 있는 이런 즉시성 개입은 몇 년간 연습과 경험을 하면 습득될 것이지만 처음에는 배우고 적용하기가 정말 어렵다. 과정 언급을 당신의 임상 작업으로 제한한다면 이런 과정지향적 방식으로 일하는 것을 학습하기가 더 쉬워질 것이다. 당신의 개인 삶과 전문인으로서의 삶의 경계를 명확히 하면 더 쉽게 배우게 될 것이다.

둘째, 많은 수련생들은 과정 개입에 관한 이런 논의를 고통스럽게 직면하고 있는, 곤혹스럽게 만들거나 방해하고 있는 자신의 익숙하지만 문제 있는 경험에 대입한다. 과정 개입은 결코 직면하는 것이거나, 방해되거나 판단하는 것이어서는 안 된다. 과정 개입은 상담자와 내담자 사이에 일어나고 있는 것들을 관찰하여 잠정적으로 제안하는 것이다. 상담자는 내담자에 대한 자신의 경험을 사려 깊게 활용하여 둘 사이에 바로 지금 일어나고 있을지 모르는 것에 관해 잠정으로 의문을 제기한다. 그리고 이것을 지각한 바에 대한 더 깊은 대화와 상호 공유로 초대한다. 앞서 살펴본 바와 같이, 잠정적으로 제시된 과정 언급("~같이 들립니다."; "~ 것은 아닌지 의문이 듭니다."; "아마…")이 직접적인 도전("당신이 ~하다고 생각합니다.")보다 더 효과적이다(Miller, Benefield, & Tonigan, 1993). 예를 들어보자.

상담자 당신이 그에 대해 그리고 당신들 둘 사이에 일어나고 있는 것에 대해 얘기할 때, 저는 당신이 우리 관계에 대해서도 뭔가 얘기를 하고 있는 것은 아닌지 하는 의문이 듭니다. 뭔가 그 비슷한 것이 우리 사이에도 일어나고 있을까요?

내담자 글쎄요. 선생님은 상담자이시니 … 언제나 여기서 일어나고 있는 일을 선생님이 통제하시잖아요.

상담자 그렇게 직접적으로 얘기해주어서 고마워요. 함께 얘기해서 바꿀 수 있게 되어서 기뻐요. 여기서 책임지고 있는 사람이 나라는 것 같군요. 별로 좋은 느낌은 아닙니다만, 그것에 대해 좀 더 얘기해주세요.

내담자에게 이런 질문을 제기하고 '너와 나' 사이에 일어나고 있는 일에 대해 직접적으로 얘기해줄 것을 요청하는 일은 대부분의 초보 상담자에게 불안을 불러일으킨다. 이런 일은 이야기하고 상호작용하는 우리의 사회화된 방식에 반한다. 그러나 그런 단순한 과정 언급은 상담자와 내담자 사이의 중요한 말해지지 않은 갈등을 드러내었다. 이 과정이 없었다면 배후에서 상담을 지속적으로 방해했을 것이다.

첫 회기 중에 내담자에게 과정 언급에 대해 미리 정보를 주어 준비시키는 것이 중요하다. 즉시성 개입은 내담자가 준비되어 있고 그것을 예상하고 있을 때 잘 작동한다. 관계나 현재의 상호작용에 관해 묻는 과정 언급이 느닷없이 나타나면 내담자는 종종 놀란다. 내담자는 보호막이 사라진 것 같아서 어떻게든 방어해야 한다고 느낄 것이다. 상담자의 의도를 알지 못하기 때문인데, 초보 상담자는 이런 일이 일어날까 두려워한다. 이런 일이 일어나면 곤란하다. 이런 일을 예방하기 위해, 상담자는 접수면접 또는 첫 회기 중 이런 직접적인 상호작용 방식에 관해 얘기하여 내담자를 준비 또는 교육시킬 수 있다. 예를 들어, 상담자는 상담자와 내담자가 직접적으로 상호작용할 방식을 규율하는 사회 규칙을 공개적으로 재정의해서 새로운 규범을 확립할 수 있다.

상담자 상담에서 가장 도움이 되는 것 하나는 당신과 내가 사회 규칙을 약간 변경할 수 있으며, 일반적인 방식과 달리 서로에게 더 직접적으로 얘기할 수 있다는 것입니다. 제가 당신을 조력할 수 있게 돕는 가장 좋은 방법은 내가 하고 있는 뭔가가 도움이 되지 않거나, 이해할 수 없거나 또는 당신에게 적합하다고 느껴지지 않을 때 제게 얘기해주는 것입니다. 그런 것을 제게 얘기하면, 어떨 것 같습니까?

내담자 글쎄요, 뭔가 복합적이네요. 내가 얼마나 우울한지를 아내나 친구들에게 얘기할 때면, 전 그들이 듣고 싶어하지 않는다는 것을 알아요. 좋은 사람들이지만 편하지는 않지요. 그래서 선생님 말대로 우리 사이에 관해 직접 얘기하는 것이 좋아요. 내가 필요로 하는 것이니까요. 그러나 전 기독교인으로 예의를 지키도록 교육받았죠. 그래서 선생님에게 비판적이 되는 것이 어려울 것 같기도 해요.

상담자 당신이 무례하다거나 저를 비난한다고 느끼지 않을 겁니다. 실제로 저는 함께 작업한다고 느낄 것 같습니다. 제가 당신에게 적절하지 않은 일을 해서 당신이 화를 내고 떠나버리거나, 아니면 그 반대로 예의를 지켜서 아무 일 없는 체하기를 원하지 않습니다. 전 당신이 기꺼이 저에게 얘기를 해주면 좋겠습니다. 그래서 제가 그것을 바꾸어서 당신에게 더 도움이 되게 하고 싶습니다.

내담자 네. 좋습니다. 선생님 말대로 하는 것이 좋겠네요.

상담자 때때로 우리 관계에 대해 솔직히 얘기할 수 있다면, 당신과 내가 함께 작업하고 있는 방식을 점검한다면 또는 제가 보거나 생각하고 있는 것에 관해 당신에게 피드백을 줄 수 있다면, 우리 작업에 큰 도움이 될 것이라 생각해요. 이런 직접적인 방식으로 함께 작업하는 것에 대한 질문이나 의견이 있을까요?

상담과정에 대해 내담자를 교육시키는 것뿐 아니라, 상담자는 더 열린 의사소통을 향한 노력을 촉진하는 **맥락 진술**(contextual remarks) 또는 도입 진술을 할 수 있다. 이를 통해, '당신과 나'에 관한 더 직접적인 의사소통으로의 이행을 쉽게 만들 수 있다. 예를 들면, 상담자가 즉시성 개입을 하는 첫 몇 번 동안 다른 유형의 대화로 바뀌는 것을 알리는 도입 진술을 하여 내담자에게 안전감을 확보하게 할 수 있다.

상담자 잠깐 사회 규칙을 깨고 우리 사이에 일어나고 있는 일에 대해 물어봐도 될까요?

상담자가 정중하게 반응한다면, 자신의 관찰을 잠정적으로 공유한다면(예를 들어, 때때로 ~ 것 아닌지 의문이 듭니다.), 협력을 요청한다면(예를 들어, 제가 보고 있는 것은 바로 그것입니다. 어떻게 생각하세요?), 그리고 맥락 진술을 제공한다면(예를 들어, 이것에 관해 다른 사람들이 일반적으로 하는 것보다 더 직접적으로 얘기하고 싶습니다. 그래도 될까요?), 내담자는 과정 언급에 잘 반응할 것이다.

이런 맥락 진술은 상담자의 좋은 의도를 이해하도록 돕는다. 내담자가 표면적 대화에서 더 깊은 사적인 관여를 촉구하는 더 직접적인 접근으로 바꾸는 데 도움이 되기 때문이다. 대부분의 내담자는 이런 촉구 때문에 위협을 받기보다는 바로 지금 일어나고 있는 일에 대해 얘기하려는 노력을 환영하고, 이런 노력으로 인해 안도감을 느낄 것이다.

효과적으로 과정 차원에서 작업하기 위해 상담자는 메타커뮤니케이션의 도전 측면과 내담자의 자존감에 대한 지지와 보호 측면 사이에서 균형을 잡아야 한다(Kiesler, 1996). 다른 개입방법처럼 과정 언급도 무디고, 따지듯이 또는 다른 비효과적인 방식으로 수행될 수 있다. 그러나 어떤 개입이든 따듯하면서도 전략을 가지고, 호기심 어린 태도로, 그리고 유머 감각을 가지고 수행할 때 더 효과적이 된다. 마지막으로, 상담자는 금방 수행한 과정 개입을 내담자와 함께 확인하고, 그에 대해 얘기할 수 있다. 다음 예를 검토해보자.

상담자 우리가 함께 한 작업에 관해 어떻게 느꼈는지를 물었을 때, 어떻게 느꼈는지 궁금합니다. 일반적으로 사람들이 그들 사이에 진행되고 있는 일에 관해 그렇게 직접적으로 얘기하지는 않지요. 어떻게 생각하십니까?

2. 과정 언급의 유형 상담자는 목적을 달성하기 위해 그에 맞는 유형의 과정 언급 또는 즉시성 개입을 활용할 수 있다. 몇 개의 예를 검토해보자.

이 분야의 개척자인 Donald Kiesler는 '치료 영향 공개(therapeutic impact disclosure)'에 대해 논의했다. 이 유형의 과정 언급에서 내담자의 관계 맺는 방식이 상담자(그리고 다른 사람들)에게 어떤 영향을 미치는지에 관한 피드백을 제공하기 위해 상담자는 내담자에 대한 자신의 즉각적인 경험(또는 바로 지금 그들 사이에 진행되고 있는 일)을 활용한다(Kiesler, 1986; Kiesler & Van Denburg, 1993). 여기서, 상담자는 바로 이 순간 내담자가 미치고 있는 영향에 관한 피드백 중 선별된 것만을 공개하고 있다. 예를 들어보자.

상담자 저는 당신을 아는 데 어려움을 겪고 있어요. 우리 사이에 벽이 있는 것처럼 느껴요. 어떻게 생각하세요? 다른 사람들에게 이런 얘기 들어보셨어요?

내담자 네. 다른 사람들도 그렇게 얘기해요. 저는 다른 사람들이 너무 가까이 오게 허용하지 않아요.

상담자 당신을 더 잘 알고 이해할 수 있도록 더 가까워집시다.

내담자 전 매우 개방적인 편이 못 돼요. 다른 사람을 신뢰하는 것이 어렵다고 늘 생각해요.

내담자 주위의 다른 사람들은 내담자에게 도움이 될 수 있는 이런 피드백을 주지 않으려 한다. 그런 피드백이 내담자의 '감정을 상하게' 하거나 '화나게' 할 수 있다는 점을 두려워하기 때문이다. 상담자라면 내담자의 삶에서 발생하는 문제를 해결하는 데 도움이 되는 대인 피드백을 회피하고 싶지 않을 것이다. 그리고 내담자의 자존감에 대한 민감성을 가지고 이런 피드백을 제공할 수 있을 것이다. 뭔가 말할 것에 대한 허락을 내담자에게 구하는 맥락 진술을 하거나 내담자가 잘 못 받아들일 수도 있는 무엇인가를 말하고 싶다고 도입 진술을 하면 달라질 것이다. 예를 들어보자.

상담자 루벤, 다른 사람과의 관계에서 무엇이 문제가 되는지를 이해하는 데 도움이 될지도 모르는 무언가를 지금 방금 느꼈습니다. 그러나 만약 내가 내 경험에 대해 얘기하고 피드백을 주면, 당신이 내 좋은 의도를 오해하고 혼난다고 느낄 수도 있겠다는 걱정도 듭니다. 그러나 저는 단연코 그런 일이 일어나지 않기를 바랍니다. 그래서 당신이 나에게, 그리고 아마 다른 사람들에게도 미칠지 모르는 영향에 대해 직설적으로 얘기하고 피드백을 제공해도 될지 당신의 의견을 구하고 싶습니다.

대상관계 및 의사소통 이론가들은 현재의 상호작용에 관한 피드백을 제공하는 것을 지칭하기 위해, 특히 어떤 관계에서 언설화되지 않은 정서적 속성을 나타내는 것을 지칭하기 위해 '메타커뮤니케이션'이라는 용어를 사용한다. 예를 들어보자.

상담자 팻, 제가 틀릴 수도 있겠지만 당신과 함께 검토해보고 싶은 것이 있어요. 때때로 내가 당신 편을 들지 않으면, 당신은 내게 아무 말도 하지 않으려 하고 공격받았다고 느끼는 것같이 보여요. 마치 제가 충성하지 않는 것처럼 말이죠. 만약 제가 당신 남편의 의견에 타당한 점이 있으니 당신이 고려해보는 것이 좋겠다고 말하면 이번 회기가 끝난 후 다시는 당신을 볼 수 없을 것같이 느껴져요. 단지 제 느낌인가요 아니면 여기에 뭔가 더 있을까요?

여기서 대인 피드백을 제공할 때 해야 하는 일은 당신이 하려고 하는 것에 대한 단서를 주는 맥락 진술하기, 당신의 좋은 의도 드러내기, 내담자와 함께 검토하고 그것이 어땠는지 묻기이다. 이런 단순한 단계를 통해, 상담자는 탓함이나 무례함 없이 솔직한 피드백을 제공하고 내담자에게 도움이 될 수 있다.

상담자가 다른 사람들은 제공하기를 주저하는 유용한 대인 피드백을 내담자에게 주기 위해 과정 언급을 사용할 수 있는 다른 방법은 내재된 메시지를 밝히는 것이다. 이런 유형의 과정 언급은 방금 이야기한 내용에서 나타난 '당신과 나'에 관한 관계 진술 또는 언설화되지 않은 숨은 의미를 드러낸다. 예를 들어보자.

내담자 사람들은 너무 비판적입니다. 만약 그들에게 뭐라고 얘기하면, 그들은 할 일을 열거하기 시작할 겁니다.

상담자 '사람들'이 비판적이고, 그들은 당신에게 해야 할 일을 심하게 많이 얘기합니다. 당신이 그것을 싫어하는 이유를 알 수 있겠어요. 혹시 그 비슷한 일이 우리 사이에 일어나지 않았는지 궁금하네요. 당신이 인생을 어떻게 살아야 한다고 말하거나 당신을 비판하고 싶지는 않습니다. 다만 제가 깨닫지 못한 가운데 실수를 했을 수 있겠다 싶어요. 제가 그렇게 한 적이 있을까요? 솔직히 얘기해주세요. 만약 있다면, 그것에 대해 얘기합시다. 우리가 작업을 함께 하는 데 도움이 될 것 같습니다.

내담자 글쎄요, 제가 정말 잘못했다고 생각하고 있음을 당신의 표정에서 볼 수 있었죠.

상담자 이것에 대해 얘기할 수 있어서 다행입니다. 제 생각에 그것은 오해입니다. 제 어떤 표정을 얘기하는지는 모르겠지만, 아닙니다. 저는 당신이 잘못했다고 생각하지 않았습니다. 이건 어떨까요? 다음에 또 제 얼굴에서 그런 표정을 보거나 제가 당신을 탓하고 있다는 생각이 들면, 바로 멈추고 제게 얘기해주세요. 그 의미를 함께 확인해봅시다.

상담자는 '너와 나'에 관한 매우 중요한 내재된 메시지를 회피하거나 아무 일도 일어나지 않은 것처럼 행동하는 것이 아니라 이런 관계 정의 메시지(relationally-defining messages)를 드러내서 접근하는 안전한 방법을 찾을 수 있다. 과정 언급은 또한 내담자가 방금 얘기한 것에서 보이는 모순, 불일치 또는 혼합 메시지를 조명하는 또는 내담자가 말하고 있는 내용과 행동 사이의 불일치를 인식하도록 돕는 대인 피드백을 내담자에게 전달하기 위해 사용될 수 있다. 예를 들어보자.

상담자 폴, 당신은 제게 아주 슬픈 얘기를 하고 있습니다. 그러나 그게 아무것도 아닌 것처럼 담담하게 얘기하는군요. 제가 듣고 있는 두 개의 서로 다른 메시지, 즉 별로 관심 없는 듯 담담히 얘기하는 가슴 아픈 얘기를 이해하도록 도와주세요.

어떤 종류의 것이든 모든 대인 피드백을 제공할 때 반드시 염두에 두어야 할 것은 우리가 그것을 말하는 방식이다. 목소리 톤과 비음성 제스처는 우리 말보다 더 많은 것을 전달한다. 초보 상담자는 또한 내담자에게 제공하고 있는 대인 피드백이 더 도움이 되고 효과가 좋으려면, 제공할 피드백을 더 정확하게 만드는 정교화 작업에 내담자가 참여해서 협력해줄 것을 요청하는 방식으로 제공해야 한다는 것을 알게 될 것이다. 그러나 이렇게 하는 것은 많은 수련생이 훈련 프로그램에 가져오는 대인 대처 전략('친절해라', 그리고 잠재적인 대인 갈등을 피하라)과 마찰을 일으킬 수 있다. 수련생이 과정지향적인 개입을 자신이 작업하는 방식에 통합하기 위해서는 강사와 수퍼바이저가 제공하는 이해와 지지를 바탕으로 이런 흔한 역전이 경향을 해결할 필요가 있다.

일반적으로 활용되는 개입인 자기노출과, 이와 유사하게 보이지만 실제 매우 다른 개입인 자기관여 진술을 구분해보자. 자기노출 진술은 상담자의 과거 또는 개인적 삶의 경험(예를 들어, **상담자:** 내 아버지도 ~을 했지요)을 지칭하는 반면, 자기관여 진술은 내담자가 방금 말했거나 행했던 것에 대한 상담자의 선택된 생각 또는 걸러진 정서적 반응을 나타낸다. 자기노출 반응은 종종 내담자의 초점을 자신의 경험에서 상담자의 경험으로 돌려버리는데, 이는 부모화(parentified)되었거나 몰두 애착 유형을 가진 내담자에게 특히 익숙하지만 문제가 되는 패턴이다. 반대로, 자기관여 반응은 내담자에게 초점을 유지하면서 관계에서 발생하고 있는 것에 대한 정보를 제공하거나 내담자가 말했던 것 또는 행했던 무엇인가가 상담자에게 어떻게 영향을 미치고 있는지를 드러낸다.

상담자 아닙니다. 저는 당신이 토요일에 그에게 했던 것을 '판단적'이라고 생각지 않습니다. 다만, 당신의 안전도 걱정이 되고, 다칠 수도 있는 상황에 관여했던 당신의 방식도 걱정이 됩니다.

내담자가 방금 말했거나 행했던 것에 대한 내적 반응을 공유하려는 목적을 가지고 상담자가 자기관여 진술을 하면 개인적 관여와 공명이 전달되고, 타인과의 문제를 일으키는 관계 패턴이 조명된다. 다음 예를 살펴보자.

상담자 봅, 바로 지금 저는 불편함을 느껴요. 바로 지금 매우 큰 소리로 내게 얘기하고 있는데, 무척 화가 난 듯 보여요. 당신이 이렇게 하면, 다른 사람들은 보통 어떻게 반응해요?

상담자가 다른 사람들이 더 이상 공유하지 않으려 한다는 것과 같은 소중한 대인 피드백을 제공하는 것은 내담자에게 선물을 주는 것과 같다. 우리의 의도는 (1) 내담자가 타인의 관점에서 스스로를 보고, (2) 다른 사람에게 미치는 부정적 영향(반복적으로 다른 사람에게 위협감을 들게 한다, 부담감을 느끼게 한다 또는 지루함을 느끼게 한다 등과 같은)에 대해 학습하며, 성찰 능력을 좀 더 개발해서 더 잘 기능할 수 있게 조력할 수 있는 지지적이고 비판단적인 방식을 찾는 것이다(Fonagy, Gergely, Jurist, & Target, 2002).

자기활용(Use-of-Self)은 상담자가 저항에 대해 작업할 수 있게 도움을 주는 또 다른 유형의 과정 언급이다. 상담자는 말해지지 않은 상담 동맹에서의 문제 또는 균열을 드러낼 수 있는데, 이를 통해 상담자는 균열을 검토하고 해결할 기회를 갖게 된다(Safran, Muran & Proskurov, 2009). 일반적으로 과정 언급을 사용할 가장 좋은 시점은 뭔가 잘 진행되지 않고 있다고 느낄 때이다. 예를 들면, 상호작용이 같은 자리를 맴돈다든지 '막혔다'고 느낄 때 또는 처치의 초점을 잃었다고 느낄 때, 상담자는 자기활용을 선택할 수 있다. 그 순간 상담자는 개입과 조력을 위한 방법으로 자신의 내적 경험을 사려 깊게 활용한다. 다음 예를 검토해보자.

상담자 (혼자 생각한다: 어디로 가는지 모르겠다, 지난주에는 많은 일이 일어났지만 오늘은 어디로 가고 있는지 모르겠다…) 전 약간 혼란스러워요. 지금 하고 있는 얘기의 주제가 무엇인지 모르겠어요. 아마 당신에게 중요한 뭔가를 놓치고 있나 봐요. 그게 무엇인지 알 수 있게 도와주시겠어요?

내담자 네, 제가 횡설수설하고 있는 것 같아요. 최근 어떤 것에도 집중할 수가 없네요. 아마 생각보다 훨씬 더 불안한 것 같아요.

상담자가 좀 더 경험을 쌓고 자신감을 갖게 됨에 따라 상담자–내담자 관계에서 일어나고 있는 것을 더 개방적으로 탐색하고 '알지 못함'의 위험을 무릅쓰는 것이 훨씬 더 쉬워질 것이다. 예를 들면, 혼란스럽다거나 막혔다고 느낄 때, 더 자신감 넘치는 상담자는 자신의 주관적 경험을 사려 깊게 활용하여 자신의 질문과 관심을 개념화하여(즉, 자신의 내적 대화 중 걸러진 부분) 내담자와 공유한다.

상담자 우리는 시작부터 정말 좋게 작업해온 것 같습니다. 초점도 있고 서로 관여된 느낌이었죠. 그런데 지금은 좀 다른 것 같습니다. 마치 제가 어디에선가 당신을 잃어버린 것 같습니다. 이게 제 오해일까요, 아니면 당신도 뭔가 다르다고 느끼고 있습니까? 우리 사이에 무슨 일이 일어나고 있다고 생각합니까?

이와 같은 자기활용을 활용해서, 상담자는 종종 자신이 할 수 있는 가장 유의미한 개입을 할 최선의 기회를 갖는다.

상담자 바로 지금, 당신이 저도 역시 '그런 건 잊어버리고 아무 일도 없었던 것처럼 살기 원한다'고 생각하지 않을까 하는 의문이 듭니다. 삼촌이 당신을 추행했다고 말했을 때, 당신 어머니가 했던 것처럼 말이지요.

내담자 당연하지요. 상담자들이 늘 하는 얘기 아닌가요? 용서하고 잊어버려. 그러지 않으면 평생 거기서 허우적거릴 것이라고 스스로에게 말하라잖아요!

상담자 아닙니다, 전혀 그렇게 생각지 않습니다. 그런 부인(denial)에 굴복하지 않고, 또 가족을 혼란에 빠지게 하는 일을 그만두라는 압력과 타협하기도 원치 않는 당신의 이런 강력한 면을 지지합니다.

상담자가 내담자의 오(誤)지각을 이런 식으로 불식시켜 줄 수 있으면, 이는 내담자에게 근본적인 경험이 될 수 있다. 곧 보겠지만, 이런 자기활용은 종종 지대한 영향력을 갖는 교정적 정서 경험을 제공할 기회를 상담자에게 가져다준다.

3. 과정 언급은 다양한 개입을 촉진한다 '너와 나'에 대해 얘기하는 지금-여기의 즉시성 개입은 상담자가 다양한 개입방법을 좀 더 효과적으로 활용하는 데 도움이 된다. Yalom(2005)은 이런 과정 언급을 다양한 개입방법을 훨씬 강력하게 하는 '연료 전지(fuel cells)'라고 불렀다. 다른 사람들은 이를 서로 다른 개입방법들의 효과를 조형하는 '중재 변인'이라고 부를 것이다. 앞서 소개한 몇몇 개입방법에서 이런 일이 어떻게 일어나는지 잠깐 살펴보자.

과정 언급은 공감을 촉진하고 균열을 복구한다(Mayotte-Blum et al., 2012). 상담 초기에 상담자들은 주로 정확한 공감을 통해 내담자와 작업 동맹을 형성하려 한다. 정확한 공감을 제공하기 위해, 상담자는 내담자가 이슈나 경험에 대해 얘기할 때마다 "상담자는 나를 이해해."라는 경험을 내담자에게 반복적으로 주려 한다. 그러나 이런 일을 하기는 쉽지 않다. 정확한 공감은 내담자가 방금 한 말을 상담자가 기본적으로 다시 진술하는 것을 의미하는 '단순 반영'을 훨씬 넘어서는 일이다. 내담자는 이런 말을 아주 많이 듣는 것을 좋아하지 않는다. 공감은 훨씬 더 어려운 일이다. 공감은 내담자가 방금 말한 것에서 핵심 관심, 일차 감정 또는 근본 의미를 변별해내는 '복잡한 반영'이다. 상담자는 이를 일관성 있게 포착하기 위해 도움이 필요한데, 바로 과정 언급이 이런 도움을 제공한다. 상담자는 공감을 개인 특성으로 생각하기보다는 상담자와 내담자 사이의 협력적 대인과정 측면에서 접근할 수 있다. 예를 들어보자.

상담자 그가 그렇게 말했을 때, 당신은 스스로가 중요하지 않은 것 같은, 거의 지워진 것같이 느껴졌다는 것 같습니다. 맞나요? 아니라면 제가 더 잘 이해할 수 있게 도와주시겠어요?

정확한 공감은 작업 동맹을 형성하는 데 도움이 된다. 그러나 작업 동맹 '균열' 또는 단순 오해가 흔히 발생하기 때문에 상담자의 공감적 태도(stance)는 곧잘 흔들린다(Safran et al., 2009). 불행히도 내담자는 종종 자신의 걱정에 대해 이야기하지 않고 상담자와의 관계에서 발생하는 문제를 논의의 테이블로 가져오지 않는다. 반면 상담자는 회피하거나 아예 질문을 하지 않는다(Hill, Thompson, Cogar, & Denman, 1993). 인식되지도 않고 해결되지도 않은 내담자와 상담자 사이의 오해는 해롭지 않은 것이 아니다. 작업 동맹을 갉아먹고 좋지 못한 상담성과를 낳는다(Johnson, Taylor, Tzanetos, Rhodes, & Geller, 1995). 이런 문제가 발생할 때, 상담자는 갈등을 무시하거나 또는 탓하거나 유리된 방식으로 반응하기보다 과정 언급을 사용하여 관계적으로 이런 문제가 있음을 긍정하는 방식으로 문제를 다룰 수 있다. 목표는 발생하고 있을지 모르는 오해나 잠재적 문제에 관해 잠정적으로 의문을 제기하는 것, 호기심 어린 태도를 유지하는 것 또는 중립적으로 관찰하는 것이 된다. 예를 들어보자.

상담자 바로 지금, 당신은 저에게 계속 지시를 바라는 것처럼 보입니다. 그러나 저는 계속 당신이 이끌어가게 하고, 당신이 주도한 것에 합류하려 노력하고 있습니다. 이것에 대해 좀 더 얘기해봅시다. 우리 사이에 무슨 일이 일어나고 있다고 생각하세요?

상담자와 내담자가 그들의 관계에서 일어나는 문제에 대해 얘기하고 검토하지 않으면 상담은 정체된다. 관계에서 문제가 발생할 때, 그 문제에 대해 작업하는 것은 내담자가 타인과의 관계에서 경험하는 갈등을 논의 주제로 가져와서 해결하는 법을 배울 수 있는 소중한 사회적 실험실을 제공한다. 그러나 대부분의 초보 상담자들은 '너와 나'의 잠재적 갈등에 대해 묻거나 직접적으로 탐색하려는 노력보다는 지지적이 되는 것이 훨씬 더 쉽다는 것을 안다. 많은 수련생도 자신의 내담자들처럼 자신의 원가족에서 일어난 문제를 해결할 수 있다는 것을 알지 못하거나 문제를 드러내서 해결하는 법을 배우지 못했다. 애착 대상과의 관계에서 일어난 균열을 재조정할 수 있는 안전한 기제가 원가족 내에 없었기 때문이다.

과정 언급은 또한 강력한 감정에 반응하는 방법을 제공한다. 우리는 내담자가 경험하는 어떤 강도와 어떤 종류의 감정이라도 상담자–내담자 관계의 즉시성으로 초대하고 명시적으로 환영할 것을 학생 상담자에게 권했다(Greenberg, 2014; 2002). 상담자가 내담자의 강한 감정에 반응하는 가장 유의미한 방법은 자신의 내적 반응을 선택적으로 노출하는 것을 포함하는 자기관여 진술과 자기활용이다. 예를 들어보자.

상담자 이것이 당신에게 얼마나 상처가 되었는지, 당신이 얼마나 슬픈지 알겠어요. 바로 이 순간 당신과 연결된 것 같아요. 당신이 과거에 느꼈다고 말한 혼자 된 느낌을 갖지 않기를 바래요. 위험을 무릅쓰고 당신의 이런 특별한 면을 저와 공유해보니 어떠세요?

내담자 슬프지만 이번엔 좀 달라요. 혼자가 아니지요. … 그렇게 버겁지는 않네요.

이처럼 내담자의 감정에 대한 이전과 다른 방식의 반응은 상담자가 영향력 있는 교정적 정서 경험을 제공하기 위해 사용할 수 있는 강력한 방법이다(Bridges, 2006).

더구나 상담자와 내담자 사이의 현재 상호작용을 적극적으로 탐색하고 이해하려는 노력은 전이 또는 도식/내적 작동 모델 왜곡에 대한 작업을 촉진한다. 다음을 보자.

상담자 당신이 그런 결정을 하면 내가 어떻게 반응할 것이라고 생각하세요? 제가 당신에 대해 마음속으로 어떻게 생각하거나 느낄 것 같으세요?

내담자 글쎄요, 선생님이 좋은 분이라는 것은 압니다. 그러나 선생님 마음속에서는 저에 대해 잘잘못을 따질 것임에 틀림없다고 생각해요.

훈련 초기에 있는 많은 초보 상담자들이 그런 질문을 던지는 것은 상상하기 어려운 일로 보인다. 그러나 과정 언급은 강력한 드러내는 기법이다. 이 기법은 내담자의 내적 작동 모델, 즉 스스로에 관한 병리적 신념과 상담자와 다른 사람에 대한 잘못된 기대를 조명하는데, 이런 작업은 처치의 초점을 명확히 하는 데 도움이 된다. 대부분의 수련생에게 가장 늦게 발달하는 기술은 처치 초점을 개발하는 법을 학습하는 것이다. 처치의 초점을 개발하는 법은 복잡하고 처음에는 애매하다. 그러나 상담자의 생각과 반응에 대한 내담자의 지각을 묻는 과정 언급은 내담자의 핵심 걱정을 드러낼 것이고 상담자와 내담자 모두가 무엇이 잘못된 것인지를 분별하는 데 도움이 될 것이다(Bennett et al., 2008).

마지막으로 과정 언급이 교정적 정서 경험을 어떻게 불러일으키는지 알아보자(Berman et al., 2012). 과정지향적인 개입방법들에 있어서 한 가지 단일한 주제는 내담자가 타인과 관련하여 갖고 있는 이슈와 걱정을 상담자와 내담자 사이에 현재 일어나고 일에 연결시킨다는 것이다. 이런 방식에서 내담자가 타인과 갖는 문제는 단지 추상적으로 얘기되는 것이 아니라 상담자와의 현실 관계에서 재경험되고 잠재적으로 해결된다. 역으로, 상담자와의 이런 실제적 또는 경험적 재학습은 내담자에게 힘을 주어서 중요한 타인과의 관계에서 갖는 유사한 문제들에 반응하는 방법을 바꾸게 한다.

예를 들어, 어떤 내담자가 다른 사람과의 통제 싸움에 반복적으로 빠지게 되는 것이 기본적 관계 주제라고 계속 얘기한다고 하자. 이 내담자의 문제를 해결하기 위해 상담자는 이런 통제 문제를 드러내서 논의 테이블에 올려놓는 효과적인 방법(탓하거나 직면하지 않고 재치 있게)을 찾으려 한다. 상담자는 이를 위해 의문을 제기하거나 이런 가능성에 관해 잠정적인 방식으로 묻는다. 그래서 상담자와 내담자는 관계 관점에서 그것을 함께 직접적으로 탐색하기 시작한다.

상담자 당신이 기술한 이런 유형의 통제권 다툼이 우리 사이에도 일어나고 있습니까? 당신과 제가 우리 관계에서 통제권을 놓고 다투고 있나요?

이런 과정 언급을 하고 타인과의 관계에서 갖는 내담자의 걱정을 지금 여기에 가져오는 것이 초보 상담자에게는 두려운 일임에 틀림없을 것이다. 그러나 사려 깊게 이런 위험을 무릅쓴다면 상담자는 생생한 즉시성을 상담자－내담자 상호작용에 가져올 수 있다. 다른 사람과 갖는 문제는 단지 지적으로 이야기되고 있는 것이 아니다. 그 반대로, 아마도 처음으로, 이런 문제가 일어나는 순간에 누군가와 정직하고 건설적으로 얘기되고 있는 것이다. 상담자가 좋은 타이밍이라는 느낌이 오는 순간까지 기다리면(예를 들어, 상담자에게 "지금이 바로 그 순간이야." 하는 느낌이 든다), 변화의 가능성이 임박하게 된다.

초보 상담자는 내담자와의 갈등을 드러내고 검토할 예시를 필요로 한다. 이를 위해 내담자와의 관계에서 일어나는 통제 이슈에 관해 상담자가 묻고 있는 상황을 고려해보자. 여기서 상담자의 질문에 대한 내담자 반응 세 가지를 검토해보자. 이 반응들은 도전의 강도가 약한 것에서 강한 것 순으로 제시된다.

반응 1: 상담자에게 가장 덜 도전적인 내담자 반응은 부정하는 반응이다

부정하는 내담자 반응의 예에는 다음과 같은 것이 있다.

내담자 아니요, 우리가 통제에 관해 다툼을 벌이고 있다고 생각지 않습니다. 그런 건 여기 없어요.

내담자마다 반응 특정성이 있지만 이 정도의 반응은 대부분의 내담자에게 있을 수 있는 반응이다. 그러나 이 내담자에게 통제는 너무나 많은 관계들에서 문제가 되어왔기 때문에 상담자는 표면적인 이해에 안주하기를 원치 않고 좀 더 탐색해본다. 예를 들면, 상담자는 내담자의 반응을 이용하여 둘 사이의 관계가 어떤 점에서 다른지 탐색할 것이다.

상담자 좋습니다. 우리 둘 사이에 그런 일이 일어나지 않아서 다행입니다. 우리 둘 사이가 어떤 점에서 그런 차이를 나타내는지 궁금하군요.

이에 대한 내담자의 대답이 유용한 정보를 제공해줄 수 있을 것이다.

내담자 선생님은 저를 존중해주고 있는 것 같습니다. 그것이 다른 점인 것 같군요.

처치초점을 좀 더 날카롭게 만들기 위해, 상담자는 다른 관계들에서 존중받지 못한다는 내담자의 관심사(이는 중요한 관계적 진술이며 진입로가 된다)에 대해 추가적인 탐색을 해볼 수 있다. 상담자는 이에 바탕을 두고 주위의 몇몇 다른 사람들과 상호존중하는 관계가 개발될 수 있음을 확실히 한다. 나아가 상담자는 통제권을 두고 갈등이 일어나고 있다고 느낄 때 다른 사람과 어떻게 효과적으로 이야기할 수 있는지 내담자에게 시범 보일 수 있다.

반응 2: 내담자가 상담자의 적절성을 폄훼하여 양자 간 갈등의 즉시성을 회피한다

내담자 우리 사이에는 통제에 관한 다툼이 없는 것 같습니다. 이것은 진짜 관계가 아니니까요. 선생님은 단지 제 상담자잖아요.

이런 거리두기 방어가 해결될 때 내담자는 치료에서 훨씬 더 유의미한 도움을 얻을 수 있다. 이 시점에서 상담자와 내담자는 비록 둘 사이의 관계에 제약이 있긴 하지만 그래도 꽤 오랫동안 관계를 맺어왔다는 점을 분명히 할 필요가 있다(예를 들어, **상담자**: 네, 전 상담자입니다. 여러모로 우리 관계는 다른 사회적 관계와 차이가 있을 겁니다. 그렇다고 해도 전 이 관계의 어떤 측면 때문에 실제 관계가 아닌 것처럼 느끼게 되는지 궁금하네요). 이후 상담자는 좀 더 의미 있는 관여에 의해 야기될 수 있는 내담자의 위협감을 탐색해볼 수 있을 것이다. 예를 들어보자.

상담자 만약 이 관계가 좀 더 실제 관계로 느껴진다면, 우리 사이에 무엇이 달라질 것 같은가요? 혹은 다른 사람들과의 관계에서 일어나는 문제 중 어떤 것이 여기서도 문제로 나타날 것 같은가요?

내담자 글쎄요, 아마 저는 선생님이 저에게 원하는 것 또는 필요로 하는 것이 무엇인지에 대해 더 걱정할 것 같아요.

이후 상담자와 내담자는 새롭게 조명된 내담자의 일상에서 영향을 미치고 있는 이런 문제에 유의하면서, 만약 이런 일이 둘 사이의 관계에서 발생한다면 함께 다루기로 약속한다. 일반적으로 상담자가 이러한 관계 패턴을 초록(예를 들어, 상담자가 그것에 대해 계속 생각해왔기 때문에 다음 회기의 시작 시점; 초록은 연구의 첫머리에서 연구의 전반적인 내용을 짧게 제시한 것이다—역자 주)에서 언급하는 것보다는 내담자가 현재의 상호작용 속에서 그것을 경험한다고 판단될 때까지 기다리는 것이 더 효과적이다.

반응 3: 내담자가 상담자의 질문에 그렇다고(affirmatively) 반응한다

내담자 (화난 목소리로) 물론 선생님이 통제권을 가지고 있지요. 제 말이 끝나든 끝나지 않든 선생님은 항상 10분 전에 회기를 끝내야 한다고 하지 않습니까? 선생님은 미묘하게 자신이 원하는 방향으로 일이 일어나게 통제하려 하는 것 같습니다.

대부분의 초보 상담자들은 이런 반응에 두려움을 느낀다. 그래서 이런 비난성 발언에 대한 안전판으로 과정 언급을 피한다. 학생 상담자는 내담자의 말을 액면 그대로 받아들여서 내담자가 이런 방식으로 상담자를 탐탁지 않게 얘기하면 자신이 뭔가를 잘못했으며 실제 지나치게 통제해왔다고 믿는 경향이 있다. 어쩌면 상담자는 실제 지나치게 통제해왔을 수 있다. 상담자는 이러한 가능성을 늘 고려해야 하고 또 필요하면 인정해야 할 것이다. 그러나 많은 경우 이러한 내담자 반응은 상담자 반응에 대한 것이라기보다는 내담자 자신의 인지 도식과 더 많이 관련되어 있다. 그래서 '그렇다'는 반응은 상담자에게 어떤 골치 아픈 문제를 준다기보다는 기회를 향한 창을 제공한다.

내담자가 타인과의 관계에서 갖는 갈등을 상담자와의 관계에서도 갖는다는 것을 툭 터놓고 인정할 때, 이러한 문제를 직접적으로 탐색할 기회를 갖게 된다. 나아가 둘 사이의 실제 관계에서 해결을 볼 수 있도록 작업할 수 있게 된다. 왜 우리는 계속 같은 이야기로 되돌아가는가? 내담자가 상담자에 의해 통제되고 있다고 느끼는 한, 상담자는 내담자가 타인과의 관계에서 갖는 이 문제를 변화시키도록 조력하지 못할 것이다. 그러나 상담자는 상담관계를 하나의 사회적 학습의 장으로 활용한다. 즉, 상담자는 내담자의 부적응적 패턴이나 도식을 변화시키기 위해 내담자와의 상호작용을 사용한다. 상담자는 다음과 같은 방식으로 이러한 일을 할 수 있다.

1. 가능한 한 내담자가 가지는 염려의 타당성을 수용하고 비방어적인 태도를 취한다.

상담자 네, 우리는 10분 전에 회기를 끝내야 합니다. 하지만 당신에게 그건 좀 부자연스러웠겠어요. 이러한 시간 문제로 당신이 통제당하고 있다고 느낀다는 걸 이해하겠습니다.

2. 내담자의 지각을 더욱 깊이 탐색하고 이를 이해하기 위해 내담자와 함께 작업한다.

상담자 제가 원하는 방식으로 일이 일어나게 통제하려고 할 때 제가 어떤 생각을 갖고 있으리라고 봅니까? 그때 제가 무엇을 하려고 한다고 느낍니까? 제 의도가 무엇인 것 같습니까?

3. 내담자의 삶에서 관계 맺고 있는 여러 사람과 상담자를 구분하도록 한다.

상담자 네, 우리가 어디로 갈지에 대한 생각이 있긴 합니다만 그래도 전 당신이 이끄는 대로 따르고 싶기도 합니다. 사실, 당신이 지난주에 제 의견에 반대하고 당신 생각을 말해주었을 때 저는 정말로 좋았습니다. 이러한 점에서 당신의 삶에 관련해 있는 다른 사람들과 제가 좀 다를 것입니다. 저는 우리 둘 중 어느 누구도 통제당하고 있다고 느끼지 않을 때 그리고 우리 둘 다 원하는 바를 말할 수 있을 때가 좋다고 생각합니다. 그럴 때만이 우리 관계가 살아있다는 느낌을 줄 테니까 말이죠.

4. 둘 사이의 관계에서 이러한 관심사에 민감하게 대응하고, 미래에도 이 문제를 다른 사람들이 하는 것과는 다르게 다루어줄 것임을 표현한다. 또한 둘 사이에 그런 갈등이 일어날 때마다 상담자에게 말해주도록 내담자를 초대한다. 이렇게 하여 그런 일이 계속되기 전에 함께 이야기하고 변화시킬 수 있다.

상담자 저는 당신이 다른 사람들과의 관계에서처럼 우리 관계에서 통제당하기를 원치 않습니다. 그것은 어느 누구에게도 좋지 않습니다. 이 문제를 위해 뭔가 다른 것을 시도해봅시다. 지금부터는 제가 시계를 보고 우리가 끝내야 하는 시간 5분 전에 알려드리겠습니다. 그리고 제가 당신이 가고자 하는 방향에서 벗어나게 하려거나 또는 당신을 통제하고 있다는 느낌이 들면 어느 때나 제게 말해주세요. 그러면 바로 멈추고 일어나고 있는 일을 검토하여 바꾸도록 하겠습니다. 이 밖에 더 할 일이 있을까요? 있으시면 말씀해주세요.

어떤 내담자들에게는 이러한 접근이 효과적일 것이지만, 그럼에도 불구하고 또 다른 내담자들은 제한된 관계 패턴을 지속하고자 할 것이다. 그러나 상담자가 기꺼이 비방어적인 태도를 견지하고 개인적인 불편을 참아낼 수 있다면, 대부분의 내담자들은 상담관계에 더욱 몰입하게 될 것이고 이러저러한 문제들을 더 깊이 탐색하고자 하는 동기가 증대될 것이다. 내담자들이 예상은 하지만 원치 않는 옛 시나리오가 상담자와의 관계에서는 발생하지 않는다는 것을 반복해서 경험하게 되면 이전에 알아왔던 것보다 더 높은 수준의 **대인 안전감**(interpersonal safety)을 느끼게 된다. 그 결과, 중요한 새 문제들, 병리적 신념들 그리고 이전에 위협적으로 느껴졌던 감정들이 드러날 수 있게 된다. 이러한 것들은 탐색해볼 새로운 재료를 제공하고 치료 초점을 더 명확하게 한다. 일반적으로 많은 내담자들은 그 다음 주 동안 타인과 관계 맺는 이런 새로운 방식을 시도한다. 그리고 상담자와의 관계에서 학습한 것의 효과를 검증한다. 즉 내담자는 종종 그다음 회기에 패턴을 바꾸어서 이전과 다른 방식으로 반응하려 했던 시도에 대해 보고한다. 다음으로, 상담자가 과정 차원에서 작업하기를 주저하는 몇 가지 이유를 탐색해볼 것이다. 그리고 몇 가지 실무 지침을 제공해서 상담자가 어려움을 뛰어넘어 과정 언급을 활용할 수 있게 도움을 줄 것이다.

과정 차원에서 작업하는 데 대한 상담자의 초기 주저

1년차 실습 학생인 카렌이 첫 내담자를 만나고 있다. 내담자가 하는 모든 얘기가 별로 중요하지 않은 것 같았다. 그저 의미 없이 이것저것 이야기하고 있는 것 같았다. 카렌은 지루해졌다. 내담자도 별 의미를 두지 않는다는 것을 카렌도 알았지만 두 사람 모두 이에 대해 얘기하기를 원치 않았다. 이렇게 몇 회기가 지나갔다. 카렌의 부적절감은 더욱 심해져갔다. 카렌은 더 이상 상담이 즐겁지 않았다. 이제는 회기를 두려워하게 되었다. 내담자를 향해 공손하게 앉아 있을 때면 가슴에 덩어리가 생긴 듯했다. 스스로에게 "친절하고 공감적인 사람이 되는 것이 어쨌다는 말인가! 난 전공을 잘 못 선택했나봐. 도저히 못할 일이야…"라고 외치고 있었다.

카렌의 수퍼바이저는 이런 심정을 감지하고 도와주려 했다. 수퍼바이저는 카렌에게 느끼고 있는 바를 내담자와 얘기하고 내담자도 같은 느낌을 갖고 있는지 검토해보라고 조언했다. 예를 들어, 수퍼바이저는 카렌에게 둘 사이의 상호작용에 대해 성찰해볼 것을 제안했다. 그리고 역할연습을 통해 카렌이 어떻게 말할 수 있는지 보여주려 했다.

"저는 종종 당신이 말하고 있는 것이 정말 당신에게 가장 중요한 것인지 회의가 듭니다."

"자신 문제나 마음속 깊은 얘기를 저나 다른 사람에게 털어놓고 얘기하는 것이 어떻게 느껴지세요?"

"매주 이렇게 와서 저와 얘기를 나누는 것이 어떠세요? 좋은 점은 무엇이고 또 별로 도움이 되지 않는 점은 무엇인가요?"

카렌은 이것이야말로 자신이 해야만 할 일이라는 것을 알았다. 그러나 어떻게 이 일을 할 수 있는지에 대해서는 전혀 알지 못했다. 그녀는 그렇게 직접적으로 얘기할 수 없었다. 그녀는 자신의 내담자뿐만 아니라 그 누구에게도 그렇게 할 수 없었다. 단지 할 수 없었다. 카렌은 가족 또는 친구와도 그렇게 이야기해보지 못했다. 그렇게 직접적으로 얘기하는 것이 내담자의 감정을 상하게 할까봐 또는 내담자의 반응 다음에 어떻게 해야 할지 몰랐기 때문에 카렌은 노심초사했다.

4회기에 카렌의 내담자는 연락도 없이 나타나지 않았다. 카렌은 놀라지 않았으며, 올 것이 왔다고 생각했다. 이런 일은 달라질 수도 있었고 달라졌어야 했다는 점을 깨닫고는 실패했다고 느꼈다. 그녀의 수퍼바이저는 매우 친절하게 응대해주고 한 가지 제안을 했다. 그다음에는 도전을 했다. 그는 카렌이 내담자에게 전화해서 다음 한 회기만이라도 오라고 초대할 수 있다고 말했다. 내담자가 오면, 상담에서 무엇이 좋았는지와 무엇이 좋지 않았는지 얘기하든지, 내담자가 상담을 계속하기 원한다면 함께 작업할 수 있는 다른 방식을 고려해보든지, 아니면 관계를 끝내고 내담자가 원한다면 다른 상담자에게 의뢰하는 방안을 논의해볼 수 있다고 했다. 관계를 회복할 수 있다는 희망이 그녀의 불안보다 더 컸다. 그래서 카렌은 내담자에게 전화해서 수퍼바이저와 역할연습에서 했던 말을 그대로 했다. 카렌이 함께 작업할 수 있는 다른 방식에 대해 얘기해볼 수 있다고 말했을 때, 그것은 정곡을 찌른 것이었다. 내담자는 "무슨 의미죠?"라고 물었다. 카렌은 단도직입적으로 자신이 종종 회기 중 조용했으며, 자신이 좀 더 적극적이고 좀 더 많은 피드백을 제공했다면 더 많은 도움을 받았을 것이라고 말했다. 이에 내담자는 카렌이 "아주 좋은 사람이지만 자신은 좀 더 많은 도움이 필요했어요."라고 바로 반응했다. 내담자는 한 회기 더 참석하기로 했으며, 함께 효과적으로 작업할 수 있는 방식에 대한 솔직한 논의를 지속했다. 이 회기에 카렌은 더 적극적이 되었고, 솔직했으며, 더 깊이 관여했다. 그리고 내담자는 상담을 계속하기로 결정했다. 카렌은 이 회기 직후 매우 안도했으며, 자신이 도움이 되는 상담자라는 좋은 느낌을 처음으로 가졌다.

여기서 왜 카렌과 같은 초보 상담자가 과정지향적인 개입이나 둘 사이의 상호작용에 관해 직접 얘기하는 것을 주저하는지 살펴볼 것이다. 상담관계가 변화에 영향을 주는 주된 동력이라고는 하지만 초보 상담자 입장에서 다음과 같이 직접적으로 말하는 것은 불안을 불러일으키는 어려운 일이다.

상담자 그 문제가 우리 둘 사이에 발생하고 있습니까? 무시당했다거나 거부당했다는 느낌이 드는 것 말입니다.

둘 사이에 일어나고 있는 이슈에 관해 그렇게 직접적으로 이야기하는 것은 문화 규범을 어기는 것이기도 하거니와 상담자가 성장해온 배경이 되는 원가족의 규칙을 어기는 것이기도 하다. 이러한 이유로 그리고 이러한 직접적인 의사소통이 야기하는 즉시성 때문에, 초보 상담자는 처음에는 과정 언급을 사용하기 꺼린다. 같은 이유로, 다른 사람과의 관계에서 발생하는 문제와 동일한 문제를 상담자와의 관계에서 내담자가 어떻게 경험하고 있는지를 탐색하는 것도 어려워한다(Spangler et al., 2014). 이제 내담자의 갈등 해결을 위해 상담관계를 이용하는 것에 관한 초보 상담자의 관심사 여섯 가지를 살펴보자.

1. 언제 개입할지에 대한 불확실성 초보 상담자들은 내담자의 문제를 개념화하거나 과정 차원을 추적해본 경험이 많지 않다. 그래서 과정 언급을 언제 또는 어떻게 활용할 수 있는지 확신을 갖지 못한다. 경험이 쌓이고 임상훈련이 제공하는 복잡한 새 정보를 통합하기 시작할 때쯤 되면 대부분의 상담 수련생은 과정 차원의 개입에 더 편안해질 것이다. 일반적인 순서는 처음에 상담자가 과정 차원을 인식하기 시작하고, 이어 둘 사이에 뭔가 중요한 일이 발생하고 있을 때 이를 알아차리기 시작한다. 그러나 관찰하고 있는 것을 얘기하고 적용하지는 못한다. 초보 상담자가 이런 과정 차원을 '볼' 수 있다면, 이 가능성을 내담자에게 이야기하고 함께 탐색해나가는 데 대한 자신감을 갖기까지는 보통 몇 주 내지는 몇 달이 걸린다. 상담자의 입장에서 다음과 같이 언급하는 것은 개인적으로 위험을 감수하고 하는 것이다.

상담자 저는 지금 우리 둘 사이에서 일어나고 있는 뭔가를 주목하고 있는데, 아마도 이것이 … 가 아닐까 하는 생각이 듭니다.

상담자의 과정 관찰 중 일부는 정확한 것이겠지만 다른 관찰에 대해서는 내담자들이 동감하지 않을 것이다. 그러나 상담자가 잠정적으로 제시한 관찰이 부정확할 때도 상담자가 실패했다거나 실수한 것은 아니다. 상담자들은 단순히 이해하려고 하는 것이고 내담자들은 보통 이러한 선의에 감사해한다. 앞서 이미 강조했듯이, 상담자의 의도는 '옳은' 말을 하는 것이 아니다. 그보다는 둘 사이에 일어나고 있는 것을 함께 고려하고 탐색할 수 있도록 내담자와의 협력을 주도하거나 대화를 하려는 것이다.

상담자 (비방어적으로, 우호적이고 환영하는 어조로) 오케이! 제가 말했던 것이 그렇게 정확한 것이 아니군요. 제가 좀 더 정확하게 말하도록 도와주세요. 우리 둘 사이에 여기서 일어나고 있는 일을 당신은 무엇이라고 이야기하겠습니까?

초보 상담자들은 준비가 되었다고 느끼기 전까지는 너무 서둘러서 과정 언급을 하거나 즉시성을 만들어내는 개입을 시도하지 말아야 한다. 이러한 반응을 억지로 하는 것은 상담자에게 좋지 않지만 내담자에게도 효과적이지 않다. 상담자가 내담자의 문제를 해결하기 위해 언제 그리고 어떤 개입을 할지를 선택할 수 있다고 느끼지 못한다면, 내담자가 제대로 기능하게 도울 수 없을 것이다.

상담자는 어떻게 내담자의 갈등이 자신과 내담자 사이에 반복되고 있는지를 알 수 있을까? 다음 순서를 따라가보자. 첫째, 내담자가 타인과의 관계에서 갖는 부적응적 관계 패턴을 규명해보려는 상담자의 시도가 도움이 된다. 상담자는 내담자와 타인의 관계에서 무슨 일이 발생하는지, 그리고 그것과 동일한 패턴 또는 유사 주제가 둘 사이의 상호작용에서 어떻게 일어날 수 있는지에 대한 작업 가설을 설정한다. 이를 통해 상담자는 처치에서 내담자가 보일 수 있는 문제에 반응하는 데 더 잘 준비될 수 있다. 상담자와의 관계에서 실행할 가능성이 높은 유형의 기대, 도식에 따른 왜곡(schema-driven distortion), 재연을 상담자가 예견할 수 있으면, 상담자는 '자신의 입장에서' 많은 생각을 할 필요가 없다. 상담자는 내담자가 정말 말하려고 하는 바를 나중에 '깨닫는 것'이 아니라 내담자가 그 말을 하고 있는 바로 그 순간에 더 잘 들을 수 있고 둘 사이에 일어나고 있는 일을 더 잘 볼 수 있다(예를 들면, 상담회기 녹음테이프를 검토하던 수련생이 말한다. "내담자는 '모두가' 자신을 판단하려고 한다는 말을 하고 있네. 아마도 내가 자기를 판단하고 비난할까봐 걱정하고 있다는 것을 말하고 있는 것 같아. 왜 이제야 이걸 깨닫지? 왜 이런 얘기를 하는 순간이 아니라 이미 한참 시간이 지난 시점에 말이야. 이런 일이 항상 일어나네!").

둘째, 이러한 개념화가 상담자로 하여금 자신의 경험을 이해할 수 있게 하여 내담자의 옛 시나리오 속에서 다른 사람들이 느낀 것과 같이 느끼거나 반응하기 시작한 때를 알아챌 수 있게 해준다. 예를 들면, 내담자가 상담자로 하여금 지루하다거나 참을성 없게 또는 당황하게 느끼도록 할 때, 이 작업 가설은 다른 사람들이 내담자에게 했던 반응을 상담자 자신도 하기 시작했을 가능성을 고려하게 해준다. 말하자면, 내담자를 향한 상담자의 감정과 반응은 다른 사람과의 관계에서 문제를 일으키는 동일한 시나리오가 여기서도 작동하고 있다는 신호가 된다.

셋째, 수퍼바이저와 함께 상담 상호작용에서 일어나고 있는 일을 점검해볼 수 있는 가장 좋은 시점이 바로 이때이다. 만약 내담자의 갈등이 반복되고 있는 것처럼 보인다면, 수련생은 이러한 갈등을 드러내서 내담자와 함께 얘기하려 할 때 발생할 수 있는 문제점을 탐색해볼 수 있다. 내담자와 이러한 가능성을 탐색하기 위한 효과적인 방법을 찾기 위해, 상담자는 수퍼바이저와 함께 역할연습을 하거나 대안적인 여러 반응을 시연(rehearse)해볼 수 있다. 다시 말하지만, 수련생이 지지적인 수퍼바이저의 적극적인 도움 없이 충분한 탐색을 성공적으로 수행하거나 과정지향적 개입을 한다는 것은 현실적이지 않다.

넷째, 이러한 준비와 더불어 상담자는 그러한 가능성을 내담자와 얘기하기 위해 반복이 일어난다고 느껴지는 때를 기다릴 수 있다. 맥락 없이 간단히 요약해서(예를 들어, 다음 회기의 시작 시점에) 그러한 가능성을 언급하는 것보다는 상호작용이 일어나고 있을 때(immediacy) 개입하는 것이 항상 더 효과적이다. 내담자가 상담자에게서 비난받고 있다고 느낀다는 것을 상담회기 후에야 깨달은 상담자를 떠올려보라. 이 상담자는 시작부터 이 가능성을 주제로 하여 내담자와 얘기를 나누고 싶었지만 그렇게 하지 않았다. 반대로, 수퍼바이저의 조언을 따라 이 이슈가 둘 사이에 다시 발생하고 있다는 생각이 들 때까지 기다렸다. 다음 회기에서 20분쯤 지나자 정말 이 일이 일어났다. 상담자는 이 일이 일어날 때 그 가능성에 대해 성공적으로 탐색했다. 이 일은 내담자에게 아주 의미 있는 일이 되었다.

다섯째, 초보 상담자는 이러저러한 개입이 실제 작동할 가능성이 높다고 느껴질 때까지 기다리는 것이 좋다. 우리는 적절한 시점에 관한 자신의 느낌(sense of timing)을 존중할 필요가 있다. 이미 강조했듯이, 이런 개입을 할 것인지 아니면 저런 개입을 할 것인지 또는 언제 시도할 것인지는 상담자가 선택하는 것이다. 따르기만 하는 것은 내담자에게 문제가 되는 만큼이나 상담자에게도 문제가 된다.

이러한 반응이 자연스럽게 느껴지고 쉽게 다가오기까지는 1~2년이 걸릴 것이다. 그러나 그 순간은 반드시 온다. 초보 상담자에게 줄 수 있는 조언은 다음과 같다. 우선 동료와 같이 연습하고 시연하라. 그리고 강사/수퍼바이저에게 당신과 함께 즉시성 개입을 위한 역할연습을 해줄 것을 요청하라. 그리고 시범 비디오를 시청하라. 단지 글로 읽는 것과 보는 것은 매우 다르다(추가적인 지침은 Spangler et al., 2014 참조).

2. 내담자를 기분 나쁘게 하지 않을까 하는 걱정 어떤 초보 상담자들은 "이에 대해 나와 함께 얘기하는 것이 어떻게 느껴지세요?"라고 묻는다면, 내담자들이 상담자를 너무 무디거나 너무 사적이라고 느끼거나 도전적이라고 느끼지 않을까 하고 걱정한다.

두 사람 간에 일어나고 있는 일에 관해 공손하지만 직접적으로 이야기하는 것은 암묵적인 사회적 규칙을 깨는 일이 될 수 있다. 많은 수련생은 내담자가 놀라거나 또는 이것 때문에 뒤로 물러설지 모른다고 걱정한다. 상담자가 과정 언급을 하는 처음 몇 번 동안 다른 수준의 대화로 바뀐다는 것을 미리 알려주는 도입 진술을 하면 내담자에게 안전감을 만들어줄 수 있는데, 이런 안전감은 더 진실한 대화로의 이행을 쉽게 한다.

상담자 제가 당신에게 솔직하게 직접적으로 이야기해도 될까요?

이렇게 내담자로 하여금 상담자의 좋은 의도를 인식하게 해주는 맥락 진술을 하고, 정중하게 반응하며, 협력으로 초대하면(예를 들어, "어떻게 생각하세요?"), 상담자가 너무나 무디거나 직접적이라거나 내담자를 공격한다는 느낌을 주지 않을 것이다. 대부분의 내담자는 더 직접적인 의사소통으로의 초대에 위협받기보다는 오히려 이런 더 진실하고 실질적인 의사소통에 감사해한다. 내담자들은 처음부터 이러한 반응을 환영할 것이며, 상담자가 기꺼이 문제의 핵심으로 다가와 삶의 진짜 문제(얘기하기를 원해왔지만 다른 사람과는 할 수 없었던)에 대해 일상적인 말로 얘기하는 것에 안도할 것이다.

3. 상담자의 불안전감 및 역전이에 대한 이슈 여기서 기술된 방식으로 내담자와 작업하기 위해서는 상담자가 내담자와 진실한 관계를 맺는 위험을 감수해야 한다. 그러나 이는 상담자에게 도전적인 과제이다. 대인과정접근에서 상담은 상담자와 내담자 각자가 상대방에 의해 기꺼이 영향을 받는 양방 도로와 같다. 상담자가 내담자와 정서적으로 같이 하려 하고 '현실 관계'를 맺으려는 노력을 하지 않으면 과정 언급은 영향력을 잃게 될 것이다(Gelso, 2014, 2011; Gelso & Samstag, 2008). 예를 들어, 상담자가 과정 언급을 하고 더 진실한 대화로 내담자를 초대하지만 다음 순간 그렇게 하지 못하면, 내담자는 모순된 메시지를 받게 된다. 이런 모순된 메시지는 상담자가 방어적이 되어서 내담자와 일정한 거리를 두려 하거나 내담자 비판의 잠재적 타당성을 고려해보지 않으려 할 때 발생한다. 예를 들어보자.

상담자 제가 그것에 대해 얘기할 때 무슨 생각을 하세요?

내담자 글쎄요. … 선생님이 절 비난한다고 느껴요. 썩 좋은 기분은 아니지요.

상담자 (방어적으로) 그렇군요. 물론 전 당신을 비난하려는 것이 아닙니다. 비난에 매우 민감하시군요! 다른 사람에게도 이렇게 좀 과잉 반응을 합니까?

반대로, 상담자가 비방어적인 자세를 유지하고, 자신이 내담자의 문제에 어떻게 기여하고 있는지 그리고 둘 사이에 무슨 일이 일어나고 있는지에 관해 내담자와 기꺼이 이야기하려 하면, 그 회기는 더욱 강렬해지고 생산적이 될 것이다. 대부분의 내담자는 이런 진정성과 정직함에 감사해한다. 방어적이지 않은 상담자는 다음과 같이 반응할 것이다.

상담자 제가 비난하는 것같이 느껴졌군요. 정말 기분이 좋지 않겠습니다. 그러나 비난하려는 의도는 전혀 없었습니다. 판단하지 않고 당신에게 도움이 될 만한 피드백을 주고자 할 뿐이었습니다. 정직하게 얘기해주셔서 감사합니다. 도움이 되었습니다. '비판적'으로 느껴진다는 것에 대해 좀 더 얘기를 해주세요.

내담자로부터 기꺼이 영향을 받고자 하며 자신이 대인과정에 기여하는 바를 기꺼이 보려 하는 상담자의 의지는 때때로 불안을 불러일으킬 수 있다. 그러나 다른 방도가 있는 것이 아니다. 모험을 하지 않으면 아무것도 얻을 수 없다. **관계가 상담자와 내담자 모두에게 중요하고 현실적인 의미를 갖지 못하면 교정적 정서 경험은 일어나지 않을 것이다.** 상담자는 관계에서 발생하는 문제 또는 오해에 자신의 기여하는 바를 정직하게 바라볼 수 있을 때에야 진정한 의미에서의 동등한 관계를 촉진할 수 있게 된다. 물론 이러한 점증하는 상호성이 종종 상담자 자신의 문제 또는 역전이 이슈를 촉발할 수도 있다(Gelso & Hayes, 2007; Hayes, Gelso & Hummel, 2011; Mitchell, 1993). 예를 들어, 더욱 진실하게 반응하기 위해 상담자는 관계에 대한 위계적 통제권을 포기해야 한다. 그런데 이는 관계에서 권위를 갖기 원하거나 다음에 어떤 일이 일어나야 할지를 통제하기 원하는 상담자에게 불안을 불러일으킬 수 있다(예를 들어, 회피형 상담자; Marmarosh et al., 2014). 또 상담자는 내담자와의 진실한 정서적 접촉이 적절한 치료적 경계를 상실하게 하고 결국은 지나친 관여를 하게 하거나 행동화(acting out)하게 할 수 있다는 걱정을 할 수 있다. 그러나 수퍼바이저의 도움을 받고 6장에 제시한 최적의 대인관계와 8장에 제시한 역전이에 관한 지침을 활용하면, 상담자는 역전이 문제로 인해 내담자와 너무 가까워지는 순간 또는 너무 멀어지는 순간을 알아차릴 수 있게 될 것이다.

과정 언급을 할 때, 현재 일어나고 있는 일이 내담자가 유도한 역전이 때문인지 아니면 상담자가 유도한 역전이 때문인지를 어떻게 알 수 있는가? 예를 들어보자.

상담자 (마음속으로) 나만 느끼는 것인가, 아니면 내담자가 모든 사람을 이렇게 느끼도록 하는가?

첫째, 초보 상담자는 특히 처음에 상담과정을 추적하도록 도움을 줄 지지적 수퍼바이저를 필요로 한다. 지속적인 조력이 없으면, 수련 초기 상담자는 정서적으로 관계된 상태(relatedness)에서 객관성을 유지하는 참여관찰자가 되기 어렵다. 이러한 것은 거의 모든 상담자에게 적용되는 발달적 이슈이다. 초보 상담자는 이러한 구분에 대해 늘 생각해야 하고 내담자의 이슈와 자신의 이슈를 명확히 하는 데 힘을 쏟아야 한다. 그러나 훈련 초기 시점에서 이런 것을 구분하지 못한다고 실망할 필요는 없다. 이런 일은 복잡하고 모호하기도 하고, 자신의 역전이 경향을 더 잘 인식하게 되면 더 쉬워진다. 따라서 수퍼바이저에게 도움을 구하는 것을 주저할 필요가 없다.

둘째, 초보 상담자는 상담자 – 내담자 관계에서 뭔가 중요한 일이 일어나고 있다고 생각하는 순간 성급한 결론을 내리거나 개입하기보다는 이를 관찰하고 추적할 수 있다. 이를 통해 자신의 문제와 내담자의 문제를 혼동하는 것을 방지할 수 있다. 상담자가 작업가설을 먼저 생성한 다음, 관찰한 것이 상담자와 내담자 사이의 다음 상호작용에도 적용되는지를 보기 위해 기다리는 것이 더 효과적이다. 만약 그 문제가 적절하다면, 관계 주제 또는 패턴으로 반복될 것이다. 만약 그 문제가 계속 일어나는 것이 아니라면, 아마도 상담자 자신의 문제가 작동하고 있는 것이거나 또는 내담자에게 중요한 것이 아닐 가능성이 크므로 이 가설을 버려야 한다. 상담자는 과정 언급에 아무 생각 없이(무심히) 과정 언급을 하기 원치 않을 것이다. 어떤 문제가 상담자 자신의 것인지 아니면 내담자의 것인지가 확실하지 않으면 기다리면서 상담과정에 대한 추가 정보를 수집하고, 내담자에게 그 문제를 제기하기 전에 수퍼바이저의 자문을 구하는 것이 최선이다. 모든 과정 언급은 단지 관찰에 불과하다는 것을 기억하라. 과정 언급은 상담자와 내담자가 함께 탐색하고 명료화하기 위해 잠정적으로 내담자에게 제공되는 것이지 절대적인 진리나 사실이 아니다.

모든 상담접근을 통틀어서 상담자와 내담자의 관계는 변화를 위한 가장 중요한 수단이 될 수 있다는 강력한 증거가 있다(Barber et al., 2009; Najavits & Strupp, 1994; Norcross & Beutler, 2011). 이와 함께, 상담 조기 종결의 가장 큰 이유는 내담자의 대인관계 대처 전략이 상담자 자신의 갈등을 촉발했고, 재연되었다는 것이다. 상담자는 자신의 역전이 문제가 개입될 수 있다는 것에 개방적일 필요가 있으며 내담자의 갈등이 치료 장면에서 어떻게 재연될 수 있는지에 대해 작업 가설을 생성해야 한다(부록 B의 6번 참조). 치료적 일이란 초보 상담자나 경험 많은 상담자 모두에게 다음과 같은 것들을 요구한다.

- 자신의 역전이 경향을 탐색하고 개방적인 태도를 유지하기 위해 평생 노력한다.
- 계속적인 전문적 직업 활동으로 동료와 수퍼바이저에게 자문을 구한다.
- 역전이 문제가 지속될 때는 개인상담을 받는다.

상담자가 역전이 가능성을 무시할 때 문제를 일으킬 소지가 크다. **자신이 갈등에 참여하고 있거나 잠재적으로 기여하고 있을 가능성을 고려하지 못할 때가 특히 위험하다.** 상담자는 자신이 역전이 문제(내담자가 유도하거나 상담자 자신이 유도하는 것 모두)에 빠질 수 있다는 것을 알고 있어야 하며, 역전이 가능성이 있을 때 기꺼이 수퍼바이저와 논의할 수 있어야 한다. 이런 상담자는 내담자와 과정지향적인 방식으로 작업하는 데 제약을 느끼지 않을 것이다.

4. 도전적으로 보일 수 있다는 걱정 초보 상담자들은 종종 과정 언급을 직면으로 오인한다. 이는 우리가 초보 상담자에게 관계를 탐색하고 과정 언급을 시도하도록 조력할 때 가장 흔히 발생하는 문제이다. 많은 초보 상담자는 과정 언급을 주저한다. 내담자가 도전을 받으면 화를 내고, 상담자를 호전적이고 나무란다고 보아서 상담을 그만둘 것이라 걱정하기 때문이다. **과정 언급 혹은 즉시성 개입은 도전과 상관이 없다.** 과정 언급은 지금 바로 이 순간 둘 사이에 일어나고 있는 일에 대해 얘기해보자고 내담자를 초대하는 것이다. 당신이 하려고 하는 과정 언급이 내담자에게 나무라는 듯이 느껴질 수 있다는 생각이 들면 또는 내담자를 곤혹스럽게 할 수 있다는 생각이 들면 과정 언급을 하지 않는 것이 좋다. 대신 상담자는 적절한 때를 기다릴 수 있다. 또는 자신이 관찰한 바를 나누지 않는 것에 대해 내담자와 얘기할 수도 있다. 아마도 후자가 더 바람직한 방안일 것이다. 다음의 예를 보자.

상담자 바로 지금 떠오른 생각이 있습니다. 그러나 그것에 대해 당신과 얘기를 나누어야 할지 모르겠습니다. 당신이 비난받는다고 느끼지 않을까 하는 걱정 때문입니다. 그러나 그건 제가 의도하는 바가 아닙니다. 이것에 대해 잠깐 이야기해도 될까요?

어떤 상담자는 더욱 직접적으로 반응하면, 핵심 관심사나 메시지를 정확히 반영하면 또는 내담자가 말한 것에서 핵심적인 감정을 집어내면 내담자에게 어떤 방식으로든 상처를 줄 수 있다고 걱정한다. 내담자 취약성에 대한 이러한 예상은 일반적으로 부정확하다. 오히려 이런 예상은 상담자의 역전이(더욱 효과적이 되는 것, 내담자에게 더욱 큰 영향력을 미쳐야 한다는 것 또는 더욱 강력하게 행동해야 한다는 것과 같은) 문제와 더 관련이 있다. 대부분의 내담자는 삶에서 정말 잘못된 일이 무엇인지에 대한, 그리고 상담자와 내담자 사이에 어떤 일이 일어나고 있는지에 대한 더욱 진실하고 직접적인 대화를 권유하는 상담자의 초대를 환영할 것이다. 우리는 내담자가 이런 단도직입적인 대화와 상담자와의 개인적이고 직접적인 관여를 경험하지 못하기 때문에 조기 종결한다고 생각한다. 요약하면, 내담자가 상담자와의 사이에 어떤 일이 일어나고 있는지에 대해 상담자와 이야기하는 것이 안전하고 도움이 된다는 것을 깨닫게 될 때쯤이면 초보 상담자도 민감하면서 동시에 직접적이 되는 것이 가능하다는 것을 확신하게 될 것이다.

내담자에게 상처를 줄지 모른다는 걱정은 두려움 애착 유형의 상담자들에게는 특별한 개인적 의미를 지닌다. 그런 상담자들은 아마도 **이중 구속적인 가족 의사소통**(double binding family communication)에 노출되어왔을 수 있다. 이러한 의사소통 양식에서는 행해진 것(예를 들면, 일상적으로 위협을 받거나 모욕을 당했거나 또는 맞았거나)과 말해진 것(예를 들면, "우리는 서로 가깝고 사랑하는 가족이야. 아무 문제 없고 모두가 행복하지 않니.") 사이에 큰 불일치가 존재한다. 이중 구속에 내재한 근본적 요소는 아이가 이런 불일치를 어떤 방식으로든 발설할 수 없다는, 명확히 이해되지만 말해지지 않는 암묵적 가족 규칙이다. 예를 들면, 그러한 이중 구속에 걸려 있는 아이는 "접시를 깨끗이 비우라고 하지만 잠깐 뒤면 뚱뚱하다고 놀립니다. 이제 그만하세요. 저를 미치게 하지 마세요!"라고 말하여 **모순적인 메시지를 밖으로 드러낼 수 없다.**

그런 이중 구속적 의사소통은 많은 역기능적 가족에서 일어나고 있으며, 알코올 중독 가정, 신체 학대 및 성 학대가 일어나고 있는 가정에서는 일상사처럼 되어 버렸다. 그런 고통스러운 발달적 경험의 영향(예, "무엇이 진짜지?")으로 인해, 상담자는 가족 규칙을 깨고 구체적으로 일어나고 있는 것에 관해 직접 이야기하면 뭔가 아주 위험한 일이 일어날 것이라고 두려워하게 된다. 그런 위협이 무엇인지를 명명할 수 있을 만큼 구체적이지는 않지만 말이다. 이중 구속을 깨고 가족 구성원이 어떻게 의사소통해야 하는지에 대한 암묵적 가족 규칙을 더 이상 따르지 않으면, 오래된 위협이 나타날 수 있다(또한 해결될 수 있다). 그래서 이런 발달 경험을 가진 상담자에게는 과정 언급을 사용하고, 일어나고 있는 일을 드러내는 것이 위협으로 느껴질 수 있다. 그러나 이러한 역전이 문제는 수퍼비전 관계에서보다는 상담자 자신에 대한 상담을 통해 가장 잘 해결될 수 있다.

5. 부적절함을 느낌: "다음에 무슨 말을 하지?" 어떤 초보 상담자는 과정 언급이 상담 상

호작용을 생생하게 하고, 내담자의 감정과 문제를 좀 더 대담하게 해소하게 하며 지금-여기에서 상담자와 내담자가 작업할 수 있게 해준다는 것을 인식한다. 그러나 이런 좋은 점은 경험이 일천한 상담자에게 새로운 문제를 상정한다. 다음의 질문을 검토해보자.

"다음에 무슨 말을 해야 하지?"(내담자가 강한 감정을 공유할 때)
"이제 무엇을 하지?"(내담자가 중요한 문제를 더 깊게 얘기하기 시작할 때)

훈련과 경험이 부족한 초보 상담자가 이런 중요한 순간에 새롭고 어려운 입장에 놓이게 되는 것은 이해할 만한 일이다. 어떻게 진행할지 또는 무슨 말을 해야 할지 잘 모르기 때문에 어떤 초보 상담자는 과정 언급으로부터 한 걸음 멀어진다. 다음 순간 어떤 단계를 밟아야 하며 무엇을 해야 내담자가 나아갈 수 있게 도울 수 있는지 알지 못하는, 그리고 스스로 실패하고 있다고 느끼는 이 불안한 순간을 회피하고 싶기 때문이다. 내담자의 감정과 문제를 좀 더 명료하게 하고 즉시성을 가져올 개입을 회피함으로써 멈춘 채 표면에 남아 있는 것을 대처라고 할 수 없다. 다음 순간 무엇을 해야 할지 또는 무슨 말을 해야 할지 알지 못함은 임상훈련에서 나타나는 어느 한 발달 단계의 특징이다. 다음에 설명할 것이지만 초보 상담자가 **처치초점**을 더 잘 개발할 수 있게 됨에 따라 이런 문제는 해소된다(Tufekcioglu & Muran, 2015).

수퍼바이저로서 우리는 10여 년 전 이런 불안으로 어려움을 겪고 있었던 때를 기억할 수 있다. 우리는 수련생에게 공감하며, 시도해볼 만한 두 가지 주제에 초점을 맞추고자 한다. 첫째, 수련생이 "다음 순간 무엇을 해야 할까요?"라고 말할 때, 이들이 진짜 말하고 싶은 것은 "이것이 의미하는 것이 무엇인지 이해하지 못하겠어요."이다. 그래서 수련생에게 무엇을 해야 할지를 얘기하지 않는다. 상담자에게 별로 도움이 되지 않기 때문이다. 그보다 우리는 내담자가 방금 한 말이 무엇인지를 이해하도록 도우려 한다. 이런 접근은 무슨 말을 해야 할지 또는 어디로 가려고 하는지에 대한 명확한 방향을 제시할 것이다. 예를 들어보자.

수련생 바로 이 지점에서 무슨 말을 해야 할지 모르겠어요.

수퍼바이저 내담자가 방금 너에게 무슨 말을 했다고 생각하니? 그게 무슨 의미일까?

수련생 정말 모르겠어요. … 선생님은 어떻게 생각하세요?

수퍼바이저 나는 그녀가 혼자 남겨지는 것이 두렵다고 말하는 걸 들었어. 그녀는 언니가 군에 입대해서 조지아 주로 이사 간다고 얘기했지. 이런 건 많은 십대 소녀들에게 중요한 상실인데, 이 소녀에게는 훨씬 더 깊은 상실이야. 이미 논의한 적 있는 접수면접을 기억해봐. 그녀의 엄마는 약물을 과다 복용해서 그녀가 10살일 때 사망했어. 바로 이 지점에서, 내담자가 언니의 이사로 인해 엄마를 잃었을 때 나타났던 고통스럽고 훨씬 더 중요한 상실감이 유도되고 있다고 너에게 말하는 것 같아. 어떻게 생각해?

수련생 그렇군요. 저는 이 회기에서 더 크지만 언급되지 않은 엄마에 관한 부분을 연결시키지 못했네요. 선생님 말씀대로 바로 그것이 여기서 일어나고 있는 일인 것 같습니다. 그런데 제가 무슨 말을 해야 했을까요? 십중팔구 이런 일이 다시 나타날 것 같아요.

수퍼바이저 나도 그렇게 생각해. 나는 우리가 내담자의 말 속에서 내담자에게 가장 의미 있는, 즉 가장 중요한 것을 들으려 노력하고 있다고 생각해. 우리가 그걸 포착할 수 있다면, 일반적으로 더 넓은 삶의 맥락이나 관련된 주제를 고려해야 그럴 수 있는데, 바로 그것에 우리가 반응하고자 하는 것이지.

수련생 네, 하지만 뭐라고 얘기하면 될까요?

수퍼바이저 난 그녀의 상실감 모두를 반영하려 할 것 같아. 강하지 않게 점진적으로 말이야. 그런 것에는 공감적으로 접근해야 해. 그래서 나는 이렇게 얘기할 것 같아. "언니가 군에 입대해야 해서 당신과 떨어져 멀리 이사를 가는군요. 언제 언니를 다시 볼지 모르겠다는 것처럼 들리네요. 이런 일 때문에 스트레스받고 있다는 것이 이해가 돼요. 특히 그래요. 당신은 이미 많을 걸 잃었기 때문이죠." 이렇게 얘기하면 어떨 것 같니?

수련생 네, 그녀가 제게 얘기하고 있는 말의 핵심을 찌르는 것 같아요. 이 대화는 언니에 대한 것이지만 엄마에 관한 것이기도 하네요. 이제 완전히 이해가 돼요. 그런데 왜 저는 스스로 이것을 들을 수 없었을까요? 저에게 실망이 되네요.

수퍼바이저 괜찮아. 주제를 듣는 법과 처치초점을 개발하는 법을 계속 배우면, 1~2년 후 내담자가 얘기하는 것을 바로 그 순간에 듣는 것이 훨씬 더 익숙해질 거야.

다음 회기에서 수련생은 내담자가 언니의 이사 이야기를 다시 꺼내기를 기다렸다가 수퍼바이저가 제안한 반응과 유사한 반응을 했다. 내담자는 엄마의 죽음과 관련하여 해결되지 않은 깊은 슬픔으로 옮겨갔으며, 곧이어 이전에는 인식되지 않았던 분노를 느끼게 되었다. 처치가 진전되자, 내담자는 엄마가 자신에 우선해서 약물을 선택했기 때문에 자신은 '가치 없다. … 사랑받을 가치가 없다'는 수치 기반 신념을 표현했다.

수퍼바이저는 내담자가 말한 것에서 핵심 의미를 들을 수 있었는데(애착 외상), 이것이 단순 명료하게 다음 순간 수퍼바이저가 하고 싶거나 말하고 싶은 것으로 이끌었다. 수퍼바이저는 내담자가 얘기한 것을 **맥락으로 만들**(contextualize) 수 있었기 때문에(예를 들어, 엄마를 잃었다는 더 넓은 발달 맥락 내에서 언니의 이사가 갖는 의미에 대해 생각함) 이런 더 충실한 이해를 제공할 수 있었다. 수퍼바이저는 그런 발달 맥락을 알고 있었으므로 이 내담자가 나타낼 가능성이 있었던 상실이라는 주제에 주의를 기울였다. 그리고 첫 회기 전에 수련생에게 이런 주제의 중요성을 설명해주었다. 그러나 관계 패턴과 정서 주제 듣기, 그리고 내담자의 호소 문제를 더 넓은 발달 맥락 내에서 청취하기는 대부분의 상담자들이 배워서 적용하는 데 2~3년 정도 걸리는 새로운 사고방식이다. 이런 개념화

능력이 발달하면서 학생 상담자는 이 수퍼바이저처럼 처치초점을 정교하게 만들고, 내담자가 방금 표현한 것에서 핵심 관심사를 들으며, 자신이 하거나 말하고 싶은 것이 무엇인지를 더 잘 알게 될 것이다.

둘째, 우리는 수련생이 "다음 순간 무슨 말을 해야 할까요?"라고 물을 때, 이들이 종종 유용한 질문을 갖고 적절한 관찰을 하고 있지만 이를 활용한다는 생각을 하지 못한다는 것을 발견한다. 자기활용을 더 끌어내기 위해 우리는 종종 수련생에게 묻는다. "내담자의 얘기를 들을 때, 막혔다고 느낄 때 또는 무엇을 해야 할지 막막할 때, 어떤 생각이 듭니까? 또는 어떤 가능성을 생각하고 있습니까?" 많은 수련생들은 내담자의 얘기를 들으면서 갖게 되는 자신의 관찰이나 연결(connections)을 활용할 방법을 찾고 시도하는 일을 단지 하지 못할 뿐이다. 꽤 많은 수련생들이 자신의 반응을 거르지 않고 성급하게 말하지만, 우리가 볼 때 훨씬 더 큰 문제는 **내담자에게 무엇인가를 시도해보기를 과도하게 어려워하고, 자신의 경험을 활용하거나 자신의 생각, 질문, 지각을 가지고 내담자와 관계하는 것을 과하게 주저하는 학생 상담자들이다.** 이런 자기활용은 지시적이 되거나, 자기노출 또는 문제해결과는 많이 다르다.

마지막으로, 상담자로서 경험이 쌓이고 자신감이 들기 시작하면, '모르고 있다'는 위험을 감수하는 것이 더 쉬워질 것이고, 내담자–상담자 관계에서 일어나는 일을 더 열린 마음으로 탐색하는 것도 쉬워질 것이다. 예를 들어, 뭔가 혼란스러울 때 경험 있는 상담자는 간단히 "우리가 어쩌다 이렇게 되었지?"라고 물을 것이다.

6. 사적인 영향력을 갖는 것에 대한 염려 임상훈련에서 광범위하게 일어나는 일이지만 잘 논의되지 않는 주제 중 하나가 사적인 영향력을 갖는 것에 관한 상담자의 염려이다. 많은 초보 상담자는 자신이 내담자에게 중요한 사람이 되어서 그의 삶에 중요한 영향을 미치게 되는 것을 불편하게 느낀다. 내담자의 삶에 근본적인 영향을 미칠 수 있는 강한 개입을 하고 사적인 영향력 행사에 수반되는 책임을 진다는 것은 특히 수련 초기 상담자에게 불안을 불러일으킨다. 그 결과, 많은 초보 상담자는 자신의 언급에 지나친 단서를 달아 개입의 영향력을 감소시킨다.

여러 가지 이유로, 상담자 자신의 효과성에 대한 이슈가 불안을 야기할 수 있다. 어떤 상담자는 어렸을 때 부모 역할을 했거나 아이가 부담하기에는 너무 과중한 역할을 했던 사람들이다. 그런 상담자에게 유능감은 비현실적인 전지전능함 또는 모든 책임을 져야 한다는 과대망상으로 쉽게 과장될 수 있다. 처음에는 아이로서 부모에 비해 더 많은 힘을 가지고 특별하다는 것이 아주 흥분되는 일이겠지만 얼마 지나지 않아 이러한 기분은 외로움, 두려움 또는 부담으로 바뀌기 시작한다. 그 결과, 이러한 상담자는 자신이 행한 강력한 개입으로부터 재빨리 후퇴하거나 그런 개입을 무효화하려 할 것이다. 심하면 그러한 강력한 개입 중 어느 것도 하려 하지 않을 것이다.

초보 상담자가 내담자에게 강한 영향력을 행사하는 것을 주저하는 더 흔한 이유는 상담자 자신의 분리 불안 또는 분리 죄의식 때문이다. 이런 상담자의 원가족에서의 경험을 살펴보면, 자신만만하게 그리고 독립적으로 기능하는 것이 부모 또는 부모 역할을 하는 양육자와의 정서적 유대를 위협했던 경우가 많다(즉, 안전 기지의 부재). 아이가 더 증대된 자율성을 향해 나아갈 때, 양육자는 슬픈 듯이 보였거나 가슴 아픈 듯이 보였을 수 있고(분리 죄의식 주입), 신체적으로나 정서적으로 철회한 듯이 보였을 수도 있었을 것이다(분리 불안 주입). 또는 아이의 숙달을 위한 시도에 대해 더 많은 것을 요구하거나 조롱했을 수도 있다(부적절감과 수치감 주입). 그렇지 않으면 아이의 건강한 유능감 및 성장을 위한 투쟁과 불안을 연관시켰을 수도 있다. 이러한 종류의 발달 경험이 지속되었던 상담자는 자신의 효과적 개입들로부터 후퇴하는 경향을 보인다. 또한 이들은 "무엇을 해야 할지 모르겠다." "내담자를 다치게 할까 두렵다." 또는 "내가 엉망진창인데 어떻게 다른 사람을 도와. 난 그럴 권리가 없어." 등의 말을 하는 경향이 있다. 확실히 모든 상담자는 개인적인 자신만의 문제와 한계를 가지고 있을 것이다. 그러나 이러한 말을 지속적으로 한다는 것은 분명하면서도 효과적으로 내담자 문제를 다루었다는 것 때문에 야기되는 불안을 상담자가 피하려 한다는 것을 나타낼 수 있다. 이는 애착 대상으로부터 자신을 효과적으로 분리해내고 자신의 유능감과 독립성을 내보였을 때 불안이 나타난(나타나고 있는) 것과 마찬가지다. 암묵의 '애착 규칙'을 위반했기 때문이다.

수련생의 이러한 염려를 어떻게 도와줄 수 있는가? 상담자가 자신의 사적인 영향력을 포용하고 효과를 최대화하고자 한다면 긍정적인 수퍼비전 관계가 필수적이다. 수퍼바이저-수련생 관계는 수련생에게 다음과 같은 것이어야 한다.

- 수퍼바이저로부터 지지받는다는 것을 느낀다.
- 필요할 때 실제적인 지침과 개념적 정보를 받는다.
- 내담자에 대한 갈등 반응이 내담자의 유발 전략에 기인하는지 아니면 상담자 자신의 문제로부터 유발되는지를 분별하는 데 비판단적인 도움을 받는다.
- 수퍼바이저-수련생 관계에서 일어날 수 있는 대인 갈등을 드러내고 해결할 수 있다.

이상적으로는 수퍼바이저가 수련생에게 개입의 효과를 평가해보게 하고 다른 대안을 고려해보도록 도울 것이다. 그러나 이 과정에서 수련생의 주도성을 제거하지는 않을 것이다. 수퍼바이저는 수련생과 적극적으로 협력할 때, 최선을 다하여 수련생이 처치과정에 대한 주인의식을 느낄 수 있게 한다[이러한 접근의 강력한 효과에 대해서는 동기면담 관련 문헌 참조(Miller & Rollnick, 2013; Miller & Rose, 2009, 2013; Moyers et al., 2005)].

상담자가 내담자에게 중요한 영향을 미치는 사람으로 자신을 수용하고 사적인 영향력을 충분히 소유하도록 스스로를 허용하는 데는 아마 몇 년이 소요될 것이다. 이는 점진적인 발달 과정이다. 만약 훈련이 진행되어 가도 이런 적절감 차원에서 진전이 이루어지지 않으면 학생 상담자는 이 이슈에 대해 수퍼바이저와 논의하고 필요하면 개인상담을 받아야 할 것이다.

맺음말

이 장에서는 집단상담, 가족상담, 그리고 실존 치료 문헌에 나타난 과정지향적 개념과 상담 문헌에 나타난 즉시성 개입에 대해 논의했다. 초보 상담자가 커플상담, 집단상담, 그리고 가족상담과 같이 다른 처치 양식의 일을 하게 되면, 과정 차원에 주의를 주는 것이 훨씬 더 핵심적이 될 수 있다. 이 세 처치 양식에서 상담자는 내담자들이 논의하는 내용보다는 상호작용하는 방식(그들의 대인과정)에 관한 관찰을 공유한다(예를 들어, **가족 상담자:** 두 분은 누가 쓰레기통을 비울지를 두고 다투고 있지만, 이런 다툼이 집안일에 대한 결정을 누가 할 것인지 또는 상대방에게 무엇을 하라고 말할 권리를 가진 사람이 누구여야 하는지에 관한 것이 아닌가 하는 생각이 듭니다. 어떻게 생각하세요? 이 문제를 좀 더 터놓고 얘기하는 것이 도움이 될까요?). 개인상담에서처럼, 상담자와의 현재 상호작용을 기술하거나 집단 구성원 혹은 가족 구성원 간의 일을 기술하는 과정 언급은 관계 패턴을 규명하고 변화시키는 데 활용될 수 있다.

모든 대인지향적인 처치접근들에 내재한 가정은 상담관계가 내담자 일상의 다른 원형적 관계를 닮아간다는 것이다. 내담자의 문제는 상담관계에서 드러날 것이다. 특히 상담자가 과정 차원을 추적하고, 그들의 지속적인 상호작용이 내담자가 다른 중요한 관계에서 경험했던 것과 어떤 점에서 유사하고, 그것을 어떻게 재연하고 있는지 또는 어떤 점에서 다른지 그리고 교정적인지에 주목하면, 그럴 것이다. 상담자가 기꺼이 과정 언급을 하고, 상담관계의 즉시성에서 내담자 문제를 다루면, 내담자에게 진정 의미 있는 신뢰, 격려(empowerment), 변화라는 현실(real-life) 경험을 제공할 수 있다.

연습 활동

당신이 신뢰하고 중요하게 생각하는 사람이 당신에게 듣기에는 거북하지만 도움이 되는 피드백을 주려 하는 상황을 상상해보라. 당신은 이 선한 의도를 가진 사람이 그 피드백을 어떻게 가져와서 얘기하기를 원하는가? 그 사람이 어떻게 해야 당신이 쉽게 그 피드백을 비판단적으로 고려하고 논의할 수 있을까? 반대로, 그가 어떻게 하면 당신이 그렇게 하는 것이 어려울까?

추천 도서

직접적인 이야기와 즉시성 개입이 좀 더 조력적인 관계를 촉진한다고 제안한다. 그래서 수련생들이 이 주제에 대해 좀 더 심도 있는 독서를 해주기 원한다[Clara Hill(2014)의 *Helping Skills* 4장]. 동시에 자각과 변화를 향한 여행에서 직면하는 도전과 노력을 향한 자기연민을 내담자와 상담자가 모두 개발할 것을 권한다. Kristin Neff의 *Self-compassion*(New York: Harper Collins, 2011)을 읽어보라.

CHAPTER

10

훈습 및 종결

개념적 개관

훈습 및 종결은 치료의 서로 다른 두 가지 국면이다. 내담자가 더 이상 부적응적인 행동 패턴을 반복하지 않을 때 내담자들은 상담장면을 넘어 변화의 경험을 일반화하기 시작한다. 치료관계 안에서 정서적인 욕구가 충족되고 당면한 문제가 해결되었던 경험에 기초해서, 내담자들은 그와 같은 방식의 인간관계 변화를 어떻게 다른 일반적인 관계에서도 만들어낼 수 있을지를 탐구하기 시작한다. 치료에서 이런 단계를 훈습이라고 하는데, 내담자들은 상담자와의 관계에서 일어났던 정서적 재학습을 다른 사람들과의 관계에서도 찾아내려고 노력함으로써 눈부신 성장과 변화의 시기를 맞게 된다.

내담자가 상담과정에서 해결할 수 있었던 갈등을 다른 사람들과의 관계에서도 해결할 수 있도록 돕는 것이 시작될 때 상담은 자연스럽게 종결을 향해 가게 된다. 종결의 과정은 오래된 갈등을 해결하고 재경험하는 기회가 된다. 또한 내담자가 상담자와 가졌던 돕는 관계를 내면화하는 기회가 되기도 하고, 치료를 성공적으로 마무리하는 시간이 된다. 비록 종결이라는 과정이 하나의 끝으로 인식되더라도, 이것은 진정 내담자가 다음 단계로 발전해나가는 전환의 시기이다: 동시에 내담자가 좀 더 균형 있고 융통성 있게 자신의 삶을 이끌어나갈 수 있다는 것을 보여주는 지표가 되기도 한다. 또한 이것은 필요할 땐 언제나 더 편하게 도움을 요청할 수 있다는 것을 배울 기회이기도 하다.

내담자 변화의 과정: 개관

대부분의 경우 초보 상담자들은 내담자의 변화가 어떻게 해서 일어나는지에 대한 개념적 관점이 부족하다. 대개 초보 상담자들은 많은 내담자와 일해본 경험이 없고 성공적인 상담경험이 부족할 수 있는데, 특히 학생 상담자들은 전형적으로 변화의 과정에 대해 알지 못한다. 앞에서 우리는 치료의 전 과정에서 상담자 역할을 개관했다. 이제 여기에서는 종결의 과정이라는 개념을 살펴보게 될 것이다. 언제 그리고 어떻게 내담자들이 그들의 문제를 해결하는지, 또 새롭고 좀 더 적응적인 행동 방식을 습득하는지를 기술할 것이다.

어떤 내담자는 치료가 시작되자마자 변화한다. 그들은 변화 과정과 행동에 아주 몰입된다(Prochaska & Norcross, 2006). 문제가 존재한다는 것을 그들은 알고 있고, 더 이상 그들의 문제를 부정하거나 회피하지 않는다. 나아가 그들은 문제를 이야기하는 데 에너지와 시간을 바칠 준비가 되어 있다. 상담에 들어올 때, 내담자들은 혼자서는 문제를 해결할 수 없고 누군가의 도움을 필요로 한다는 것을 알고 있다. 어떤 내담자들은 다른 사람으로부터 도움을 받는 방식이 문제해결의 건강한 과정이라는 것을 알고 그런 결정을 내린 스스로에 대해서 긍정적으로 생각한다. 하지만 또 다른 사람들은 상담에 오는 것을 하나의 실패라고 생각하고 그들이 잘 적응하지 못했다는 증거라고 생각하며, 가족에 대한 불충이고 문화적 가치를 어기는 것이라고 생각한다. 내담자들이 다른 사람의 도움을 얻기로 한 결정을 긍정적으로 느낄 수 있을 때, 상담자가 내담자로 하여금 도움을 받는 자신에 대해 좀 더 공감할 수 있을 때(Neff, 2011), 불안이나 우울과 같은 증상이 처음으로 완화될 수 있다. 도움을 얻는 것에 대해 긍정적으로 몰입하는 것이 치료의 결정적인 첫 단계이다. 예를 들어 상담자가 다음과 같이 말하는 것이다.

상담자 그래요. 그것이 당신이 무엇을 해야 하는지에 대한 부인의 생각이군요. 하지만 나는 당신이 치료에서 무엇을 하고 싶은지를 듣고 싶어요. 무엇이 당신에게 문제를 일으키고 있는지, 그리고 무엇을 변화시키고 싶은가요?

정서와 행동의 몇몇 변화들은 상담자와의 첫 회기에서 일어날 수 있다. 내담자들은 상담자가 다음과 같이 할 때 안심한다.

- 내담자가 자신의 관심을 직접적으로 충분히 표현하도록 이끌 때
- 내담자의 스트레스에 대해 존중하고 공감하며 집중적으로 들을 때
- 내담자의 주관적 세계로 들어가 내담자가 의미하는 핵심 의미를 알아차릴 때
- 내담자에게 희망을 주는 치료계획에 대해 함께 협력할 때
- 내담자가 '다른' 어떤 것(인간의 기본적인 욕구, 건강한 감정을 촉진하는 것 등;

Twonsend & McWhirter, 2005)을 돌본다는 느낌을 갖게 할 때

- 내담자가 당면하고 있는 실제적인 문제나 증상의 아주 작은 부분일지라도 실제적인 도움이 될 수 있는 능력을 보여줄 때(예를 들어, 자녀 양육이나 훈육에 대한 실용적인 정보를 제공하기, 불안에 대한 이완기법을 가르치기, 내담자의 부적응적인 행동–사고 과정을 규명하기, 다가올 새로운 상황에 대처할 수 있는 구체적인 행동을 역할연습하기 등)

다음 예시를 살펴보자.

엘라는 상담의 첫 회기에 말하기를, 자신은 사람들로부터 고립되어 있는 우울한 조카를 어떻게 도울 수 있는지 알고 싶어 상담에 오게 되었다고 했다. 접수면접이 진행될 때, 그녀는 "그 아이는 정말 어려운 시절이 어땠는지를 알지 못해요."라는 말을 반복했다. 그 단서에 착안하여, 상담자는 "당신에게 가장 힘든 것은 무엇인가요?"라고 부드럽게 물었다. 그러자 그녀는 울기 시작했고, 자신과 언니가 새아버지로부터 얼마나 조롱당하고 착취당했는지를 이야기했다. 그녀와 언니는 이런 사실을 아무에게도 이야기하지 않았으며, 아주 예외적인 경우를 제외하고는 그들 간에도 이야기하지 않았다. 그들은 직업을 갖고 집을 마련하자마자 가족의 곁을 떠났다.

상담자 아무에게도 얘기하지 않았군요. 당신이 혹사당하고 있었다는 것을 엄마나 아버지도 알고 있었나요?

엘라 모르겠어요. (흐느껴 운다) … 아마 그랬을 거예요.

상담자 당신도 정확히 알지는 못했군요. 그들이 몰랐다고 생각하나요?

엘라 아버지에 대해선 기억나지 않아요. 아버지는 일찍 떠나가버렸어요. 엄마가 안다고 생각했다 해도 엄마에게는 말하지 않았어요. 엄마가 제대로 깨닫는 것을 바라지 않았어요.

상담자 엄마를 보호하기를 원했기 때문에 말하지 않았군요. 엄마가 정말 알기를 원치 않았군요.

엘라 네, 엄마만이라도 안전하길 바랐어요. 그런 걸 알지 않기를… 엄마만은 안전하기를 바랐어요.

상담자 엄마가 이 모든 것과 얽히지 않기를 바랐던 것은 당신이 혼자라고 느끼고 싶고 누군가 당신을 보호해주기를 바랐던 것인가요? 엘라, 이런 말을 하기가 어려운데… 그렇게 오랫동안 당신 혼자만 지켜온—이런 이야기를 가지고 당신이 여기에 온 것이 반갑네요. 무엇이 가장 어려운 것이었나요?

엘라 엄마는 알았을 거예요. 엄마가 알고 있었다는 걸 나도 알아요. 엄마는 그 얘길 들었고 우리 몸에 있는 상처를 봤어요. 난 그저 엄마에게 "엄마, 그가 우리에게 한 짓을 못 봤어요? 어떻게 그럴 수가 있어요?"라고 말해서 엄마를 언짢게 하고 싶지 않았던 거죠. 게다가 내가 뭔가를 엄마에게 말했다면 엄마는 우리와 그 중 한쪽을 선택해야만 했겠죠.

상담자 엄마는 결혼이 파탄나는 것을 원치 않았기 때문에 이런 학대에 대해서 듣기를 원치 않았다

는 말이군요. 당신은 엄마가 당신과 언니가 아닌 그를 선택했을지도 모른다고 생각하는 것 같군요. 제 말이 맞나요?

엘라 네. 엄마는 우리에게 일어나고 있는 일을 무시하고 자신의 삶을 그대로 이어갔다고 생각해요. 그게 가장 어려운 부분일지도 몰라요. 지금도 언니는 그 일에 대해서 조금도 말하고 싶어하지 않아요. 아마도 지금까지 우리 둘 다 상처받았다고 느끼는 이유일 거예요.

내담자들은 상담자가 그들의 경험을 이해할 수 있고 애정을 가지고 반응한다는 것을 알았을 때 협력관계를 형성할 수 있고, 그것을 통해 우울감과 불안은 줄어든다. 내담자의 감정과 경험에 대한 타당화와 지지는 내담자들이 가지고 있는 갈등을 해결하지는 못하지만 그들의 고통을 줄이는 데 도움이 되고, 희망을 불러일으킬 수 있다. 상담관계에서 안전한 천국을 찾는 것은 내담자들이 그들의 문제에서 더 이상 혼자가 아니라는 것을 의미한다. 즉, 그들은 무엇이 잘못되었는지를 이해하고 볼 수 있는 누군가를 만나고, 신뢰로운 연계를 갖게 된다. 우리 모두가 공감하듯이, 안전한 애착의 핵심은 아이가 고통받을 때 돌보아주는 사람이 그 고통을 알고 문제를 해결하도록 도와줄 것이라는 기대 안에서 아이가 안전감을 갖는다는 것이다. 상담자로서 우리 역할의 핵심은 내담자들이 이제는 더 이상 혼자 문제를 마주하지 않아도 된다는 안전감을 주는 것이다.

치료관계, 욕구, 관심, 두려움은 공유될 수 있고, 깊이 이해될 수 있으며, 공감될 수 있다. 그렇게 하면 내담자는 이제까지 자신의 실제 환경 속에서 아무와도 공유하지 않았던 경험을 자신의 환경 속 누군가와 공유하는 것이 안전하다는 것을 알아차리게 된다. 내담자에게 안전한 천국을 제공하는 것은 내담자가 무엇을 좋아하고 무엇을 선택하는지를 분명하게 말하고 주장하도록 격려하고 이를 적극적으로 듣는 것이다. 상담자의 과제는 내담자와 공감적으로 조화를 이루는 것을 넘어서서 인간관계에 관한 내담자의 잘못된 생각과 신념에 도전하는 것을 포함한다(Bernier & Dozier, 2002; Bowlby, 1988; Dozier & Tyrrell, 1998). 여기서 내담자는 자아에 대한 분화된 감각을 개발하도록 격려받을 것이다. 이것이 다른 사람과의 단절을 의미하는 것은 아니다. 오히려 자아효능감의 기초가 되는 내면의 소리와 통합되고 연결되는 것을 의미한다.

변화의 시퀀스(sequence)에는 내담자가 상담자를 '구원자(go-to person)'로 경험하고 나면 그다음 단계에서는 좀 더 본질적인 변화가 일어난다는 것이 포함된다. 즉 상담자가 내담자의 시선을 다른 사람의 문제 행동에 대한 집착에서 벗어나 자신의 생각, 감정, 그리고 반응 패턴과 같은 내면세계에 집중하도록 할 수 있다는 것이다. 내담자가 자신의 내면세계와 인간관계를 탐구할 수 있을 때 비로소 자신의 행동이 인간관계에서 갈등을 일으키는 데 어떻게 기여했는지 자각하게 되고 그에 대한 변화를 시도할 수 있을 것이다. 변화를 추구하는 데 있어 내면에 초점을 두는 것은 내담자가 문제를 생각하는 방식을 재규정하고 부적응적인 도식을 찾아내는 매우 중요한 길이 된다(Levenson, 2010). 다른 사람과의 관계를 내면적인 문제로 재정의하는 것은 내담자가 다른 사람들과 뭔가 새로운 것을 시도할 수 있는 적응적인 대안들을 발견하는 첫걸음이 된다.

내담자가 치료관계는 뭔가 다르다는 것을 경험하고 그들이 예상해온 문제가 그대로 재연되지 않을 때 내담자의 변화의 문은 열리기 시작한다. 그 방식은 두 가지라고 할 수 있다. 첫째로, 상담자가 내담자로 하여금 지금-여기에서 배운 것을 다른 사람들과의 관계로 적극적으로 전이하도록 진심으로 격려하는 것이다.

상담자 좋아요. 제가 정말 당신을 비판하고 판단하지 않는다는 것이 점점 분명해지고 있어요. 우리의 이런 생각을 당신의 삶에 적용해본다면 어떨 것 같아요?

내담자 네, 도움이 많이 될 거예요.

상담자 당신에게 계속 비판적인 사람은 누구죠? 그리고 그렇게 하지 않는 사람은 누구죠?

내담자 그렇게 하는 사람과 그렇게 하지 않는 사람의 리스트를 만들어보라면 … 음 … 아버지는 그렇게 하는 사람의 첫 번째이고, 제일 그렇게 하지 않는 사람은 남자친구라고 할 수 있어요.

둘째로, 많은 내담자가 그들의 계획대로 다음 상담에 와서는 새로운 방식으로 다른 사람과 지낸 것에 대해 성공적인 부분과 그렇지 않은 부분에 대해 평가한다.

내담자 이번 주에 여자친구하고 이야기해보려고 노력했어요. 지난주에 당신과 했던 것처럼. 그런데 … 좋았어요. 이번엔 그녀가 내 이야기를 잘 들었어요. 그녀가 말하기를 그녀의 문제에 대해서가 아니라 우리의 문제에 대해서 이야기했기 때문이라더군요.

이런 변화의 과정에서 종종 상담자는 새로운 인간관계 방법의 긍정적인 반응과 부정적인 반응을 다루는 '코치'처럼 행동한다. 행동연습이나 역할연습, 직접적인 생활지도나 코칭 등 그 어떤 것일지라도, 상담자는 상담관계에서 발전시킨 방법을 내담자가 다른 사람과의 관계에 연결할 수 있도록 돕는다.

상담자 당신이 비난하는 것과는 달리 이야기하는 것에 대해 그녀가 얼마나 고마워했는지 알 수 있군요. '너'로 시작하는 말과 '나-메시지'를 사용하는 것이 완전히 달랐군요.

이상의 논의들을 염두에 두고, 좀 더 구체적인 내용으로 들어가보자. 그리고 상담자로부터 시작된 변화가 어떻게 내담자의 세계에 일반화될 수 있는지 살펴보자.

훈습

훈습 과정

내담자의 변화는 상담관계에서 시작된다. 웬만큼 잘 하는 내담자들은 상담자의 격려와 충고만으로도 성공적으로 새로운 행동을 시작할 수 있다. 하지만 새로운 행동이 본질적으로 내담자의 근원적인 갈등과 연결되어 있는 경우, 내담자는 상담자와의 관계에서 새로운 행동을 충분히 연습해야 한다. 상담자는 **내담자가 상담관계에서 새로운 행동을 시도해 보도록 격려해야만** 하고, 이런 새로운 행동에 대해 지금까지 다른 사람들이 내담자에게 보여준 반응 방식과는 다른, 수용적인 방식으로 환영한다는 것을 확신시켜 주어야 한다. 또한 상담자는 내담자가 상담자를 시험하게 하고 불안을 유발하는 새로운 반응(예를 들면, 상담자에게 좀 더 주장적이 되거나 개인적인 필요나 요구에 상담자가 반응하도록 요구하는 것 등)을 시도할 것임을 예상할 수 있다. 상담자가 내담자의 시험을 통과하면, 즉 새로운 행동에 대해 확신을 가지고 대하며 과거의 익숙하지만 바람직하지 않은 반응을 반복하지 않으면 내담자는 실제 삶에서 변화할 수 있다.

이러한 교정적 정서 경험은 변화를 위한 강력한 도구이지만, 이미 살펴본 바와 같이 단 한 번의 학습으로 실제 삶에서 변화를 산출하기에는 충분하지 않다. 거의 모든 내담자들은 상담관계에서 여러 대인관계를 주제로 학습된 변화를 반복할 필요가 있다. 일반적으로 내담자의 상처가 많을수록 과거의 방식과는 다른 새로운, 좀 더 안전한 반응을 더 많이 반복하여 체험할 필요가 있다. **상담자와 다른 사람의 관계가 다를 수 있다는 것을 내담자가 일단 알게 되면, 상담자는 상담상황 이외의 다른 관계에 이 새로운 경험을 일반화하도록 도와야 한**다. 전형적으로—언제나 그런 것은 아니고—내담자들은 다음과 같은 순서로 다른 사람에 대한 새로운 반응을 시도한다.

변화는 우선적으로 상담자와의 관계에서 일어나는데, 특히 상담자가 '당신과 나 사이에서' 어떤 변화가 일어나고 있는지를 묻고 그것을 순서대로 나열해보도록 권할 때 일어난다. 그다음 변화는 내담자들이 잘 알지 못하거나 혹은 그들에게 특별히 중요하지 않은 사람과의 관계에서 일어날 수 있다. 이 변화는 종종 그들을 돌봐준 친구나 선생님 또는 멘토같이 그들에게 중요한 지지적인 타인과의 관계 변화로 이어진다. 다음으로, 내담자는 그들을 어릴 때 돌봐준 사람이나 중요한 가족 구성원들, 갈등의 진원지가 된 역사적인 인물들과의 관계에 관심을 모으게 된다. 반대로, 다른 내담자들은 지금 현재 갈등을 겪고 있는 인물들, 예를 들어 남편이나 자녀들과의 관계에서 일어날 수 있는 변화에 관심을 집중하기도 한다. 마지막 두 영역이 가장 중요한데, 그 이유는 그 관계의 결과가 매우 중대한 영향력을 가지기 때문이다. 물론 이 모든 영역들은 겹치거나 어느 정도 연관되어 있지만, 무엇보다 가장 중요한 것은 그들이 가장 안전하다고 느끼고 가장 성공 가능성이 높은 대인관계 환경에서 변화를 만들도록 노력하는 것이다.

상담의 훈습 단계 동안, 어떤 내담자들은 매우 빠르게 새로운 행동을 소화하고 그것을 삶에 적용한다. 그러나 갈등의 범위가 넓거나 외상 경험을 가지고 있거나 심각한 박탈 경험이 있는 내담자들은 갈등에 대한 새로운 학습을 훨씬 더 많이 훈습할 필요가 있다. 이런 내담자들은 반복적으로 동일한 공포와 기대에 직면해야 한다. 매번 상담자들은 인내심을 가지고 똑같은 대인관계 패턴, 정서 주제, 잘못된 신념이 이 상황에서 어떻게 전개되고 있는지를 명료화해주어야 하며, 내담자로 하여금 그들의 근원적 갈등이 구체화되어 나타날 때까지 이를 해결하도록 도와야 한다. 내담자의 근원적 갈등은 다음 네 가지 영역에서 반복적으로 나타난다.

- 상담자와 진행하고 있는 현재의 상호작용이나 대인관계의 과정
- 내담자로 하여금 상담에 오도록 한 구체적인 사건이나 내담자 삶의 위기를 돌아볼 때
- 내담자가 성장과정에서 겪은 가족 구성원과의 관계
- 내담자가 가지고 있는 정서적 문제들을 반복하고 있는 친구나 중요한 타인과의 관계

많은 내담자들에게 이들의 애착관계나 애착의 역사는 훈습 단계에 많은 영향을 준다. 예를 들어, 안정 애착을 가진 내담자에게 상담자와의 관계에서 경험하는 갈등은 직면할 만한 것이고, 그들은 변화를 위해 상담자와의 관계를 안전한 출발점으로 사용할 수 있다(Mallinckrodt et al., 2005; Romano et al., 2008). 즉, 그들은 상담자와 정서적으로 가까워질 수 있고, 상담자와의 관계에서 배운 것을 상담 이외의 다른 인간관계에 적용할 수 있다.

반대로, 몰두형 애착(preoccufied)을 경험한 내담자는 상담자에게 그들의 고통과 욕구를 표현하더라도 욕구를 충족할 수 없을까봐, 그리고 상담자가 언제나 거기 있지는 않을 것이라는 걱정으로 불안해한다. 그들은 자신의 고통을 산만하게, 그리고 압도된 것처럼 표현한다. 다른 사람을 신뢰하는 능력이 부족한 모습으로 산만하고 피상적으로 자신을 표현하는 행동은 상담자의 선의를 받아들이고 내면화하는 데 어려움을 만든다. 그래서 그들은 강력하고 통합된 열정적인 자아를 개발해나가는 데 어려움을 겪는다. 그래서 훈습은 좀 더 융통성을 필요로 하고, 다른 사람의 관점을 고려해야 하며, 내담자가 자신을 공개하고 믿을 수 있는 사람들에 대해 탐색하는 과정을 필요로 한다.

몰두형 유형의 사람들과 달리, 거부형 애착 유형의 사람들은 욕구를 인식하거나 표현하는 데 어려움이 있다. 우리가 이미 아는 바와 같이, 이런 사람들은 친밀감과 취약함에 대해서 특별히 걱정이 많다. 그들이 전달하는 메시지가 드러나든 드러나지 않든 그들은 아무도 필요로 하지 않으며 혼자 책임질 수 있다는 것이다. 여기서 첫째로 할 일은 '관계 속에서 산다는 것'이 다른 사람들로부터 조정을 받는 것을 의미하지는 않는다는 것을 깨닫게 하는 것이다. 그리고 또 하나의 과제는 도움을 청하는 것이 '약함'과는 별개의 것이

라는 사실을 알게 하는 것이다. 많은 내담자가 '강한 것'과 '필요할 때 도움을 받는 것이 건강한 것'이라는 점을 혼동한다.

그래서 이 두 가지 유형의 불안정 애착의 내담자를 돕는 가장 훌륭한 길은 상담자와의 관계에서 생명력이 강한 친밀한 관계를 의미 있게 경험하도록 하는 것이다. 그럴 때에만 그들은 그들이 원하지 않았지만 예상할 수 있었던 인간관계 반응을 그들이 실제 삶에서 경험했을 때 상담자와의 치료적 경험을 실제 삶에서도 적용해보려는 시도를 할 수 있다. 우리는 이를 '벌어들인 안전(earned security)'이라고 말할 수 있으며, 이것이야말로 정서적인 안녕의 표현이고 그가 앞으로 여러 방식으로 개선될 것이라는 지표로 받아들일 수 있다(Faber & Metzger, 2009; Mallinckrodt et al., 2005; 2014; Townsend & McWhirter, 2005).

많은 상담자들에게 훈습은 상담에 있어 가장 보람 있는 단계라고 할 수 있다. 상담자는 내담자가 새로 습득한 기술을 완전히 숙달하는 데서 만족을 얻는다. 또한 상담자는 내담자가 새로이 습득한 기술을 좀 더 도전적인 현실에 성공적으로 적용하도록 격려한다. 이러한 상담의 후반 단계에서 상담자는 내담자로 하여금 새로운 행동을 실행하는 데 도움이 되는 정보나 방법을 제공하는 데 좀 더 적극적으로 나설 수 있다. 예를 들어보자.

상담자 아마 당신은 그 사람에게도 지금처럼 말할 수 있을 거예요.

또한 상담자는 내담자로 하여금 상담자와 다른 사람을 구별할 수 있도록 피드백을 줄 수 있다(Brammer & MaDonald, 1996). 예를 들어보자.

상담자 이봐요. 그건 우리가 얘기해온 '작은 목소리'가 아니에요. 당신의 목소리는 내게 얘기했던 것처럼 강하고 분명하게 들려요—정말 설득력 있어요. 그럴 때 당신은 멋져 보여요. 지금처럼 다른 사람에게도 강력하게 행동할 수 있겠어요?

어떤 상담자들은 내담자가 대안적인 반응을 연습하는 행동적 상담과 인지적 개입이 이 단계에서 특히 유효하다는 것을 발견했다. 일단 가정에서 치료적 경험을 하게 되면, 내담자는 다른 종류의 개입—예를 들면, 주장훈련이나 부모교육, 자기관찰, 자가훈련, 역할연습, 모델링, 교육적인 시도나 읽기 자료와 같은 것—에도 좀 더 잘 반응한다(Gold, 2011, 2005; Goldfried & Davila, 2005). 상담관계의 속성이 이 시기 동안 변화된다. 내담자가 훈습 단계 동안 진전을 이루게 되면 상담자를 좀 더 현실적인 방식으로 지각한다. 이런 일이 일어나면 상담자는 좀 더 개인적인 정보를 내담자에게 공개하고 내담자와 더욱 깊은 상호관계를 경험한다. 그러나 상담자는 이러한 순간에도 내담자가 보일 수 있는 저항이나 기존 관계 패턴을 재현할 수도 있다는 점을 유념하고 대응할 준비를 하고 있어야 한다.

상담의 이 단계에서 내담자는 부적응적 관계 패턴을 반복하는 것이 아니라 새롭고 다른 관계를 상담자와 맺는다. 다른 사람과의 관계에서 새로유 방식의 반응이 가능하다는 것을 발견했을 때, 내담자들은 다른 사람들에게 이러한 더 적응적인 방식으로 반응하려고 시도한다. 이것은 상담에 있어서 매우 중요한 결정적 순간이므로 내담자가 그들의 시도에 뒤따르는 성공과 실패를 예상하고 조정할 수 있도록 상담자가 아주 적극적으로 내담자를 도와야 한다. 내담자는 어떤 사람들은 내담자의 새로운 변화에 긍정적으로 반응하지만 다른 사람들은 그렇지 않다는 것을 알 필요가 있다. 다른 사람들이 내담자의 변화에 긍정적으로 반응할 때 그것은 매우 신나는 일이다. 그러나 또한 상담자는 내담자가 익숙하지만 원치 않는 반응을 다른 사람으로부터 받았을 때 매우 깊이 실망할 것이란 점을 내담자가 예상할 수 있게 해야 한다. 대부분의 내담자들은 다른 사람들과의 관계에서 자신의 새로운 존재방식을 인정받는 경험과 과거의 관계 패턴이나 예상을 고통스럽게 재현하는 경험 모두를 가질 수 있다. 그래서 상담자들은 상담의 과정에서 피할 수 없는 부분인 '실망'을 내담자가 예상할 수 있도록 어떻게 도와야 하는지, 또 내담자가 이런 실망에 과거보다 더 효과적으로 반응할 수 있도록 어떻게 도울 것인지를 알아야 한다.

내담자들이 상담자와의 새로운 교정적 관계를 경험하면서, 그들은 삶에서 다른 사람들과 관계를 맺는 새로운 방법들이 가능하다는 것을 알게 될 것이다. 이것은 치료의 중대한 시점이다. 이제 상담자들의 역할은 내담자들에게 뒤따를 것 같은 성공과 실패를 예측하고 협상하는 데 도움을 주는 것이다. 경직된 도식과 내적 작동 모델이 확장된 내담자의 새로운 변화에 어떤 사람들은 긍정적으로 반응하겠지만, 또 다른 어떤 사람들은 그렇지 않다는 것을 내담자에게 알릴 필요가 있다. 일부 사람들이 내담자의 건강한 새로운 행동에 긍정적 반응을 보일 때 그것은 내담자에게 확실히 힘을 실어줄 것이다. 그러나 상담자는 누가 제대로 반응하지 않을지를 구별하도록 도와야 한다(예를 들어, 내담자가 다른 사람을 돌보는 역할을 중단하고 때때로 거절하기 시작할 때). 상담자는 내담자들이 상대방으로부터 예전과 같은 익숙한 그러나 원치 않는 방식의 반응을 받을 경우에 그들이 어떻게 느끼고 어떻게 반응할지를 현실적으로 예상할 수 있도록 도울 필요가 있다.

상담자 당신이 정말 원하는 것을 좀 더 직접적으로 표현하고 당신의 남편이 당신의 이야기를 좀 더 귀 기울여 듣는다는 것은 정말 대단한 일이군요. 하지만 주말에 당신이 어머니를 찾아갔을 때 이것이 어떻게 될 것인지는 의문이에요. 아무리 어머니에게 강하게 이야기한다 해도 다른 사람들이 했던 것처럼 그렇게 어머니가 바뀔지는 모르겠어요. 어머니를 만나기 전에 이것에 대해 생각해봅시다.

상담자는 내담자들이 훈습과 변화의 과정에서 피할 수 없는 부분인 잠재적 실망을 예상하도록 도울 수 있다. 내담자들이 상담자와 새로운 방법으로 안전하게 반응할 수 있고 현재 삶에서 특정 지지자들과의 관계에서 성공적으로 변화할 수 있다는 것을 알게 되면서, 다른 관계에서의 변화에 대한 기대감은 비현실적으로 높아질 수 있다. 예를 들어, 아동 학대의 성인 생존자가 효과적인 상담자에게 깊이 이해받고 검증받았다고 가정하자. 상담자와의 성공에 이어, 내담자는 수치심을 느낄 만한 비밀을 남편과 친한 친구에게 공개하는 위험을 감수했고, 그들 둘 다 긍정적인 반응을 했다고 하자. 그다음으로 내담자는 평생의 소원이었던 부모님에게 이야기를 털어놓아 그분들에게 그때의 기억을 상기시키거나 그분들의 과오를 깨닫게 할 수 있을 것이란 믿음이 생겼다.

다른 이들과의 경험에서 얻은 성공의 기억에 힘입어, 그녀는 부모와 가족에게 이 이야기를 털어놓겠지만, 그녀가 마주한 현실은 부모의 외면과 회피, 책임의 전가뿐이었다. 또는, 어떤 내담자의 경우 상담자를 포함한 몇몇 지인들과 달리, 자신의 동반자가 건강하게 변화한 자신의 행동을 받아들이지 못하는 경험을 통해 크게 낙담하기도 한다. 그렇기 때문에, 피할 수 없는 실망스러운 경험에 내담자가 적절히 대처할 수 있도록 상담자는 아래와 같은 준비를 진행할 수 있다.

1. 각각의 사람이 내담자의 변화에 어떻게 반응할지에 대해 현실적으로 예상하도록 돕는다. 예를 들어, 내담자가 결혼한 여자인 경우 남편에게 새로운 방식으로 반응했을 때 남편이 뭐라고 말할지 그리고 어떻게 행동할지 등에 대해 예상하게 한다.

내담자 그는 귀여운 아이에게 웃는 것처럼 내게 미소 짓겠지요. 그러고 나서 내가 아무 말도 하지 않은 것처럼 또는 내가 무슨 말을 하든 별로 상관없다는 듯이 화제를 바꿔버릴 것 같아요.

또는

내담자 그는 계속 "당신이 그 학위를 받고 일을 시작하면서 너무 당신 자신만 생각하고 남들에게 무심해졌어."와 같은 말을 해요.

2. 자신의 새롭고 건강한 행동에 대해 과거처럼 원치 않는 반응을 받았을 때 내담자 자신이 무슨 말을 할 것 같은지 그리고 어떻게 느낄 것 같은지를 상세하게 생각하도록 돕는다.

내담자 제 생각에 저는 창피할 것 같아요. 내가 이전에 그랬던 것처럼, 나 자신을 주장하려 했던 것이 바보처럼 느껴지고, 그래서 다 포기하고 싶어질 것 같아요.

또는

내담자 나는 불안해져서 그 사람들이 내가 어떻게 느끼는지 이해하고 알 수 있도록 설득시키려고 애쓸 거예요.

3. 역할연습을 통해, 내담자가 절망적인 순간에 늘 해왔던 것을 반복하기보다는 내담자가 활용할 수 있는 더 새로운 적응적인 반응들을 제안한다. '내면에서 시작되어 밖으로 향하는 변화'라는 개념을 생각해볼 때, 그 핵심 개념은 다른 사람의 반응을 변화시키려는 헛된 시도에 초점을 두기보다는 문제를 유지시키는 상호작용에서 내담자가 자신의 반응을 먼저 변화시킬 수 있도록 돕는 것이다.

내담자 나는 우리 결혼을 잘 유지하려고 노력해왔고, 지금 당신에게 중요한 이야기를 하고 있어요. 하지만 당신은 내 말을 심각하게 받아들이지 않고 있군요. 나는 이런 식으로 거절당하는 것을 원치 않아요. 당신이 좀 더 진지하게 내 이야기를 듣거나 아니면 지금 이런 대화를 그만두는 게 낫겠어요.

또는

내담자 나는 나에 대해서 이야기하려 하지만 당신은 당신에 대한 대화로 만들고 있어요. 제 이야기를 먼저 들으시겠어요? 그러면 다음에 당신이 하고 싶은 말을 듣겠습니다. 그렇게 해서 우리 모두가 들을 수 있게 만들어봅시다.

사실 대부분의 내담자들은 다른 사람과의 관계에서 부적응적 관계 패턴을 반복하거나 병리적 신념을 확고히 하는 경험을 계속할 것이다. 상담자가 다른 사람들을 변화시킬 수는 없지만, 내담자로 하여금 이러한 세 단계를 밟아나가도록 도와줌으로써 상담자는 내담자 자신의 내적인 반응을 변화시키고 대안 반응을 개발해나가도록 돕는다. 예를 들면, 대부분의 내담자들은 배우자나 가족이 그들을 수용해주지 않는다 할지라도, 자신이 비난받을 만한 사람이 아니라는 것과 지금 받고 있는 취급이 당연한 것은 아니라는 것을 배울 것이다. 이 예시에서 이 여성은 비록 남편이 변하지 않는다 하더라도 여전히 자신을 옹호할 수 있다는 것을 배운다. 그녀는 남편이 무시하는 것에 굴복할 필요가 없으며 자신의 의견이 존중되는(비록 남편이 아내의 의견을 존중해줄 의사가 없다고 하더라도) 새로운 관계를 찾아나갈 수 있다. 이 과정에서 내담자는 비록 중요한 타인들이 호응해주지 않을 때조차도 자신의 대인관계 행동 방식을 변화시킬 수 있다는 것을 체험한다.

상담자가 내담자와 함께 일하면서 내담자의 낡은 반응 패턴이 어떻게 다시 촉발되었는지에 대해 인식할 수 있으며, 동일한 상황에서 내담자가 다음에 시도할 수 있는 새로운 대안 반응을 만들어갈 수도 있다. 더 구체적으로, 상담자는 내담자와 함께 다음의 연속적인 절차를 따라 탐색을 진행할 수 있다.

- 그가 당신을 그렇게 대할 때 당신의 마음속에서 일어나는 감정과 생각은 무엇입니까?
- 그가 당신에게 그런 말을 했을 때 당신은 어떻게 했는지 말해주세요.

- 이런 상황이 또 발생한다면 당신은 그에게 뭐라고 이야기하겠습니까?
- 그 상황이 어떻게 될지 보기 위해 우리가 함께 역할연습을 하는 것은 어떨까요?

내담자가 훈습 단계 동안 진전된다고 하더라도 그들은 여전히 자신의 근원적 갈등과 싸우고 있다. 상담자를 내담자의 과거 관계 틀 속으로 끌어들이는 유발 행동, 시험 행동, 전이 왜곡은 여전히 잘 다루어져야 하는 것들이다. 특히 내담자가 스트레스를 받고 있거나 상처 입기 쉬운 상황일 때 "상담자는 나를 정말로 돌보는 것 같지 않다.", "상담자가 내 문제를 다룰 수 있을 만큼 유능하지 않다.", "나의 요구 때문에 상담자가 부담을 느끼는 것 같다.", "나를 이용하는 것 같다." 등의 과거의 부적응적 도식에서 생겨난 왜곡을 잘 다루어주어야 한다. 게다가 내담자들은 몇 차례의 반복적인 훈습 과정에서 때로는 좌절을 느끼기도 한다. 내담자들은 동일한 갈등을 반복적으로 대면하고 있다는 것을 인식하면서 '아무것도 변하지 않았다', '계속 상담해봐야 소용없구나', '이제 상담을 그만두어야겠다' 등의 생각을 할 수 있다. 물론 상담자는 변화에 대한 어떤 보장도 할 수 없고 내담자의 상담 지속에 대한 동기에 책임을 질 수도 없다. 그러나 이런 결정적인 때에 상담자는 내담자에게 더 적극적으로 다가가야 한다. '실제'에 대한 경험을 형성하는 데 대인관계 틀과 도식이 미치는 큰 영향력을 상담자가 충분히 알아야 내담자의 이런 좌절을 공감적으로 이해할 수 있다. 내담자들이 비록 머리로는 그것을 이해할 수 있다고 하더라도, 경험적으로는 그들의 인간관계가 지금처럼 형성될 수밖에 없었던 것같이 여겨진다.

내담자 왜 나는 항상 모든 것을 책임져야 하는 사람인 거지?

내담자는 상담자가 다른 방법이 있을 것이라는 확고함을 가져주기를 바란다. 어떤 관계들은 과거의 것과는 다를 수 있다. 상담자는 다른 인간관계 방식들이 일어났던 가능한 사례들을 집어내어 말하고, 지금 당장은 내담자가 얼마나 좌절스러운지를 공감하면서도 이와 같은 것들이 내담자에게도 계속 일어날 것임을 전달할 수 있다. 이것은 내담자와의 관계에 변화를 주겠다는 상담자의 결심이고, 이 특정한 내담자가 타인과의 관계에 있어서 변화하는 것을 돕겠다는 개인적인 헌신이며, 이는 곧 노력하는 과정에서 예견되는 위기 상황들에서 내담자를 이끌어가는 힘이 된다. 또한 이것은 다른 어떤 관계는 다를 수 있다는 희망을 제공하는 교정적 정서 경험을 주는 방식으로, 내담자와의 상호작용을 지속할 수 있는 상담자의 능력이기도 하다. 이러한 회복적인 경험을 제공하면서, 상담자는 내담자에게 그들이 자신과 타인을 어떻게 바라보는지를 인식하도록 돕고, 의미 있게 생각과 감정을 더 통합적인 자아로 이끌 수 있도록 하는 안전한 사람 혹은 안전한 기지를 제공한다(Elliott et al., 2004; Pos et al., 2003).

훈습 과정에 대한 하나의 예로, 내담자가 상담자와의 관계에서 먼저 변화하고, 다음에 상담자의 도움으로 이러한 변화가 삶의 다른 영역에서의 갈등으로 확장되는 경우를 살펴보자. 내담자의 변화가 일어나는 사건—**결정적 사건**—은 강력한 전이 갈등일 수도 있지만, 그보다는 다음 사례에서처럼 상담자와의 상호작용에서 나타나는 미묘한 측면에서 발생하기 때문에 상담자가 미리 작업 가설을 통해 이를 살펴볼 준비가 되어 있지 않으면 알아차리지 못하고 넘어가기 쉽다.

이 사례는 다른 사람에게 순종적이고 다른 사람을 기쁘게 해주려는 습관적인 상호작용을 하는 트레이시의 사례인데, 그녀는 사람들과 함께 지낼 때 자신의 느낌과 감정은 중요하지 않은 것처럼 행동한다. 트레이시는 다른 사람들이 자신의 말을 듣거나 요구를 들어주는 데 정말 관심이 있다고는 생각하지 않는다고 말했다. 상담자는 트레이시의 순종적인 행동과 잘 우는 증상이 관련되어 있다고 보고, 그녀의 낮은 자존감과 존재 가치감을 탐색했다. 추가적으로, 상담자는 상담자와의 관계에서 트레이시가 다르게 행동하도록 격려했다. 상담자는 트레이시가 말하는 것을 중요하게 생각한다는 것을 행동적으로 보여주었고, 비록 상담자의 의견과 다르다고 할지라도 자신의 의견을 표현하도록 격려했다. 2주 후, 트레이시는 이 중요하고도 새로운 행동을 상담관계에서 시도해보았다.

트레이시 맞아요. 나는 자신에 대해 좋게 느껴본 적이 없어요.

상담자 지금까지 이야기한 것들로 보자면, 어린아이였을 때 어머니가 당신과 함께 하지 않았던 것 같아요. 당신이 필요로 했던 지지를 어머니로부터 받지 못했던 것 같아요. 이에 대해 더 탐색해보아야 할 것 같습니다.

트레이시 아뇨. 엄마에 대해서 얘기하고 싶지 않아요. 엄마에 대한 기억은 좋아요. 그러나 아버지는 우리에게 매우 엄했지요.

상담자 당신은 아니라고, 어머니에 대해 더 이상 얘기하고 싶지 않다고, 그리고 내가 그녀에 대해 잘못 생각하고 있다고 말했어요.

트레이시 미안합니다. 정 그러시면 엄마에 대해 얘기해보지요. 어떤 걸 알고 싶으세요?

상담자 어머니에 대한 이야기는 잊어버리세요. 당신은 방금 내 의견에 반대했어요! 내가 원한 것을 당신이 원하지 않는다고 말했어요. 그리고 당신이 생각한 것이 더 좋을 수 있다고 말했어요. 아주 훌륭해요.

트레이시 뭐라구요?

상담자 당신은 이제까지 우리가 함께 이야기해왔던 것을 행동에 옮겼어요. 당신의 의견을 표현했고 생각한 것을 말했고 나와 의견을 달리했어요. 굉장히 기쁘군요.

트레이시 제게 화나지 않으셨어요? 기분을 상하게 하지 않았나요?

상담자 아니에요. 우리는 서로 의견을 달리할 수 있지만 그래도 여전히 가까울 수 있어요. 당신이 조금 전에 한 행동은 용감한 것이었어요.

트레이시 제가 듣기에는, 내 생각을 얘기해도 괜찮다는 것 같은데, 맞나요?

상담자 맞아요. 확실히 그래요. 나는 당신 생각에 관심이 있어요. 당신의 기분이 어떤지 알고 싶고, 당신이 하고 싶은 대로 하기를 원해요.

트레이시 (눈물을 흘리며) 선생님께는 괜찮아요. 선생님은 다른 사람과 다르네요.

상담자 네, 저와는 괜찮지요. 다른 사람과 이야기하는 것보다 나와 이야기하는 것이 더 쉽지요. 그런데 당신은 그렇게 할 수 있을 만큼 변했어요. 성장했지요. 아시다시피 당신은 예전엔 그렇게 하지 못했지요.

트레이시 그래요.

상담자 지금 여기서 나에게 당신 생각을 표현할 만큼 당신 자신에게 가치를 둔다면 다른 사람과의 관계에서도 그렇게 할 수 있어요.

트레이시 정말 그렇게 생각하세요?

상담자 네. 나와 할 수 있으면 다른 사람과도 할 수 있어요.

트레이시 내 남자친구와 그렇게 할 수 있었으면 좋겠어요.

상담자 당신 남자친구와 어떻게 하는지 말해보세요.

트레이시 (일반적인 시나리오를 설명한다)

상담자 좋아요. 그 대신에 남자친구에게 이야기할 수 있었으면 하고 바라는 것은 어떤 것이죠?

트레이시 (대안적인 시나리오를 설명한다)

상담자 그것에 대해 역할연습하는 것이 도움이 될까요? 당신이 남자친구에게 새로운 방식을 시도할 때 발생할 수 있는 문제들에 대해 우리가 함께 작업할 수 있을 것 같습니다.

왜 상담자는 사소하게 보이는 변화에 그토록 열광할까? 이것이 트레이시의 문제를 해결하는 데 필요한 새로운 모든 행동의 유일한 표현일까? 아니다. 하지만 이 일은 그녀를 훈습의 과정으로 이끌어주는 매우 중요한 사건이 된다. 안전한 상담관계에서 근원적 갈등을 자극하여 극도의 불안을 일으키는 새로운 행동을 트레이시는 시도할 수 있게 되었다. 사소한 자기주장적인 행동이라도 트레이시에게는 평생 동안 지속해왔던 낮은 존재가치감을 불러일으킨다. 그러면 그녀는 이러한 불쾌한 감정으로부터 자신을 보호하기 위해 개발해온 일차적 수단들을 포기한다. 즉, 그것은 다른 사람의 비위를 맞추며 동조하는 것이다. 갈등을 해결하기 위해, 트레이시는 다음의 동일한 단계를 반복적으로 경험해야 한다.

1. 그녀의 이전 관계 패턴—다른 사람과 잘 지내야 한다—이 나타난다.
2. 상담자와의 관계에서 새롭고 더 적응적인 반응—자신의 선호를 주장하기—을 시도한다.
3. 상담자가 지금까지와는 다르면서 더욱 만족스러운 반응을 한다. 상담자는 트레이시의 적극성을 칭찬한다.
4. 그녀는 상담 이외의 장면에서 다른 사람들에게 새로운 행동을 일반화한다. 이때 그녀는 중요한 타인과의 관계에서 자신이 전형적으로 어떻게 행동하는지, 특히 다음에 남

자친구와 같은 상황에 처했을 때 자신이 하고 싶은 말과 행동이 무엇인지를 고려한다.

그다음 주, 트레이시는 남자친구에게 같은 방식의 주장 행동을 보여주기 시작했다. 이 성공 사례는 결국 그녀가 같은 문제를 더 위협적인 관계인 아버지와의 관계에서 직면할 용기를 주었다. 이후의 상담에서는 아래와 같은 대화가 이어졌다.

트레이시 무슨 일이 있었는지 알아맞혀 보세요. 제가 그 일을 해냈어요. 한 주 내내 선생님께 그 이야기를 하고 싶어서 죽을 뻔했죠.

상담자 오, 그래요. 무슨 일이 있었죠?

트레이시 남자친구와 관련해서 이야기했던 바로 그것을 했어요. 남자친구는 자기 생각에 우리가 해야만 한다고 느끼는 것에 대해 얘기했고, 저는 그것에 동의하지 않고 제 생각에 우리가 해야 한다고 느끼는 것을 이야기했어요. 정말 기분 좋았어요. 그도 그것에 대해 별로 상관하지 않는 것 같더군요.

상담자 훌륭하군요. 이제 제대로 가고 있군요.

트레이시 이게 이렇게 쉬운 일이라는 게 믿기지 않아요. 아버지와의 관계에서도 그렇게 쉬웠으면 해요. 아버지는 내가 뭔가 이야기하면 늘 무시하죠.

상담자 아마도 당신은 아버지와의 관계에서도 변화를 시작할 준비가 되어 있는 것 같아요. 무시받으면 당신은 어떻게 하나요?

트레이시 정말 기가 죽죠. 울고 싶어지지만 그러질 못하지요. 그런 것이 싫다고, 더 이상 그렇게 하지 말라고 아버지께 말이라도 할 수 있으면 좋겠어요.

상담자 네. 아버지가 그렇게 할 때, 그런 식으로 반응하여 한계를 분명히 한다면 확실히 아버지와의 관계를 변화시킬 것입니다. 그런 반응은 당신 스스로가 당신의 존재와 당신의 의견을 소중히 여기고 있으며 더 이상 아버지가 당신에게 상처 입히는 것을 용납하지 않을 것이라는 것을 알려주는 것이 되겠지요.

트레이시 한 번도 그렇게 할 수 없었어요. 하고 싶었지만 할 수가 없었어요.

상담자 과거에는 그렇게 할 수 없었지요. 하지만 당신은 저와의 관계에서 변했고 남자친구와의 관계에서도 변했어요. 마찬가지로 아버지와의 관계에서도 뭔가 다르게 할 수 있을 겁니다. 그런데 무엇이 당신으로 하여금 그렇게 하는 것을 못하게 하나요? 무엇이 가장 두려운가요?

트레이시 아마 아버지가 나를 진지하게 대하지 않을 거예요. 십중팔구 비웃겠지요.

상담자 그러면 어떤 기분이 들까요?

트레이시 무가치하게 느껴지겠지요.

상담자 그 느낌이 바로 거기에서 나오는군요.

트레이시 네. (긴 침묵) 또 무척 화도 나게 하지요.

상담자 물론이죠! 아버지가 그런 식으로 당신의 가치를 깎아내리면 그건 당신에게 상처가 되죠. 화가 날 만하지요.

트레이시 공평하지 못해요. 저는 아버지가 더 이상 그렇게 하기를 원하지 않아요. 그건 저에게 너무나 나쁜 일이에요.

상담자 맞아요, 절대 좋지 않지요. 또 당신은 그것을 감수할 필요가 없어요. 이제 늘 그래왔던 것같이 더 이상 참을 필요가 없다는 것을 알았을 것 같습니다.

트레이시 제가 무엇을 할 수 있을까요?

상담자 아버지가 예전처럼 그렇게 할 때 어떻게 하고 싶습니까?

트레이시 그만두라고 할 수 있을 것 같아요. 더 이상 과거와 같은 식으로 취급되기를 원치 않는다고 말할 것 같아요.

상담자 그것은 아주 강력하고 적합한 반응이라고 생각해요. 하지만 그렇게 하기 전에 실제로 어떤 대화가 오고 갈 수 있을지 한번 탐색해봅시다. 아마도 문제가 되는 부분을 찾아낼 수 있을 거예요. 몇 가지 반응에 대한 역할연습이 그런 문제점들을 극복하는 데 도움이 될 것입니다.

이렇게 내담자는 각각 삶의 다른 영역에서 동일한 관계 패턴을 직면하고 훈습한다.

이 사례에서 결정적 사건이 매우 미묘하게 일어났다는 것을 주시해야 한다: 상담자가 어머니에 관한 이야기를 하도록 권했을 때, 트레이시는 원하지 않는다고 말했다. 상담자가 사전에 내담자의 역동을 개념화하고, 내담자의 갈등이 상담장면에서 어떻게 반복될 수 있는지를 가설화해놓지 않으면 이와 같은 아주 작은 미묘한 전환을 놓치기 쉽다. 상담자가 자신과의 관계에서 트레이시가 순종하는 경향이 있다는 것을 예상하지 못했다면, 그리고 트레이시의 자기지향적이고 주장적인 반응의 초기 신호를 알아차리지 못했다면, 변화의 기회를 잃어버렸을 것이다. 즉, 상담자는 과정(트레이시의 자기주장)보다 내용("어머니와의 관계를 탐색해보는 것이 중요합니다. 왜냐하면…")에 더 초점을 두어 반응할 수 있었을 것이다. 이 경우 트레이시는 상담자의 요구에 순응해서, 의무감에서 어머니와의 관계에 대해 얘기했을 것이다. 이러한 대인과정은 그녀의 부적응적인 대인 패턴을 반복하는 것이 되었을 것이고, 결과적으로 아무런 변화도 일어나지 못하게 했을 것이다. 변화할 수 있을 것처럼 보이지 않는 내담자와 일을 할 때, 상담자는 궁극적으로 실망하여 내담자를 향해 비판적이 되거나 내담자로부터 멀어지게 될 수 있다.

이런 상황에서 상담자는 상담에서의 상호작용이 내담자의 부적응적인 관계 패턴을 미묘하게 반복하고 있는 것은 아닌지 검토해봐야 한다. 때로는 이러한 과정을 통해 왜 내담자가 변화할 수 없는지(상담자가 내담자와 다른 사람과의 관계에서 좀 더 주장적으로 행동하는 것에 대해 계속 이야기하고, 상담자가 진심으로 이를 지지하고 격려하고 있으며 새로운 행동을 촉진할 유용한 기법을 내담자가 배우고 있음에도 불구하고 말이다) 이해할 수 있을 것이다. 대인과정 차원을 따라 일어나는 이런 미묘한 반복은 예상이 가능하다. 상담자가 과정노트(부록 A)를 사용하거나 작업 가설(부록 B)을 생성한다면, 내담자의 갈등이 상담관계에서 어떻게 반복될 수 있는지에 대해 아이디어를 얻을 것이다. 듣고 관찰할 것이 무엇인지를 미리 예상해보면, 상담자는 반복되고 있는 현상을 더 빨리 이해하고 더 효과적인 반응을 할 수 있을 것이다. 앞서 강조한 것처럼, 내담자들이 상담 이외의 관계에 자신의 변화를 일반화해나갈 때 수용되지 않는 경험을 할 수도 있다. 나중에 살펴보겠지만, 트레이시의 아버지는 남자친구가 반응했던 것과 같은 방식으로 반응하지 않았다. 상담자는 이를 활용하여 내담자로 하여금 어떤 관계는 달라질 수 있지만 어떤 관계는 그렇지 못할 수 있다는 것을 깨닫게 할 수 있다. 또한 어떤 사람으로부터 받는 무시 반응이 내담자 자신의 존재 가치에 대한 증거가 될 수 없다는 것도 학습하게 할 수 있다. 이렇게 훈습의 단계는 대인관계에서의 변화와 개인 내면의 변화 모두에 초점을 맞춘다.

훈습 단계에서 상담의 치료적 측면은 현재에 존재한다. 즉, 치료과정에서 나타나는 많은 중요한 사건들은 내담자의 부적응적 신념과 병리적 관점의 부당성을 증명한다. 내담자의 회복적 상호작용이 일어날 때 내담자의 행동에도 변화가 수반된다(Akhtar, 2007). 이런 인지적 변화는 내담자의 새롭고 더 효과적인 대인관계 틀에 대한 내적인 재작업을 가속화하는데, 이는 내담자로 하여금 인간관계를 맺을 때 새롭고 더 진실한 방법을 받아들이도록 하는 중요한 역할을 한다. 내담자가 상담자와의 관계에서 발견한 '관계 맺는 새로운 방법'을 다른 사람들과의 관계에서 시도하려고 하면 이런 치료적 경험들이 일반화될 수 있다. 이러한 교정적 정서 경험은 스스로에 대한 그리고 가능한 관계에 대한 새로운 지각 방식과 일치할 것이다. 우리가 아는 것처럼, 내담자들은 성공과 실망 모두를 경험할 것이다. 즉, 어떤 이들은 내담자의 변화를 환영하는 데 반해 다른 이들은 진부하고 문제를 영속시키는 반응을 지속할 것이다.

내담자가 현재의 관계에서 변화에 대한 가능성을 탐색하고 그 가능성과 한계를 좀 더 현실적으로 이해하게 될 때, 훈습 과정상의 두 가지 새로운 하위 관계들이 나타난다. 첫째, 해결하고자 노력하고 있는 문제를 만든 경험을 더 잘 이해하기 위해 내담자가 스스로 과거를 돌아보기 시작한다. 아래 첫 절에서는 **원가족에 대한 작업**을 위한 상담 지침을 검토할 것이다. 둘째, 내담자가 삶의 경험과 현재의 자신이 형성되어온 과정을 더 잘 이해하게 도와줄 좀 더 실제적인 이야기를 하게 되면 내담자들은 이제 미래를 보기 시작한다. 말하자면, 원하는 미래의 삶에 대해 생각하기 시작하고 현재 형성 중인 새로운 자신에게 더 잘 맞는 삶의 계획을 세우기 시작한다. 꿈을 통해 인도되는 이 하위 단계는 다음 절에서 검토할 것이다.

원가족에 대한 작업

내담자의 현재 갈등을 형성하게 한 가족 상호작용과 발달상의 경험을 탐색하면 내담자가 자유로움을 경험한다. 그들은 자신의 어린 시절의 어려움을 이해하면 자신이 살아오면서 해야만 했던 선택, 타협, 적응을 더 잘 수용하게 된다. 그들은 또한 양육자가 문제 있는 방식으로 반응할 수밖에 없었던 어려운 생활상황 또는 양육자의 개인적 한계와 자기 자신에 대해 공감하기 시작한다(Russell & Fosha, 2008). 상담자는 이 시간 동안 내담자가 다음에 대해 더욱 공감할 수 있도록 이끈다.

- 자신에 대해 그리고 자신이 고통받아온 것과 참아온 것
- 고통을 견디기 위해 그들이 선택해온 방식
- 그들을 돌본 사람들이 그렇게 할 수밖에 없었던 인간적, 환경적 한계

분명히 발달적 관점에서 내담자의 경험에 대한 생각은 심화될 수 있다. 그러나 대부분의 경우 상담자가 내담자의 시간을 거슬러 인도하거나 역사적 해석을 하거나 현재 관계 패턴과 이전의 가족관계를 너무 쉽게 연결하는 것은 생산적이지 않다. 물론 이러한 발달적 연결은 실제로는 매우 정확할 수 있지만, 많은 내담자들은 그것이 상담자로부터 온 경우 현재의 문제와 관련이 있다거나 도움이 된다고는 생각하지 않는다. 내담자의 반응 특수성에 따라 일부 내담자는 가족 연결을 활용할 수 있고 상담자는 특정 내담자에게 이것이 도움이 될지 여부를 평가할 수 있다. 그러나 많은 내담자들은 특히 상담의 초기에는 이러한 발달 관련 연결성이 현재의 문제와 관련이 없으며, 비록 그것이 정확하더라도 협력과정에서 공동으로 공식화되지 않은 경우에는 이러한 연결성을 발견하지 못할 것이다.

상담자 계속 같은 주제에 대한 얘기를 듣고 있어요. 배우자에 대한 불평이 어머니에 대한 불평과 어떤 면에서 비슷한 것처럼 보이네요.

내담자 어머니요? 어머니는 이것과는 관련이 없는 것 같은데요. 어머니는 위대했지만 아내는 나를 미치게 해요. 게다가 어머니는 10년 전에 돌아가셨어요. 난 정말 우리가 왜 어머니에 대해 이야기하는지 모르겠어요.

많은 내담자들이 이러한 유형의 발달적 연결을 사용하여 치료과정에서 성과를 만들 수는 없다. 비록 가족의 제안이 적절할 수 있고 치료의 후반부에서 되풀이되는 시나리오를 밝힐 수 있지만, 종종 그들에게 의미를 갖기에는 현재 경험과의 거리가 멀다. 대신 좀 더 협력적이고 가족적이며 발달적인 경험에 대한 탐색이 상담자(및 내담자)에게 잘못된 도식과 대처 전략, 이들이 현재의 인간관계에서 어떻게 문제를 형성하는지, 상담과정에서 내담자가 찾아야 할 교정적 경험이 무엇인지에 대해 많은 것을 가르쳐줄 수 있다. 물론 발달적 관점에서 이해하는 것이 내담자의 현재 문제에 도움이 되지는 않지만, 상담자는 대인관계 과정에서 그들 사이에 진행될 수 있는 주제와 패턴에 대한 실제 가설을 생성하는 데 많은 도움을 받는다. 예를 들어, 상담자가 치료에 중점을 둔 이 평가의 다른 목적으

로 다음과 같은 질문을 할 수 있다. “당신의 가족 안에서 자란다는 것은 무엇입니까?” 또는 “부모의 결혼에 대해 말해주십시오. 제게 생명을 불어넣어줄 수 있습니까?” 좀 더 자세히 기술해보자.

치료적인 상담대화는 이런 식으로 진행될 수 있다.

상담자 당신이 성공했을 때나 더욱 강하게 행동했을 때, 부모님이 어떻게 반응할 것 같은지 얘기해 주시겠습니까? 당신이 받은 상장을 어머니께 보여드렸을 때, 어머니의 표정은 어땠나요?

내담자 그게 무슨 뜻인지 잘 모르겠어요.

상담자 당신의 우울증이, 승진되고 월급이 오른 직후에 생긴 게 아니란 말인가요? 그런 가능성이 내게 이런 질문을 하게 하네요. 당신이 단어시험에서 상을 받았을 때 어머니의 표정이 어땠나요?

내담자 (생각에 잠긴 듯) 잘 모르겠어요. 그게 좋아했던 모습인지 … 거의 속상해하거나 슬퍼하는 것 같았어요.

상담자 당신이 상을 받은 것이 어머니에게 일종의 상처 같은 거였고 그것은 차라리 상실감 같은 것이었을지도 모르겠군요. 그런 반응은 소녀에게 자신이 상을 받은 것이 잘한 일이라고 느끼게 하진 못했을 것 같아요. 아버지는 상을 받았다는 이야기를 듣고 어땠나요?

내담자 뭐 특별한 건 없었어요. 다만 동생 앞에서 뻐기지 말라고 화를 내셨죠.

요약하면, 이런 식의 상호작용에서 발달적 정보를 얻어내는 것은 역사적인 자료를 해석하는 것과 달리 상담자에게 현재의 부적응적인 관계 패턴을 형성시킨 경험에 대한 정보를 제공한다. 상담 초기에 이런 정보들은 내담자의 현재 관계 틀을 만들어온 형성 과정의 경험에 대해 알려줄 것이다. 이 정보는 상담자에게 문제 있는 관계 패턴을 재연할 반응과 치료적 역할을 할 반응을 개념화하는 데 도움이 되는 소중한 지침을 제공한다. 그러나 상담 초기에 대부분의 내담자들은 이러한 발달적 탐색으로부터 현재 관계와 과거 관계 사이의 의미 있는 연결고리를 찾기 어렵다. 상담자가 명백한 것으로 보이는 연결고리를 명료화하려 하지만 내담자가 상담자와의 관계에서 이전의 관계 패턴에 대한 치료적 반응을 경험하기 전에는 이런 관계 패턴들이 내담자에게 정말 의미 있게 느껴지지 않는다. 상담이 진행되는 과정에서 많은 내담자들은 자발적으로 상담자가 발달적 경험을 살펴보도록 이끌어준다. 대개 내담자가 교정적 정서 경험이나 다른 사람과의 관계에서 성공적으로 새로운 반응을 한 후 곧바로 일어나게 되는 내담자 주도의 이런 탐색은 훈습 단계 전체를 거쳐 지속된다. 이러한 내담자 주도의 탐색은 내담자를 더욱 활기 있게 만들고 계속해서 다른 사람들과의 관계에서도 생산적인 행동 변화를 끌어내게 된다.

여기에서 변화가 일어나는 단계에 주의하자. 다른 상담이론과는 대조적으로, 대인과정 접근은 행동 변화가 통찰을 끌어낸다거나 거꾸로 통찰이 행동 변화를 끌어낸다고 생각하지 않는다. 비록 이런 변화가 어떤 내담자에게 일어날지라도, 여기서는 다른 변화기제를 제안하고자 한다. 의미 있는 통찰과 지속적인 행동 변화는 내담자가 상담자와 함께 가진 새로운 치유적 경험에서 나오는 것이다(Levenson, 2003; Wachtel, 2008; Weiss, 1993).

주 양육자와 원가족 주제 이야기하기 내담자가 과거 대인관계 경험과 현재 대인관계 사이의 의미 있는 연결고리를 발견하게 되면 상담자에게 가족들과의 현재 관계에서 무엇을 해야 하는지를 묻게 된다. 이제 상담자가 내담자와 원가족에 대한 작업을 하는 데 도움이 되는 두 가지 지침을 살펴보자. 첫째로, 4장에서 설명한 '변화를 위해 내부로 초점 맞추기'에 주목함으로써 우리는 내담자가 현재 가족관계에서 부적응적 관계 패턴에 반응하는 방식을 어떻게 변화시켜야 하는지 알 수 있다. 둘째로, '애도'라는 개념을 살펴볼 것인데, 이 개념은 내담자가 발달 과정에서 필요했으나 겪지 못했던 경험들을 이해하고 이에 대해 애도하는 것을 말한다. 이런 두 영역을 잘 다루게 되면 내담자의 가족 역동에 대해 인간관계적으로와 내적으로 해결해나가게 된다.

내담자의 문제가 범위가 넓거나 만성적인 경우 반드시 원가족에 대한 작업을 해야 한다. 어떤 내담자들은 양육자나 가족 구성원들과 과거로부터 가져온 문제에 대해 얘기하고 싶어하지 않는데, 이런 경우 상담자가 내담자에게 이를 강요해서는 안 된다. 그러나 어떤 내담자들은 부모나 다른 가족들과의 과거 갈등을 인정하고 이를 해결하기 위해 노력하고자 한다. 이런 과거와의 화해 과정이 성공하면 내담자는 매우 큰 만족을 느끼며 변화에 대한 강한 동기를 갖게 된다.

그러나 우리가 강조해왔던 것처럼, 이런 과거 문제에 대한 현재 시점에서의 해결은 잘 일어나지 않는다. 때로는 양육자가 좀 더 성숙했거나 변화했을 수 있지만, 많은 경우에서, 특히 더 심각한 문제를 가지고 있는 경우, 내담자는 어린 시절부터 받아온 똑같은 무시 반응, 즉 비난 혹은 상처가 되는 반응을 받는다. 특히 부모와 대화하고자 하는 내담자의 다루어지지 않았던 동기가 오랫동안 받고 싶어하던 부모의 수용과 보호를 얻고자 하는 것일 때 더욱 고통스러운 것이다. 만약 상담자가 내담자에게 이런 실망이 생길 수 있다는 것에 대해 준비시키지 않는다면, 내담자는 어떤 관계에서도 변화가 일어날 수 있다는 희망을 갖지 못할 수 있다. 종종 내담자는 직접적으로 부모님과의 갈등을 얘기하여 가족 규칙을 어기는데, 이때 많은 경우 가족의 항상성 유지를 위한 처벌기제가 작동된다.

예를 들어, 트레이시는 늘 자신을 무시하고 깔보았던 것에 대해 아버지에게 직접적으로 얘기했다. 이때 아버지는 지난 20년 동안 그랬던 것처럼 그녀를 경멸했다. 게다가 어머니는 무례하고 고마워할 줄 모른다며 의절하겠다고 위협했다. 또한 비만 우울증이 있는 여동생은 전화를 걸어서 아빠를 상처받게 하고 문제를 일으킨 것에 죄의식을 느끼게 했다.

그러므로 단순히 아이를 다루는 데 있어서 부모의 잘못된 방식만이 문제인 것이 아니다. 내담자의 심각한 문제(트레이시가 겪고 있는 자기혐오, 섭식장애, 만성적 우울)는 전형적으로 부모와 가족들이 이제는 성인이 된 자녀에게 부모가 과거와 현재에 한 부정적인 반응은 그가 받을 만했으니까 받았다는 책임감을 느끼게 하기 때문에 나타난다.

부모와 확대 가족체계가 변하지 않으면 내담자는 대개 무기력감을 느끼고 스스로를 비난하게 된다. 비록 이런 내담자들이 현재의 다른 관계에서 무기력한 듯 행동할지라도, 실제로 그들은 그렇지 않다. 그들의 대인적 해결은 부모의 변화에 달려 있는 것이 아니라 현재 생존해 있는 부모와의 상호작용에서 그리고 이미 죽은 양육자와의 계속적인 내적 관계에서 그들이 어떻게 변화하고 반응하는지에 달려 있다. 내담자가 깊숙이 자리하고 있는 관계 갈등 속에서 변화를 지속하기 위해서는 이러한 전형적인 상호작용에서 관찰되는 자신의 반응을 변화시켜야만 한다. 예를 들어, 트레이시의 아버지는 너무 편협해서 그녀의 관심사에 대해 듣지 못했고 문제에 대해 그녀와 대화할 수 없었다. 그러나 트레이시는 아버지가 자신을 얕보는 것을 더 이상 용납할 수 없었다. 트레이시는 아버지에게 한계를 분명히 긋기 시작했고, 용감하게 아버지와의 의사소통 방식에 대해 이야기했다.

트레이시 나는 아버지가 나를 무시할 때 '그만 좀 하세요'라고 계속해서 요구하고 있어요. 그렇지만 아버지는 그저 웃으시며 계속 저를 무시하죠. 제가 아버지를 멈추게 할 수는 없지만, 더 이상 괜찮은 척하고 있을 필요가 없는 것 같네요. 그건 제게 상처가 되고, 나는 그런 걸 좋아하지 않아요.

비록 아버지가 똑같은 식으로 계속 무시하고 또다시 그녀를 조롱했지만, 그녀가 아버지에 대한 반응을 바꾸었을 때 트레이시의 상황은 근본적으로 바뀌었다. 그녀가 아버지와 가족들에게 이런 강력한 태도를 몇 달 동안 지속했을 때 이제껏 그녀가 경험했던 불안전감과 가족이나 다른 사람들로부터 느꼈던 위협감도 감소했다. 그녀가 오랫동안 느꼈던 무가치감과 우울감도 눈에 띄게 개선되었고, 간헐적으로 나타나던 식욕이상 문제도 거의 사라졌다. 이런 트레이시의 변화는 아버지와 가족의 변화와 상관없이 일어났는데, 이는 자신에 대한 태도가 변화했기 때문이다.

받을 수 없었던 돌봄에 대한 애도작업 이런 방법으로, 내담자들은 유의미한 타인과의 현재 상호작용에서 반응하는 방법을 변화시킴으로써 앞으로 나아가게 된다. 내담자들은 애도작업을 통해서도 변화하는데, 이는 고통스러웠던 부모–자식 간 상호작용 때문에 내면에 남겨진 감정들을 털어내는 것이다. 내담자들이 양육자와의 과거 관계에서 발생한 문제들을 양육자와 논의할 필요는 없다. 그러나 그들에겐 다음과 같은 것이 필요하다.

1. 무엇이 잘못되었는지를 부정하지 말고 인정하기
2. 계속되는 부적응적 상호작용에 참여하기를 멈추기
3. 필요했으나 얻지 못했던 지지, 보호 또는 타당화에 대해 애도하기

때로는 이상적인 부모에 대한 비현실적인 희망감이 나타날 수 있다는 사실을 인식하는 것이 특히 중요하다. 그들을 돌보는 이들은 정기적으로는 대부분 친절을 보이지만 이 자비로운 반응을 계속 유지할 수는 없어서 대부분 곧 자기중심적으로 행동하거나 다른 형제나 자매를 내담자보다 더 좋아하고, 이들의 독립성이나 성공을 폄훼하기도 하며, 경멸적으로 반응하기도 한다. 내담자가 자신의 감정을 현실화하고 자신이 느끼는 슬픔에 대해 지지를 받으며 부모에 대한 자신의 현재 행동을 바꾸면, 내담자는 고통스러운 가족 상호작용에 직면했을 때 정서적 안정성을 유지할 수 있다. 따라서 내담자는 부모가 변할 수 있는지 여부와 그들의 생존과 사망에 관계없이 자신의 내면 작업을 통해 이러한 문제를 해결할 수 있다.

가족들과의 새로운 가능성에 대한 현실 검증은 항상 중요하다. 그러나 그것은 관계를 개선시킬 수도 있고 그렇지 않을 수도 있다. 이미 노쇠한 양육자는 변화하기 어렵기 때문에 상담자들은 내담자가 더 새롭고 건강한 행동을 가족들에게 보이면 종종 큰 저항을 만날 수 있다는 것을 알려 준비시킬 필요가 있다. 그러나 가족체계가 개선되었을지라도, 이미 성인이 된 내담자들은 일단 현실적으로 과거에 무엇이 잘못되었는지를 이해하고 발달적으로 필요했으나 경험하지 못했던 것을 애도하고 나면 현재 관계에서 더 잘 기능할 수 있을 것이다. 동일한 모델이 다시 적용된다. 즉, 이전에는 간직하고 있기에 너무 위협적이어서 수용할 수 없었던 슬픔, 분노, 부끄러움 등의 감정을 해소할 수 있도록 상담자가 지지적인 '버텨주는 환경'을 제공한다.

그러나 이 작업이 성공하기 위해서는 내담자와 양육자(혹은 배우자)의 관계에서 좋은 부분도 있었다는 것을 상담자가 인정하고 확인해주어야 한다. 그러고 나서야 내담자들은 이 관계의 나쁜 부분에 대해 이야기해도 된다고 여긴다.

또 다른 방법으로, 상담자는 내담자가 현재 상황에 관한 좋은 소식과 나쁜 소식 모두를 인식할 수 있도록 도와야 한다. 좋은 소식은 자신이 거부당한 경험이나 부모 역할을 해야 했었던 것 등 어떤 식으로든 자신에게 책임이 있다는 병리적 신념을 애도작업을 통해 변화시키게 된다는 것이다. 나쁜 소식은 안전한 애착 욕구와 같은 내담자의 발달적 욕구는 그 당시 적절하게 충족되지 않았고, 이러한 발달적 욕구들이 지금 현재의 성인기 관계(예를 들면, 배우자, 친구 혹은 상담자와의 관계)를 통해서도 충족될 수 없다는 것이다. 그런 상실감 혹은 박탈감을 실재하는 것으로 인정한 후에, 즉 부인하기보다는 애도한 후에라야 내담자는 생애 처음으로 성인기에 나타나는 욕구를 현재의 관계에서 충족하는 경험을 할 수 있다. 발달적 욕구들을 인식하지 못하는 한, 내담자는 정당한 성인기 욕구들을 현재 관계에서 충족시킬 수 없다. 끝으로, 일단 내담자가 그들의 보호자와 관련된 좋은 소식과 나쁜 소식을 모두 수용한다면, 자신이 가지고 있는 같은 특성들도 수용할 수 있게 된다. 즉, 자신의 '좋은' 그리고 '나쁜' 자기지각을 모두 받아들이도록 허용함으로써 자신의 완벽주의를 점점 약화시키고 마침내는 한층 고양된 자존감을 갖게 될 것이다.

역전이가 원가족에 대한 작업을 방해한다 두 종류의 역전이 경향 때문에, 종종 상담자는 내담자가 이러한 원가족에 대한 작업을 통해 문제해결을 하도록 돕는 데 어려움을 겪는다. 첫째, 상담자 자신의 분리 방어기제 때문에 상담자가 내담자로 하여금 그들의 발달상에 좋았던 것과 문제가 되었던 것 모두를 받아들이도록 도와줄 여유를 가질 수 없는 경우가 있다. 이러한 상담자의 역전이 경향은 다음의 두 가지 실수 중 하나를 하게 만든다. 어떤 상담자는 고통스러운 경험의 범위와 지속적인 영향을 과소평가하는 경향이 있다.

비효과적인 상담자 그건 그때에요. 과거 일은 잊어버려요. 당신의 현재 문제를 다루도록 합시다.

이렇게 문제를 부인하는 것과 달리, 어떤 상담자는 양육자를 비난하기만 하고 그 관계에서 나타났던 긍정적인 면들은 무시하려고 한다.

비효과적인 상담자 (비판조로) 아버지가 당신과 여동생에게 그런 짓을 하다니 제정신이 아니었거나 아니면 좀 멍청하셨군요!

이렇게 하기보다는, 상담자는 어떤 종류의 유대이든 가능한 한 유지하려는 내담자의 내면화된 아이의 욕구를 이해하면서 동시에 형성적 관계에서 나타났던 문제들에 대한 사실을 인정해줄 필요가 있다. 극한 상황을 제외하고, 상담자는 내담자가 보호자와의 모든 접촉을 끊으려는 것을 막아야 한다. 내담자가 가족들과의 모든 연락을 차단할 때, 대개 분리 방어기제가 작동하여 지속적인 변화가 불가능하게 된다. 이렇게 되면 상담자는 이상화되고, 내담자는 다른 인간관계에서 분열된 부정적 측면을 빨리 만들어내거나 스스로를 '나쁜' 사람으로 만들려 하게 된다. 상담자가 부모상을 제거하지 않고도 나쁜 소식을 인정할 수 있을 때, 상담자는 더 유능해져 내담자로 하여금 죄책감을 유발하는 이러한 요소들에 대한 작업을 더욱 잘 하도록 할 수 있다.

효과적인 상담자 나는 아버지가 그렇게 했을 때 당신이 얼마나 상처받았을지 이해할 수 있어요.

대(versus)

비효과적인 상담자 아버지가 당신에게 그렇게 했다니 믿을 수가 없군요.

원가족 작업을 방해하는 둘째의 역전이 경향은 상담자가 애도작업을 회피하고 싶어하는 것이다. 어떻게 하여 감정적으로 상처받았는지 또는 필요로 했던 것을 받지 못했는지를 이해하게 되면, 내담자에게 고통스러운 감정이 일어난다. 상담자는 그런 감정을 매듭짓도록 내담자를 돕는다는 것이 어렵다는 것을 알게 된다. 그러나 그들은 감정적으로 현재의 상황을 확인하고 인정하며 이를 가능하게 할 수 있다. 대부분의 내담자는 과거에 받지 못했던 것을 회복할 수 있다는 희망—혹은 환상—을 채우고 싶어한다. 어떤 이들은 상담자가 그런 희망이 채워질 수 없다는 것을 이야기하면 화를 내기도 한다. 이런 요소들이 상담자의 해결되지 않은 원가족 문제와 애도작업을 자극하여 상담자가 이러한 한계에 대해 말하지 못하는 일이 자주 있다.

문제는 내담자가 스스로의 슬픔과 상실을 마주하는 것을 망설이는 것과 상담자 스스로가 이러한 어려운 감정들을 상대하기를 꺼리는 마음이 겹칠 때 발생한다. 보통 이런 경우에 상담자가 내담자를 슬픔에서 벗어나게 하려고 하거나 과민하게 반응하게 되면, 상담자 자신의 해결되지 않은 원가족 문제가 막아서고 있는 것이다. 일반적으로 이미 과한 집착 문제에 사로잡혀 있는 상담자의 경우 그런 생각들이 내담자의 상실, 우울, 분리 문제 등으로 활성화되며, 이러한 생각들은 과도하게 확산되기 쉽고, 그로 인해 내담자와의 안정적인 상담 작업이 어려워진다. 반대로, 과하게 무심한 상담자의 경우 내담자의 슬픔을 과소평가하거나 무시하여 이러한 취약한 감정들에 대한 공감을 형성하지 못한다(Mikulincer & Shaver, 2005; Rubino et al., 2000). 상담자가 애도작업을 무시하고 너무 빨리 문제해결에 접근하려 하면(예를 들면, 지지적인 관계를 대치할 만한 것을 찾기), 내담자는 이런 실제적인 개입들로부터 많은 것을 배울 수 없을 것이다. 먼저 원래의 상실 경험들이 인식되고 통합된 후에야(즉, 상담자와의 지지적인 '버텨주는 환경'에서 애도가 이루어진 후) 내담자는 성인기의 정서 욕구들을 표현할 수 있고 이전에는 감히 생각할 수 없었던 새로운 유형의 관계를 경험할 수 있다. 내담자가 이런 매우 유의미한 방식을 통해 개선되기 시작하면 그들은 과거를 뒤로하고 방향을 전환하여 미래를 보기 시작한다.

꿈: 미래

내담자들은 문제를 해결해나가면서 행동에 변화를 보이고 더 좋은 기분을 느끼게 된다. 그들이 나아지면서 상담의 초점은 발달적인 갈등에서 멀어지고, 또 어느 수준까지는 현재의 대인관계적인 문제들을 넘어서게 된다. 긍정적인 전환이라는 면에서 상담자의 대화는 종종 삶을 발전시키는 열망과 목표들을 반영하는 미래의 계획으로 옮겨간다. 예를 들어, 희망의 심리학에 대한 문헌을 인용하자면 상담자들은 내담자들이 어떻게 되고 싶어하는지를 경험할 수 있도록 '가능한 자신을 상상해보도록' 하고, 되고 싶어할 수도 있는 것들이 어떤 것인지를 명확히 할 수 있다(Russell & Fosha, 2008; Snyder, 1994). 마찬가지로, 상담자들은 개인의 선택과 관련된 이슈들을 다음과 같은 질문으로 경험하도록 이끌 수 있다: 어떻게 하면 내담자들이 삶에서 더 많은 의미를 만들어내고 더 진정성 있게 삶을 살고 그들의 삶과 관계들을 이루어나갈 수 있을까?

그들의 삶에서 무엇이 가장 중요하며 무엇을 진정으로 원하는지를 생각해보게 하는 것은 자신의 목소리를 더욱 충분히 낼 수 있게 하고, 자신에 대한 발견을 바탕으로 한 삶의 변화와 선택들에 대한 위험을 감수하게 하며, 이는 종종 상담자를 안전한 기지로 경험하고, 변화가 재앙으로 이어지지는 않는다는 것을 배우게 한다. 이 과정은 자유화 과정이며 좀 더 진정하고 의미 있는 삶을 허락한다. 문제를 해결하는 것에서 더 충분하고 의미 있는 삶으로 이끄는 흥분되는 전환은 종종 '꿈'의 출현에 의해 시사된다.

Levinson(1978, 2000)은 『남자의 사계절(*The Seasons of a Man's Life*)』과 『여자의 사계절(*The Seasons of a Woman's Life*)』에서 성인의 인생구조와 성격발달 과정을 형성하는 데 있어 꿈의 심대한 영향에 대해 기술했다. Levinson이 지적한 바에 따르면, 꿈은 '꿈을 깨다' 또는 '꿈을 꾸다' 등의 일상적인 수면과 관련한 것이 아니라, 좀 더 광의의 개념으로 **개인이 추구하고자 하는 삶의 종류**를 말한다. 처음에 꿈은 정교하게 형성되거나 현실과 잘 연결되어 있지도 않을 것이다. 그럼에도 불구하고, 그 꿈에는 성인기의 삶에 활력을 생성해내는 자아의 상상적 가능성이 담겨 있다. 그것은 성인 세계에 활력을 주는 자신의 상상 가능성을 유지해준다. 이는 Martin Luther King의 연설 'I Have a Dream'이나 Delmore Schwartz의 이야기 'In Dreams Begin Responsibilities'의 핵심 주제이다.

꿈은 청소년기의 다소 과장되고 비현실적인 영웅 환상에 기원을 두고 있으나, 사실 그보다 더 큰 의미가 있다. 성인 초기의 꿈은 여전히 비전(즉, 이 세상에서 누구와 함께 어떤 삶을 살기 원하는지에 관한)을 가지고 있다. 이런 면에서 꿈은 비록 그것이 다른 사람에게는 평범해 보일지라도 그 사람에게는 영감을 불어넣고 스스로를 유지하게 해준다. 예를 들어, 사람들은 좋은 남편이나 아내, 존경받는 사회 지도자, 윤리적인 변호사, 유력한 장인, 성공했지만 정직한 기업인, 예술가, 성직자가 되는 꿈을 가지고 있다. **만약 사람들이 삶의 목적과 살아있는 느낌을 가지려 한다면**, 직업이나 결혼과 관련한 선택은 꿈의 특정 측면들과 통합되어야 한다. 꿈이 포기되거나 무시되면, 아무리 그 사람이 성공했을지라도 인생에서 활력과 의미를 누릴 수 없다.

상담의 훈습 단계 전까지 상담자는 대개 깨어진 꿈으로 인한 절망, 채워지지 않은 꿈에 대한 환상, 그리고 포기된 꿈에 대한 냉소 등을 다루게 된다. 많은 경우, Levinson이 말한 삶을 고취시키는 꿈은 아직 나오지 않는다. 그러나 훈습 단계에서는 내담자들이 그들의 갈등을 해결하고 있으며 더 건강한 개체로 변화한다. 이 시점에서 상담자는 내담자가 꿈에 대해 좀 더 생각해보고, 새롭게 수정하도록 해야 하며, 꿈의 양상을 일상적인 삶으로 끌어들여 실현하는 방법을 찾도록 도와야 한다. 이렇게 하려면 상담자는 내담자의 현재 증상 이면에 있는 깨어진 꿈과 건강한 꿈을 구별할 수 있어야 한다. 이 깨어진 꿈은 종종 갈등을 벗어나서 뭔가 특별한 존재가 되려는 (7장에서 논의했던 것처럼) 실패한 시도를 반영한 것인 경우가 많다.

훈습 과정에서 상담자는 갈등을 초월하여 특별해지려는 내담자의 보상적 노력을 스스로 인식할 수 있도록 반복해서 시도한다. 이러한 보상적 노력은 다른 사람 비위 맞추기(다른 사람에게 다가가기), 성공과 권력을 성취하기(다른 사람에게 대항하기), 냉담해지거나 냉소적인 태도를 갖기(다른 사람을 멀리하기) 등의 세 가지 유형으로 나타난다. 상담자는 내담자가 유연하지 않은 대처 양식을 점진적으로 포기하고 더 넓은 대인관계를 갖도록 돕는다. 이렇게 할 때, 내담자는 근원적 갈등의 표현을 차단하지 않게 될 것이다. 따라서 이는 내담자의 근원적 갈등이 상담관계 내에서 표현되고 해결될 수 있는 기회를 제공해준다.

그러나 상담자는 내담자가 자신의 갈등을 초월하려는 지금까지의 시도들을 포기하면 자존심의 상실이나 실패감을 경험할 수 있다는 점을 예상해야 한다. 상담자가 내담자의 갈등을 해결하도록 돕는 데 있어 중요한 점은 내담자의 방어적이고 과대망상적인 노력(위에서 언급한 세 가지 보상적 노력)을 내담자 자신의 성취 가능하고 지속되는 꿈으로 대체해야 한다는 것이다.

내담자가 변화하고자 하는 시점에서 이러한 꿈은 종종 등장할 것이다. 내담자가 변화하는 것을 돕기 위해, 상담자는 내담자의 꿈을 지지하고 그 꿈에 대해 용기를 북돋워야 한다. 상담자는 여러 방법으로 이것을 할 수 있다. 먼저 상담자는 내담자에게 진정 활기를 주며 내적인 관심사와 관계되어서 내담자에게 만족을 주는 주제들을 잘 들어주어야 한다. 내담자가 실제로 하고자 하는 것에 주의를 기울이고 그들에게 좋은 느낌을 주는 것이 무엇인지 질문함으로써, 상담자는 내담자가 꿈을 찾고 정교화하도록 도울 수 있다. 예를 들어, 내담자들은 다음과 같이 반응할 수 있다.

- 더 이상 화내고 싶지 않아요.
- 나는 아버지와 잘 지내고 싶고 이젠 미움을 묻어버리고 싶어요.
- 이 소용없는 짓을 더 이상 하고 싶지 않고 이젠 졸업하고 싶어요.
- 이젠 사회생활을 줄이고 가족이나 친한 친구들과 더 많은 시간을 보내길 원해요.

몇몇 내담자들의 꿈은 전혀 발달되지 않았을 수도 있는데 이는 양육자가 그들의 느낌을 전혀 받아들이지 않았거나 그들의 흥미에 반응하지 않았기 때문이다. 자아감이 잘 발달되지 못한 이 내담자들은 삶에서 무엇을 하기 원하는지 그리고 나아가 무엇을 좋아하는지 싫어하는지조차 알지 못한다. 상담자는 반복적으로 다음과 같은 시도를 하여 이런 내담자들이 자신의 감정, 흥미, 가치, 그리고 궁극적으로 꿈을 발견하여 잘 정교화해 나가도록 도울 수 있다.

- 내담자가 그 순간 경험하고 있는 것을 잘 살펴보도록 요구하기
- 내담자가 자신의 바람대로 행동할 수 없는 경우라도 내면의 소리에 귀를 기울여 다른 상황에서는 무엇을 하기 원하는지를 인식하도록 안내하기(예를 들어, "내가 지금 이 일을 좋아서 하는 것은 아니야."라고 인식하는 것)

- 내담자의 주관적인 경험에 관심을 보이고 참여하기
- 내담자에게 의미 있거나 관심을 끌 수 있을 만한 것에 주의를 집중시키고 참여하도록 하기
- 내담자가 잘하는 것을 인정하고 그것에서 즐거움을 느끼기
- 가능하다면 내담자가 자신의 느낌이나 선호에 따라 행동하도록 격려하기(예를 들어 "저는 졸려요. 낮잠을 좀 자야겠어요."라는 말처럼 아주 단순한 것이라도)

많은 내담자들이 이보다 더 발달된 자아를 가지고 있다 할지라도, 일부 내담자는 이런 기본적인 방법으로 자기 내부의 경험에 주목할 필요가 있을 것이다. 내담자로 하여금 아마도 태어나서 처음으로 자신의 감정과 흥미에 반응함으로써 자아를 분화시켜 나가도록 돕는 것은 상담자에게 무척 보람된 일이 된다. 다양한 이론적 배경을 가진 많은 상담자들이 이런 과정을 강조했는데, 이를 일컬어 자기심리학(Kohut, 1977)에서는 '미러링(mirroring)', 내담자 중심이론의 전통(Carkhuff, 1999)에서는 '경험하기', 애착이론(Bowlby, 1988)에서는 '조율된 반응성(attuned responsibility)'이라 했다.

내담자가 그들의 내적인 삶을 더 충분히 경험하기 시작하고 상담자가 긍정적으로 반응할 때, 그들의 꿈은 나타나기 시작할 것이다. 이 시점에서 상담자는 꿈의 일부를 내담자의 현재 삶으로 가져오도록 하기 위해 몇 가지 일을 할 수 있다. 예를 들어, 상담자는 내담자가 조급하게 행동부터 취하는 우를 범하지 않도록 그들의 꿈의 다양한 가능성에 대해 탐색하고 논의할 수 있는 연습의 장을 제공해야 한다. 상담자들은 내담자가 그들의 꿈을 현실에 맞추어 조정하고 꿈의 여러 측면들을 일상의 삶에서 표현할 수 있는 방법을 찾도록 도울 수 있다. 상담자들은 내담자로 하여금 꿈의 실현을 촉진할 훈련이나 교육기회를 찾아보도록 도와줄 수 있으며, 그들이 선택한 분야에서 멘토로 활동할 수 있는 사람들과 가까운 관계를 발전시키도록 허락해야 한다.

마지막으로, 내담자는 삶의 다른 측면에서 경험해온 것과 동일한 종류의 근원적 갈등을 꿈을 탐색하는 과정에서 직면하게 될 것이다. 따라서 상담자는 내담자가 그들의 꿈을 추구하는 과정에서 일어나는 예전의 갈등을 훈습하도록 도와야 할 것이다. 예를 들어, 상담자는 내담자가 그들의 꿈과 대인 대처 양식 그리고 갈등을 초월하려는 방어적인 노력을 구분하도록 도와야 할 것이다(예를 들어, 모든 사람에게 사랑받음으로써 안정감을 느끼려는 노력, 부자나 권력자가 됨으로써 적절감을 느끼려는 노력 또는 우월감을 느끼거나 무관심한 척함으로써 다른 사람의 비판이나 거부를 회피하려는 노력). 그러나 많은 내담자들의 경우, 그들이 진정 원하는 것을 추구하거나 그들이 원하는 것을 얻는 것이 다른 사람과의 유대관계를 위협하고 분리에 대한 죄책감과 불안을 일어나게 할지도 모르기 때문에, 그 진행 과정이 그렇게 단순하거나 순탄하지만은 않을 것이다. 그러나 내담자가 이 갈등을 훈습하고 자신의 삶을 살 권리를 가지고 있다는 것을 인식하게 될 때, 그들은 꿈을 성취하기

위한 현실적인 계획에 따라 행동할 수 있다. 이러한 성공으로, 상담은 자연스럽게 종결에 이르게 된다.

종결

내담자가 상담을 일찍 종결한다

성숙되지 않은 종결은 상담에서 오랫동안 심각한 문제로 인식되어 왔다(Arntz et al., 2015; Garfield, 1994; Gelso & Woodhouse, 2002; Reis & Brown, 2006). 그러나 성숙되지 않은 종결이라는 개념에 대한 합의된 정의조차 상담학계에는 존재하지 않으며(Dew & Brown, 2005), 그런 현상이 왜 그렇게 자주 발생하는지에 대해서도 밝히지 못하고 있다. 문제는 이런 '중퇴자들'이 대부분의 상담결과 연구에 기록되지도 않는다는 것이다(Ravitz et al., 2011).

미숙한 종결이란 상담이 일단 시작된 이후 상담의 목표가 달성되기 이전에 이루어지는 종결 혹은 중단(dropout)을 의미한다. Bergin과 Garfield(1994)는 '미숙한 종결'이란 이미 계획되어 있었던 상담 스케줄을 따르지 않고 상담에 오지 않는 경우를 말한다고 정의했다. 공개된 자료에 의하면, 약 30%의 내담자가 접수면접 후 나타나지 않고, 상담의 효과를 경험하기 이전에 40~60%의 내담자가 상담을 중단한다고 한다. 또한 약 50%의 내담자가 3회 내지 6회의 상담을 한다고 한다(Callahan & Hynan, 2005; Garfield,1994; Hansen et al., 2002; Wierzbicki & Pekarik, 1993). 왜 우리는 내담자를 돕는 데서 그렇게 많이 실패하는가? 상담에 대한 고전적인 서적들은 상담을 일찍 중단하는 사람들의 인구학적 특성이나 성격 특성에 초점을 맞추었다. 그들에 의하면, 상담을 일찍 중단하는 사람들은 소수자이거나 박탈된 환경을 가지고 있는 사람들, 약물 사용 및 범죄에 연루된 적이 있는 사람들이라고 한다(O'Brien et al., 2009). 연구진들은 또한 미성한 종결은 충분히 고려하지 않는 것, 상담 규정, 남성, 분노 조절 문제, 아동 학대(특히 신체적) 또는 상실 경험 등과 연관되어 있다는 것을 발견했다(Arntz, Rutenfrans & Bloo et al., 2015).

물론 이런 면들도 중요하지만, 상담자에게 더욱 중요한 주제는 내담자들이 상담과정에서 실제로 어떤 경험을 하는가에 관해 이해하는 것이다. 상담과정에서 어떤 것이 그들에게 불만족스럽거나 몰입을 방해했는지를 찾아내는 것이다(Muran et al., 2005; Safran et al., 2005; Swift & Callahan, 2008). 연구에서 밝혀진 가장 중요한 요소는 내담자의 상담에 대한 기대가 충족되지 않는다는 것이다. 이는 내담자들이 상담에서 기대하는 것과 실제로 상담과정에서 경험하는 것 사이에 차이가 있다는 것을 의미한다. 따라서 상담자들이 상담에서 어떤 일이 일어나는지에 대해 내담자에게 더 상세하게 설명해주는 것, 즉 '역할 유도(role induction)'의 필요성이 있다고 해석해왔다. 그러나 우리는 역할 유도가 상담과정의 구조적인 측면이지 내담자가 상담을 일찍 중단하는 중요한 이유는 될 수 없다고 생각한다. 역할 유도는 상담과정의 한 단계로 첫 회기에서 특히 중요하고, 내담자가 상담을 계속할 것인지 아닌지의 핵심이 된다(Norcross & Wampold, 2011).

수퍼바이저나 교육담당자로서 우리는 초보 상담자들이 얼굴을 마주하는 내담자에 대한 자신의 역할을 알고 이해하는 데 어려움을 겪는다는 것을 알고 있다. 그들은 자신이 지침이나 지시에 따라 기능하는 것으로 알고 있다(여기서는 내담자에게 좀 더 '전문가'의 관점에서 하루를 규모 있게 사는 방법, 과제를 부과하고 의사 결정에 대한 조언을 주는 등). 그들이 종종 취하는 또 다른 역할은 소극적인 '중립적' 입장이다. 여기서 그들은 단순히 내담자와 같은 방에 있고, 그를 존중하고 그에게 친절하지만, 그에게 거의 전달하지 않으며, 그가 가능한 한 많이 질문하는 것을 피하고, 가장 중요한 메시지나 감정을 포착하기보다는 그의 말을 피상적으로 반영하고(단순 반영 대 복합적 반영) 가능한 한 비직접적 역할을 한다. 이때 상담자들의 희망은, 내담자들이 어떻게든 상담자들이 자신을 완전히 수용하고, 판단하지 않으며, 자신의 삶을 지시하거나 자신에게 무엇을 해야 하는지 알리려고 하지 않는다는 것을 아는 것이다. 또 다른 사람들은 이미 '친구'의 역할을 친숙하게 하고 있다. 훈련 중인 상담자들은 어색하거나 개인적일 수 있는 고통과 갈등에 접촉하는 것을 피하면서 표면적인 것을 지지하고 대화하며 사교적으로 행동한다.

그러나 문제는 내담자들이야말로 현실적인 문제를 가지고 상담에 오며, 무엇이 잘못되었는지에 대해 정확하게 이해하고 있는 전문가와 함께 하면서 더 적극적이고 진실된 관계를 체험하기를 원하기 때문에 상담에 온다는 것이다. 내담자는 애초부터 의미 있고 도움이 되는 무엇인가를 상담에서 간절하게 원한다. 그들은 그들의 상황을 깊이 이해받고 그들이 필요로 하는 것이 무엇인지 그리고 그들이 고통받는 것이 무엇인지를 상담자가 깊이 공감해줄 것을 원한다. 여기에서 핵심은 **그들이 떠나기 전에 그들이 상담에 찾아와 이야기하는 것이 가치 있는 일이라고 느끼게 해주는 누군가를 만나고 있다고 느껴야 한다는 것이다.** 그래서 특히 첫 회기에 그리고 이후의 상담과정에서도 줄곧 상담자에게는 다음이 필요하다.

- 내담자에게 지금 가장 고통스럽고 중요한 것이 무엇인지를 '경청'함으로써 상담에서 그들이 필요로 하는 도움을 얻을 수 있다는 희망을 내담자에게 주는 것
- 무엇이 내담자에게 가장 큰 문제이며 무엇이 잘못되었는지를 스스로 이해하고 찾을 수 있도록 명료화하는 것
- 그들이 가장 필요로 하는 것이 무엇인지를 구별할 수 있도록 함께 일하는 것
- 상담자와 함께 일함으로써 그들의 과거가 되풀이되지 않고 미래를 바꿀 수 있는 방법을 찾을 수 있다는, 그리고 혼자서 고통을 직면하지 않아도 된다는 희망을 주는 것

- 내담자에게 적극적으로 관여하고 그들의 고통스러운 여정을 함께 할 것이라는 확신을 갖도록 하는 것—적극적으로 아이디어, 관찰, 대안, 피드백을 공유하되 그들에게 '무엇을 하라' 혹은 '어떻게 살아라'는 말을 하지 않고, 그것들 중에서 가장 적합한 것을 내담자와 함께 결정하는 것
- 내담자와의 관계에서 일어나는 모든 것에 대해 직접적으로 논의하는 것—오늘 여기에 와서 도움을 청하는 것에 대해 어떻게 느끼는가? 나에게 이야기하는 것에 대해 어떻게 느끼는가? 오늘 우리가 여기에서 함께 한 일이 도움이 되었는가? 그리고 앞으로 도움이 되려면 어떻게 해야 하는가? 다음 주에 다시 상담에 찾아와서 이야기하는 것에 대해 어떻게 느끼는가? 오늘 당신을 불편하게 했던 것이나 성가시게 했던 것은 무엇이었는가?

우리는 초보 상담자들이 (1) 자신의 개인적인 영역을 넘어서 처음부터 직접적으로 내담자 삶에 관여할 때, (2) 내담자에게 가장 중요한 것이 무엇인지를 알고 공감적 이해를 전달할 때 미숙한 종결이 거의 일어나지 않는다는 것을 알고 있다.

이런 맥락에서 Sue와 Zane(2009)은 내담자에게 '선물'—상담자가 도움과 변화를 이끌어올 수 있는 능력이 있는 어떤 사람으로 인식되는 것—을 주는 것이 중요하다고 웅변적으로 말하고 있다. 그렇게 함으로써 내담자가 상담을 마칠 때는 일종의 희망을 가지게 되고 그것은 내담자가 다시 상담에 돌아올 가능성을 높인다. 이 선물이란 다음과 같은 것이다.

- 단순하지만 내담자에게 지지적인 느낌을 주기, 침대에서 부모가 싸우는 소리를 듣고 자란 사람이 가지고 있는 평생의 불안감을 공감적으로 이해하고 타당화하는 경험을 주기
- 상담자는 어떤 아이들은 어릴 때 학대받거나 폭행당했을 수 있다는 것을 이해하는 사람이라는 것, 그리고 상담자는 다른 사람들이 듣기 싫어하는 이슈와 경험에 대해 이야기해도 괜찮은 사람이라는 것을 알게 하기
- 내담자에게 성교육이나 성적 어려움과 같은 기본적인 정보를 주고, 그런 문제에 대해 내담자가 더 이상 혼자라고 느끼지 않도록 하기
- 앞으로 닥칠 어려운 상황이나 만나기만 하면 문제가 생기는 사람과 만나는 일에 대해 역할놀이를 통해 대안을 제공하기
- 압도되어 있는 부모에게 적절한 부모 역할 전략을 제공하고 아이들에 대한 통제권을 회복하도록 돕기

모든 상담회기에서 중요하지만, 특히 첫 상담에서 중요한 것은 내담자가 상담자와 연

결되어 있고 협력하며 그들이 필요로 하는 도움을 얻을 수 있다는 희망을 찾는 것이다. 무엇보다도 중요한 것은 내담자들이 그저 상담자가 묻는 질문에 대답하고 상담자가 필요로 하는 정보를 제공하는 사람으로 자신을 인식해서는 안 된다는 것이다. 균형을 찾아야 한다. 내담자와 진정으로 접촉하고, 희망을 주고, 필요한 정보를 요청하라.

상담자 어서 오세요. 반갑습니다. 통화를 통해 간단히 이야기했지만, 그래도 다시 무엇이 당신을 힘들게 하는지 한번 살펴봅시다. 우선 무엇이 잘못되어 당신을 여기에 오게 했는지 설명해주세요. 그러고 나서 하나씩 찬찬히 살펴봅시다.

당신은 내담자로 하여금 '이전에 내가 만났던 그 어떤 사람도 나에게 주지 못했던 것을 나에게 줄 것이고 그것은 반드시 도움이 될 것이다'라는 느낌을 갖게 해주고 싶을 것이다. 상담에서 오는 진전이나 효과는 내담자들이 기대하는 것보다 더 오래 걸릴 수 있다는 것을 이야기하는 것이 좋다(예를 들어, 50%의 내담자는 8회기 만에 진전을 보이지만 어떤 사람들은 13~18회기가 필요하다; Swift & Callahan, 2008). 내담자들은 상담이 괴로운 감정이나 기억을 불러일으킬 수 있다는 것을 아는 것이 좋다. 대인과정접근 모델에서 보듯이, 치료관계가 어떻게 진행되는지, 내담자와 상담자 사이에서 무슨 일이 일어나는지에 대해서 직접적으로 이야기하고 배우는 것은 도움이 된다. 접수면접의 마지막에서 상담자는 다음과 같은 이야기를 할 수 있다.

상담자 봅, 상담자가 당신을 도울 수 있도록 당신이 할 수 있는 가장 좋은 방법이 있어요. 상담에서는 다른 곳에서 하는 것보다 더 솔직히 그리고 직접적으로 털어놓을 수 있어요. 만약 상담자가 당신에게 도움이 되지 않는다면 혹은 당신이 원하지 않는 것을 하게 된다면, 상담자에게 직접적으로 그리고 솔직하게 얘기하세요. 친절하게 하려고만 하거나 내버려두지 마세요. 그렇게 하지 않으면 당신은 화가 나거나 도망가게 될 거예요. 그 이야기를 꺼내고 상담자가 도움이 되지 않는다는 것을 알게 하세요. 할 수 있겠어요?

내담자 글쎄요, 전 다른 사람에게 그렇게 이야기하지 않아요. 그렇지만 그게 도움이 된다는 걸 알아요. 하지만 내가 좋아하지 않는다고, 그리고 내게 효과가 없다고 말한들 상담자가 달라질까요?

상담자 만약 당신이 싫다고 이야기하지 않거나 상담자가 당신의 피드백을 듣지 않고 계속 그렇게 한다면 그건 잘못된 만남인 거죠. 그렇다면 상담자를 바꿀 것을 추천합니다.

우리 분야에 만연해 있는 미숙한 종결을 줄이기 위해서는 첫 회기부터 상담자가 '수동적이고' 그저 '좋은' 사람처럼 보이려고 하는 것을 넘어서야 한다. 상담자는 적극적으로 관여해야 하고 내담자의 '마음속에 있는 마음'을 볼 줄 아는 눈을 가져야 한다(Allen, 2013; Fonagy & Bateman, 2006). 즉, 내담자가 가지고 있는 가장 깊고 절실한 고통을 조심스럽게 구분해내고 이것을 말로 표현해야 한다. 더불어 상담자는 우리가 논의했던 것과 마찬가지로 회복적이고 교정적인 방식으로 반응해야 한다. 이것이 성공한다면 상담자와 내담자는 창의적이고 생산적인 상담환경을 조성하게 될 것이고, 여기에서 의미 있고 지속 가능한 상담목표를 달성하는 종결에 이를 수 있을 것이다.

내담자와 상담자가 종결에 대해 이야기한다

종결은 잘 조정되어야 하는 중요하고 독립된 상담의 한 단계이다(Binder, 2004; Gelso & Woodhouse, 2002; Wachtel, 2002). 상담관계를 끝내는 것은 언제나 내담자에게 아주 중요한 일이다. 몇몇 사람들에게 이것은 태어나서 처음으로 경험하는 긍정적인 관계의 종결일 수도 있다. 이 분리 경험을 다루는 방식은 매우 중요한데, 이는 종종 내담자가 앞으로의 삶에서 상실이나 관계 종결을 얼마나 잘 다룰 수 있을 것인지에 영향을 미친다. 그것은 또한 내담자가 과연 더 큰 자기효능감과 더 독립적으로 삶을 조율할 수 있는 능력을 가지고 상담을 마칠 것인지를 결정할 것이다(Many, 2009; Rappleyea et al., 2009). 대부분 초보 상담자는 내담자에게 종결 경험이 얼마나 중요한지를 과소평가한다. 종결 경험은 상담에서 일어났던 변화를 무산시키거나 아니면 그러한 변화를 확인하고 더욱 증대시킬 가능성을 가진다. 그러므로 상담자는 상담자와 내담자가 상담관계를 종결할 때 활용할 수 있는 추가적인 변화 가능성을 준비해야 한다.

초보 상담자들은 "상담이 끝날 시점을 내가 어떻게 알 수 있지요?"라는 질문을 종종 한다. 내담자의 증상이 유의미하게 감소하고, 내담자가 모든 경험을 미리 정해둔 범주들로 분류하기보다는 현재의 상황에서 더 유연하게 반응하게 되고, 그들의 삶에서 장래성 있는 새로운 방향을 향한 단계를 밟기 시작할 때가 상담을 종결할 때이다. 상담자는 다음과 같은 세 가지 자료를 통해 내담자 변화에 관한 일치하는 정보를 갖게 되면 상담을 종결할 때가 되었다고 판단할 수 있다.

- 내담자로부터—내담자가 기분이 일관성 있게 더 좋아지고 있으며 이전의 갈등 상황에 더 적응적인 방식으로 반응할 수 있다고 보고할 때
- 내담자에 대한 관찰에 의거할 때—내담자가 부적응적 관계 패턴을 재연하지 않고 그들의 오래된 대처 방법을 확장하는 새로운 방법으로 상담자에게 일관성 있게 반응할 수 있을 때
- 내담자의 삶에서 중요한 사람들로부터—내담자의 삶에서 중요한 사람들이 내담자가 달라졌다거나 "넌 예전의 네가 아니야."와 같은 피드백을 줄 때

성공적인 종결에 대해 계속 이야기하기 전에 종결의 두 가지 형태(자연스러운 종결과 인위적인 종결)를 구분하여 살펴보자.

위에서 기술된 종결의 순서는 내담자의 작업이 끝났기 때문에 일어나는 **자연스러운 종결**(natural ending)이다. 이 자연스러운 종결에서 상담자의 일차적 목표 중 하나는 **종결에 대한 내담자 감정의 양 측면을 인정해주는 것**이다. 즉, 내담자의 독립성에서 즐거움을 얻고 내담자 자신의 의지적인 행동을 적극적으로 지지하는 한편, 앞으로 도움이나 연락이 필요하면 상담자는 그것을 받아들일 것이란 것을 알게 해주는 것이다. 내담자의 옛 관계들과 다르게, 내담자가 계속적인 접촉을 유지하기 위해 편지를 보내거나, 결혼이나 출산과 같은 인생에서 중요한 일들을 알려주기 위해 전화하거나 또는 이후에 문제가 다시 발생하여 도움 요청을 위해 연락을 취한다 하더라도, 상담자는 결코 부담스럽게 생각하거나 실망하지 않을 것이라는 점을 내담자에게 분명히 알려줄 수 있다. 많은 내담자들은 관련되기도 하면서 동시에 개별화되기도 하는 경험을 해보지 못했다. 떠난다는 것(예를 들어, 자신의 흥미, 목표, 관계를 추구하는 것)은 종종 정서적 지지와 관계의 상실을 의미했으며, 반면에 머문다는 것은 그들과 함께 했던 사람들과 구별되는 자신의 목소리, 관점, 감정을 가지지 못함을 의미했다. 종결 단계는 내담자에게 이러한 분리-관계의 대립을 해결할 중요한 기회를 제공하는 동시에 강력한 교정적 정서 경험이 될 수 있다. 그들 감정의 양 측면에 대한 확고한 상담자의 지지로 인해 상담자가 제공해온 모든 것을 유지할 수 있으며, 자신의 자아감과 자기효능감을 확고히 할 수 있고, 마지막으로 상담자와의 관계를 성공적으로 끝낼 수 있다.

여기에서의 주요 이슈는 내담자들이 동시에 분리되면서 연결되는 것이 허용되는 경험을 해본 적이 없다는 것이다. 예를 들어, 성장하면서, 독립적이 되면서, 그들 자신의 흥미와 목표와 관계들을 주장하면서 양육자로부터 분리되는 것은 종종 그들의 정서적인 지지와 애착의 유대관계를 잃는 것을 의미했다. 또는 지나치게 자주 연결되어 있고 정서적으로 지지를 받는 것은 의존적인 관계를 유지하거나 함께 지냈던 이들과는 다른 그들의 목소리, 관점 또는 감정을 갖지 못하는 것을 의미했다. 따라서 종결 시점은 이러한 내담자들에게 분리됨-연결됨의 변증법을 해결하고 미래에 더 큰 자율성과 친화력을 향상시킬 기회를 제공한다.

내담자들이 그들의 양쪽의 감정 모두에 대한 상담자의 지지를 확신하면 상담자들은 내담자에게 큰 영향을 줄 회복의 경험을 제공하게 된다. 이는 곧 상담자들이 내담자들의 성공에서 행복을 찾고, 그들의 독립을 환영하며, 미래에 상담자들에게 다시 연락을 취할 필요가 있을 때에도 그들의 안녕에 관심을 갖는다는 것을 알게 되면 내담자들은 이로부터 많은 것을 배우게 된다. 분리됨과 동시에 연결됨(분리됨-연결됨)의 변증법, 그 양면 모두에 대한 지지와 함께, 내담자는 더 나아가 상담자를 내면화하고 그가 제공했던 모든 것을 유지하게 되며 자아감과 자아 유능감을 공고히 하고 관계를 성공적으로 마무리할 수 있게 된다.

불행하게도, 대부분의 실습과정의 상담자들은 자연스러운 종결로 끝나는 만족스러운 사례들을 경험하기 어렵다. 이들은 다른 실습장소에 배치되거나, 학기 종결 또는 훈련 클리닉이 단기상담 서비스만을 제공하기 때문에 내담자가 자신의 작업을 마무리하기도 전에 상담을 종결해야 한다. 때때로 상담자와 내담자는 외적인 조건들로 인해 어쩔 수 없이 종결해야 할 때에 상당한 진전을 이룩하기도 한다. 하지만 보통은 종결해야 할 시점이 상담과정의 중간 단계인 경우가 많다. 어떤 경우에든 상담에서 진전은 여전히 이루어질 수 있다. 그러나 더 어려운 과제를 성취하기 위해서는 상담자와 내담자가 인위적인 종결로 인해 발생하는 복잡한 이슈들을 드러내고 훈습하는 것이 필수적이다. 실습과정의 상담자들은 종종 내담자가 준비되기 전에 종결을 시도해야 하므로 다음 논의에서는 **인위적 종결**(unnatural ending)에 초점을 둘 것이다. 인위적 종결은 아주 면밀하게 검토되어야 한다. 왜냐하면 이러한 종결은 **내담자로 하여금 상담자를 비난하고 상담자와 거리를 두는 반응을 불러일으킬 수 있으며**, 이는 다시 상담자의 죄의식과 역전이를 불러일으킬 수 있기 때문이다. 이렇게 되면 그동안 성취해온 것들이 수포로 돌아가게 된다.

상담자와 내담자 모두에게 관계를 끝내는 것은 어려운 일이다. 많은 경우에, 종결이란 주제에 대해 이야기한다는 것은 상담자나 내담자 모두에게 예상보다 훨씬 더 어렵고 강렬한 정서 반응을 불러일으킬 것이다. 그 결과, 상담자와 내담자는 종결이 임박했다는 현실을 부정하고 종결이 가져다줄 어려운 감정을 회피하기 위해 종종 은밀하게 결탁하기도 한다. 상담자와 내담자가 이러한 방식으로 주저하면서 종결에 대해 정면으로 대처하지 않을 때, 내담자가 할 수 있는 한 충분히 자신의 갈등을 해결하도록 하는 데 방해가 된다. 성공적인 종결을 위한 가장 중요한 지침은 **종결이라는 현실을 모호함 없이 명백히 인식하는 것이다**.

상담자와 내담자가 모두 종결에 대해 머뭇거리거나 각자의 생각을 이야기하지 않으면, 그들의 상호작용 과정은 내담자의 핵심 문제가 재현되거나 지금까지 이루었던 성과가 충분히 해결되는 것을 방해하는 방식으로 진행될 수도 있다. 이것은 인간관계에서 과거에 심각한 상실을 경험했던 내담자에겐 더욱 중요할 수 있다. 과거에 있었던 준비되지 않았고 예측할 수도 계획할 수도 없었던 상실과는 다른, 치유력이 있는 새로운 이별을 상담자와의 관계에서 경험할 수 있어야 한다(Many, 2009). **성공적인 종결이라면 갖춰야 할 단 한 가지의 가장 중요한 원리는 상담자와 내담자가 종결의 현실에 대해서 분명하고 민감하게 이야기를 나누어야 한다는 것이다**. 종결에 대해 잘 준비된 내담자일지라도 종결에 이르면 상실과 버려짐에 대한 주제가 예기치 않게 그러나 자주 등장한다. 다음을 눈여겨보자.

효과적인 상담자 학기가 끝나기 전 종결할 때까지 세 번의 회기가 더 남았지요. 이 종결이 우리에게 무엇을 의미하는지 이야기해봅시다.

상담자와 내담자는 종결에 대한 긍정적 반응과 부정적 반응 모두를 논의할 수 있다. 특히 상담자에 대한 내담자의 정서적 반응에 대해 논의하는 것이 중요하다. 비록 상담자와 내담자 모두가 이 주제에 대해 얘기하는 것을 피하고 싶어하지만 그렇다고 상담자가 그냥 내버려두어서는 안 된다. 일단 상담자와 내담자가 상호 종결할 때가 되었다고 결정하면 또는 상담자가 외적 제약으로 인해 종결해야만 하는 경우, 마지막 회기를 위한 날을 미리 결정할 필요가 있다.

상담자 우리의 마지막 회기는 2주 뒤인 12월 9일 목요일 4시에 있을 거예요.

상담자와 내담자가 종결을 훈습할 시간이 필요하기 때문에, 마지막 회기는 적어도 2주 전에 결정되어야 한다. 성공적인 종결을 위해서, 상담자와 내담자는 마지막 날을 서로 합의해서 결정하고, 관계를 끝내는 것에 대한 내담자의 반응을 함께 탐색한다. 어떤 경우에는 상담자가 종결 날짜를 정하고 종결에 대해 논의하는 것이 어려울 수 있다. 왜냐하면 이런 것들이 바로 '이 관계의 종결'에 대한(또는 종결 일반에 대한) 상담자 자신의 갈등을 불러일으키기 때문이다.

종결 즈음에 일어날지도 모르는 상담자 자신의 역전이 경향 외에, 확실한 종결 날짜를 잡는 것이 종종 내담자의 증상과 근원적 갈등을 다시 불러일으킬 수 있다. 이 갈등을 더 잘 해결하기 위해, 어떤 내담자는 전에 다루어졌던 문제들을 종결 단계에서 다시 훈습할 필요가 있을지도 모른다. 다시 말해, 종결이 현실화되었을 때, 내담자들은 일시적으로 성취해온 변화에서 후퇴할 수 있다. 이러한 이유에서 상담자들은 종결을 분명하게 인식하고 마지막 회기를 기다려야 하며, 종결에 대한 반응을 논의하도록 내담자를 반복적으로 초대해야 한다.

- 오늘 이후로 세 회기만이 남았습니다. 내가 이런 말을 하는 것에 대해 어떻게 느껴지시나요?
- 이제 두 회기만이 남았군요. 이제 종결에 대해 얘기해보는 것이 중요하다고 생각해요. 함께 작업하는 것을 곧 끝내야 한다는 말을 들었을 때 어떤 생각이 들었나요?
- 다음 주는 마지막 회기가 될 것입니다. 많은 것들을 함께 이루어왔습니다만 문제는 여전히 남아 있고 아직 일은 끝나지 않았습니다. 우리가 함께 보낸 시간과 관계에 대해 어떤 생각이 드십니까?
- 오늘이 우리가 만날 수 있는 마지막 시간이군요. 막상 마지막이라고 생각하니 슬프군요. 어떤 느낌이 드십니까?

이렇게 종결까지 남은 기간을 세어보는 과정은 내담자가 종결에 대해 가질 수 있는 불명확성을 제거해준다. 예를 들어, 이러한 방식의 종결은 마지막 회기 끝 무렵에 내담자가

"다음 주에도 당신을 보는 거죠?" 따위의 질문을 하지 않도록 해줄 것이다. 또한 이 접근법은 상담자가 부지불식간에 이별에 대한 자신의 감정을 드러내는 것을 방지해주며, 이별에 대해 회피(예를 들어, 마지막 회기의 끝 무렵에 "아, 시간이 다 되었네요. 이제 끝냅시다."라고 말함으로써)하지 않게 해줄 것이다.

상담자가 종결을 직접적으로 말하지 않을 때, 이는 종종 그들 자신의 분리 불안이나 누군가를 낙담시키는 것에 대한 죄책감이 자극되기 때문일 것이다. 과거의 문제 있는 이별(부모님의 이혼, 죽음, 그리고 예상하지 못했던 혹은 원하지 않았던 이별)에서 오늘 풀리지 않은 감정들이 다시 일어날 수 있다. 따라서 종결 단계는 상담자 스스로의 애착 유형에 따라 다른 방식으로 역전이를 일으키기 쉽다. 예를 들어, 무심한 상담자의 경우, 내담자의 상담 종결로 인해 발생하는 슬픔과 이별이나 상실과 관련된 취약한 감정을 이해하지 못할 수 있다. 애착이 강한 상담자의 경우, 이별에 관한 예민한 감각 때문에 이러한 감정들에 쉽게 사로잡힐 수 있다. 그들의 내담자의 감정에서 자신을 구분하고 안정적인 상담이 이루어질 수 있는 환경을 조성하는 상담자의 역량을 시험하게 된다. 이런 방식으로 관계 종결과 관련된 드러나지 않은 문제들이 흔히 역전이 현상을 발생시킨다. 이런 현상이 발생하면, 상담자는 이와 같은 현상이 흔하고 이해될 만한 문제임을, 그러나 그를 위해선 무엇인가를 해야 한다는 것을 스스로에게 인식시켜야 한다. 그들은 자신을 이해하고 도와줄 수 있는 수퍼바이저나 동료들에게 자문하여 어떤 조치를 취할 필요가 있다. 연구에서는 전문 상담자들의 개인적 치유는 훨씬 좋은 결과와 내담자들의 중도 포기율 하락과 관련이 있음을 밝혔다(Gold & Hilsenroth, 2009; Gold et al., 2014).

내담자의 전이 왜곡과 상담자의 역전이 반응은 특히 인위적인 종결을 해야 하거나 상담회기가 제한되어 있는 상담의 끝 무렵에 발생할 가능성이 있기 때문에, 이 문제에 대한 더 많은 탐색이 있어야 한다. 상담자와 내담자는 종종 중요한 타인들과의 고통스러운 이별을 '그냥 자신에게 일어난 일'로 경험한다. 많은 경우에, 그들은

- 이별에 대해 미리 준비되어 있지 않았다.
- 언제 혹은 왜 그런 특별한 이별이 일어났는지 이해하지 못했다.
- 떠나는 사람과 그것에 대해 논의하거나 떠나는 사람에게 작별인사를 하는 것을 통해 작별을 수용하는 과정을 거치지 못했다.

그러한 문제 있는 이별 경험은 많은 상담자들과 내담자들에게 그들의 삶에 있어서 가장 중요한 경험에서 무기력감을 느끼게 한다. 반대로, 여기서 제안된 접근은 내담자로 하여금 예상되는 종결에 적극적으로 참여하도록 함으로써 내담자의 효능감을 향상시키게 된다. 내담자는 언제 종결이 될 것인지 안다. 내담자는 종결에 대한 그들의 슬픔, 분노 혹은 실망을 표현하는 데 불안감이 없다. 그리고 작별인사를 할 기회를 가진다. 이처

럼, 성공적인 작별을 이루어내기 위해 상담자는 (1) 아직 끝내지 못한 상담작업이 무엇인지를 알고 받아들여야 하고, (2) 내담자의 실망, 분노, 그리고 배신감과 죄책감을 자극하는 다른 가능한 반응들에 직면해서도 이에 대해 방어하지 않는 입장을 견지하면서 수용할 수 있어야 하며, (3) 어떻게 이 종결이 내담자의 과거에 일어났던 원하지 않거나 기대되지 않은 이별을 상기시키는지에 대해 탐색해야 한다. 왜 이러한 과정이 그렇게 중요한가? 특히 인위적 종결은 종종 이전의 관계 틀을 활성화할 수 있으며 과거 다른 사람과의 관계가 실패로 끝난 것과 동일한 방식으로 이 관계가 끝나는 것으로 보이게 할 수 있다. 이 예상할 수 있는 문제 상황을 좀 더 상세하게 알아보자.

옛말에 아이들은 자라서 식탁 아래 발을 두게 될 것이지만 여전히 배가 고프다면 식탁에서 일어나기 어렵다고 했다. 많은 내담자들이 상담에 가져오는 정서적 박탈감은 상담이 조기에 종결되거나, 종결 준비가 아직 되지 않았는데도 종결이 이루어져야 할 때 활성화된다. 내담자 관계 틀로 인해 분노, 실망, 나아가 충족되지 못한 애착 욕구에 대한 배신감과 버려졌다는 느낌 등이 상담자를 향하게 된다. 이는 상담이 시작될 때부터 아무리 명확하게 설명해도 일어나기 마련이다. 다음과 같이 죄책감을 불러일으키는 내담자의 비난을 어렵지 않게 들을 수 있다.

- 당신은 내 엄마와 똑같군요. 당신 역시 나를 포기하는군요.
- 우리 이 관계는 어쨌든 나에게 아무 의미 없어요.
- 나는 이 상담에서 아무것도 변하지 않았어요. 이것은 그저 시간 낭비였어요.

이러한 경우에 상담의 성공은 상담자가 얼마나 비방어적인 자세를 유지할 수 있는지 그리고 내담자의 저항을 얼마나 참아낼 수 있는지에 달려 있다. 죄책감을 느끼며 방어적이 되는 것 그리고 그러한 감정에서 벗어나라고 내담자에게 얘기하는 시도는 아무 소용이 없다.

비효과적인 상담자 그러나 당신은 변했어요. 더 이상 예전에 그랬던 것처럼 우울하지 않아요. 이제 당신은 ______을 할 수 있어요. 전에는 그것을 할 수 없었지만.

이런 무익한 시도 대신에, 상담자들은 먼저 내담자의 감정을 알아주어야 한다.

효과적인 상담자 우리 관계가 끝나는 것 때문에 저에게 정말 화가 난 것 같군요. 당신이 그처럼 화를 내는 것이 이해가 됩니다. 지금은 어떤 의미 있는 것도 일어나지 않았고 나아진 것이라곤 아무것도 없는 것같이 느껴지실 것 같아요.

이러한 방식으로 내담자의 반발을 수용함으로써, 상담자는 내담자의 관계 틀과는 다른 반응을 한다. 이러한 내담자의 현재 좌절과 실망에 대한 수용은 내담자로 하여금 애초에 그들을 실망시켰던 발달적 인물들과 강력한 정서적 반응들을 연결할 수 있게 해준다. 이처럼 인위적인 종결에서, 그리고 상담횟수가 제한된 상담에서 상담자에게 가장 어려운 일은 종결에 관한 내담자의 분노에 직면해서 자신의 죄의식 또는 방어적 경향을 관리하는 것이다. 그러나 여기서 제시된 지침을 활용하여, 상담자는 내담자로 하여금 과거와 동일한 부적응적 관계 패턴이 일어나는 것처럼 보일지라도 사실은 이러한 종결이 과거의 원치 않던 이별과 많은 면에서 다르다는 것을 알도록 할 수 있다. 상담자는 상담의 종결을 과거의 문제 있는 이별과 다르게 할 수 있다. 그리고 다음과 같은 방식으로 과거에 끝나지 않은 애도작업을 마칠 수 있도록 돕는다.

- 내담자와 미리 종결에 대해 이야기함으로써
- 내담자로 하여금 자신의 분노, 실망, 슬픔 등을 이야기하도록 하고, 그러한 감정들에 대해 방어적이 되기보다는 수용적이 됨으로써
- 내담자에게 종결이 의미하는 바에 대해 함께 얘기함으로써
- 이 관계가 상담자에게 의미하는 바를 이야기하고 이 관계의 종결에 대한 상담자의 감정을 공유함으로써
- 이 관계의 종결이 다른 사람과의 고통스러웠던 그리고 원하지 않았던 종결을 상기시킨다는 점을 인정하고 내담자의 경험을 타당화함으로써
- 상담자와 내담자가 서로에게 작별인사를 함으로써

문제가 되고 있는 과거의 이별에서는 내담자가 떠나는 사람과 그러한 경험을 할 수 없었다. 비록 대부분의 내담자들이 처음에 이러한 차이를 인식할 수 없더라도, 상담자는 내담자로 하여금 이렇게 상호 인정하는 방식의 이별과 불완전한 혹은 만족스럽지 못한 이별을 구분하도록 도움으로써 오랜 기간 지속되고 있는 문제들을 해결할 기회를 제공한다. 이런 방식으로 행해진 종결에 대한 성공적인 관리는 미래에 발생할지도 모르는 이별을 잘 극복해나갈 수 있는 모델이 된다.

종결에 대한 내담자의 철회나 비난에 직면할 때, 상담자는 이러한 종결과 문제성 있는 과거의 이별 사이에 존재하는 현실적인 차이를 보지 못할 수 있다. 상담자들은 이러한 이별이 다른 이별과는 다름을 인식해야 한다(예를 들어, 내담자와 종결 날짜를 정했다고 생각하자; 내담자가 날짜를 몇 주 내에 정할 수 있다; 그들은 종결에 대해 이야기하고 내담자는 충분한 설명과 준비 없이 종결 통보를 받지 않는다). 만약 상담자가 이를 구분하지 못한다면, 상담자는 내담자의 비난과 죄책감, 종결 지연 혹은 내담자의 슬픔과 실망 또는 분노 등을 내담자를 그 주제에서 벗어나게 함으로써 부정하거나 수동적으로 대응하는 경우를 면치 못할 것이다. 이런 경우에는, 역설적이게도 상담자가 내담자의 비난을 진실로 만들 수 있다. 즉, 내담자의 과거의 갈등적 이별을 상징적으로 재연할 수 있다. 과거 이

별과 현재의 종결에 대해 보인 내담자 감정의 유사성을 인식하고, 이 종결과 과거의 이별을 어떻게 하면 다르게 할 수 있는지 내담자와 탐색하는 식으로, 상담자는 더 나은 작업을 할 수 있다.

종결 기간 동안에 내담자는 상담자에 대해 종종 우울, 희망, 기쁨 등 다양한 범위의 감정을 가진다. 상담자가 종결에 대한 내담자의 반응을 탐색해보면, 때때로 내담자의 근원적 갈등이 어떻게 다음의 두 맥락에서 동시적으로 일어나게 되는지를 발견할 수 있다. 첫째로, 종결에 대한 내담자의 일차적 감정(불안, 무력감, 배신감)은 근원적 갈등을 처음 발생하게 했던 발달적 관계에 대한 내담자의 감정과 일치한다. 둘째로, 종결에 대한 내담자의 반응은 애초에 상담을 찾게 만들었던 바로 그 위기상황에서 발생한 감정과 또한 일치할 수 있다. 내담자의 감정에 반응함으로써, 그리고 적절한 때 그 감정과 두 근원과의 관계를 명료화함으로써, 상담자는 내담자들이 근원적 갈등을 더욱 깊이 해결하도록 도울 수 있다.

마지막으로, 종결에서 도전적인 과제들이 달성되도록 돕기 위해 임상 연구자들이 강조한 세 가지 핵심 단계를 밟을 수 있다(Gelso & Woodhouse, 2002; Marx & Gelso, 1987).

1. 상담과정을 되돌아보고 무엇이 변화했는지 살펴보기
2. 앞으로의 삶을 내다보면서 닥쳐올지도 모를 문제들에 어떻게 현실적으로 대응할지를 계획하기
3. 인사를 나누기

종결 국면에서 다른 유용한 개입은 내담자들과 **돌아보기**(review) – **예측하기**(predict) – **연습하기**(practice)의 세 과정을 밟아나가는 것이다. 상담자는 향상, 성취, 성공적인 변화와 이행, 그리고 해결되지 않은 주제들을 내담자와 함께 개관한다. 특히 상담자는 내담자로 하여금 발달적 과업 또는 미래에 역기능적 패턴을 자극하리라 예상되는 불안 생성 대인관계를 예측할 수 있도록 돕는다. 이렇게 잠재적으로 문제가 될 상황 또는 관계 시나리오를 가능한 한 구체적으로 예측해보는 것은 필수적이다. 이 장의 앞부분에 소개되었던 트레이시의 예에서 보듯이, 상담자는 다음과 같은 질문을 할 수 있다.

상담자 그가 무엇이라고 말할 것 같습니까? 그의 말을 들으면 어떤 기분이 들 것 같습니까, 그때 당신은 무어라 말할 것 같습니까 혹은 어떻게 행동할 것 같습니까?

마지막으로, 이러한 촉발적인 주제 또는 패턴을 다루는 연습 또한 내담자들이 성공할 수 있도록 준비시킨다. 상담자는 내담자들이 앞으로 만나게 될 원치 않는 상호작용 또는 위협에 대한 효과적인 반응과 비효과적인 반응을 역할연습하게 하여 그런 준비를 하게 할 수 있다.

관계 종결하기

어떤 내담자들은 종결 시기에 그들의 문제를 재경험하지만, 많은 경우 그렇지 않다. 그래도 여전히 상담자와 내담자는 모두 종결에 관해 이야기할 필요가 있다. 예를 들어, 상담자는 상담을 하는 동안 내담자가 보인 다양한 방식의 변화에 대해 얘기할 수 있다. 상담자는 또한 이제까지의 작업들이 갖는 한계와 내담자들이 스스로 작업을 계속해나가야 할 해결되지 않은 주제들에 대해서도 얘기할 수 있다. 친밀했던 순간들, 곤란했던 오해들, 위험을 감수해야 했던 순간들, 유머러스한 일들 등에 관한 기억을 이야기할 수도 있다. 이때는 또한 상담자가 내담자에 대한 자신의 감정을 이야기할 수 있다. 즉, 상담자들은 내담자를 통해 자신에 대해 그리고 삶에 대해 무엇을 배웠는지, 내담자들이 상담자인 자신에게 어떤 영향을 미쳤는지, 내담자와 함께 하는 동안 무엇이 즐거웠는지, 그리고 내담자를 어떻게 기억할 것인지 등에 대해 내담자에게 얘기할 수 있다.

자연스러운 종결이든 인위적인 종결이든, 종결은 상담자와 내담자 모두가 분리됨(separateness) – 관계됨(relatedness)의 변증법을 생각해보게 한다. 자연스러운 종결의 경우, 상담자는 내담자에게 떠나도록 허락해야 한다. 내담자는 상담자가 내담자인 자신의 성공을 즐거워하며 독립을 기뻐하고 있으며, 새로운 관계에 몰입하고 있는 자신의 모습에서 기쁨을 찾고 있다는 것을 명백히 알아야 한다. 어떤 내담자들에게는 필요하면 다시 상담자를 만나 도움을 구할 수 있다는 것을 재확인시켜줄 필요가 있다. 내담자들이 앞으로 일어날 수 있는 위기상황에 대처하기 위해 필요하다면 상담자에게 도움을 구할 수 있으며, 가능한 한 상담자가 그러한 요청에 기꺼이 응할 것이라는 것을 알면 안심이 될 것이다. 내담자는 상담자가 필요할 때 기꺼이 도움을 줄 뿐만 아니라 상담을 종결하겠다는 자신의 결정을 지지한다는 것을 알게 되면 상담자가 제공했던 도움을 유지해나가거나 다른 상황에 적용할 수 있게 될 것이다. 이러한 유형의 자연스러운 종결은 지지적인 관계 맥락에서 개별화하려는 내담자의 노력을 지지할 것이고, 내담자 자신의 자기효능감과 진정한 목소리를 발현하도록 도울 것이다.

- 내담자는 상담자와 연결되어 있을 때 다른 사람과의 관계에서 더 유능하게 느낀다("여기서 상담자와 연결되어 있고, 그래서 난 다른 사람과의 관계를 잘 해나갈 수 있습니다").
- 내담자는 정서적, 행동적으로 조절이 잘 안 되고 그래서 도움을 받고 있기 때문에 균형 잡히고 융통성 있게 자기를 조절할 수 있다("내가 내 삶을 조절해나갈 수 있습니다" "나와 다른 사람에 대해 좀 더 열정적으로 생각할 수 있습니다" "내 행동에 대해 충동적이지 않고 신중할 수 있습니다" "세상을 더 이상 흑백논리로 보지 않을 수 있습니다" 등).

- 내담자는 변화가 하나의 기회라는 것을 이해하기에 이르면 상실이 또 다른 시작이 될 수 있다는 것을 알게 된다(집을 떠나 대학으로 간다는 것이 상실이자 또 다른 성공이라는 것을—그래서 슬픔과 동시에 설렘을, 기쁨과 흥분을 둘 다 느낀다).

신중한 종결은 내담자가 미래 관계를 안정적이게 설계할 수 있다는 믿음을 가지는 데 매우 도움이 된다. 상담자로부터 제공받게 되는 관계 모델은 매우 중요하다. 이는 안정적이고 편안한 느낌을 주는 관계라는 것이 실재한다는 것을, 그리고 이것을 배려 있고 정확하게 정리할 수 있다는 것을 암시한다. 공공연하게 종결을 시사하는 것은 또한 내담자의 상호 '발달적 진보'를 지켜볼 수 있는 기회이고 그들이 얼마나 자기 자신을 있는 그대로 인식하며 집중하고 있는지를 또는 이제 그들이 타인을 대하는 데 얼마나 자신 있어 하는지를 보여준다. 종결 단계에 다다르며 진단은 완벽하지 않을 수 있으나, 내담자들이 상담자와 함께 하며 얻은 경험을 통해 사회에서도 타인과 원만한 관계를 지속할 수 있게 된다면, 그리고 상담자가 조언했던 것과 배웠던 것에 감사할 수 있다면 내담자와 상담자 모두 그 관계를 통해 더욱 성숙해졌을 것이다.

맺음말

이 책은 상담의 시작부터 종결까지 단계를 따라 쓰여졌다. 상담이 끝날 때 내담자에게 미해결 과제가 남는다면, 수련 중인 상담자에게는 더 많은 의문이 남을 것이다. 여기에서 이미 많은 주제를 다루었지만, 상담자들은 더 많이 읽고, 수퍼비전을 받고 상황마다 일어나는 서로 다른 일들을 경험해야 한다. 그러나 독자들은 상담과정에서 일어나는 상호작용을 이해할 수 있는 핵심적인 가이드라인을 얻었을 것이고, 이것을 사용해서 내담자를 더욱 변화시키도록 도울 수 있을 것이다.

이 책의 주제는 의미 있는 관계에서 변화를 지속시키는 것이다. 인지행동접근을 선호하는 상담자, 심리역동적 개념의 틀을 사용하는 상담자, 그리고 가족체계적 관점이나 그 이외의 관점을 가진 상담자도 대인과정접근의 관점을 활용할 수 있다. 이렇게 함으로써 내담자의 변화를 돕는 데 상담자 자신과 관계를 활용할 수 있기 때문이다.

연습 활동

당신이 경험한 중대한 상실(예, 당신에게 중요한 사람의 죽음 혹은 뜻하지 않게 중요한 사람이 갑자기 떠나버리는 것)을 생각할 때, 당신은 다른 사람들이 당신에게 뭐라고 말했으면 좋았을 것 같은가? 아무도 당신의 상실에 대해 반응하지 않기를 바랐다면, 무엇이 당신의 그런 감정에 영향을 미쳤는가?

추천 도서

여기에 제시된 아이디어들이 유용한 동시에 새롭고 도전적이라는 것을 발견한 상담자들은 *Helping Skills: Facilitating Exploration, Insight, and Change, 4/E*(Hill, 2014)의 훌륭한 책에서 도움이 되는 장을 읽어볼 것을 권장한다. 내담자와의 작업 방식에 더 깊이 들어가고자 하는 숙련 상담자는 다음 책을 읽기를 권장한다: *Interpersonal Reconstructive Therapy*(Benjamin, 2006), *Between Therapist and Client*(Kahn, 1997), *Brief Dynamic Therapy*(Levenson, 2010), *A Secure Base: Clinical applications of attachment theory*(Bowlby, 1988).

부록 A

과정노트

✪ 내담자 ______________ ✪ 회기수 ______________ ✪ 날짜 ______________

1. 제시된 이슈 내담자가 이야기했거나 상담자가 파악한 주요 관심사나 문제

____

____

____

2. 주제 내담자가 주기적으로 제시하는 반복적인 패턴(예를 들어, 혼자라는 느낌, 인정받지 못하는 것, 압도당하는 것)

____

____

____

3. 관계와 저항 상담자나 혹은 상담자와의 상호작용에 대해 내담자가 명시적으로 혹은 암묵적으로 표현했는가(예를 들어, 믿지 못하거나 이해받지 못했다는 느낌)? 상담받는 것에 대해서 내담자가 양가적인 감정을 표현했는가(예를 들어, 상담자에게 가족 이야기를 하는 것을 가족에게 불성실한 것처럼 느끼는 것, 상담받는 것에 대한 불편함)?

____

____

____

4. 대인관계과정 이번 회기에서 상담은 잘 진행되었는가? 내담자에게 반응하는 상담자 자신의 방식으로부터 내담자 대인관계 방식의 문제가 될 만한 상호작용을 알 수 있었는가(예를 들어, 지루하게 느껴지거나, 좌절스럽거나 보호해야 한다고 느꼈는가)? 다른 사람들이 내담자에게 반응하는 방식과 유사하거나 다른 방식으로 상담자가 내담자와 상호작용한 것은 무엇

이었는가?

5. **전이와 역전이** 내담자가 상담자와 타인을 왜곡하거나 잘못 인식하는 독특한 방식이 있는가? 내담자가 자신에게 중요한 타인들에게 행동하는 방식과 똑같게 또는 그 방식과 다르게 상담자에게 반응하는가? 상담자의 개인적인 삶의 역사나 현재의 환경이 상담자가 내담자에게 어떻게 반응하는지에 영향을 미치는가?

6. **개입에 대한 평가** 상담자의 주요한 개입은 어떤 것이었는가(공감적 이해, 재구조화, 역할연습)? 어떤 것이 효과적이거나 비효과적이었는가? 다음 회기에서 상담자가 다르게 시도하고 싶은 것이 있다면 무엇인가?

7. **개입의 초점** 내담자는 이번 회기에서 상담자가 의도하는 개입 초점과 밀접하게 관련된 이슈를 제시했는가? 상담자는 이것을 개입하기 위한 진입로로 활용하고, 상담에서 초점을 좀 더 명확히 할 수 있었는가?

8. **결정적 사건** 수퍼바이저와 의논하고 싶은 법적, 윤리적 주제나 수퍼바이저에게 보고해야 할 내용은 무엇인가?(예를 들면, 아동학대, 노인학대; 자신과 타인에 대한 위험요인들)

부록 B

치료계획을 위한 지침

사례 개념화를 하는 것은 어려운 일이지만 사례 개념화를 완성하는 것은 중요한데, 상담자가 좀 더 초점화된 개입을 하도록 돕기 때문이다.

1. **문제의 개념화** 내담자가 제시하는 문제를 요약한다. 내담자는 왜 지금 시점에 찾아왔는가? 타인에 대한 내담자의 가장 중요한 경험을 특징짓는 주제나 개인적인 역사는 무엇인가?

2. **개입의 초점** 내담자에게 반복되는 부적응적 관계 패턴은 무엇인가? 내담자의 내적 작동 모델(IWMs)을 찾아내기 위해 다음과 같은 질문을 해보시오:
   (1) 내담자는 다른 사람에게서 무엇을 원하는가(예를 들면, 돌봄을 받는 것, 자율성을 가지는 것)?
   (2) 내담자는 다른 사람에게서 무엇을 기대하는가(예를 들면, 비난받는 것, 무시되는 것, 버려지는 것)?
   (3) 내담자가 다른 사람과의 관계에서 자신에 대해 경험하는 것은 무엇인가(예를 들면, 중요하지 않거나 짐스러운 존재라는 느낌)?
   (4) 이 내담자에게 가장 전형적인 갈등이 되는 감정은 무엇인가(예를 들면, 분노, 불안, 수치심)?
   (5) 이 내담자의 특징이 되는 대인관계적인 대처 전략은 무엇인가(예를 들면, 복종하고 잘 지내기, 철회하기, 지배하고 통제하기)?
   (6) 이런 대처 전략은 상담자와 다른 사람에게 어떤 반응을 끌어내는가(예를 들면, 무관심, 충고)?

   이러한 질문을 토대로 내담자에게 잘못되어 있는 것이 무엇인지, 변화를 위해 필요한 것이 무엇인지에 관한 2~3개의 기본적인 개입을 위한 초점을 파악할 수 있다.

3. **발달적 맥락** 내담자의 현재 문제와 세계관을 형성한 가족적, 문화적 이슈는 무엇인가? 가족은 어떻게 양육하고, 훈육하며, 의사소통하는가? 다시 말해 내담자의 초기 부적응적 도식, 대인관계 대처 전략과 애착 유형은 어떻게 형성되었는가?

4. 상담과정 내담자와의 작업 동맹의 질을 기술하고, 당신과 내담자가 어떻게 상호작용하는지 기술하시오. 당신은 어떻게 내담자와 당신의 관계적인 경험을 회복하려고 노력하거나, 다른 관계에서 문제가 되는 경험을 재현하지 않으려고 노력하는가? 내담자가 스트레스를 경험할 때, 어떻게 내담자는 잘못 인식하고 당신에게 반응하는 경향이 있는가? 당신은 잠재되어 있는 문제를 다루고, 손상된 작업 동맹을 회복해왔는가?

5. 목표와 개입 당신이 2번에서 명료화한 2~3개의 핵심적인 개입 이슈에 초점을 맞추어볼 때, 이것을 어떻게 달성할지 계획을 기술하시오. 정해진 상담목표를 달성하기 위해 내담자에게 필요한 구체적인 교정 경험을 가능한 한 명확하게 기술하시오. 당신은 어떻게 내담자가 상담자와의 새로운 경험을 상담 밖에서도 일반화할 수 있도록 도울 수 있는가? 또한 다른 의뢰(예를 들어, 집단상담, 약물치료)가 필요한 것은 아닌지 고려해보시오. 요약하면, 당신은 이 내담자와 어디로 가길 원하는지 그리고 어떻게 그 지점에 도달할 것인지, 이에 대한 계획을 명확히 기술하시오.

6. 변화의 장애물 치료적 개입이 실패할 수 있는 이유를 예측해보시오. 만약 상담이 중도에 종결되거나 개입이 성공적이지 않았다면, 어떤 요인이 작용한 것일까? 내담자의 어떤 특성이 강한 작업 동맹을 방해하는가? 어떤 중요한 개인적, 가족적, 문화적 요인이 내담자가 문제가 있음을 인정하거나 도움을 요청하는 것을 어렵게 만드는가? 당신은 상담의 진행과정과 상담이 내담자에게 더욱 도움이 되도록 하기 위해 무엇을 할지에 대해 내담자와 이야기를 나눌 수 있는가? 가장 중요한 것으로, 내담자의 다른 사람들과의 부적응적 관계 패턴이 당신과의 관계에서 어떻게 미묘하게 재현될 수 있는지 제시하시오.

참고문헌

Ackerman, S., & Hilsenroth, M. (2003). A review of therapist characteristics and techniques positively impacting the therapeutic alliance. *Clinical Psychology Review*, 23: 1–33.

Adam, K., Sheldon-Keller, & West, M. (1996). Attachment organization and history of suicidal behavior in clinical adolescents. *Journal of Consulting and Clinical Psychology*, 64: 264–72.

Agrawal, H., Gunderson, J., Holmes, B., & Lyons-Ruth (2004). Attachment studies with borderline patients: A review. *Harvard Review of Psychiatry*, 12(2): 94–104

Ahmed, E., & Braithwaite, V. (2004). "What, me ashamed?" Shame and management of school bullying. *Journal of Research in Crime and Delinquency*, 41(3): 269–94.

Ainsworth, M., Blehar, M., Waters, E., & Wall, S. (1978). *Patterns of attachment: A psychological study of the strange situation*. Oxford: Lawrence Erlbaum.

Akhtar, S. (2007). Diversity without fanfare: Some reflections on contemporary psychoanalytic technique. *Psychoanalytic Inquiry*, 27: 690–704.

Alexander, F., & French, T. M. (1946). *Psychoanalytic therapy*. New York: Ronald Press.

Allen, J. (2013). *Mentalizing in the development and treatment of attachment trauma*. London: Karnac Books.

Allen, J., & Fonagy, P. (2006). *Handbook of mentalization-based treatment*. Sussex: Wiley.

Allen, J., Fonagy, P., & Bateman, A. (2008). *Mentalizing in clinical practice*. Arlington, VA: American Psychiatric Publishing.

Allen, J. G. (2012). *Mentalizing in the development and treatment of attachment trauma*. London: Karnac Books.

Allen, J. P., Hauser, S. T., & Borman-Spurrell, E. (1996). Attachment theory as a framework for understanding sequelae of several adolescent psychopathology: An 11-year-follow-up study. *Journal of Consulting and Clinical Psychology*, 64: 254–63.

Altenstein, D., Krieger, T., & Holtforth, M. C. (2013). Interpersonal Microprocesses predict cognitive-emotional processing and the therapeutic alliance in psychotherapy for depression. *Journal of Counseling Psychology*, 60(3): 445–52.

Amrhein, P., Miller, W., Yahne, C., & Palmer, M. (2003). Client commitment language during motivational interviewing predicts drug use outcomes. *Journal of Consulting and Clinical Psychology*, 71: 862–78.

Anderson, T., Ogles, B. M., Patterson, C. L., & Lambert, M. J. (2009). Therapist effects: Facilitative interpersonal skills as a predictor of therapist success. *Journal of Consulting and Clinical Psychology*, 65: 755–68.

Andrusyna, T. P., Luborsky, L., Pham, T., & Tang, T. Z. (2006). The mechanisms of sudden gains in supportive-expressive psychotherapy for depression. *Psychotherapy Research*, 16: 526–35.

Angus, L., & Kagan, F. (2007). Empathic relational bonds and personal agency in psychotherapy: Implications for psychotherapy supervision, practice, and research. *Psychotherapy: Theory, Research, Practice, Training*, 4: 371–77.

Archineiga, G. M., & Anderson, T. C. (2008). Toward a fuller conception of machismo: Development of a traditional machismo and caballerismo scale. *Journal of Counseling Psychology*, 55(1): 19–33.

Arkowitz, H., Miller, W., & Rollnick, S. (Eds.). (2015). *Motivational interviewing in the treatment of psychological problems* (2nd ed.). New York: Guilford.

Armour, C., Elklit, A., & Sherlin, M. (2011). Attachment typologies and post traumatic stress disorder (PTSD), depression, and anxiety: A latent profile analysis approach. *European Journal of Psychotraumatology*, 2: 608–24.

Arntz, A., Stupar-Ruthenfrans, S., Bloo, J., et al. (2015). Prediction of treatment discontinuation and recovery from Borderline Personality Disorder: Results from a RCT comparing Schema Therapy and Transference Focused Psychotherapy. *Behaviour Research and Therapy*, 74: 60–71.

Aron, L. (1996). *A meeting of minds: Mutuality in psychoanalysis*. Hillsdale, NJ: Analytic Press.

Bachelor, A. (1995). Clients' perception of the therapeutic alliance: A qualitative analysis. *Journal of Counseling Psychology,* 42: 323–27.

Bakermans-Kranenburg, M., & Van IJzendoorh, M. (2009). The first 10,000 adult attachment interviews: Distribution of adult attachment representations in clinical and non-clinical groups. *Attachment and human development,* 11: 223–63.

Balcom, D., Lee, R., & Tager, J. (1995). The systemic treatment of shame in couples. *Journal of Marital and Family Therapy,* 21(1): 55–65.

Baldwin, S., Wampold, B., & Imel, Z. (2007). Untangling the alliance-outcome correlation: Exploring the relative importance of therapist and patient variability in the alliance. *Journal of Consulting and Clinical Psychology,* 75(6): 842–52.

Baldwin, S. A. & Imel, Z. E. (2013). Therapist effects: Findings & methods. In M. J. Camembert. (Ed.), *Bergin & Garfield's Handbook of Psychotherapy & Behavior Change.* New York: Wiley 258–94.

Bandura, A. (1997). *Self-efficacy: The exercise of control.* New York: Freeman.

Bandura, A. (2006). Toward a psychology of human agency. *Perspectives on Human Science,* 1: 164–80.

Barber, J. P. (2007). Issues and findings in investigating predictors and moderators of psychotherapy outcome: Introduction to the specialization. *Psychotherapy Research,* 17: 131–36.

Barber, J., Connolly, M., Crits-Christoph, P., & Gladis, L. (2009). Alliance predicts patients' outcome beyond in-treatment change in symptoms. *Personality Disorders: Research, Theory and Treatment,* 1: 80–9.

Barber, J., Foltz, C., DeRubeis, R., & Landis, J. (2002). Rigidity of interpersonal themes in narratices about relationships. *Psychotherapy Research,* 12: 139–58.

Barkham, M., & Shapiro, D. (1986). Counselor verbal response modes and experienced empathy. *Journal of Counseling Psychology,* 33(1): 3–10.

Bartholomew, K., & Horowitz, L. M. (1991). Attachment styles among young adults: A test of a four-category model. *Journal of Personality and Social Psychology,* 61: 226–44.

Bartsch, D., Roberts, R., Davies, M., & Proeve, M. (2015). Borderline personality disorder and parenting: Clinician Perspectives. *Advances in Mental Health DOI: 10.1080/ 18387357.2015.1065554.*

Bass, A. (2007). When the frame doesn't fit the picture. *Psychoanalytic Dialogues,* 17: 1–27.

Baumeister, R. F., & Scher, S. J. (1988). Self-defeating behavior patterns among national individuals: Review and analysis of common self-destructive tendencies. *Psychological Bulletin,* 104: 3–22.

Baumrind, D. (1971). Current patterns of parental authority. *Developmental Psychology Monograph* 4 (1, pt. 2).

Baumrind, D. (1991). The influences of parenting style on adolescent competence and substance use. *Journal of Early Adolescence,* 11: 56–95.

Beatson, J., & Rao, S. (2014). Psychotherapy for borderline personality disorder. *Australasian Psychiatry,* 22: 529–32.

Beavers, W. R., & Hampson, R. B., (1993). Measuring family competence: The Beavers Systems Model. In F. Walsh (Ed.), *Normal family processes* (2nd ed.). New York: Guilford Press.

Beck, A. (1967). *Depression: Causes and treatment.* Philadelphia: University of Pennsylvania Press.

Beck, A. (1995). *Cognitive therapy: Basics and beyond.* New York: Guilford Press.

Beck, A., Freeman, A., & Davis, D. (2003). *Cognitive therapy of personality disorders.* New York: Guilford Press.

Beebe, B., Knoblauch, S., Rustin, J., Sorter, D., Jacobs, T. J., & Polly, R. (2005). *Forms of intersubjectivity in infant research and adult treatment.* New York: Other Press.

Beitman B. D., & Soth, A. M. (2006). Activation of self-observation: A core process among the psychotherapies. *Journal of Psychotherapy Integration,* 16: 383–97.

Benbassat, N., & Priel, B. (2012). Parenting and adolescent adjustment: The role of parental reflective function. *Journal of Adolescence,* 35: 163–74.

Bender, D. (2005). The therapeutic alliance in the treatment of personality disorders. *Journal of Practical Psychiatry and Behavioral Health,* 11(2): 73–87.

Bender, H. L., Allen, J. P., McElhaney, K. B., Antonishak, J. (2007). Use of harsh physical discipline and developmental outcomes in adolescence. *Development and Psychopathology,* 19: 227–42.

Benjamin, J. (2009). A relational psychoanalysis perspective on the necessity of acknowledging failures and containing features of the intersubjective relationship (the shared third). *The International Journal of Psychoanalysis,* 9(3): 441–50.

Benjamin, L. (2006). *Interpersonal Reconstructive Therapy.* New York: Guilford Press.

Bennett, S. (2008). The interface of attachment, transference, and countertransference: Implications for the clinical supervisory relationship. *Smith College studies in Social Work,* 78: 301–20.

Bergin, A., & Garfield, S. (Eds.). (1994). *Handbook of psychotherapy and behavior change* (4th ed.). New York: Wiley.

Berk, L. E. (2005). Why parenting matters. In S. Olfman (Ed.), *Childhood lost: How American culture is failing our kids.* Westport, CT: Praeger.

Bernecker, S., Levy, K., & Ellison, W. (2014). A meta-analysis of the relation between patient adult attachment style and the working alliance. *Psychotherapy Research,* 24: 12–24.

Bernier, A. Larose, S., & Soucyn, N. (2005). Academic mentoring in college: The interactive role of student's and mentor's interpersonal dispositions. *Research in Higher Education*, 46: 29–51.

Bernier, A. T., & Dozier, M. (2002). The client-counselor match and the connective emotional experience: Evidence from interpersonal and attachment research. *Psychotherapy: Theory, Research, Practice, Training*, 31(1): 32–43.

Bernstein, M., & Benfield, J. (2013). Past perspective is related to present relationships: Past-positive and negative time perspectives differentially predict rejection sensitivity. *The Psychological Record*, 63: 615–28.

Beutler, L. E., Moleiro, C, & Talebi, H. (2002). Resistance in psychotherapy: What conclusions are supported by research? *Journal of Clinical Psychology* 58: 207–17.

Binder, J. L. (2004). *Key competencies in brief dynamic psychotherapy*. New York: Guilford Press.

Binder, J., & Strupp, H. (1997). "Negative process": A recurrently discovered and underestimated facet of therapeutic process and outcome in the individual psychotherapy of adults. *Clinical Psychology: Science and Practice*, 4: 121–39

Bjorguinsson, T., & Hart, J. (2006). Cognitive behavioral therapy promotes mentalizing. In J. G. Allen & P. Fonagy (Eds.), *Handbook of mentalization-based treatment*. Sussex: Wiley.

Bögels, S., & Brechman-Toussaint, M. (2006). Family issues in child anxiety: Attachment, family functioning, parental rearing, and beliefs. *Clinical Psychology Review*, 26: 834–56.

Bordin, E. S. (1979). The generalizability of the psychoanalytic concept of the working alliance. *Psychotherapy* 16: 252–60.

Boszormenyi-Nagy, I., Grunebaum, J., & Ulrich, D. (1991). Contextual therapy. In A. S. Gurman & D. P. Knishern (Eds.), *Handbook of family therapy* (vol. 51). New York: Bruner/Mazel.

Bowen, M. (1993) *Family therapy in clinical practice*. New York: Jason Aronson.

Bowlby, J. (1969). *Attachment loss: Vol 1. Attachment*. New York: Basic Books.

Bowlby, J. (1988). *A secure base*. New York: Basic Books.

Brammer, L. M., & MacDonald, G. (1996). *The helping relationship: Process and skills* (6th ed.). Boston, MA: Allyn & Bacon.

Brennan, K., Clark, C., & Shaver, P. (1998). Self-report measurements of adult attachment: An integrative overview. In J. A. Sampson & W. F. Rholes (Eds.), *Attachment theory and close relationships* (pp. 46–76). New York: Guilford Press.

Bretherton, I, & Munholland, K. (2008). Internal working models in attachment relationships: Elaborating central construct in attachment theory. In J. Cassidy and P. Shaver (Eds.), *Handbook of attachment* (pp. 102–30). New York: Guilford Press.

Breuer, J., & Freud, S. (1955). Studies on hysteria. In *Standard edition* (vol. 2, pp. 1–319). London: Hogarth Press (Original work published 1893–95).

Bridges, M. (2006). Activating the corrective emotional experience. *Journal of Clinical Psychology: In Session*, 62: 551–68.

Bridges, M. (2006). Activating the corrective emotional experience. *Journal of Clinical Psychology: In Session*, 62: 551–68.

Brisch, K. H. (2002). *Treating attachment disorders: From theory to therapy*. New York: Guilford Press.

Bromberg, P. (2006). *Awakening the dreamer*. Mahwah, NJ: Analytic Press.

Callahan, J., & Hynan, M. (2005). Models of psychotherapy outcome: Are they applicable in training clinics? *Psychological Services*, 2: 65–9.

Callahan, P. E. (2000). Indexing resistance in short-term dynamic psychotherapy: Change in breaks in eye contact during anxiety. *Psychotherapy Research*, 10: 87–99.

Carkhuff,, R. R. (2008). *The art of helping in the 21st century* (9th ed.). Amherst, MA: Possibilities Publishing.

Carlson, E. (1998). A prospective longitudinal study of attachment disorganization/disorientation. *Child Development*, 69: 1107–28.

Carter, J., Joyce, P., Mulder, R., & Luty, S. (2001). The contribution of temperament, childhood neglect, and abuse to the development of personality dysfunction: A comparison of three models. *Journal of Personality Disorders*, 15: 123–35.

Cartwright, D. (2004). Anticipatory interpretations: Addressing "cautionary tales" and the problematic premature termination. *Bulletin of the Menninger Clinic*, 68(2): 95–114.

Cassidy, J., & Shaver, P. R. (2008). *Handbook of attachment: Theory, research, and clinical applications* (2nd ed.). New York: Guilford Press.

Castonguay, L., & Hill, C. (Eds.). (2012). *Transformation in psychotherapy: Corrective experiences across cognitive behavioral humanistic, and psychodynamic approaches*. Washington, DC: American Psychological Association.

Catley, D., Harris, K. J., Mayo, M. S., & Hall, S. (2006). Adherence to principles of motivational interviewing and client within-session behavior. *Behavioral and Cognitive Psychotherapy*, 34: 43–56.

Cervone, D. (2000). Thinking about self-efficacy. *Behavior modification*, 24: 30–56.

Chen, E. & Mallinckrodt, B. (2002). Attachment, group attraction, and self-other agreement in interpersonal circumplex problems and perceptions of group members. *Group Dynamics-Theory Research and Practice*, 6: 311–24.

Coccia, C., Darling, C., Rehm, M., Cui, M., & Sathe, S.K. (2012). Adolescent health, stress and life satisfaction: The paradox of indulgent parenting. *Stress and Health,* 28: 211–21.

Comas-Diaz, L. (2006). Cultural variation in the therapeutic relationship, In C. D. Goodheart, A. E. Kazdin, & R. J. Steinberg (Eds.), *Evidence-based psychotherapy: Where practice and research meet.* Washington, DC: American Psychological Association.

Connors, M. (2011) Attachment theory. A "secure base" for psychotherapy integration. *Journal of Psychotherapy Integration,* 21: 348–62.

Connolly, H. B., Crits-Christoph, P., Barber, J., & Loborskr, L. (2000). Transference patterns in the therapeutic relationship in supportive expressive psychotherapy for depression. *Psychotherapy Research*, 10: 356–72.

Connors, M. (1997). The renunciation of love: Dismissive attachment and its treatment. *Psychoanalytic Psychology*, 14: 475–93.

Constantine, M., & Sue, D. W. (2005). Strategies for building multicultural competence in mental health and education settings. Hoboken, NJ: Wiley.

Coolidge, F., Segal, D., Estey, A., & Neuzil, P. (2010). Preliminary psychometric properties of Karen Horney's tridimensional theory in children and adolescents. *Journal of Clinical Psychology*, 67: 383–90.

Cooper, G., Hoffman, K., & Powell, B. (2013). *The Circle of Security Intervention: Enhancing attachment in early parent-child relationships*. New York: Guilford Press.

Cowan, C, & Cowan, P. (2005). Two central roles for couple relationships: Breaking negative intergenerational patterns and enhancing children's adaptation. *Sexual and Relationship Therapy,* 20(3): 275–88.

Cresswell, C., Murray, L, Stacey, J., & Cooper, P. (2011). Parenting and child anxiety. In W. Silverman & A. Field (Eds.), *Anxiety disorders in children and adolescents (2nd ed.)*. (pp. 299–322). Cambridge: Cambridge University Press.

Crits-Christoph, P., & Gibbons, B. B. (2002). Relational interpretations. In J. C. Norcross (Ed.), *Psychotherapy relationships that work: Therapist contributions and responsiveness to patients* (pp. 285–300). New York: Oxford University Press.

Crits-Christoph, P., Siqueland, L., Blain, J., & Frank, A. (1999). Psychosocial treatments for cocaine dependence: National Institute on Drug Abuse Collaborative Cocaine Treatment Study. *Archives of General Psychiatry,* 56: 493–502.

Csillik, A. (2015). Positive motivational interviewing: Activating the clients' strengths and intrinsic motivation to change. *Journal of Contemporary Psychotherapy,* 45: 119–28.

Curtis, J. T., & Silberschatz, G. (1997). Plan formulation method. In T. D. Eells (Ed.), *Handbook of psychotherapy case formulation* (pp. 116–36). New York: Guilford Press.

Curtis, J. T., Silberschatz, G., Sampson, H., Weiss, J., & Rosenberg, S. E. (1988). Developing reliable psychodynamic case formulations: An illustration of the plan diagnosis method. *Psychotherapy,* 25: 256–65.

Daly, K. D., & Mallinckrodt, B. (2009). Experienced therapist' approach to psychotherapy for adults with attachment anxiety or avoidance. *Journal of Counseling Psychology,* 56: 549–63.

Daniel, S. I. F. (2006). Adult attachment patterns and individual psychotherapy: A review. *Clinical Psychology Review,* 26: 968–84.

D'Aniello, C. (2015). Common factors as a road map to MFT model integration: Implications for training therapists. *Contemporary Family Therapy,* 37: 176–82.

Datz, F., Parth, K., Said, U., & Löffler-Staska, H. (2016). Countertransference triggered activity in treatment. Good, bad, or useful? *British Journal of Medicine and Medical Research*, 11: 1–11.

Dearing, R. & Tangney, J. (Eds.) (2011). *Shame in the therapy hour*. Washington, DC: American Psychological Association.

DeFife, J., Hilsenroth, M., & Kuutman, K. (2014). Beyond transference fostering grow through therapeutic immediacy. In P. Luyten, C. Mayes, P. Fonagy, et al. (Eds.). *Handbook of contemporary psychodynamic approaches to psychopathology*. New York: Guilford Press.

Denckla, C., & Bornstein, R. (2015). Toward a more nuanced conceptualization of interpersonal distancing: Differential relationships of adaptive and dysfunctional detachment to stress-based anxiety in college students. *Personality and Individual Differences*, 82: 148–52.

Dew, S. E., & Brown, L. (2005). Client expectancies about therapy. *Mental Health Services Research,* 17: 21–33.

DiCaccavo, A. (2006). Working with parentification: Implications for clients and counseling psychologists. *Psychology and Psychotherapy: Theory, Research and Practice* 79: 469–78.

Diener, M., & Hilsenroth, M. (2009). Affect-focused techniques in psychodynamic psychotherapy in R.A. Levy & J.S. Ablon (Eds.), *Handbook of evidence-based psychodynamic psychotherapy* (pp. 227–47). New York: Hummana Press.

Diener, M. J., Hilsenroth, M. J., & Weinberger, J. (2007). Therapist affect focus and patient outcomes in psychodynamic psychotherapy: A meta-analysis. *American Journal of Psychiatry,* 164: 936–41.

Diener, M., & Monroe, J. (2011). The relationship between adult attachment style and therapeutic alliance in individual psychotherapy: A meta-analytic review. *Psychotherapy,* 48: 237–48.

Dollard, J., & Miller, N. (1950). Personality and psychotherapy: An analysis in terms of learning, thinking, and culture. New York: McGraw-Hill.

Domenech-Rodriguez, M., Donovick, M., & Crowley, S. (2009). Parenting styles in a cultural context: Observations of protective parenting in first-generation Latinos. *Family Process,* 48(2): 195–210.

Dozier, M. (1990). Attachment organization and treatment for adults with serious psychopathological disorders. *Development and Psychopathology,* 2: 47–60.

Dozier, M., & Tyrrell, C. (1998). The role of attachment in therapeutic relationships. In J. A. Simpsons and W. S. Rholes (Eds.), *Attachment theory and close relationships* (pp. 221–28). New York: Guilford Press.

Dozier, M., Cue, K. L., & Bernett, L. (1994). Clinicians as caregivers: Role of attachment organization in treatment. *Journal of Counseling and Clinical Psychology,* 62: 793–800.

Dozier, M., Lomax, L., Tyrrell, C., & Lee, S. (2001). The challenge of treatment for clients with dismissing states of mind. *Attachment and Human Development,* 3: 62–76.

Dozier, M., Stovall-McClough, & Albus, K. (2008). Attachment and Psychopathology in Adulthood. In Cassidy & P. Shaver (Eds.), *Handbook of attachment* (pp. 718–44). New York: Guilford Press.

Draguns, J. (2007). Psychotherapeutic and related interventions for global psychology. In M. J. Stevens (Ed.), *Toward a global psychology: Theory, research, intervention, and pedagogy* (pp. 233–66). Mahwah, NJ: Erlbaum.

DSM-V (2013). *Diagnostic and Statistical Manual of Mental Disorders,* (5th ed.). Washington, DC: American Psychiatric Publishing.

Dutton, D. G. (1995). *The batterer: A psychological profile.* New York: Basic Books.

Eagle, M., & Wolitzky, D. (2009). Adult Psychotherapy from the Perspectives of Attachment Theory and Psychoanalysis. In J. Obegi & E. Berant (Eds.), *Attachment theory and research in clinical work with adults,* New York: Guilford Press.

Egan, G. (2014). *The skilled helper* (10th ed.), Pacific Grove, CA: Brooks/Cole.

Elliot, R., Bohart, A., Watson, J., & Greenberg, L. (2011). Empathy. *Psychotherapy,* 48: 43–9.

Elliott, R., Watson, J., Goldman, R., & Greenberg, L. (2004). *Learning emotion-focused therapy: The process experiential approach to change.* Washington, DC: American Psychological Association.

Ellis, A. (1999). *How to make yourself happy and remarkably less disturbable.* San Luis Obispo, CA: Impact Publishers.

Enten, R., & Golan, M. (2009). Parenting styles and eating disorder pathology. *Appetite.* 52: 784–87.

Erikson, E. (1968). *Childhood and society* (2nd ed.). New York: Norton.

Falender, C, & Shafransky, E. (2004). *Clinical supervision: A competency-based approach.* New York: Guilford Press.

Farber, B. A., & Metzger, T. A. (2009). The therapist as secure base. In J. H. Obegi & E. Berant (Eds.), *Attachment theory and research in clinical work.* New York: Guilford Press.

Farber, B. A., Khurgin-Bott, R., & Feldman, S. (2009). The benefits and risks of patient self-disclosure in the psychotherapy of women with a history of childhood sexual abuse. *Psychotherapy: Theory, Research, Practice, Training,* 46(1): 52–67.

Feeney, B., & VanVieet, M. (2010). Growing through attachment and exploration in adulthood. *Journal of Social and Personal Relationships*, 27: 226–34.

Feeney, J., & Noller, P. (1990). Attachment styles as a predictor of adult romantic relationships. *Journal of Personality and Social Psychology,* 58: 281–91.

Fernando, I., Cohen, M., & Henskens, F. (2012). Pattern-based formulation: A methodology for psychiatric case formulation, *Australian Psychiatry*, 20(2): 121–26.

Fetterman, A., Robinson, M., Ode, S. (2015). Interpersonal arrogance and the incentive salience of power versus affiliation cues. *European Journal of Personality*, 29: 28–41.

Finkelhor, D. (1990). Early & long-term effects of child sexual abuse: An update. *Professional Psychology: Research and Practice*, 21(5): 325–30.

Fiori, K., Consedine, N., & Magai, C. (2009). Late life attachment in context: Patterns of relating among men and women from seven ethnic groups. *Journal of Cross Cultural Gerontology,* 24(2): 121–41.

Fitzpatrick, M. R., Stalikas, A., & Iwakabe, S. (2001). Examining counselor interventions and client progress in the context of the therapeutic alliance. *Psychotherapy: Theory, Research, Practice, Training,* 38: 160–70.

Florsheim, P., & McArthur, L. (2009). An interpersonal approach to attachment and change. In J. H. Obegi & E. Berant (Eds.), *Attachment Theory and Research in Clinical Work with Adults* (pp. 379–409). New York: Guilford Press.

Flückiger, C., Del Re, A., Wampold, B., Symonds, D., & Horvath, A. (2012). How central is the alliance in psychotherapy? A multilevel longitudinal meta-analysis. *Journal of Counseling Psychology*, 59: 10–17.

Fonagy, O., Leigh, T., Steele, M., et al. (1996). The relation of attachment status, psychiatric classification and response to psychotherapy. *Journal of Consulting and Clinical Psychology,* 64: 22–31.

Fonagy, P. (2000). Attachment and borderline personality disorder. *Journal of the American Psychoanalytic Association,* 48(4): 1129–47.

Fonagy, P. (2001). *Attachment theory and psychoanalysis*. New York: Other Press.

Fonagy, P. & Allison, E. (2014). The role of mentalizing and epistemic trust in the therapeutic relationship. *Psychotherapy*, 51: 372–80.

Fonagy, P., & Bateman, A. (2006). Mechanisms of change in mentalization-based therapy of borderline personality disorder. *Journal of Clinical Psychology*, 62: 411–30.

Fonagy, P., & Target, M. (1997). Attachment and reflective function: Their role in self-organization. *Developmental Psychopathology*, 9: 679–700.

Fonagy, P., Gergeley, G. & Target, M. (2007). The parent-infant dyad and the construction of the subjective self. *Journal of Child Psychology and Psychiatry*, 48: 288–328.

Fonagy, P., Gergeley, G., Jurist, E. J., & Target, M. (2002). *Affect regulation, mentalization, and the development of the self*. New York: Other Press.

Fonagy, P., Leigh, T., Steel, M., & Kennedy, R. (1996). The relation of attachment status, psychiatric classifications, and response to psychotherapy. *Journal of Consulting and Clinical Psychology*, 64: 22–31.

Fosha, D. (2003). Dyadic regulation and experiential work with emotion and relatedness in trauma and disorganized attachment. In M. Solomon & D. Siegel (Eds.), *Healing trauma: Attachment, mind, body, and brain* (pp. 221–281). New York: Norton.

Fosha, D., & Siegel, D., & Solomon, M. (Eds.). (2009). *The healing power of emotion*. New York: Norton.

Fragoso, J. M., & Kashubeck, S. (2000). Machismo, gender role conflict, and mental health in Mexican American men. *Psychology of Men and Masculinity*, 1(2): 87–97.

Fraiberg, S., Adelson, E., & Shapiro, V. (1975). Ghosts in the nursery: A psychoanalytical approach to the problems of impaired mother infant relationships. *Journal of the American Academy of Child Psychiatry*, 14: 387–421.

Friedlander, M., Sutherland, O., Sanders, S., et al. (2012). Exploring corrective experience in a single, successful case of short-term dynamic psychotherapy, *Psychotherapy*, 49: 349–63.

Friedlander, M. L., Escuderom V., Hetherington, L., & Diamona, G. M. (2011). Alliance in couple & family therapy. In J. C. Norcross (Ed.), *Psychotherapy relationships that work: Evidence-based on responsiveness* (2nd ed., pp. 92–109) New York: Oxford University Press.

Fromm-Reichmann, F. (1960). *Principles of intensive psychotherapy*. Chicago: University of Chicago Press.

Gabbard, G. (2007). Flexibility of the frame revised commentary on Tony Bass's "When the frame doesn't fit the picture." *Psychoanalytic Dialogues*, 17: 923–29.

Gabbard, G. O. (2007). Unconscious enactments in psychotherapy. *Psychiatric Annals*, 37: 268–75.

Galassi, J. P., & Bruch, M. A. (1992). Counseling with social interaction problems: Assertion and social anxiety. In S. D. Brown & R. W. Lent (Eds.), *Handbook of counseling psychology* (pp. 753–91). New York: Wiley.

Gans, J. (2011). The role of clinical experience in the making of a psychotherapist. In R. Klein, H. Bernard, and V. Schermer (Eds.), *On becoming a psychotherapist: The personal and professionaljJourney*. (pp. 94–113). Oxford: Oxford University Press.

Garfield, S. L. (1994). Research on client variables in psychotherapy. In A. E. Bergin & S. L. Garfield (Eds.), *Handbook of psychotherapy and change* (4th ed., pp. 190–228). New York: Wiley.

Geller, S. M., & Greenberg, L. S. (2012). *Therapeutic presence: A mindful approach to effective therapy*. Washington, DC: American Psychological Association.

Gelso, C. J. (2011). The Real Relationship. Washington, DC: American Psychological Association.

Gelso, C. J. (2014) A tripartile model of the therapeutic relationships: theory, research & practice. *Psychotherapy Research*. 24, 117–131.

Gelso, C. J., & Hayes, H. (2007). *Countertransference and the therapist's inner experience: Perils and possibilities*. Mahwah, NJ: Erlbaum.

Gelso, C., & Hayes, J. (2002). The management of countertransference. In J. Norcross (Ed.), *Psychotherapy relationships that work* (pp. 267–84). New York: Oxford University Press.

Gelso, C. J., & Samstag, L. (2008). A tripartite model of the therapeutic relationship in psychotherapy. In S. Brown & R. Lent (Eds.), *Handbook of counseling psychology* (4th ed., pp. 267–83). New York: Wiley.

Gelso C., & Woodhouse, S. (2002). The termination of *Clinical Psychology and Psychotherapy*, psychotherapy: What research tells us about the process of ending treatment. In G. S. Tyrone (Ed.), *Applying what we know* (pp. 344–69). Boston, MA: Allyn & Bacon.

Gelso, C., & Bhatia, A. (2012). Crossing theoretical lines: The role and effect of transference in nonanalytic psychotherapies. *Psychotherapy*, 49: 384–90.

Gelso, C., Palma, B., & Bhatia, A. (2013). Attachment theory as a guide to understanding and working with transference and the real relationship in psychotherapy. *Journal of Clinical Psychology: In Session*, 69: 1160–71.

Gendlin, E. T. (1996). *Focusing-oriented psychotherapy: A manual of the experiential method*. New York: Guilford Press.

Gilbert, P. (2009). Developing a compassion based approach in cognitive behavioral therapy. In G. Gimos (Ed.), *Cognitive behavioral therapy: A guide for the practicing clinician* (pp. 205–20). New York: Routledge.

Gilbert, P. (2010). *Compassion focused therapy: Distinctive features*. London: Routledge.

Gilbert, P. (2014). Compassion-focused therapy: Preface and introduction for special section. *British Journal of Clinical Psychology*, 53: 1–5.

Gilbert, P., & Procter, S. (2006). Compassionate mind training for people with high shame and self criticism. *Clinical Psychology and Psychotherapy,* 13: 353–76.

Gilbert, P., McEwan, K., Matos, M., & Rivis, A. (2011). Fears of compassion: Development of three self-report measures. *Psychology and Psychotherapy: Theory, Research, and Practice,* 84: 239–55.

Gill, M., & Muslin, H. (1976). Early interpretations of transference. *Journal of the American Psychoanalytic Association,* 24: 779–94.

Gilligan, C. (1982). *In a different voice: Psychological theory and women's development.* Cambridge, MA: Harvard University Press.

Gilligan, J. (2009). Sex, gender, & violence: Estela Weldon's contribution to our understanding of the psychopathology of violence, *British Journal of Psychotherapy,* 25(2): 239–56.

Gold, J. (2011). Attachment theory and psychotherapy integration: An introduction and review of the literature. *Journal of Psychotherapy Integration,* 21: 221–31.

Gold, J. (2006). Patient-initiated integration. In G. Stricker & J Gold (Eds.), *A casebook of psychotherapy integration* (pp. 3–16). Washington, DC: American Psychological Association.

Gold, J. (2005). Personology, personality disorders, and psychotherapy integration. In Strack, S. (Ed.), *Handbook of personology and psychopathology* (pp. 511–26). New York: John Wiley.

Gold, S., & Hilsenroth, M. (2009). Effects of graduate clinicians personal therapy on therapeutic alliance. *Clinical Psychology and Psychotherapy,* 16: 159–71.

Gold, S., Hilsenroth, M., Kuutman, K., & Owen, J. (2015). Therapeutic alliance in the personal therapy of graduate clinicians: Relationship to the alliance and outcomes of their patients. *Clinical Psychology and Psychotherapy,* 22: 304–16.

Gold, J., & Stricker, G. (2011). Failures in psychodynamic psychotherapy. *Journal of Clinical Psychology in Session,* 67: 1098–05.

Goldenberg, H., & Goldenberg, I. (2013). *Family therapy* 8th ed. Belmont, CA: Brooks/cole/Cengage.

Goldenberg, I., & Goldenberg, H. (2012). *Family therapy: An overview* (7th ed.). Pacific Grove, CA: Brooks/Cole.

Goldfried M. R., (2012). On entering and remaining in psychotherapy. *Clinical Psychology: Science and Practice,* 19: 125–8.

Goldfried, M. R. (2004). Integrating interactively oriented brief psychotherapy. *Journal of Psychotherapy Integration,* 14(1): 93–105.

Goldfried, M. R. (2006). Cognitive-affect-relational-behavior therapy. In G. Stricker & J. Gold (Eds.), *A casebook of psychotherapy integration* (pp. 153–164). Washington, DC: American Psychological Association.

Goldfried, M., & Davila, J. (2005). The role of relationship and technique in therapeutic change. *Psychotherapy: Theory, Research, Practice, Training,* 42: 421–30.

Goldfried, M. R., Raue, P. J., & Castonguay, L. G. (1998). The therapeutic focus in significant sessions of master therapists: A comparison of cognitive-behavioral and psychodynamic-interpersonal interventions. *Journal of Consulting and Clinical Psychology,* 66: 803–10.

Goldman, R., Watson, J., & Greenberg, L. (2011). Contrasting two clients in emotion-focused therapy for Depression 2: The case of "Eloise," "It's like opening the windows and letting the fresh air come in." *Pragmatic studies in Psychotherapy,* 7: 305–38.

Göstas, M. W., Wiberg, B, Neander, K, & Kjellin, L. (2013). "Hard work" in a new context: Clients' experiences of Psychotherapy, *Qualitative Social Work* 12(3): 342–57.

Gottman, J., & DeClair, J. (2001). *The Relationship Cure.* New York: Three Rivers Press.

Greenberg, L., & Iwakabe, S. (2011). Emotion-focused therapy and shame. In R. Dearing & J. Tangney (Eds.). *Shame in the therapy hour* (pp. 69–90). Washington, DC: American Psychological Association.

Greenberg, L. (2014). The therapeutic relationship in emotion-focused therapy. *Psychotherapy,* 61: 350–57.

Greenberg, L. (2004). Emotion-focused therapy. *Clinical Psychology and Psychotherapy,* 11: 3–16.

Greenberg, L. S. (2002). *Emotion-focused therapy: Coaching clients to work through their feelings.* Washington, DC: American Psychological Association.

Greenberg, L. S., & Goldman, R. N. (2008). *Emotion-focused couples therapy: The dynamics of emotion, love, and power.* Washington, DC: American Psychological Association.

Greenberg, L.S. (2010). *Emotion-focused therapy: Theory and practice.* Washington, DC: American Psychological Association.

Greenson, R. (1967). *The technique and practice of psychoanalysis.* (vol. 1). New York: International Universities Press.

Groth, M. (2008). Authenticity in existential analysis. *Existential Analysis,* 19(1): 81–101.

Guame, J., Gmel, G., & Daeppen, J. B. (2008). Brief alcohol interventions: Do counselors' and patients' communication characteristics predict change? *Alcohol and Alcoholism,* 43: 62–9.

Haley, J. (1996). *Learning and teaching therapy.* New York: Guilford Press.

Hamre, B., & Watkins-Lewis, K. (2012). African-American parenting characteristics and their association with children cognitive and academic school readiness. *Journal of African American Studies,* 16: 390–405.

Hansen, N. B., Lambert, M. J., & Forman, E. M. (2002). The psychotherapy dose-response effect and its implications for treatment delivery services. *Clinical Psychology: Science and Practice,* 9: 329–43.

Hatcher, R., & Barends, A. (2006). How a return to theory could help alliance research. *Psychotherapy: Theory, Research, Practice, Training,* 43: 292–99.

Haycraft, E., & Blissett, J. (2010). Eating Disorder Symptoms and parenting styles. *Appetites,* 54: 221–4.

Hayes, J., Gelso, C., & Hummel, A. (2011). Managing counter-transference. *Psychotherapy*, 48: 88–97.

Hayes, J., Gelso, C., & Hummel, A. (2011). Managing countertransference. (2011). In J. Norcross (Ed.), *Psychotherapy relationships that work* (2nd ed.). New York: Oxford.

Hayes, J., Nelson, D., & Fauth, J. (2015). Countertransference in successful and unsuccessful cases of psychotherapy. *Psychotherapy: Theory, Research, & Practice,* 52: 127–33.

Henderson, C., Dakof, G., Schwartz, S., & Liddle, H. (2006). Family functioning, self-concept, and severity of adolescent externalizing problems. *Journal of Child and Family Studies,* 15: 721–31.

Henderson, J. C. (2010). Impact of a role induction to counseling on premature termination & readiness for change with clients in a rural setting: *University of Aron: Dissertation.*

Hendricks, M. N. (2002). Focusing-oriented/experiential psychotherapy. In D. J. Cain & J. Seeman (Eds.), *Humanistic psychotherapies: Handbook of research and practice* (pp. 221–52). Washington, DC: American Psychological Association.

Hendrix, H. (2001). *Getting the love you want: A guide for couples.* New York: Owl Books.

Henry, W., Schacht, T., & Strupp, H. (1990). Patient and therapist introject, interpersonal process, and differential psychotherapy outcome. *Journal of Consulting and Clinical Psychology,* 58: 768–74.

Herman, J., Perry, J., & van der Kolk, B. (1989). Childhood trauma in borderline personality disorder. *American Journal of Psychiatry,* 146: 490–95.

Hersoug, A., Hoglend, P., Gabbard, G., & Lorentzen, S. (2013). The combined predictive effect of patient characteristic and alliance on long-term dynamic and interpersonal functioning after dynamic psychotherapy. *Clinical Psychology and Psychotherapy*, 20: 297–307.

Hesse, E., & Main, M. (1999). Second generation effects of unresolved trauma in non-maltreating parents: Dissociated, frightened and threatening parental behavior. *Psychoanalytic Inquiry,* 19: 481–540.

Hesse, E., & Main, M. (2000). Disorganized infant, child & adult attachment & collapse in behavioral & attentional strategies. *Journal of the Psychoanalytic Association*, 48(4) 1097–148.

Hill, C. (2014). *Helping skills* (4th ed.). Washington, DC: American Psychological Association.

Hill, C. E., & Knox, S. (2009). Processing the therapeutic relationship. *Psychotherapy Research.*

Hill, C. E., & O'Brien, K. M. (1999). *Helping skills: Facilitating exploration, insight, and action.* Washington, DC: American Psychological Association.

Hill, C. E., Knox, S., Hess, S., & Crook-Lyon, R. (2007). The attainment of insight in the Hill dream model: A single case study. In L. Castonguay & C. E. Hill, *Insight in psychotherapy* (pp. 207–30). Washington, DC: American Psychological Association.

Hill, C. E., Sim, W., Spangler, P., Stahl, J., Sullivan, C, & Teyber, E. (2008). Therapist immediacy in brief psychotherapy: Case study II. *Psychotherapy Theory, Research, Practice, Training,* 45(3): 298–315.

Hill, C. E., Thompson, B. J., & Corbett, M. M. (1992). The impact of therapist ability to perceive displayed and hidden client reactions on immediate outcome in first sessions of brief therapy. *Psychotherapy Research,* 2: 143–55.

Hill, C. E., Thompson, B. J., Cogar, M. M., & Denman, D. W. (1993). Beneath the surface of long-term therapy: Client and therapist report of their own and each other's covert processes. *Journal of Counseling Psychology,* 40: 278–88.

Hill, C., & Knox, S. (2009). Processing the therapeutic relationship. *Psychotherapy Research*, 19: 13–29.

Hinnen, C., Sanderman, R. & Sprangers, M. (2009). Adult attachment as a mediator between recollections of childhood and satisfaction with life. *Clinical Psych & Psychotherapy*, 16(1): 10–21.

Hoeve, M., Dubas, J., Eichelsheim, V., vander Laan, P., Smeenk, W., & Gerris, J. (2009). The relationship between parenting and delinquency: A meta-analysis. *Journal of Abnormal Child Psychology,* 37: 749–75.

Holtforth, M., Fluckiger, C., et al (2013). Is the relation between early post-session reports and treatment outcome an epiphenomenon of intake distress and early response? A multi-predictor analysis in outpatient psychotherapy. *Psychotherapy Research*, 23, 1–13. Doi:10.1080/10503307

Horney, K. (1970). *Neurosis and human growth.* New York: Norton.

Horowitz, M., Marmar, C, Krupnick, J., Wilner, N., Kaltreider, N., & Wallerstein, R. (1984). *Personality styles and brief psychotherapy.* New York: Basic Books.

Horowitz, M., Rosenberg, S. E., & Bartholomew, K. (1993). Interpersonal problems, attachment styles, and outcome in brief dynamic psychotherapy. *Journal of Consulting and Clinical Psychology,* 61: 549–60.

Horvath, A. (2006). The alliance in context: Accomplishments, challenges, and future directions, *Psychotherapy: Theory, Research, and Practice,* 43(3), 258–63.

Horvath, A. O., & Bedi, R. P. (2002). The alliance. In J. C. Norcross (Ed.), *Psychotherapy relationships that work: Therapist contributions and responsiveness to patients* (pp. 37–69). New York: Oxford University Press.

Horvath, A. O., & Greenberg, L. S. (1994). *The working alliance: Theory, research, and practice.* New York: Wiley.

Horvath, A., Del Re, A., Flückiger, C. & Symonds, D. (2011). Alliance in individual psychotherapy. *Psychotherapy*, 48: 9–16.

Huntsinger, C, & Jose, P. (2009). Relations among parental acceptance and control and children's social adjustment in Chinese American and European American families. *Journal of Family Psychology,* 23(3): 321–30.

Imel, Z., & Wampold, B. (2008). The importance of treatment and the science of common factors in psychotherapy. In S. D. Brown, & R. W. Lent (Eds.), *Handbook of counseling psychology* (4th ed.). Hoboken, NJ: Wiley.

Ingram, B. (2012) *Clinical case formulation: Matching the integrative treatment plan to the client.* Hoboken, NJ: Wiley & Sons.

Ivey, A., Ivery, M., & Zalaquett, C. (2014) *Intentional interviewing & counseling, facilitating client development in a multicultural society* (8th ed.). Belmont, CA, Brooks-Cole/Cengage.

Jacobsen, B. (2007). Authenticity and our basic existential dilemmas. *Existential Analysis,* 18(2): 289–97.

Jacobvitz, D. (2008). Afterword. In H. Steele & M. Steele (Eds.). *Clinical applications of the Adult Attachment Interview* (pp. 471–86). New York: Guilford Press.

James, R. K., & Guilliland, B. (2000). *Crisis intervention strategies* (4th ed.). Monterey, CA: Wadsworth.

Janoff-Bulman, R. (1979). Characterological versus behavioral self-blame: Inquiries into depression and rape. *Journal of Personality and Social Psychology*, 37: 1798–1809.

Janzen, J., Fitzpatrick, M., & Drapeau, M. (2008). Processes involved in client-nominated relationship building incidents: Client attachment, attachment to the therapist, and session impact. *Psychotherapy: Theory, Research, Practice, and Training,* 45: 377–90.

Johnson, M.E., Popp, C., Schact, T.E., Mellon, J., & Strupp, H. H. (1989). Converging evidence for identification of recurrent relationship themes: Comparison of two methods. *Psychiatry*, 52: 275–88.

Johnson, B., Taylor, E., D'elia, J., Tzanetos, T., Rhodes. R., & Geller, J. D. (1995). The emotional consequence of therapeutic misunderstandings. *Psychotherapy Bulletin,* 30: 139–49.

Johnson, S. (2004). *Creating connection: The practice of emotionally focused couples therapy* (2nd ed.). New York: Brunner. Routledge.

Johnson, S. (2008). Couple and family therapy: An attachment perspective. In J. Cassidy & P. Shaver (Eds.), *Handbook of Attachment* (2nd ed.). (pp. 811–32). New York: Guilford Press.

Joireman, J. (2004). Empathy and the self-absorption paradox: self-rumination & self-reflection as mediators between shame, guilt, and empathy. *Self and Identity*, 3: 255–88.

Jordan, J., Kaplan, A., Miller, J., Striver, P., & Surrey, J. (1991). *Women's growth in connection* (pp. 126–84). New York: Guilford Press.

Kahn, M. (1997). *Between therapist and client.* New York: Freeman.

Karen, R. (1998). *Becoming attached.* New York: Oxford University Press.

Kasper, L., Hill, C. E., & Kivlighan, D. (2008). Therapist immediacy in brief psychotherapy: Case study I. *Psychotherapy: Theory, Research, Practice, Training,* 45: 281–87.

Kathleen, M., Adelson, J., Callahan, C., et al. (2012). Gifted students' perceptions of parenting styles: Associations with cognitive ability, sex, race, and age. *Gifted Child Quarterly*, 54: 15–24.

Katzenelson, H. (2014). Reflective functioning: A review. *Clinical Psychology Review,* 34: 107–17.

Kazantzis, N. & Kellis, E. (2012). A special feature on collaboration in psychotherapy. *Journal of Clinical Psychology*, 68(2): 133–5.

Kegel, A. & Fluckiger, C. (2015). Predicting psychotherapy dropouts: A multilevel approach. *Clinical Psychology and Psychotherapy*, 22(5): 377–86.

Keller, H. (2013). Attachment and culture. *Journal of Cross-Cultural Psychology*, 44: 175–94.

Kelly, A. E. (1998). Clients' secret keeping in outpatient therapy. *Journal of Counseling Psychology,* 45: 50–57.

Kerig, P., Ludlow, A., & Wenar, C. (2012). *Developmental Psychopathology* (6th ed.). New York: McGraw-Hill.

Kerr, M. E., & Bowen, M. (1988). *Family evaluation: An approach based on Bowen theory.* New York: Norton.

Kiesler, D. J. (1966). Some myths of psychotherapy research and the search for a paradigm. *Psychological Bulletin,* 65: 110–36.

Kiesler, D. J. (1988). *Therapeutic metacommunication: Therapist impact disclosure as feedback in psychotherapy.* Palo Alto, CA: Consulting Psychologists Press.

Kiesler, D. J. (1996). *Contemporary interpersonal theory and research: Personality, psychopathology, and psychotherapy.* New York: Wiley.

Kiesler, D., & Van Denburg, T. (1993). Therapeutic impact disclosure: A last taboo in psychoanalytic theory and practice. *Clinical Psychology & Psychotherapy*, 1(1): 3–13.

Kivlighan, D., Gelso, C., Ain, S., Hummel, A., & Markin, R. (2015). The therapist, the client and the real relationship: An Actor-partner interdependence Analysis of treatment outcome. *Journal of Counseling Psychology*, 62(2): 314–20.

Knox, S., Adrian, S. Everson, E., Hess, S., Hill, C., & Crook-Lyon, R. (2013). Clients perspectives on therapy termination. *Psychotherapy Research*, 21(2): 154–67.

Kobak, R., Cassidy, J., & Lyons-Ruth, K. (2006). Attachment stress and psychopathology: A developmental pathways model. *Developmental Psychopathology*, 2(1): 357–88.

Kohut, H. (1977). *The restoration of the self*. New York: International Universities Press.

Kuutmann, K., & Hilsenroth, M. (2012). Exploring insession focus on the patient-therapist relationships: Patient characteristics, process and outcome. *Clinical Psychology and Psychotherapy*, 19: 187–202.

Ladany, N., & Inman, A. (2012). Training and supervision. In E. Altmaier & J. Hausen (Eds.), *The Oxford handbook of counseling psychology*. New York: Oxford University Press.

Ladany, N., Friedlander, M., & Nelson, M. (2005). *Critical events in psychotherapy supervision: An interpersonal approach*. Washington, DC: American Psychological Association.

Lafferty, P., Beutler, L. F., & Crago, M. (1991). Differences between more and less effective psychotherapists: A study of select therapist variables. *Journal of Consulting and Clinical Psychology*, 57: 76–80.

Laing, R. D., & Esterson, A. (1970). *Sanity, madness and the family*. Middlesex: Penguin.

Lambert, M., & Barley, D. (2002). Research on the therapeutic relationship and psychotherapy outcome. In J. Norcross (Ed.), *Psychotherapy relationships that work: Therapist contributions and responsiveness to patients* (pp. 17–22). New York: Oxford University Press.

Lambert, M., & Ogles, B. (2004). The efficacy and effectiveness of psychotherapy. In M. J. Lambert (Ed.), *Bergin and Garfield's handbook of psychotherapy and behavior change* (5th ed., pp. 139–93). New York: Wiley.

Lamborn, S., Mounts, N., Steinberg, L., & Dornbusch, S. (1991). Patterns of competence and adjustment among adolescents from Authoritative, Authoritarian, Indulgent, and Neglectful families, *Child Development*, 62: 1049–65.

Larose, S., & Bernier, A. (2001). Social Support processes: Mediators of Attachment state of mind in late adolescence. *Attachment and Human Development*, 3: 96–120.

Lasca, F., Mitjavila, M., Ochoa, S., & Balluerta, N. (2015). The relationship between attachment styles and internalizing or externalizing symptoms in clinical and nonclinical adolescents. *Anales de Psicologia*, 31: 422–32.

Lazarus, A. (1993). Tailoring the therapeutic relationship, or being an authentic chameleon. *Psychotherapy*, 30: 404–7.

Lazarus, A. O. (1989). *The practice of multi-modal therapy*. Baltimore: Johns Hopkins University Press.

Lazarus, A., Lazarus, C. & Fey, A. (1993). *Don't believe it for a minute!: Forty toxic ideas that are driving you crazy*. San Luis Obispo, CA: Impact.

Levant, R. F. (2005). *Report of the 2005 presidential task force on evidence based practice*. Washington, DC: American Psychological Association.

Levenson, H. (1995). *Time-limited dynamic therapy*. New York: Basic Books.

Levenson, H. (1982). Language and healing. In S. Slip (Ed.), *Curative factors in dynamic psychotherapy*. New York: McGraw-Hill.

Levenson, H. (2003). Time-limited psychotherapy: An integrationist perspective. *Journal of Psychotherapy Integration*, 13 (3, pt. 4): 300–33.

Levenson, H. (2004). Time-limited dynamic psychotherapy: Formulation and intervention.

Levenson, H. (2010). *Brief dynamic therapy*. Washington, DC: American Psychological Association.

Levenson, H., Butler, S., Powers, T., & Beitman, B. (2002). *Concise guide to brief dynamic and interpersonal psychotherapy*. Washington, DC: American Psychiatric Press.

Levenson, H., & Strupp, H. (2007). Cyclical maladaptive patterns: Case formulation in time-limited dynamic psychotherapy. In T.D. Eells (Ed.), *Handbook of psychotherapy case formulation* (2nd ed., pp. 164–97). New York: Guilford Press.

Levenson, H., & Strupp. H. (1997). Cyclical maladaptive patterns in time-limited dynamic psychotherapy. In T. D. Ells (Ed.), *Handbook of psychotherapy case formulation* (pp. 84–115). New York: Guilford Press.

Levine, A., & Heller, R. (2010). *Attached*. New York: Penguin.

Levinson, D. (1978). *The seasons of a man's life*. New York: Ballantine.

Levinson, D. (2000). *The seasons of a woman's life*. New York: Knopf.

Levy, K. N., Clarkin, J. F., Yeomans, F. E., Scott, L. N., Wasserman, R. H., & Kernberg, O. F. (2006). The mechanisms of change in the treatment of borderline personality disorder with transference-focused psychotherapy. *Journal of Clinical Psychology*, 62: 481–501.

Levy, K., & Scalia, J. (2012). Transference, transference interpretations, and transference-focused psychotherapies. *Psychotherapy*, 49: 391–403.

Levy, K., Ellison, W., Scott, L., & Bernecker, S. (2011). Attachment style. *Journal of Clinical Psychology: In Session*, 67: 193–203.

Lewis, H. (1971). *Shame and guilt in neurosis*. New York: International Universities Press.

Lewis, M. (1995). *Shame: The exposed self*. New York: The Free Press.

Lewis, M., Feiring, C., & Rosenthal, S. (2000). Attachment over time. *Child Development,* 71: 707 –20.

Lieberman, M., Eisenberger, N., Crockett, M., et al. (2007). Putting feelings into words: Affect labeling disrupts amygdala activity in response to affective stimuli. *Psychological Science,* 18: 421–28.

Lieberman, A., & Van Horn, P. (2008). *Psychotherapy with infants and young children.* New York: Guilford Press.

Linehan, M.M., Dimeff, L.A., Reynolds, S.K., Comtois, K.A., Shaw Welch, S., Heagerty, P., & Kivlahan, D. R. (2002). Dialectical behavior therapy versus comprehensive validation plus 12 step for the treatment of opioid dependent women meeting criteria for borderline personality disorder. *Drug and Alcohol Dependence,* 67: 13–26.

Linehan, M. (1992). *Cognitive-behavioral treatment of borderline personality disorder.* New York: Guilford Press.

Linehan, M. (1997). Validation and psychotherapy. In A. L. Bohart and L. S. Greenberg (Eds.) *Empathy reconsidered: New directions* (pp. 353–92), Washington, DC: American Psychological Association.

Liotti, G. (2004). Trauma, dissociation, and disorganized attachment: Three strands of a single braid. *Psychotherapy: theory, Research, Practice, and Training,* 41: 472–86.

Lohr, M., Olatunji, B., Baumeister, R., & Bushman, B. (2007). The psychology of anger venting and empirically supported alternatives that do no harm. *The Scientific Review of Mental Health Practice*, 5: 53–64.

Love, K., & Thomas, P. (2014). Parenting styles & adjustment outcomes among college students. *Journal of College Student Development*, 55: 139–50.

Luborsky, L., McLellan, A. T., Diguer, L., Woody, G., & Seligman, D. A. (1997). The psychotherapist matters: Comparison of outcomes across twenty-two therapists and seven patient samples. *Clinical Psychology,* 4: 53–65.

Lyons-Ruth, K., Easterbrooks, M., & Cibelli, C. (1997). Infant attachment strategies, infant mental lag, and maternal depressive symptoms: Predictors of internalizing and externalizing problems at age 7. *Developmental Psychology,* 33: 681–92.

Main, M. (1995). Recent studies in attachment. In S. Goldberg, R. Muir, & J. Kerr (Eds.), *Attachment theory: Social, developmental, and clinical perspectives* (pp. 407–74). Hillsdale, NJ: Analytic Press.

Main, M. & Hesse, E. (1990). Parents' unresolved traumatic experiences are related to infant disorganized attachment status: Is frightening and/or frightened parental behavior the linking mechanism? In M.T. Greenberg, D. Cicchetti, & E.M. Cummings (Eds.), *Attachment in the preschool years* (pp. 121–60). Chicago, IL: University of Chicago Press.

Malik, M., Beutler, L., Alimohamed, S., & Gallagher-Thompson. (2003). Are all cognitive therapies alike? A comparison of cognitive and noncognitive therapy process and implications for the application of empirically supported treatments. *Journal of Counseling and Clinical Psychology*, 71: 150–58.

Mallinckrodt, B. (2000). Attachment, social competencies, social support, and interpersonal process in psychotherapy. *Psychotherapy Research*, 10: 239–66.

Mallinckrodt, B. (2010). The psychotherapy relationship as attachment: Evidence and implications. *Journal of Personal and Social Relationships,* 27: 262–70.

Mallinckrodt, B. (2015). *Attachment theory and psychotherapy relationship-summarizing what we know.* [Web article]. Retrieved from www.scoietyforpsychotherapy.org/attachment-theory-and-the-psychotherapy-relationship-summarizing-what-we-know

Mallinckrodt, B., Gantt, D., & Coble, H. (1995). Attachment patterns in the psychotherapy relationship: Development of the client attachment to therapist scale. *Journal of Counseling Psychology,* 42: 307–17.

Mallinckrodt, B., Porter, M. J., & Kivlingham, D. M. (2005). Client attachment to therapist, depth of in-session exploration, and object relations in brief psychotherapy. *Psychotherapy: Theory, Practice, Training,* 42: 85–100.

Mallinckrodt, B., Choi, G., & Daly, K. (2015). Pilot test of a measure to assess therapeutic distance and its association with client attachment and corrective experience in therapy. *Psychotherapy Research*, 25: 505–17

Mallinckrodt, B. & Jeong, J. (2014). Meta-analysis of client attachment to therapist: Associations with working alliance and client pretherapy attachment. *Psychotherapy*, 52(1): 134–39.

Mallinckrodt, B., Daly, K., & Wang, C. (2009). An attachment approach to adult psychotherapy. In J. Obege & E. Berant (Eds.), *Attachment theory and research in clinical work with adults* (pp. 234–69). New York: Guilford Press.

Mann, J. (1973). *Time-limited psychotherapy.* Cambridge, MA: Harvard University Press.

Many, M. M. (2009). Termination as a therapeutic intervention when treating children who have experienced multiple losses. *Infant Mental Health Journal,* 30(1): 23–39.

Markin, R.D. (2014). Toward a common identity for relationally oriented clinicians: A place to hang one's hat. *Psychotherapy*, 51(3): 327–33.

Markowitz, T., & Milrod, B. (2011). The importance of responding to negative affect in psychotherapies. *The American Journal of Psychiatry*, 169(2): 124–8.

Marmarosh, C, Gelso, C, Markin, R., & Majors, R. (2009). The real relationship in psychotherapy: Relationships to adult attachments, working alliances, transferences, and therapy outcomes. *Journal of Counseling Psychology,* 56(3): 37–50.

Marmarosh, C., Kivlighan, D., Bien, K., et al. (2014). The insecure psychotherapy base: Using client and therapist attachment styles to understand early alliance. *Psychotherapy,* 51: 404–12.

Marmarosh, C. (2015). Emphasizing the complexity of the relationship: The next decade of attachment-based psychotherapy research. *Psychotherapy,* 52: 12–18.

Martin, A., Buchheim, A., Berger, U., & Straus, B. (2007). The impact of attachment organization on potential counter-transference reactions. *Psychotherapy Research*, 17: 46–58.

Marx, S. A., & Gelso, C. J. (1987). Termination of individual counseling a university counseling center. *Journal of Counseling Psychology*, 34: 3–9.

Matsakis, A. (1998). *Managing client anger: What to do when a client is angry at you.* Oakland, CA: New Harlinger Publications.

Mayotte-Blum, J., Slavin-Mulford, J., Lehmann, M., et al. (2012). Therapeutic immediately across long-term psychodynamic psychotherapy: An evidence-based case study. *Journal of Counseling Psychology*, 59: 27–40.

McBride, C., Atkinson, L., Quilty, L., & Bagby, R. (2006). Attachment as a moderator of treatment outcome in major depression: A randomized control trial of interpersonal psychotherapy versus cognitive behavior. *Journal of Consulting and Clinical Psychology,* 74: 1041–54.

McCarthy, K., Cannolly, M., Gibbons, M., & Barber, J. (2008). The relation of rigidity across relationships with symptoms and functioning: An investigation with the revised central relationship questionnaire. *Journal of Counseling Psychology*, 55: 346–58.

McClure, F., & Teyber, E. (2003). *Casebook in child and adolescent treatment: Cultural and familial contexts.* Pacific Grove, CA: Wadsworth.

McClure, F., & Teyber, E. (2003). Linda: A depressed third-culture kid clarifying spiritual values. In F. McClure & E. Teyber (Eds.), *Casebook in child & adolescent treatment* (pp. 240–69). Pacific Grove, CA: Brooks/Cole.

McCrane, R., & Costa, P. (1988). Recalled parent-child relations and adult personality. *Journal of Personality,* 56: 417–34.

McGoldrick, M., Gerson, R., & Petry, S. (2008). *Genograms: Assessments and interventions* (3rd ed.). New York: Norton.

McKinney, C., & Renk, K. (2008). Multivariate models of parent-late adolescent gender dyads: The importance of parenting processes in predicting adjustment. *Child Psychiatry and Human Development,* 39: 147–70.

Meissner, W. W. (2007). Therapeutic alliance: Theme and variations. *Psychoanalytic Psychology*, 24: 231–54.

Messer, S. B. & Wampold, B. E. (2002). Let's face facts: Common factors are more potent than specific therapy ingredients. *Clinical Psychology: Science and Practice*, 9: 21–5.

Mikulincer, M., & Shaver, P. R. (2005). Attachment theory and emotions in close relationships: Exploring the attachment-related dynamics of reactions to relational events. *Personal Relationships*, 12: 149–68.

Mikulincer, M., & Shaver, P. (2007). *Attachment in adulthood.* New York: Guilford Press.

Mikulincer, M., & Shaver, P. (2008). Adult attachment and affect regulation. In M. Cassidy & P. Shaver (Eds.), *Handbook of attachment* (pp. 503–31). New York: Guilford Press.

Mikulincer, M., & Shaver, P. (2008). Adult attachment and object relations. In J. Cassidy & P. R. Shaver (Eds.), *Handbook of attachment* (pp. 503–31). New York: Guilford Press.

Mikulincer, M., Shaver, P., & Pereg, D. (2003). Attachment theory and affect regulation: The dynamics, development, and consequences of attachment-related strategies. *Motivation and Emotion,* 27: 77–102.

Miller, A. (1984), *Prisoners of childhood.* New York: Basic Books.

Miller, W. R. & Rollnick, S. (2013). *Motivational interviewing* (3rd ed.), New York: Guilford Press.

Miller, W. R., Benefield, R. G., & Tonigan, J. S. (1993). Enhancing motivation for change in problem with drinking: A controlled comparison of two therapist styles. *Journal of Counseling and Clinical Psychology,* 61: 433–61.

Miller, W., & Rollnick, S. (2002). *Motivational interviewing.* New York: Guilford Press.

Miller, W., & Rose, G. (2009). Toward a theory of motivational interviewing. *American Psychological Association,* 64(6): 527–37.

Millon, T. (1999). Reflections on psychosynergy: A model for integrating science, theory, classification, assessment, and therapy. *Journal of Personality Assessment,* 72(3): 437–56.

Millon, T. (2004). *Personality disorders in modern life.* Hoboken, NJ: Wiley.

Millon, T., & Grossman, S. (2007). *Overcoming resistant personality disorders: A personalized psychotherapy approach.* Hoboken. NJ: Wiley.

Mills, R., Imm, G., Walling, B., & Weiler, H. (2008). Cortisol reactivity and regulation associated with shame responding in early childhood. *Developmental Psychology,* 44: 1369–80.

Minuchin, S. (1984). *Family kaleidoscope.* Cambridge, MA: Harvard University Press.

Minuchin, S., & Nichols, M. P. (1998). Structural family therapy. In F. M. Datilio (Ed.), *Case studies in couple and family therapy: Systemic and cognitive perspectives.* New York: Guilford Press.

Minuchin, S., Nichols, M. P., & Lee, W. (2006). *Assessing couples and families: From symptom to system*. Boston, MA: Pearson.

Mitchell, S. (1988). *Relational concepts in psychoanalysis*. Cambridge, MA: Harvard University Press.

Mitchell, S. (1993). *Hope and dread in psychoanalysis*. New York: Basic Books.

Morgan, Z., Brugha, T., Fryers, T., et al. (2012). The effects of parent-child relationships on later life mental health status in two national cohorts. *Social Psychiatry and Epidemiology*, 47: 1707–15.

Moyers, T. (2014). The relationship in motivational interviewing. *Psychotherapy*, 51: 358–63.

Moyers, T.B., Houck, J., Rice, S.L. et al (2016). Therapist empathy, combined behavioral intervention, and alcohol outcomes in the COMBINE research project. *Journal of Consulting* & *Clinical Psychology*, 84: 221–9

Moyers, T. B. & Miller, W. R. (2013). Is low therapist empathy toxic. *Psychology of Addictive Behaviors*, 27: 878–84.

Moyers, T. B., Miller, W. R., & Hendrickson, S. M. L. (2005). How does motivational interviewing work? Therapist interpersonal skill predicts client involvement within motivational interviewing sessions. *Journal of Consulting and Clinical Psychology*, 73: 590–98.

Moyers, T., Martin, T., Christopher, P., Houck, J., Tonigan, J., & Amrhein, P. (2007). Client language as a mediator of motivational interviewing efficacy: Where is the evidence? *Alcoholism: Clinical and Experimental Research*, 31(Suppl. 3): 40–47.

Mueller, W. J., & Aniskiewics, A. S. (1986). *Psychotherapeutic intervention in hysterical disorders*. Northvale, NJ: Aronson.

Muran, J. C., Safran, J. D., Gorman, B. S., Samstag, L. W., Eubanks-Carter, C., & Winston, A. (2009). The relationship of early alliance ruptures and their resolution to process and outcome in three time-limited psychotherapies for personality disorders. *Psychotherapy: Theory, Research, Practice, Training*, 46(2): 233–48.

Muran, J. C., Safran, J. D., Samstag, L. W., & Winston, A. (2005). A comparative treatment study of personality disorders. *Psychotherapy: Theory, Research, Practice, Training*, 42: 512–31.

Myers, S., & White, C. (2010) The Abiding Nature of empathic connections: A 10-year follow up study. *Journal of Humanistic Psychology*, 50(1): 77–95.

Najavits, L., & Strupp, H. (1994). Differences in the effectiveness of psychodynamic therapists: A process-outcome study. *Psychotherapy Research*, 31: 114–23.

Nathanson, D. L. (Ed.). (1987). *The many faces of shame* (pp. 246–70). New York: Guilford Press.

Neff, K. (2011). *Self compassion*. New York: HarperCollins.

Nienhuis, J.B. (2014). A meta-analytic review of the relationship between the therapeutic alliance, empathy, and genuineness in individual psychotherapy. *Electronic Theses & Dissertations*. Paper 1063.

Norcross, J. & Lambert, M. (2014). Relationship science & practice in psychotherapy: Closing commentary. *Psychotherapy*, 51(3): 1–13.

Norcross, J., (2011). *Psychotherapy relationships that work: Evidence based responsiveness* (2nd ed.). New York: Oxford University Press.

Norcross, J. & Lambert, M. (2014). Relationship science and practice in psychotherapy: Closing commentary. *Psychotherapy*, 51: 398–403.

Norcross, J. & Lambert, M. (2011). Evidence-based therapy relationships. In J. Norcross (Ed.), *Psychotherapy relationships that work* (pp. 3–21). New York: Oxford University Press.

Norcross, J. (2010). The therapeutic relationship. In B. Duncan, S. Miller, B. Wampold, & M. Hubble (Eds.), *The heart and soul of change: Delivering what works in therapy* (2nd ed., pp. 113–41). Washington, DC: American Psychological Association.

Norcross, J. C. (2002). *Psychotherapy relationships that work: Therapist contributions and responsiveness to patients*. New York: Oxford University Press.

Norcross, J., & Wampold, B. (2011). Evidence-based therapy relationships: Research conclusions and clinical practices. *Psychotherapy*, 48: 98–102.

O'Brien, A., Fahmy, R., & Singh, S. P. (2009). Disengagement from mental health services: A literature review. *Social Psychiatry & Psychiatric Epidemiology*, 44(7): 558–68.

Obegi, J., & Berant, E. (Eds.). (2009) *Attachment theory and research in clinical work with adults*. New York: Guilford Press.

Ogawa, J., Sroufe, L., Weinfield, N., et al. (1997). Development and the fragmented self: Longitudinal study of dissociative symptomatology in a nonclinical sample. *Development and Psychopathology*, 9: 855–79.

Ogden, T. H. (2002). New reading of the origins of object relations theory. *International Journal of Psychoanalysis*, 83: 767–82.

Ogrodniczuk, J. S., Joyce, A. S., & Piper, W. T. (2005). Strategies for reducing patient-inpatient premature termination of psychotherapy. *Harvard Review of Psychiatry*, 13(2): 57–70.

Okiishi, J., Lambert, M., Nelson, S., & Ogles, B. (2003). Waiting for supershrink: An empirical analysis of therapist effects. *Clinical Psychology and Psychotherapy*, 10: 361–73.

Orlinsky, D. E., Ronnestad, M. H., & Willutzki, U. (2004). Process and outcome in psychotherapy. In M. J. Lambert (Ed.), *Bergin and Garfield's handbook of psychotherapy and behavior change* (5th ed., pp. 307–89). Hoboken, NJ: Wiley.

Otani, K., Suzuki, A., Matsumoto, V., et al. (2014). Distinctive correlations of sociotropy and autonomy with working models of self and other. *Comprehensive Psychiatry*, 55: 1643–46.

Ozer, E., Flores, E., Tschann, J., & Pasch, L. (2011). Parenting style, depressive symptoms and substance use in Mexican American adolescents. *Youth and Society*, 43: 346–88.

Parish, M., & Eagle, M. N. (2003). Attachment to the therapist. *Psychoanalytic Psychology*, 20: 271–86.

Parker, S., & Thomas, R. (2009). Psychological differences in shame vs. guilt: Implications for mental health counselors. *Journal of Mental Health Counseling*, 31: 213–24.

Pasternak, A., & Schier, K. (2014). Life without childhood-parentification of women with AcoA syndrome. *Psychiatra Polska*, 48: 553–62.

Patrick, M., Hobson, R., Castle, D., Howard, R., & Maughan, B. (1994). Personality disorder and the mental representation of early social experiences. *Development & Psychopathology*, 6: 375–88.

Pedersen, P., Draguns, J., Lonner, W., & Trimble, J. (Eds.). (2008). *Counseling across cultures* (6th ed.). Thousand Oaks, CA: Sage.

Pederson, P., Crethar, H., & Carlson, J. (2008). *Inclusive cultural empathy: Making relationships central in counseling and psychotherapy.* Washington, DC: American Psychological Association.

Perrin, M., Ehrenberg, M., & Hunter, M. (2013). Boundary diffusion, individuation, and adjustment: Comparison of young adults in divorced versus intact families. *Family Relations*, 62: 768–82.

Persons, J. B., & Silberschatz, G. (1998). Are results of randomized controlled trials useful to psychotherapists? *Journal of Consulting and Clinical Psychology* 66: 126–35.

Persons, J. B., Beckner, V. L., & Tompkins, M. A. (2013). Testing case formulation hypotheses in psychotherapy: Two case examples. *Cognitive & Behavioral Practise*, 20(4): 399–409.

Peterson, B., & Zubriggen, E. (2010). Gender, sexuality, and the authoritarian personality. *Journal of Personality*, 78: 1801–27.

Pezzarossa, B., Della Rosa, A., & Rubino, A. I. (2002). Self-defeating personality and memories of parents' child-rearing behavior. *Psychological Reports*, 91: 436–38.

Pietromonacco, P. & Feldman, L. (2000). The internal working models concept: What do we really know about the self in relation to others? *Review of General Psychology*, 4: 155–75.

Piko, E., Luszczynska, A., & Fitzpatrick, K. (2013). Social inequalities in adolescent depression: The role of parental social support and optimism. *International Journal of Social Psychiatry*, 59: 474–81.

Pos, A. E., Greenberg, L. S., Goldman, R. N., & Korman, L. M. (2003). Emotional processing during experiential treatment of depression. *Journal of Consulting and Clinical Psychology*, 71: 1007–16.

Potter-Efron, R. (2007). *Rage*. Oakland, CA: New Harbinger.

Potter-Efron, R. (2011). Therapy with shame-prone alcoholic and drug-dependent clients. In R. Dearing & J. Tangney (Eds.), *Shame in the therapy hour* (pp. 219–36). Washington, DC: American Psychological Association).

Powell, M., Cooper, G., Hoffman, K., & Marvin, B. (2013). *The circle of security intervention*. New York: Guilford Press.

Prochaska, J., & Norcross, J. (2006). *Systems of psychotherapy: A transtheoretical analysis* (6th ed.). Pacific Grove, CA: Brooks/Cole.

Prochaska, J., DiClemente, C., & Norcross, J. (1992). In search of how people change: Applications to addictive behaviors. *American Psychologist*, 47: 1102–14.

Prochaska, J., Norcross, J., & DiClemente, C. (2005). Stages of change: Perspective guidelines. In G. P. Koocher, J. C. Norcross, & S. S. Hill (Eds.), *Psychologists' desk reference* (2nd ed., pp. 226–31). New York: Oxford University Press.

Quirk, S., Weir, D., Martin, S., & Christian, A. (2015). The influence of parental rejection on the development of maladaptive schemas, rumination, and motivations for self-injury. *Journal of Psychopathology and Behavioral Assessment*, 37: 283–95.

Rapee, R. (1997). Potential role of child rearing practices in the development of anxiety and depression. *Clinical Psychology Review*, 17: 47–67.

Rapee, R. (2012). Family factors in the development and management of anxiety disorders. *Clinical Child and Family Psychology Review*, 15: 69–80.

Rappleyea, D., Harris, S. M., White, M., & Simon, K. (2009). Termination: Legal and ethical considerations for marriage and family therapists. *American Journal of Family Therapy*, 37: 12–27.

Raskin, J. (2005). The nondirective attitude. *Person-Centered Journal*, 12 (1–2): 5–22.

Ravitz, P., McBride, C., & Maunder, R. (2011). Failures in interpersonal psychotherapy (IPT): Factors related to treatment resistances. *Journal of Clinical Psychology*, 67: 129–39.

Regan, A. M., & Hill, C. E. (1992). Investigation of what clients and counselors do not say in brief therapy. *Journal of Counseling Psychology*, 39: 168–74.

Reis, B. F., & Brown, L. G. (2006). Preventing therapy dropout in the real world: The clinical utility of video tape preparation and client estimate of treatment duration. *Professional Psychology: Research and Practice*, 37: 311–16.

Reis, S., & Grenyer, B. (2004). Fear of intimacy in women: Relationship between attachment styles and depression symptoms. *Psychopathology*, 37: 299–303.

Renik, O. (1998). The role of countertransference enactment in a successful clinical psychoanalysis. In S. J. Ellman & M. Moskowitz (Eds.), *Enactment: Toward a new approach to the therapeutic relationship* (pp. 111–28). Northvale, NJ: Aronson.

Renn, P. (2012). *The silent past and invisible present: Memory, trauma, and representation in psychotherapy*. New York: Routledge.

Rhodes, R. H., Thompson, B. J., & Elliott, R. (1994). Client retrospective recall of resolved and unresolved misunderstanding events. *Journal of Counseling Psychology,* 41: 473–83.

Richmond, V., McCroskey, J., & Hickson, M. (2012). *Nonverbal behavior in interpersonal relations* (7th ed.). Needham Heights, MA: Allyn & Bacon.

Ridley, C. R. & Kelly, S. M. (2007). Multicultural considerations in case formulation. In T. D. Eells (Ed.), *Handbook of psychotherapy case formulation* (pp. 33–64). New York: Guilford Press.

Rizq, R. (2009). Teaching and transformation: A psychoanalytic perspective on psychotherapeutic training. *British Journal of Psychotherapy,* 25(3): 363–80.

Robbins, S. B., & Jolkovski, M. P. (1987). Managing countertransference feelings: An international model using awareness of feeling and theoretical framework. *Journal of Counseling Psychology,* 34: 276–82.

Rogers, C. (1951). *Client-centered therapy.* Boston, MA: Houghton Mifflin.

Rogers, C. (1957). The necessary and sufficient conditions of personality change. *Journal of Consulting Psychology,* 21: 95–103.

Rogers, C. (1975). Empathy: An unappreciated way of being. *Counseling Psychologist,* 21: 95–103.

Rogers, C. (1980). *A way of being*. Boston, MA: Houghton Mifflin.

Roisman, G., & Fraley, R. (2008). A behavior-genetic study of parenting quality, infant attachment security, and their covariation in a nationally representative sample. *Developmental Psychology,* 44, 831–839.

Romano, V., Fitzpatrick, M., & Janzen, J. (2008). The secure-base hypothesis: Global attachment, attachment to counselor, and session exploration in psychotherapy. *Journal Counseling Psychology, 55*: 495–504.

Roth, A., & Fonagy, P. (2005). *What works for whom? A critical review of psychotherapy research* (2nd ed.). New York: Guilford Press.

Rothrauff, T., Cooney, T., & An, J. (2009). Remembered parenting styles and adjustment in middle and late adulthood. *Journal of Gerontology: Social Sciences,* 64: 137–46.

Rubino, A. I., Pezzarossa, B., Della Rosa, A., & Siracusano, A. (2004). Self-defeating personality and memories of parent's child-rearing behavior: A replication. *Psychological Reports,* 94: 733–35.

Rubino, G., Barker, C., Roth, T., & Fearon, P. (2000). Therapist empathy and depth of interpretation in response to potential alliance ruptures: The role of therapist and patient attachment styles. *Psychotherapy Research,* 10: 408–20.

Rubinstein, T. (2015). Relational theory: A refuge and compass. *Clinical Social Work Journal*, 43: 398–406.

Russell, E., & Fosha, D. (2008). Transformational affects and core state in AEDP: The emergence and consolidation of joy, hope, gratitude, and confidence in (the solid goodness of) the self. *Journal of Psychotherapy Integration,* 18(2): 167–90.

Safran, J., & Kraus, J. (2014). Alliance ruptures, impasses, and enactments: A relational perspective. *Psychotherapy,* 51: 381–87.

Safran, J. D., Muran, J. C, Samstag, L. W., & Winston, A. (2005). A comparative treatment study of potential treatment failures. *Psychotherapy: Theory, Research, Practice, Training,* 42: 532–45.

Safran, J. D., Muran J. C., & Eubanks-Carter, C. (2011). Repairing alliance ruptures: A task analytic investigation. *Psychotherapy,* 48: 80–7.

Safran, J., & Muran, J. (2003). *Negotiating the therapeutic alliance: A relational treatment guide.* New York: Guilford Press.

Safran, J., Muran, J. C, Samstag, L., & Stevens, C. (2002). Repairing alliance ruptures. In J. C. Norcross (Ed.), *Psychotherapy relationships that work: Therapist contributions and responsiveness to patients* (pp. 235–54). London: Oxford University Press.

Safran, J., Muran, J., & Proskurov, B. (2009). Alliance, negotiation, and rupture resolution. In R. A. Levy & J. S. Ablon (Eds.), *Handbook of evidence-based psychodynamic psychotherapy* (pp. 201–26). New York: Humana Press.

Sakado, K., Kuwabara, H., Sato, T., et al. (2000). The relationship between personality, dysfunctional parenting in childhood, and lifetime depression in a sample of employed Japanese adults. *Journal of Affective Disorders,* 60: 47–51.

Sampson, H. (2005). Treatment by attitudes. In G. Silberschatz (Ed.), *Transformative relationships: The control-mastery theory of psychotherapy* (pp. 111–20). New York: Routledge.

Sanfer, J. & Tantillo, M. (2011). Body image and eating disorders: A compelling source of shame for women. In R. Dearing, & J. Tangney (Eds.), *Shame in the therapy hour* (pp. 277–304). Washington, DC: American Psychological Association.

Satir, V., & Bitter, J. R. (2000). The therapist and family therapy: Satir's human validation model. In A. Horne & J. L. Passmore (Eds.), *Family counseling and therapy* (3rd ed.). Pacific Grove, CA: Wadsworth-Brooks/Cole.

Sauer, E. M., Lopez, F. G., & Gormley, B. (2003). Respective contributions of therapist and client adult attachment orientations to the development of the early working alliance: A preliminary growth modeling study. *Psychotherapy Research*, 13: 371–82.

Schatzman, M. (1973). *Soul murder: Persecution in the family*. New York: Random House.

Scheff, T. J. (2000). *Bloody revenge: Emotions, nationalism, and war*. Lincoln, NE: iUniverse.com, Inc.

Schill, T., & Williams, D. (1993). Attachment histories for people with characteristics of self-defeating personality. *Psychological Reports* 73: 1232–34.

Schore, A. (2014). The right brain is dominant in psychotherapy. *Psychotherapy*, 51: 388–97.

Schore, A. N. (2003). *Affect dysregulation & disorders of the self*. New York: Norton.

Schore, A. N. (2012). *The science of the art of psychotherapy*. New York: Norton.

Schroeder, R., & Mowen, T. (2014). Parenting style-transitions and delinquency. *Youth and Society*, 46: 228–54.

Seligman, M. (1995). The effectiveness of psychotherapy: The consumer reports study. *American Psychologist*, 50: 965–74.

Shah, R., & Waller, G. (2000). Parental style & vulnerability to depression: The role of core beliefs. *Journal of Nervous and Mental Disease*, 188: 9–25.

Shaver, J., & Cassidy, P. R. (Eds.). (2008). *Handbook of attachment: Theory, research, & clinical applications* (2nd ed.). New York: Guilford Press.

Shaver, P., & Mikulincer, M. (2010). New directions in attachment research. *Journal of Social and Personal Relationships*, 27: 163–72.

Shaw, B. A., Krauge, N., Chatters, L. M., Connell, G. M., & Ingersoll-Dayton, B. (2004). Emotional support from parents early in life, aging, and health. *Psychology and Aging*, 19: 4–12.

Sheehan, A. H., & Friedlander, M. L. (2015). Therapeutic alliance and retention in brief strategic family therapy: A mixed-methods study. *Journal of Marital and Family Therapy*, 41: 415–27.

Sherlin, M., Boyda, D., Elklit, A., & Murphy, S. (2014). Attachment styles and psychological response to infant bereavement. *European Journal of Psychotraumatology*, 5: 1–8.

Shirk, S. R., & Karver, M. S. (2011). The Alliance in child & adolescent psychotherapy. In J. Norcross (Ed.), *Psychotherapy relationships that work: Evidence-based on responsiveness*, 48, 17–24. New York: Oxford University Press.

Schore, J., & Schore, A. (2008). Modern attachment theory: The central role of affect regulation in development and treatment. *Clinical Social Work Journal*, 36: 9–20.

Siegel, D., & Hartzell, M. (2014). *Parenting from the inside out*. New York: Penguin.

Silberschatz, G. (Ed.). (2005) *Transformative relationships*. New York: Taylor & Francis Group.

Silberschatz, G. (Ed.). (2005). *The control-mastery theory: An integrated cognitive-psychodynamic relational theory*. New York: Routledge.

Silberschatz, G., & Curtis, J. T. (1993). Measuring the therapist's impact on the patient's therapeutic progress. *Journal of Consulting and Clinical Psychology*, 61: 403–11.

Simon, J. L. (2002). Analysis of the relationship between shame, guilt, and empathy in intimate relationship violence (abstract). *Dissertation Abstracts International*, 63(6): 3026.

Simpson, J., & Rholes, W. (2010). Attachment and relationships: Milestones and future directions. *Journal of Social and Personal Relationships*, 27: 173–80.

Skovholt, T., & Rennestad, M. (2003). Struggles of the novice counselor and therapist. *Journal of Career Development*, 30(1): 45–59.

Slade, A. (1999). Attachment theory and research: Implications for the theory and practice of individual psychotherapy with adults. In J. Cassidy & P. R. Shaver (Eds.), *Handbook of attachment: Theory, research, and clinical applications* (pp. 575–94). New York: Guilford Press.

Slade, A. (2004). The move from categories to process: Attachment phenomena and clinical evaluation. *Infant Mental Health Journal*, 25(4): 269–83.

Slavin-Mulford, J. (2013). The dance of psychotherapy. *Psychotherapy*, 50: 419–23.

Slicker, E. K., & Thornberry, I. (2002). Older adolescent well-being and authoritative parenting. *Adolescent and Family Health*, 3: 9–19.

Smith, A. E., Msetfi, R. M., & Golding, L. (2010). Client self rated adult attachment patterns and the therapeutic alliance: A systematic review. *Clinical Psychology Review*, 30: 326–37.

Smith, J. (2006). Form and forming a focus in brief dynamic therapy. *Psychodynamic Practice*, 12(3): 261–79.

Smith, W. (2007). Karen Horney and psychotherapy in the 21st century. *Clinical Social Work Journal*, 35: 57–66.

Snyder, C. R., (1994). *The psychology of hope: You can get there from here*. New York: Free Press.

Solomon, J., & George, C. (1999). The development of attachment in separated and divorced families: effects of overnight visitation, parent and couple variables. *Attachment and Human Development*, 1: 2–33.

Spangler, P., Hill, C., Dunn, M., et al. (2014). Training undergraduate students to use immediacy. *The Counseling Psychologist,* 42: 729–57.

Speight, S., Myers, L., Cox, C., & Highlen, P. (1991). A redefinition of multicultural counseling. *Journal of Counseling Development,* 70(1): 29–36.

Spiegel, D., & Alpert, J. L. (2000). The relationship between shame and rage: Conceptualizing the violence at Columbine High School. *Journal for the Psychoanalysis of Culture,* 5(2): 237–46.

Spieker, S., Nelson, E., & Condun, M.-C. (2011). Validity of the TAS-45 as a measure of toddler-parent attachment: Preliminary evidence from Early Head Start families. *Attachment and Human Development,* 13: 69–90 (pp. 45–68). Washington, DC: American Psychological Association.

Springmann, R. (1986). Countertransference: Clarifications in supervision. *Contemporary Psychoanalysis,* 22: 252–77.

Sroufe, L. (2005). Attachment and development: A prospective, longitudinal study from birth to adulthood. *Attachment & Human Development,* 7(4): 349–67.

Steinberg, L. (2001) We know some things: Parent adolescent relationships in retrospect and prospect. *Journal of Research on Adolescence,* 11: 1–19.

Steinberg, L., Lamborn, S., Darling, N., Mounts, N., & Dornbusch, S. (1994). Over-time changes in adjustment and competence among adolescents from authoritative, authoritarian, indulgent, and neglectful families. *Child Development,* 65: 754–70.

Steinberg, L., Blatt-Eisengart, I., & Cauffman, E. (2006). Patterns of competence and adjustment among adolescents from authoritative, authoritarian, indulgent, and neglectful homes: A replication in a sample of serious juvenile offenders. *Journal of Research on Adolescence,* 16: 47–58.

Stierlin, H. (1972). *Separating parents and adolescents.* New York: Quadrangle.

Stolorow, R. D., Atwood, G. E., & Brandchaft, B. (1994). *The intersubjective perspective.* New York: Jason Aronson.

Stovall-McClough, K., & Cloitre, M. (2006). Unresolved attachments, PTSD, and dissociation in women with childhood abuse histories. *Journal of Consulting and Clinical Psychology,* 74: 219–28.

Strupp, H., & Binder, J. (1984). *Psychotherapy in a new key: A guide to time-limited dynamic psychotherapy.* New York: Basic Books.

Strupp, H., & Hadley, S. (1979). Specific versus nonspecific factors in psychotherapy: A controlled study of outcome. *Archives of General Psychiatry,* 36: 1125–36.

Sue, D. W., & Sue, D. (2016). *Counseling the culturally diverse* (7th ed.). Hoboken, NJ: Wiley.

Sue, S., & Zane, N. (2009). The role of culture and cultural techniques in psychotherapy: A critique and reformulation. *Asian American Journal of Psychology,* 1: 3–14.

Sullivan, H. S. (1953). *The interpersonal theory of psychiatry.* New York: Norton.

Sullivan, H. S. (1968). *The interpersonal theory of psychiatry.* New York: Norton.

Sullivan, H. S. (1970). *The psychiatric interview.* New York: Norton.

Swift, J. K. (2013). Increasing hope by addressing clients' outcome expectations. *Psychotherapy,* 50(3), 284–87.

Swift, J., & Callahan, J. (2008). A delay discounting measure of great experiences and the effectiveness of psychotherapy. *Professional Psychology: Research and Practice,* 39(6): 581–88.

Tangney, J. P. (1998). Are shame and guilt related to distinct self discrepancies? A test of the 1999 Higgins hypothesis. *Journal of Personality and Social Psychology,* 75(1): 256–68.

Tangney, J., & Dearing, R. (2002). *Shame and guilt.* New York: Guilford Press.

Tasca, G., Ritchie, K., Zachariades, F., et al. (2013). Attachment insecurity mediates the relationship between childhood trauma and eating disorder psychopathology in clinical sample: A structural equation model. *Child Abuse & Neglect,* 37: 926–33.

Tasca, G. A., & Balfour, L. (2014). Attachment and eating disorders: A review of current research. *International Journal of Eating Disorders,* 47: 710–17.

Teyber, E. (1983). Effects of the parental coalition on adolescent emancipation from the family. *Journal of Marital and Family Therapy,* 9: 89–99.

Teyber, E. (2001). *Helping children cope with divorce.* San Francisco, CA: Jossey Bass.

Teyber, E., & Teyber, F. (2014). Working with the process dimension in relational therapies: Guidelines for clinical training. *Psychotherapy,* 51: 334–41.

Teyber, E., & McClure, F. (2000). Therapist variables. In C. Snyder & R. Ingram (Eds.), *Handbook of psychological change; psychotherapy processes and practices for the 21st century* (pp. 62–87). New York: Wiley.

Teyber, E., McClure, F., & Weathers, R. (2011). Shame in families: Transmission across generations. In R. Dearing & J. Tangney (Eds.), *Shame in the therapy hour* (pp. 167–94). Washington, DC: American Psychological Association.

Thomaes, S., Stegge, H., & Olthof, T. (2007). Externalizing shame responses in children: The role of fragile positive self-esteem. *British Journal of Developmental Psychology,* 25: 559–77.

Thomas, K., Hopwood, C., Woody, E., Ethier, N., & Sadler, P. (2014). Momentary assessment of interpersonal process in psychotherapy. *Journal of Counseling Psychology,* 61(1): 1–14.

Tomkins, S. (1967). Shame. In D. Nathanson (Ed.). *The many faces of Shame* (pp. 133–61), New York: Guilford Press.

Townsend, K., & McWhirter, B. (2005). Connectedness: A review of the literature with implications for counseling, assessment, and research. *Journal of Counseling & Development,* 83: 191–201.

Tracey, J., Robins, R., & Tangney, J. (Eds.). (2007). *The self-conscious emotions: Theory and research.* New York: Guilford Press.

Truax, C. B., & Carkhuff, R. R. (1967). *Toward effective counseling and psychotherapy*. Chicago, IL: Aldine.

Tsai, M., Yard, S., & Kohlenberg, R. (2014). Functional analytic psychotherapy: A behavioral relational approach to treatment. *Psychotherapy,* 51: 364–71.

Tufekcioglu, S., & Muran, J. C. (2015). Case formulation and the therapeutic relationship: The role of therapist self-reflection and self-revelation. *Journal Clinical Psychology: In Session,* 71: 469–77.

Tyrone, G. S., & Winograd, G. (2002). Goal consensus and collaboration. In J. C. Norcross (Ed.), *Psychotherapy relationships that work* (pp. 109–128). New York: Oxford University Press.

Tyrrell, C., Dozier, M., Teague, G., & Fallof, R. (1999). Effective treatment relationships for persons with serious psychiatric disorders: The importance of attachment states of mind. *Journal of Consulting and Clinical Psychology,* 67: 725–33.

Uji, M., Sakamoto, A., Adachi, K., & Kitamura, T. (2014). The impact of authoritative, authoritarian, and permissive parenting styles on children's later mental health in Japan: Focusing on parent and child gender. *Journal of Child and Family Studies*, 23: 293–302.

Van Dijke, A., & Ford, J. (2015). Adult attachment and emotion dysregulation in borderline personality and somatoform disorders. *Borderline Personality Disorder and Emotion Dysregulation,* 2: 6–9.

Van Zeijl, J., Messman, J., Van IJendoorn, et al. (2006). Attachment based intervention for enhancing sensitive discipline in mothers of 1-to-3 year old children at risk for externalizing behavior problems: A randomized controlled trial. *Journal of Consulting Clinical Psychology,* 74: 994–1005.

Varghese, A., & Jenkins, S. (2009). Parental overprotection, cultural value conflict, and psychological adaptation among Asian Indian women in America. *Sex Roles,* 61(3): 235–51.

Vasquez, M. (2007). Cultural difference and the therapeutic alliance: An evidence-based analysis. *American Psychologist,* 62(8): 878–85.

Wachtel, P. (2014). *Cyclical psychodynamics and the contextual self: The inner world, the intimate world, and the world of culture and society*. New York: Routledge.

Wachtel, P. (1982). *Psychoanalysis and behavior therapy: Toward an integration.* New York: Basic Books.

Wachtel, P. (1997). *Psychoanalysis, behavior therapy, and the relational world.* Washington, DC: American Psychological Association.

Wachtel, P. (2011). *Therapeutic communication: Knowing what to say when,* (2nd ed.). New York: Guilford Press.

Wachtel, P. (2008). *Relational theory and the practice of psychotherapy.* New York: Guilford Press.

Wachtel, P. L., Kruk, J., & McKinney, M. (2005). Cyclical psychodynamics and integrative relative psychotherapy. In J. Norcross & M. Gohdfried (Eds.), *Handbook of psychotherapy integration* (2nd ed., pp. 172–95). New York: Oxford University Press.

Wallin, D. (2007). *Attachment in psychotherapy.* New York: Guilford Press.

Wampold, B. (2010). The research evidence for the common factors. Models: A historically situated perspective. In B. L. Duncan, S. D. Miller, B. E. Wampold, & M. A. Hubble (Eds), *The heart and soul of change: Delivering what works in therapy.* (2nd ed., pp. 49–81). American Psychological Association Washington, DC: American Psychological Association.

Wampold, B. E. (2015). *The great psychotherapy debate:* The evidence for what makes psychotherapy work, 2/E. New York: Routledge.

Wampold, B., & Budge, S. (2012). The relationship – and its relationship to the common and specific factors of psychotherapy. *The Counseling Psychologist,* 40: 601–23.

Wang, C., & Mallinckrodt, B. (2006). Differences between Taiwanese and US cultural beliefs about ideal adult attachment. *Journal of Counseling Psychology,* 53: 192–204.

Watson, J., Goldman, R., & Greenberg, L. (2011). Contrasting two clients in emotion-focused therapy for depression 1: The case of "Tom", "Trapped in the tunnel". *Pragmatic Studies in Psychotherapy,* 7: 268–304.

Wei, M., & Ku, T. (2007). Testing a conceptual model of working through self-defeating patterns. *Journal of Counseling Psychology,* 53(3): 295–305.

Weiss, J. (1993). *How psychotherapy works*. New York: Guilford Press.

Weiss, J. (2005). Safety. In G. Silberschatz (Ed.), *Transformative relationships: The control-mastery theory of psychotherapy* (pp. 31–43). New York: Routledge.

Wells, M., & Jones, R. (2000). Childhood parentification and shame-proneness: A preliminary study. The *American Journal of Family Therapy,* 28: 19–27.

Westin, D., Morrison, K., & Thompson-Brenner, H. (2004). The empirical status of empirically supported psychotherapies. *Journal of Consulting and Clinical Psychology,* 69: 875–99.

Westin, D., Morrison, K., & Thompson-Brenner, H. (2004). The empirical status of empirically supported psychotherapies. *Journal of Consulting and Clinical Psychology,* 69: 875–99.

Westen, D., Nakash, O., Thomas, C., & Bradley, R. (2006). Clinical assessment of attachment patterns and personality disorder in adolescents and adults. *Journal of Consulting and Clinical Psychology*, 74: 1065–85.

Whelton, W. J. (2004). Emotional process in psychotherapy: Evidence across therapeutic modalities. *Clinical Psychology and Psychotherapy*, 111: 89–106.

White, B. (2007). Working with adult survivors of sexual and physical abuse. In T. Ronen & A. Freeman (Eds.), *Cognitive behavioral therapy in clinical social work practice* (pp. 467–490). New York: Springer.

White, W. L., & Miller, W. R. (2007). The use of confrontation in addiction treatment: History, science, and time for change. *Counselor,* 8(4): 12–30.

Wierzbicki, M., & Pekarik, G. (1993). A meta-analysis of psychotherapy dropout. *Professional Psychology: Research and Practice,* 24: 190–95.

Williams, E. N., Judge, A., Hill, C. E., & Hoffman, M. A. (1997). Experience of novice therapists in prepracticum: Trainees', clients', and supervisees' perceptions of therapists' personal reactions and management strategies. *Journal of Counseling Psychology,* 44: 390–99.

Winnicott, D. W. (1965). Ego distortion in terms of true and false self. In D. W. Winnicott (Ed.). *The maturational process and the facilitating environment* (pp. 140–52). New York: International Universities Press.

Wolfe, B. E. (2005). *Understanding and treating anxiety disorders*. Washington, DC: American Psychological Association.

Woodhouse, S. S., Schlosser, L. Z., Crook, R. E., & Ligiero, D. P. (2003). Client attachment to therapist: Relations to transference and client recollections of parental caregiving. *Journal of Counseling Psychology,* 50: 395–408.

Yalom, I. (1981). *Existential psychotherapy.* New York: Basic Books.

Yalom, I. (2003). *The gift of therapy: An open letter to a new generation of therapists and their patients.* New York: Perennial Currents.

Yalom, I., & Leszcz, M. (2005). *The theory and practice of group psychotherapy* (5th ed.). New York: Basic Books.

Yap, M., & Jorm, A. (2015). Parental factors associated with childhood anxiety, depression, and internalizing problems: A systematic review and meta-analysis. *Journal of Affective Disorders,* 175: 424–40.

Yeomans, F., Levy, K., & Caligor, E. (2013). Transference-focused psychotherapy. *Psychotherapy*, 50: 449–53.

Young, J. E. (1999). *Cognitive therapy for personality disorders: A schema-focused approach* (3rd ed.). Sarasota, FL: Professional Resource Press.

Young, J. E., Klosko, H. S., & Weishaar, M. E. (2003). *Schema therapy: A practitioner's guide.* New York: Guilford Press.

Young, J., Rygh, J., Weinberger, A., & Beck, A. (2014). Cognitive therapy for depression. In D. H. Barlow (Ed.), *Clinical handbook of psychological disorders* (5th ed.) (pp. 275–332). New York: Guilford Press.

Zilcha-Mand, S., McCarthur, K., Pinger, V., & Barber, J. (2014). To what extent is alliance affected by transference? An emperical exploration. *Psychotherapy*, 51(3): 424–33.

찾아보기

■ ㄱ

■ ㄴ

■ ㄷ

ㅈ

ㅊ

ㅌ

ㅍ

ㅎ